파이썬 3 바이블

스크립트 언어의 지존을 만나다!

파이썬 3 바이블

스크립트 언어의 지존을 만나다!

1판 1쇄 2013년 10월 01일
1판 3쇄 2017년 01월 12일

지은이 이강성

발행인 최홍석
발행처 주식회사 프리렉
등 록 2000년 3월 7일 제 13-634호
주 소 경기도 부천시 원미구 상동 532-12 나루빌딩 401호
전 화 032-326-7282(代)
팩 스 032-326-5866

URL www.freelec.co.kr
ISBN 978-89-6540-049-3

편집 최홍석, 이인호
표지 디자인 이대범
내지 디자인 김혜정
일러스트 류인선

시간을
아끼는
바이블

P Y T H O N 3 B I B L E

파이썬 3 바이블

스크립트
언어의
지존을 만나다!
Python
Ver.3.x

프리렉

파이썬으로 오늘은 무엇을 해볼까?

뒤돌아 보니 2001년 파이썬 2.0을 중심으로 책을 쓰기 시작한 지 벌써 12년이 흘렀습니다. 컴퓨터 분야에서 10년이면 엄청난 환경 변화가 있는 시간입니다. 그때 까지만 해도 파이썬이란 언어를 아는 사람이 거의 없었는데 이제 파이썬을 모르는 사람이 거의 없으니 격세지감입니다. 많은 환경 변화 속에서도 파이썬은 꾸준히 성장해왔고 스크립트 언어의 중심에 서서 사용층을 늘려왔습니다. 파이썬이 적용되는 분야가 엄청나게 늘어났으며 지금도 확장되고 있습니다.

이러는 사이에 파이썬은 버전 3으로 도약했습니다. 아직 산업계에서는 파이썬 2.x가 표준 파이썬으로 자리를 잡고 있습니다만, 파이썬 3이 보편화되는 것은 시간문제라 하겠습니다. 이에 발을 맞추어 파이썬 3을 출판하게 된 것을 기쁘게 생각합니다. 파이썬 3이 파이썬 2와의 하위 호환성을 유지하지 않겠다는 다소 충격적인 발표 이후에 꾸준히 개선되어 왔습니다. 파이썬 3은 파이썬 2와 비슷하기도 하지만 다른 면도 많이 있습니다. 문법의 일관성을 유지하도록 했고 여러 가지 새로운 개념이 추가되었습니다. 이러한 차이로 지금은 다소 불편하겠지만, 앞으로 파이썬의 더 큰 도약을 위하여 잘 준비된 파이썬 3을 익히면 좋을 것 같습니다.

초창기에는 풋풋했던 파이썬이 이제는 아주 잘 익은 언어로 성장했습니다. 물론 시간이 가면서 계속 보완이 될 것이고 그에 따라 안정성과 편의성, 그리고 다양한 기능이 추가될 것입니다. 파이썬은 더 이상 초창기의 단순한 언어가 아닐지도 모릅니다. 하지만 그 개념은 여전히 단순하여 배우기 쉽고, 사용하기 편리하고, 간결하고 효율적인 언어입니다.

이 책은 파이썬 2를 위한 '열혈강의 파이썬'의 연장 선상에서 파이썬 3을 위해서 쓴 책입니다. 파이썬 3에 맞도록 '열혈강의 파이썬'의 내용을 보완하고 재정리 했습니다. 이 책은 1부와 2부로 구성되어 있습니다. 1부는 파이썬 언어를 이해하기 위한 내용이 담겨 있고, 2부는 파이썬의 활용을 주제로 삼았습니다. 1부에서 파이썬 언어 자체를 설명하지만 가능하면 실용적인 예제를 많이 포함하도록 노력하였습니다. 초보자도 읽기 쉽도록 배려를 하였고 다른 언어에 익숙한 독자도 지루하지 않게 읽어 내려갈 수 있을 것입니다. 클래스 부분은 다소 내용이 많아 몇 개의 장으로 분리하였습니다. 2부에서는 표준 라이브러리 범위 내에서 주로 많이 사용되는 활용을 중심으로 구성하였습니다. 이 책 한 권으로 언어를 익힘과 동시에 어느 정도의 활용이 가능하도록 구성하였습니다.

아무쪼록 파이썬이란 멋진 언어를 잘 활용하여 여러분의 일에 많은 도움이 되기를 바랍니다. 저에게 파이썬은 '프로그래밍의 즐거움'을 선사해준 언어입니다. '파이썬으로 오늘은 무엇을 해볼까?'하는 호기심과 의욕이 여러분에게도 생기기를 희망합니다.

파이썬이란 멋진 언어를 설계하고 발전시켜주는 귀도 반 로섬(Guido van Rossum)에게 고마움을 전합니다. 또한, 이 원고를 멋진 책으로 만들어 주신 최홍석 사장님과 프리렉 출판사에도 감사를 드립니다.

2013년 9월

광운대학교 교수 이 강 성

| 저자 소개 |

현재 광운대학교 교수인 그는 한국 파이썬 사용자 모임 회장으로 모임을 이끌면서 파이썬 보급에 힘을 기울여 왔다. 2000년부터 광운대학교 및 온라인상에서 파이썬을 강의해오고 있으며, 파이썬에 관련된 여러 글을 온라인 및 유명 잡지에 기고해오고 있다. 파이썬을 교육적으로 활용하는 데 많은 노력을 기울이고 있으며, 음성 인식, 음악 인식 등에도 많은 관심이 있다.

| 저서 |

"열혈강의 파이썬 Ver.2" (프리렉, 2005)

차례

* 장이나 절 제목에 ✚ 표시된 부분은 난이도와는 별개로 처음에는 건너뛰어도 상관없거나 고급 내용으로 구성된 부분입니다. 이 책을 한번 읽고 나서 나중에 다시 살펴보면 더욱 이해하기 좋습니다.

// Part

01 파이썬 배우기

Chapter 1 - 18

// Part

02 파이썬 활용하기

Chapter 19 - 31

Part 1

파이썬 배우기

제 1 장

파이썬 시작하기

Chapter 01

파이썬으로의 즐거운 여정을 시작해 보자. 이 장에서는 파이썬이 무엇이고 왜 필요한지를 알아보고, 파이썬 설치와 환경 설정, 실행에 대해 살펴본다.

1.1 파이썬이란

파이썬(Python)이라는 말은 어떤 의미일까? 파이썬의 공식 사이트(www.python.org)와 기타 사전에서 정리한 내용은 다음과 같다.

① 그리스 신화 파르나서스 산의 동굴에 숨어 살다가 아폴로에 의해 살해된 거대한 뱀이다.

② 아시아와 아프리카, 오스트레일리아 등지에 살며, 먹이를 질식사시키는 거대하고 독이 없는 뱀 속(屬)의 동물이다.

③ 일반적으로 먹이를 몸으로 감아서 압사시키는 큰 뱀을 가리킨다.

④ 파이썬은 작업 속도를 높여주고 효과적으로 시스템을 통합해 주는 프로그래밍 언어이다. 파이썬을 사용하면 생산성의 향상과 함께 유지 보수 비용이 절감되는 효과를 경험할 수 있다.

잠깐 파이썬의 탄생 비화를 살펴보자. 파이썬은 1989년 12월 크리스마스를 심심하지 않게 보내려고, 네덜란드 암스테르담에 사는 귀도 반 로섬(Guido van Rossum, 홈 페이지는 http://www.python.org/~guido/ 참고)이 혼자 집에서 재미 삼아 시작한 프로그래밍 프로젝트에서 시작됐다. 연구실은 닫혔고, 집에 컴퓨터는 있지만 특별히 다른 일이라고는 없었던 상황이었다.

그림 1-1 귀도 반 로섬(좌), Monty Python's Flying Circus의 한 장면(우)

귀도 반 로섬은 새로운 스크립트 언어용 인터프리터를 사용하기로 하고 프로젝트 이름을 파이썬이라고 지은 것이 파이썬이란 이름이 붙여지게 된 계기이다. 그는 영국 BBC 방송국에서 방영한 Monty Python's Flying Circus라는 코미디 프로그램의 열렬한 팬이었고, 이 쇼에서 파이썬이란 단어를 인용했다.

파이썬을 왜 배워야 하는가 1.1.1

수많은 언어 가운데 파이썬을 선택하면 무엇이 좋을까? 너무 평범한 답이지만, 생산성이 뛰어나기 때문이다. 파이썬은 소프트웨어의 개발 생산성 향상과 유지 보수를 쉽게 하기 위해 탄생한 언어이다. 초보자에게 쉬운 언어로 여겨지지만 프로그램 개발 전문가에게 더욱 유용한 언어이다. 정의가 잘되고 양이 충분한 내장 라이브러리와 수만 개의 확장 패키지는 개발자에게 선택의 문제를 고민하게 할 만큼 개발 환경을 충분하게 제공하고 있다.

전문 개발자 입장에서 프로그래밍 언어란 원하는 작업을 해내기 위한 도구이다. 파이썬은 프로그램을 작성하기가 쉽고 개발 시간을 크게 단축하게 해준다. 두 명의 C 프로그래머가 일 년 동안 개발할 프로그램을 파이썬 프로그래머 한 명이 2개월 만에 끝낸 사례가 있다면 믿겠는가? 프로그램 작업의 내용에 따라 차이가 있겠지만 개발 기간을 줄여 줄 뿐만 아니라 C 언어와 비교하면 코드의 길이가 5~10배나 짧아진다. 자바에 비해서는 3~5배나 짧아진다. 실제로 국내외 많은 업체가 파이썬으로 소프트웨어의 생산성을 크게 높이고, 코드 관리 시스템을 효율적으로 유지하고 있다. 파이썬은 응용 프로그램의 프로토타입(Prototype)을 만들어 내기에 좋은 언어이다.

속도를 개선하려면 C 언어로 만든 루틴을 외부 모듈로 사용할 수 있다. 또한, 파이썬은 확장성이 아주 뛰어난 언어이다.

먼저 **개발**하라! 그러고 나서 **성능**을 **개선**하라!

파이썬은 어떤 언어인가 1.1.2

이번 절에서는 파이썬의 특징에 대해 살펴본다.

대화식 인터프리터 언어

파이썬은 객체지향을 강력히 지원하는 대화식 인터프리터 언어이다. 인터프리터 언어는 사용하기 쉽다. 컴파일하고, 실행하고, 에러를 고치는 기존의 번거로운 절차에서 벗어나서, 작성하고서 바로 시험하는 간단한 언어이다. 대화식 모드로 실행할 수도 있고, 일반 프로그래밍 모드로도 실행할 수 있다. 자바와 같이 바이트 코드를 만들지만 명시적으로 컴파일할 필요도 없다. 그저 프로그램을 작성하고 실행 명령을 내리면 필요한 바이트 코드가 자동으로 만들어지고 실행된다.

동적 자료형을 지원

파이썬은 실행 시간에 동적으로 자료형(Data Type)을 결정한다. 그래서 자료형에 관계없이 일반화된 코드를 작성할 수 있다. 다음과 같이 덧셈 함수 add()를 사용하는 예를 보면 쉽게 이해될 것이다. 다음은 파이썬 인터프리터에서 실행한 예이다.

```
>>> def add(a, b):
    return a + b
>>> add(1, 2)
3
>>> add('abc', 'def')
'abcdef'
```

```
>>> add([1, 2, 3], [4, 5, 6])
[1, 2, 3, 4, 5, 6]
```

함수 add( )에 정수와 문자열, 리스트 등의 데이터가 입력되었을 때 이에 맞는 + 메서드를 자동으로 호출한다. 이런 기능은 많은 경우에 작업을 단순하게 해준다. 또한, 복잡하게 형 선언이나 크기 선언을 할 필요도 없다.

플랫폼에 독립적인 언어

파이썬은 리눅스와 유닉스, 윈도우, OS/2, Mac OS 등 대부분의 운영 체제에서 실행된다. 플랫폼에 독립적이며 코드 이식이 쉽다. 자바와 같이 바이트 코드를 만들므로 소스 코드 없이도 다른 컴퓨터에서 즉시 실행된다.

개발 기간 단축에 초점을 맞춘 언어

파이썬은 실행의 효율성보다는 개발 기간 단축에 초점을 맞춘 언어이다. 실행 속도로 말하자면 어셈블리 언어를 제외하고는 C 언어에 견줄 만한 프로그래밍 언어는 없다. C 언어는 효율적인 코드 생성에 의미를 크게 둔 언어이기 때문이다. 반면에 파이썬은 개발의 효율성에 무게 중심을 두고 있다. 한 달 걸려 작성할 프로그램을 하루 만에 작성할 수 있다면 어떤 언어를 선택하겠는가?

간단하고 쉬운 문법

파이썬의 간단한 문법과 깔끔한 구문은 개발자가 아니어도 배우기 쉽고 사용하기 쉽다. 경력이 있는 개발자는 하루 정도면 파이썬을 활용할 수 있다. 초보자는 하루하고 반나절만 투자하면 간단한 프로그램을 작성할 수 있다. 일반 수학 기호나 다른 프로그래밍 언어에 약간의 경험이 있으면 쉽게 배울 수 있다. 객체지향 언어로서 파이썬은 재사용이 가능한 코드를 쉽게 작성할 수 있다. 파이썬은 들여쓰기(Indentation)로 블록을 구분해서 코드에 대한 가독성을 높이고 있다.

고수준의 자료형을 제공

파이썬은 리스트(list)와 사전(dictionary), 문자열(string), 튜플(tuple), 집합(set) 등 고수준의 자료 구조를 제공한다. 이들 자료형을 유연하고 쉽게 사용할 수 있다. 예를 들어, 다음 리스트 a는 어떠한 자료형도 저장과 삽입, 삭제, 정렬을 자유롭게 할 수 있다.

```
>>> a = [12, 'abcde', 4+2j, [3, 4, 5]]
>>> a.append('added')
>>> print(a)
[12, 'abcde', (4+2j), [3, 4, 5], 'added']
>>>
```

자동으로 관리되는 메모리

파이썬은 쓰레기 수집(Garbage Collection) 기능을 사용하여 필요할 때 메모리를 자동으로 할당하고 메모리 사용이 끝나면 자동으로 해제한다. 또한, 필요에 따라 메모리를 늘리기도 하고 줄이기도 한다.

팀 단위 작업에 유용한 언어

파이썬은 모듈 단위의 코드를 쉽게 작성하고 결합할 수 있다. 각 모듈은 메인 프로그램이기도 하면서 다른 모듈의 라이브러리로도 사용한다. 독립적으로 시험한 모듈을 결합하면 큰 규모의 프로그램이 된다.

쉬운 유지 보수

프로그램이란 개발자 한 사람이 완성하는 것이 아니라 여러 사람이 유지하고 보수한다. 파이썬의 깔끔한 코드는 이해하기 쉬워서 코드에 대한 유지 보수가 쉽다.

수많은 라이브러리를 제공

파이썬은 수많은 라이브러리를 제공한다. 정규식 매칭부터 네트워크까지 여러분이 원하는 기능은 거의 모두 라이브러리에서 찾을 수 있다. 또한, 파이썬 협력 업체(Third Party)가 제공하는 수만 개의 외부 모듈이 있다.

짧아지는 코드

파이썬은 일급 함수(First Class Function)를 지원한다. 일급 함수는 함수 객체를 변수에 저장할 수 있고, 함수에서 반환 값으로 사용할 수 있으며, 함수에 인수로 전달할 수 있는 함수를 말한다. 파이썬은 다중 상속과 지연 바인딩을 지원하는 객체지향 언어이다. 예외 처리에 사용하는 try ~ except 문을 제공한다. 파이썬은 함수의 인수를 전달하는 방식으로 선택 인수와 키워드 인수, 임의 개수의 인수를 지원한다. 유능한 개발자라면 아이디어를 짧고 깔끔하게 코드로 구현해 낸다. 파이썬으로 크고 복잡한 프로그램을 구현해 보면 기대한 것보다 훨씬 빠르고 작고 간결하게 구현해 낼 수 있을 것이다. 대략 C 언어의 1/10~1/8 수준이라고 보면 된다. 표준 모듈에서 제공하는 각종 모듈은 다양하고 많은 작업을 쉽게 구현하도록 도와준다.

높은 확장성

파이썬을 일명 접착제 언어(Glue Language)라고도 한다. 다른 언어나 라이브러리에 쉽게 접근해 그들을 사용할 수 있기 때문이다. 가장 보편적인 언어인 C/C++과는 아주 잘 결합한다. 기존의 C 프로그램을 파이썬과 결합할 수 있다. 소스 없는 라이브러리도 래퍼(Wrapper) 함수(다른 라이브러리의 함수를 중간에서 호출하는 인터페이스 함수)만 사용하면 파이썬에서 사용할 수 있다. F2py라는 개발 도구를 이용하면 포트란(Fortran) 코드도 쉽게 통합할 수 있다. 파이썬이 인터프리터 언어이므로 느릴 것이라고 생각하면 오산이다. 수많은 모듈이 C와 C++, 포트란으로 작성되어 있고, 이러한 모듈은 고속으로 실행되기 때문이다. 그리고 Jython(http://www.jython.org)은 자바로 구현된 파이썬이며, 자바 가상 머신에서 실행된다. 자바의 클래스와 패키지 등을 파이썬 패키지와 함께 사용할 수 있다.

확장 및 내장

C와 C++, 포트란을 이용하여 파이썬 모듈을 작성하는 것이 가능하고, 역으로 C와 C++, 포트란에서 파이썬 함수를 호출하는 것도 가능하다. 여러 언어로 된 복잡한 저수준의 라이브러리를 하부에 배치하고 파이썬을 상위의 API를 제공하는 언어로 구성하면 프로그램 실행 속도를 유지하면서도 편리하게 사용할 수 있다.

무료

파이썬 저작권은 2001년부터 비영리 기구인 파이썬 소프트웨어 재단(Python Software Foundation)에서 관리하고 있다. 상용으로 사용할 경우에도 무료이다. 파이썬 라이선스는 여러분이 변경한 내용을 공개하지 않고도 배포할 수 있다. GPL 호환을 유지하는 이유는 GPL로 배포되는 다른 소프트웨어를 파이썬과 함께 사용하는 것을 가능하게 하기 때문이다.

파이썬을 어디에 사용하면 적당한가 1.1.3

파이썬은 GUI와 시스템 유틸리티, DB 프로그램 등 대부분의 응용 프로그램 개발에 적합하다. 응용 분야는 다음 표와 같다. 계산 시간을 많이 요구하는 수치 연산 분야에서조차 파이썬은 적합하다. Numpy는 각종 수치 연산 루틴(행렬 연산, 선형 대수, FFT, 난수 발생 등)을 C 언어로 구현한 파이썬 외부 모듈이다. 수학이나 화학, 물리학 등의 분야에서 이 모듈을 많이 사용한다.

표 1-1 파이썬을 사용하기에 적합한 분야

분야	설명
GUI	PyQt와 wxPython이 대표적인 GUI이다. 두 개의 모듈은 플랫폼에 독립적이어서 윈도우나 유닉스에서 모두 사용할 수 있다. 이 외에도 GUI 인터페이스가 다양하게 있다.
웹 프로그램	Zope와 Django 등 웹 프레임워크가 준비되어 있다.
네트워크 프로그램	소켓 응용 프로그램을 작성하기 쉽다. SOAP과 같은 RPC 프로토콜도 당연히 지원한다. 인터넷 프로토콜(FTP, NNTP, POP3, SMTP, HTTP등)을 다양하게 지원한다.
DB 프로그램	SQLite가 내장되어 있다. Oracle과 DB II, Sybase, MySQL 등 유명 데이터베이스에 대하여 파이썬 인터페이스가 만들어져 있다. 그래서 DB 프로그래밍을 쉽게 할 수 있다. 응용 프로그램의 프로토타입을 짧은 시간에 개발할 수 있다.
텍스트 처리	텍스트 처리에 아주 좋다. 정규식(Regular Expression)을 강력하게 지원하고 유니코드를 지원한다. XML(SAX, DOM)도 당연히 지원한다. NLTK(Natural Language Toolkit)라는 자연 언어 처리 플랫폼도 준비되어 있다.
수치 연산	Matlab과 같이 배열 연산을 지원하는 Numpy와 scipy, 2D/3D 플롯 라이브러리 Matplotlib/Mayavi, Mathematica와 같이 심볼 수학 연산이 가능한 SimPy 등 모듈이 다양하게 준비되어 있다.
병렬 연산	IPython을 이용한 병렬 연산을 지원하며, MPI와 PBS 라이브러리의 Python 바인딩이 존재한다. 또한, PyCUDA를 이용하여 GPU 프로그래밍을 할 수도 있다.
기타	COM 인터페이스와 AI, 그래픽스, 분산 처리 등 패키지가 다양하게 준비되어 있다.

1.2 파이썬 설치하기

윈도우와 리눅스에서 파이썬을 설치하는 방법을 살펴보자.

윈도우에서 1.2.1

최신의 파이썬 버전을 내려받으려면 파이썬 공식 사이트(http://www.python.org/download/)에서 가능하다. 플랫폼에 맞게 파이썬이 다양하게 준비되어 있다. 자신의 컴퓨터 환경에 맞는 Windows Installer를 내려받아 실행하면 된다.

step 1 모든 사용자가 사용한다면 [Install for all users]를 선택하고 〈Next〉를 누른다.

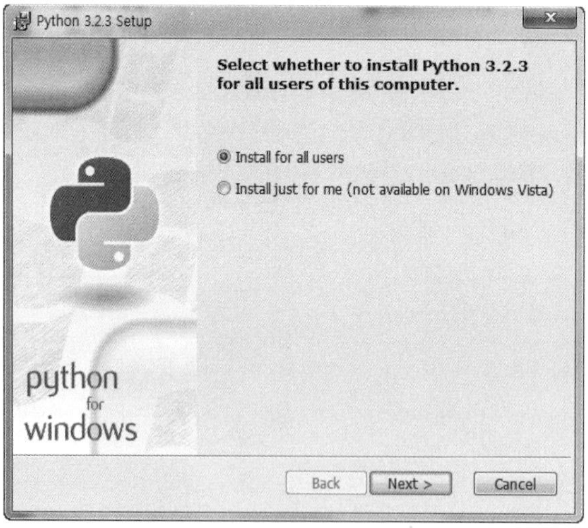

그림 1-2

step 2 설치할 디렉터리를 정하고 〈Next〉를 누른다.

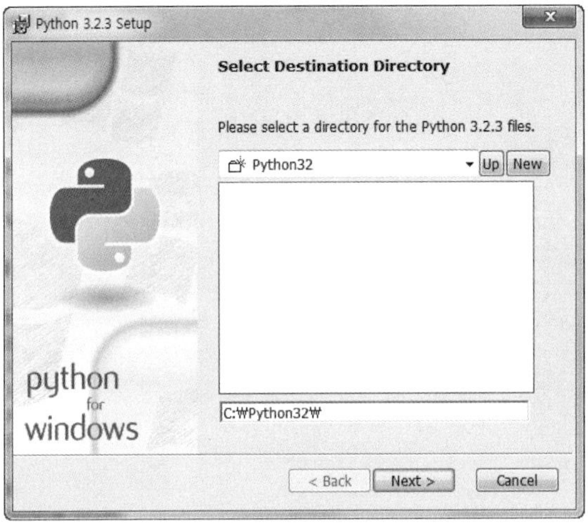

그림 1-3 설치할 디렉터리 지정

step 3 설치할 구성 요소를 선택하는 화면이 나온다. 별 무리가 없다면 모두 선택하고 〈Next〉를 누른다.

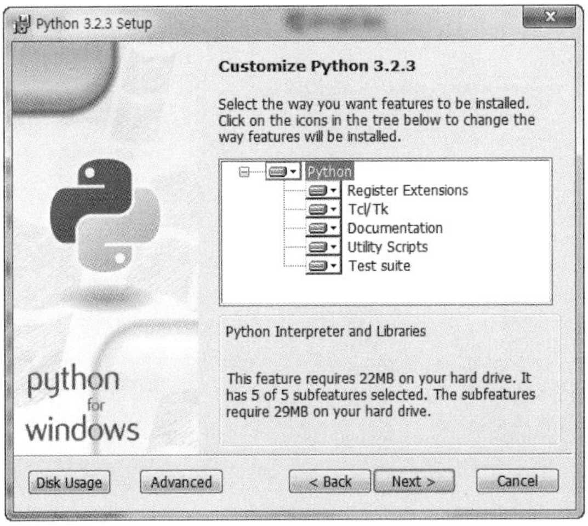

그림 1-4 설치할 구성 요소 선택

step 4 이제 앞서 설정한 내용을 가지고 파이썬을 설치한다.

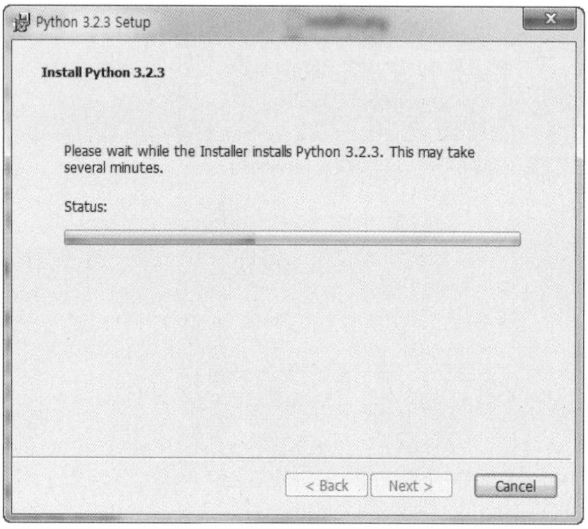

그림 1-5

step 5 파이썬 설치가 끝났다.

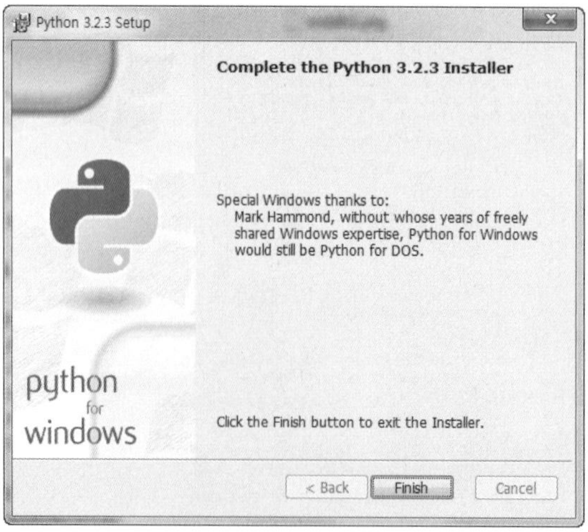

그림 1-6

step 6 파이썬 설치가 모두 끝났으면 시험해 보자. [작업 표시줄]에 있는 〈시작〉을 누르고 [프로그램(P)] 메뉴를 선택한다. [Python 3.x]를 선택한다. [IDLE(Python GUI)]를 선택한다.

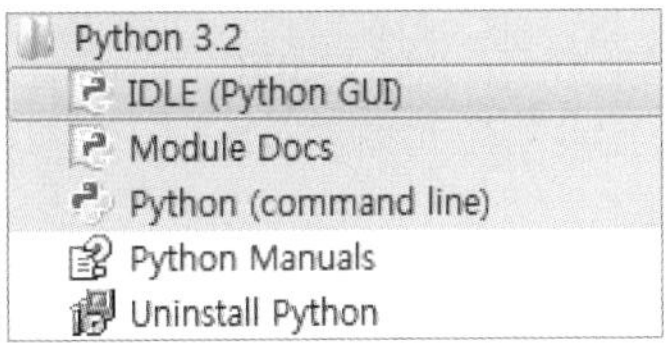

그림 1-7

그러면 다음과 같은 화면이 나온다.

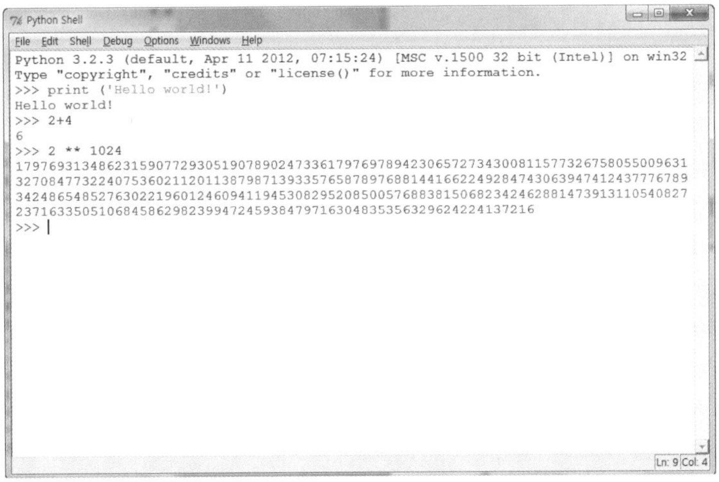

그림 1-8 IDLE(Python GUI)를 실행한 화면

이제 파이썬 프로그램을 실행할 준비는 끝났다. 다음 표는 설치된 구성 요소에 대한 간략한 설명이다.

표 1-2 파이썬 구성 요소

구성 요소	설명
IDLE (Python GUI)	파이썬의 표준 GUI 대화식 인터프리터이다. GUI 부분은 Tcl/tk의 tk를 이용하여 만들어 졌다(그림 1-8).
Module Docs	원하는 모듈을 쉽게 찾을 수 있는 도구이다. 실행하면 작은 창이 나타나는데, 여기에 원하는 검색어를 입력하면 관련 모듈을 찾아준다(그림 1-9). 표시된 목록을 선택한 후 〈go to selected〉를 누르면 웹 브라우저에서 자세한 설명을 볼 수 있다.
Python (command Line)	도스 창에서 실행되는 파이썬 대화식 인터프리터이다(그림 1-10).
Python Manuals	HTML 형식의 파이썬 온라인 문서이다. 여러 가지 문서가 있으나 라이브러리 레퍼런스를 주로 참조한다(그림 1-11).
Uninstall Python	파이썬을 제거할 때 사용한다.

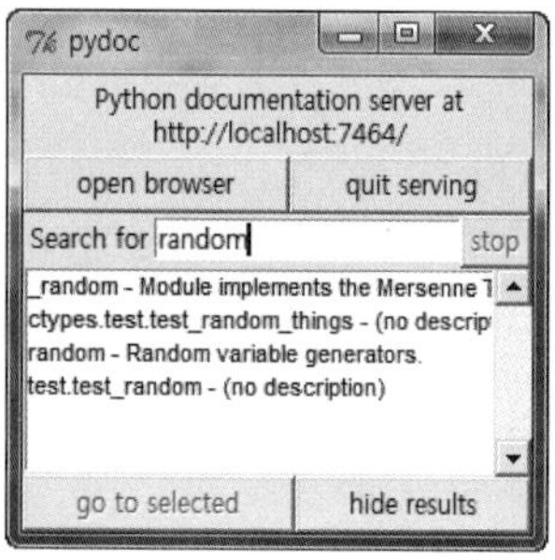

그림 1-9 Module Docs를 실행하고 random으로 검색하는 화면

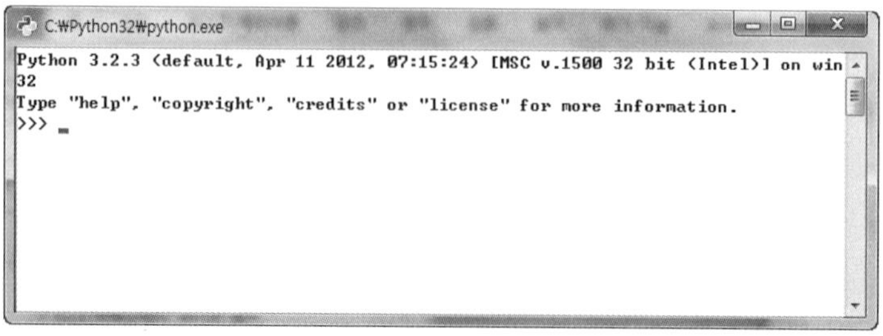

그림 1-10 Python(Command Line)을 실행한 화면

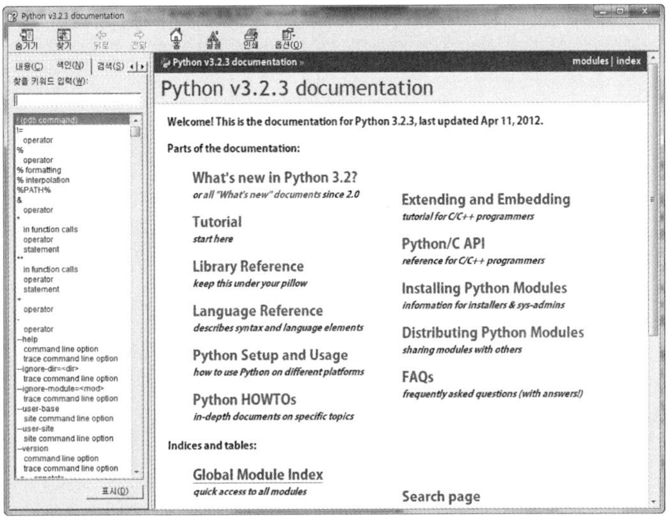

그림 1-11 Python Manuals 화면

리눅스에서 1.2.2

여러분이 사용하는 시스템이 리눅스이면, 대부분 파이썬이 기본적으로 설치되어 있다. 명령줄(Command Line)에서 python3라고 입력해 보자.

```
gslee@csl:~$ python3
Python 3.4.0 (default, Apr 11 2014, 13:05:11)
[GCC 4.8.2] on linux
Type "help", "copyright", "credits" or "license" for more information.
>>>
```

파이썬이 설치되어 있지 않거나, 파이썬 2 등의 하위 버전이면 상위 버전을 설치해야 한다. 파이썬 설치는 패키지 설치 및 소스 설치가 가능하다.

Ubuntu 리눅스를 사용하고 있으면 다음과 같이 패키지로 최신 버전을 설치할 수 있다.

```
$ sudo apt-get install python3 --upgrade
```

그러나 현재 대부분의 리눅스에서는 하위 호환성 문제로 Python 2.*x*를 표준 파이썬으로 채택하고 있다.

파이썬 3의 패키지를 설치하기가 어려운 경우, 직접 소스로부터 Python 3.*x* 버전을 내려받아 컴파일해서 설치해야 한다. 파이썬 공식 사이트(http://www.python.org/download)에서 source tarball을 내려받는다. 설치 과정은 다음과 같다.

```
$ tar -xjf Python-3.x.x.tar.bz2  # 압축을 푼다.
$ cd Python-3.x.x/
$ ./configure    # 기본 설치 디렉터리는 /usr/local이다.
                 # 만일 설치 디렉터리를 변경하려면
                 # './configure --prefix=/설치 디렉터리'와 같이 입력한다.
$ make           # 시스템에 따라 다르나 약 2-3분가량 걸린다.
$ sudo make install
```

파이썬 3 설치가 끝났으면 이제 시험해 보자. 셸에서 **python3**을 입력한다.

```
$ python3        # 혹은 /usr/local/bin/python3
Python 3.x.x (default, Jun 17 2012, 17:02:34) [GCC 4.6.1] on linux2
Type "help", "copyright", "credits" or "license" for more information.
>>>
```

1.3 환경 변수 설정하기

파이썬을 다양한 환경에서 실행하기 위해서 설정하면 좋은 환경 변수들은 다음과 같다.

PATH 환경 변수 실행 파일을 찾는 경로의 모음으로 python 실행 파일이 있는 폴더를 추가한다.

PYTHONPATH 환경 변수 가져오기(Import)를 할 때 파이썬 모듈을 찾는 추가 경로의 모음이다.

PYTHONSTARTUP 환경 변수 파이썬 인터프리터를 실행할 때 자동으로 실행되는 파이썬 스크립트 파일을 나타낸다. 매번 사용해야 할 모듈이 있으면 이 변수를 활용하는 것이 좋다. 대화식 모드에서만 동작한다.

윈도우에서 1.3.1

윈도우에서 환경 변수를 설정하는 방법은 다음과 같다. 먼저 윈도우 탐색기의 왼쪽 창에서 [컴퓨터]에 마우스를 놓고 오른쪽 버튼을 클릭한다. 메뉴가 나타나면 [속성(R)]을 선택한다.

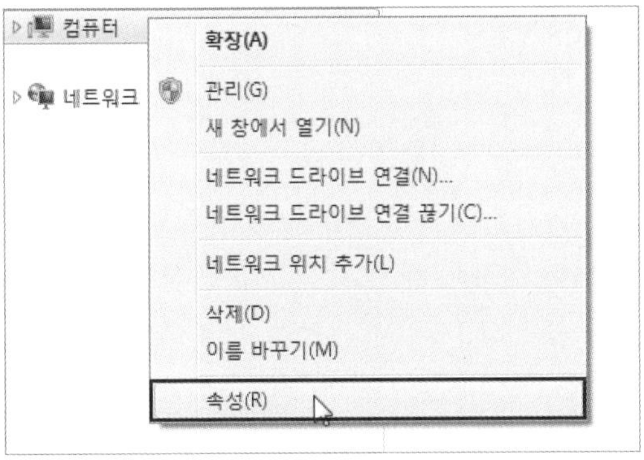

그림 1-12

창 왼쪽의 목록 중에서 [고급 시스템 설정]을 선택한다.

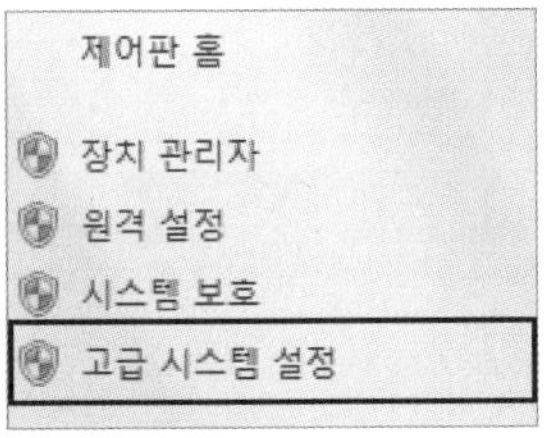

그림 1-13

그러면 [시스템 속성] 대화 상자가 나타나는데, [고급] 탭을 선택하고 [환경 변수]를 누른다.

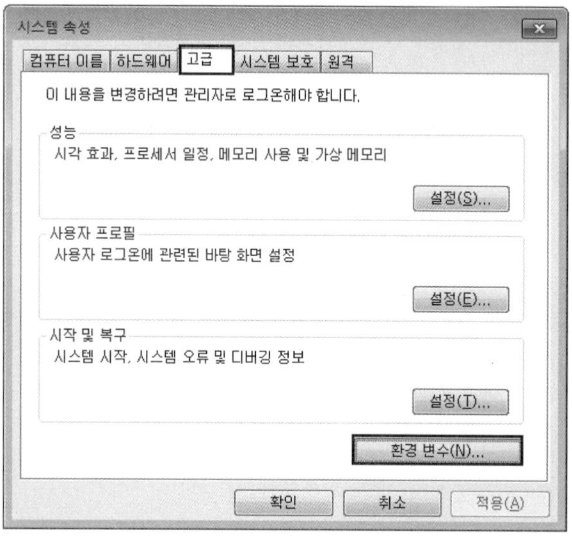

그림 1-14

환경 변수 PATH와 PYTHONPATH, PYTHONSTARTUP 의 값을 지정하고 수정한다. 예를 들어, PATH 변수에 C:\Python32; C:\Python32\Scripts;를 값으로 입력하여 추가한다.

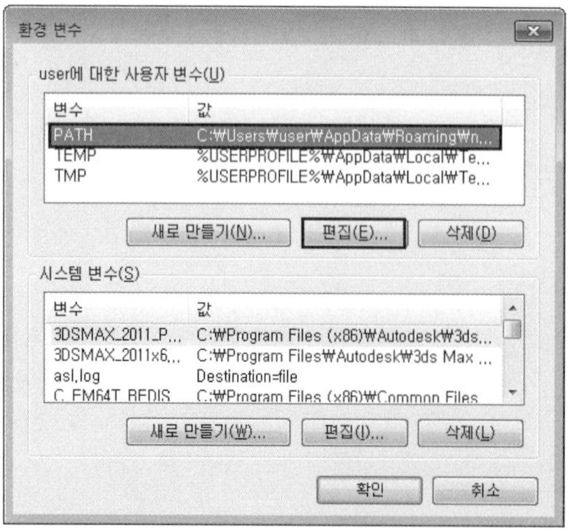

그림 1-15

그림 1-16

리눅스에서 1.3.2

리눅스에서는 셸에 따라 환경을 설정하는 방법에 차이가 있다. bash를 사용한다면 홈 디렉터리의 .bash_profile 파일을 편집하여 다음과 같이 환경을 설정한다. (시스템에 따라 다르다.) 다음 예는 ~/mymodules가 모듈 경로인 경우이다.

```
export PATH=/usr/local/bin:$PATH
export PYTHONPATH=~/mymodules
```

tcsh를 사용한다면 .tcshrc 파일을 편집하여 다음과 같이 환경을 설정할 수 있다.

```
setenv PATH=/usr/local/bin:$PATH
setenv PYTHONPATH=~/mymodules
```

PYTHONSTARTUP 사용하기 1.3.3

PYTHONSTARTUP 환경 변수는 파이썬 인터프리터를 실행할 때 자동으로 실행되는 파이썬 스크립트 파일을 지정한다. .pythonrc이라는 파일이 다음과 같이 만들어져 있다고 하자.

```
import os
import sys
print('startup file .pythonrc executed')
```

환경 변수 PYTHONSTARTUP을 설정한다. 앞 절의 리눅스에 따라 환경을 설정하는 방법을 참고하자. bash인 경우 .bash_profile 파일에 다음 코드를 추가하면 된다.

```
export PYTHONSTARTUP=$HOME/.pythonrc
```

다시 로그인을 하거나 source .bash_profile 파일과 같이 스크립트를 실행한다. 이제 파이썬 인터프리터를 시작해 보자.

```
$ python3
Python 3.x.x (default, Jun 17 2012, 17:02:34) [GCC 4.6.1] on linux2
Type "help", "copyright", "credits" or "license" for more information.
startup file .pythonrc executed
>>>
```

파이썬 인터프리터를 시작하면서 os와 system 모듈이 기본적으로 가져오기가 되고 startup file .pythonrc executed라는 메시지가 출력되었다. 즉, .pythonrc 스크립트가 실행되었다는 것을 알 수 있다.

1.4 파이썬 실행해 보기

파이썬을 실행하는 방법은 두 가지이다. 하나는 대화식으로 실행하는 것이고, 다른 하나는 스크립트 파일을 일괄적으로 실행하는 것이다. 대화식 모드에서는 명령 하나를 입력하고 그 결과를 받는, 마치 대화를 주고받는 방식으로 작업을 진행해 가는 것이다. 스크립트 파일 방법에서는 텍스트 파일에 프로그램을 작성해 놓고 이것을 한꺼번에 일괄적으로 실행한다.

대화식 모드로 문 실행하기 1.4.1

IDLE이나 python을 실행하고 다음과 같이 첫 파이썬과의 대화를 시작해 보자.

```
>>> print('Hello World!')
Hello World!
>>> 4 + 5
9
>>> 3 / 2
1.5
```

파이썬 인터프리터는 하나의 명령을 받고 그 결과를 돌려준다. 명령을 입력받을 준비가 되어 있다는 것을 나타내기 위해 사용되는 문자열(>>>)을 프롬프트(Prompt)라고 한다.

명령의 입력은 언제나 첫 번째 열부터 해야 한다. 그렇지 않으면 에러가 발생한다.
파이썬은 들여쓰기에 민감한 언어이다.

```
>>> a = 1          # 첫 번째 열부터 입력했다.
>>>   a = 1        # 두 번째 열부터 입력했다.
IndentationError: unexpected indent
```

산술 연산하기 1.4.2

우리가 가장 편하게 사용하고, 컴퓨터가 가장 잘하는 일이 바로 수치 계산일 것이다. 파이썬을 실행하고 다음과 같이 산술 명령을 해보자. 파이썬을 계산기로 사용하는 예이다. 수치 자료형에는 정수형과 부동 소수점형(실수형), 복소수형 세 종류가 있다.

```
>>>              # 주석은 #로 시작한다.
>>>              # # 문자 이후의 문자는 해석하지 않는다.
>>>              # 주로 소스를 이해하는 데 도움이 되는 설명을 기술한다.
>>> 4 + 5
9
>>> 12 - 32
-20
>>> (4 + 5) * 6
54
>>> 3 / 2
1.5
>>> 3 // 2    # 몫 연산자
1
>>> 9 % 5     # 9를 5로 나눈 나머지
4
>>> -9 % 5    # -9를 5로 나눈 나머지
1
```

몫과 나머지를 한꺼번에 계산하고 싶으면 divmod( ) 함수를 사용하면 된다.

```
>>> divmod(9, 5)
(1, 4)
>>> a, b = divmod(9, 5)
>>> a
1
>>> b
4
```

파이썬에서 정수는 메모리가 허용하는 한 무제한의 자릿수를 갖는다.

```
>>> 2 ** 1024        # **는 지수 연산자
179769313486231590772930519078902473361797697894230657273430081157732675
805500963132708477322407536021120113879871393357658789768814416622492847
430639474124377767893424865485276302219601246094119453082952085005768838
150682342462881473913110540827237163350510684586298239947245938479716304
835356329624224137216
```

전자 분야 등에서는 복소수를 많이 사용한다. 복소수는 실수부와 허수부로 구성되는데 허수부 뒤에는 j(혹은 J)가 붙는다.

```
>>> a = 1 + 4j
>>> b = 5 - 3j
>>> a * b
(17 + 17j)

>>> from cmath import *         # 복소수를 위한 cmath 모듈을 가져온다.
>>> print(cos(pi / 3), sin(pi / 3))
(0.5000000000000001-0j) (0.8660254037844386+0j)
>>> sqrt(-2)                    # cmath 모듈을 이용하면 복소수 연산이 가능하다.
1.4142135623730951j
```

복소수에 대해서도 다양한 연산을 할 수 있으므로 실습해 보기 바란다.

문자열 연산하기 1.4.3

문자열(String)은 작은따옴표(')나 큰따옴표(")로 묶은 문자의 나열이다. 'abc'와 "def" 등이 예이다.

```
>>> a = 'My name is'      # 작은따옴표 '를 사용한 경우
>>> n = "Amenda"          # 큰따옴표 "를 사용한 경우
>>> a+' '+n               # 문자열을 연결하는 경우
'My name is Amenda'
>>> a.upper()
'MY NAME IS'
>>> a.split()
['My', 'name', 'is']
>>> ':'.join(['My', 'name', 'is'])
'My:name:is'
```

자세한 내용은 다음 장에서 다루기로 하자.

파이썬 종료하기 1.4.4

이제 파이썬을 종료해 보자. 윈도우 IDLE이나 리눅스에서는 Ctrl + D 키를 누른다.

```
>>> ^D
```

프로그램 명령으로 종료할 때는 sys.exit( ) 함수를 사용할 수 있다.

```
>>> import sys
>>> sys.exit()
```

SystemExit 예외를 발생시켜서 종료할 수도 있다.

```
>>> raise SystemExit
```

파이썬 버전 알아보기 1.4.5

파이썬 코드를 실행하는 중에 파이썬의 버전이 알고 싶으면 sys 모듈의 version이나 version_info 변수를 사용하면 된다.

```
>>> import sys
>>> sys.version
'3.2.3 (default, Apr 11 2012, 07:15:24) [MSC v.1500 32 bit (Intel)]'
>>> sys.version_info
sys.version_info(major=3, minor=2, micro=3, releaselevel='final', serial=0)
>>> sys.version_info.major
3
>>> sys.version_info.minor
2
```

프로그램을 작성하고 실행하기 1.4.6

이제 파일에 파이썬 프로그램을 작성하고 그것을 실행해 보자. 프로그램 작성은 IDLE 편집기에서도 가능하고, 여러분이 즐겨 사용하는 어떠한 편집기에서도 가능하다. 다음은 달력을 출력하는 간단한 프로그램이다. 다음과 같은 내용을 편집기에 입력하고 실행하는 방법을 살펴보기로 하자.

```
# file : cal01.py
import calendar
calendar.setfirstweekday(6)    # 일요일을 첫 요일로
calendar.prmonth(2012, 6)
```

코드를 실행한 결과를 미리 보면 다음과 같다.

```
     June 2012
Su Mo Tu We Th Fr Sa
                1  2
 3  4  5  6  7  8  9
10 11 12 13 14 15 16
17 18 19 20 21 22 23
```

1 IDLE에서 실행하기

IDLE를 실행하고 메뉴에서 [File] → [New Window]를 선택한다.

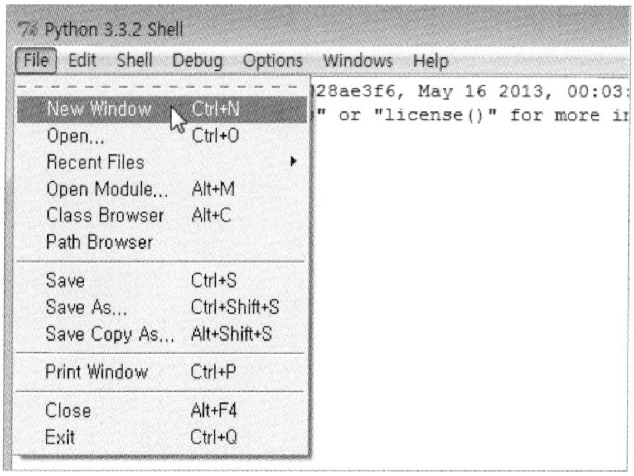

그림 1-17

새 화면에 프로그램을 작성한다. 그런 다음 메뉴의 [File] → [Save]를 선택한다.

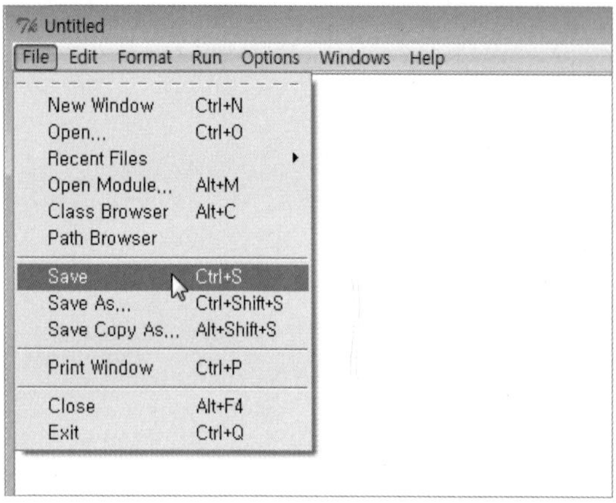

그림 1-18

처음 저장하는 것이므로 [다른 이름으로 저장] 대화 상자가 나타난다. [파일 이름(N)] 텍스트 상자에 원하는 파일 이름(예, calc01.py)을 입력하고 Enter 를 누른다. 파일 이름에 PY 확장자를 붙여야 한다.

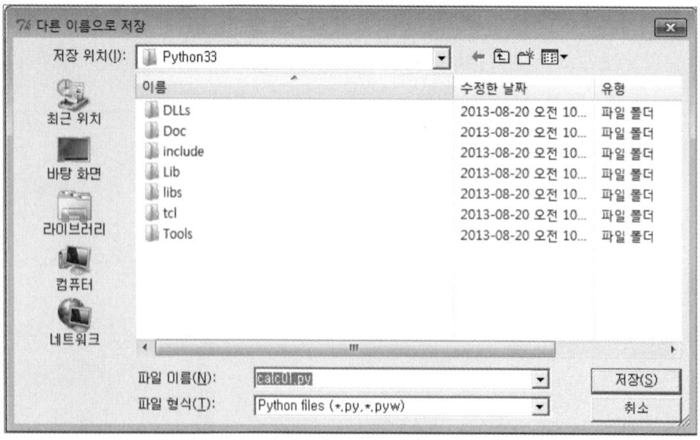

그림 1-19

그런 다음 메뉴에서 [Run] → [Run Module]를 선택하여 프로그램을 실행한다.

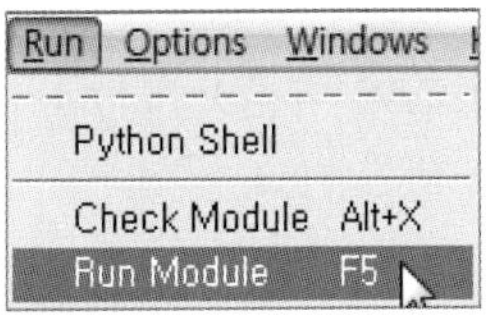

그림 1-20

실행 결과를 초기 IDLE 창에서 확인한다.

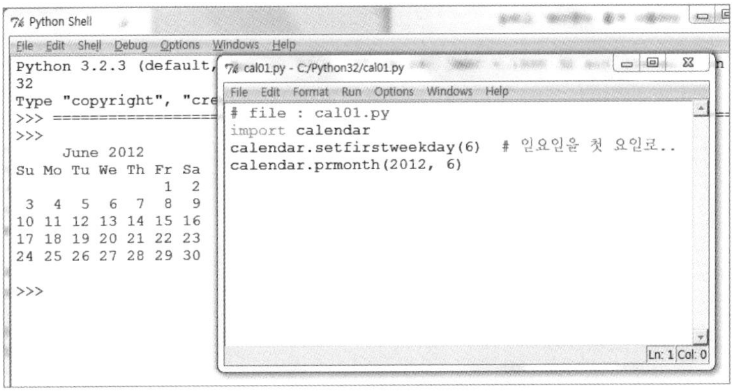

그림 1-21

2 명령 프롬프트에서 실행하기

명령 프롬프트에서 파이썬 프로그램을 실행하려면 1.3절에서 설명한 PATH 환경 변수가 설정되어 있으면 좋다. 그래야 파이썬을 아무 데서나 실행할 수 있기 때문이다. 명령 프롬프트에서 cal01.py 파일이 있는 디렉터리로 이동하고 다음과 같이 실행한다.

```
C:\...\src\ch01>python cal01.py
```

3 윈도우 탐색기에서 실행하기

윈도우 탐색기에서 cal01.py 파일을 마우스로 더블클릭하면 명령 프롬프트 창이 열리면서 프로그램이 실행된다. 그러나 실행이 완료된 후 곧바로 창이 닫히므로 다음과 같이 마지막에 Enter를 입력받는 줄을 한 줄 추가하면 창이 닫히기 전에 결과를 확인할 수 있다.

```
# file : cal02.py
import calendar
calendar.setfirstweekday(6)     # 일요일을 첫 요일로
calendar.prmonth(2012, 6)
input('type enter key..')       # 키보드 입력을 받는 명령
```

4 리눅스에서 실행하기

만일 여러분이 리눅스(혹은 유닉스)를 사용하고 있으면 일반적인 셸 스크립트를 실행하는 방법으로 파이썬 프로그램을 실행할 수 있다.

```
$ python cal01.py
June 2012
Su Mo Tu We Th Fr Sa
                1  2
 3  4  5  6  7  8  9
10 11 12 13 14 15 16
17 18 19 20 21 22 23
24 25 26 27 28 29 30
```

프로그램에 실행권을 부여하려면 다음과 같이 첫 번째 줄을 추가해야 한다.

```
#!/usr/bin/env python3
# file : cal03.py
import calendar

calendar.setfirstweekday(6)     # 일요일을 첫 요일로
calendar.prmonth(2012, 6)
```

스크립트가 #!로 시작하면 그것은 스크립트를 해석하여 실행할 프로그램의 경로명이 된다. 이제 cal03.py 파일에 실행권을 주고서 실행해 보자.

```
$ chmod +x cal03.py
$ ./cal03.py
June 2012
Su Mo Tu We Th Fr Sa
                1  2
 3  4  5  6  7  8  9
10 11 12 13 14 15 16
17 18 19 20 21 22 23
24 25 26 27 28 29 30
```

1.5 터틀 그래픽 실행하기

60년대 말 Logo라는 프로그래밍 언어에 도입되었던 터틀 그래픽은 쉬우면서도 재미있는 그래픽 라이브러리이다. 파이썬에서도 터틀 그래픽이 가능하도록 turtle이란 모듈을 제공한다. '윈도우 시작' 버튼을 누르고 다음 idle 명령을 입력한다.

```
idle
```

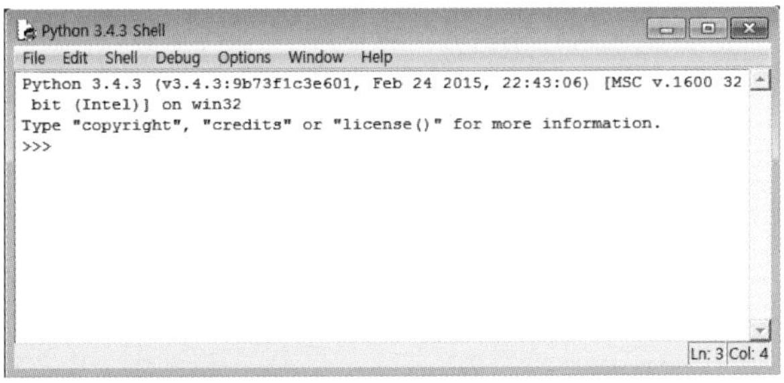

그림 1-22

다음과 같이 실행하면 새 화면이 나타나고 상자가 하나 만들어진다(그림 1-23).

```
>>> from turtle import *
>>> reset()
>>> forward(100)
>>> left(90)
>>> forward(100)
>>> left(90)
>>> forward(100)
>>> left(90)
>>> forward(100)
>>> left(90)
```

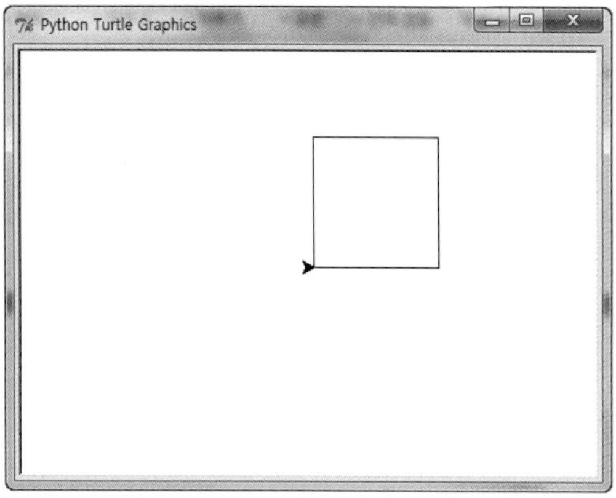

그림 1-23 터틀 그래픽을 실행한 화면

화면에 보이는 화살표가 진행 방향이고, forward(n) 함수는 거북이를 n 포인트만큼 전진시킨다. left(n) 함수는 거북이를 n 각도만큼 왼쪽으로 회전시킨다.
함수를 사용하면 좀 더 쉽게 정사각형을 그릴 수 있다.

```
>>> for k in range(4):          # 4회 반복
        forward(50)             # 50포인트만큼 전진
        left(90)                # 90° 왼쪽으로 방향 바꾸기
```

추가로 사용할 수 있는 명령에는 다음과 같은 것이 있다. 여러 가지로 시험해 보기 바란다.

초기화 명령들

`reset( )` 함수	화면을 지우고 화살표(거북이)를 가운데로 놓는다. 모든 변수 값을 초기화한다.
`clear( )` 함수	화면을 지운다.

그리기 명령들

`forward(distance)` 함수	앞으로 나아간다.
`backward(distance)` 함수	뒤로 나아간다.
`left(angle)` 함수	왼쪽으로 회전한다.
`right(angle)` 함수	오른쪽으로 회전한다.
`goto(x, y)` 함수	특정 위치로 펜이 이동한다.
`circle(radius[, extent])` 함수	원을 그린다. radius는 반지름, extent는 그릴 분량의 각 범위를 나타낸다. (180, −180)
`write(text[, move])` 함수	텍스트를 쓴다. move가 1이면 펜이 이동한다.

설정 명령들

`degrees( )` 함수	각도 단위를 각도(Degree)로 설정한다.
`radians( )` 함수	각도 단위를 라디안(Radian)으로 설정한다.
`tracer(flag)` 함수	tracer(True)로 설정하면(기본값) 선이 천천히 그려지는 것이 보이고(거북이가 이동하는 것처럼), tracer(False)로 설정하면 최대한 빠르게 그려진다.
`up( )` 함수	앞으로 나아가거나 뒤로 나아갈 때 그림이 그려지지 않는다.
`down( )` 함수	앞으로 나아가거나 뒤로 나아갈 때 그림이 그려진다. 기본값이다.
`width(width)` 함수	선의 폭을 설정한다.
`color(r, g, b)` 함수	선의 색을 설정한다. 각각의 값은 0 또는 1이다.
`fill(flag)` 함수	1이면 도형을 채운다. 0이면 도형을 채우지 않는다.

기타

demo( ) 함수 데모를 보여준다.

다음 그림을 그려 보자.

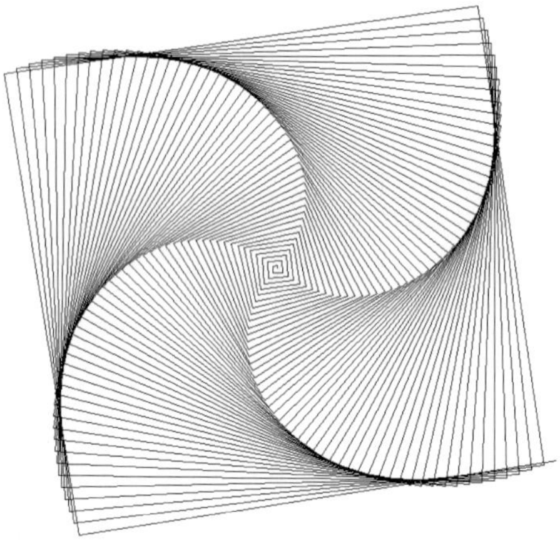

그림 1-24

tracer(False)로 설정한 상태에서 앞의 그림을 빠르게 그리는 코드는 다음과 같다.

```
# turtle01.py
import turtle

turtle.tracer(False)
t1 = turtle.Turtle()            # 거북이 객체 1개를 생성한다.

screen = t1.getscreen()         # 스크린 객체를 얻는다.
w = 150
screen.setworldcoordinates(-w, -w, w, w)    # 스크린 좌표 영역을 설정한다.
for i in range(200):
    t1.forward(i)
    t1.left(90.5)
```

```
turtle.tracer(True)
t1.hideturtle()                 # 거북이를 숨긴다.
turtle.done()
```

1.6 도움말 얻기

파이썬 인터프리터를 실행하는 중에 어떤 모듈이나 함수에 대한 설명을 보고자 한다면 간단히 F1을 누르거나 help( ) 내장 함수를 사용하는 방법이 있다. F1을 누르면 파이썬 매뉴얼이 별도의 창으로 실행된다. help( ) 함수는 인터프리터에서 도움말을 얻고자 할 때 사용한다. 다음은 모듈 sys에 대한 설명을 help( ) 함수를 이용하여 참조하는 예이다.

```
>>> import sys
>>> help(sys)
...                  모듈 sys에 관한 문서가 나온다.
...                  너무 길어서 생략하였다.
```

모듈 sys의 exit( ) 함수에 관한 설명을 보자.

```
>>> help(sys.exit)
Help on built-in function exit:

exit(...)
    exit([status])

    Exit the interpreter by raising SystemExit(status).
    If the status is omitted or None, it defaults to zero (i.e., success).
    If the status is numeric, it will be used as the system exit status.
    If it is another kind of object, it will be printed and the system
    exit status will be one (i.e., failure).
```

1.7 패키지 설치하기

소스로 배포되는 패키지 1.7.1

만일 압축 소스 파일로 배포되는 패키지를 내려받는다면 다음과 같은 방법으로 설치할 수 있다.

- 압축 소스 파일(*.tar.gz, *.tgz, *.tar.bz2)을 내려받는다.
- 내려받은 파일의 압축을 푼다.
- 패키지를 설치한다.

예를 들어, aaa-0.6.27.tar.gz라는 압축 파일을 내려받았다면 다음과 같이 설치할 수 있다.

```
$ tar zxvf aaa-0.6.27.tar.gz  # 파일의 압축을 푼다..
$ cd aaa-0.6.27               # 명령 프롬프트에서 소스 디렉터리로 이동한다.
$ python setup.py install
```

pip를 이용하여 배포되는 패키지 1.7.2

배포되는 파이썬 패키지를 관리하는 방법은 몇 가지가 있지만, 가장 간단하고 관리하기 쉬운 방법은 pip를 이용하는 것이다. pip는 Python Package Index(https://pypi.python.org/pypi)에 등록된 패키지들을 설치하고 관리해주는 패키지 관리 시스템으로 파이썬 패키지를 설치하는 방법 중 가장 많은 사람들이 선호한다. 예를들어 django를 설치할 때 pip를 이용하는 방법은 다음과 같다.

```
$ pip install django              # 패키지 설치
$ pip install django --upgrade    # 패키지 업그레이드
$ pip uninstall django            # 패키지 삭제
$ pip list --outdated             # 최신이 아닌 패키지 목록 표시
$ pip search django               # 질의어를 포함하는 패키지 검색
```

pyvenv를 이용한 가상 환경 설정 1.7.3

파이썬의 "가상 환경(virtual environment)"은 패키지가 시스템에 설치되는 것이 아니라 특정 애플리케이션의 한정된 환경에서 설치할 수 있다. 예를 들어 어떤 프로그램 A는 라이브러리 버전 1이 필요하고 또 다른 프로그램은 버전 2가 필요한 상황이라면 라이브러리 버전 1을 업그레이드 해야 할지 말아야 할지 고민해야 한다. 이럴 때 가상 환경은 두 경우를 분리해서 사용할 수 있게 해준다. 가상 환경은 파이썬 3.4부터 기본으로 추가된 pyvenv 도구로 설정할 수 있다.

```
# myenv라는 가상환경을 위한 폴더가 만들어지고 필요한 파일들이 복사된다.
python -m venv myenv

# myenv 가상 환경을 활성화한다.
myenv\Scripts\activate

# 여기서 설치되는 패키지는 myenv 폴더 안의 site-packages 폴더에 설치되어 지역적으로만 유효하다.
pip install django

# 가상 환경 사용을 종료하려면 deactivate를 실행한다.
myenv\Scripts\deactivate
```

연/습/문/제/
Exercise

1 파이썬을 여러분의 시스템에 설치해 보자.

2 파이썬이 기존에 알고 있던 다른 언어와 다른 특성이 무엇인지 정리해 보자.

3 파이썬 패키지와 함께 설치된 Manual Docs을 이용하여 수학 관련 모듈에는 어떤 것이 있는지 조사해 보자. (math 키워드 이용) 혹은 관심 있는 다른 모듈을 조사해 보자.

4 파이썬 프로그램을 실행하는 방법에는 어떤 것이 있는지 정리해 보자.

5 파이썬의 대화식 인터프리터를 종료하는 방법을 정리해 보자.

6 현재 시각을 표시하는 간단한 스크립트 파일을 만들어 보고 IDLE와 명령 프롬프트(혹은 리눅스의 셸)에서 각각 실행해 보자. 현재 시각을 표시하는 대화식 인터프리터에서의 예는 다음과 같다.

```
>>> import time
>>> time.asctime()
'Tue Jun 19 09:27:36 2012'
```

7 math나 cmath 모듈을 이용하여 $ax^2+bx+c=0$ 와 같은 2차 방정식의 두 개의 근을 구해 보자. 근의 공식은 $x=\frac{-b\pm\sqrt{b^2-4ac}}{2a}$ 이다. a=2, b=−1, c=−15일 경우와 a=2, b=−1, c=15인 경우에 대해서 각각 근을 구해 보자.

8 http://ipython.org 사이트를 방문하여 최신 버전의 ipython 소스를 내려받고 패키지를 설치해 보자.

9 ipython qtconsole과 ipython notebook이 동작하도록 설치해 보자.

10 파이썬 2.*x*에서 파이썬 3으로의 코드 변환은 어느 정도 자동화가 가능한 lib2to3 라이브러리를 이용하여 쉽게 할 수 있다. 파이썬 2.7이나 3.*x*를 설치하면 실행 가능한 2to3 스크립트를 제공한다. 만일 2to3.py를 찾을 수 없다면 다음 코드와 같이 직접 만들어서 사용해도 된다.

```
#!/usr/bin/env python
import sys
from lib2to3.main import main

sys.exit(main("lib2to3.fixes"))
```

Python 2.*x* 소스 파일 example.py가 다음과 같이 주어져 있다고 하자.

```
def greet(name):
    print("Hello, {0}!".format(name))
print("What's your name?")
name = raw_input()
greet(name)
```

2to3를 이용하면 Python3용 코드로 변환할 수 있다. -w 옵션이 없다면 차이점만 표시한다.

```
$ 2to3 -w example.py
```

example.py 파일이 다음과 같이 바뀌어 있는 것을 확인할 수 있다.

```
def greet(name):
    print("Hello, {0}!".format(name))
print("What's your name?")
name = input()
greet(name)
```

Python 2.*x*로 만든 코드를 Python3용으로 변환하고 실행 여부를 시험해 보자.

제 2 장

파이썬 문과 기본 자료형

Chapter 02

이 장에서는 파이썬을 빠르게 습득할 수 있도록 파이썬의 전체적인 면을 간략하게 기술한다. 개발 경험이 많은 개발자라면 이 장만 읽고서도 프로그램을 작성할 수 있을 것이다.

2.1 변수 이름 짓기

파이썬 3에서 유니코드의 사용이 가능해지면서 변수 이름 규칙도 복잡해지긴 했지만 단순화된 관점에서 변수 이름을 지을 때 지켜야 하는 규칙은 다음과 같다.

- 유니코드 문자나 밑줄(_)로 시작해야 한다.
- 이름에 공백이 없어야 한다.
- 아스키코드의 특수 문자는 사용할 수 없다.
- 예약어가 아니어야 한다.

다음과 같은 이름들은 변수 이름으로 사용할 수 있다.

```
a,  a123,  my_name,  MyName,  _private,  __b
```

다음처럼 한글 이름도 변수 이름으로 사용할 수 있다.

```
>>> 횟수 = 1
>>> while 횟수 < 10:
        횟수 = 횟수 + 1

>>> 횟수
```

```
10
>>> def 더하기(a, b):
        return a + b

>>> 더하기(2, 3)
5
```

파이썬에서 이미 사용하고 있는 몇몇 예약어는 변수로 사용할 수 없다. 파이썬 예약어(혹은 키워드)를 알아내는 방법은 다음과 같다.

```
>>> import keyword
>>> keyword.kwlist        # 키워드 목록을 보여준다.
['False', 'None', 'True', 'and', 'as', 'assert', 'break', 'class',
'continue', 'def', 'del', 'elif', 'else', 'except', 'finally', 'for',
'from', 'global', 'if', 'import', 'in', 'is', 'lambda', 'nonlocal', 'not',
'or', 'pass', 'raise', 'return', 'try', 'while', 'with', 'yield']
>>> len(keyword.kwlist)  # 단어의 개수를 센다. 키워드의 개수를 알 수 있다.
33
```

변수 이름을 지으면서 고려할 내용은 이미 사용중인 내장 함수의 이름이나 모듈 이름은 피하는 것이 좋다. 예를 들어, str은 어떤 객체를 문자열 표현으로 변환하는 자료형 클래스이다. 그런데 변수 이름으로 사용하면 다음부터 이 함수를 사용할 수 없게 된다.

```
>>> str(12345)          # str() 함수는 정수를 문자열로 변환한다.
'12345'
>>> str = 'abc'         # 이제 str은 함수가 아니라 문자열 변수이다.
>>> str(12345)          # str은 문자열 변수다.
Traceback (innermost last):
    File "<pyshell#23>", line 1, in ?
        str(12345)
TypeError: call of non-function (type string)

>>> del str              # 문자열 변수 str을 제거한다.
>>> str(12345)           # 원래의 str() 함수를 다시 사용할 수 있다.
'12345'
```

2.2 파이썬 기초문

주석 2.2.1

주석(Comment)은 코드를 설명하는 내용이나 참고할 사항 등을 코드 내에 기술하기 위해 사용한다. 프로그램의 실행에는 전혀 영향을 미치지 않는다. 주석은 줄 어디에서나 시작할 수 있다. 한 줄에서 # 다음에 나오는 텍스트는 주석으로 취급한다.

```
>>> # 이것은 주석이다.
>>> import sys      # 이것도 주석이다.
```

여러 줄을 한 줄로 잇기 2.2.2

코드를 한 줄에 적어야 하지만 그렇게 하지 못하는 경우 \를 사용한다. 그러면 다음 줄이 현재 줄과 이어지게 된다.

```
>>> a = 1; b = 3
>>> if (a == 1) and \      현재 줄과 다음 줄을 한 줄로 간주한다.
    (b == 3):
        print('connected lines')
```

치환문 2.2.3

=가 사용된 문은 오른쪽의 객체나 식을 왼쪽의 변수 이름에 할당하는 것으로 치환문(Assignment)이나 대입문이라고 한다. 변수 이름은 선언할 필요가 없다. 필요한 시점에서 치환하면 변수는 만들어진다. 변수의 자료형은 = 오른쪽의 자료형에 의해서 결정된다.

```
>>> a = 1
>>> b = a
```

그러나 다음과 같은 구문은 에러이다. 치환문은 = 왼쪽에 치환할 변수 이름이 놓여야 한다.

```
>>> 1 + 3 = a
SyntaxError: can't assign to operator
```

=는 등호가 아니다. 치환 연산자이다. 오른쪽의 값을 왼쪽에 갖다 놓으라는 뜻이다. 만일 등호라면 다음 두 번째 구문은 영원히 거짓일 것이다. a에 1을 더하고, 결과를 왼쪽에 치환하라는 뜻이다.

```
>>> a = 1
>>> a = a + 1    # a는 2가 된다.
```

값이 같은지를 서로 비교하는 연산자로는 ==을 사용한다. 결과로 True와 False를 반환한다.

```
>>> 4 == 5
False
>>> 4 < 5
True
```

치환문은 다양하게 표현된다. 여러 값을 한 줄에서 치환하는 방법을 익혀 보자.

```
>>> c, d = 3, 4         # 여러 개를 한꺼번에 치환한다.
>>> x = y = z = 0       # 여러 개를 같은 값 0으로 치환한다.
>>> e = 3.5; f = 5.6    # 세미콜론(;)으로 문들을 구분한다.
>>> e, f = f, e         # 값을 교환한다.
>>> a, b = 1, 2         # 언패킹(Unpacking), 오른쪽의 묶인 값들을 왼쪽 변수로 풀어내는 것이다.
>>> a, *b = [1, 2, 3, 4, 5]  # 확장된 언패킹, b에는 할당되고 남은 나머지 값들이 할당된다.
>>> a
1
>>> b
[2, 3, 4, 5]
```

```
>>> *a, b = [1, 2, 3, 4, 5]
>>> a
[1, 2, 3, 4]
>>> b
5
```

변수가 이미 있을 경우에 변수에 새 값을 할당하면 기존의 값을 잃어 버리고 새 값으로 치환된다. 변수가 없을 경우는 새로 변수가 만들어진다.

```
>>> a = 1                # 정수로 치환한다.
>>> type(a)              # 자료형을 확인한다.
<class 'int'>
>>> a = 'dynamic'        # 동일한 이름에 다른 자료형을 할당한다.
>>> type(a)              # 자료형을 확인한다.
<class 'str'>
```

확장 치환문 2.2.4

산술과 관계 연산자를 치환문과 함께 사용할 수 있다. 확장 치환 연산자의 종류는 다음과 같다.

```
+=, -=, *=, /=, //=, %=, **=, >>=, <<=, &=, ^=, &=, |=
```

x op= y의 의미는 x = x op (y)와 같다. 즉, 다음은 서로 같다.

```
a += 2  ↔  a = a + (2)
```

다음은 예이다.

```
>>> a = 1
>>> a += 4
>>> a
5
```

```
>>> a -= 3
>>> a
2
>>> a *= 2 + 3
>>> a
10
```

이름과 값 객체 2.2.5

파이썬은 변수의 이름과 값 객체가 분리되어 있다.

```
a = 1
```

이 구문에서 숫자 1이 변수 a에 저장되는 것이 아니다. 파이썬에서는 a를 이름이라고, 숫자 1을 값 객체라고 한다. 두 개념은 분리되어 있다. 다음은 이 둘을 표현한 구조이다.

그림 2-1 변수의 이름과 값 객체의 분리

여기서 변수의 이름 a는 값이 1인 객체를 가리킨다. 값이 1인 객체는 다른 메모리 공간에 있다.

객체의 치환 2.2.6

다음과 같은 코드를 생각해 보자.

```
>>> X = [1, 2, 3]
>>> Y = [10, X, 20]
>>> Z = ['a', X, 'b']
>>> X
```

```
[1, 2, 3]
>>> Y
[10, [1, 2, 3], 20]
>>> Z
['a', [1, 2, 3], 'b']
```

Y와 Z는 각각 객체 X를 내부 항목으로 지정했다. 이때 어떤 일이 일어날까? X 객체에 대한 참조만 Y와 Z에 삽입된다. 즉, 객체가 Y와 Z에 의해 공유되는 것이다. 그림 2-2는 X, Y, Z의 자료 구조이다.

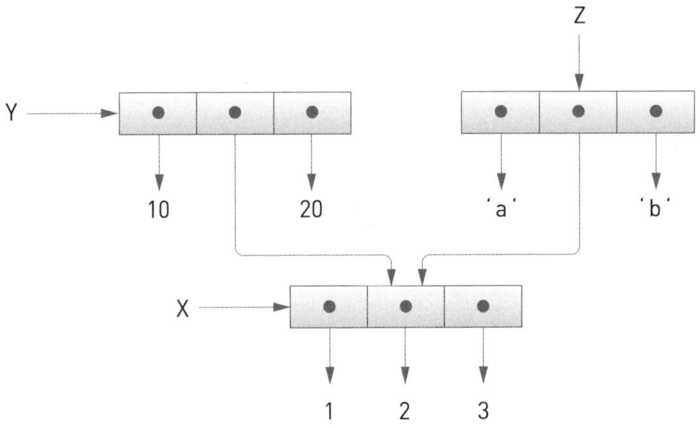

그림 2-2 내포 객체의 자료 구조

X가 공유되는지는 다음 코드를 통해서 확인해보자.

```
>>> X[1] = 1000
>>> X
[1, 1000, 3]
>>> Y
[10, [1, 1000, 3], 20]
>>> Z
['a', [1, 1000, 3], 'b']
```

X[1]만을 변경했는데, Y와 Z가 같이 변했다. 이것은 객체가 공유된다는 의미이다. 사실 이름 X는 객체의 참조(Reference)를 나타내는 것이므로 Y와 Z는 동일 객체의 참조만 저장하고 있는 것이다.

일반적으로 파이썬에서의 치환은 대부분 참조에 의해 이루어진다. 만일 객체를 복사하기를 바란다면 객체에 따라 해당 방법을 적용하거나 일괄적으로 copy 모듈을 이용하면 된다. 여기에 대해서는 9장에서 설명한다.

2.3 문자열로 표현된 파이썬 코드 실행하기

우리는 원하는 문자열을 프로그램 실행 중에도 마음대로 만들 수 있다. 때문에 문자열로 표현된 파이썬 코드를 실행하는 것은 유용하다. 이런 코드를 실행하는 방법으로는 몇 가지가 있다.

eval( ) 함수 2.3.1

파이썬의 eval( ) 내장 함수는 문자열로 표현된 파이썬 식(Expression)을 인수로 받아 파이썬 컴파일 코드로 변환한다. 결국 파이썬 인터프리터가 번역하여 실행할 수 있다.

```
>>> a = 1
>>> a = eval('a + 4')
>>> a
5
```

eval( ) 함수는 식만을 처리할 수 있어서 문(Statement)을 인수로 받으면 다음과 같이 SyntaxError 예외가 발생한다.

```
>>> eval('a = a + 4')
File "<string>", line 1
    a = a + 4
      ^
SyntaxError: invalid syntax
```

eval( ) 함수의 구문은 다음과 같다.

```
eval(expression[, globals=None[, locals=None]])
```

여기서 인수 global은 전역 영역의 사전이고, 인수 local은 지역 영역의 사전이다. 이들 인수는 선택 요소이다. 전역 영역과 지역 영역에 대해서는 11장 함수에서 다룬다.

exec( ) 함수 2.3.2

파이썬의 exec ( ) 내장 함수는 문자열로 표현된 문(Statement)을 인수로 받아 파이썬 컴파일 코드로 변환한다. 결국 파이썬 인터프리터가 번역하여 실행할 수 있다.

```
>>> a = 5
>>> exec('a = a + 4')
>>> a
9
```

exec( ) 함수는 여러 개의 문일 수 있다.

```
>>> s = '''
a = 1
if a > 0:
    print('Success')
'''
>>> exec(s)
Success
```

exec( ) 함수의 구문은 다음과 같다.

```
exec(object[, globals[, locals]])
```

여기서 인수 global은 전역 영역의 사전이고, 인수 local은 지역 영역의 사전이다. 이들 인수는 선택 요소이다. 전역 영역과 지역 영역에 대해서는 11장 함수에서 다룬다.

compile( ) 함수 2.3.3

eval( )과 exec( ) 함수는 문자열로 표현된 코드를 분석해서 파이썬 컴파일 코드로 변환한다. 만일 이러한 코드를 반복적으로 실행하게 되면 변환에 필요한 시간은 크게 늘어나게 된다. 이것을 효율적으로 개선하는 방법은 문자열을 파이썬 컴파일 코드로 한번 변환하고서, 반복해서 실행할 때마다 이 변환된 코드를 실행하는 것이다. compile( ) 내장 함수는 문자열을 컴파일하여 파이썬 코드를 반환한다. 이 함수의 구문은 다음과 같다.

```
compile(string, filename, mode)
```

여기서 인수 string은 코드 문자열이고, 인수 filename은 코드 문자열이 저장된 파일 이름이다. 코드 문자열이 파일이 아니라면 〈string〉을 사용한다. 인수 mode는 어떤 종류의 코드가 컴파일되어야 하는지 지정한다. exec이면 여러 개의 문을 컴파일하며, single이면 하나의 문을 컴파일한다. 그리고 eval이면 하나의 식을 컴파일한다.

다음은 compile( ) 함수를 사용한 예로 식(Expression)인 경우이다.

```
>>> code = compile('a + 1', '<string>', 'eval')
>>> a = 1
>>> a = eval(code)
>>> print(a)
2
```

다음은 하나의 문인 경우이다.

```
>>> code = compile('a = a + 1', '<string>', 'single')
>>> a = 1
>>> exec(code)
>>> print(a)
2
```

다음은 여러 개의 문인 경우이다.

```
>>> s = '''
a = 1
for k in range(10):
    a = a + 1
print(a)
'''
>>> code = compile(s, '<string>', 'exec')
>>> exec(code)
11
```

마지막으로 소스 코드 파일을 읽어서 실행하는 예를 보자. compile_src.py 파일의 내용은 다음과 같다.

```
# compile_src.py
a = 1
for k in range(10):
    a = a + 1
print(a)
```

앞서의 파일에서 코드를 읽어서 실행하는 예는 다음과 같다.

```
>>> s = open('compile_src.py').read()   # 파일 내용을 읽어 들인다.
>>> code = compile(s, 'compile_src.py', 'exec')
>>> exec(code)
11
```

2.4 콘솔 입출력

이 절에서는 표준 입력 장치(키보드)에서 데이터를 입력받고 표준 출력 장치(화면)로 데이터를 출력하는 방법에 대해서 간단히 설명한다.

콘솔 입력 2.4.1

키보드로부터 데이터를 입력받기 위해서 사용하는 함수는 input( )이다. 이 함수는 인수 하나를 사용하는데, 키보드의 입력을 알려주는 프롬프트(메시지)이다. Enter를 누를 때까지 입력받은 문자열을 반환한다.

```
>>> name = input('name?')
name?이강성
>>> name
'이강성'
```

만일 정수나 실수 값을 원한다면 input( ) 함수를 사용해서 문자열을 입력받고서 수치형으로 변환한다.

```
>>> k = int(input('int : '))
int : 89
```

```
>>> k
89
>>> type(k)
<class 'int'>
```

콘솔 출력 2.4.2

1 print( ) 함수

화면으로 데이터를 출력할 때 가장 보편적으로 사용하는 함수는 print( )이다. 여러 값을 쉼표(, Comma)로 구분할 수 있으며, 출력할 때 각각의 값 사이에 공백 한 개가 추가된다.

```
>>> print('add :', 4 + 5, 'sub =', 4 - 2)
add : 9 sub = 2
```

기본적으로 print( ) 함수는 마지막에 줄 바꾸기를 하지만, 인수 end로 마지막 출력 문자를 변경할 수 있다.

```
>>> print(1, 2); print(3, 4)
1 2
3 4
>>> print(1, 2, end = ' '); print(3, 4)
1 2 3 4
```

인수 sep를 사용하면 항목 간의 출력 문자도 변경할 수 있다.

```
>>> print(1, 2, 3, 4, 5)
1 2 3 4 5
>>> print(1, 2, 3, 4, 5, sep = ', ')
1, 2, 3, 4, 5
>>> print(1, 2, 3, 4, 5, sep = '')
12345
```

인수 file를 사용하면 파일 객체로 출력하도록 전환할 수 있다.

```
>>> f = open('out.txt', 'w')          # out.txt 파일을 쓰기 모드로 준비한다.
>>> print(1, 2, 3, 4, 5, file = f)  # 출력 내용을 f 객체로 (out.txt)
>>> f.close( )                        # 파일을 닫는다.
>>> open('out.txt').read( )           # 출력 내용을 확인한다.
'1 2 3 4 5\n'
```

2 서식 출력

만일 데이터 한 개에 대해 서식을 지정해서 출력하고 싶으면 format( ) 함수를 사용한다. 이 함수의 구문은 다음과 같다.

```
format(value, format_spec)
```

여기서 인수 value를 인수 format_spec에 지정된 서식의 문자열로 변환하여 출력한다.

```
>>> print(format(1.234567, '10.3f'))
1.235
```

앞의 예에서 10.3f는 총 10자리를 확보하고 소수점 이하는 3자리로 제한하여 고정 소수점(Fixed Point) 형식으로 출력하라는 의미이다. 여기에 사용할 수 있는 변환형으로 d는 정수, x는 16진수, s는 문자열 등이 있다. 자세한 내용은 4장에서 설명한다.

좀 더 세련된 서식의 출력을 원하면 format( ) 메서드를 사용하면 된다.

```
>>> 'Name : {0}, Phone : {1}'.format('gslee', 5284)
'Name : gslee, Phone : 5284'
```

여기서 {0}과 {1}은 format( ) 메서드의 첫 번째와 두 번째 인수를 각각 의미한다. 이것을 사용하여 1부터 4까지의 제곱근을 출력한 예를 보자.

```
>>> for k in range(1, 5):
        print('sqrt({0})={1}'.format(k, math.sqrt(k)))

sqrt(1) = 1.0
sqrt(2) = 1.4142135623730951
sqrt(3) = 1.7320508075688772
sqrt(4) = 2.0
```

제곱근 값을 출력하면서 자릿수를 고정하고 싶으면 {} 안에 위치 매개 변수 다음에 콜론(:)을 입력하고 변환하려는 서식을 지정하는 문자열을 사용한다.

```
>>> for k in range(1, 5):
        print('sqrt({0})={1:5.3f}'.format(k, math.sqrt(k)))

sqrt(1) = 1.000
sqrt(2) = 1.414
sqrt(3) = 1.732
sqrt(4) = 2.000
```

format( ) 메서드에 대한 좀 더 다양한 설명은 4장에서 살펴보도록 하자.

3 pprint 모듈을 사용하기

복잡한 데이터를 출력할 때 pprint 모듈을 사용하면 좀 더 깔끔하게 출력 결과를 얻을 수 있다.

```
>>> import pprint
>>> complicated = ['spam', (1, 2, 3), ('ham', 'egg', ('ab', 'cd', ('abc', 'def')))]
>>> complicated = complicated * 3
```

print( ) 함수를 사용해서 출력한 경우는 다음과 같다.

```
>>> print(complicated)
['spam', (1, 2, 3), ('ham', 'egg', ('ab', 'cd', ('abc', 'def'))), 'spam',
(1, 2, 3), ('ham', 'egg', ('ab', 'cd', ('abc', 'def'))), 'spam', (1, 2, 3),
('ham', 'egg', ('ab', 'cd', ('abc', 'def')))]
```

pprint 모듈을 사용해서 출력한 경우는 다음과 같다.

```
>>> pprint.pprint(complicated)
['spam',
(1, 2, 3),
('ham', 'egg', ('ab', 'cd', ('abc', 'def'))),
'spam',
(1, 2, 3),
('ham', 'egg', ('ab', 'cd', ('abc', 'def'))),
'spam',
(1, 2, 3),
('ham', 'egg', ('ab', 'cd', ('abc', 'def')))]
```

2.5 자료형의 종류

이 절에서는 많이 사용하는 파이썬 자료형을 간단히 소개한다. 자료형이란 컴퓨터로 표현할 수 있는 데이터의 종류를 의미한다. 파이썬은 내장 자료형(Built-in Type)으로 다양한 정보를 저장할 수 있는 자료형을 미리 준비해 놓고 있다. 파이썬에서는 고수준의 자료형을 제공한다. 파이썬의 자료형은 강력하여 다른 언어를 사용할 때 겪게 되는 번거로운 작업을 많이 줄여 준다. 대부분 별다른 자료 구조 설계 없이도 파이썬에서 제공하는 자료형만으로 작업이 충분하다. 파이썬으로 표현할 수 있는 내장 자료형 중 중요한 몇 가지를 소개한다.

표 2-1 파이썬의 주요 내장 자료형

자료형	설명	예
bool	True와 False를 나타내는 자료형이다.	True, False
int, float, complex	정수와 실수, 복소수 등 숫자를 표현하는 자료형이다.	123, 1.43, 5+4j
str	유니코드 문자의 모임을 표현하는 자료형이다. 내용 변경이 안 된다.	'spams', "ham", '''egg''', """hot dog"""
bytes	0 ~ 255 사이 코드의 모임을 표현하는 자료형이다.	b'Python'
list	순서가 있는 파이썬 객체의 집합을 표현하는 자료형이다.	['ham', 'spam']
dict	순서가 없는 파이썬 객체의 집합을 표현하는 자료형이다. 키(Key)로 값을 꺼낸다.	{'ham':4, 'spam':5}
tuple	순서가 있는 파이썬 객체의 집합을 표현하는 자료형이다. 내용 변경이 안 된다.	('ham', 'spam')
set	집합을 표현하는 자료형이다.	{1, 2, 3}

부울 2.5.1

파이썬에서 부울은 값으로 참이나 거짓을 나타내는 True와 False 두 상수를 갖는다.

```
>>> a = 1
>>> a < 0
False
>>> a > 0
True
```

부울 값은 정수로 간주하기도 한다. True는 1로 False는 0으로 간주한다.

```
>>> True + True
2
```

```
>>> True * False
0
```

식에서 부울 값을 알고 싶으면 bool( ) 함수를 사용한다.

```
>>> bool(3)
True
>>> bool([])
False
```

부울 식은 주로 if 문이나 while 문에서 사용한다.

```
if(1 < a and a < 10):
    print('I am in')
```

문자열 2.5.2

문자열은 문자들(텍스트)을 표현하는 자료형이다. 문자열이란 작은따옴표(' ')나 큰따옴표(" ")로 묶인 문자들의 모임이다.

```
>>> s = '안녕!'
>>> s = "Hello World!"
```

이러한 문자열은 다음과 같이 인덱싱(Indexing)으로 각각의 문자를 취할 수 있다.

```
>>> s = "Hello World!"
>>> s[0]
'H'
>>> s[1]
'e'
```

```
>>> s[-1]
'!'
>>> s[-2]
'd'
```

다음과 같이 슬라이싱(Slicing)으로 문자열 중 일부를 취할 수도 있다.

```
>>> s[1:3]
'el'
>>> s[0:5]
'Hello'
```

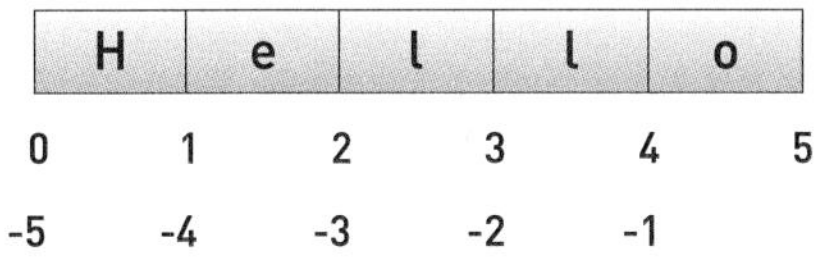

그림 2-3

슬라이싱의 시작 위치를 생략하면 처음부터라는 의미이며, 마지막 위치를 생략하면 끝까지라는 의미이다.

```
>>> s = 'Hello'
>>> s[1:]          # 1 위치부터 끝까지
'ello'
>>> s[:3]          # 처음부터 3 위치까지
'Hel'
>>> s[:]           # 처음부터 끝까지
'Hello'
```

슬라이싱에서 세 가지 값(start:stop:step)을 가질 수 있다. 이 중에서 step은 순서가 있는 내장 자료형에서 몇 단계를 건너뛸까를 정한다. 순서가 있는 자료형인 문자열과 리스트, 튜플에 모두 적용된다. 세 값을 생략하면 기본값으로 start는 시작 참조 값이, stop은 끝 참조 값이 step은 1이 지정된다.

```
>>> s = 'abcd'
>>> s[::2]        # 2칸 단위로
'ac'
>>> s[::-1]       # 거꾸로
'dcba'
```

문자열에서는 연결(+)과 반복(*) 연산도 적용할 수 있다.

```
>>> 'Hello' + ' ' + 'World'
'Hello World'
>>> 'Hello' * 3
'HelloHelloHello'
>>> '-' * 60
'------------------------------------------------------------'
```

문자열은 값이 변경되지 않는다.

```
>>> s = 'Hello World'
>>> s[0] = 'h'
Traceback (most recent call last):
  File "<pyshell#15>", line 1, in <module>
    s[0] = 'h'
TypeError: 'str' object does not support item assignment
```

만일 문자열을 변경하고 싶으면 슬라이싱과 연결하기를 사용한다.

```
>>> s = 'h' + s[1:]
>>> s
'hello World'
```

문자열의 길이는 len( ) 내장 함수를 사용하면 알 수 있다.

```
>>> s = 'Hello World'
>>> len(s)
11
```

in 연산자로 멤버 검사를 해서 부분 문자열의 존재를 확인할 수 있다.

```
>>> 'World' in s    # 'World'가 문자열 s 안에 있는가?
True
>>> 'World' not in s
False
```

문자열은 다양한 메서드를 지원한다. 몇 가지 예만 간단히 보자.

```
>>> s
'Hello World!'
>>> s.upper( )                # 대문자로 전환한다.
'HELLO WORLD!'
>>> s.split( )                # 공백을 기준으로 분리한다.
['Hello', 'World!']
>>> s.find('World')           # 부분 문자열의 위치를 찾는다.
6
>>> s.startswith('Hello')   # 시작하는 부분 문자열을 확인한다.
True
>>> s.endswith('ld')          # 종료하는 부분 문자열을 확인한다.
False
```

QUIZ

1_ 슬라이싱과 연결 연산을 이용하여 s = 'Hello World'를 'World Hello'로 만들어 보자.

2_ x = 'abcde'를 'bcdea'로 만들어 보자.

바이트 2.5.3

앞서 문자열이 유니코드 문자의 열인 반면, 바이트는 0 ~ 255 사이 코드의 열이다. 바이트는 다음과 같이 정의한다.

```
>>> b = b'Python rules'      # 바이트 상수의 선언은 b로 시작한다.
>>> b
b'Python rules'
>>> type(b)
<class 'bytes'>
```

바이트도 문자열에서 사용하는 연산을 거의 제공한다.

```
>>> b[1:5]                  # 인덱싱과 슬라이싱을 모두 지원한다.
b'ytho'
>>> b'th' in b              # 멤버 검사를 지원한다.
True
>>> b.upper( )              # 내장 함수를 지원한다.
b'PYTHON RULES'
>>> b.split( )              # 바이트를 공백을 기준으로 분리한다.
[b'Python', b'rules']
>>> b.startswith(b'Py')  # 시작하는 바이트를 검사한다.
True
>>> b.endswith(b'ld')     # 끝나는 바이트를 검사한다.
False
```

문자열과 바이트 간 차이점은 다음과 같다.

```
>>> s = '이강성'              # 문자열은 유니코드를 기본으로 한다.
>>> c = b'이강성'             # 바이트는 1바이트로 표현되는 문자만 표현할 수 있다.
SyntaxError: bytes can only contain ASCII literal characters.
>>> b'Python' + 'rules'     # 바이트와 문자열의 연산이 지원되지 않는다.
TypeError: can't concat bytes to str
```

바이트를 문자열로 변환하려면 decode( ) 메서드를 사용한다.

```
>>> b.decode( )            # 기본값으로 UTF-8을 사용한다.
'Python rules'
>>> b.decode('cp949')      # 직접 인코딩을 지정할 수 있다.
'Python rules'
```

문자열을 바이트로 변경하려면 encode( ) 메서드를 사용한다.

```
>>> s
'이강성'
>>> s.encode( )
b'\xec\x9d\xb4\xea\xb0\x95\xec\x84\xb1'
```

변경이 가능한 바이트를 원하면 bytearray 자료형을 사용한다.

```
>>> ba = bytearray(b)     # 자료형을 bytes에서 bytearray로 형변환을 한다.
>>> ba[7] = ord('R')      # 혹은 ba[7] = 82
>>> ba
bytearray(b'Python Rules')
>>> bytes(ba)             # 다시 자료형을 bytes로 변환한다.
b'Python Rules'
>>> ba.decode( )          # 문자열로 변환한다.
'Python Rules'
```

리스트 2.5.4

리스트는 대괄호 [ ]를 사용하여 임의의 객체를 저장하는 집합적인 자료형이다. 리스트는 순서가 있으며, 이 순서에 따라 접근할 수 있다. 다음은 리스트의 예이다. 문자열과 공통적인 연산을 먼저 보자.

```
>>> L = [1, 2, 3]          # 데이터 세 개로 구성된 리스트
>>> len(L)                 # 데이터의 개수
3
>>> L[1]                   # 두 번째 데이터이며, 오프셋은 0부터 시작한다.
2
>>> L[-1]
3
>>> L[1:3]                 # 슬라이싱
[2, 3]
>>> L + L
[1, 2, 3, 1, 2, 3]
>>> L * 3
[1, 2, 3, 1, 2, 3, 1, 2, 3]
>>> L = list(range(10))  # range() 함수로 생성된 객체를 리스트로 변환한다.
>>> L
[0, 1, 2, 3, 4, 5, 6, 7, 8, 9]
>>> L[::2]                 # 확장 슬라이싱
[0, 2, 4, 6, 8]
>>> L[::-1]                # 확장 슬라이싱
[9, 8, 7, 6, 5, 4, 3, 2, 1, 0]
>>> 4 in L                 # 멤버 검사
True
```

리스트는 다양한 메서드를 지원한다.

```
>>> L.append(4)          # 리스트 마지막에 데이터를 추가한다.
>>> L
[1, 2, 3, 4]
>>> del L[0]             # 리스트 내 데이터를 삭제한다.
>>> L
```

```
[2, 3, 4]
>>> L.reverse( )        # 리스트의 순서를 바꾼다.
>>> L
[4, 3, 2]
>>> L.sort( )           # 리스트를 오름차순으로 정렬한다.
>>> L
[2, 3, 4]
```

튜플 2.5.5

소괄호 ()를 사용하는 튜플(Tuple)도 문자열이나 리스트와 유사한 특성이 있다. 튜플의 예를 보자.

```
>>> t = (1, 2, 3)
>>> len(t)            # 데이터의 개수를 확인한다.
3
>>> t[0]              # 인덱싱
1
>>> t[-1]             # 음수를 사용해도 된다.
3
>>> t[0:2]            # 슬라이싱
(1, 2)
>>> t[::2]            # 확장 슬라이싱, 파이썬 2.3 이상
(1, 3)
>>> t + t + t         # 연결하기
(1, 2, 3, 1, 2, 3, 1, 2, 3)
>>> t * 3             # 반복하기
(1, 2, 3, 1, 2, 3, 1, 2, 3)
>>> 3 in t            # 멤버 검사
True
```

튜플과 리스트의 차이라면, 튜플은 값을 변경할 수 없고, 리스트는 변경할 수 있다는 것이다.

```
>>> t = (1, 2, 3)
>>> t[0] = 100          # 튜플은 변경이 안 된다.
TypeError: object doesn't support item assignment
```

```
>>> L = [1, 2, 3]
>>> L[0] = 100          # 리스트는 변경이 된다.
>>> L
[100, 2, 3]
```

리스트는 요소의 값을 조작하는 데 사용하는 메서드를 다양하게 가지지만, 튜플은 검색에 관련된 함수 몇 가지만 갖는다.

사전 2.5.6

사전(Dictionary)은 오프셋이 아닌 키를 사용하여 값을 얻는 자료형이다. 사전에 x라는 키(Key)를 주면 값 y를 돌려받는다. 또한, 키에 대응하는 값(Value)을 저장할 수도 있다. 다음은 사전의 예이다. 사전은 초기화할 때 중괄호 {}를 사용한다. 초깃값은 **키:값** 형태로 준다.

```
>>> d = {'one':'하나', 'two':'둘', 'three':'셋'}
>>> d = dict(one = '하나', two = '둘', three = '셋')        # 이 방법도 가능하다.
>>> d['one']                    # 키에 의해 값을 추출한다.
'하나'
>>> d['four'] = '넷'            # 새 항목을 삽입한다. 기존에 항목이 없으면 추가된다.
>>> d                           # 전체를 출력한다.
{'four': '넷', 'three': '셋', 'two': '둘', 'one': '하나'}
>>> d['one'] = 1                # 값을 변경한다. 기존에 항목이 있으면 변경된다.
>>> d
{'four': '넷', 'three': '셋', 'two': '둘', 'one': 1}
>>> 'one' in d                  # 키에 대하여 멤버 검사를 한다.
True
```

사전은 순서에 따라 요소를 저장하지 않는다. 그럴 필요가 없다. 순서에 의해서가 아니라 키에 의해서 값을 추출하기 때문이다. 그러나 때로는 기존의 자료형으로 변환해서 처리하는 것이 필요할 때가 있다. 사전을 리스트나 튜플로 변환할 수 있다.

```
>>> d = {'one':'하나', 'two':'둘', 'three':'셋', 'four':'넷'}
>>> d.keys( )              # 키만 추출한다.
dict_keys(['four', 'three', 'two', 'one'])
>>> d.values( )            # 값만 추출한다.
dict_values(['넷', '셋', '둘', '하나'])
>>> d.items( )             # 키와 값의 튜플의 항목으로 변환한다.
dict_items([('four', '넷'), ('three', '셋'), ('two', '둘'), ('one', '하나')])
```

집합 2.5.7

집합(Set)은 중복되지 않는 데이터를 순서 없이 저장하는 자료형이다. 멤버 검사와 중복된 항목을 제거할 때 유용하다.

```
>>> s1 = {1, 2, 3}         # 요소의 개수가 3인 집합을 생성한다.
>>> s1
{1, 2, 3}
>>> type(s1)
<class 'set'>
>>> s2 = set( )            # 공집합을 생성한다.
>>> s2
set( )

>>> L = [1, 2, 3, 2, 3, 2, 3, 2, 4, 5]
>>> s = set(L)             # 중복 항목을 제거하는 효과가 있다.
>>> s
{1, 2, 3, 4, 5}
>>> 3 in s
True

>>> s = {1, 2, 3}          # 여러 가지 집합 연산을 제공한다.
>>> t = {3, 4, 5, 6}
>>> s.union(t)             # 합집합
set([1, 2, 3, 4, 5, 6])
>>> s.intersection(t)      # 교집합
set([3])
```

```
>>> s-t                    # 차집합
set([1, 2])
>>> s | t                  # 합집합
set([1, 2, 3, 4, 5, 6])
>>> s & t                  # 교집합
set([3])

>>> s = {1, 2, 3}
>>> s.add(4)               # 집합은 변경이 가능한 자료형이다.
>>> s
{1, 2, 3, 4}
>>> s.discard(4)
>>> s
{1, 2, 3}
```

자료형의 분류 2.5.8

파이썬은 자료형을 다음과 같이 몇 가지의 형태로 분류하고 있다. 이것은 내장 자료형에만 적용되는 것이 아니고, 사용자가 클래스를 이용해서 새로 정의하는 자료형에도 적용된다.

표 2-2 데이터 저장 방법에 따른 자료형의 분류

자료형	설명	예
직접(Direct)형	직접 데이터를 표현하는 자료형이다. 수치형이 여기에 속한다.	int, float, complex
시퀀스(Sequence)형	다른 데이터를 포함하는 자료형이다. 순서가 있는 집합 자료형이다.	list, str, tuple, bytes, bytearray, range
매핑(Mapping)형	다른 데이터를 포함하는 자료형이다.	dict
집합(Set)형	순서가 없고, 중복된 항목도 없다.	set, frozenset

한번 설정된 값을 변경할 수 있는지 없는지에 따라서 자료형을 분류하기도 한다.

표 2-3 변경 가능성에 따른 자료형의 분류

자료형	설명	예
변경 가능형(Mutable)	데이터의 값을 변경할 수 있다.	list, dict, set
변경 불가능형(Immutable)	데이터의 값을 변경할 수 없다.	int, float, complex, str, tuple, frozenset

한 가지 객체만 저장할 수 있는지(리터럴형) 여러 가지 객체를 저장할 수 있는지(저장형)에 따라서 분류할 수도 있다.

표 2-4 데이터 저장 개수에 따른 자료형의 분류

자료형	설명	예
리터럴(Literal/Scalar)형	한 가지 객체만 저장한다.	str, bytes, bytearray, int, float, complex
저장(Container)형	여러 가지 객체를 저장한다.	list, tuple, dict, set, frozenset

표 2-5는 전체 자료형을 분류한 요약이다.

표 2-5 자료형의 분류 요약

자료형	저장 모델	변경 가능성	접근 방법
int, float, complex	리터럴	불가능	직접
str	리터럴	불가능	시퀀스
list	저장	가능	시퀀스
tuple	저장	불가능	시퀀스
dict	저장	가능	매핑
bytes	저장	불가능	시퀀스
bytearray	저장	가능	시퀀스
set	저장	가능	반복자
frozenset	저장	불가능	반복자

2.6 변경 가능성

자료형을 분류하는 중요한 기준은, 데이터를 변경할 수 있는지이다. 변경할 수 있는 자료형을 변경 가능(Mutable)이라고 하고, 그렇지 않은 자료형을 변경 불가능(Immutable)이라고 한다. 변경 가능 자료형에는 리스트와 사전이 있으며, 변경 불가능 자료형에는 숫자와 문자열, 튜플 등이 있다. 예를 들어, 리스트의 값은 다음과 같이 변경할 수 있다.

```
>>> s = [1, 2, 3]
>>> s[1] = 10
>>> s
[1, 10, 3]
```

그러나 문자열이나 튜플에서는 예외가 발생한다.

```
>>> s = (1, 2, 3)
>>> s[1] = 10
Traceback (innermost last):
    File "<pyshell#66>", line 1, in ?
        s[1] = 10
TypeError: object doesn't support item assignment
```

다음과 같은 경우에 값이 변경된 것이 아니냐고 의심을 할 수 있다.

```
>>> a = 1
>>> a = 2
```

변수 a가 처음에 가지고 있던 값 1이 변경되는 것은 아니다. 값 1은 변경되지 않고 다만 a가 다른 객체(2)를 참조할 뿐이다. 이것을 이해하려면 객체와 이름이라는 개념을 이해해야 한다. 파이썬에서는 객체와 이름은 별도로 관리된다. 이름에 직접 값이 저장되는 것이 아니고, 이름은 언제나 객체를 참조하게 되어 있다. 즉, a = 1로 그림 2-4 (a)와 같은 구조가 형성되지만, a = 2

로 인하여 그림 2-4 (c)와 같은 구조가 된다.

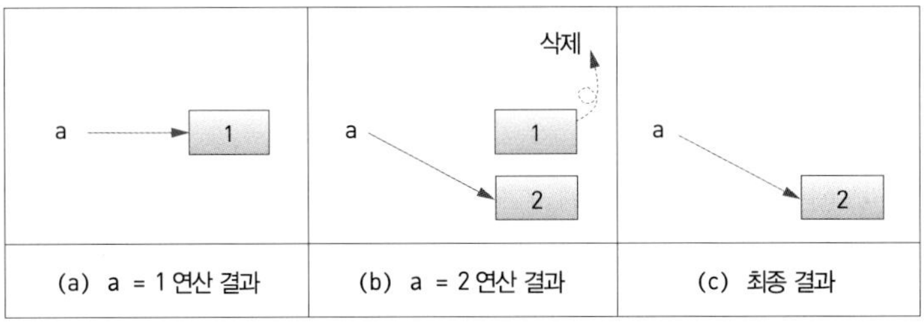

그림 2-4 숫자 객체의 참조 변경

결국, 숫자 객체 1은 값이 변경되지 않았다. 이름 a가 다른 객체를 참조한다. 이때 숫자 객체 1은 참조되지 않으므로 메모리에서 제거된다.

다음과 같은 예에서도 객체의 내용이 변경되는 것은 아니다. 이름에 의해 참조만 바뀌는 것이다.

```
>>> L1 = [1, 2, 3]
>>> L1 = [4, 5, 6]
```

구조로 표현하면 다음과 같이 된다.

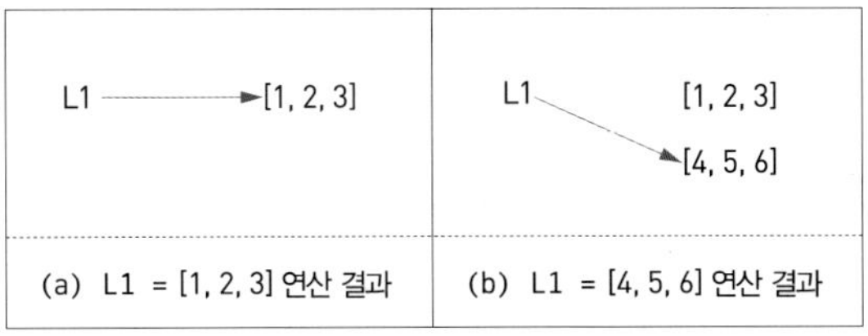

그림 2-5 리스트의 참조 변경

그러나 객체 내부의 값을 변경하려고 할 때 리스트는 값을 변경할 수 있다.

```
>>> L1 = [4, 5, 6]
>>> L1[0] = 100
```

어떠한 이름으로 객체 전체를 변경하는 것은 새 객체를 할당하는 것이다. 객체를 변경한다는 의미는 객체 내부의 값을 변경할 수 있는지로 판단한다.

2.7 메모리 관리

쓰레기 수집 2.7.1

파이썬에서는 특별히 사용자가 관리해야 할 메모리는 없다. 모든 메모리는 자동으로 할당되고 자동으로 해제된다. 추가로 필요한 메모리가 있으면 시스템에서 알아서 확장해 준다. 더 이상 사용하지 않는 객체는 자동으로 제거된다. 이러한 작업을 쓰레기 수집(Garbage Collection)이라 한다. 파이썬은 모든 것을 객체로 관리하며, 모든 객체는 참조 횟수(Reference Count)라는 값을 가지고 있다. 이 값은 얼마나 많은 대상이 객체를 참조하고 있는지를 나타내는 정수이다.

```
>>> x = y = z = 500
```

앞의 코드에 의해서 값 객체 500은 참조 횟수로 3을 가진다(그림 2-6의 (a)).

```
>>> del x
```

이제는 값 객체 500의 참조 횟수가 2가 된다. x로부터의 참조를 상실해서이다(그림 2-6의 (b)).

```
>>> y = 1
>>> z = 2
```

결국 값 객체 500의 참조 횟수는 0이 된다. 이 시점에서 값 객체 500은 메모리로부터 제거된다(그림 2-6의 (c)).

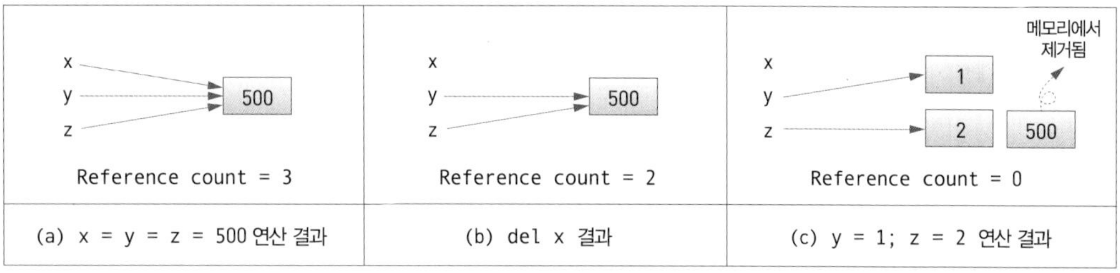

(a) x = y = z = 500 연산 결과 | (b) del x 결과 | (c) y = 1; z = 2 연산 결과

그림 2-6 참조 횟수

참조 횟수를 확인하는 방법 2.7.2

그러면 실제로 참조 횟수를 확인할 수는 없을까? sys 모듈의 getrefcount( ) 함수를 사용하면 된다.

```
>>> import sys
>>> a = 10234
>>> sys.getrefcount(a)
2
```

여기서 참조 횟수가 2가 된 것은 getrefcount( ) 함수가 이 객체를 처리하기 위해서 참조 횟수를 1만큼 증가시켰기 때문이다. 따라서 실제 참조 횟수는 getrefcount( ) 함수가 넘겨주는 값보다 1만큼 작다.

객체의 id 식별하기 2.7.3

대부분 필요 없겠지만 id( ) 내장 함수를 사용하면 객체의 고유한 값(id)인 주소를 식별할 수 있다. 두 객체의 id가 동일하면 같은 객체를 참조하는 것이다.

```
>>> a = 500
>>> id(a)
22675984

>>> b = a
>>> id(b)
22675984
```

앞의 예에서 확인한 것처럼 이름 a와 b는 모두 같은 id를 갖는 객체를 참조하고 있다. 만일 두 이름 c와 d가 같은 객체를 참조하고 있는지 확인하려면 다음과 같은 코드를 사용한다.

```
>>> c = [1, 2, 3]
>>> d = [1, 2, 3]
>>> c is d
False

>>> a = 500
>>> b = a
>>> a is b
True
```

참고로 두 객체가 같은 값을 가지고 있는지를 검사하려면 == 연산자를 사용한다.

```
>>> c = [1, 2, 3]
>>> d = [1, 2, 3]
>>> c == d
True
```

QUIZ

1_ 다음 두 이름이 같은 주소를 가지고 있는지 확인해 보자.

```
a = 500
b = 500
```

2_ 다음 두 이름이 같은 주소를 가지고 있는지 확인해 보자.

```
a = 1
b = 1
```

3_ 다음 두 이름이 같은 주소를 가지고 있는지 확인해 보자.

```
x = [1, 2, 3]
y = [1, 2, 3]
```

4_ 다음 두 이름이 같은 주소를 가지고 있는지 확인해 보자.

```
s = t = [1, 2, 3]
```

아하 그렇군요!

수치 데이터의 공유

파이썬은 0과 1, -1과 같이 자주 사용하는 값에 대해서는 객체를 미리 생성하여 공유하는 방식을 사용한다. 파이썬 3.2인 경우 -5 ~ +256까지의 숫자는 객체를 미리 생성하여 공유한다. 따라서 앞의 퀴즈에서 두 번 대입된 1은 id가 같으나 500은 다른 id가 나온다.

2.8 파이썬 제어문

프로그램은 일반적으로 위에서 아래로 한 문장씩 실행된다. 이것을 순차적인 제어 흐름이라고 한다. 그러나 때로는 이러한 제어 흐름에서 벗어나야 할 때도 있다. 건너뛰기도 해야 하고, 반복하기도 해야 한다. 다른 언어에 비해서 파이썬은 제어문이 간결하다. 크게 세 개의 제어문밖에는 없다. if 문과 for 문, while 문이 그것이다.

if 문 2.8.1

1 if 문

if 문을 조건문이라고 한다. 특정 조건에 맞으면 문들을 실행하고 그렇지 않으면 건너뛴다. if 문을 사용하는 일반적인 형식은 다음과 같다.

```
if 〈조건식1〉:
    〈문1〉
elif 〈조건식2〉:
    〈문2〉
else:
    〈문3〉
```

〈조건식1〉이 참(True)이면 〈문1〉이 실행되고, 그렇지 않으면 〈조건식2〉를 검사해서 참이면 〈문2〉가 실행된다. 그렇지 않으면 〈문3〉이 실행된다. 주의할 점은 조건식이나 else 다음에 콜론(:)을 잊지 말고 입력해야 한다. 콜론(:)은 다음 문들이 현재의 문 내부 블록에 속한다는 것을 알려준다. if와 for, while과 같은 제어문과 def와 class와 같이 내부 블록을 가지는 문에서만 콜론을 사용한다. 여기서 if ~ elif ~ else는 줄(열)이 잘 맞아야 한다. 그렇지 않으면 에러가 발생한다. 또한, 문들도 줄(열)이 일정하게 맞아야 한다. 다음은 if 문만 있는 예이다.

```
>>> score = 90
>>> if score >= 90:
        print('Congratulations!!! ')

Congratulations!!!
```

다음은 if ~ else 문의 예이다. 조건에 맞으면 Big을 출력하고, 그렇지 않으면 Small을 출력한다. 두 개의 print() 함수 중 하나만을 실행한다.

```
>>> a = 10
>>> if a > 5:    # 1열부터 시작한다(열 위치는 프롬프트 >>>를 고려하지 않는다).
        print('Big')
else:            # 여기가 1열로 if 문과 줄이 맞는다.
        print('Small')

Big
```

if 블록 내의 문이 1개만 있을 때는 다음과 같이 한 줄에 붙여서 사용할 수 있다.

```
>>> a = 10
>>> if a > 5: print('Big')
else: print('Small')

Big
```

if ~ elif ~ else 문의 예이다. if ~ else 문 사이에 elif는 몇 개든지 올 수 있다. elif는 앞 조건식이 거짓(False)이었을 때 조건식을 검사한다. 세 개의 print() 함수 중 하나만 실행한다.

```
>>> n = -2
>>> if n > 0:
        print('Positive')
elif n < 0:
        print('Negative')
else:
        print('Zero')

Negative
```

if 문을 선택문(혹은 선택적 실행문)이라고도 한다.

```
>>> order = 'spagetti'
>>> if order == 'spam':
        price = 500
elif order == 'ham':
        price = 700
elif order == 'egg':
        price = 300
elif order == 'spagetti':
        price = 900
else:
        price = 0
```

선택문에 있어서 때로는 사전을 이용하는 것이 더 편할 때도 있다. 다음 코드는 앞의 if 문과 동일한 결과를 준다. 사전의 get( ) 메서드는 다음 코드에서 order가 menu의 키일 때는 값을 돌려주지만 만일 사전에 등록되지 않은 키일 때는 기본값 0을 돌려준다. 앞의 if 문에서 else: 구문에 해당한다.

```
>>> order = 'spagetti'
>>> menu = {'spam':500, 'ham':700, 'egg':300, 'spagetti':900}
>>> price = menu.get(order, 0)    # 0은 키가 없을 때의 기본값이다.
```

들여쓰기와 제어문

파이썬은 들여쓰기에 민감한 언어이다. 처음에는 불편할지도 모르나, 이 기능으로 인해 프로그램은 깔끔해지고 누구나 보기 쉬운 코드가 된다. 들여쓰기 규칙은 다음과 같다.

가장 바깥쪽에 있는 블록의 코드는 반드시 1열부터 시작해야 한다

```
>>> a = 1          # 성공
>>>  a = 1         # 실패
SyntaxError: unexpected indent
```

내부 블록은 같은 거리만큼 들여써야 한다

```
>>> if a > 1:
        print('big')
            print('really?')

SyntaxError: unexpected indent
```

블록은 들여쓰기로 결정된다

{, }나 begin, end 등으로 블록을 구분하지 않고 들여쓰기만으로 구분한다.

탭과 공백을 함께 사용하는 것은 좋지 않다

탭은 일반적으로 8칸으로 간주한다. 탭을 4칸(혹은 다른 크기)으로 표시하는 편집기에서는 공백(Space)을 4개와 혼동을 일으킨다. 이 경우 편집기에서 볼 때는 문제가 없지만, 프로그램을 실행하면 SyntaxError: unexpected indent를 일으킨다. 코드에 문제가 없어 보이는데 이러한 에러가 발생하면 들여쓰기를 의심해 보아야 한다.

들여쓰기 간격은 일정하기만 하면 된다

2칸이나 3칸, 4칸 등 일정하면 자동으로 감지해서 처리한다. 일반적으로 사용하는 공백 칸은 4칸이나 8칸이다.

다음 블록 구조를 갖는 예를 보자. 10진수를 10진수 이하의 임의의 진법(Base)으로 바꾸는 함수이다. 결과는 문자열로 반환된다.

```
def int2digit(n, base):
    res = ''
    while n > 0:
        n, r = divmod(n, base)
        res = str(r) + res
    return res
```

2 if 문을 대체할 만한 표현들

문(Statement)이 아니라 식(Expression)이지만 간단한 경우 if 문을 대신할 수 있는 삼항 연산자(Ternary Operator)가 있다. 다음은 일반적인 형식을 갖는 예이다.

```
x = a * 2 if a > 5 else a / 2
```

이 코드를 if 문으로 의미를 재해석하면 다음과 같다.

```
if a > 5:
    x = a * 2
else:
    x = a / 2
```

삼항 연산자를 사용한 예로 먼저 리스트나 튜플을 사용하여 값을 치환할 수 있다.

```
>>> a = 10
>>> (a / 2, a * 2)[a > 5]      # a > 5의 결과는 True이므로 1로 해석된다.
20
```

다음으로 함수를 호출할 수 있다.

```
>>> def add(a, b):
        return a + b

>>> def sub(a, b):
        return a - b

>>> select = 0
>>> (add, sub)[select](2, 3)      # add() 함수가 호출된다.
5
```

마지막으로 사전을 이용하여 간단한 선택문을 구현할 수도 있다.

```
>>> a = 10
>>> {True:add, False:sub}[a > 5](3, 4)    # add() 함수가 호출된다.
7
```

for 문 2.8.2

for 문을 반복문이라고 한다. 가장 많이 사용하며, 형식은 다음과 같다.

```
for 〈타깃〉 in 〈객체〉:
    〈문1〉
else:
    〈문2〉
```

〈객체〉는 시퀀스형 데이터여야 한다. 〈객체〉의 각 항목은 〈타깃〉에 치환되어 〈문1〉이나 〈문2〉를 실행한다. 반복 횟수는 〈객체〉의 크기가 된다. 그림 2-7이 for 문의 실행 흐름도를 보이고 있다. for 문의 내부 블록에서 continue를 만나면 시작 부분으로 이동하고 break를 만나면 for 문의 내부 블록을 완전히 빠져나온다.

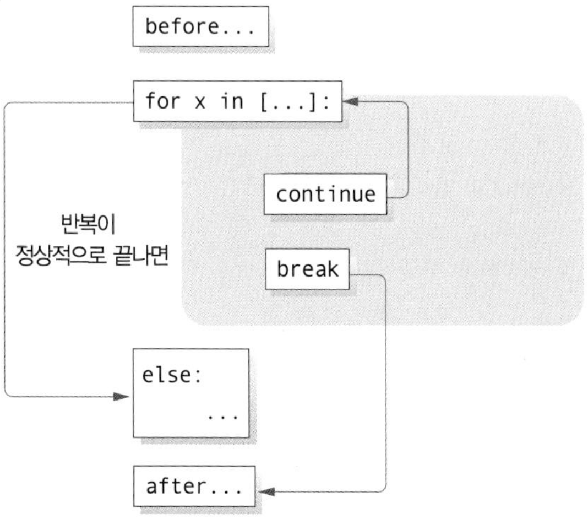

그림 2-7 for 문의 실행 흐름도

예를 들어보자. 리스트 a의 각 항목은 x로 하나씩 치환되면서 print( ) 함수를 실행한다.

```
>>> a = ['cat', 'cow', 'tiger']
>>> for x in a:
        print(len(x), x)

3 cat
3 cow
5 tiger

>>> for x in [1, 2, 3]:
        print(x, end = ' ')

1 2 3

>>> for c in 'abcdef':
        print(c, ord(c))


a 97
b 98
c 99
d 100
e 101
f 102
```

순차적으로 숫자를 반복하는 경우에는 range( ) 함수를 사용한다.

```
>>> range(10)             # range( ) 함수는 range 객체를 반환한다.
range(0, 10)
>>> list(range(10))       # range 객체를 리스트로 변환하려면 list( ) 함수를 사용한다.
[0, 1, 2, 3, 4, 5, 6, 7, 8, 9]
>>> for x in range(10):   # 반복자로 전환이 가능한 객체는 for 문에 사용할 수 있다.
        print(x, end = ' ')

0 1 2 3 4 5 6 7 8 9
```

반복자

파이썬 3에서 반복자(Iterator)는 중요한 역할을 한다. 이 자료형은 메모리 관리와 연산의 효율성을 높이기 위하여 적극적으로 도입되었다. 간단히 말해서 반복자는 next( )라는 함수를 통해서 순차적으로 데이터를 전달하는 객체이다. 다음 예를 보자.

```
>>> i = iter(range(10))    # 반복자 객체를 얻는다.
>>> i
<range_iterator object at 0x02E10F68>    # range_iterator 객체이다.
>>> next(i)                # 다음(첫 번째) 데이터를 얻는다.
0
>>> next(i)                # 다음 데이터를 얻는다.
1
```

range( ) 함수가 리스트를 반환하면 이해하기도 쉽고 사용하기도 간단할 것 같은데 왜 이런 개념을 사용할까? 그것은 메모리와 연산의 효율성에 달려 있다. 반복자는 필요한 시점에만 데이터를 하나씩 준비해서 넘겨주는 게으른 계산(Lazy Evaluation)을 추구한다. 많은 데이터를 미리 준비하고 있지 않아도 된다. 따라서 꼭 필요한 계산만을 최소의 메모리로 수행할 수 있게 해준다. for 문에서는 객체가 반복자인지, 반복자 객체로 변환 가능한지를 살핀 후에 반복을 시작한다. 반복할 때마다 next(o) 연산으로 데이터를 순차적으로 가져다 사용한다. 사실 range( ) 객체는 인덱싱도 가능하고 반복자로 변환도 가능한 객체이다. for 문에 사용하면 반복자를 우선 적용한다.

다음 예는 1부터 10까지의 합을 구하고 있다.

```
>>> acc = 0
>>> for x in range(1, 11):
        acc += x

>>> print(acc)
55

>>> sum(range(1, 11))    # 사실 sum( ) 함수를 사용하면 간단하다.
55
```

for 문을 이용할 때, 요소의 값뿐 아니라 인덱스의 값도 함께 필요하다면 enumerate( ) 내장 함수를 사용한다. 이 함수는 (인덱스와 요소의 값) 튜플 데이터를 반복해서 넘겨주는 반복자(Iterator)를 반환한다.

```
>>> L = ['cat', 'dog', 'bird', 'pig', 'spam']
>>> for k, animal in enumerate(L):
        print(k, animal)

0 cat
1 dog
2 bird
3 pig
4 spam
```

for 문 내부에 break를 사용하면, 반복을 종료하고 내부 블록 밖으로 나간다. 다음 예는 모듈 파일에서 코드를 실행한 예이다.

```
# for01.py
for x in range(10):
    if x > 3: break       # x가 3보다 크면 for 문의 내부 블록을 벗어난다.
    print(x)
print('done')
```

코드를 실행한 결과는 다음과 같다.

```
0
1
2
3
done
```

for 문 내부에 continue를 사용하면, 내부 블록의 나머지 부분을 실행하지 않고 for 문의 시작 부분으로 이동한다.

```
# for02.py
for x in range(10):
    if x < 8: continue   # x < 8이면 for 문으로 다시 올라간다.
    print(x)
print('done')
```

코드를 실행한 결과는 다음과 같다.

```
8
9
done
```

for 문에서 else 블록은 for 문이 break 문으로 중단되지 않고 종료되었을 때 실행된다. break 문으로 중단되면 for 문의 내부 블록 밖으로 제어가 이동한다. 다음은 break가 실행되지 않는 경우이다.

```
# for03.py
for x in range(10):
    print(x, end = ' ')
else:
    print('else block')
print('done')
```

코드를 실행한 결과는 다음과 같다.

```
0 1 2 3 4 5 6 7 8 9 else block
done
```

다음처럼 break가 실행되는 경우에는 else 블록이 실행되지 않는다.

```
# for04.py
for x in range(10):
    break
    print(x, end = ' ')
else:
    print('else block')
print('done')
```

코드를 실행한 결과는 다음과 같다.

```
done
```

for 문 내부에 또 다른 for 문이 있는 것을 중첩되었다고 말한다. 다음은 구구단 출력 프로그램이다. 2와 3단만 출력하고 있다.

```
# for05.py
for x in range(2, 4):
    for y in range(2, 10):
        print(x, '*', y, '=', x * y)
    print
```

코드를 실행한 결과는 다음과 같다.

```
2 * 2 = 4
2 * 3 = 6
2 * 4 = 8
2 * 5 = 10
2 * 6 = 12
2 * 7 = 14
2 * 8 = 16
2 * 9 = 18
3 * 2 = 6
3 * 3 = 9
```

```
3 * 4 = 12
3 * 5 = 15
3 * 6 = 18
3 * 7 = 21
3 * 8 = 24
3 * 9 = 27
```

while 문 2.8.3

for 문보다 일반적인 반복문이다. 시작 부분의 〈조건식〉을 검사해서 결과가 참(True)인 동안 내부 블록이 반복적으로 실행된다. 다음은 일반적인 형식이다. else 블록은 〈조건식〉이 거짓(False)이 되어 while 문을 빠져나올 때 실행된다. break로 빠져나올 때는 else 블록을 실행하지 않는다.

```
while 〈조건식〉:        ← 시작 부분
    〈문1〉
else:
    〈문2〉
```

그림 2-8이 while 문의 실행 흐름도를 보이고 있다. while 문 내부 블록에서 continue를 만나면 시작 부분으로 이동하고 break를 만나면 while 문의 내부 블록을 완전히 빠져나온다.

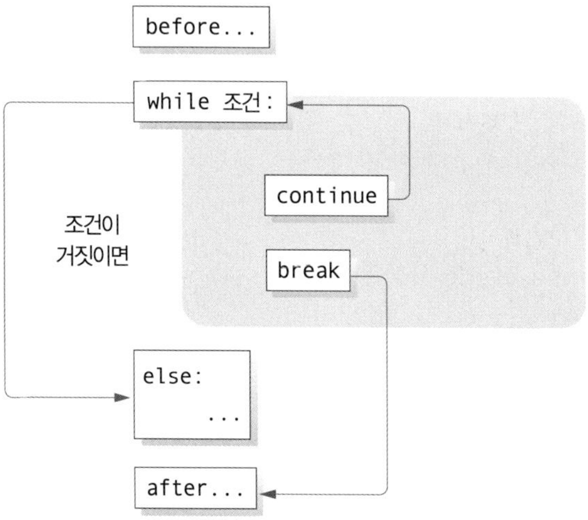

그림 2-8 while 문의 실행 흐름도

다음은 1부터 10을 세는 코드이다.

```
count = 1
while count < 11:
    print(count, end = ' ')
    count = count + 1
```

코드를 실행한 결과는 다음과 같다.

```
1 2 3 4 5 6 7 8 9 10
```

다음은 1부터 10까지의 합을 while 문을 이용하여 구한 예이다.

```
# while01.py
acc = 0
a = 0
while a < 10:
    a = a + 1
    acc = acc + a
print(acc)
```

코드를 실행한 결과는 다음과 같다.

```
55
```

while 문도 for 문에서와 같이 break와 continue, else를 사용할 수 있다.

```
# while02.py
a = 0
while a < 10:
    a = a + 1
    if a < 3: continue
```

```
    if a > 10: break
else:
    print('else block')
print('done')
```

코드를 실행한 결과는 다음과 같다.

```
else block
done
```

with 문 2.8.4

파이썬의 with 문은 두 개의 관련된 연산들 사이에서 어떤 작업을 수행할 때 유용하다. 여기서 두 개의 관련된 연산들이란 open( )–close( )와 save( )–restore( ) 같은 작업을 의미한다. 다음은 with 문을 사용한 대표적인 예이다.

```
with open('output.txt', 'w') as f:
    f.write('Hello~')
```

원래 파일 조작은 다음과 같이 해야 한다.

```
f = open('output.txt', 'w')    # 준비 작업
f.write('Hello~')
f.close( )                     # 정리 작업
```

두 개의 관련된 연산(open과 close) 사이에 필요한 작업을 수행한다. with 문은 이러한 작업을 자동으로 알아서 처리한다. with 문을 실행할 때 준비 작업을 수행하고, 빠져나갈 때 정리 작업을 수행한다. 임의의 객체에도 with 문으로 실행이 가능하도록 할 수 있는데 이 부분에 대한 설명은 클래스에서 다루기로 하자.

try ~ except 문 2.8.5

일반적으로 예외가 발생하면 프로그램이 종료되고 마는데, 예외가 발생하면 try ~ except 문을 사용하여 예외를 잡아내고 처리할 수 있다. 예를 들어, 문자열 abcd를 정수형으로 변환하려고 하면 다음과 같은 예외가 발생한다.

```
>>> s = 'abcd'
>>> n = int(s)          # ValueError 에러 발생
Traceback (most recent call last):
  File "<pyshell#46>", line 1, in <module>
    n = int(s)
ValueError: invalid literal for int( ) with base 10: 'abcd'
```

만일 try ~ except 문을 사용한다면 이런 상황에 대비할 수 있다. 다음 예에서 ValueError 에러가 발생한 경우 except 절이 실행된다.

```
>>> try:
    n = int(s)
except ValueError:
    n = 0
    print('invalid string for integer')

invalid string for integer
>>> n
0
```

좀 더 다양한 형식과 사용에 관한 예는 17장 예외 처리를 참고하자.

2.9 함수

함수(Function)란 하나의 이름으로 코드를 묶은 단위이다. 함수로 작성한 프로그램은 디버깅이 간단하고, 코드 수정이 쉬우며 관리가 쉽다. 함수는 반복적인 코드를 없애 주며 짧은 시간에 효과적으로 프로그램을 작성할 수 있게 해준다. 함수를 정의하는 형식은 다음과 같다.

def 함수이름(가인수들):
〈문들〉

여기서 가인수들이란 함수 호출 측에서 넘겨주는 매개 변수(Parameter)를 받는 이름들을 의미한다. 함수를 호출할 때 넘겨주는 인수를 실인수라고 한다. 즉, 실인수를 가인수한테 넘겨주는 것이다. 함수를 실행한 결과 값을 함수 호출 측에게 되돌려 주려면 return을 사용한다.

```
>>> def add(a, b):
        return a + b

>>> add(3, 4)
7
>>> add([1, 2, 3], [4, 5, 6])
[1, 2, 3, 4, 5, 6]
```

파이썬은 동적으로 인수를 전달하므로 함수를 선언할 때 인수의 자료형을 지정할 필요가 없다. 즉, a와 b가 정해진 자료형이 아니다. 어떠한 자료형의 인수도 받을 수 있으며, 해당 자료형에 맞는 더하기(+) 연산을 수행한다. 이러한 기능을 동적 타이핑(Dynamic Typing)이라고 한다. 이러한 기능은 파이썬의 큰 장점이다. 다른 언어에서는 추가로 작성해야 할 많은 코드를 줄여 주는 역할을 한다. 다음과 같이 키워드 인수를 지정할 수도 있다.

```
>>> add(a = 10, b = 20)
30
>>> add(b = 5, a = 100)
105
```

다음과 같이 기본값을 줄 수도 있다.

```
>>> def incr(x, d = 1):
        return x + d
>>> incr(5)         # d는 1을 취한다.
6
>>> incr(5, 10)     # d는 10을 취한다.
15
```

2.10 클래스

파이썬 클래스는 변수와 함수를 하나로 묶은 단위로 볼 수 있다.

```
>>> class A:
    scale = 10
    def area(self, width, height):
        return self.scale * width * height
    def seta(self, a):
        self.a = a
    def geta(self):
        return self.a

>>> A.scale
10
>>> A.area
<function area at 0x02B24150>
```

클래스의 변수를 멤버(Member)라 하고 함수를 메서드(Method)라고 부른다. 메서드와 함수의 차이점은 메서드의 첫 번째 인수는 인스턴스 객체이어야 한다는 것이다. 인스턴스 객체는 클래스 호출을 통해서 만들 수 있다.

```
>>> a = A( )          # 인스턴스 객체 생성
>>> a.area(2, 3)    # 메서드 호출(a는 자동으로 self로 전달)
60
>>> a.seta(5)
>>> a.geta( )
5
```

인스턴스 객체를 통해서 호출하는 메서드의 첫 번째 인수에는 자동으로 인스턴스 자체가 전달된다. seta( ) 메서드의 self.a = a에 의해서 인스턴스의 이름 공간에 a가 생성되며 geta( ) 메서드의 self.a에 의해서 인스턴스의 이름 공간에 있는 a 값이 참조된다. 좀 더 자세한 내용은 13장을 참조하자.

연/습/문/제/
Exercise

1 주석문에 대해서 정리해 보자.

2 변수 이름과 예약어에 대한 내용이다. 다음 문제를 풀어 보자.

가) 파이썬의 예약어 목록을 확인하는 방법과 어떤 단어가 예약어인지 확인하는 방법은 무엇인가?

나) 변수의 이름을 지을 때 따라야 하는 규칙을 정리해 보자.

다) 변수의 이름을 지으면서 조심해야 할 점은 무엇인가?

3 치환문에 대한 내용이다. 다음 문제를 풀어 보자.

가) 치환문의 종류를 정리해 보자.

나) 치환문에서 `a = a + 1`의 의미는 무엇인가?

다) `1 + 3 = a`가 가능하지 않은 이유는 무엇인가?

라) `a = b = 0`과 `a = (b = 0)`의 차이는 무엇인가?

4 import를 사용하는 의미를 간단히 정리해 보자.

5 콘솔 입출력에 대한 내용이다. 다음 문제를 풀어 보자.

가) 키보드로부터 숫자를 입력받고 입력받은 수보다 100이 큰 수를 출력해 보자.

나) 화면 출력 함수 print( )로 출력 마지막에 줄 바꾸기를 하지 않는 방법은 무엇인가?

다) 복잡한 자료형을 출력할 때 사용하는 pprint 모듈의 실행 예를 보이시오.

6 자료형의 종류에 대한 내용이다. 다음 문제를 풀어 보자.

가) 각각의 자료형의 특징을 정리해 보자.

나) 문자열과 리스트, 튜플의 특징을 다음 관점에서 간단히 설명하고 실행 예를 보이시오.

① 표현 방법

② 인덱싱(Indexing)

③ 슬라이싱(Slicing)

④ 연결(Concatenation)

⑤ 반복(Repetition)

⑥ 값의 변경

다) 사전은 문자열이나 리스트, 튜플과 어떻게 다른지 간단히 정리해 보자.

7 문자열 s = 'python'에 대해서 다음 문제를 풀어 보자.

가) `s[0][0][0]`이 어떤 값이 나오는가 보고 이유를 설명해 보자.

나) `s[-100]`, `s[100]`, `s[-100:100]` 문들을 실행해 보고 실행되는 것과 실행되지 않는 것을 확인하시오. 그리고 실행되지 않는 경우에는 어떠한 에러 메시지를 내는지 관찰하시오.

다) s[1:-1]는 어떤 결과를 내는가?

라) s[3:-3]은 어떤 결과를 내는가?

8 다음과 같이 출력되도록 0도부터 360도까지 10도 간격으로 사인 표를 만들어 보자. math 모듈의 sin() 함수는 라디안(Radian)을 입력 단위로 받는 것에 주의하시오.

```
sin(  0) =  0.000
sin( 10) =  0.174
sin( 20) =  0.342
~ 생략 ~
sin( 90) =  1.000
sin(100) =  0.985
~ 생략 ~
sin(360) = -0.000
```

출력 양식을 맞추는 문제는 다음 코드를 변형해서 사용하면 된다. 두 개의 값 10과 20.12345를 형식에 맞게 출력하는 예이다.

```
>>> print('{0:3d} : {1:6.3f}'.format(10, 20.12345))
10 : 20.123
```

9 터틀 그래픽을 이용하여 *0~2π* 범위에서 사인 그래프를 그려 보자.

10 터틀 그래픽을 이용하여 $0\sim 2\pi$ 범위에서 사인과 코사인 그래프를 함께 그려 보자.

11 터틀 그래픽을 이용하여 $-6\pi\sim 6\pi$ 범위에서 다음 그래프를 그려 보자. 참고로 x가 0인 경우 함수 값은 1이 된다(sinc(0)=1).

$$\mathrm{sinc}(x)=\frac{\sin(x)}{x}$$

12 다음과 같은 문자열이 주어져 있다.

```
s = '''We propose to start by making it possible to teach programming
in Python, an existing scripting language, and to focus on creating a
new development environment and teaching materials for it.'''
```

s.split( )을 하면 이 문자열이 단어 단위로 분리된 문자열 리스트를 얻게 된다. 이 리스트에 저장된 단어들을 알파벳 순으로 정렬하고(sort 메서드 이용), 각 단어를 순서대로 하나씩 출력해 보자. 집합 자료형을 이용한다.

13 while 문을 이용하여 1부터 20까지의 홀수를 출력해 보자.

14 while 문을 이용하여 20부터 0까지 짝수를 출력해 보자.

15 while 문을 이용하여 1부터 100까지의 홀수의 합을 계산해 보자.

16 다음 코드를 시험해 보고 결과를 말해 보자.

```
>>> for el in range(-10, 260):
        exec('x = {0}'.format(el))
        exec('y = {0}'.format(el))
        print(el, x is y)
```

참고로 exec( ) 함수는 문자열로 표현된 파이썬 문을 실행한다.

```
>>> exec('a = 1')
>>> exec('a = a + 1')
>>> a
2
```

제 3 장

수치

Chapter 03

3.1 수치 자료형 **3.2** 수치 연산자 **3.3** 수치 연산 함수

이 장에서는 파이썬의 기본 자료형인 수치 자료형의 종류와 수치 데이터에 사용하는 연산자와 함수를 살펴본다.

3.1 수치 자료형

수치 자료형에는 정수형과 실수형(부동 소수점형, Floating Point), 복소수형이 있다. 각각에 대해서 자세히 알아보도록 하자.

정수형 상수 3.1.1

정수형 상수는 10진수와 2진수, 8진수, 16진수 상수가 있다. 같은 정수형이지만 다양하게 표현하는 방법이 있다. 컴퓨터는 내부에서 2진수로 수치를 표현하므로 2진수와 관련된 8진수나 16진수도 종종 사용한다. 정수형 상수의 표현 범위에 제한은 없다. 하지만, CPU 레지스터로 표현할 수 있는 크기보다 큰 정수를 다루어야 한다면 연산 속도는 상당히 느려질 수 있다.

```
>>> a = 23                # 10진수 상수이다.
>>> type(a)               # 자료형을 확인한다.
<class 'int'>
>>> isinstance(a, int)    # a가 정수형인지 확인한다.
True
>>> b = 0o23              # 8진수 상수이다. 0o로 시작하면 8진수이다.
>>> c = 0x23              # 16진수 상수이다. 0x이나 0X로 시작하면 16진수이다.
>>> d = 0b1101            # 2진수 상수이다. 0b로 시작하면 2진수이다.
>>> print(a, b, c, d)     # 10진수로 출력한다.
23 19 35 13
>>> 2 ** 1024             # 정수형의 표현 범위에 제한은 없다.
179769313486231590772930519078902473361797697894230657273430081157732675805500
```

```
963132708477322407536021120113879871393357658789768814416622492847430639474124
377767893424865485276302219601246094119453082952085005768838150682342462881473
913110540827237163350510684586298239947245938479716304835356329624224137216
>>> n = 2 ** 1024
>>> n.bit_length( )          # 필요한 비트 수를 얻을 수 있다.
1025
```

만일 다른 진법의 수(문자열)를 10진수로 변환하려면 int( ) 함수를 사용한다. 5진수 123을 10진수로 변환하는 예이다.

```
>>> int('123', 5)
38
```

10진수 데이터를 2진수와 8진수, 16진수로 변환하는 함수는 다음과 같다.

```
>>> bin(23)       # 2진수로 변환한다.
'0b10111'
>>> oct(23)       # 8진수로 변환한다.
'0o27'
>>> hex(23)       # 16진수로 변환한다.
'0x17'
```

다른 자료형으로부터 정수를 얻으려면 int( ) 함수를 사용한다.

```
>>> int(2.9)            # 소수점 이하는 버려진다.
2
>>> int(-2.9)
-2
>>> int('123')          # 문자열을 정수로 변환한다.
123
>>> int('123.45')       # 정수로 변환이 안 된다.
...
ValueError: invalid literal for int( ) with base 10: '123.45'
```

```
>>> int(float('123.45'))    # 문자열 → 실수형 → 정수형
123
>>> int(2 + 3j)             # 복소수도 직접 정수로 변환이 안 된다.
...
TypeError: can't convert complex to int
```

다음은 정수형 데이터를 다른 수치 자료형으로 변환하는 예이다.

```
>>> a = 123
>>> float(a)        # 실수형으로 변환한다.
123.0
>>> str(a)          # 문자열로 변환한다.
'123'
>>> complex(a)      # 복소수형으로 변환한다.
(123+0j)
```

정수형 데이터를 직접 바이트 열로 변환할 수 있다.

```
>>> (1024).to_bytes(2, byteorder = 'big')       # 2바이트 빅 엔디안으로 변환한다.
b'\x04\x00'
>>> (1024).to_bytes(2, byteorder = 'little')    # 2바이트 리틀 엔디안으로 변환한다.
b'\x00\x04'
>>> (-1024).to_bytes(4, byteorder = 'big', signed = True)
b'\xff\xff\xfc\x00'
```

바이트 열에서 정수형으로 변환하는 예는 다음과 같다.

```
>>> int.from_bytes(b'\x04\x00', byteorder = 'big')
1024
>>> int.from_bytes(b'\x00\x04', byteorder = 'little')
1024
>>> int.from_bytes(b'\xff\xff\xfc\x00', byteorder = 'big')
4294966272
```

```
>>> int.from_bytes(b'\xff\xff\xfc\x00', byteorder = 'big', signed = True)
-1024
```

리스트와 같이 시퀀스형을 이용하는 것도 가능하다.

```
>>> int.from_bytes([4, 0], byteorder = 'big')
1024
```

실수형 상수 3.1.2

실수형 상수는 소수점을 포함하거나 e나 E로 지수를 포함한다. 컴퓨터에서는 실수를 부동 소수점(Floating Point) 방식으로 표현하기 때문에 부동 소수점형이라고 부른다. 실수형이라고 해도 큰 문제는 없다.

```
>>> a = 1.2                 # 소수점을 포함하면 실수이다.
>>> type(a)                 # 자료형을 확인한다.
<class 'float'>
>>> isinstance(a, float)    # a가 실수형인지 확인한다.
True
>>> b = 3e3                 # 지수(e)를 포함해도 실수이다. 3 곱하기 10의 3승과 같다.
>>> c = -0.2e-4             # 지수부는 정수일 수 있으나 실수일 수는 없다.
>>> print(a, b, c)
1.2 3000.0 -2e-005
```

실수형 상수는 C나 Java 언어에서의 double형과 동일하며 8바이트(64비트)로 표현한다. 수치 표현 범위는 유효 자리 15이며, 2.2250738585072014e−308 ~ 1.7976931348623157e+308 범위에서 표현한다. 자세한 정보는 sys 모듈의 float_info를 통해서 알 수 있다.

```
>>> import sys
>>> sys.float_info
```

```
sys.float_info(max=1.7976931348623157e+308, max_exp=1024, max_10_exp=308,
min=2.2250738585072014e-308, min_exp=-1021, min_10_exp=-307, dig=15,
mant_dig=53, epsilon=2.220446049250313e-16, radix=2, rounds=1)
>>> sys.float_info.max
1.7976931348623157e+308
>>> sys.float_info.min
2.2250738585072014e-308
```

무한대의 수는 다음과 같이 표현한다.

```
>>> float('inf')
inf
>>> float('-inf')
-inf
>>> infinity = float('inf')
>>> infinity / 1000
inf
```

실수형인 경우에 정수로 오차 없이 표현할 수 있는 값인지를 메서드 is_integer( )를 사용하여 알 수 있다.

```
>>> a = 1.2
>>> a.is_integer( )
False
>>> a = 2.0
>>> a.is_integer( )
True
```

실수를 정수로 변환하는 또 다른 방법은 반올림(Round)과 올림(Ceil), 내림(Floor)을 사용하는 것이다.

```
>>> round(1.2)          # 반올림
1
```

```
>>> round(1.8)          # 반올림
2
>>> import math
>>> math.ceil(1.2)     # 1.2보다 같거나 큰 정수
2
>>> math.floor(1.9) # 1.9보다 같거나 작은 정수
1
```

실수 연산에서 발생하는 반올림 에러를 살펴보자. 다음의 코드는 0.1을 1000번 더하여 100을 만드는 코드이다. 출력 결과가 얼마가 나오는지 보자. 결과가 100이 아닌 이유는 진법 변환 에러 때문이다. 컴퓨터에서 실수 연산은 특수한 경우를 제외하고는 항상 어느 정도의 오차를 포함하고 있다고 보아야 한다.

```
>>> e = 0.0
>>> for k in range(1000):
        e += 0.1

>>> e
99.9999999999986
```

진법 변환 에러

만일 다음의 결과가 이상하게 생각된다면 그것은 진법 변환에 의한 에러 때문이다.

```
>>> 1.1 + 2.2
3.3000000000000003
>>> 1.1 * 6
6.6000000000000005
```

이 문제는 진법 변환 에러에 관련된 것이다. 간단히 말하면 10진수 소수를 2진수로 변환할 때 10진수로는 유한 소수가 2진수에서는 무한 소수가 되는 경우가 있다. 일단 진법 변환 방법을 간단히 소개한다. 다음은 10진수 0.5를 2진수로 고치는 예이다.

```
0.5 × 2 -> 1.0 ---> 1        정수 부분만 취한다.
0.0
```

0.0은 1.0에서 정수 부분을 뺀 부분이다. 따라서 10진수 0.5는 2진수 0.1이다. 2진수는 윗부분부터 읽는다. 계속해서 10진수 0.25를 2진수로 고치는 예이다.

```
0.25 × 2 -> 0.5 ---> 0
0.5 × 2 -> 1.0 ---> 1
0.0
```

10진수 0.25는 2진수 0.01이다. 계속해서 10진수 0.125를 2진수로 고치는 예이다.

```
0.125 × 2 -> 0.25 ---> 0
0.25 × 2 -> 0.5 ---> 0
0.5 × 2 -> 1.0 ---> 1
0.0
```

10진수 0.125는 2진수 0.001이다. 이번에는 10진수 0.1을 2진수로 변환해 보자.

```
0.1 × 2 -> 0.2 ---> 0
0.2 × 2 -> 0.4 ---> 0
0.4 × 2 -> 0.8 ---> 0
0.8 × 2 -> 1.6 ---> 1
0.6 × 2 -> 1.2 ---> 1
0.2 × 2 -> 0.4 ---> 0
```

여기와 두 번째 행은 같다. 반복이 된다.

10진수 0.1이 2진수로 0.00011001100110011001100110011.... 와 같은 무한 순환 소수가 된다. 하지만, 컴퓨터는 유한 자릿수로 실수를 표현한다. 따라서 표현하지 못하는 자릿수가 있어서 오차가 생긴다.

복소수형 상수 3.1.3

복소수형 상수는 실수부와 허수부로 표현한다. 허수부에는 j나 J를 숫자 뒤에 붙여야 한다. 실수부와 허수부 각각은 실수형 상수로 표현한다.

```
>>> c = 4 + 5j
>>> d = 7 - 2J
```

```
>>> print(c * d)
(38+27j)

>>> c.real       # 복소수의 실수부만 취한다.
4.0
>>> c.imag       # 복소수의 허수부만 취한다.
5.0
>>> a = 3        # 일반 실수나 정수로부터 complex( ) 함수를 사용하여 복소수를 만들 수 있다.
>>> b = 4
>>> complex(a, b)     # a가 실수부, b가 허수부가 된다.
(3+4j)

>>> c.conjugate( )    # 켤레 복소수
(4-5j)
```

cmath 모듈을 사용하면 다양한 함수에서 복소수 연산을 할 수 있다.

```
>>> import cmath
>>> cmath.sin(0.1 + 0.2j)
(0.10183674942129743+0.20033016114881572j)
>>> cmath.sqrt(-2)
1.4142135623730951j
>>> cmath.log(2j)
(0.6931471805599453+1.5707963267948966j)
```

다음은 오일러(Euler) 공식을 적용한 예이다.

```
>>> from math import e, pi, cos, sin
>>> e ** (pi / 4 * 1J)
(0.7071067811865476+0.7071067811865475j)
>>> complex(cos(pi / 4), sin(pi / 4))
(0.7071067811865476+0.7071067811865475j)
```

$$e^{j\frac{\pi}{4}} = \cos\frac{\pi}{4} + j\sin\frac{\pi}{4}$$

fractions 모듈을 사용해서 분수를 표현하기 * 3.1.4

fractions 모듈을 사용하면 분수의 정수 연산을 할 수 있다.

```
>>> from fractions import Fraction
>>> Fraction('5 / 7')                    # 5/7
Fraction(5, 7)
>>> Fraction(5, 7)
Fraction(5, 7)
>>> Fraction(123)                        # 123/1
Fraction(123, 1)
>>> Fraction('1.414213')
Fraction(1414213, 1000000)
>>> Fraction(1.1)
Fraction(2476979795053773, 2251799813685248)
>>>
>>> Fraction(5, 7) + Fraction(2, 5)      # 5/7 + 2/5
Fraction(39, 35)
>>> float(Fraction(39, 35))
1.1142857142857143
```

```
>>> a = Fraction(5, 7) + Fraction(2, 5)
>>> a
Fraction(39, 35)
>>> print(a.numerator, a.denominator)          # 문자, 분모 값을 따로 꺼낼 수 있다.
39 35
```

decimal 모듈을 사용해서 고정 소수점을 표현하기 * 3.1.5

앞서 진법 변환 에러에서 컴퓨터의 부동 소수점에 의한 실수 표현은 어쩔 수 없이 오차를 동반한다고 했다.

* 앞으로 장이나 절 제목에 ✚ 표시된 부분은 난이도와는 별개로 처음에는 건너뛰어도 상관없거나 고급 내용으로 구성된 부분입니다. 이 책을 한번 읽고 나서 나중에 다시 살펴보면 더욱 이해하기 좋습니다.

```
>>> 0.1 + 0.1 + 0.1 - 0.3
5.551115123125783e-17
```

유효자리가 더 큰 결과가 필요하면 decimal 모듈을 사용한다. 이 모듈은 두 개의 클래스 Decimal과 Context를 제공한다. Decimal 클래스는 숫자를 표현하고, Context 클래스는 정확도나 반올림 방법과 같은 환경을 지정한다.

숫자를 표현하는 Decimal 객체를 생성하는 예는 다음과 같다.

```
>>> from decimal import *
>>> Decimal(1234)            # 정수로부터 Decimal 객체를 생성할 수 있다.
Decimal('1234')
>>> Decimal('1234')          # 문자열로부터도 Decimal 객체를 생성할 수 있다.
Decimal('1234')
>>> Decimal(1.1)             # 부동 소수점으로부터 가능하다. 오차를 고려해야 한다.
Decimal('1.100000000000000088817841970012523233890533447265625')
>>> Decimal('1.1')           # 문자열로부터 생성하면 정확하게 표현할 수 있다.
Decimal('1.1')

>>> Decimal('Infinity')      # +무한대
Decimal('Infinity')
>>> Decimal('-Infinity')     # -무한대
Decimal('-Infinity')
>>> Decimal("NaN")           # Not a Number
Decimal('NaN')
```

다음은 Decimal 객체를 사용하여 0.1을 1000번 더해서 100을 구하는 예이다.

```
>>> e = Decimal('0.0')
>>> delta = Decimal('0.1')
>>> for k in range(1000):
        e += delta

>>> e
Decimal('100.0')
>>> print(e)
100.0
```

계산 결과가 정확하게 나왔다. 하지만, 꼭 필요할 때만 사용해야 한다. 계산이 상대적으로 오래 걸린다. Decimal 객체 간에는 일반 수치형처럼 연산할 수 있다.

```
>>> a = Decimal('35.72')
>>> b = Decimal('1.73')
>>> a + b
Decimal('37.45')
>>> a - b
Decimal('33.99')
>>> a * b
Decimal('61.7956')
>>> a / b
Decimal('20.6473988')
>>> a // b
Decimal('20')
>>> a % b
Decimal('1.12')
>>> a ** b
Decimal('485.8887109649886451686600498')
```

또한, Decimal 객체와 정수형과의 연산은 가능하지만 부동 소수점(실수)형과의 연산은 안 된다.

```
>>> a = Decimal('35.72')
>>> a + 2                  # 연산이 가능하다.
Decimal('37.72')
>>> a + 3.2                # 연산이 안 된다.
Traceback (most recent call last):
  File "<pyshell#47>", line 1, in <module>
    a + 3.2
TypeError: unsupported operand type(s) for +: 'Decimal' and 'float'
```

Decimal 객체가 직접 지원하는 연산도 있다. Context 객체를 이용하여 유효 자릿수를 자유롭게 조절할 수 있다.

```
>>> getcontext( ).prec = 38    # 유효 자리를 38자리로 조정한다.
>>> Decimal('2').sqrt( )       # √2
Decimal('1.4142135623730950488016887242096980786')
>>> getcontext( ).prec = 28    # 유효 자리를 28자리로 조정한다.
>>> Decimal('2').sqrt( )
Decimal('1.414213562373095048801688724')
>>> Decimal(2).exp( )          # e² 연산
Decimal('7.389056098930650227230427461')
>>> Decimal('10').ln( )        # log(10)
Decimal('2.302585092994045684017991455')
>>> Decimal('10').log10( )     # log₁₀10
Decimal('1')
```

Decimal 객체를 생성하는 또 다른 방법은 튜플을 사용해서 부호와 지수부, 가수부를 별도로 지정하는 것이다.

```
>>> Decimal((1, (1, 4, 7, 5), -2))
Decimal("-14.75")
```

첫 숫자 1은 부호(0은 양수, 1은 음수)를 지정하고, (1, 4, 7, 5)는 가수부를 지정하고, -2는 소수점의 자리를 지정한다.

3.2 수치 연산자

이 절에서는 수치 자료형에 사용하는 연산자를 알아보기로 하자.

산술 연산자 3.2.1

1 산술 연산자의 종류

앞서 계산기로 파이썬을 사용할 때 잠시 설명했지만 정리를 해보자. 파이썬의 기본적인 산술 연산자는 +(덧셈)과 −(뺄셈), *(곱셈), /(나눗셈), //(몫), **(지수), %(나머지) 등이다. 이들 중에서 나눗셈과 몫, 지수, 나머지에 대한 예만 보이겠다.

```
>>> 5 / 2           # 나누기이다. 항상 부동 소수점의 결과를 얻는다.
2.5
>>> 5 // 2          # 몫만 취한다
2
>>> 5 % 2           # 5를 2로 나눈 나머지를 얻는다.
1
>>> divmod(5, 2)    # 몫과 나머지를 한 번에 계산한다.
(2, 1)
>>> 2 ** 3          # 2^3
8
>>> 2 ** 3 ** 2     # 2^(3^2)으로 2 ** (3 ** 2)와 같다.
512
>>> (2 ** 3) ** 2
64
```

음수의 지수형 연산은 다음과 같이 실수로 지수부를 표현하여 연산할 수 있다.

```
>>> 5 ** -2.0
0.04
```

파이썬의 나머지는 제수의 부호와 같다.

```
>>> 5 % 3
2
>>> 5 % -3
-1
>>> -5 % 3
```

```
1
>>> -5 % -3
-2
```

따라서 몫은 다음과 같아진다.

```
>>> 5 // 3          # 1(몫) * 3 + 2(나머지) == 5
1
>>> 5 // -3         # -2 * -3 - 1 == 5
-2
>>> -5 // 3         # -2 * 3 + 1 == -5
-2
>>> -5 // -3        # 1 * -3 - 2 == -5
1
```

2 산술 연산자의 우선순위

여러 연산자가 식 하나에 함께 있을 때, 어떤 연산자는 다른 연산자보다 먼저 계산에 참여한다. 예를 들어, a + b * c라는 식에서 b * c를 우선 계산한다. * 연산자가 + 연산자보다 우선순위가 높기 때문이다. 만일 a + b를 먼저 계산하고 싶으면 (a + b) * c와 같이 괄호를 사용하면 된다. 산술 연산에 있어서 연산자의 우선순위는 표 3-1에서 확인할 수 있다.

표 3-1 산술 연산자의 우선순위

산술 연산자	설명	결합 순서
+ -	단항 연산자	오른쪽에서 왼쪽으로(←)
**	지수	오른쪽에서 왼쪽으로(←)
* / % //	곱하기, 나누기, 나머지, 몫	왼쪽에서 오른쪽으로(→)
+ -	더하기, 빼기	왼쪽에서 오른쪽으로(→)

단항 연산자 -는 * 연산자보다 우선순위가 높으므로 다음과 같은 연산을 할 수 있다.

```
>>> 4 * -5
-20
```

3 산술 연산자의 결합 순서

동일한 우선순위를 갖는 연산자가 연속해서 나올 경우 결합 순서는 왼쪽에서 오른쪽이다. +와 -, *, /, % 연산자는 왼쪽에서 오른쪽으로의 결합 순서를 가진다. 결합 순서를 바꾸려면 (a + b) * c와 같이 괄호를 사용하면 된다.

```
>>> 2 + 3 * 4
14
>>> (2 + 3) * 4
20
```

단항 연산자 +와 -는 오른쪽에서 왼쪽으로의 결합 순서를 가진다.

```
>>> ++ 3    # +(+3)
3
>>> -- 3    # -(-3)
3
>>> -+ 3    # -(+3)
-3
>>> +- 3    # +(-3)
-3
```

다음과 같은 수식에서 결합 순서를 혼동하지 말아야 한다.

```
>>> 4 / 2 * 2
4.0
```

독자는 4 / 2 * 2는 4 / (2 * 2)와는 다르다는 것을 알 것이다. 계산은 왼쪽에서 오른쪽으로 이루어지므로 (4 / 2) * 2이 된다. 결과는 4.0이다. 하지만, ** 연산자는 결합 순서가 다른 연산자와는 다르다. 이 연산자는 오른쪽에서 왼쪽으로 결합한다.

```
>>> 2 ** 3 ** 4
2417851639229258349412352
```

앞의 결과는 다음과 같은 결합 순서로 계산한 결과와는 다르다.

```
>>> (2 ** 3) ** 4
4096
```

QUIZ

1_ 다음 문들의 출력 결과를 예상하고 확인해 보자.

```
a, b, c, d, e = 2, -3, 5, -7, 11
print(a // b)
print(c // b)
print(7 + c * d // e)
print(2 * a % - b + c + 1)
```

2_ 인치를 센티미터로 바꾸는 프로그램 코드를 작성해 보자(1inch = 2.54cm).

3_ 화씨를 섭씨로 바꾸는 프로그램을 작성해 보자. `c = (f - 32) * 5.0 / 9.0`

관계 연산자 3.2.2

객체의 대소를 비교하는 연산을 관계 연산이라고 한다. 값을 서로 비교하는 연산자로는 **==**을 사용한다. 치환 연산자 =와 혼동하지 말기 바란다.

```
>>> 6 == 9
False
>>> 6 != 9
True
>>> 1 > 3
False
>>> 4 <= 5
True
>>> a = 5
>>> b = 10
>>> a < b
True
```

파이썬은 다음과 같이 복합적인 관계식도 지원한다.

```
>>> 0 < a < b
True
>>> 0 < a and a < b    # 앞의 식과 같은 의미이다.
True
```

관계 연산자를 정리하면 표 3-2와 같다.

표 3-2 관계 연산자의 우선순위

관계 연산자	설명
>	큰지 비교한다.
<	작은지 비교한다.
>=	크거나 같은지 비교한다.
<=	작거나 같은지 비교한다.
==	같은지 비교한다.
!=	같지 않은지 비교한다.

관계 연산자는 숫자뿐 아니라 객체 간에도 크기를 비교한다.

```
>>> 'abcd' > 'abd'
False
>>> (1, 2, 4) < (2, 1, 0)
True
>>> [1, 3, 2] == [1, 2, 3]
False
```

문자열의 비교는 사전순이다. 즉, 사전에서 앞에 나오는 단어가 순서가 빠르므로 값은 작게 취급된다. 튜플이나 리스트인 경우에 순서는 앞에서부터 하나씩 비교한다. (1, 2, 4) < (2, 3, 5)인 경우 우선 1과 2를 비교하고, 만일 두 값이 같으면 두 번째 값인 2와 3을 비교한다. 언제든지 결과가 결정되면 비교를 중단한다.

하지만, 다른 자료형 간의 값은 비교할 수 없다.

```
>>> 123 < 'abc'
Traceback (most recent call last):
  File "<pyshell#141>", line 1, in <module>
    123 < 'abc'
TypeError: unorderable types: int( ) < str( )
```

관계 연산자 중 ==는 객체가 같은 값을 가지고 있는지를 검사한다. 만일 두 개의 참조가 같은 객체를 참조하고 있는지 알고 싶으면 is 연산자를 사용한다. 예를 들어, 다음과 같은 세 개의 이름을 만들어 보자.

```
>>> X = [1, 2, 3]
>>> Y = [1, 2, 3]
>>> Z = Y
```

다음은 X와 Y, Z가 같은 값인지, 같은 객체인지 확인하는 예이다.

```
>>> X == Y
True
>>> X == Z
True
>>> X is Y
False
>>> X is Z
False
>>> Y is Z
True
```

X와 Y는 값이 같지만 다른 객체이고, Y와 Z는 값도 같고 같은 객체임을 알 수 있다. 그 이유는 Z = Y에 의해서 새로운 객체가 생성되는 것이 아니라 동일 객체에 대하여 참조가 복사되기 때문이다.

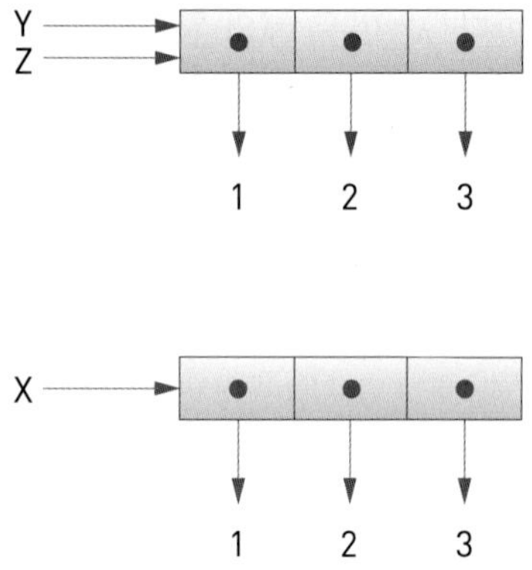

그림 3-1 동일 객체와 같은 값의 객체

값을 변경하여 앞의 결과를 다시 한번 확인해 보자.

```
>>> Y[1] = 100
>>> X
[1, 2, 3]
>>> Y
[1, 100, 3]
>>> Z
[1, 100, 3]
```

즉, Y와 Z는 동일한 객체임을 알 수 있다.

논리 연산자 3.2.3

1 논리 연산자의 종류

논리 연산자는 진릿값을 피연산자(Operand)로 취해서 논리값을 계산한다. 논리 연산자는 산술 연산자보다 우선순위가 낮다.

표 3-3 논리 연산자

논리 연산자(우선순위 순)	설명
not x	x가 거짓이면 True이고, 아니면 False이다.
x and y	x가 거짓이면 x이고, 아니면 y이다.
x or y	x가 참이면 x이고, 아니면 y이다.

다음은 간단한 예이다.

```
>>> a = 20
>>> b = 30
>>> a > 10 and b < 50
True
```

2 객체의 진릿값

파이썬은 진릿값의 결과로 참이면 True, 거짓이면 False를 돌려준다. 내부에서 True는 1, False는 0의 값을 가진다.

```
>>> True + 1
2
>>> False + 1
1
```

피연산자로 사용할 경우 정수는 0, 실수는 0.0, 다른 자료형은 빈 객체(( ), { }, [ ])가 거짓이며, 나머지는 모두 참으로 간주한다. None이라는 특별한 객체는 '아무것도 없다.' 혹은 '아무것도 아니다.'를 표현하기 위해서 사용하는 파이썬 내장 객체이다. 이 객체의 진릿값은 언제나 거짓이다.

```
>>> bool(0)          # 정수 0은 거짓이다.
False
```

```
>>> bool(1)
True
>>> bool(100)
True
>>> bool(-100)
True
>>> bool(0.0)      # 실수 0.0은 거짓이다.
False
>>> bool(0.1)
True
>>> bool('abc')
True
>>> bool('')
False

>>> bool([])       # 빈 리스트는 거짓이다.
False
>>> bool([1, 2, 3])
True

>>> bool(( ))      # 빈 튜플은 거짓이다.
False
>>> bool((1, 2, 3))
True

>>> bool({})       # 빈 사전은 거짓이다.
False
>>> bool({1:2})
True

>>> bool(None)     # None 객체는 거짓이다.
False
```

정리하면 다음과 같은 값들이 파이썬에서 거짓으로 간주하고 나머지 값은 참으로 간주한다.

```
None
0, 0.0, 0L, 0.0 + 0.0j
" ", [ ], ( ), { }
```

3 any( )와 all( ) 내장 함수를 사용해서 여러 요소의 진릿값을 판정하기

진릿값 연산 결과가 리스트나 튜플과 같은 저장형에 있을 경우, 이 값들이 모두 True인지 아니면 하나라도 True가 있는지를 검사할 수 있다.

```
>>> bool_list = [True, True, False]
>>> all(bool_list)     # 모두가 참인 경우 True이다.
False
>>> any(bool_list)     # 하나라도 참인 경우 True이다.
True
```

다음은 실제로 활용한 예로 튜플 내장(나중에 배움)을 사용하여 여러 값을 한 번에 검사한다.

```
>>> L = [1, 3, 2, 5, 6, 7]
>>> all(e < 10 for e in L)         # 모든 요소가 10 미만인가?
True
>>> any(e < 5 for e in L)          # 한 요소라도 5 미만인가?
True
```

4 논리식의 계산 순서

and와 or 연산자가 포함된 논리식은 결과를 판정하는 데 최종적으로 기여한 객체를 식의 값으로 반환한다. 다시 말하면, and와 or 연산자는 왼쪽부터 식을 계산하다가, 어떤 시점에서 결과가 알려지면 계산을 중단하고 해당 시점의 객체를 반환한다. 반환 값은 참이나 거짓이 아니다. 주의하기 바란다.

```
>>> 1 and 1
1
>>> 1 and 0
0
>>> 0 or 0
0
>>> 1 or 0
```

```
1
>>> [] or 1          # []는 거짓이므로 1을 참조한다.
1
>>> [] or ( )        # []와 ( )이 거짓이다.
( )
>>> [] and 1         # []이 거짓이므로 1은 참조할 필요가 없다.
[]
>>> 1 and 2
2
>>> 1 or 2
1
>>> [[]] or 1        # [[]]는 참으로 간주한다. [] 요소를 가지는 리스트이다.
[[]]
>>> [{}] or 1
[{}]
>>> '' or 1          # ''은 거짓이다.
1
```

비트 연산자 + 3.2.4

파이썬에서도 C 언어처럼 비트 단위로 조작하는 연산자를 제공한다. 이들 연산자는 정수형에만 적용된다. 비트 연산자는 다음 표와 같다.

표 3-4 비트 연산자

비트 연산자(우선순위 순)	설명
~	비트를 반전(1의 보수)시킨다.
<< >>	비트를 왼쪽으로 이동시키거나, 오른쪽으로 이동시킨다.
&	비트 단위 AND 연산을 수행한다.
^	비트 단위 XOR 연산을 수행한다.
|	비트 단위 OR 연산을 수행한다.

단항 연산자 ~는 비트 패턴을 반대로 한다. 0은 1로, 1은 0으로 변환시킨다. 비트가 반전되었을 때에 10진수로 얼마가 되는지는 2의 보수 개념을 이해해야 한다. 이 책의 범위를 벗어나서 자세한 설명은 하지 않았다.

```
>>> ~5          # 0000...0101
-6              1111...1010
>>> ~-1         # 1111...1111
0               0000...0000
```

시프트 연산자 <<는 비트를 왼쪽으로 지정한 숫자만큼 이동시킨다. 가장 왼쪽 비트는 벼려지고 가장 오른쪽은 비트 0으로 채워진다.

```
>>> a = 3       # 0000 0011 편의상 8비트만 표시한다.
>>> a << 2      # 0000 1100 왼쪽으로 두 비트 이동한다. 오른쪽은 0으로 채워진다.
12
>>> 1 << 128
340282366920938463463374607431768211456
```

반면에 시트트 연산자 >>는 비트를 오른쪽으로 지정한 숫자만큼 이동시킨다. 가장 오른쪽 비트는 버려지고 가장 왼쪽은 최상위 비트(MSB, Most Significant Bit)로 채워진다.

```
>>> a = 4       # 0000 0100
>>> a >> 1      # 0000 0010 왼쪽이 0으로 채워진다
2
>>> a = -4      # 1111 1100
>>> a >> 1      # 1111 1110 왼쪽이 1로 채워진다
-2
```

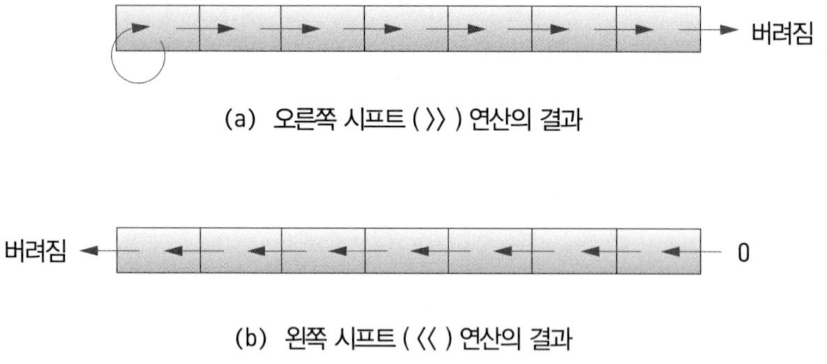

그림 3-2 시프트 연산의 동작

다음은 &와 |, ^ 세 개의 연산자에 대해 연산을 수행한 결과를 정리한 표이다. 각 값은 참과 거짓의 진릿값이 아니라 비트 값이다.

표 3-5 비트 연산자 &와 |, ^의 연산 결과

x 비트	y 비트	x & y	x | y	x ^ y
0	0	0	0	0
0	1	0	1	1
1	0	0	1	1
1	1	1	1	0

실제로 실행한 예를 보자.

```
>>> a & 2            # 0000 0011비트와 0000 0010 비트를 AND 연산한다.
2
>>> a | 8            # 0000 0011 비트와 0000 1000 비트를 OR 연산한다.
11
>>> 0x0f ^ 0x06      # 0000 1111 비트와 0000 0110 비트를 XOR 연산한다.
9
```

비트 연산자 &는 특정한 비트를 0으로 만들기 위해서, 비트 연산자 |는 특정한 비트를 1로 만들기 위해서, 비트 연산자 ^는 특정한 비트를 반전시키기 위해서 많이 사용한다.

- `a & 0x0f` a의 마지막 4비트만 그대로 하고 나머지는 모두 0으로 만든다. 마스킹(Masking)이라고도 한다.
- `a | 0x0f` a의 마지막 4비트를 모두 1로 한다.
- `a ^ -1` a의 모든 비트를 반전시킨다.

연산자 우선순위 3.2.5

파이썬의 전체 연산자에 대해 우선순위를 다음 표로 정리하였다. 우선순위가 높은 것부터 낮은 것으로 연산자가 나열되어 있다.

표 3-6 전체 연산자의 우선순위(높은 순)

연산자	설명
{key:value...}	사전 표시
[expressions...]	리스트 표시
(expressions...)	튜플 표시
f(arguments...) x[index:index] x[index] x.attribute	함수 호출 슬라이싱 인덱싱 속성 참조
**	지수
~	비트 단위 NOT(1의 보수)
+ -	양수, 음수(단항 연산자)
* / // %	곱하기, 나누기, 몫, 나머지
+ -	더하기, 빼기(이항 연산자)
<< >>	시프트 연산

▶ 다음 페이지에

▶ 이전 페이지에

연산자	설명
&	비트 단위 AND
^	비트 단위 XOR
|	비트 단위 OR
< <= > >= <> != ==	크기 비교
is, not is in, not in	신원(Identity) 확인 멤버 검사
not	논리 연산 not
and	논리 연산 and
or	논리 연산 or
lambda	람다 표현식(함수 참조)

3.3 수치 연산 함수

수치 연산 함수 3.3.1

앞서 설명한 기본적인 연산자 이외에도, 내장된 수치 연산 함수들이 있다.

표 3-7 내장 수치 연산 함수

함수	설명
abs(x)	x의 절댓값을 구한다.
int(x)	x를 정수형으로 변환한다.
float(x)	x를 실수형으로 변환한다.
complex(re, im)	실수부 re와 허수부 im를 가지는 복소수를 구한다.
c.conjugate( )	복소수 c의 켤레 복소수를 구한다.

▶ 다음 페이지에

▶ 이전 페이지에

함수	설명
divmod(x, y)	(x // y, x % y) 쌍을 구한다.
pow(x, y)	x의 y승을 구한다.
max(iterable), min(iterable)	최댓값과 최솟값을 구한다.
sum(iterable)	합을 계산한다.

내장 함수 목록 전체를 보려면 라이브러리 레퍼런스 2장을 참고하기 바란다. 다음은 수치 내장 함수를 사용하는 예이다.

```
>>> abs(-3)
3
>>> int(3.141592)
3
>>> int(-3.1415)
-3
>>> float(5)
5.0
>>> complex(3.4, 5)
(3.4+5j)
>>> complex(6)
(6+0j)
>>> c = complex(2, 3)
>>> c.conjugate( )
(2-3j)
>>> divmod(5, 2)
(2, 1)
>>> pow(2, 3)
8
>>> pow(2.3, 3.5)
18.45216910555504
>>> max([1, 3, 5, 2, 7])
7
```

```
>>> min([1, 3, 5, 2, 7])
1
>>> sum([1, 3, 5, 2, 7])
18
```

math 모듈의 수치 연산 함수 3.3.2

수치 연산을 수행하는 내장 함수 이외의 함수로는 별도로 만들어진 표준 모듈을 사용한다. 실수 연산을 위해서 math, 복소수 연산을 위해서 cmath 모듈이 준비되어 있다. 모듈이란 파이썬이나 C로 만들어진 프로그램으로, 내부에는 변수와 함수, 클래스 등이 정의되어 있다. 모듈을 사용하려면 우선 모듈을 가져와야(import) 한다.

```
>>> import math
```

그러고서는 모듈(math)에 포함된 변수(pi)나 함수(sin) 등을 사용하기 위해서 다음과 같이 코드를 작성해야 한다.

모듈이름.변수
모듈이름.함수

다음은 math 모듈을 사용하는 예이다.

```
>>> print(math.pi)
3.14159265359
>>> math.e
2.7182818284590451
>>> print(math.sin(0.1))     # 0.1 라디안에 대한 사인 값이다.
0.0998334166468
```

계속해서 math 모듈을 사용한 예이다.

```
>>> import math            # 모듈을 우선 가져온다.
>>> math.sqrt(2)           # 제곱근이다.
1.4142135623730951

>>> r = 5.0   # 반지름을 설정한다.
>>>           # 모듈 안에 정의된 상수나 함수를 사용하려면
>>>           # modulename.variable 또는 modulename.function과 같이 사용한다.
>>> a = math.pi * r * r           # 면적을 구한다. 모듈에 PI 상수 값이 정의되어 있다.
>>> degree = 60.0
>>> rad = math.radians(degree)    # 각도를 라디안으로 변환한다.
>>> # sin과 cos, tan 값을 계산한다.
>>> print(math.sin(rad), math.cos(rad), math.tan(rad))
0.8660254037844386 0.5000000000000001 1.7320508075688767
```

연/습/문/제/
E x e r c i s e

1 진법 변환 에러가 무엇인지 정리해 보자.

2 원의 반지름이 주어져 있을 때 원의 면적과 원주의 길이를 계산해 보자.

3 수학에서 e와 pi는 잘 알려져 있다. e의 pi승과 pi의 e승 중 어느 것이 더 큰가? 참고로 두 상수는 다음과 같다. math 모듈에 정의되어 있다.

```
e = 2.71828182846, pi =3.14159265359
```

4 몫을 구하는 연산 2//5, -2//5, -(2//5)의 결과를 확인하고 각각의 결과가 왜 그렇게 나오는지 설명해 보자.

5 1 and 2 or 3 and 4의 결과가 얼마인지 확인하고 왜 그렇게 결과가 나오는지 설명해 보자.

6 다음 각 값들에 대해서 참과 거짓을 판별해 보자.

가) `0.0, 0, 0.0+0.1j`

나) `" "`

다) `[ ], [''], [( )], ( ), (( )), (( ), )`

라) `{ }`

7 키보드로 정수 수치를 입력받고 짝수인지 홀수인지를 판별하는 코드를 비트 연산자를 이용하여 작성해 보자. 참고로 가장 오른쪽에 있는 비트가 1이면 홀수, 0이면 짝수이다.

8 피보나치 수열을 만드는 프로그램을 작성해보자. 피보나치 수는 0과 1로 시작하며, 다음 피보나치 수는 바로 앞의 두 피보나치 수의 합이 된다.

0, 1, 1, 2, 3, 5, 8, 13, 21, 34, 55, 89, 144, 233, 377, 610, 987, 1597, 2584, 4181, 6765, 10946...

9 임의의 정수에 대해서 가장 오른쪽의 4개 비트만 반전시키는 코드를 작성해 보자.

10 2차 방정식 $ax^2+bx+c=0$의 세 계수 a와 b, c의 값을 지정하고, 근의 공식으로 근을 구하는 프로그램을 작성해 보자. 제곱근은 math 모듈의 sqrt( ) 함수를 사용해도 좋고 x ** 0.5와 같이 계산할 수도 있다. 단, 음수에 대한 제곱근은 cmath 모듈의 sqrt( ) 함수를 사용할 수 있다. 자세한 내용은 파이썬의 라이브러리 레퍼런스를 참고하자.

11 앞의 문제를 함수로 구성해 보자. 세 계수 a와 b, c를 넘겨주면 근 두 개를 반환한다. 두 개의 근을 반환하기 위하여 튜플을 사용하자.

12 정수 a를 임의로 지정한 진법으로 변환하는 함수 `dec2radix(a, base)`를 작성해 보자.

제4장

문자열

Chapter 04

이 장에서는 문자열을 다룬다. 파이썬 문자열은 다루기 쉽고 간편하다. 문자열은 시퀀스 자료형이다. 시퀀스 자료형의 일반적인 특성을 우선 살펴보고 문자열의 기능과 메서드, 유니코드 문자열, 문서 문자열 등을 살펴본다.

4.1 시퀀스 자료형

시퀀스 자료형이란 4.1.1

이 장에서 다루는 문자열은 시퀀스(Sequence) 자료형이다. 시퀀스 자료형은 여러 객체를 저장하는 자료형이며, 각 객체는 순서를 가진다. 각 요소는 인덱스(Index)를 사용하여 참조할 수 있다. 시퀀스 자료형에 속하는 객체에는 앞에서 살펴본 문자열과 리스트, 튜플이 있다. 이들 자료형은 파이썬에서 가장 많이 사용된다. 따라서 이들의 일반적인 특성을 이해해야 한다. 이들의 특성은 내장 자료형에만 적용되는 것이 아니라, 여러분이 나중에 설계할 시퀀스 클래스 객체들이 가져야 할 특성이기도 하다. 우선 세 가지 자료형에 대한 예를 간단히 들어 보자.

```
>>> s = '파이썬만세'                # 문자열
>>> L = [100, 200, 300]             # 리스트
>>> t = ('튜플', '객체', 1, 2)      # 튜플
```

문자열은 작은따옴표 '나 큰따옴표 "로 묶인 문자들의 모임이다. 리스트는 대괄호 [ ] 안에 둘러싸인 객체들의 모임이고, 튜플은 소괄호 ( ) 안에 둘러싸인 객체들의 모임이다. 이들은 조금씩 상이한 특성이 있지만, 모두 시퀀스 자료형이라는 공통적인 특성이 있다. 이 절에서는 이들의 공통적인 특성에 대해서만 설명한다. 시퀀스 자료형이 가지는 공통적인 연산에는 다음과 같은 것들이 있다.

구분	연산	설명
인덱싱	[k] 형식	k번 위치의 값 하나를 취한다.
슬라이싱	[s:t:p] 형식	s부터 t 사이 구간의 값을 p 간격으로 취한다.
연결하기	+ 연산자	두 시퀀스형 데이터를 붙여서 새로운 데이터를 만든다.
반복하기	* 연산자	시퀀스형 데이터를 여러 번 반복해서 새로운 데이터를 만든다.
멤버 검사	in 연산자	어떤 값이 시퀀스 자료형에 속하는지를 검사한다.
길이 정보	len( ) 내장 함수	시퀀스형 데이터의 크기를 나타낸다.

인덱싱 4.1.2

인덱싱(Indexing)은 순서가 있는 데이터에서 오프셋(Offset)으로 하나의 객체를 참조하는 것이다. 오프셋은 정수이며, 0부터 시작한다. 다음과 같은 형식으로 사용한다.

[오프셋]

다음은 인덱싱을 사용한 예이다.

```
>>> s = 'abcdef'              # 문자열
>>> l = [100, 200, 300]       # 리스트
>>> s[0]                      # 참조
'a'
>>> s[1]
'b'
>>> s[-1]                     # 맨 오른쪽 값
'f'
>>> l[1]
200
>>> l[1] = 900                # 치환
```

슬라이싱 4.1.3

슬라이싱(Slicing)은 시퀀스 자료형의 일정 영역에서 새로운 객체를 반환하며, 결과의 자료형은 원래의 자료형과 같다. 다음과 같은 형식으로 사용한다.

[시작오프셋:끝오프셋]

오프셋은 생략할 수 있다. 시작 오프셋을 생략하면 0, 끝 오프셋을 생략하면 마지막 값으로 처리한다. 다음은 슬라이싱을 사용한 예이다.

```
>>> s = 'abcdef'
>>> L = [100, 200, 300]
>>> s[1:3]          # ①
'bc'
>>> s[1:]           # 1부터 끝까지이다.
'bcdef'
>>> s[:]            # 처음(0)부터 끝까지이다.
'abcdef'
>>> s[-100:100]     # 범위를 넘어서면 범위 내의 값으로 자동으로 처리한다.
'abcdef'
>>> L[:-1]          # 맨 오른쪽 값을 제외하고 모두이다.
[100, 200]
```

① 첫 번째 문자부터 세 번째 문자까지가 아니라, 1번 위치와 3번 위치 사이를 나타낸다. 참고로 문자열 s와 리스트 L의 구조를 그리면 그림 4-1과 같다.

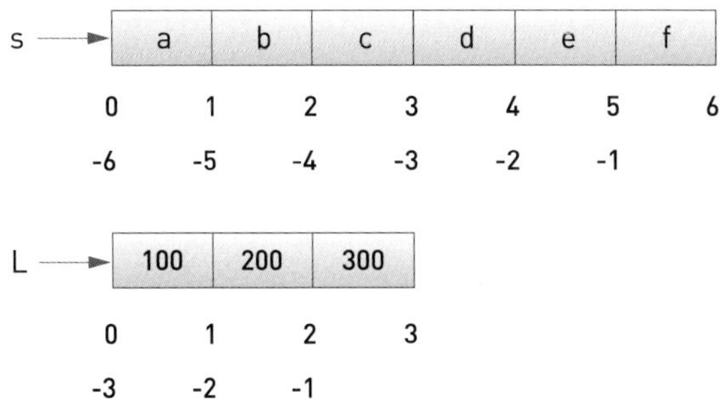

그림 4-1

슬라이싱은 실제로 세 가지 값(start:stop:step)을 가진다. 세 번째 step은 데이터를 취하는 간격이다. 이것을 확장 슬라이싱(Extended Slicing)이라고 한다.

```
>>> s = 'abcd'
>>> s[::2]          # 2칸 단위로 데이터를 취한다.
'ac'
>>> s[::-1]         # 거꾸로 데이터를 취한다.
'dcba'
```

연결하기 4.1.4

연결하기(Concatenation)는 + 연산자로 같은 시퀀스 자료형인 두 객체를 연결하는 것이다. 일반적으로 두 객체의 자료형이 동일해야 하며, 새로 만들어지는 객체도 같은 자료형이다. 다음은 연결하기를 사용한 예이다.

```
>>> s = 'abc' + 'def'
>>> s
'abcdef'
>>> L = [1, 2, 3] + [4, 5, 6]
>>> L
[1, 2, 3, 4, 5, 6]
```

반복하기 4.1.5

반복하기(Repetition)는 * 연산자를 사용하여 시퀀스 자료형인 객체를 여러 번 반복해서 붙이는 것이다. 새로운 객체를 반환한다. 다음은 반복하기를 사용한 예이다.

```
>>> s = 'Abc'
>>> s * 4               # s + s + s + s와 동일하다.
'AbcAbcAbcAbc'
>>> L = [1, 2, 3]
>>> L * 2
[1, 2, 3, 1, 2, 3]
```

멤버 검사 4.1.6

어떤 객체가 시퀀스 자료형인 객체에 포함된 것인지 검사하는 것을 멤버 검사라고 한다. 반환값 1은 참을, 0은 거짓을 의미한다. 다음은 멤버 검사를 사용한 예이다.

```
>>> '파' in '파이썬'
True
>>> t = (1, 2, 3, 4, 5)
>>> 2 in t
True
>>> 10 not in t
True
```

문자열인 경우는 in 연산자로 부분 문자열을 확인할 수 있다.

```
>>> '파이' in '파이썬'
True
>>> '이선' in '파이썬'
False
```

길이 정보 4.1.7

시퀀스형 객체 안에 있는 전체 요소의 개수를 얻기 위해서 len( ) 내장 함수를 사용할 수 있다.

```
>>> s = '파이썬만세'
>>> len(s)
5
>>> L = [1, 2, 3]
>>> len(L)
3
```

4.2 문자열 정의하기

한 줄 문자열 4.2.1

문자열은 앞서 설명한 시퀀스 자료형이다. 따라서 이 자료형의 특성(인덱싱, 슬라이싱, 연결하기, 반복하기 등)을 모두 가진다. 우선 문자열을 정의하는 예부터 보자.

```
>>> s = ''                          # 빈 문자열이다.
>>> str1 = 'Python is great!'     # 작은따옴표 '를 사용하여 정의한다.
>>> str2 = "Yes, it is."          # 큰따옴표 "를 사용하여 정의한다.
>>> str3 = "It's not like any other languages"    # ①
>>> type(s)                         # 자료형을 확인한다.
<class 'str'>
>>> isinstance(s, str)
True
```

① 세 번째 예에서 It's의 '는 "로 둘러싸여 있는 전체 문자열 안에 포함되어 있으므로 문자열을 구분하는 문자가 아닌 출력 문자로 처리된다. 인용부호의 의미를 없애기 위하여 \를 사용할 수 있다.

```
>>> str4 = 'Don\'t walk. "Run"'
>>> print(str4)
Don't walk. "Run"
```

\n은 줄 바꾸기 문자 그리고 \t는 탭 문자를 나타낸다. 또한, 줄의 맨 마지막에 \를 사용하면 다음 줄이 하나로 이어진다는 것을 의미한다.

```
>>> long_str = "This is a rather long string \
containing back slash and new line.\nGood!"
>>> print(long_str)
This is a rather long string containing back slash and new line.
Good!
```

여러 줄 문자열 4.2.2

파이썬에서는 작은따옴표 '나 큰따옴표 "를 세 번 연속해서 사용하여 여러 줄 문자열을 손쉽게 표현한다. 이렇게 하면 표현식 내의 모든 텍스트를 적힌 그대로 표현할 수 있다.

```
>>> multiline = """만일 우리에게 겨울이 없다면, 봄은 그토록 즐겁지 않을 것이다
우리들이 이따금 역경을 맛보지 않는다면, 성공은 그토록 환영받지 못할 것이다
"""
>>> print(multiline)
만일 우리에게 겨울이 없다면, 봄은 그토록 즐겁지 않을 것이다
우리들이 이따금 역경을 맛보지 않는다면, 성공은 그토록 환영받지 못할 것이다
```

특수 문자 4.2.3

파이썬에서도 문자열을 표현할 때 백슬래시 \를 사용하여 키보드로 표현하기 힘든 문자들을 표현한다.

표 4-1 백슬래시 \를 사용하는 특수 문자

문자	설명	문자	설명
\ Enter	다음 줄과 연속임을 표현	\n 또는 \012	줄 바꾸기
\\	\ 문자 자체	\t	Tab 키
\'	' 문자	\0xx	8진수 코드 xx
\"	" 문자	\xXX	16진수 코드 XX
\b	백스페이스	\e	Esc 키

다음은 특수 문자를 사용하는 예이다.

```
>>> a =\        줄 연속
2
```

```
>>> a
2
>>> print('abc\tdef\tghi')
abc	def	ghi
>>> print('a\nb\nc')
a
b
c
```

문자열 연산 4.2.4

문자열은 앞서 설명한 것처럼 시퀀스형의 모든 연산(인덱싱, 슬라이싱, 연결하기, 반복하기, 멤버 검사 등)을 제공한다. 다음은 이들 연산을 사용한 예이다.

```
>>> s1 = '첫 문자열'
>>> s2 = '두 번째 문자열'
>>> s3 = s1 + ' ' + s2        # 문자열 붙이기
>>> s3
'첫 문자열 두 번째 문자열'
>>> s1 * 3                    # 문자열 3회 반복하기
'첫 문자열첫 문자열첫 문자열'
>>> s1[2]                     # 인덱싱
'문'
>>> s1[1:-1]                  # 슬라이싱
' 문자'
>>> len(s1)                   # 문자열 길이 정보
5
>>> '문자' in s1
True
```

문자열은 그 자체 값을 변경할 수 없는, 변경 불가능(Immutable) 자료형이다.

```
>>> str1[0] = 'f'
Traceback (innermost last):
```

```
    File "<pyshell#9>", line 1, in ?
        str1[0] = 'f'
TypeError: object doesn't support item assignment
```

문자열이 시퀀스 자료형으로 for 문에 적용하면 각 문자에 대해서 반복한다.

```
>>> for c in '파이썬만세':
        print(c, end = ' ')

파 이 썬 만 세
```

문자열을 어떻게 변경할 수 있을까? 간단하다. 슬라이싱을 사용하면 원하는 문자열을 얻을 수 있다. 이것은 실제로 문자열의 변경이라기보다는 새로 문자열을 정의하는 것이다.

```
>>> s = 'spam and egg'
>>> s = s[:5] + 'cheese ' + s[5:]
>>> s
'spam cheese and egg'
```

QUIZ

슬라이싱과 연결하기를 사용하여 s = 'spam and egg'에서 'spam egg' 문자열을 만들어 보자.

4.3 문자열의 서식 지정하기

print( ) 함수를 사용하면 출력 문자열의 서식을 자유롭게 지정할 수 있다. 여기서 서식(Format)이란 문서의 틀이나 양식을 말한다. 문서는 양식과 내용으로 구성된다. 양식은 고정된 틀을 의미하고 빈칸을 갖는다. 어떤 문서 양식을 만들어 놓고 빈칸에 필요한 내용을 채워서 문서를 자유롭게 만들어 내는데 이때 서식 지정(Formatting)을 사용한다.

이전 방식의 서식 지정 4.3.1

파이썬1과 2에서 주로 사용하던 방식으로 문자열 안에 서식 문자를 지정하고 튜플로 데이터를 공급하는 방식이다. 파이썬 3에서는 이 방식을 권장하지 않는다.

```
>>> int_val = 23
>>> float_val = 2.34567
>>> print("%3d %s %0.2f" % (int_val, 'any value', float_val))
23 any value 2.35
```

여기서 %d와 %s, %f 등을 서식 문자라고 부른다. 각각 정수형과 문자열, 실수형 데이터를 지정한다. %3d와 %0.2f와 같이 포함되어 있는 숫자는 출력할 자릿수와 실수의 정밀도 등을 나타낸다. %3d에서 3은 세 자리로 정수를 출력하라는 의미이고, %0.2f에서 0은 자릿수를 특별히 제한하지 않으며, 2는 소수점 이하 두 자리만 출력한다는 의미이다.

format( ) 함수를 사용한 서식 지정 4.3.2

format( ) 함수는 하나의 값을 주어진 형식의 문자열로 변환하는 데 사용한다.

```
>>> int_val = 23
>>> float_val = 2.34567
>>> print(format(int_val, '3d'), format(float_val, '.2f'))
23 2.35
```

3d에서 3은 세 자리로 정수를 출력하라는 의미이고, 0.2f에서 2는 소수점 이하 두 자리로 실수를 출력하라는 의미이다. 천 단위마다 쉼표 ,를 추가하려면 다음과 같이 변환 기호 앞에 쉼표 ,를 사용한다.

```
>>> format(123456789, ',d')
'123,456,789'
```

```
>>> format(1234567.89, ',.2f')
'1,234,567.89'
```

format( ) 메서드를 사용한 서식 지정 4.3.3

세 번째로 문자열의 format( ) 메서드는 여러 값을 출력할 때 가장 많이 사용하는 방식이다. 문자열 내 중괄호 {}은 데이터로 채워질 자리를 의미한다. 공급되는 순서대로 데이터를 출력한다.

```
>>> '{} {}'.format(23, 2.12345)
'23 2.12345'
```

{0}은 format( ) 메서드의 첫 번째 인수, {1}은 두 번째 인수로 치환되는 것을 나타낸다. 참조 순서가 바뀔 수도 있고, 여러 번 나타날 수도 있다.

```
>>> L = [1, 5, 3, 7, 4, 5]
>>> '최댓값:{0}, 최솟값:{1}'.format(max(L), min(L))
'최댓값:7, 최솟값:1'
>>> '최솟값:{1}, 최댓값:{0}, 최댓값:{0}'.format(max(L), min(L))
'최솟값:1, 최댓값:7, 최댓값:7'
```

변환 기호를 함께 사용해서 다음과 같이 사용할 수도 있다. 실수 형식으로 출력하려면 치환 영역 내에 변환 기호를 사용할 수 있다. `{0:5}`나 `{0:5d}`는 format( ) 메서드의 첫 번째 인수를 5자리로 출력하라는 의미이고, `{1:0.5}`는 5자리의 유효 자리로, `{1:0.5f}`는 두 번째 인수를 소수점 이하 5자리 실수로 출력하라는 의미이다. `{1:10.5f}`는 출력 자리 10자리를 확보하고 소수점 이하 5자리를 출력한다.

```
>>> 'sqrt({:3}) = {:0.5}'.format(2, 2 ** 0.5)       # 자릿수만 지정
'sqrt(  2) = 1.4142'
>>> 'sqrt({0:3}) = {1:0.5}'.format(2, 2 ** 0.5)     # 앞의 결과와 동일
'sqrt(  2) = 1.4142'
>>> 'sqrt({0:3d}) = {1:0.5f}'.format(2, 2 ** 0.5)   # d : decimal, f : float
```

```
'sqrt(  2) = 1.41421'
>>> 'sqrt({:3d}) = {:0.5f}'.format(2, 2 ** 0.5)
'sqrt(  2) = 1.41421'
>>> '{:,d}'.format(123456789)
'123,456,789'
>>> '{:,.2f}'.format(123456789.0123)
'123,456,789.01'
```

리스트가 인수로 전달될 때는 인덱싱으로 참조할 수 있다.

```
>>> L = [0, 1, 1, 2, 3, 5, 8, 13, 21]
>>> 'next value of {0[4]} is {0[5]}'.format(L)
'next value of 3 is 5'
```

키워드 인수로 전달되면 이름으로 접근할 수 있다.

```
>>> '나이:{age} 키:{height}'.format(age = 49, height = 173)
'나이:49 키:173'
```

사전이 인수로 전달될 때는 format_map() 메서드를 사용하여 키로 참조한다.

```
>>> info = {'size':32, 'height':173, 'age':49}
>>> "나이:{age},  키:{height}".format_map(info)
'나이:49,  키:173'
```

모듈인 경우에는 이름으로 접근할 수 있다.

```
>>> import sys
>>> sys.float_info.max          # 모듈의 값을 우선 확인한다.
1.7976931348623157e+308
>>> '실수 최댓값 : {0.float_info.max}'.format(sys)
'실수 최댓값 : 1.7976931348623157e+308'
```

{0.float_info.max}는 sys.float_info.max을 의미한다. 기타 다른 객체인 경우에도 이름으로 접근할 수 있다.

```
>>> print('{0.__doc__}'.format(list))   # list.__doc__
list( ) -> new empty list
list(iterable) -> new list initialized from iterable's items
```

다음은 0도부터 360도까지 10도 간격으로 사인 값을 표로 만드는 예이다.

```
>>> from math import sin, pi, radians
>>> for deg in range(0, 361, 10):
        rad = radians(deg)
        print('sin({0:3d}) = {1:10.5f}'.format(deg, sin(rad)))

sin(  0) =    0.00000
sin( 10) =    0.17365
sin( 20) =    0.34202
sin( 30) =    0.50000
~ 생략 ~
```

수치 변환 기호 4.3.4

수치 자료형에 맞는 변환 기호는 별도로 준비되어 있다. 예를 들어, b는 2진수이고, d는 진수 등을 출력하는 데 사용한다. 다음 예에서 n은 d와 같이 10진수를 출력하지만 로캘(Locale)이 적절하게 설정되어 있다면 큰 숫자를 세 자리마다 쉼표 ,로 분리하는 형식으로 출력할 수 있다.

```
>>> import locale
>>> locale.setlocale(locale.LC_ALL, '')
'Korean_Korea.949'
>>> # 2진수, 10진수, 8진수, 16진수, 16진수, 10진수(d), 10진수(n)
>>> '{0:b} {0:d} {0:o} {0:x} {0:X} {1:d} {1:n}'.format(13, 123456789)
'1101 13 15 d D 123456789 123,456,789'
```

실수형 값에 사용하는 변환 기호로는 다음과 같은 것들이 있다.

```
>>> '{0:e} {0:E} {0:f} {0:F}'.format(0.6789)
'6.789000e-01 6.789000E-01 0.678900 0.678900'
>>> '{1:g} {1:G} {1:n} {0:%}'.format(0.6789, 123E30)
'1.23e+32 1.23E+32 1.23e+32 67.890000%'
```

e와 E는 지수 형식으로 출력하고, f와 F는 고정 소수점 형식으로 출력한다. 이들 그룹은 e와 f는 소문자를 그리고 E와 F는 대문자를 출력하는 것 외에는 동일하다. g와 G는 고정 소수점 형식이나 지수 형식 중 적절한 것을 알아서 선택하여 출력한다. n은 g와 같으나 현재 로캘을 적용하여 출력하며, %는 백분율을 적용하여 출력한다. 표 4-2에 있는 변환 기호에 보조적인 서식 문자를 함께 사용해서 출력 양식을 조절할 수 있다.

표 4-2 보조 서식 문자

기호	설명	예
m	m개의 최소 자리를 확보한다. '|egg| egg|'	`>>> '{0:5s}'.format('egg')` `'egg  '`
m.n	m개의 최소 자리를 확보하고, n개의 소수점 이하 자리를 출력한다.	`>>> '{0:10.3f}'.format(123.456789)` `'   123.457'`

<
>
	왼쪽이나 오른쪽으로 맞추어서 출력한다.	`>>> '{0:<5d}'.format(123)`
		`'123  '`
		`>>> '{0:>5d}'.format(123)`
		`'  123'`

+	+/- 부호를 출력한다. '+123, -123'	`>>> '{0:+d}'.format(123)` `'+123'`
공백	양수일 때 공백을 삽입한다. ' 123, -123'	`>>> '{0: d}'.format(123)` `' 123'`
#	8진수 출력에는 0o을, 16진수 출력에는 0x이나 0X를 앞에 붙인다.	`>>> '{0:#o} {0:#x}'.format(123)` `'0o173 0x7b'`
0	왼쪽 빈 공간을 0으로 채운다.	`>>> '{0:05d}'.format(123)` `'00123'`

4.4 문자열 메서드

다음은 대소문자 변환에 관련된 메서드를 사용한 예이다.

```
>>> s = 'i like programming.'
>>> s.upper( )                  # 대문자로 변환한다.
'I LIKE PROGRAMMING.'
>>> s.lower( )                  # 소문자로 변환한다.
'i like programming.'
>>> 'I Like Programming'.swapcase( )
'i lIKE pROGRAMMING'
>>> s.capitalize( )             # 첫 문자를 대문자로 변환한다.
'I like programming.'
>>> s.title( )
'I Like Programming.'
```

다음은 검색에 관련된 메서드를 사용한 예이다.

```
>>> s = 'i like programming, i like swimming.'
>>> s.count('like')        # 문자열 s에서 'like'라는 부분 문자열이 발생한 횟수를 반환한다.
2
>>> s.find('like')         # 문자열 s에서 'like'의 오프셋을 반환한다. 검색에 해당한다.
2
>>> s.find('like', 3)      # 문자열 3번째 위치부터 검색한다.
22
>>> s.find('my')           # 찾는 문자열이 없을 경우 -1을 반환한다.
-1
>>> s.rfind('like')        # find( ) 메서드와 같지만 문자열 s의 뒤쪽부터 검색한다.
22
>>> s.index('like')        # find( ) 메서드와 같지만,
2
>>> s.index('my')          # 찾는 문자열이 없을 경우 예외가 발생한다.
Traceback (most recent call last):
  File "<pyshell#291>", line 1, in <module>
    s.index('my')
ValueError: substring not found
>>> s.rindex('like')       # index( ) 메서드와 같지만 문자열 s의 뒤쪽부터 검색한다.
```

```
22
>>> s.startswith('i like')        # i like로 시작하는 문자열인가?
True
>>> s.endswith('swimming.')       # swimming.으로 끝나는 문자열인가?
True
>>> s.startswith('progr', 7)      # 7번째 문자열이 progr로 시작하는가?
True
>>> s.endswith('like', 0, 26)     # 0부터 26번째 사이의 문자열이 like로 끝나는가?
```

다음은 편집과 치환에 관련된 메서드를 사용한 예이다.

```
>>> u = ' spam and ham '
>>> u.strip( )                  # 좌우 공백을 없앤다.
'spam and ham'
>>> u.rstrip( )                 # 오른쪽 공백을 없앤다.
' spam and ham'
>>> u.lstrip( )                 # 왼쪽 공백을 없앤다.
'spam and ham '
>>> ' abc '.strip( )
'abc'
>>> '><><abc<><><>'.strip('<>')
'abc'
>>> '><><abc<><><>\n'.strip('<>')
'abc<><><>\n'
>>> 'ㅎㅎ 파이썬 만세 ㅎㅎ'.strip('ㅎ')
' 파이썬 만세 '
>>> u.replace('spam', 'spam, egg')  # 'spam'을 'spam, egg'로 치환한다.
' spam, egg and ham '
```

문자열의 분리와 결합에 관련된 메서드는 가장 자주 사용한다.

```
>>> u = ' spam and ham '
>>> u.split( )                  # 공백으로 분리한다.
['spam', 'and', 'ham']          ── 단어의 리스트가 얻어졌다.
>>> u.split('and')              # 'and'로 분리한다.
```

```
[' spam ', ' ham ']
>>> t = u.split( )
>>> ':'.join(t)              # ':' 문자로 결합한다. 틀리기 쉬우므로 주의가 필요하다.
'spam:and:ham'
>>> print('\n'.join(t))      # 줄 바꾸기로 결합한다.
spam
and
ham
>>> lines = '''first line    # 3줄 문자열이다.
second line
third line'''
>>> lines.splitlines( )      # 줄 단위로 분리한다.
['first line', 'second line', 'third line']
```

여기서 ':'.join(t)을 사용하는 방법을 종종 혼동하는 경우가 있다. t는 리스트이고 ':'는 리스트의 문자열들을 연결할 문자열이다.

split( ) 메서드는 두 번째 인수로 최대 분리 개수를 지정할 수 있다. rsplit( ) 메서드는 오른쪽부터 분리하는 것을 제외하면 split( ) 메서드와 같다.

```
>>> s = 'one:two:three:four'
>>> s.split(':', 2)          # 두 번만 분리한다.
['one', 'two', 'three:four']
>>> s.rsplit(':', 1)         # 오른쪽부터 처리한다.
['one:two:three', 'four']
```

다음은 정렬에 관련된 메서드를 사용한 예이다.

```
>>> u = 'spam and egg'
>>> u.center(60)             # 전체 60 문자의 가운데에 맞춘다.
' spam and egg '
>>> u.ljust(60)              # 왼쪽에 맞춘다.
'spam and egg '
>>> u.rjust(60)              # 오른쪽에 맞춘다.
' spam and egg'
```

center( )와 ljust( ), rjust( ) 메서드는 모두 채워질 문자를 다음과 같이 선택할 수 있다.

```
>>> u.center(60, '-')        # 공백 대신 '-' 문자로 채운다.
'-----------------------spam and ham------------------------'
```

expandtabs( ) 메서드는 탭 문자를 공백 문자로 변경한다.

```
>>> '1\tand\t2'.expandtabs( )        # 탭(\t)을 8자 공백으로 변경한다.
'1 and 2'
>>> '1\tand\t2'.expandtabs(4)        # 탭을 4자 공백으로 변경한다.
'1 and 2'
```

숫자로만 구성된 문자열인지 영문자로만 구성된 문자열인지를 판별할 수 있다.

```
>>> '1234'.isdigit( )                # 문자열이 숫자인가?
True
>>> '123\u2155\u2156'
'123??'
>>> '123\u2155\u2156'.isnumeric( )  # 문자열이 유니코드 수치 혹은 일반 수치 문자인가?
True
>>> print('123\u0661')               # \u0661은 아라빅 숫자 1을 나타내는 유니코드이다.
123?
>>> '123\u0661'.isdecimal( )         # 일반 수치 혹은 유니코드 수치(Nd category) 문자인가?
True
>>> 'abcd한글'.isalpha( )            # 문자열이 영문자 혹은 유니코드 Letter 문자인가?
True
>>> '1abc234'.isalnum( )             # 문자열이 숫자나 영문자 혹은 유니코드 Letter 문자인가?
True
>>> 'abc'.islower( )                 # 문자열이 소문자인가?
True
>>> 'ABC'.isupper( )
True
>>> ' \t\r\n'.isspace( )             # 공백 문자인가?
True
>>> 'This Is A Title'.istitle( )     # 제목 문자열인가?
```

```
True
>>> ' \n\t'.isspace( )                # 공백 문자열인가?
True
>>> 'def'.isidentifier( )             # 문자열이 예약어인가?
True
>>> ' \n\t'.isprintable( )            # 문자열이 인쇄 가능한 문자들의 모임인가?
False
```

나머지 자세한 설명은 파이썬 매뉴얼에서 라이브러리 레퍼런스 [4.7.1 String Methods]을 참조하기 바란다. 채우기와 자리 맞추기에 관련된 문자열 메서드는 다음과 같다.

```
>>> s.zfill('123')                    # 빈 자리는 0으로 채워진다.
'00123'
```

maketrans( )와 translate( ) 메서드를 사용하면 문자를 매핑(Mapping)하여 변환한 결과를 얻을 수 있다.

```
>>> instr = 'abcdef'
>>> outstr = '123456'
>>> trantab = ''.maketrans(instr, outstr)    # 'abcdef'를 '123456'으로
>>> trantab
{97: 49, 98: 50, 99: 51, 100: 52, 101: 53, 102: 54}
>>> 'as soon as possible'.translate(trantab)
'1s soon 1s possi2l5'
```

QUIZ

여러 줄 문자열이 다음과 같이 주어져 있다. split( )과 join( ) 메서드를 사용하여 다음 퀴즈를 풀어 보자.

```
s = '''
first line
second line
third line'''
```

1_ 앞서 여러 줄 문자열을 다음과 같은 문자열로 출력해 보자.

```
first line:second line:third line
```

2_ 앞서 여러 줄 문자열에서 두 번째 줄 첫 번째 단어를 추출해 보자.

3_ 단어 사이를 : 문자로 연결하여 다음과 같이 출력해 보자.

```
first:line:second:line:third:line
```

4.5 유니코드 문자열과 바이트

파이썬 3과 유니코드 4.5.1

파이썬 3의 문자열은 유니코드이다. 유니코드는 전 세계적으로 사용하는 문자 집합을 하나로 모은 것이다. 유니코드는 31비트로 표현되는 문자 세트이며, 온전히 한 문자를 표현하려면 4바이트를 필요로 한다. 파이썬의 문자열은 다수의 바이트를 하나의 문자로 해석하는 유니코드 문자의 모임이다.

```
>>> '\uac00'
'가'
>>> len('가')
1
>>> '\u8a9e'
'語'
```

예와 같이 파이썬 3에서 '\u'를 사용하여 유니코드 문자를 지정할 수 있다. 유니코드에서는 16비트로 표현할 수 있는 65,536개(2^{16})의 문자 세트를 하나의 코드 평면(Code Plane)이라 부르며 현재 총 17개의 코드 평면이 있다.

코드 평면 0을 기본 다국어 평면(BMP, Basic Multilingual Plane)이라고 부르며 코드로는 U+0000에서 U+FFFF에 해당한다. 코드 평면 0인 BMP에는 한글과 한자를 포함하여 우리가 필요로 하는 대부분의 다국어 문자가 정의되어 있다. 참고로 한글은 U+AC00 ~ U+D7AF에 할당되어 있다. 파이썬 3으로는 이 문자들을 '\uxxxx'와 같이 표현할 수 있다. 코드 평면 1(SMP, Supplementary Multilingual Plane)은 추가적인 심볼들의 정의에 사용하며, 코드 평면 2(SIP, Supplementary Ideographic Plane)는 추가적인 표의 문자들 정의에 사용한다. 코드 평면 3에서 13은 현재 정의되어 있지 않다. 코드 평면 14(SSP, Supplementary Special Purpose Plane)는 특별한 목적으로 할당되어 있고, 코드 평면 15와 16(Supplementary Private Use Area)은 개인적인 용도로 할당되어 있다.

```
>>> import sys
>>> sys.maxunicode
1114111
>>> sys.maxunicode.bit_length()
21
```

그렇다면 코드 평면 0 이외의 문자들을 어떻게 표현할 수 있을까? 다른 방법이 있긴 하지만, 파이썬에서는 '\U(대문자에 주의)'를 사용하여 32비트를 표현하도록 하고 있다. 예를 들어, U+1F193 문자는 파이썬에서 다음과 같이 표현한다.

```
>>> len('\U0010FFFF')     # 문자 두 개가 아닌 문자 하나이다.
1
```

파이썬은 코드 값에 따라서 1, 2, 4바이트로 내부에서 문자들을 표현한다. 다음은 유니코드 범위와 바이트 수의 관계이다.

- ASCII 문자와 Latin1 문자 U+0000 ~ U+00FF는 1바이트를 사용한다.
- BMP 문자 U+0000 ~ U+FFFF는 2바이트를 사용한다.
- BMP 문자가 아닌 U+10000 ~ U+10FFFF는 4바이트를 사용한다.

인코딩과 바이트 4.5.2

유니코드 문자열을 바이트의 열로 변환하는 것을 인코딩(Encoding)이라고 한다. 가장 간단한 인코딩 방법으로 유니코드는 4바이트로 표현하므로 각각의 문자를 32비트 정수로 표현하는 것이다. 하지만, 1바이트나 2바이트로 표현할 수 있는 문자를 4바이트로 표현하는 방법은 공간 낭비와 호환성 부족, 바이트 저장 순서 등 여러 가지 문제를 낳는다. 따라서 호환성이 있으며 메모리 낭비도 줄일 수 있는 인코딩을 사용해야 하는데 가장 많이 사용하는 유니코드 인코딩 기법은 UTF-8이다. UTF-8은 가변 길이 인코딩 기법으로 코드 값에 따라서 1~4바이트로 표현한다. 아스키 코드와 호환되어 U+0000 ~ U+007F 범위의 코드는 1바이트로 표현한다. 자세한 내용은 표 4-3을 참고하자.

```
>>> '파이썬만세'.encode( )              # 기본값이 UTF-8이다.
b'\xed\x8c\x8c\xec\x9d\xb4\xec\x8d\xac\xeb\xa7\x8c\xec\x84\xb8'
>>> '파이썬만세'.encode('utf-16')       # UTF-16으로 인코딩을 한다.
b'\xff\xfe\x0c\xd3t\xc7l\xc3\xcc\xb98\xc1'
>>> '파이썬만세'.encode('utf-32')       # UTF-32로 인코딩을 한다.
b'\xff\xfe\x00\x00\x0c\xd3\x00\x00t\xc7\x00\x00l\xc3\x00\x00\xcc\xb9\x00\x00
8\xc1\x00\x00'
>>> '파이썬만세'.encode('cp949')        # 유니코드가 아닌 코드 세트로도 인코딩이 가능하다.
b'\xc6\xc4\xc0\xcc\xbd\xe3\xb8\xb8\xbc\xbc'
```

인코딩을 한 출력 결과는 문자열이 아닌 바이트의 열임에 주의해야 한다.

```
>>> type('한글'.encode( ))
<class 'bytes'>
```

문자열은 멀티바이트를 하나의 문자로 해석하는 유니코드로만 표현하기 때문에 인코딩이 된 개개의 바이트는 bytes 자료형으로 전환된다. 즉, 바이트는 0 ~ 255 사이의 코드 값의 열이며, 문자열은 여러 바이트를 하나의 문자로 해석하는 추상적인 문자의 열이다.

바이트는 문자열과 같이 변경 불가능(Immutable) 자료형이며 문자열이 지원하는 대부분의 메서드를 지원한다.

```
>>> b = b'bytes'     # 바이트를 정의한다.
>>> type(b)          # 자료형을 확인한다.
<class 'bytes'>
>>> len(b)           # 바이트 길이 정보
5
>>> b[0]             # 인덱싱
98
>>> b.upper( )       # 문자열이 지원하는 대부분의 메서드를 지원한다.
b'BYTES'
```

하지만, 바이트와 문자열 간의 직접적인 연산은 허용되지 않는다. 바이트와 바이트 간에 또는 문자열과 문자열 간에 연산이 이루어지도록 변환해야 한다.

```
>>> b + 'string'                # 바이트와 문자열 간에 연산이 허용되지 않는다.
Traceback (most recent call last):
  File "<pyshell#135>", line 1, in <module>
    b + 'string'
TypeError: can't concat bytes to str
>>> b + ' string'.encode( )     # 바이트와 바이트 간의 연산이다.
b'bytes string'
>>> b.decode( ) + ' string'     # 문자열과 문자열 간의 연산이다.
'bytes string'
```

바이트를 문자열로 변환하려면 decode( ) 메서드를 사용해야 한다.

```
>>> b = '파이썬만세'.encode('utf-8')       # 문자열을 바이트로 변환한다.
>>> b.decode('utf-8')                   # 바이트를 문자열로 변환한다.
'파이썬만세'

>>> b = '파이썬만세'.encode('cp949')
>>> b.decode('cp949')
'파이썬만세'
```

UTF-8

ASCII 문자를 많이 다루고 있다면 유니코드를 인코딩하는 최적 기법은 UTF-8이다. UTF-8은 바이트 단위의 가변 길이 유니코드 인코딩 시스템이다.

표 4-3 UTF-8 인코딩

유니코드 범위	UTF-8 인코딩
U+00000000 ~ U+0000007F	0xxxxxxx
U+00000080 ~ U+000007FF	110xxxxx 10xxxxxx
U+00000800 ~ U+0000FFFF	1110xxxx 10xxxxxx 10xxxxxx
U+00010000 ~ U+001FFFFF	11110xxx 10xxxxxx 10xxxxxx 10xxxxxx
U+00200000 ~ U+03FFFFFF	111110xx 10xxxxxx 10xxxxxx 10xxxxxx 10xxxxxx
U+04000000 ~ U+7FFFFFFF	1111110x 10xxxxxx 10xxxxxx 10xxxxxx 10xxxxxx 10xxxxxx

U+0000부터 U+007F까지의 문자들은 그대로 사용하여 ASCII 문자와의 호환성이 유지된다. U+007F보다 큰 모든 문자는 각각 독자적인 바이트의 연속으로 인코딩하며, 이것들은 각각 고유한 비트 세트(Bit Set)를 가진다.

```
>>> '\u0080'.encode('utf-8')        # U+0080을 UTF-8로 인코딩한다.
b'\xc2\x80'                         출력 결과는 바이트 열이다.
>>> bin(0xc2), bin(0x80)            # 2진수로 출력해 보면 1100 0010 1000 0000이다.
('0b11000010', '0b10000000')
```

UTF-16

UTF-16은 16비트 단위로 유니코드를 인코딩한다. 기본 다국어 평면(BMP)에 속하는 문자들은 16비트로 그대로 인코딩이 된다. 단지, 바이트들이 저장되는 순서(Endian)가 맨 앞에 두 바이트 추가된다. 앞의 두 바이트가 FF FE인 경우 작은 수치 단위가 앞에 나오는 리틀 엔디안((Little Endian)이며, FE FF인 경우는 빅 엔디안(Big Endian)으로 저장된다. 예를 들어, 0x1234는 리틀 엔디안으로 34 12 순으로 저장되며, 빅 엔디안으로는 12 34 순으로 저장된다.

```
>>> '가나'.encode('utf-16')
b'\xff\xfe\x00\xac\x98\xb0'
```

```
>>> bytes.fromhex('FF FE 00 AC 98 B0').decode('utf-16')
'가나'
>>> bytes.fromhex('FE FF AC 00 B0 98').decode('utf-16')
'가나'
```

유니코드가 기본 다국어 평면을 벗어난다면 대리(Surrogate) 문자 영역에 해당하는 두 개의 16비트 문자로 변환되어 이 한 쌍(즉 32비트)이 해당 문자를 나타내게 된다. 이에 대한 자세한 내용은 위키피디아를 참조하기 바란다.

형변환 4.5.3

파이썬 3의 문자의 코드 값을 알려면 ord( ) 함수를 사용하고 반대로 코드 값에서 문자로 변환하려면 chr( ) 함수를 사용한다.

```
>>> ord('가')          # 문자를 코드 값으로 변환한다.
44032
>>> hex(ord('가'))
'0xac00'
>>> chr(0xac00)        # 코드 값을 문자로 변환한다.
'가'
```

16진수로 된 문자열이 있으면 bytes.fromhex( ) 메서드를 사용하여 바이트 열로 변환할 수 있다.

```
>>> bytes.fromhex('ed959ceab880')
b'\xed\x95\x9c\xea\xb8\x80'
>>> bytes.fromhex('ed959ceab880').decode('utf-8')
'한글'
```

첫 번째 예는 16진수 문자열을 바이트 열로 변환한다. 두 번째 예는 16진수 문자열을 유니코드 문자열로 변환한다.

예제 : 유니코드에서 한글 자소 추출하기 4.5.4

유니코드의 한글은 초성과 중성, 종성의 순서만 알면 조합이 가능하도록 되어 있다. 결론적으로 유니코드 한글 코드 값은 다음 식에 의해서 결정된다.

한글 유니코드 = 0xAC00 + ((초성순서 * 21) + 중성순서) * 28 + 종성순서

여기서 각 자소의 순서는 다음 표와 같다.

표 4-4 초성 순서(19개)

ㄱ/0	ㄲ/1	ㄴ/2	ㄷ/3	ㄸ/4	ㄹ/5	ㅁ/6	ㅂ/7
ㅃ/8	ㅅ/9	ㅆ/10	ㅇ/11	ㅈ/12	ㅉ/13	ㅊ/14	ㅋ/15
ㅌ/16	ㅍ/17	ㅎ/18					

표 4-5 중성 순서(21개)

ㅏ/0	ㅐ/1	ㅑ/2	ㅒ/3	ㅓ/4	ㅔ/5	ㅕ/6	ㅖ/7
ㅗ/8	ㅘ/9	ㅙ/10	ㅚ/11	ㅛ/12	ㅜ/13	ㅝ/14	ㅞ/15
ㅟ/16	ㅠ/17	ㅡ/18	ㅢ/19	ㅣ/20			

표 4-6 종성 순서(28개)

없음/0	ㄱ/1	ㄲ/2	ㄳ/3	ㄴ/4	ㄵ/5	ㄶ/6	ㄷ/7
ㄹ/8	ㄺ/9	ㄻ/10	ㄼ/11	ㄽ/12	ㄾ/13	ㄿ/14	ㅀ/15
ㅁ/16	ㅂ/17	ㅄ/18	ㅅ/19	ㅆ/20	ㅇ/21	ㅈ/22	ㅊ/23
ㅋ/24	ㅌ/25	ㅍ/26	ㅎ/27				

예를 들어, '가'는 초성 0, 중성 0, 종성 0이므로 0xAC00에 해당한다. '한'은 초성 18, 중성 0, 종성 4이므로 0xd55c가 된다.

```
>>> 0xac00 + ((18 * 21) + 0) * 28 + 4
54620
>>> hex(54620)      # 16진수로 표시하면 0xd55c이다.
'0xd55c'
>>> chr(0xd55c)
'한'
```

자소의 상대적인 인덱스 값을 사용해서 한글을 완성하는 함수 compose_hangul( )를 만들어 보자.

```
# compose_hangul1.py
def compose_hangul(cho, jung, jong):
    code = 0xac00 + ((cho * 21) + jung) * 28 + jong
    return chr(code)

print(compose_hangul(18, 0, 4))
```

실행 결과는 다음과 같다.

```
'한'
```

독립된 자소로부터 한글을 조합하려면 다음과 같이 compose_hangul2( ) 함수로 가능하다.

```
# compose_hangul2.py
cho_list = ["ㄱ", "ㄲ", "ㄴ", "ㄷ", "ㄸ", "ㄹ", "ㅁ", "ㅂ", "ㅃ", "ㅅ", "ㅆ", "ㅇ
", "ㅈ", "ㅉ", "ㅊ", "ㅋ", "ㅌ", "ㅍ", "ㅎ"]
jung_list = ["ㅏ", "ㅐ", "ㅑ", "ㅒ", "ㅓ", "ㅔ", "ㅕ", "ㅖ", "ㅗ", "ㅘ", "ㅙ", "ㅚ
", "ㅛ", "ㅜ", "ㅝ", "ㅞ", "ㅟ", "ㅠ", "ㅡ", "ㅢ", "ㅣ"]
jong_list = ["", "ㄱ", "ㄲ", "ㄳ", "ㄴ", "ㄵ", "ㄶ", "ㄷ", "ㄹ", "ㄺ", "ㄻ", "ㄼ
", "ㄽ", "ㄾ", "ㄿ", "ㅀ", "ㅁ", "ㅂ", "ㅄ", "ㅅ", "ㅆ", "ㅇ", "ㅈ", "ㅊ", "ㅋ", "
ㅌ", "ㅍ", "ㅎ"]

def compose_hangul2(cho_c, jung_c, jong_c):
```

```
    cho = cho_list.index(cho_c)          # 초성의 순서 위치를 얻는다.
    jung = jung_list.index(jung_c)       # 중성의 순서 위치를 얻는다.
    jong = jong_list.index(jong_c)       # 종성의 순서 위치를 얻는다.
    code = 0xac00 + ((cho * 21) + jung) * 28 + jong  # 한글 조합 코드를 계산한다.
    return chr(code)

print(compose_hangul2('ㅎ', 'ㅏ', 'ㄴ'))
```

실행 결과는 다음과 같다.

```
한
```

반대로 한글이 주어져 있을 때 자소로 분리해 보자. 우선 0xAC00을 빼고 난 후에 각 자소를 분리하면 된다.

```
# decompose_hangul1.py
c = '한'
code = ord(c) - 0xac00              # 수치로 형을 변환한다.
chosung = code // (21 * 28)         # 초성
jungsung = (code - chosung * 21 * 28) // 28               # 중성
jongsung = (code - chosung * 21 * 28 - jungsung * 28)    # 종성
print(chosung, jungsung, jongsung)

# 만일 분리된 독립 자소를 얻으려면 다음과 같이 리스트에서 값을 추출하면 된다.
print(cho_list[chosung], jung_list[jungsung], jong_list[jongsung])
```

실행 결과는 다음과 같다.

```
18 0 4
ㅎ ㅏ ㄴ
```

다음 예는 영타로 '한글'을 입력할 경우 gksrmf이 된다. 이것을 한글로 변환하는 코드의 예이다. 방법은 자소 목록이 한글로 되어 있지 않고 알파벳으로 되어 있는 것을 제외하고는 compose_hangul2( ) 함수와 동일하다.

```
# compose_hangul3.py
cho_list_eng = ["r", "R", "s", "e", "E", "f", "a", "q", "Q", "t", "T", "d",
"w", "W", "c", "z", "x", "v", "g"]
jung_list_eng = ["k", "o", "I", "O", "j", "p", "u", "P", "h", "hk", "hO",
"hl", "y", "n", "nj", "np", "nl", "b", "m", "ml", "l"]
jong_list_eng = ["", "r", "R", "rt", "s", "sw", "sg", "e", "f", "fr", "fa",
"fq", "ft", "fx", "fv", "fg", "a", "q", "qt", "t", "T", "d", "w", "C", "z",
"x", "v", "g"]

def compose_hangul3(cho_e, jung_e, jong_e):
    cho = cho_list_eng.index(cho_e)
    jung = jung_list_eng.index(jung_e)
    jong = jong_list_eng.index(jong_e)
    code = 0xac00 + ((cho * 21) + jung) * 28 + jong
    return chr(code)

print(compose_hangul3('g', 'k', 's'), compose_hangul3('r', 'm', 'f'))
```

실행 결과는 다음과 같다.

```
한 글
```

4.6 문서 문자열

파이썬에서 주석을 다는 방법은 두 가지이다.

- #을 이용하는 방법
- 문서 문자열(Documentation String)을 이용하는 방법

#을 이용한 주석은 소스 코드를 봐야 확인할 수 있는 주석이지만, 문서 문자열은 동적으로 도움말을 얻거나 문서화(Documentation)를 자동으로 해주는 기능을 제공한다. 문서 문자열을 이용하면

소스 코드를 보지 않고도 제공하는 주석을 참조할 수 있다. 예를 들어, os 모듈의 문서 문자열을 이용하여 모듈에 대한 전반적인 설명을 볼 수 있다.

```
>>> import os
>>> print(os.__doc__)
OS routines for Mac, NT, or Posix depending on what system we're on.

This exports:
  - all functions from posix, nt, os2, or ce, e.g. unlink, stat, etc.
  - os.path is either posixpath or ntpath
  - os.name is either 'posix', 'nt', 'os2' or 'ce'.
  - os.curdir is a string representing the current directory ('.' or ':')
  - os.pardir is a string representing the parent directory ('..' or '::')
  - os.sep is the (or a most common) pathname separator ('/' or ':' or '\\')
  - os.extsep is the extension separator (always '.')
  - os.altsep is the alternate pathname separator (None or '/')
  - os.pathsep is the component separator used in $PATH etc
  - os.linesep is the line separator in text files ('\r' or '\n' or '\r\n')
  - os.defpath is the default search path for executables
  - os.devnull is the file path of the null device ('/dev/null', etc.)

Programs that import and use 'os' stand a better chance of being
portable between different platforms.  Of course, they must then
only use functions that are defined by all platforms (e.g., unlink
and opendir), and leave all pathname manipulation to os.path
(e.g., split and join)
```

문서 문자열은 모듈의 시작 부분에 있거나 def, class 문 다음에 바로 나오는 문자열이다. 예를 들어, 다음 모듈(docstring.py)을 살펴보자.

```
#file docstring.py
'''
Module __doc__ string
line1
line2
'''
class Ham:
```

```
    "Ham class __doc__ string"
    def func(self):
        "Ham class func __doc__ string"
        pass
```

예에서는 세 가지의 문서 문자열을 사용하고 있다.

- **모듈 문서 문자열** 모듈이 문자열로 시작하면 모듈 문서 문자열이 된다.
- **클래스 문서 문자열** class 문 다음에 오는 문자열이다.
- **함수나 메서드 문서 문자열** def 문 다음에 오는 문자열이다.

문서 문자열은 각 객체의 __doc__라는 내장 멤버에 저장된다.

```
>>> import docstring
>>> print(docstring.__doc__)            # 모듈 문서 문자열
Module __doc__ string
line1
line2

>>> print(docstring.Ham.__doc__)        # 클래스 문서 문자열
Ham class __doc__ string

>>> print(docstring.Ham.func.__doc__)   # 메서드 문서 문자열
Ham class func __doc__ string
```

문서 문자열이 갖는 장점은 바로 도움말로 사용된다는 것이다. 모듈 문서 문자열은 모듈의 도움말로, 클래스나 함수의 문서 문자열은 클래스나 함수의 도움말로 사용된다.

```
>>> import os
>>> help(os.system)
Help on built-in function system in module nt:

system(...)
```

```
    system(command) -> exit_status

    Execute the command (a string) in a subshell.

>>> help(os)
Help on module os:

NAME
    os - OS routines for Mac, NT, or Posix depending on what system we're on.

DESCRIPTION
    This exports:
      - all functions from posix, nt, os2, or ce, e.g. unlink, stat, etc.
      - os.path is either posixpath or ntpath
      - os.name is either 'posix', 'nt', 'os2' or 'ce'.
~ 생략 ~
```

파이썬용 문서 생성기(Python Documentation Generator)를 찾는다면 SPHINX(http://sphinx-doc.org/)를 사용해 보기 바란다. 파이썬 문서화(Documentation)는 이 도구를 이용해서 만들어졌다.

연/습/문/제/
Exercise

1 s = 'spam'에서 다음 질문에 답하고 이유를 설명해 보자.

가) `s[100]`의 결과는 무엇인가?

나) `s[1:100]`의 결과는 무엇인가?

다) `s[4:0]`의 결과는 무엇인가?

2 다음 문제를 풀어 보자.

가) 문자열의 replace( ) 메서드를 사용하여 S = 'Somewhere on the rainbow'를 'Somewhere over the rainbow'로 변환해 보자.

나) 다음 문자열에서 . 문자를 제거해 보자. replace( ) 메서드를 사용하면 된다.

```
S = 'Sometimes, I feel like a motherless child.'
```

다) 문자를 제거하는 데는 다음과 같은 코드를 이용할 수도 있다. 후반부의 정규식 장을 참고해서 모듈 re의 함수 sub( )을 조사해 보자.

```
>>> import re
>>> s = 'abcde'                    # s에서 'c', 'd', 'e'를 ''로 대체한다.
>>> re.sub('[cde]', '', s)
'ab'
>>> re.sub('[^cde]', '', s)  # 'c', 'd', 'e'를 제외하고 나머지를 ''로 대체한다.
'cde'
>>> # 영문자 숫자를 제외하고 제거한다.
>>> re.sub('[^a-zA-Z0-9]', '', 'abcdABCD01234!@#$')
'abcdABCD01234'
```

3 주어진 문자열 안에 있는 줄 바꾸기 문자 \n의 개수를 출력해 보자. 즉, 줄 수를 출력하는 것이다.

4 파이썬 경로명 s = '/usr/local/bin/python'에서 각각의 디렉터리 경로명을 분리하여 출력해 보자.

```
'usr', 'local', 'bin', 'python'
```

5 파이썬 경로명 s = '/usr/local/bin/python'에서 디렉터리 경로명과 파일명을 분리하여 출력해 보자.

```
'/usr/local/bin' 'python'
```

6 문자열의 split( )과 join( ) 메서드 그리고 리스트의 reverse( ) 메서드를 사용하여 s = 'spam ham'을 'ham spam'으로 치환해 보자. 여러 단계를 거쳐도 좋다.

7 다음 결과가 나오는 이유를 설명해 보자.

```
>>> s = 'spam'
>>> s[0]
's'
>>> s[0][0]
's'
```

8 문자열이 주어져 있을 때 특정한 문자열(예, 'spam')이 몇 번 나타나는지를 세어 보자. 단, 대소문자는 구별하지 않는다.

```
s = 'spam Spam SpaM egg eGG Egg ham hAm'
```

9 다음 주어진 문자열에서 모든 대문자를 소문자로 변환하고, 알파벳을 제외한 모든 문자를 없앤 후에 각 단어를 순서대로 출력해 보자. 문자를 제거하는 방법은 연습 문제 2-(다)를 참고하면 된다.

```
s = 'We propose to start by making it possible to teach programming in
Python, an existing scripting language, and to focus on creating a new
development environment and teaching materials for it.'
```

10 연습 문제 9에서 각 단어가 몇 번씩 나오는지도 함께 출력해 보자.

11 while 문을 이용하여 주어진 문자열의 순서를 완전히 뒤집어 출력해 보자. 예를 들어, 'spam'이 주어지면 'maps'를 출력하는 것이다.

12 연습 문제 11처럼 for 문을 이용하여 주어진 문자열의 순서를 완전히 뒤집어 출력해 보자. 예를 들어, 'spam'에서 'maps'를 출력하는 것이다.

13 리눅스에서 보면 /etc/passwd 파일이 있는데 여기에는 시스템에 등록된 사용자 정보가 있다. 예를 들어, 다음과 같다.

```
noriko:x:524:500:유화정:/home/noriko:/bin/bash
sky1004mu:x:525:500:김청:/home/sky1004mu:/bin/bash
hyeyroung:x:526:500:이혜령:/home/hyeyroung:/bin/bash
muu20:x:527:500:이현복:/home/muu20:/bin/bash
```

각 필드는 콜론(:)으로 구분되어 있으며 각 필드의 의미는 다음과 같다.

```
로그인id:암호:사용자id:그룹id:실제이름:홈디렉터리:로그인셸
```

다음과 같이 문자열 s가 주어져 있을 때 각 사용자의 실제 이름만 출력해 보자. for 문을 이용한다.

```
s = '''noriko:x:524:500:유화정:/home/noriko:/bin/bash
sky1004mu:x:525:500:김청:/home/sky1004mu:/bin/bash
hyeyroung:x:526:500:이혜령:/home/hyeyroung:/bin/bash
muu20:x:527:500:이현복:/home/muu20:/bin/bash'''
```

리눅스 사용자인 경우는 다음과 같이 전체 파일을 읽어 들일 수 있다.

```
s = open('/etc/passwd').read( )
```

줄 단위로 분리하고, 각 줄에서 콜론으로 구분된 다섯 번째 단어만 추출하면 된다. 문자열의 split( ) 메서드를 사용한다.

14 문자열 메서드를 사용하여 ('a', 'b', 'c')로 표현된 데이터를 'a|b|c'와 같이 만들어 보자.

15 다음 텍스트에서 모든 태그를 제외한 정보를 출력해 보자. 태그란 〈 〉로 표현된 문자열을 의미한다.

```
s = """
<body bgcolor="#FFFFFF">
Click <a href="http://www.python.org/"> Here </a>
To connect to the most powerful tools in the world.
</body>
</html>
"""
```

16 URL로 지정된 웹 문서를 가져다가 모든 태그를 제외하고 텍스트를 출력해 보자. 웹 문서를 가져오는 방법은 다음과 같다.

```
>>> import urllib.request

>>> s = urllib.request.urlopen('http://www.python.org/').read( )
>>> print(s)
```

17 4.5.4 절을 참고하여 'tpwhdeodhkd gksrmf'와 같은 문자열 입력에 대해 '세종대왕 한글 '이라고 출력하도록 함수를 작성하고 시험해 보자.

제 5 장

리스트

Chapter 05

리스트는 임의의 객체를 마음껏 저장할 수 있으며 순서를 가지는 마술상자와 같다. 크기도 자유롭게 조정할 수 있고 연산도 다양하게 지원한다. 리스트는 파이썬에서 가장 많이 사용되는 자료형이다.

5.1 리스트의 연산

리스트는 순서를 가지는 객체들의 집합으로, 파이썬 자료형들 중에서 가장 유용하게 활용된다. 리스트는 시퀀스 자료형이면서 변경 가능(Mutable) 자료형이다. 따라서 시퀀스 자료형의 특성(인덱싱, 슬라이싱, 연결, 반복, 멤버 검사 등)들을 지원하며, 데이터의 크기를 동적으로 그리고 임의로 조절하거나, 내용을 치환하여 변경할 수 있다. 리스트는 대괄호 [ ]로 표현한다.

```
>>> a = []                        # 빈 리스트
>>> a = [1, 2, "Great"]

>>> print(a[0], a[-1])            # 인덱싱
1 Great

>>> print(a[1:3], a[:])           # 슬라이싱
[2, 'Great'] [1, 2, 'Great']

>>> L = list(range(10))
>>> L
[0, 1, 2, 3, 4, 5, 6, 7, 8, 9]
>>> L[::2]                        # 확장 슬라이싱
[0, 2, 4, 6, 8]

>>> a * 2                         # 반복하기
[1, 2, 'Great', 1, 2, 'Great']
```

```
>>> a + [3, 4, 5]                # 연결하기
[1, 2, 'Great', 3, 4, 5]

>>> len(a)                       # 리스트의 길이 정보
3
>>> 4 in L                       # 멤버 검사
True
```

다음은 리스트의 일부 값을 변경하는 예이다.

```
>>> a = ['spam', 'eggs', 100, 1234]
>>> a[2] = a[2] + 23
>>> a
['spam', 'eggs', 123, 1234]
```

다음은 리스트의 일부 값을 치환하는 예이다.

```
>>> a = ['spam', 'eggs', 123, 1234]
>>> a[0:2] = [1, 12]         # 항목 두 개를 교체한다.
>>> a
[1, 12, 123, 1234]
>>> a[0:2] = [1]             # 크기가 달라도 된다.
>>> a
[1, 123, 1234]
```

다음은 리스트의 일부 값을 삭제하는 예이다.

```
>>> a = [1, 12, 123, 1234]
>>> a[0:2] = []              # 항목 두 개를 삭제한다.
>>> a
[123, 1234]
```

다음은 리스트에서 일부 값을 추가하는 예이다.

```
>>> a = [123, 1234]
>>> a[1:1] = ['spam', 'ham']      # 항목을 추가한다.
>>> a
[123, 'spam', 'ham', 1234]
```

확장 슬라이싱이 오른쪽에 오는 경우 오른쪽과 왼쪽 요소의 개수가 맞아야 한다.

```
>>> a = list(range(4))
>>> a
[0, 1, 2, 3]
>>> a[::2]
[0, 2]
>>> a[::2] = list(range(-10, -12, -1))    # 왼쪽 두 개 오른쪽 두 개이다.
>>> a                                     # 0,2가 -10, -11로 바뀌었다.
[-10, 1, -11, 3]
>>> a[::2] = range(3)                     # 오른쪽과 왼쪽 요소의 개수가 맞지 않는다.
Traceback (most recent call last):
  File "<pyshell#13>", line 1, in <module>
    a[::2] = range(3)
ValueError: attempt to assign sequence of size 3 to extended slice of size 2
```

다음은 del 문을 이용해서 값을 삭제하는 예이다.

```
>>> a = [1, 2, 3, 4]
>>> del a[0]           # 값을 삭제한다.
>>> a
[2, 3, 4]
>>> del a[1:]          # 일부를 삭제한다.
>>> a
[2]
```

다음은 확장 슬라이싱을 이용하여 값을 삭제하는 예이다.

```
>>> a = range(4)
>>> a[::2]
[0, 2]
>>> del a[::2]
>>> a
[1, 3]
```

5.2 중첩 리스트

리스트 안에 또 다른 리스트가 포함되어 있는 경우 중첩 리스트(Nested Lists)라고 한다.

```
>>> s = [1, 2, 3]
>>> t = ['begin', s, 'end']    # 중첩 리스트
>>> t
['begin', [1, 2, 3], 'end']
>>> t[1][1]
2
```

리스트는 다른 객체를 직접 저장하지 않고, 객체들의 참조(Reference)만을 저장한다. 여기서 참조란 객체의 주소를 말한다. 예에서 중첩 리스트의 구조를 그리면 그림 5-1과 같다.

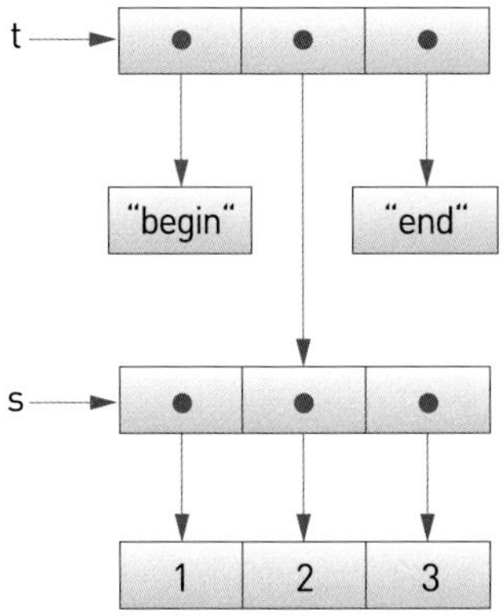

그림 5-1 중첩 리스트의 구조

s에 의해서 참조되고 있는 리스트는 t[1]로부터도 참조되고 있다. 따라서 s[1]의 내용을 고친다면, t를 통해서도 변경된 내용을 보게 된다.

```
>>> s[1] = 100
>>> t
['begin', [1, 100, 3], 'end']
```

좀 더 복잡한 예를 하나 더 다루어 보자. 다음 리스트는 삼중의 리스트이다.

```
>>> L = [1, ['a', ['x', 'y'], 'b'], 3]
>>> L[0]
1
>>> L[1]                # 두 번째 항목이다.
['a', ['x', 'y'], 'b']
>>> L[1][1]             # 두 번째 항목의 두 번째 항목이다.
['x', 'y']
>>> L[1][1][1]          # 두 번째 항목의 두 번째 항목의 두 번째 항목이다.
'y'
```

5.3 리스트 메서드

리스트 메서드 5.3.1

리스트 객체는 내장 함수로 유용한 메서드를 여러 개 가지고 있다. 표 5-1에서 이들 메서드를 확인해 보자.

표 5-1 리스트 메서드

메서드	설명
append	데이터를 리스트 끝에 추가(혹은 스택의 Push)한다.
insert	데이터를 지정한 위치에 삽입한다.
index	요소를 검색(Search)한다.
count	요소의 개수를 알아낸다.
sort	리스트를 정렬한다.
reverse	리스트의 순서를 바꾼다.
remove	리스트의 지정한 값 하나를 삭제한다.
pop	리스트의 지정한 값 하나를 읽어 내고 삭제(스택의 Pop)한다.
extend	리스트를 추가한다.

다음은 리스트 메서드를 사용한 예이다.

```
>>> s = [1, 2, 3]

>>> s.append(5)          # 리스트 마지막에 추가한다.
>>> s
[1, 2, 3, 5]

>>> s.insert(3, 4)       # 3 위치에 4를 삽입한다.
>>> s
[1, 2, 3, 4, 5]
```

```
>>> s.index(3)          # 값 3의 위치는?
2

>>> s.count(2)          # 값 2의 개수는?
1

>>> s.reverse( )        # 리스트의 순서를 뒤집는다. 반환 값이 없다.
>>> s
[5, 4, 3, 2, 1]

>>> s.sort( )           # 리스트를 정렬한다. 반환 값이 없다.
>>> s
[1, 2, 3, 4, 5]

>>> s = [10, 20, 30, 40, 50]
>>> s.remove(10)        # 값 10을 삭제한다. 여러 개이면 처음 것만 삭제한다.
>>> s
[20, 30, 40, 50]

>>> s.extend([60, 70])  # 리스트를 추가한다.
[20, 30, 40, 50, 60, 70]
```

리스트를 스택으로 사용하기 5.3.2

스택(Stack)이란 나중에 넣은 데이터를 먼저 꺼내도록 되어 있는 메모리 구조를 말한다. 혹시 택시를 탔을 때 동전을 끼워 넣는 동전꽂이를 보았는지 모르겠다. 동전은 위에서 끼워 넣고, 꺼낼 때도 위에서부터 꺼낸다. 이와 같은 LIFO 형태의 메모리 구조를 스택이라고 한다. 따라서, 스택에 데이터를 넣을 때는 어디에 넣으라고 지시하지 않는다. 데이터를 꺼낼 때도 어디에서 꺼내라고 지시하지 않는다. 즉, 위치 정보를 지정하지 않는다. 여기서 넣는 연산을 push라고, 꺼내는 연산을 pop이라고 한다.

리스트는 그 자체를 스택으로 사용할 수 있게 설계되었다. 스택에서 push 연산은 append( ) 메서드를, pop 연산은 pop( ) 메서드를 사용한다.

```
>>> s = [10, 20, 30, 40, 50]
>>> s.append(60)       # ①
>>> s
```

```
[10, 20, 30, 40, 50, 60]
>>> s.pop( )            # ②
60
>>> s
[10, 20, 30, 40, 50]
```

① 스택의 push 연산이며, 리스트의 마지막에 데이터를 추가한다.

② 스택의 pop 연산이며, 마지막 데이터를 반환하고, 그 데이터를 리스트에서 제거한다.

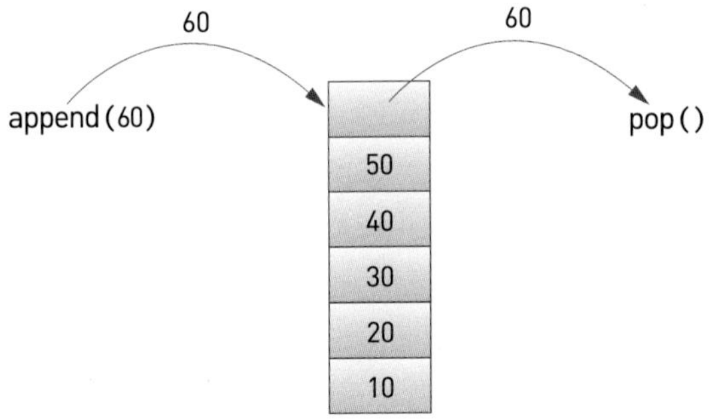

그림 5-2 스택에서 push 연산과 pop 연산

리스트는 다음과 같이 일반화된 스택 연산을 수행한다. 즉, 원하는 위치에서 데이터를 마음대로 꺼낼 수도 있다.

```
>>> s.pop(0)            # 맨 앞에 있는 데이터를 꺼낸다.
10
>>> s
[20, 30, 40, 50]
>>> s.pop(1)            # 두 번째 데이터를 꺼낸다.
30
>>> s
[20, 40, 50]
```

리스트를 큐로 사용하기 5.3.3

큐(Queue)란 먼저 넣은 데이터를 먼저 꺼내도록 되어 있는 메모리 구조를 말한다. 예를 들어, 은행에 갔을 때 대기표를 먼저 받은 사람이 먼저 서비스를 받는 것과 같다. 이와 같은 FIFO 형태의 메모리 구조를 큐라고 한다.

큐에도 두 개의 연산이 필요하다. 데이터를 넣을 때 사용하는 연산으로 append( ) 메서드를 사용하며, 데이터를 꺼낼 때 사용하는 연산으로 pop(0) 메서드를 사용한다.

```
>>> s = [10, 20, 30, 40, 50]
>>> s.append(60)          # 큐의 맨 뒤에 값을 추가한다.
>>> s.pop(0)              # 큐의 맨 앞에서 값을 꺼낸다.
10
>>> s
[20, 30, 40, 50, 60]
```

그림 5-3 큐에서의 연산

5.4 리스트에 튜플이나 리스트가 있을 때 반복 참조하기

리스트에 저장된 데이터가 리스트나 튜플과 같이 복합 자료형인 경우 데이터를 다루는 예를 보자. 먼저 리스트의 데이터가 튜플이고 이들을 출력한다면 다음과 같이 할 수 있다.

```
# for01.py
lt = [('one', 1), ('two', 2), ('three', 3)]
for t in lt:
    print('name={:7}  num={}'.format(t[0], t[1]))
```

코드를 실행한 결과는 다음과 같다.

```
name=one        num=1
name=two        num=2
name=three      num=3
```

아니면 다음과 같이 사용할 수도 있다.

```
# for02.py
lt = [('one', 1), ('two', 2), ('three', 3)]
for t in lt:
    print('name={0[0]:7}   num={0[1]}'.format(t))
```

코드를 실행한 결과는 다음과 같다.

```
name=one        num=1
name=two        num=2
name=three      num=3
```

하지만, 튜플의 각각의 값을 for 문에서 이용한다면 아예 시작 부분에서 다른 이름으로 받는 것이 더 명확하다.

```
# for03.py
for name, num in lt:
    print('name={:7}   num={}'.format(name, num))
```

다음으로 리스트의 데이터가 리스트이고 이들 각각의 내부 값을 참조하는 것도 같은 방식으로 가능하다.

```
# for04.py
LL = [['one', 1], ['two', 2], ['three', 3]]
for name, num in LL:
    print(name, num)
```

코드를 실행한 결과는 다음과 같다.

```
one 1
two 2
three 3
```

5.5 리스트 정렬하기

sort( ) 메서드를 사용한 정렬 5.5.1

리스트의 sort( ) 메서드는 내장된 순서에 따라 모든 데이터를 정렬한다.

```
>>> L = [1, 5, 3, 9, 8, 4, 2]
>>> L.sort( )
>>> L
[1, 2, 3, 4, 5, 8, 9]
```

만일 역순으로 정렬하기를 원하면 다음과 같이 sort( ) 메서드에 reverse 키워드를 사용한다.

```
>>> L.sort(reverse = True)
>>> L
[9, 8, 5, 4, 3, 2, 1]
```

다음 예와 같이 문자열을 대소문자 구분없이 정렬하기를 원하면 key 키워드를 사용하여 정렬 기준을 바꿀 수 있다.

```
>>> L = 'Python is a Programming Language'.split( )      # 문자열 리스트이다.
>>> L.sort( )    # 일단은 그냥 정렬해 보자.
>>> L            # 대문자가 소문자보다 앞에 나온다
['Language', 'Programming', 'Python', 'a', 'is']

>>> L.sort(key = str.lower)    # str.lower('ABC')이면 'abc'가 된다.
>>> L                          # 대소문자 무시하고 정렬한다.
['a', 'is', 'Language', 'Programming', 'Python']

>>> L.sort(key = str.lower, reverse = True)              # 역순으로 정렬이 된다.
>>> L
['Python', 'Programming', 'Language', 'is', 'a']
```

내부에서 정렬하려면 두 값의 크기를 비교해야 하는데, 비교할 값은 key 키워드로 전달된 함수를 적용한 결과 값이 된다. 예를 들어, a와 Python 두 문자열을 비교할 때, 실제로는 str.lower( ) 함수를 적용한 a와 python 두 문자열을 비교한다. 하지만, 두 값을 비교할 때마다 str.lower( ) 함수를 적용하는 것은 아니다. 초기에 모든 값을 str.lower( ) 함수에 적용하여 한 번에 변환하고, 이 변환된 값들을 비교하기 때문에 정렬이 빠르다.

다음은 문자열로 표현된 숫자들을 숫자의 크기대로 정렬하는 예이다.

```
>>> L = ['123', '34', '56', '2345']
>>> L.sort( )              # 문자열 비교 정렬을 하면 숫자 크기와는 관계없이 정렬된다.
>>> L
['123', '2345', '34', '56']
>>> L.sort(key = int)      # 각 요소는 key 키워드로 전달된 함수를 통과한 값과 비교된다.
>>> L
['34', '56', '123', '2345']
```

다음 예는 정렬 기준을 어떤 수를 3으로 나누었을 때의 나머지로 한다. 즉, 나머지가 0인 9가 나머지가 1인 4보다 앞에 나오도록 정렬한다.

```
>>> def mykey(a):
        return a % 3

>>> L = [1, 5, 3, 9, 8, 4, 2]
>>> L.sort(key = mykey)
>>> L
[3, 9, 1, 4, 5, 8, 2]
```

앞의 예에서 key 키워드로 mykey( ) 함수를 전달했다. 이 함수는 어떤 수를 3으로 나눈 나머지를 반환한다. 모든 숫자는 mykey( ) 함수를 적용한 결괏값에 따라서 비교하고 정렬한다. 만일 예에서 같은 그룹 내의 숫자들(5, 8, 2)이 크기에 따라 정렬되기를 원하면 mykey( ) 함수를 다음과 같이 약간 수정한다.

```
>>> def mykey(a):
        return (a % 3, a)      # 튜플로 넘긴다. 같은 나머지라면 숫자의 크기로 비교한다.

>>> L = [1, 5, 3, 9, 8, 4, 2]
>>> L.sort(key = mykey)
>>> L
[3, 9, 1, 4, 2, 5, 8]
```

lambda 함수는 한 줄로 함수 객체를 생성한다.

```
>>> f = lambda 입력: 입력*2  # 출력
>>> f(2)
4
```

lambda 함수를 사용하여 별도로 함수를 정의하지 않고 sort( ) 메서드를 호출할 수도 있다.

```
>>> L = [1, 5, 3, 9, 8, 4, 2]
>>> L.sort(key = lambda a: (a % 3, a))    # 직접 함수를 정의하고 튜플을 반환한다.
>>> L
[3, 9, 1, 4, 2, 5, 8]
```

여러 개의 데이터가 튜플과 같은 자료형에 있을 경우, 첫 번째 값이 아닌 다른 값을 기준으로 정렬할 수도 있다. 다음은 (이름, 경력, 나이)로 구성된 튜플의 리스트를 정렬하는 예이다. 나이를 기준으로 정렬하고 있다.

```
>>> L = [ ('lee', 5, 38), ('kim', 3, 28), ('jung', 10, 36) ]
>>> L.sort(key = lambda a: a[2])
>>> L
[('kim', 3, 28), ('jung', 10, 36), ('lee', 5, 38)]
```

sorted( ) 함수를 사용한 정렬 5.5.2

만일 리스트 내부의 순서는 변경하지 않고 그대로 두고 새로 정렬된 리스트만 원할 때 sorted( ) 내장 함수를 사용할 수 있다. 리스트 정렬에 있어서 초보자가 흔히 범하는 실수는 다음과 같이 정렬된 결과를 반환 값으로 얻으려 하는 것이다.

```
>>> L = [1, 6, 3, 8, 6, 2, 9]
>>> newList = L.sort( )      # 내부 정렬을 수행한다. 반환 값은 없다.
>>> print(newList)
None
```

sorted( ) 내장 함수는 다음과 같이 새로 정렬된 리스트를 반환 값으로 돌려준다.

```
>>> L = [1, 6, 3, 8, 6, 2, 9]
>>> newList = sorted(L)      # 리스트 L은 변경되지 않고, 새로운 리스트가 반환된다.
>>> newList
[1, 2, 3, 6, 6, 8, 9]
```

따라서 다음과 같이 for 문에 직접 사용하는 것이 가능하다.

```
>>> for ele in sorted(L):
```

```
        print(ele, end = ' ')

1 2 3 6 6 8 9
```

sorted( ) 내장 함수는 리스트의 sort( ) 메서드와 같이 key와 reverse 키워드를 동일하게 지원한다.

```
>>> L = [1, 6, 3, 8, 6, 2, 9]
>>> sorted(L, reverse = True)
[9, 8, 6, 6, 3, 2, 1]

>>> L = ['123', '34', '56', '2345']
>>> sorted(L, key = int)
['34', '56', '123', '2345']
```

sorted( ) 내장 함수는 리스트뿐 아니라 사전에도 사용할 수 있다.

```
>>> d = {'one':1, 'two':2, 'three':3, 'four':4}
>>> sorted(d)
['four', 'one', 'three', 'two']
>>> for key in sorted(d):
        print(key)

four
one
three
two
```

만일 값을 중심으로 정렬하려면 다음과 같이 할 수 있다.

```
>>> d = {'one':1, 'two':2, 'three':3, 'four':4}
>>> for key in sorted(d, key = lambda a:d[a]):
        print(key)

one
```

```
two
three
four
```

다음과 같은 코딩도 가능하다.

```
>>> sorted(d.items( ), key = lambda a:a[1])
[('one', 1), ('two', 2), ('three', 3), ('four', 4)]
```

reversed( ) 함수를 사용한 정렬 5.5.3

매우 큰 리스트를 역순으로 참조하려 한다면 다음과 같이 할 수 있을 것이다.

```
>>> L.reverse( )        # 순서 뒤집기
>>> for ele in L:
        some_function( )
>>> L.reverse( )        # 다시 원래 상태로
```

하지만, 리스트의 순서를 직접 변경시키는 이와 같은 처리 방식은 매우 비효율적이다. 시퀀스 자료형에서 직접 역순으로 참조하는 내장 함수 reversed( )가 있다.

```
>>> L
['2345', '56', '34', '123']
>>> for ele in reversed(L):
        print(ele)

123
34
56
2345
```

reversed( ) 내장 함수가 반환하는 객체는 반복자(Iterator)로서 리스트를 재구성하거나 복사하지 않기 때문에 메모리나 처리 시간의 낭비가 없다.

5.6 리스트 내장

리스트 내장 5.6.1

리스트 내장(List Comprehension)은 시퀀스 자료형으로부터 리스트를 쉽게 만드는 데 유용하다. 리스트 내장을 이용하여 0부터 9까지 수의 제곱의 리스트를 만들어 보자.

```
>>> L = [k * k for k in range(10)]
>>> print(L)
[0, 1, 4, 9, 16, 25, 36, 49, 64, 81]
```

for 문에 의해 리스트로 만들어진 결과를 출력 수식이 반환한다.

```
[k * k for k in range(10)]
```

출력 서식 (↑ k * k)
입력 시퀀스 (↑ range(10))

앞의 코드는 다음과 같이 for 문을 이용하여 리스트를 만드는 것과 같다.

```
>>> L = []
>>> for k in range(10):
        L.append(k * k)

>>> L
[0, 1, 4, 9, 16, 25, 36, 49, 64, 81]
```

리스트 내장은 다음의 형식을 취한다.

```
[ 〈식〉 for 〈타깃1〉 in 〈객체1〉
      for 〈타깃2〉 in 〈객체2〉
      ...
      for 〈타깃N〉 in 〈객체N〉
      (if 〈조건식〉) ]
```

for ~ in 절은 〈객체〉의 항목을 반복한다. 여기서 〈객체〉는 시퀀스형 데이터여야 한다. for 문으로 취해지는 각각의 값은 〈식〉에서 사용한다. 마지막 if 절은 선택 요소이다. 만일 if 절이 있으면, 〈식〉은 〈조건식〉이 참일 때만 값을 계산하고 결과에 추가한다.

앞서 설명한 리스트 내장은 다음 파이썬 코드와 동등하다.

```
for 〈타깃1〉 in 〈객체1〉:
    for 〈타깃2〉 in 〈객체2〉:
        ...
        for 〈타깃N〉 in 〈객체N〉:
        if 〈조건식〉:
            # 식의 값을 결과 리스트에 추가한다.
```

다음 예는 10보다 작은 정수 중 홀수의 제곱만을 반환한다.

```
>>> L = [k * k for k in range(10) if k % 2 == 1]
>>> L
[1, 9, 25, 49, 81]
```

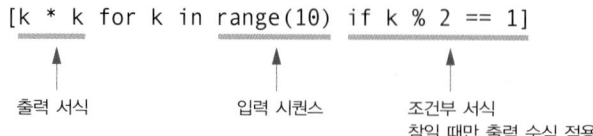

```
[k * k for k in range(10) if k % 2 == 1]
```

- `k * k` ← 출력 서식
- `range(10)` ← 입력 시퀀스
- `if k % 2 == 1` ← 조건부 서식 참일 때만 출력 수식 적용

다음 예는 2의 배수와 3의 배수 중 두 수의 합이 7의 배수가 되는 두 수와 곱의 리스트를 만들어 낸다.

```
>>> [(i, j, i * j) for i in range(2, 100, 2)
    for j in range(3, 100, 3)
    if (i + j) % 7 == 0]
[(2, 12, 24), (2, 33, 66), (2, 54, 108), (2, 75, 150), (2, 96, 192), (4, 3,
12), (4, 24, 96), (4, 45, 180), (4, 66, 264), (4, 87, 348), (6, 15, 90),
(6, 36, 216 ~ 생략 ~
```

다음 예는 두 시퀀스 자료형의 모든 데이터의 조합을 만들어 낸다.

```
>>> seq1 = 'abc'
>>> seq2 = (1, 2, 3)
>>> [(x, y) for x in seq1  for y in seq2]
[('a', 1), ('a', 2), ('a', 3), ('b', 1), ('b', 2), ('b', 3), ('c',
1),('c', 2), ('c', 3)]
```

출력 수식 부분이 튜플이라면, 소괄호 ( )로 감싸야 한다. 다음은 문법상 에러이다.

```
[x, y for x in seq1 for y in seq2]
```

다음은 문법상 올바르다.

```
[(x, y) for x in seq1 for y in seq2]
```

중첩 리스트 내장 5.6.2

리스트 내장은 또 다른 리스트 내장에 포함될 수 있다. 즉, 중첩될 수 있다.

```
>>> [[row + (i * 3) for row in [10, 11, 12]] for i in [0, 1, 2]]
[[10, 11, 12], [13, 14, 15], [16, 17, 18]]
```

다음 코드는 단위 행렬 형태의 리스트를 만드는 코드이다.

```
>>> [[1 if col_idx == row_idx else 0 for col_idx in range(0, 3)]
    for row_idx in range(0, 3)]
[[1, 0, 0], [0, 1, 0], [0, 0, 1]]
```

발생자 내장 5.6.3

리스트 내장의 대괄호 [ ]를 소괄호 ( )로 바꾸면 리스트가 아닌 발생자(Generator) 객체가 생성된다.

```
>>> (k * k for k in range(10))
<generator object <genexpr> at 0x03FE2F58>
```

발생자는 반복자(Iterator)의 일종으로 데이터를 순차적으로 제공할 준비가 되어 있는 객체이다. 즉, 아직 실제로 제곱의 계산이 이루어지지 않은 상태이며, 데이터를 필요로 할 때 하나씩 제곱을 해서 넘겨준다. 따라서 새로운 리스트를 만들지 않으면서 다른 연산에 사용할 수 있어서 메모리 사용량이나 연산량에서 발생자 내장(Generator Comprehension)이 리스트 내장보다 효과적일 수 있다.

```
>>> sum([x * x for x in range(10)])     # 리스트를 만들고 sum( )을 계산한다.
285
>>> sum(k * k for k in range(10))       # 리스트를 만들지 않고 sum( )을 계산한다.
285
>>> list(k * k for k in range(10))      # 리스트로 변환한다.
[0, 1, 4, 9, 16, 25, 36, 49, 64, 81]
```

5.7 순환 참조 리스트

순환 참조(Cyclic Reference)란 어떤 객체가 자기 자신을 직접 혹은 간접적으로 참조하는 경우를 말한다. 어떠한 복합 객체도 이러한 구조를 가질 수 있지만, 리스트로 쉽게 표현할 수 있으므로 이 절에서 설명한다. 순환 참조의 예를 보자. 다음은 GNU의 뜻인 'GNU is not Unix'란 재귀적인 구문을 표현한 것이다.

```
>>> GNU = ['is not Unix']
>>> GNU.insert(0, GNU)
>>> GNU
[[...], 'is not Unix']
>>> GNU[0]
[[...], 'is not Unix']
>>> GNU[0][0]
[[...], 'is not Unix']
>>> GNU[0][0][0]
[[...], 'is not Unix']
```

예에서 파이썬은 GNU 객체를 무한히 출력하기보다는 [...]으로 대신한다.

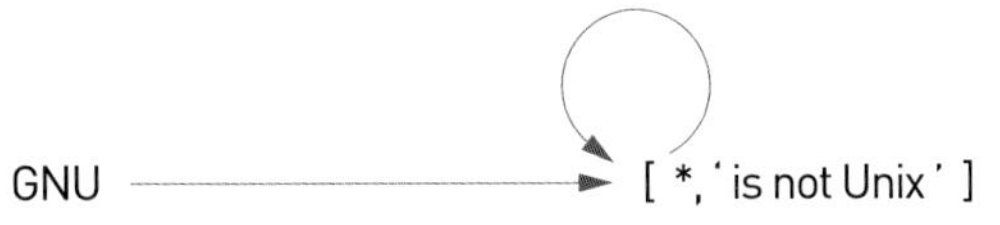

그림 5-4 리스트의 순환 참조

이러한 순환 참조는 조심스럽게 사용해야 한다. 순환 참조는 쓰레기 수집(Garbage Collection)을 방해하는 주요 요인이다. 쓰레기 수집은 어떤 객체의 참조 횟수가 0이 될 때 메모리에서 자동으로 객체를 제거하는 기능으로, 순환 참조의 참조 횟수는 0이 될 수 없기 때문에 객체의 제거가 불가능하다.

만일 순환 참조를 사용해야 한다면 약한 참조(Weak Reference)를 이용할 수 있다. 약한 참조란 참조 횟수에 포함되지 않는 참조이다. 즉, 쓰레기 수집 문제를 방해하지 않는 참조이다. 약한 참조에 대해서는 18장에서 별도로 다루고 있다.

5.8 순차적인 정수 리스트 만들기

이미 앞서 살펴보았지만, 순차적인 정수 리스트를 만들 때는 손으로 직접 입력하기보다는 range( ) 함수를 사용하면 편리하다. 이 함수는 자주 for 문과 같이 사용한다. range( ) 함수는 한 개에서 세 개까지의 인수를 받을 수 있다. `range(x)`와 같이 인수가 주어져 있을 경우, 0부터 x보다 작은 수까지의 리스트를 1 간격으로 만들어 내며, `range(x, y)`인 경우 x부터 y보다 작은 수까지의 리스트를 1 간격으로 만들며, `range(x, y, s)`인 경우 `range(x, y)`와 같지만 간격을 s로 한다. 파이썬 3에서는 range( ) 함수가 리스트를 직접 만들어 내지 않고 range 객체를 만들어 낸다.

```
>>> range(10)
range(0, 10)
>>> type(range(10))
<class 'range'>
```

이유는 만일 range( ) 함수가 리스트를 직접 만들어 내면 다음과 같이 for 문에 사용할 경우에 10만개 크기의 리스트가 만들어지고 버려지게 될 것이다. 메모리 낭비에 시간 낭비이다. 하지만, 파이썬 3에서는 이런 일이 일어나지 않는다. range 객체는 데이터를 순차적으로 넘겨줄 준비만 하고 있다가 데이터가 요구되는 경우에 하나씩 넘겨주는 반복자로 동작한다.

```
>>> for k in range(100000):
        a = k * k
        if a > 1000000:
                break

>>> k
1001
```

리스트나 튜플을 얻으려면 명시적인 형변환을 요구할 수 있다.

```
>>> list(range(10))          # 0부터 10보다 작은 수의 정수 리스트
[0, 1, 2, 3, 4, 5, 6, 7, 8, 9]
>>> tuple(range(10))
(0, 1, 2, 3, 4, 5, 6, 7, 8, 9)
```

```
>>> list(range(5, 15))       # 5부터
[5, 6, 7, 8, 9, 10, 11, 12, 13, 14]
>>> list(range(5, 15, 2))    # 5부터 2 간격으로
[5, 7, 9, 11, 13]
>>> list(range(0, -10, -1))
[0, -1, -2, -3, -4, -5, -6, -7, -8, -9]
```

range 객체는 순차적인 값을 할당하는 데도 사용할 수 있다.

```
>>> sun, mon, tue, wed, thu, fri, sat = range(7)
>>> sun, mon, sat
(0, 1, 6)
```

5.9 지역적으로 사용 가능한 이름 리스트 얻기

인수 없이 dir( ) 함수를 사용하면 현재 지역적으로 사용 가능한 심볼 테이블(사용 가능한 이름 목록)의 내용을 알 수 있다.

```
>>> dir( )
['__builtins__', '__doc__', '__name__', '__package__']

>>> a = 100
>>> dir( )
['__builtins__', '__doc__', '__name__', '__package__', 'a']
```

```
>>> __name__
'__main__'
>>> __doc__
>>> __builtins__
<module 'builtins' (built-in)>
```

dir( ) 함수의 인수에 임의의 객체를 전달하면, 해당 객체에서 사용할 수 있는 속성(함수, 변수 등의 이름들)의 리스트를 반환한다. 모듈에 어떤 함수나 변수가 정의되어 있는지, 클래스에 어떤 메서드를 사용할 수 있는지 등의 정보를 간단히 얻을 수 있다.

```
>>> import sys
>>> dir(sys)
['__displayhook__', '__doc__', '__egginsert', '__excepthook__', '__name__',
'__package__', '__plen', '__stderr__', '__stdin__', '__stdout__',
'_clear_type_cache', '_current_frames', '_getframe', '_mercurial',
'_xoptions', 'api_version', 'argv', 'builtin_module_names', 'byteorder',
'call_tracing', 'callstats', 'copyright', 'displayhook', 'dllhandle', ~ 생략 ~]
```

5.10 예제 : 명령줄 인수 처리

명령 프롬프트나 콘솔에서 입력되는 명령줄에 사용하는 인수들은 sys.argv에 리스트로 전달된다.

```
# file : args.py
import sys
print(sys.argv)
```

다음은 앞의 모듈 파일을 명령줄에서 실행하여 얻은 결과이다.

```
$ python args.py -l -a -v a b c
['arg.py', '-l', '-a', '-v', 'a', 'b', 'c']
```

즉, sys.argv는 공백으로 분리된 인수들의 리스트를 전달해 준다. 첫 번째 값은 모듈의 파일 이름이고, 나머지는 인수들이다. sys.argv[1:]라고 하면 인수의 리스트만을 얻을 수 있다.

이 인수들은 argparse 모듈을 이용하면 편하게 명령줄을 해석할 수 있다. 이 모듈의 ArgumentParser 클래스는 인수를 적절하게 해석하고 필요한 변수에 값을 저장해서 넘겨준다. 다음과 같이 ArgumentParser 객체를 생성해 보자.

```
import argparse
parser = argparse.ArgumentParser(description = 'arguments example')
```

고정 인수 5.10.1

parser 객체에 add_argument( ) 메서드를 사용하여 우리가 원하는 인수들을 지정할 수 있다. 우선은 세 개의 위치 기반 고정 인수를 받는 경우를 보자(args01.py).

```
# args01.py
import sys
import argparse

parser = argparse.ArgumentParser(description = 'arguments example')

parser.add_argument('count', type = int)        # 변수 이름:count, 자료형:int
parser.add_argument('units', type = float)      # 변수 이름:units, 자료형:float
parser.add_argument('msg')      # 변수 이름:msg, 자료형:str(기본형)

args = parser.parse_args( )    # 명령줄에서 받는 인수를 자동 처리
print('count={}  units={}  msg={}'.format(args.count, args.units, args.msg))
print(type(args.count), type(args.units), type(args.msg))
```

앞의 코드는 세 개의 인수를 받고 세 개의 인수는 parse_args( ) 메서드를 통하여 전달되는 Namespace 객체의 멤버 count와 units, msg로 저장한다. 자료형도 add_argument( ) 메서드에서 지정한 형식대로 변환하여 저장한다. 즉, count는 int형, units는 float형, msg는 str형이 된다. 다음은 코드를 실행한 예이다.

```
C:\Python32>python args01.py 3 2.54 "my message"
count=3  units=2.54  msg=my message
<class 'int'> <class 'float'> <class 'str'>
```

만일 인수가 적으면 다음과 같은 에러 메시지를 출력한다.

```
C:\Python32>python args01.py 3 2.54
usage: args01.py [-h] count units msg
args01.py: error: too few arguments
```

명령줄에서 옵션 -h를 주면 자동으로 도움말을 정리하여 출력한다.

```
C:\Python32>python args01.py -h
usage: args01.py [-h] count units msg

arguments example

positional arguments:
  count
  units
  msg

optional arguments:
  -h, --help  show this help message and exit
```

이번에는 한 개의 변수에 여러 인수 값을 저장하는 경우를 살펴보자. add_argument( ) 메서드의 nargs 인수를 이용하면 원하는 개수의 명령줄 인수를 리스트로 받을 수 있다.

```
# args02.py
import argparse

parser = argparse.ArgumentParser(description='fixed size arguement list example')
```

```
parser.add_argument('size', nargs = 2)

args = parser.parse_args(['1024', '768']) # 값을 직접 입력해 보자.
print(args.size)
```

코드를 실행한 결과는 다음과 같다.

```
['1024', '768']
```

만일 다음과 같이 수정하면

```
parser.add_argument('size', nargs = 2, type = int)
```

실행 결과는 다음과 같이 정수형 리스트를 출력한다.

```
[1024, 768]
```

만일 고정된 수의 인수가 아닌 가변 개수의 인수가 필요하면 nargs에 *, +, ? 등을 사용할 수 있다. *는 0개 이상, +는 1개 이상, ?는 0개 혹은 1개의 의미이다. 다음 예는 0개 이상의 파일 이름을 인수로 받는다.

```
# args03.py
import sys
import argparse

parser = argparse.ArgumentParser(description='variable arguement list example')

parser.add_argument('files', nargs = '*')

args = parser.parse_args( )                # 결과는 리스트로
print(args.files)
```

다음은 코드를 실행한 예이다.

```
C:\Python32>python args03.py
[]

C:\Python32>python args03.py s01.jpg s02.jpg s03.jpg
['s01.jpg', 's02.jpg', 's03.jpg']
```

옵션 처리 5.10.2

이번엔 옵션을 처리하는 방법을 알아보자. 다음 예는 단순한 옵션 -m과 -s, -r, -t, -f 그리고 긴 옵션 --height와 --big을 지정한다. 가능하면 여러 가지를 표현하도록 작성하였다. 처음에는 앞의 예에서 설명한 위치 고정 인수 count와 unit를 정의하였다. 다음으로는 단순 옵션 -m을 정의하였다. 문자열형과 action="store"이 기본값이다. "store"는 입력받은 값(문자열)을 저장하라는 의미이다. 저장 변수 이름을 따로 지정하지 않으면 옵션 이름(m)이 변수 이름이 된다.

옵션 -s와 -r처럼 변환 자료형을 지정할 수도 있다. 옵션 -r인 경우에는 rate란 이름으로 값을 저장하고 값을 지정하지 않으면 기본값 1.0을 갖는다. 옵션 -t와 -f처럼 action이 "strore_true" 혹은 "store_false"는 옵션을 사용하였을 때 True나 False를 저장하라는 의미이다. 옵션에는 help 도움말을 지정할 수 있다. 긴 옵션인 경우에는 --height, --big과 같이 --를 사용한다. 'store_const'는 const에 지정한 값을 저장하라는 의미이다. action이 "append"이면 여러 번 옵션을 지정할 수 있고 이 값들이 리스트에 모여지고, "append_const"는 상수 값들이 리스트에 모여진다.

```
# args04.py
import argparse

parser = argparse.ArgumentParser(description = 'options example')

parser.add_argument('count', type = int)       # 고정 인수, 기본 action:"store"
parser.add_argument('units', type = float)     # 고정 인수, float로 형변환된다.

# 옵션 -m, 지정하지 않은 경우의 기본 자료형은 문자열이고 기본 action:"store", 기본값은 None이다.
parser.add_argument('-m')
```

```
# 옵션 -s, int로 변환되어 저장된다. 기본값은 None이다.
parser.add_argument('-s', action="store", type=int)
# 옵션 -r, rate란 이름에 저장된다. 기본값은 1.0이다.
parser.add_argument('-r', dest="rate", type=float, default=1.0)
# 옵션 -t, 사용되면 action에 의해서 True가 저장된다. 기본값은 False이다.
parser.add_argument('-t', action="store_true", default=False,
                                         help='default=False')
# 옵션 -f, 사용되면 action에 의해서 False가 저장된다. 기본값은 True이다.
parser.add_argument('-f', action="store_false", default=True,
                                         help='default=True')
# 긴 옵션 --height, 지정된 값이 int로 변환되어 height 변수에 저장된다.
parser.add_argument('--height', action="store", type=int, default=512,
                                              help='높이 설정')
# 기본값은 None이나 긴 옵션 --big이 지정되면 2.0이 저장된다.
parser.add_argument('--big', action="store_const", const=2.0, help='make it big..')
# 옵션 -a로 지정된 값들이 모아진다.
parser.add_argument('-a', action="append", type=int)
# 'v'가 모아진다
parser.add_argument('-v', action="append_const", const="v")

# 사용 예. 코드 내에서 시험하기 위해 인수를 직접 입력해 본다.
args = parser.parse_args('3 2.54'.split( )) # 고정 인수 리스트
print(1, args.count, args.units, args)      # 필수 인수 + 기본값 출력
# 짧은 옵션에 인수를 붙여 쓸 경우
print(2, parser.parse_args('-mmsg -s1024 3 2.54 '.split( )))
# 짧은 옵션에 인수를 띄어 쓸 경우
print(3, parser.parse_args('-m msg -r 0.9 -s 1024 3 2.54 '.split( )))

print(5, parser.parse_args('-t -f 3 2.54'.split( )))          # 부울 값
args = parser.parse_args('3 2.54 --height 2048'.split( ))

print(6, 'height={} big={}'.format(args.height, args.big))     # 긴 옵션
args = parser.parse_args('3 2.54 --big'.split( ))
print(7, 'big={}'.format(args.big))    # store_const
args = parser.parse_args('3 2.54 -a 1 -a 2 -a 3'.split( ))
print(8, 'a={}'.format(args.a))        # append
args = parser.parse_args('3 2.54 -v -v -v'.split( ))
print(9, 'v={}'.format(args.v))        # append_const
```

앞의 코드를 실행한 결과는 다음과 같다.

```
1 3 2.54 Namespace(a=None, big=None, count=3, f=True, height=512,
m=None, rate=1.0, s=None, t=False, units=2.54, v=None)
2 Namespace(a=None, big=None, count=3, f=True, height=512, m='msg',
rate=1.0, s=1024, t=False, units=2.54, v=None)
3 Namespace(a=None, big=None, count=3, f=True, height=512, m='msg',
rate=0.9, s=1024, t=False, units=2.54, v=None)
5 Namespace(a=None, big=None, count=3, f=False, height=512, m=None,
rate=1.0, s=None, t=True, units=2.54, v=None)
6 height=2048 big=None
7 big=2.0
8 a=[1, 2, 3]
9 v=['v', 'v', 'v']
```

기본적으로는 옵션 접두어로 '-'를 사용하지만 ArgumentParser 객체를 생성할 때 prefix_chars로 지정한 문자들도 접두사(Prefix)로 사용할 수 있다.

다음의 예에서는 옵션 a의 +를 스위치 on으로 −를 스위치 off 하는 것으로 사용했다. 또한, action에 version을 사용하면 버전 정보를 출력하고 프로그램을 종료한다.

```
# args05.py
import argparse

parser = argparse.ArgumentParser(description='prefix and version example',
                                                         prefix_chars='-+')
parser.add_argument('-a', action="store_false", default=None,
                                                         help='Turn A off')
parser.add_argument('+a', action="store_true", default=None,
                                                          help='Turn A on')
parser.add_argument('--version', action='version', version='%(prog)s 1.0')

args = parser.parse_args( )

print(args)
```

다음은 코드를 실행한 예이다.

```
C:\Python32>python args05.py -a
Namespace(a=False)

C:\Python32>python args05.py +a
Namespace(a=True)

C:\Python32>python args05.py +a -a
Namespace(a=False)

C:\Python32>python args05.py --version
args05.py 1.0
```

하나의 옵션 인수에서도 여러 개의 값을 받을 수 있다. 다음 예는 옵션 --down으로 여러 개(0개 이상)의 파일 이름을 받는 예이다.

```
# args06.py
import argparse

parser = argparse.ArgumentParser( )
parser.add_argument('--downs', nargs = '+')      # 1개 이상의 인수를 받는다.
args = parser.parse_args( )

down_flist = args.downs                          # 인수들은 리스트로 전달된다.
print(down_flist)
```

옵션 이후에 인수들을 공백을 구분 기호로 나열하면 된다. 다음은 사용하는 예이다.

```
C:\Python32>python args06.py --downs  a01.wav  a02.wav  a03.wav
['a01.wav', 'a02.wav', 'a03.wav']
```

5.11 예제 : 디렉터리의 파일 목록 얻기

목록 얻기 5.11.1

파이썬을 실행하면서 하드디스크에 있는 파일의 목록을 얻고 싶을 때가 있다. 디렉터리의 파일 목록을 얻으려면 glob 모듈의 glob( ) 함수를 사용한다. 결괏값으로 파일 이름의 리스트를 넘겨준다. 와일드카드(Wildcard) 문자 (?, *)를 지원한다.

- ?는 임의의 문자 1개와 일치한다.
- *는 임의 개수(0개 포함)의 모든 문자와 일치한다.
- [...]는 괄호 안의 임의의 1개 문자와 일치한다.

다음은 와일드카드를 사용하여 파일 목록을 얻는 예이다.

```
>>> import glob
>>> glob.glob('./[0-9].*')
['./1.gif', './2.txt']
>>> glob.glob('*.gif')
['1.gif', 'card.gif']
>>> glob.glob('?.gif')
['1.gif']
```

파일의 추가 정보 알아내기 5.11.2

파일의 종류를 알아내려면 os.path 모듈의 함수들을 이용할 수 있다.

- `isfile(path)` path가 일반 파일이면 True를 반환한다.
- `isdir(path)` path가 디렉터리(폴더)이면 True를 반환한다.
- `islink(path)` path가 심볼릭 링크이면 True를 반환한다.
- `ismount(path)` path가 마운트 포인트이면 True를 반환한다(유닉스).
- `exists(path)` path가 있으면 True를 반환한다.

다음은 os.path 모듈의 함수를 사용한 예이다.

```
>>> import glob
>>> import os
>>> flist = glob.glob('*')
>>> for fname in flist:
        if os.path.isfile(fname):
                print(fname, 'is a regular file.')
        elif os.path.isdir(fname):
                print(fname, 'is a dir')
        elif os.path.islink(fname):
                print(fname, 'is a symbolic link')
```

다음은 출력 결과 중 일부이다.

```
DLLs is a dir
Doc is a dir
include is a dir
Lib is a dir
libs is a dir
LICENSE.txt is a regular file.
matplotlib-wininst.log is a regular file.
NEWS.txt is a regular file.
numpy-wininst.log is a regular file.
~ 생략 ~
```

다음과 같이 파일의 크기와 접근 시간 등을 알아낼 수도 있다.

```
>>> os.path.getsize('python.exe')          # 파일의 크기를 얻는다.
26624
>>> import time
>>> t = os.path.getatime('python.exe')     # 파일의 최근 접근 시간을 얻는다.
>>> t                                      # ①
1342052825.4580922
```

```
>>> import time
>>> time.ctime(t)                                      # 문자열 시간으로 변환한다.
'Thu Jul 12 09:27:05 2012'

>>> time.ctime(os.path.getmtime('python.exe'))     # 파일의 수정 시간을 얻는다.
'Wed Apr 11 07:15:52 2012'
```

① 반환되는 숫자는 기준 시간(1970년 1월 1일 자정)부터 현재까지 지난 초이다.

연/습/문/제/
Exercise

1 L = [1, 2, 3, 4, 5]일 때 다음 두 개의 코드가 어떤 결과를 내겠는가?

```
>>> L[1:3] = [100]
>>> L[1:3] = 100
```

2 다음 두 개의 치환문이 수행하는 절차를 설명해 보자. 두 번째 문에 의해서 a의 참조가 변경되었는가?

```
>>> a = [1, 2, 3]
>>> a[:] = [4, 5, 6]
```

3 다음 문자열 S에 대해서 다음을 풀어 보자.

```
S = 'Sometimes I feel like a motherless child'
```

가) 단어의 순서가 바뀐 문자열을 만들어 보자('child motherless a like feel I Sometimes').

나) 앞서 문자열의 앞뒤 순서를 완전히 바꾼 문자열을 만들어 보자('dlihc sselrehtom a ekil leef I semitemoS').

다) 문자열 메서드 split( )과 join( )을 사용하여 앞의 문자열에서 공백을 모두 없앤 문자열을 만들어 보자.

4 다음 각 물음에 답하시오.

```
>>> a = [1, 2, 3]
>>> b = a * 3
>>> c = [a] * 3
```

가) 다음 b와 c의 차이는 무엇인가?

나) 다음 코드를 실행한 후에 b와 c는 어떻게 변화하겠는가?

```
>>> a[0] = 0
```

다) 이렇게 변화하는 이유를 설명해 보자.

라) 다음 코드는 앞의 c와 어떻게 다른가?

```
>>> c = [a[:]] * 3
```

마) 다음 코드는 또 어떻게 다른가?

```
>>> c = [a[:], a[:], a[:]]
```

5 다음 리스트 L을 5로 나눈 나머지를 기준으로 정렬해 보자.

```
>>> L = range(10)
>>> L
[0, 1, 2, 3, 4, 5, 6, 7, 8, 9]

...
>>> L
[0, 5, 1, 6, 2, 7, 3, 8, 4, 9]
```

6 다음 각 물음에 답해 보자.

```
>>> a = [1]
>>> b = [2]
>>> a.append(b)
>>> b.append(a)
```

가) 이 코드의 자료구조를 그림으로 그려 보자.

나) 값을 출력해 보자. 어떤 결과가 나오는가?

다) 객체 a의 참조 횟수 값은 얼마인가?

```
>>> sys.getrefcount(a)
```

라) 객체 b를 지웠다. 객체 a의 참조 횟수 값은 얼마인가?

```
>>> del b
>>> sys.getrefcount(a)
```

마) 객체 b를 삭제한 구조를 그림으로 그려 보자. a 값을 출력해 보자. 구조가 맞는가?

```
>>> print(a)
```

바) 객체 a를 삭제하였다. 무슨 문제가 발생하겠는가? 설명해 보자.

```
>>> del a
```

7 문자열의 리스트가 있다. 리스트의 sort( ) 메서드를 사용하여 이들을 정렬해 보자. 단, 대소문자는 구별하지 않는다.

```
sl = ['Spam', 'egg', 'Ham']
```

8 다음 문자열을 콜론 :을 기준으로 분리하여 리스트로 만들고, 각 문자열의 좌우 공백을 제거해 보자. 즉, 다음 문자열 s에서 L을 만들어 보자. for 문을 사용한다.

```
s = ' first item : second item : third item '
L = ['first item', 'second item', 'third item']
```

9 문제 8번을 리스트 내장을 이용하여 한 줄로 해결해 보자.

10 다음 주어진 문자열에 사용된 단어의 길이에 따라 정렬하는 코드를 작성해 보자.

```
>>> s = 'Python is a programming language that lets you work more
quickly and integrate your systems more effectively. You can learn to
use Python and see almost immediate gains in productivity and lower
maintenance costs.'
>>> # 작업 처리(여러 줄 가능)
>>> words     # 출력 결과
['a', 'is', 'to', 'in', 'you', 'and', 'You', 'can', 'use', 'and',
'see', 'and', 'that', 'lets', 'work', 'more', 'your', 'more', 'learn',
'gains', 'lower', 'costs', 'Python', 'Python', 'almost', 'quickly',
'systems', 'language', 'integrate', 'immediate', 'programming',
'maintenance', 'effectively', 'productivity']
```

11 현재 디렉터리에 있는 PY 파일 중에서 크기가 500바이트를 넘는 것들만 파일 목록을 출력해 보자. glob 모듈의 glob( ) 함수와 os.path 모듈의 함수들을 이용하면 된다.

12 현재 디렉터리에 있는 모든 파일 중에서 최근 24시간 이내에 변경된 파일들의 목록을 출력해 보자.

13 긴 옵션을 처리하는 방법을 공부하고 다음을 풀어보자. 옵션 처리는 명령줄에 URL 주소를 입력하면 해당 URL의 HTML 문서를 화면에 출력하는 프로그램을 작성해 보자. URL에서 HTML 문서를 가져오는 것은 다음과 같은 코드를 이용한다.

```
import urllib
import sys

def getpage(url):
    f = urllib.urlopen(url)
    return f.read( )

text = getpage(sys.argv[1])
print(text)
```

가) 코드를 수정하여 명령줄에서 인수가 입력되지 않았을 때 사용법을 출력하도록 에러 처리 루틴을 첨가해 보자.

나) 명령줄 인수에 두 개 이상의 인수를 입력받아서 해당 문서들을 출력하도록 코드를 수정해 보자.

다) URL이 잘못 입력되면 해당 URL의 출력은 건너뛰고, 나중에 잘못된 URL 목록을 출력하도록 수정해 보자.

제 6 장

튜플

Chapter 06

튜플은 변경 가능하지 않은(Immutable) 데이터의 묶음이다. 리스트와 유사하지만 튜플이 한번 만들어지면 값은 변경할 수 없다.

6.1 튜플의 연산

튜플(Tuple)은 임의의 객체들이 순서를 가지는 모음으로 리스트와 유사한 면이 많다. 차이점은 변경 불가능한 자료형이라는 것이다. 또한, 튜플은 리스트가 가지고 있는 것만큼 다양한 메서드가 없다. 튜플은 시퀀스 자료형이므로 시퀀스형의 인덱싱과 슬라이싱, 연결하기, 반복하기, 길이 정보 등의 일반적인 연산을 모두 가진다. 튜플은 ( )로 표현한다.

```
>>> t = ( )              # 빈 튜플
>>> t = (1, 2, 3)        # 괄호 사용
```

사실 괄호 ( )를 사용하지 않아도 쉼표 ,로 데이터가 구분되면 튜플로 처리한다.

```
>>> t = 1, 2, 3
```

괄호 ( )는 수식에서의 ( )와 혼동될 가능성이 있기 때문에 주의해야 한다. 예를 들어, r = (1)은 r = 1로 해석된다. 따라서 데이터가 하나인 튜플은 괄호의 사용과 관계없이 반드시 r = (1,)와 같이 쉼표 ,를 포함해야 한다.

```
>>> r = (1,)     # 데이터가 한 개일 때는 반드시 쉼표가 있어야 한다.
>>> r = 1,       # 괄호는 없어도 쉼표는 있어야 한다.
```

다음은 시퀀스 자료형의 일반적인 연산을 사용한 예이다.

```
>>> t * 2                        # 반복하기
(1, 2, 3, 1, 2, 3)

>>> t + ('PyKUG', 'users')       # 연결하기
(1, 2, 3, 'PyKUG', 'users')

>>> print(t[0], t[1:3])          # 인덱싱과 슬라이싱
1 (2, 3)

>>> len(t)                       # 길이 정보
3

>>> 1 in t                       # 멤버 검사
True
```

튜플은 변경 불가능한 자료형이어서 값을 변경할 수는 없다.

```
>>> t[0] = 100              # 허용이 안 되며 에러가 발생한다.
...
TypeError: 'tuple' object does not support item assignment
```

튜플은 검색에 관련된 메서드 두 개를 갖는다.

```
>>> t = (1, 2, 3, 2, 2, 3)
>>> t.count(2)       # 2가 몇 개 있는가?
3
>>> t.index(2)       # 첫 번째 2의 위치는?
1
>>> t.index(2, 1)   # 1 위치부터 검색해 나간다.
3
```

튜플을 중첩하는 것도 물론 가능하다.

```
>>> t = (12345, 54321, 'hello!')
>>> u = t, (1, 2, 3, 4, 5)            # 중첩된 튜플
>>> u
((12345, 54321, 'hello!'), (1, 2, 3, 4, 5))
```

튜플을 이용하여 좌우 변에 복수 개의 데이터를 치환할 수 있다.

```
>>> x, y, z = 1, 2, 3
>>> (x1, y1), (x2, y2) = (1, 2), (3, 4)
```

튜플을 이용하면 두 개의 값도 쉽게 바꿀 수 있다.

```
>>> x, y = 1, 2
>>> x, y = y, x
>>> x, y
(2, 1)
```

6.2 패킹과 언패킹

한 데이터에 여러 개의 데이터를 넣는 것을 패킹(Packing)이라고 한다.

```
t = 1, 2, 'hello'
```

패킹과 반대로 한 데이터에서 데이터를 각각 꺼내 오는 것을 언패킹(Unpacking)이라고 한다.

```
x, y, z = t
```

리스트도 언패킹을 지원한다.

```
a = ['foo', 'bar', 4, 5]
x, y, z, w = a
```

확장된 언패킹(Extended Unpacking)은 좀 더 자유로운 형태로 이용할 수 있다.

```
>>> T = (1, 2, 3, 4, 5)

>>> a, *b = T
>>> print(a, b)
1 [2, 3, 4, 5]

>>> *a, b = T
>>> print(a, b)
[1, 2, 3, 4] 5

>>> a, b, *c = T
>>> print(a, b, c)
1 2 [3, 4, 5]
```

여기서 ***a**와 같은 식의 표현은 나머지 전부를 의미한다. 따라서 다음과 같은 표현은 있을 수 없다.

```
>>> a, *b, *c = T
SyntaxError: two starred expressions in assignment
```

6.3 리스트와의 차이점

리스트와의 공통점은 임의의 객체를 저장할 수 있다는 것과 시퀀스 자료형이라는 것이다. 이에 반해 다음과 같은 차이점이 있다.

- 변경 불가능한 시퀀스 자료형이다.
- 함수의 가변 인수를 지원한다.

변경해야 할 데이터들은 리스트에, 변경하지 말아야 할 데이터는 튜플에 저장한다. 리스트와 튜플은 list( )와 tuple( ) 내장 함수를 사용하여 상호 변환할 수 있다.

```
>>> T = (1, 2, 3, 4, 5)
>>> L = list(T)
>>> L[0] = 100
>>> L
[100, 2, 3, 4, 5]
>>> T = tuple(L)
>>> T
(100, 2, 3, 4, 5)
```

튜플은 다음과 같은 경우에 특별히 활용된다. 첫 번째는 함수에 있어서 하나 이상의 값을 반환할 때이다.

```
>>> def calc(a, b):
        return a + b, a * b       # 튜플을 반환한다.
>>> x, y = calc(5, 4)
```

두 번째는 튜플에 있는 값들을 함수의 인수로 사용할 때이다.

```
>>> args = (4, 5)
>>> calc(*args)         # calc(4, 5)와 동일하다.
(9, 20)
```

세 번째는 파이썬 2 형식의 서식 문자열에 데이터를 공급할 때이다.

```
>>> "%d %f %s" % (12, 3.456, 'hello')
'12 3.456000 hello'
```

6.4 이름 있는 튜플

이름 있는 튜플은 튜플에 인덱스는 물론 이름으로도 접근할 수 있도록 관련 기능을 추가한 것이다. 모듈 collections의 namedtuple( ) 함수로 객체를 생성한다.

```
namedtuple(typename, field_names, verbose=False, rename=False)
```

인수 field_names는 이름들을 공백으로 구분하는 문자열로 전달한다.

```
>>> from collections import namedtuple
>>> Point = namedtuple('Point', 'x y')
>>> Point
<class '__main__.Point'>
>>> Point.__name__
'Point'
```

예에서 namedtuple( ) 함수는 Point 클래스를 만든다.

```
>>> pt1 = Point(1.0, 5.0)
>>> pt2 = Point(2.5, 1.5)
>>> pt1
Point(x=1.0, y=5.0)
>>>
>>> from math import sqrt
>>> length = sqrt((pt1.x - pt2.x) ** 2 + (pt1.y - pt2.y) ** 2)
```

```
>>> # 첨자 참조 가능으로
>>> length = sqrt((pt1[0] - pt2[0]) ** 2 + (pt1[1] - pt2[1]) ** 2)
```

6.5 예제 : 경로명 다루기

튜플을 사용하는 예로 os.path 모듈의 경로명을 다루는 함수(split)를 살펴보자.

```
>>> import os
>>> p = os.path.abspath('t.py')       # 상대 경로를 절대 경로로 반환한다.
>>> p
'C:\\Python32\\t.py'

>>> os.path.exists(p)                 # 파일의 존재 여부를 검사한다.
True

>>> os.path.getsize(p)                # 파일 크기를 확인한다.
155

>>> os.path.split(p)                  # (head, tail)로 분리한다(디렉터리명, 파일이름).
('C:\\Python32', 't.py')

>>> os.path.join('c:\\work', 't.hwp')           # 디렉터리와 파일 이름을 결합한다.
'c:\\work\\t.hwp'

>>> os.path.normpath('c:\\work\\.\\t.hwp')      # 파일 이름을 정규화한다.
'c:\\work\\t.hwp'

>> os.path.splitext('c:\\work\\t.hwp')
('c:\\work\\'t, '.hwp')
```

같은 의미를 나타내지만 운영 체제마다 다른 기호를 사용하는 경우가 있다. 파이썬은 운영 체제의 독립성을 유지하기 위해서 이러한 내용을 os 모듈의 일부 이름에 표현해 놓았다.

- `os.linesep` 파일에서 줄을 구분하는 문자이다. 윈도우에서는 \r\n, 유닉스에서는 \n이다.
- `os.sep` 경로명에서 각 요소를 구분하는 문자이다. 윈도우에서는 \, 유닉스에서는 /이다.
- `os.pathsep` 경로명과 경로명을 구분하는 문자이다. 윈도우에서는 ;이고 유닉스에서는 :이다.
- `os.curdir` 현재 디렉터리를 나타내는 문자이다. 윈도우와 유닉스 계열에서는 .이다.
- `os.pardir` 부모 디렉터리를 나타내는 문자이다. 윈도우와 유닉스 계열에서는 ..이다.
- `os.devnull` null 장치에 대한 파일 경로이다. 유닉스 계열에서는 /dev/null이고 윈도우 계열에서는 nul이다.
- `os.extsep` 파일 이름과 확장자를 구분하는 문자이다. 대부분 .을 사용한다.

이러한 이름들을 이용해 프로그램하면 이식할 때 생기는 문제를 미리 예방할 수 있다.

6.6 예제 : URL 다루기

urllib.parse 모듈은 Uniform Resource Locator(URL)을 성분별로 분해하거나 결합하는 인터페이스를 제공한다.

urlparse( ) 함수

urllib.parse 모듈의 urlparse( ) 함수는 URL을 다음과 같이 분리하여 튜플을 반환한다.

```
(addressing scheme, network location, path, parameters, query, fragment identifier)
```

사용한 예는 다음과 같다.

```
>>> from urllib.parse import urlparse
>>> a = 'http://some.where.or.kr:8080/a/b/c.html;param?x=1&y=2#fragment'
>>> r = urlparse(a)
>>> r
```

```
ParseResult(scheme='http', netloc='some.where.or.kr:8080',
path='/a/b/c.html', params='param', query='x=1&y=2', fragment='fragment')
>>> r.scheme
'http'
```

urlunparse( ) 함수

urlunparse( ) 함수는 튜플로 표현된 성분들을 하나의 URL로 역변환한다. 튜플의 구성 순서는 urlparse( ) 함수의 출력과 같다. 사용한 예는 다음과 같다.

```
>>> from urllib.parse import urlparse, urlunparse
>>> a = 'http://some.where.or.kr:8080/a/b/c.html;param?x=1&y=2#fragment'
>>> u = urlparse(a)
>>> urlunparse(u)
'http://some.where.or.kr:8080/a/b/c.html;param?x=1&y=2#fragment'
```

QUIZ

앞서 예의 문자열 a에서 c.html과 param을 제외한 URL을 출력해 보자. os.path 모듈을 이용하면 된다. 출력 결과는 'http://some.where.or.kr:8080/a/b?x=1&y=2#fragment'이어야 한다.

```
>>> from urllib.parse import urlparse, urlunparse
>>> import os

>>> a = 'http://some.where.or.kr:8080/a/b/c.html;param?x=1&y=2#fragment'
>>> u = urlparse(a)
>>> u
ParseResult(scheme='http', netloc='some.where.or.kr:8080',
path='/a/b/c.html',  params='param',  query='x=1&y=2',
fragment='fragment')
>>> list(u)
['http', 'some.where.or.kr:8080', '/a/b/c.html', 'param',
'x=1&y=2', 'fragment']
>>> lu = list(u)
>>> lu[2] = os.path.split(lu[2])[0]     # '/a/b' 와 'c.html'로 분리
```

```
>>> lu[3] = ''
>>> lu
['http', 'some.where.or.kr:8080', '/a/b', '', 'x=1&y=2',
'fragment']
>>> urlunparse(lu)
'http://some.where.or.kr:8080/a/b?x=1&y=2#fragment'
```

urljoin( ) 함수

urljoin( ) 함수는 기본 URL과 상대 URL을 연결하여 절대 URL을 만든다. 다음은 사용한 예이다.

```
>>> from urllib.parse import urljoin
>>> b = 'http://some.where.or.kr:8080/a/b/c.html?x=1'
>>> urljoin(b, 'd.html')
'http://some.where.or.kr:8080/a/b/d.html'
```

스킴(Scheme, 프로토콜명, 예: http)과 네트워크 위치만 얻으려면 다음과 같이 /를 이용한다.

```
>>> urljoin(b, '/')
'http://some.where.or.kr:8080/'
```

연/습/문/제/
Exercise

1 다음 코드를 실행했을 때 객체 간의 관계를 그래프로 그려 보자. s는 1, 2, 4라는 세 개의 객체를 추가로 가지는가? 메모리의 사용이 얼마나 증가하는가?

```
t = (1, 2, 3, 4)
s = t[:2] + t[3:]
```

2 다음과 같은 코드가 있다. 일요일부터 토요일까지 0 ~ 6의 값을 할당받았다. print(Sun, Mon)에 의해서 0과 1이 출력될 것이다. weekday에 입력된 값이 Sun과 Mon 등의 문자열일 때 이것을 정수 0과 1로 변환해서 출력하도록 마지막 print( ) 함수를 완성해 보자. globals( ) 함수를 사용하면 된다.

```
Sun, Mon, Tue, Wed, Thu, Fri, Sat = range(7)
print(Sun, Mon)     # 0, 1
weekday = raw_input('요일 하나를 입력하세요:')
print( )
```

3 다음 확장된 언패킹의 결과를 예측해 보자.

1) `a, b = 1, 2`

2) `a, b = ['green', 'blue']`

3) `a, b = 'XY'`

4) `a, b = range(1, 5, 2)`

5) `(a, b), c = "XY", "Z"`

6) `(a, b), c, = [1, 2],'this'`

7) `a, *b = 1, 2, 3, 4, 5`

8) `*a, b = 1, 2, 3, 4, 5`

9) `a, *b, c = 1, 2, 3, 4, 5`

10) `a, *b = 'X'`

11) `*a, b = 'X'`

12) `a, *b, c = "XY"`

13) `a, *b, c = "X...Y"`

14) `a, b, *c = 1, 2, 3`

15) `a, b, c, *d = 1, 2, 3`

16) `*a, b = [1]`

17) `*a, b = (1,)`

18) `(a, b), *c = 'XY', 2, 3`

4 다음 코드에 에러가 발생하는 이유를 생각해 보자.

```
(a, b), c = 1, 2, 3
*(a, b) = 1, 2
```

5 다음 코드는 11장 함수에서 설명하는 가변 인수에 관한 내용이다.

```
>>> def vargs(*args):
        print(args)
```

```
>>> vargs(1)
(1,)
>>> vargs(1, 3, 5, 7)
(1, 3, 5, 7)
>>>
```

이 코드를 수정하여 다음과 같은 연산이 가능하도록 addall( ) 함수를 만들어 보자.

```
>>> addall(1)
1
>>> addall(1, 2, 3, 4)
10
```

제 7 장

집합

Chapter 07

집합(Set)은 여러 값을 순서 없이 그리고 중복 없이 모아 놓은 자료형이다. 파이썬에서는 set과 frozenset 두 가지 집합 자료형을 제공한다. set은 변경 가능한 집합이고 frozenset은 변경 불가능한 집합이다.

7.1 set 객체의 생성

set 객체를 생성하는 방법을 살펴보자.

```
>>> a = set( )              # 빈 set 객체를 생성한다.
>>> b = {1, 2, 3}           # 중괄호 {}를 이용하여 객체를 생성한다.
>>> a                       # 공집합인 경우의 출력이다.
set( )
>>> b                       # 공집합이 아닌 경우의 출력이다.
{1, 2, 3}
>>> type(a)                 # 자료형을 확인한다.
<class 'set'>
>>> type(a) == type(b)      # 동일 자료형인지 확인한다.
True
>>> b = a.copy( )           # copy( ) 함수를 사용한 객체 생성이다. a 복사
```

빈 집합을 만들 때 set( ) 함수 대신에 중괄호 { }를 사용할 수 없는 이유와 빈 집합일 경우 출력이 중괄호 { } 대신에 set( ) 함수인 이유는 중괄호 { }가 빈 사전으로 인식되기 때문이다.

```
>>> type({})
<class 'dict'>
```

반복 가능한(Iterable) 객체로부터 집합을 만들 수도 있다.

```
>>> set((1, 2, 3))              # 튜플로부터 집합을 만든다.
{1, 2, 3}
>>> set('abcd')                 # 문자열로부터 집합을 만든다.
{'a', 'c', 'b', 'd'}
>>> set([1, 2, 3])              # 리스트로부터 집합을 만든다.
{1, 2, 3}
>>> set((1,2,3,1,2,3,1,2,3))   # 중복된 원소는 한 번만 표현한다.
{1, 2, 3}
>>> set({'one':1, 'two':2})    # 사전의 반복자는 키 값을 반환한다.
{'two', 'one'}
```

하지만, 모든 데이터가 집합의 원소로 사용할 수 있는 것은 아니다. 해시 가능(Hashable)이면서 변경 불가능한 자료형만이 집합의 원소로 사용할 수 있다.

```
>>> a = [1, 2, 3]
>>> b = [3, 4, 5]
>>> {a, b}          # 리스트는 집합의 원소로 사용할 수 없다.
Traceback (most recent call last):
  File "<pyshell#41>", line 1, in <module>
    {a, b}
TypeError: unhashable type: 'list'
```

해시 가능(Hashable)이란

해시 기법은 대용량의 데이터를 효과적으로 저장하기 위한 방법이다. 어떤 데이터의 키를 해시 함수에 전달하면 해시 값이 반환되는데, 이 값이 데이터를 저장하는 주소로 활용된다. 따라서 모든 데이터의 키 값은 변경되어서는 안 된다. 해시 값이 변경되면 데이터의 저장과 검색에 착오가 생기기 때문에 데이터의 변경에 따른 해시 값 변경은 허용되지 않는다. 파이썬의 변경 가능하지 않은 자료형들은 해시 가능이고, 변경 가능한 자료형들은 해시 가능이 아니다. 예를 들어, 문자열과 튜플, 수치형 등은 해시 가능이고, 리스트와 사전 등은 해시 가능이 아니다. 사용자가 정의한 클래스의 인스턴스 객체도 기본적으로는 해시 가능이다.

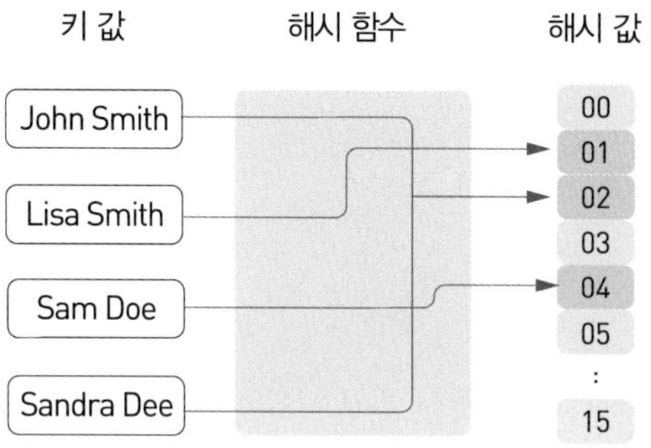

그림 7-1

QUIZ

다음 문장에 사용한 어휘를 중복 없이 알파벳 순서대로 출력해 보자. 대소문자는 구별하지 말고 처리한다.

```
Python is a programming language that lets you work more
quickly and integrate your systems more effectively. You can
learn to use Python and see almost immediate gains in
productivity and lower maintenance costs.
```

7.2 set 객체의 연산

원소 추가 7.2.1

set 객체에 원소를 추가하는 메서드로는 add( )와 update( )가 있다. add( ) 메서드는 한 원소를 추가하고, update( ) 메서드는 주어진 객체에 대해 합집합 연산을 한다. copy( ) 메서드를 사용하면 set 객체를 통째로 복사할 수 있다.

```
>>> a = {1, 2, 3}
>>> len(a)                    # 원소의 개수를 센다.
3
```

```
>>> a.add(4)                          # 한 원소를 추가한다.
>>> a
{1, 2, 3, 4}
>>> a.update([4, 5, 6])               # a = a ∪ {4, 5, 6}
>>> a
{1, 2, 3, 4, 5, 6}
>>> b = {6, 7, 8}
>>> a.update(b)                       # a = a ∪ b
>>> a
{1, 2, 3, 4, 5, 6, 7, 8}
>>> a = {1, 2, 3}
>>> a.update({4, 5, 6}, {7, 8, 9})    # 두 개 이상의 인수를 지정할 수 있다.
>>> a.copy()                          # 집합 a를 복사한다..
{1, 2, 3, 4, 5, 6, 7, 8, 9}
```

원소 제거 7.2.2

set 객체에서 원소를 제거하는 메서드로는 clear( )와 discard( ), pop( ), remove( ) 등이 있다.

```
>>> a = {1, 2, 3, 4, 5, 6, 7, 8, 9}
>>> a.clear( )          # 전체 원소를 제거한다.
>>> a
set( )
>>> a = {1, 2, 3, 4, 5, 6, 7, 8, 9}
>>> a.discard(3)        # 원소 한 개를 제거한다.
>>> a
{1, 2, 4, 5, 6, 7, 8, 9}
>>> a.discard(3)        # 3이 없으면 그냥 통과한다.

>>> a.remove(4)         # 원소 한 개를 제거한다.
>>> a
{1, 2, 5, 6, 7, 8, 9}
>>> a.remove(4)         # 없으면 예외가 발생한다. discard( ) 메서드와의 차이점이다.
Traceback (most recent call last):
  File "<pyshell#24>", line 1, in <module>
    a.remove(4)
KeyError: 4
```

```
>>> a.pop( )            # 원소 한 개를 집합에서 제거하면서 반환한다.
1
>>> a.pop( )
2
>>> a
{5, 6, 7, 8, 9}
```

집합 연산 7.2.3

일반적인 집합 연산으로는 union(합집합), intersection(교집합), difference(차집합), symmetric_difference(대칭 차집합)이 있다.

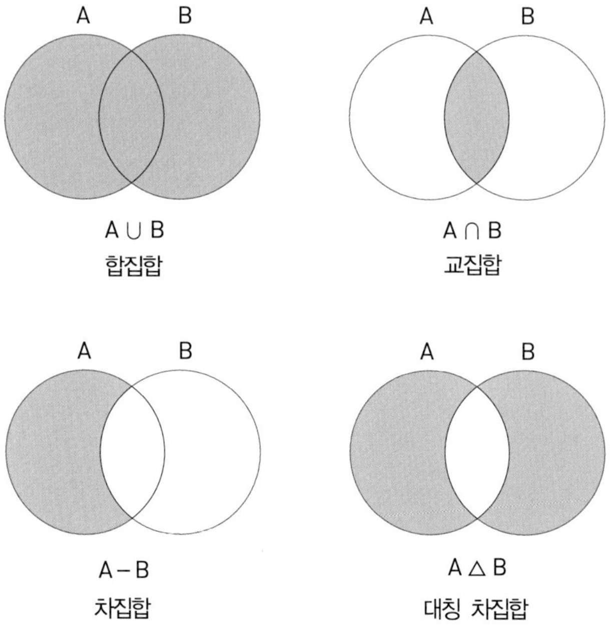

그림 7-2 다이어그램

```
>>> A = {1, 2, 3, 4, 5, 6}
>>> B = {4, 5, 6, 7, 8, 9}
>>> C = {4, 10}
```

```
>>> A.union(B)                  # 합집합 A | B와 동일하다.
{1, 2, 3, 4, 5, 6, 7, 8, 9}
>>> A.intersection(B)           # 교집합 A & B
{4, 5, 6}
>>> A.intersection(B, C)        # 인수가 두 개 이상이어도 된다.
{4}
>>> A.difference(B)             # 차집합 A - B
{1, 2, 3}
>>> A.symmetric_difference(B)   # 대칭 차집합 A ^ B
{1, 2, 3, 7, 8, 9}
```

연산 결과가 첫 인수 집합에 반영되기를 바라면 update( )와 intersection_update( ), difference_update( ), symmetric_difference_update( ) 메서드를 사용한다.

```
>>> A
{1, 2, 3, 4, 5, 6}
>>> A.update(B)                        # 합집합 결과 A에 저장한다. A |= B와 동일
>>> A
{1, 2, 3, 4, 5, 6, 7, 8, 9}

>>> A = {1, 2, 3, 4, 5, 6}
>>> A.intersection_update(B)           # 교집합 결과 A에 저장한다. A &= B
>>> A
{4, 5, 6}

>>> A = {1, 2, 3, 4, 5, 6}
>>> A.difference_update(B)             # 차집합 결과 A에 저장한다. A -= B
>>> A
{1, 2, 3}

>>> A = {1, 2, 3, 4, 5, 6}
>>> A.symmetric_difference_update(B)   # 대칭 차집합 결과 A에 저장한다. A ^= B
>>> A
{1, 2, 3, 7, 8, 9}
```

다음은 원소나 집합의 포함 관계를 시험하는 예이다.

```
>>> A
{1, 2, 3, 7, 8, 9}
>>> 2 in A             # 2∈A 멤버 검사
True
>>> 2 not in A         # 2∉A
False
>>> A = {1, 2, 3, 4, 5}
>>> B = {1, 2, 3}
>>> A.issuperset(B)    # A⊃B
True
>>> B.issubset(A)      # B⊂A
True
>>> A.isdisjoint(B)    # 교집합이 공집합인가?
False
```

집합 자료형은 순서가 없는 자료형이므로 인덱싱이나 슬라이싱, 정렬 등을 지원하지 않는다. 하지만, 다른 시퀀스 자료형으로 형변환을 하면 부분 원소를 참조할 수 있다.

```
>>> A
{1, 2, 3, 4, 5}
>>> A[0]          # 인덱싱과 슬라이싱 등을 지원하지 않는다.
Traceback (most recent call last):
  File "<pyshell#5>", line 1, in <module>
    A[0]
TypeError: 'set' object does not support indexing
>>> list(A)       # 리스트로 변환하면 모든 것이 가능하다.
[1, 2, 3, 4, 5]
>>> tuple(A)      # 튜플로 변환한다.
(1, 2, 3, 4, 5)
```

하지만, for 문에서는 직접 사용하는 것이 가능하다.

```
>>> A
{1, 2, 3, 4, 5}
```

```
>>> for ele in A:
        print(ele, end = ' ')

1 2 3 4 5
```

7.3 frozenset 객체의 생성과 연산

frozenset 객체는 변경 가능하지 않은 집합 자료형이다. 값을 변경하지 않는 범위에서 set 객체와 동일하게 동작한다. frozenset 객체의 생성은 집합을 포함한 반복 가능한 자료형으로부터 가능하다.

```
>>> frozenset([1, 2, 3, 4, 5])    # 반복이 가능한 객체로부터 생성한다.
frozenset({1, 2, 3, 4, 5})

>>> A
{1, 2, 3, 4, 5}
>>> frozenset(A)                  # set 객체로부터 생성한다.
frozenset({1, 2, 3, 4, 5})
```

frozenset 객체는 값을 변경하지 않는 연산만 허용하며 set 객체와 동일하게 동작한다.

```
>>> A = frozenset((1, 2, 3, 4, 5, 6))
>>> B = frozenset((4, 5, 6, 7, 8, 9))
>>> A.union(B)                    # 합집합 A | B
frozenset({1, 2, 3, 4, 5, 6, 7, 8, 9})
>>> A.intersection(B)             # 교집합 A & B
frozenset({4, 5, 6})
>>> A.difference(B)               # 차집합 A - B
frozenset({1, 2, 3})
>>> A.symmetric_difference(B)     # 대칭 차집합 A - B
frozenset({1, 2, 3, 7, 8, 9})
```

```
>>> A.copy( )                    # 복사
frozenset({1, 2, 3, 4, 5, 6})

>>> A = frozenset({1, 2, 3, 4, 5})
>>> B = frozenset({1, 2, 3})
>>> A.issuperset(B)              # A⊃B
True
>>> B.issubset(A)                # B⊂A
True
>>> A.isdisjoint(B)              # 두 집합의 교집합이 공집합인가?
False
```

7.4 집합 내장

중괄호 {}를 이용하면 리스트 내장(List Comprehension)과 같이 for 문을 통해서 집합을 직접 만들 수 있다.

```
>>> {v * v for v in [1, 2, 3, 4]}              # 연산 결과가 set 객체로 모인다.
{16, 1, 4, 9}
>>> {v for v in 'python' if v not in 'aeiou'}  # 모음이 아닌 알파벳 집합이다.
{'y', 'p', 'n', 't', 'h'}
```

1 100 이하의 자연수 중에서 2의 배수이거나 3의 배수인 수의 개수를 구해 보자.

2 전체집합을 U로 할 때 U의 부분집합 A와 B에 대해서 다음 연산의 결과를 파이썬으로 구현해 보자.

```
U = {1, 2, 3, 4, 5, 6, 7, 8, 9, 10}
A = {1, 3, 5, 7, 9}
B = {1, 2, 3, 4, 5}
```

가) $A \cap B^c$

나) $(A \cup B)^c$

3 500 이하의 자연수에서 k의 양의 배수의 집합을 A_k라 할 때, $(A_{18} \cup A_{36}) \cap (A_{36} \cup A_{24})$의 결과를 계산해 보자.

4 100 이하의 정수 n을 5로 나눈 나머지가 k인 수의 집합을 A_k라고 하자. $a \in A_1$, $b \in A_4$일 때, $2a+3b \in A_k$ 집합을 구하고 k 값을 확인해 보자.

제 8 장

사전

Chapter 08

사전(Dictionary)은 특정 키를 주면 이와 관련된 값을 돌려주는 내용 기반으로 검색하는 자료형이다.

8.1 사전의 연산

사전은 임의 객체의 집합적 자료형인데, 데이터의 저장 순서가 없다. 집합적이라는 의미에서 리스트나 튜플과 동일하다. 하지만, 데이터의 순서를 정할 수 없는 매핑형이다. 시퀀스 자료형은 데이터의 순서를 정할 수 있어서 정수 오프셋에 의한 인덱싱이 가능하지만, 매핑형에서는 키(Key)를 이용해 값(Value)에 접근한다. 예를 들어, 다음 사전은 스포츠 게임 종목에 대한 참여 선수의 수이다.

```
>>> member = {'basketball':5, 'soccer':11, 'baseball':9}
>>> member['baseball']     # 검색
9
```

member라는 사전은 세 개의 입력 값을 가지고 있다. 각각의 입력 값은 키와 값으로 구분된다. 첫 번째 입력 값은 basketball이라는 키와 5라는 값이다. 사전에서 값을 꺼내려면 키를 사용한다. 사전은 변경 가능한 자료형으로 값을 저장할 때도 키를 사용한다. 키가 사전에 등록되어 있지 않으면 새로운 항목이 만들어지며, 키가 이미 사전에 등록되어 있으면 이 키에 해당하는 값이 변경된다.

```
>>> member['volleyball'] = 7       # 새 값을 설정한다.
>>> member['volleyball'] = 6       # 값을 변경한다.
>>> member
{'soccer': 11, 'volleyball': 6, 'baseball': 9, 'basketball': 5}
```

```
>>> len(member)                    # 길이 정보를 확인한다.
4
>>> del member['basketball']       # 항목을 삭제한다.
>>> 'soccer' in member             # 멤버를 검사한다.
True
```

사전을 출력하면 당연히 어떤 순서에 의해서 입력 값들이 표현된다. 그러나 이런 순서는 고정된 것이 아니다. 키에 의한 검색 속도를 빠르게 하기 위해 사전은 내부적으로 해시 기법을 이용하여 데이터를 저장한다. 이 기법은 데이터의 크기가 증가해도 빠른 속도로 데이터를 찾을 수 있게 해준다. 사전의 구조를 그림으로 표현하면 그림 8-1과 같다.

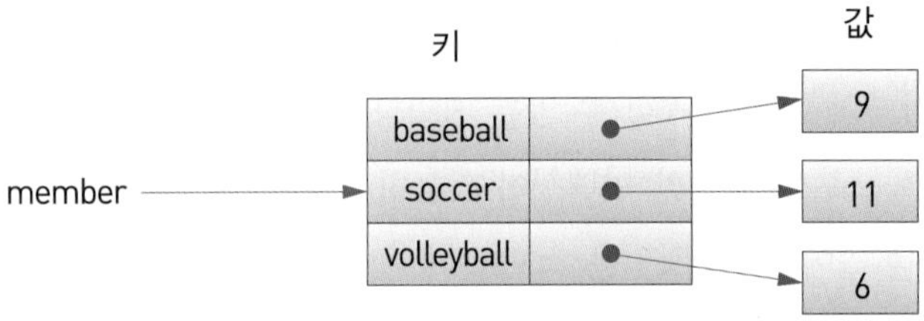

그림 8-1 사전의 구조

값은 임의의 객체가 될 수 있지만, 키는 해시 가능이고 변경 불가능한 자료형이어야 한다. 예를 들어, 문자열과 숫자, 튜플은 키가 될 수 있지만, 리스트와 사전은 키가 될 수 없다.

```
>>> d = {}
>>> d['str'] = 'abc'
>>> d[1] = 4
>>> d[(1, 2, 3)] = 'tuple'
>>> d[[1, 2, 3]] = 'list'
…
TypeError: unhashable type: 'list'
>>> d[{1:2}] = 3
…
TypeError: unhashable type: 'dict'
```

함수를 키나 값으로 활용할 수도 있다. 다음은 함수를 값으로 활용한 예이다. action[0]은 add( ) 함수와 같고, action[1]은 sub( ) 함수와 같다.

```
>>> def add(a, b):
        return a + b

>>> def sub(a, b):
        return a - b

>>> action = {0:add, 1:sub}
>>> action[0](4, 5)
9
>>> action[1](4, 5)
-1
```

사전을 만드는 다른 방법들

사전을 만들 때 dict( ) 함수를 사용할 수 있다.

```
>>> dict( )                          # 빈 사전을 만든다.
{}
>>> dict(one = 1, two = 2)           # 키워드 인수를 지정하여 사전을 만든다.
{'two': 2, 'one': 1}
>>> dict( [('one', 1), ('two', 2)] ) # ①
{'two': 2, 'one': 1}
>>> dict( {'one':1, 'two':2} )       # 사전을 인수로 받아 새로운 사전을 만든다.
{'two': 2, 'one': 1}
```

① (key, value) 쌍의 시퀀스형으로부터 사전을 만든다. 사전의 items( ) 메서드에서 역변환에 해당한다. 두 개의 분리된 시퀀스형 데이터가 있을 때 다음과 같이 쉽게 사전을 만들 수 있다.

```
>>> keys = ['one', 'two', 'three']     # 시퀀스 자료형이면 된다.
>>> values = (1, 2, 3)
>>> dict(zip(keys, values))
{'three': 3, 'two': 2, 'one': 1}
```

QUIZ

1_ 사전의 키로 사용할 수 있는 데이터에는 어떤 것이 있는지 데스트해 보자. 예를 들어, 다음과 같이 사용할 수 있는가?

```
>>> d = {}
>>> d[(1, 2, 3)] = 10      # 튜플
>>> d[[1, 2, 3]] = 10      # 리스트
>>> d[{1:2, 3:4}] = 10     # 사전
```

2_ 사전의 값으로 사용할 수 있는 자료형에 어떤 제약이 있는지 조사해 보자. 다음이 모두 가능한가?

```
>>> d[10] = (1, 2, 3)      # 튜플
>>> d[10] = [1, 2, 3]      # 리스트
>>> d[10] = {1:2, 3:4}     # 사전
```

사전의 모든 값을 순차적으로 참조하는 데 사용하는 일반적인 방법은 사전의 반복자를 이용하는 것이다. 사전 자체를 for 문에 이용하면 키에 대한 반복이 실행된다.

```
>>> D = {'a':1, 'b':2, 'c':3}
>>> for key in D:      # for key in D.keys( ):와 동일한 결과를 얻는다.
        print(key, D[key])

a 1
c 3
b 2
```

items( ) 메서드를 사용하여 key와 value 항목을 함께 꺼내 올 수도 있다. items( ) 메서드는 (키, 값)의 사전 뷰를 반환한다.

```
>>> D.items( )
dict_items([('a', 1), ('c', 3), ('b', 2)])
>>> for (key, value) in D.items( ):
        print(key, value)

a 1
c 3
b 2
```

사전을 사용하는 예로 리눅스의 passwd 파일을 사전으로 읽는 코드를 살펴보자. 리눅스의 /etc/passwd 파일은 다음과 같은 내용으로 되어 있다.

```
root:x:0:0:root:/root:/bin/bash
bin:x:1:1:bin:/bin:/sbin/nologin
daemon:x:2:2:daemon:/sbin:/sbin/nologin
adm:x:3:4:adm:/var/adm:/sbin/nologin
lp:x:4:7:lp:/var/spool/lpd:/sbin/nologin
sync:x:5:0:sync:/sbin:/bin/sync
~ 생략 ~
```

사용하는 형식은 다음과 같다.

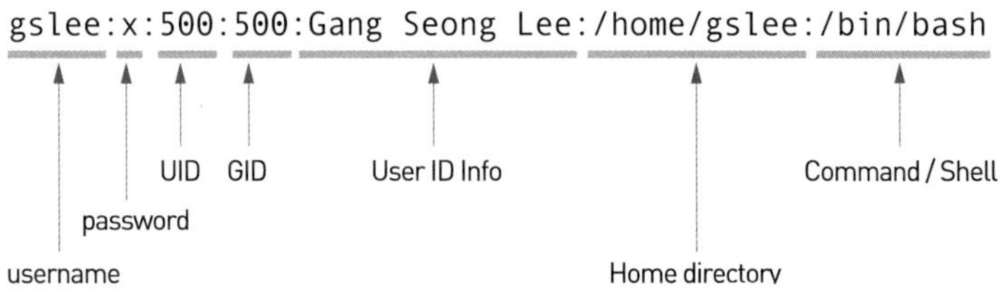

여기서 패스워드 x의 의미는 실제 패스워드는 /etc/shadow 파일에 암호화되어 저장되어 있다는 의미이다. /etc/passwd 파일을 읽어서 사전에 등록해 보자.

```
>>> pwd_dict = {}                          # 빈 사전을 정의한다.
>>> for line in open('/etc/passwd'):       # 각 줄에 대해서
```

```
        fields = line.rstrip( ).split(':') # 오른쪽 공백을 없애고 ':'로 분리한다.
        pwd_dict[fields[0]] = fields[1:]   # username을 키로, 나머지를 값으로 등록한다.
>>> pwd_dict['root']         # 루트에 관한 정보이다.
['x', '0', '0', 'root', '/root', '/bin/bash']
>>> pwd_dict['gslee']        # gslee에 관한 정보이다.
['x', '500', '500', 'Gang Seong Lee', '/home/gslee', '/bin/bash']
>>> pwd_dict['gslee'][1]     # gslee의 UID이다.
'500'
>>> pwd_dict['gslee'][5]     # gslee의 shell이다.
'/bin/bash'
```

8.2 사전의 뷰

사전의 메서드로는 여러 개가 있지만, 우선 keys( )와 values( ), items( ) 메서드를 살펴보자.

- keys( ) 메서드 　키에 대한 사전 뷰(View)를 반환한다.
- values( ) 메서드 　값에 대한 사전 뷰를 반환한다.
- items( ) 메서드 　항목(key, value)들의 사전 뷰를 반환한다.

여기서 뷰(View)란 사전 항목들을 동적으로 볼 수 있는 객체이다. 동적이란 의미는 사전의 내용이 바뀌어도 뷰를 통해서 내용의 변화를 읽어 낼 수 있다는 의미이다.

```
>>> d = {'one':1, 'two':2, 'three':3}
>>> keys = d.keys( )        # 키에 대한 사전 뷰를 얻는다.
>>> keys                    # 값을 확인한다.
dict_keys(['three', 'two', 'one'])
>>> d['four'] = 4
>>> keys                    # 뷰도 동적으로 변경된다.
dict_keys(['four', 'three', 'two', 'one'])
```

뷰 객체는 인덱싱이 가능하지 않지만, 리스트로 변환하거나 멤버 검사가 가능하고 반복자를 제공한다.

```
>>> list(keys)         # 리스트로 변환한다.
['four', 'three', 'two', 'one']
>>> len(keys)          # 항목 수를 반환한다.
4
>>> 'one' in keys      # 멤버 검사가 가능하다.
True
>>> iter(keys)         # 반복자 객체로 사용할 수 있다.
<dict_keyiterator object at 0x02EDDE40>
>>> for k in keys:     # 반복문에서 사용한 예이다.
        print(k)

four
three
two
one
```

values( )와 items( ) 메서드에 대해서도 keys( ) 메서드와 같은 연산이 가능하다.

```
>>> values = d.values( )
>>> values
dict_values([4, 3, 2, 1])
>>> len(values)
4
>>> 4 in values
True
>>> list(values)
[4, 3, 2, 1]

>>> items = d.items( )
>>> items
dict_items([('four', 4), ('three', 3), ('two', 2), ('one', 1)])
>>> len(items)
4
```

키와 항목에 대한 사전 뷰들은 항목들이 유일하고 중복되지 않는다는 점에서 집합과 유사한 특성이 있다. 사전의 뷰 객체들은 집합 연산을 허용한다.

```
>>> keys
dict_keys(['four', 'three', 'two', 'one'])
>>> keys & {'one', 'two', 'five'}    # 교집합
{'two', 'one'}
>>> keys - {'one', 'two', 'five'}    # 차집합 등등
{'four', 'three'}
```

8.3 사전의 메서드

다음은 사전의 뷰(view) 객체를 얻어내는 keys( )와 values( ), items( ) 이외의 메서드에 대하여 간략하게 요약한 것이다. D는 사전 객체이다.

- D.clear( )   사전 D의 모든 항목을 삭제한다.
- D.copy( )   사전을 복사한다. 얕은 복사에 해당한다.
- D.get(key [, x])   값이 존재하면 D[key]를 반환하고, 아니면 x를 반환한다.
- D.setdefault(key [, x])   get( ) 메서드과 같으나 값이 존재하지 않을 때 값을 설정한다. D[key] = x
- D.update(b)   사전 b의 모든 항목을 D에 갱신한다. for k in b.keys( ): D[k] = b[k]
- D.popitem( )   (키, 값) 튜플을 반환하고 사전에서 항목을 제거한다.
- D.pop(key)   key 항목의 값을 반환하고 사전에서 제거한다.
- D.fromkeys(seq[, value])   fromkeys( ) 메서드는 클래스 메서드다. seq와 value를 이용하여 만든 새로운 사전을 반환한다.

이들 메서드를 사용한 예이다.

```
>>> d = {'one':1, 'two':2, 'three':3}
```

```
>>> d2 = d.copy( )      # 사전을 복사한다.
>>> d['four'] = 4       # d에 새 항목을 추가한다.
>>> d2                  # d2는 변화가 없다.
{'one': 1, 'three': 3, 'two': 2}
>>> d3 = {'nine':9, 'ten':10}
>>> d.update(d3)        # d3의 사전 내용을 d로 갱신한다.
>>> d
{'four': 4, 'nine': 9, 'ten': 10, 'one': 1, 'three': 3, 'two': 2}
>>> d.popitem( )        # 항목 한 개를 꺼낸다.
('four', 4)
>>> d                   # 'four'가 제거된다.
{'nine': 9, 'ten': 10, 'one': 1, 'three': 3, 'two': 2}
>>> d.pop('ten')        # 'ten' 항목을 꺼낸다.
10
>>> d                   # 'ten'이 제거된다.
{'nine': 9, 'one': 1, 'three': 3, 'two': 2}
```

다음은 get( )과 setdefault( ) 메서드를 사용한 예이다.

```
>>> d = {'one':1, 'two':2, 'three':3}
>>> d.get('one')          # d['one']과 동일하다.
1
>>> d.get('ten')          # 'ten'이 없을 경우 None을 default 값으로 반환한다.
>>> d.get('ten', 10)      # 'ten'이 없을 경우 10을 default 값으로 반환한다.
10
>>> d
{'three': 3, 'two': 2, 'one': 1}

>>> d.setdefault('ten', 10)    # 'ten'이 없을 경우 새로운 항목이 생긴다.
10
>>> d
{'three': 3, 'two': 2, 'ten': 10, 'one': 1}
```

QUIZ

다음 코드는 단어의 발생 횟수를 세어 사전에 저장한다. if 문을 사용하지 말고 사전의 get( ) 메서드를 사용하여 해결해 보자.

```
>>> import re      # 정규식 모듈이다.
>>> s = 'Python is a programming language that lets you work more quickly and integrate your systems more effectively. You can learn to use Python and see almost immediate gains in productivity and lower maintenance costs.'
>>> # s에서 영문자가 아니면 공백으로 치환한다.
>>> s2 = re.sub('[^a-zA-Z]', ' ', s)
>>> s2          # 결과를 확인한다.
'Python is a programming language that lets you work more quickly and integrate your systems more effectively  You can learn to use Python and see almost immediate gains in productivity and lower maintenance costs '
>>> ws = s2.split( )
>>> count = {}
>>> for w in ws:
        if w in count:       # get( ) 메서드로 문제를 해결해보자.
                count[w] += 1
        else:
                count[w] = 1

>>> count
{'and': 3, 'almost': 1, 'is': 1, 'effectively': 1, 'see': 1, 'in': 1, 'You': 1, 'your': 1, 'use': 1, 'productivity': 1, 'Python': 2, 'quickly': 1, 'to': 1, 'lets': 1, 'systems': 1, 'maintenance': 1, 'integrate': 1, 'you': 1, 'more': 2, 'gains': 1, 'that': 1, 'immediate': 1, 'a': 1, 'lower': 1, 'language': 1, 'work': 1, 'programming': 1, 'costs': 1, 'can': 1, 'learn': 1}
>>>
```

사실 단어의 수를 세는 것은 collections 모듈의 Counter 클래스를 사용하면 간단히 해결할 수 있다.

```
>>> from collections import Counter
>>> c = Counter(ws)
>>> c                       # 카운터 객체를 출력한다.
Counter({'and': 3, 'Python': 2, 'more': 2, 'almost': 1, 'is': 1,
'effectively': 1, 'see': 1, 'in': 1, 'You': 1, 'your': 1, 'use':
1, 'productivity': 1, 'quickly': 1, 'to': 1, 'lets': 1,
'systems': 1, 'maintenance': 1, 'integrate': 1, 'you': 1,
'gains': 1, 'that': 1, 'immediate': 1, 'a': 1, 'lower': 1,
'language': 1, 'work': 1, 'programming': 1, 'costs': 1, 'can': 1,
'learn': 1})
>>> c['and']                # c는 사전의 하위 클래스이다.
3
>>> c.most_common(3)        # 빈도수 많은 세 개 단어를 출력한다.
[('and', 3), ('Python', 2), ('more', 2)]
```

fromkeys(seq[, value]) 메서드는 seq를 키로 사용하고 동일 value를 값으로 하는 새로운 사전 객체를 반환한다.

```
>>> dict.fromkeys       # 클래스 메서드이므로 직접 호출할 수 있다.
<built-in method fromkeys of type object at 0x1E1EA4B8>
>>> {}.fromkeys         # 혹은 임의의 사전 객체를 이용해서도 호출할 수 있다.
<built-in method fromkeys of type object at 0x1E1EA4B8>

>>> {}.fromkeys('abcde', 1)          # 각 key에 대해 동일한 객체 1이 할당된다.
{'a': 1, 'c': 1, 'b': 1, 'e': 1, 'd': 1}
>>> d = {}.fromkeys('abcde', [])     # 값으로 사용된 [ ]는 한 개의 객체이다.
>>> d
{'a': [], 'c': [], 'b': [], 'e': [], 'd': []}
>>> d['a'].append(1)                 # 한 객체의 수정은 전체에 반영된다.
>>> d
{'a': [1], 'c': [1], 'b': [1], 'e': [1], 'd': [1]}

>>> # 개별적인 값 객체를 원하면 다음과 같이 처리할 수 있다.
>>> d2 = dict((c, []) for c in 'abcde')
>>> d2
{'a': [], 'c': [], 'b': [], 'e': [], 'd': []}
```

```
>>> d2['a'].append(1)
>>> d2
{'a': [1], 'c': [], 'b': [], 'e': [], 'd': []}
```

QUIZ

다음 두 개 코드에 대해 차이를 설명해 보자.

```
>>> d = {'one':1, 'two':2, 'three':3}
>>> a = d            # ①
>>> a = d.copy( )    # ②
```

8.4 사전 내장

사전 내장(Dictionary Comprehension)은 리스트 내장과 유사한 방식으로 동작하지만 사전을 만들어 낸다. 사전 내장은 중괄호 {}를 사용하며 키:값 형식으로 항목을 표현한다.

```
>>> {w:1 for w in 'abc'}       # 키:값 = w:1
{'a': 1, 'c': 1, 'b': 1}

>>> a1 = 'abcd'
>>> a2 = (1, 2, 3, 4)
>>> {x:y for x,y in zip(a1, a2)}
{'a': 1, 'c': 3, 'b': 2, 'd': 4}

>>> {w:k for k, w in [(1, 'one'), (2, 'two'), (3, 'three')]}
{'three': 3, 'two': 2, 'one': 1}

>>> {w:k + 1 for k, w in enumerate(['one', 'two', 'three'])}
{'three': 3, 'two': 2, 'one': 1}
```

enumerate( ) 함수

enumerate( ) 함수는 시퀀스형 데이터를 (위치, 요솟값) 튜플로 넘겨주는 반복자를 반환한다. 이 함수는 주로 for 문과 연계해서 사용한다.

```
>>> for k, ele in enumerate(['one', 'two', 'three']):
        print(k, ele)
0 one
1 two
2 three
```

```
enumerate(['one','two','three'])
```

↓

```
(0,'one')
(1,'two')
(2,'three')
```

다음 예는 사전 내장(Dictionary Comprehension)을 이용하여 어떤 사전의 값들을 키로, 또 키들을 값으로 하는 사전을 만든다.

```
>>> d = {'one':1, 'two':2, 'three':3}
>>> {v:k for k,v in d.items( )}
{1: 'one', 2: 'two', 3: 'three'}
```

다음은 다중 for 문을 이용한 사전 내장의 예이다.

```
>>> {(k, v):k + v  for k in range(3)  for v in range(3)}
{(0, 1): 1, (1, 2): 3, (0, 0): 0, (2, 1): 3, (1, 1): 2, (2, 0): 2, (2, 2):
4, (1, 0): 1, (0, 2): 2}
```

8.5 심볼 테이블

심볼 테이블(Symbol Table)이란 변수들이 저장되는 공간이다. 파이썬에서는 모든 심볼 테이블을 저장하는 데 사전을 사용한다. 심볼 이름은 사전의 키로, 심볼 값은 사전의 값으로 등록된다. 예를 들어, a = 1이라고 했을 때, {'a' :1}이란 항목이 만들어진다.

표 8-1 심볼 테이블

이름	값
a	1
b	2
pi	3.14

전역/지역 심볼 테이블 8.5.1

globals( ) 함수를 사용하면 전역 영역(모듈 영역)의 심볼 테이블(사전)을 얻는다.

```
>>> a = 1
>>> globals( )
{'__builtins__': <module 'builtins' (built-in)>, '__name__': '__main__',
'__doc__': None, 'a': 1, '__package__': None}
```

globals( ) 함수로부터 반환된 사전은 앞에서 정의한 변수 이외에도 __doc__나 __name__과 같은 내장 이름이 들어 있다.

locals( ) 함수를 사용하면 지역 영역의 심볼 테이블(사전)을 얻는다.

```
>>> def f(a, b):
        c = 10
        print(locals( ))

>>> f(2, 3)
{'b': 3, 'c': 10, 'a': 2}
```

객체의 심볼 테이블 8.5.2

이름 공간(심볼이 저장되는 공간)을 가지는 모든 객체는 심볼 테이블을 갖는다. 모듈과 함수, 클래스, 클래스 인스턴스, 함수 모두 이름 공간(Namespace)을 갖는다. 어떤 객체의 심볼 테이블은 __dict__ 속성을 확인해 보면 된다. 다음 예는 모듈과 클래스, 클래스 인스턴스의 심볼 테이블을 보여준다.

```
>>> import re
>>> re.__dict__      # 모듈의 심볼 테이블이다.
~ 생략 ~

>>> class C:
        x = 10
        y = 20

>>> C.__dict__       # 클래스의 심볼 테이블을 얻는다.
dict_proxy({'__module__': '__main__', '__dict__': <attribute '__dict__' of 'C' objects>, 'y': 20, 'x': 10, '__weakref__': <attribute '__weakref__' of 'C' objects>, '__doc__': None})

>>> c = C( )
>>> c.a = 100
>>> c.b = 200
>>> c.__dict__       # 클래스 인스턴스의 심볼 테이블을 얻는다.
{'a': 100, 'b': 200}
```

함수도 이름 공간이다. 따라서 함수에도 속성 값을 지정할 수 있다. 다음은 함수의 심볼 테이블을 얻는 예이다.

```
>>> def f( ):
        pass

>>> f.a = 1
>>> f.b = 2
>>> f.__dict__       # 함수의 심볼 테이블을 얻는다.
{'a': 1, 'b': 2}
```

이름 공간에서 어떤 이름의 값을 얻어내는 방법에는 다음과 같은 것들이 있다. 다음의 세 가지 방법은 모두 동일한 결과를 낸다.

```
>>> import math
>>> math.sin
<built-in function sin>
>>> math.__dict__['sin']
<built-in function sin>
>>> getattr(math, 'sin')    # getattr(이름공간, 이름)
<built-in function sin>
```

여기서 getattr( ) 함수는 문자열로 주어진 이름의 객체를 반환한다. 반대로 이름 공간에 값을 설정할 수도 있다. 다음 세 가지 방법은 모두 동일한 결과를 낸다.

```
>>> math.mypi = 3.14                # ①
>>> math.__dict__['mypi'] = 3.14    # ②
>>> setattr(math, 'mypi', 3.14)     # ③
>>> math.mypi
3.14
```

모듈 내에서 자신의 모듈을 참조하는 방법은 다음과 같다. 다음 세 가지 방법도 동일한 결과를 낸다.

```
>>> import sys
>>> current_module = sys.modules[__name__]      # ①
>>> a = 10
>>> getattr(current_module, 'a')                # ②
10
>>> current_module.__dict__['a']                # ③
10
```

8.6 예제 : 이름 공간 구현하기

프로그래밍 언어에서 이름 공간은 서로 연계되어 수행된다. 예를 들어, 다음 코드를 보자. 세 개의 함수가 중첩되어 선언되어 있다. f3 함수의 이름 공간은 f2 함수의 이름 공간과 연계되어 있다. 즉, f3에서 찾을 수 없는 이름은 f2에서 찾으려고 시도한다. 만일 변수 a를 요구하면 f1 이름 공간까지 거슬러 올라갈 것이다.

```
>>> def f1( ):
    x = 1
    a = 1
    def f2( ):
              x = 2
              b = 2
              def f3( ):
                        x = 3
                        c = 3
                        print(x, a, b, c)   # 3 1 2 3
              f3( )                         # f3( ) 함수를 호출한다.
    f2( )                                   # f2( ) 함수를 호출한다.

>>> f1( )                                   # f1( ) 함수를 호출한다.
```

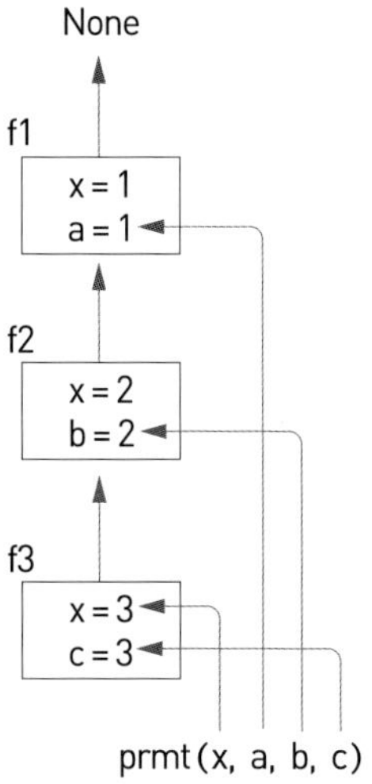

그림 8-2 중첩 함수에서 이름 공간의 관계

이와 유사한 동작을 하는 이름 공간을 사전을 이용하여 구현해 보자. 여러 이름 공간의 관계는 다양한 방법으로 구현할 수 있지만 여기서는 스택으로 동작하는 리스트를 사용하여 구현해 보자. ns_list는 사전으로 된 이름 공간을 저장하는 리스트이다.

```
>>> ns_list = []
```

새로운 계층적인 이름 공간이 만들어질 때마다 이름 공간이 리스트에 추가된다.

```
>>> ns_list.append({})          # 이름 공간을 추가한다. (f1)
>>> ns_list[-1]['x'] = 1        # 해당 이름 공간에 변수를 추가한다.
>>> ns_list[-1]['a'] = 1
>>>
>>> ns_list.append({})          # 다시 새로운 이름 공간을 추가한다. (f2)
>>> ns_list[-1]['x'] = 2
>>> ns_list[-1]['b'] = 2
>>>
>>> ns_list.append({})          # 이름 공간을 추가한다. (f3)
>>> ns_list[-1]['x'] = 3
>>> ns_list[-1]['c'] = 3
```

어떤 이름의 값을 연결된 이름 공간에서 찾는 함수는 간단히 만들어진다.

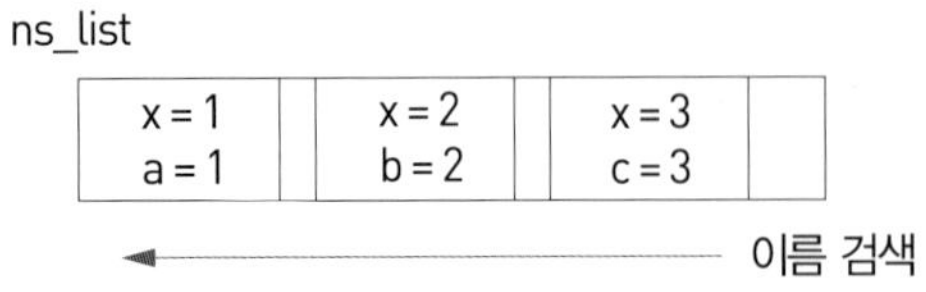

그림 8-3 이름 검색

```
>>> def getValue(name):
        for ns in reversed(ns_list):      # 역순으로 이름 공간을 검색한다.
```

```
            if name in ns:
                return ns[name]

>>> getValue('x')   # f3의 x
3
>>> getValue('c')   # f3의 c
3
>>> getValue('b')   # f2의 b
2
>>> getValue('a')   # f1의 a
1
```

8.7 순서를 유지하는 사전 : OrderedDict 사전 +

만일 입력 순서를 기억해야 하는 사전이 필요하면 collections 모듈의 OrderedDict 사전을 사용할 수 있다. 이 자료형은 사전과 동일하게 동작하지만, 데이터가 추가된 순서를 기억하며 for 문 등으로 반복할 때 입력한 순서대로 처리된다. popitem( ) 메서드는 맨 마지막 항목을 제거하며, OrderedDict 사전만의 move_to_end(key) 메서드는 키 항목을 맨 뒤로 이동시킨다.

```
>>> from collections import OrderedDict
>>> d = OrderedDict( )
>>> d['one'] = 1
>>> d['ten'] = 10
>>> d['two'] = 2
>>> d                       # 순서를 기억한다.
OrderedDict([('one', 1), ('ten', 10), ('two', 2)])
>>> d.popitem( )            # 맨 마지막의 항목을 꺼내고 삭제한다.
('two', 2)
>>> d['two'] = 2            # 다시 추가한다.
>>> d.move_to_end('ten')    # 'ten'을 맨 마지막으로 이동시킨다.
>>> d
OrderedDict([('one', 1), ('two', 2), ('ten', 10)])
```

연/습/문/제/
Exercise

1 다음과 같은 if 문을 대신할 수 있는 코드를 사전을 이용해서 작성해 보자.

```
if menuselection == 'odeng':
    price = 300
elif menuselection == 'sundae':
    price = 400
elif menuselection == 'mandu':
    price = 500
else:
    price = 0
```

2 사전의 값은 어떠한 객체라도 무방하다. 키로 사용할 수 있는 객체는 무엇인가?

3 다음 코드를 실행할 경우에 e와 f의 출력 결과를 예측해 보자.

```
>>> L1 = [1, 2, 3]
>>> L2 = [4, 5, 6]
>>> d = {'low':L1, 'high':L2}
>>> e = d
>>> f = d.copy( )
>>> d['low'] = [10, 20, 30]
>>> d['high'][1] = 500
```

4 사전 {'one':1, 'two':2, 'three':3, 'four':4, 'five':5}이 주어져 있을 때, 키의 알파벳을 기준으로 순서대로 (키, 값) 쌍을 출력해 보자. 반대로 값을 중심으로 작은 값부터 큰 값 순서대로 (키, 값) 쌍을 출력해 보자.

5 다음과 같은 두 개의 리스트가 주어져 있다.

```
['one', 'two', 'three', 'four'], [1, 2, 3, 4]
```

이들로부터 사전 {'one':1, 'two':2, 'three':3, 'four':4}을 만들어 보자.

6 어떤 문자열(예, s = 'one two one two three four')이 주어져 있을 때, 사전을 이용하여 주어진 문자열의 각 단어를 중복되지 않게 한 번씩만 출력해 보자.

7 다음 주어진 문자열에서 모든 대문자를 소문자로 변환하고, 문자 ,와 .를 없앤 후에 각 단어를 순서대로 출력해 보자. 단, 중복되는 단어는 한 번만 출력해야 하며 단어가 문자열에서 발생한 횟수도 함께 출력한다.

```
s = 'We propose to start by making it possible to teach programming
in Python, an existing scripting language, and to focus on creating a
new development environment and teaching materials for it.'
```

8 문자열의 a, b, c, d 각 문자에 대해서 w, x, y, z로 또한, w, x, y, z는 a, b, c, d로 변환하는 프로그램을 작성해 보자. 예를 들어, cabsz는 ywxsd로 변환된다.

제 9 장

객체의 복사와 형변환

Chapter 09

이 장에서는 파이썬 객체의 복사가 갖는 의미를 살펴보고 원하는 수준에서 객체 복사를 하는 방법을 설명한다. 또한, 각종 데이터의 형변환을 일괄적으로 살펴본다.

9.1 객체의 복사

파이썬에서 복사는 두 가지가 있다. 하나는 참조 복사이고 다른 하나는 객체 복사이다. 참조 복사란 객체는 그대로 두고 객체의 참조(Reference)만 복사하는 것이다. 그림 9-1과 같이 치환문(=)을 이용하여 참조 복사를 한다. 치환문은 오른쪽 객체의 참조를 왼쪽의 심볼에 저장하라는 의미이다.

```
>>> a = 1
>>> a = 2
```

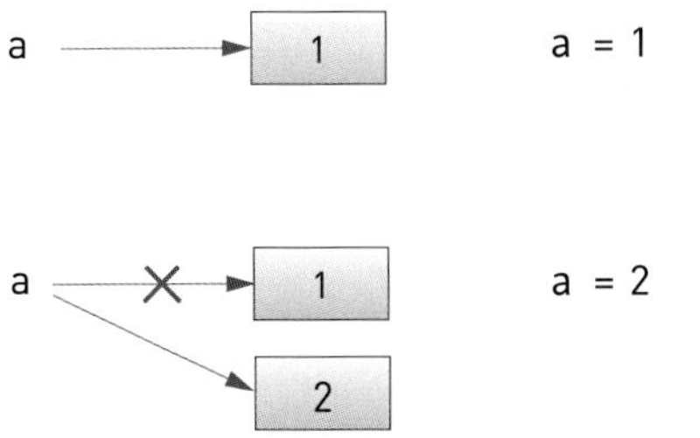

그림 9-1 치환문에 의한 참조 복사

오른쪽 값이 심볼일 때는 심볼의 값, 즉 객체의 참조를 왼쪽 심볼에 저장한다. 즉, 참조를 복사한다. 예를 들어, 다음 코드를 실행하면 결과는 객체 1을 다른 이름 b로 한 번 더 참조한다. 객체의 참조 횟수가 1만큼 증가하는 것이다.

```
>>> a = 1
>>> b = a
```

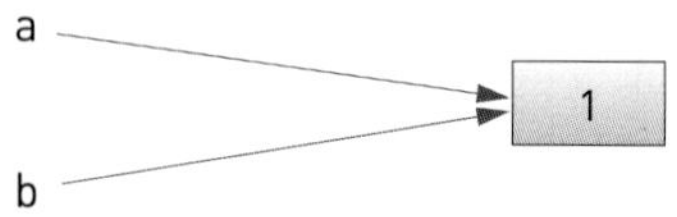

그림 9-2 참조 복사

좀 더 복잡한 경우도 마찬가지이다. 다음과 같이 리스트를 참조 복사하는 예를 보자. 리스트는 값을 직접 저장하지 않고 객체에 대한 참조만 갖는다.

```
>>> a = [1, 2, 3]
>>> b = [4, 5, a]
>>> x = [a, b, 100]
>>> y = x                    # 참조 복사
```

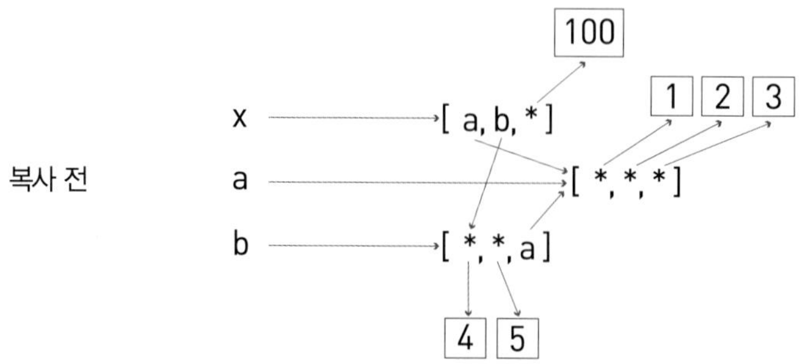

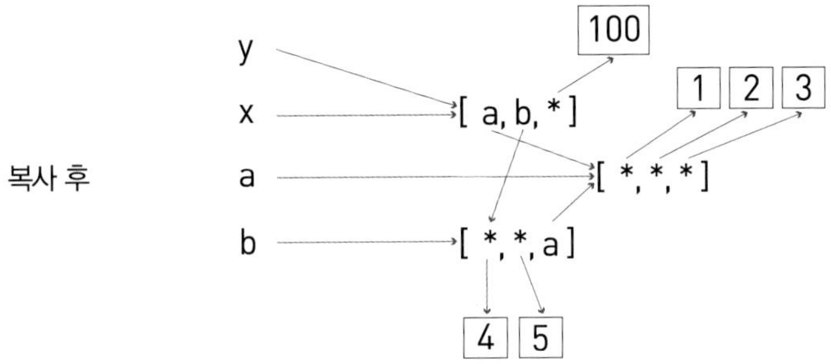

그림 9-3 리스트의 참조 복사

따라서 x의 변경은 곧 y의 변경과 같다.

```
>>> x
[[1, 2, 3], [4, 5, [1, 2, 3]], 100]

>>> x.append(200)

>>> y
[[1, 2, 3], [4, 5, [1, 2, 3]], 100, 200]
```

9.2 얕은 복사와 깊은 복사

객체 자체가 복사 기능을 지원하지 않을 경우 사용하는 copy 모듈은 얕은 복사(Shallow Copy)와 깊은 복사(Deep Copy)를 지원한다.

- **얕은 복사** 1단계 복합 객체를 생성하고 원래 객체로부터 내용을 복사한다.
- **깊은 복사** 복합 객체를 재귀적으로 생성하고 내용을 복사한다.

다음은 얕은 복사의 예이다.

```
>>> import copy
>>> a = [1, 2, 3]
>>> b = [4, 5, a]
>>> x = [a, b, 100]
>>> y = copy.copy(x)  # 얕은 복사
```

y는 리스트를 만들고 x로부터 내용을 채운다. y가 x와는 다른 객체지만 값들은 x의 내용과 동일하다.

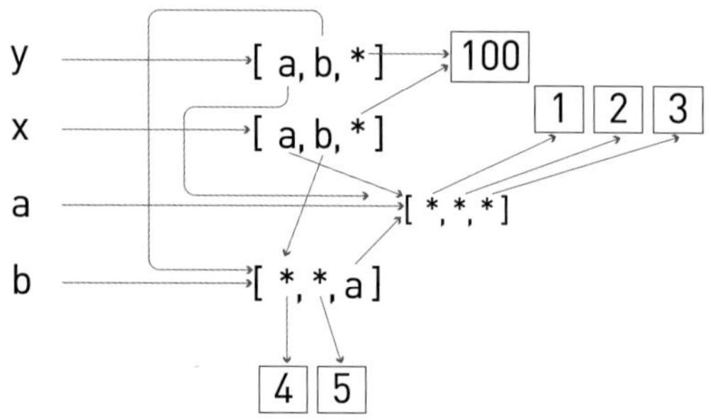

그림 9-4 얕은 복사

다음은 깊은 복사의 예이다.

```
>>> import copy
>>> a = [1, 2, 3]
>>> b = [4, 5, a]
>>> x = [a, b, 100]
>>> y = copy.deepcopy(x)        # 깊은 복사
```

y는 x로부터 재귀적으로 복합 객체를 생성하고 그 내용을 복사한다. 즉, 100과 같이 단순한 객체는 복사되지 않는다. 깊은 복사를 한 결과를 다음 그림에서 알 수 있다.

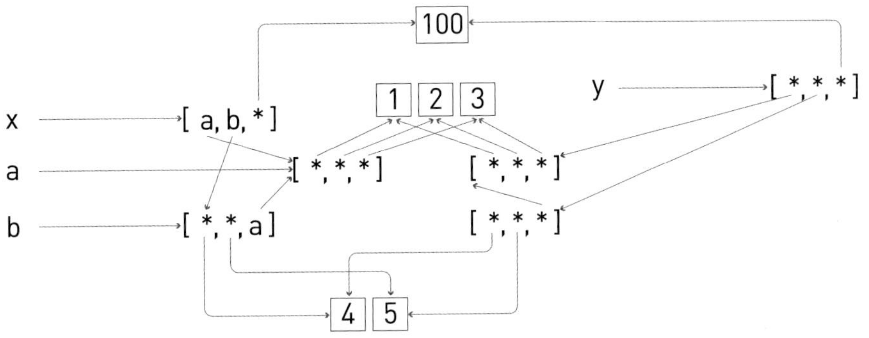

그림 9-5 깊은 복사

깊은 복사가 복합 객체만을 새로 생성하기 때문에 다음과 같이 복합 객체가 한 개만 있을 경우는 얕은 복사와 깊은 복사의 차이가 없다.

```
>>> a = ['hello', 'world']
>>> b = copy.copy(a)          # 얕은 복사
>>> a is b                    # 두 개는 다른 객체
False
>>> a[0] is b[0]              # 리스트 안의 두 항목은 동일한 객체
True

>>> c = copy.deepcopy(a)      # 깊은 복사
>>> a is c                    # 두 개는 다른 객체
False
>>> a[0] is c[0]              # 리스트 안의 두 항목은 동일한 객체
True
```

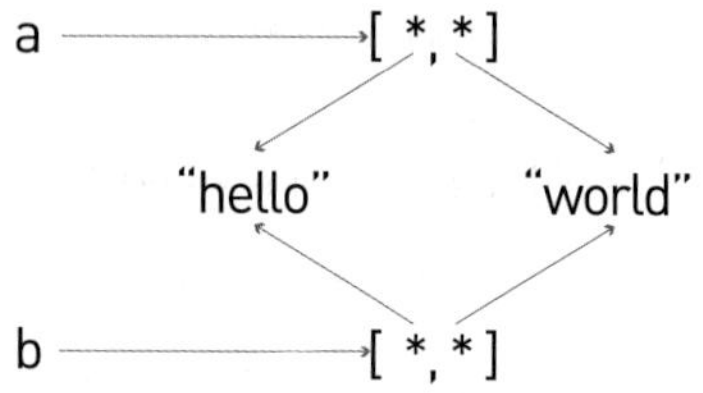

그림 9-6 얕은 복사와 깊은 복사

깊은 복사를 할 때는 객체들이 재귀적인 구조로 되어 있지 않은지 주의해야 한다. 또한, 깊은 복사는 모든 복합 객체를 복사해 별도의 객체로 생성하기 때문에 공유 문제에 신경 써야 한다.

내장 자료형은 일부 복사 기능을 지원한다. 리스트의 슬라이싱과 사전의 dict.copy()는 얕은 복사이다. 슬라이싱은 리스트를 새로 만들고 참조를 복사한다.

```
>>> L = [1, 2, 3, 4, 5]
>>> M = L[1:4]

>>> L[1] = 200
>>> L
[1, 200, 3, 4, 5]
>>> M                # L의 변경이 M에 영향을 미치지 않는다.
[2, 3, 4]
```

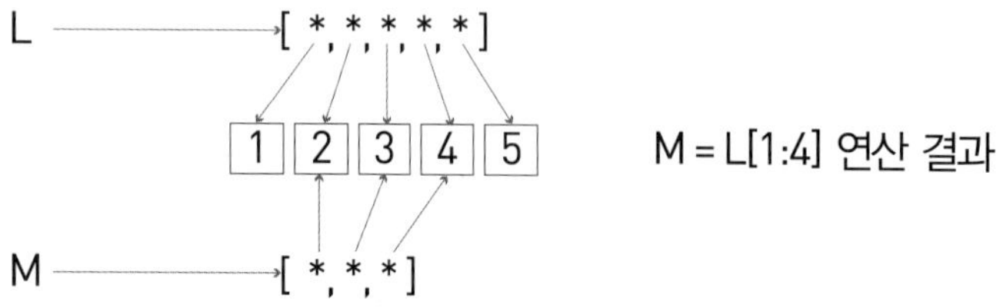

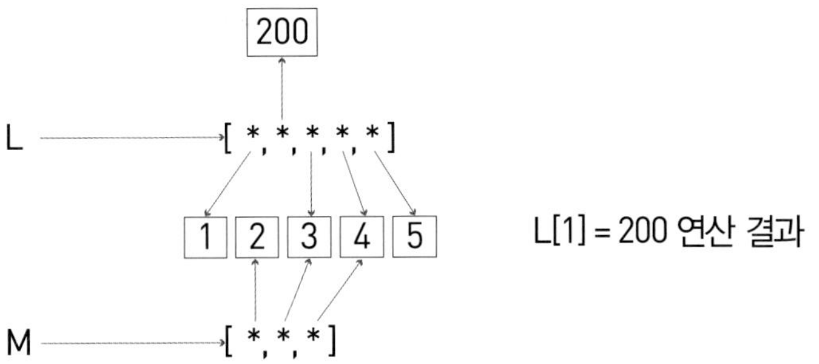

그림 9-7 슬라이싱에 의한 객체 복사

QUIZ

다음 코드를 실행한 결과를 예측해 보고 실제 출력 결과와 비교해 보자.

```
>>> import copy
>>> mydict = {}
>>> a = ['first', '첫 번째']
>>> b = ['second', '두 번째']
>>> mydict['First'] = a
>>> mydict['Second'] = b
>>> mydict['Third'] = '세 번째'
>>>
>>> cpdict1 = mydict.copy( )
>>> cpdict2 = copy.deepcopy(mydict)
>>>
>>> mydict['First'] is cpdict1['First']

>>> mydict['First'] is cpdict2['First']

>>> mydict['Third'] is cpdict1['Third']

>>> mydict['Third'] is cpdict2['Third']

```

9.3 형변환

파이썬의 여러 형들 간의 변환을 살펴보자.

수치형 변환 9.3.1

각종 수치형 사이의 형변환 방법을 알아보자.

1 정수형으로의 변환

다른 자료형에서 정수형으로 형을 변환하려면 기본적으로 int( ) 내장 함수를 사용한다. 변환할 수 없으면 ValueError 에러가 발생한다.

```
>>> int('1234')
1234
>>> int(4.56)
4
>>> int('12.34')
Traceback (most recent call last):
  File "<pyshell#2>", line 1, in <module>
    int('12.34')
ValueError: invalid literal for int( ) with base 10: '12.34'
```

실수에서 정수로 형을 변환하는 방법에는 몇 가지가 있다.

int( ) 내장 함수

소수 부분을 없애고 정수 부분만 취한다.

```
>>> int(1.1)
1
>>> int(1.9)
1
```

```
>>> int(-1.1)
-1
>>> int(-1.9)
-1
```

round( ) 내장 함수

반올림해서 정수형의 실수를 취한다.

```
>>> round(1.1)
1
>>> round(1.9)
2
>>> round(-1.1)
-1
>>> round(-1.5)
-2
```

자릿수 지정이 가능하다.

```
>>> round(1.23456, 3)     # 소수점 세 자리에서 반올림한다.
1.235
>>> round(12375, -2)      # 음수 자릿수
12400
```

math 모듈의 floor( ) 함수

주어진 인수보다 작거나 같은 수 중에서 가장 큰 정수형의 실수를 취한다.

```
>>> import math
>>> math.floor(1.1)
1
>>> math.floor(1.9)
1
>>> math.floor(-1.0)
```

```
-1.0
>>> math.floor(-1.1)
-2
>>> math.floor(-1.9)
-2
```

math 모듈의 ceil( ) 함수

주어진 실수보다 크거나 같은 수 중에서 가장 작은 정수형의 실수를 취한다.

```
>>> math.ceil(1.0)
1
>>> math.ceil(1.1)
2
>>> math.ceil(1.9)
2
>>> math.ceil(-1.0)
-1
>>> math.ceil(-1.1)
-1
>>> math.ceil(-1.9)
-1
```

2 실수형으로의 변환

실수형으로 형을 변환할 때는 float( ) 함수를 사용한다.

```
>>> float('1234')      # 문자열 → float
1234.0
>>> float('12.34')     # 문자열 → float
12.34
>>> float(1234)        # int → float
1234.0
```

3 복소수로의 변환

실수(혹은 정수)로부터 복소수를 만들려면 complex( ) 함수를 사용한다.

```
>>> complex(1)        # 값이 한 개 주어지면 실수부로 처리한다.
(1+0j)
>>> complex(1, 3)
(1+3j)
>>> complex(0, 3)
3j
>>> 3 * 1j            # 정수 값을 허수부로 변환한다.
3j
```

진수 변환 9.3.2

1 임의의 진수를 10진수로의 변환

임의의 진수에서 10진수로 변환하는 것은 간단하다. int( ) 함수의 두 번째 인수에 진수를 지정하면 된다.

```
>>> int('64', 16)          # 16진수 '64'를 10진수로 변환한다.
100
>>> int('144', 8)          # 8진수 '144'를 10진수로 변환한다.
100
>>> int('101111', 2)       # 2진수 '101111'을 10진수로 변환한다.
47
>>> int('14', 5)           # 5진수 '14'를 10진수로 변환한다.
9
```

2 10진수를 임의의 진수로의 변환

10진수에서 8진수, 16진수로 변환하는 것은 간단하다. hex( )와 oct( ) 함수를 사용한다.

```
>>> hex(100)          # 10진수 100을 16진수 문자열로 변환한다.
'0x64'
```

```
>>> oct(100)        # 10진수 100을 8진수 문자열로 변환한다.
'0o144'
>>> bin(100)        # 10진수 100을 2진수 문자열로 변환한다.
'0b1100100'
```

문자열 서식 지정을 이용할 수도 있다.

```
>>> "{0:x}".format(100)
'64'
>>> "{0:o}".format(100)
'144'
>>> "{0:b}".format(100)
'1100100'
```

파이썬은 내장 함수로 정수에서 임의의 진수 출력을 지원하지 않으므로 코드를 직접 작성해야 한다.

```
# file : dec2any.py
import string
digs = string.digits + string.ascii_lowercase

def int2base(x, base):
    if x < 0: sign = -1
    elif x == 0: return '0'
    else: sign = 1
    x *= sign
    digits = []
    while x:
            digits.append(digs[x % base])
            x //= base
    if sign < 0:
            digits.append('-')
    digits.reverse( )
    return ''.join(digits)
```

```
print(int2base(70, 5))
print(int2base(70, 12))
print(int2base(70, 16))
```

코드를 실행한 결과는 다음과 같다.

```
240
5a
46
```

다음은 재귀 함수를 사용해서 해결한 예이다.

```
def baseN(num, b, numerals = "0123456789abcdefghijklmnopqrstuvwxyz"):
    return ((num == 0) and numerals[0]) or
            (baseN(num // b, b, numerals).lstrip(numerals[0]) + numerals[num % b])

print(baseN(100, 16))    # 10진수 100을 16진수로 변환한다. 64
```

시퀀스형으로의 변환 9.3.3

집합 자료형들 간의 형변환에는 다양한 방법을 사용한다. 우선, 시퀀스 자료형들 간의 변환에는 자료형들의 이름에 해당하는 함수가 준비되어 있다.

- list( ) 함수　리스트로 변환한다.
- tuple( ) 함수　튜플로 변환한다.

리스트와 튜플의 예를 보자.

```
>>> t = (1, 2, 3, 4)
>>> l = [5, 6, 7, 8]
>>> s = 'abcd'

>>> list(t)
```

```
[1, 2, 3, 4]
>>> list(s)
['a', 'b', 'c', 'd']
>>> tuple(l)
(5, 6, 7, 8)
>>> tuple(s)
('a', 'b', 'c', 'd')
```

리스트와 튜플, 사전의 변환 9.3.4

1 사전에서 리스트로의 변환

사전에서 리스트로 변환하는 것은 이미 설명했듯이 사전의 keys( )와 values( ), items( ) 메서드를 사용한다.

```
>>> d = {1:'one', 2:'two', 3:'three'}
>>> list(d.keys( ))
[1, 2, 3]
>>> list(d.values( ))
['one', 'two', 'three']
>>> list(d.items( ))
[(1, 'one'), (2, 'two'), (3, 'three')]
```

2 리스트에서 사전으로의 변환

(key, value) 쌍으로 된 리스트가 주어져 있으면 다음과 같이 dict 생성자를 사용해서 사전으로 쉽게 변환할 수 있다.

```
>>> keys = ['a', 'b', 'c', 'd']
>>> values = [1, 2, 3, 4]
>>> dict(zip(keys, values))
{'a': 1, 'c': 3, 'b': 2, 'd': 4}
```

문자열로의 변환 9.3.5

1 임의의 객체를 문자열로 변환

객체를 문자열로 변환하려면 다음과 같이 두 가지 방법을 사용한다.

- str( ) 함수　　문자열로 변환한다.
- repr( ) 함수　　문자열로 변환한다.

str( ) 함수는 비형식적인 문자열 변환이다. 즉, 보기 좋게 출력될 문자열을 만든다고 생각하면 된다. repr( ) 함수는 좀더 형식적인 문자열 변환이다. 객체의 자료형을 정확하게 문자열로 표현하며, 많은 경우 eval( ) 함수로 역 표현을 할 수 있다.

```
>>> print(str([1, 2, 3]), str((4, 5, 6)), str('abc'))
[1, 2, 3] (4, 5, 6) abc

>>> print(repr([1, 2, 3]), repr((4, 5, 6)), repr('abc'))
[1, 2, 3] (4, 5, 6) 'abc'
```

출력된 문자열에서 다시 객체를 생성하려면 eval( ) 함수를 사용한다.

```
>>> eval('[5, 6, 7, 8]')        # 문자열 '[5, 6, 7, 8]'로부터 리스트를 만든다.
[5, 6, 7, 8]
```

eval( ) 함수는 문자열로 표현된 식을 실행하는 내장 함수이다.

```
>>> x = 1
>>> print(eval('x + 1'))
2
```

일반적으로 어떤 객체를 문자열로 변환한 후, 다시 이 문자열을 원래의 객체로 변환하려면 repr( )과 eval( ) 함수를 사용한다.

```
>>> a = {1:"one", 2:"two"}
>>> b = repr(a)         # a를 형식적인 문자열로 변환한다.
>>> b
"{2: 'two', 1: 'one'}"
>>> c = eval(b)         # b를 실행하여(즉, 사전이 만들어진다.) c에 치환한다.
>>> print(c)
{1: 'one', 2: 'two'}
```

2 유니코드와 문자 간 변환

유니코드 값과 문자의 변환은 다음과 같다.

```
>>> chr(97)          # 유니코드 → 문자
'a'
>>> chr(44032)
'가'
>>> ord('a')         # 문자 → 유니코드
97
>>> ord('가')
44032
```

3 문자열과 바이트의 변환

문자열에서 바이트로의 변환은 encode( ) 메서드를, 바이트에서 문자열로의 변환은 decode( ) 메서드를 사용한다.

```
>>> b = b'bytes'          # 바이트
>>> type(b)
<class 'bytes'>
>>> b.decode('utf-8')     # 바이트에서 문자열로 변환한다.
'bytes'
```

```
>>> s = 'string'
>>> s.encode('utf-8')              # 문자열에서 바이트로 변환한다.
b'string'
```

4 이진 바이트 열과 16진 바이트 열 변환

binascii 모듈의 hexlify( ) 함수를 사용하면 이진 바이트 열을 16진 바이트 열로 변환할 수 있다.

```
>>> hex(ord('a'))                  # 코드 값을 확인한다.
'0x61'

>>> import binascii
>>> binascii.hexlify(b'abc')       # 바이트 열
b'616263'

>>> buf = bytearray(b'abcde')      # 바이트 배열
>>> binascii.hexlify(buf)
b'6162636465'
```

binascii 모듈의 unhexlify( ) 함수를 사용하면 16진 바이트 열을 이진 바이트열로 변환할 수 있다.

```
>>> binascii.unhexlify(b'6162636465')
b'abcde'
```

5 정수를 쉼표가 있는 문자열로의 변환

format( ) 함수를 사용하여 변환할 수 있다.

```
>>> format(123456789, ',')
'123,456,789'
```

format( ) 메서드를 사용하여 문자열에 서식을 지정할 수도 있다.

```
>>> "{:,} {:,}".format(10030405, 12345)      # 인수 위치를 지정하지 않은 경우
'10,030,405 12,345'
>>> "{0:,} {1:,}".format(10030405, 12345)    # 인수 위치를 지정한 경우
'10,030,405 12,345'
```

locale 모듈은 나라마다 문화적으로 표현이 다른 것들을 처리하게 도와준다.

```
>>> import locale
>>> locale.setlocale(locale.LC_ALL, "")  # 사용자 기본 환경(국가나 언어)으로 설정
>>> print(locale.format("%d", 10030405, grouping = True))
10,030,405
```

9.4 파이썬 자료형의 이진 변환+

고수준의 파이썬 자료형을 C 언어 등에서 사용할 수 있는 이진 바이트 열로 변환하거나 반대로 이진 바이트 열을 파이썬 고수준 자료형으로 변환할 때 struct 모듈을 사용한다. 파이썬 자료형을 이진 바이트 열로 변환하기 위해 pack()과 pack_into() 함수를 사용하고, 이진 바이트 열을 파이썬 자료형으로 변환하기 위해 unpack()과 unpack_from() 함수를 사용한다.

- `pack(fmt, v1, v2, ...)`
  서식 문자열인 인수 fmt에 따라서 v1, v2, ...를 바이트 열로 변환한다.

- `pack_into(fmt, buffer, offset, v1, v2, ...)`
  pack() 함수와 같으나 결과를 인수 buffer의 인수 offset 위치부터 기록한다.

- `unpack(fmt, buffer)`
  인수 buffer의 바이트 열을 지정된 서식 문자열인 인수 fmt에 따라서 파이썬 객체로 변환한다. 변환 결과는 튜플로 반환한다.

- `unpack_from(fmt, buffer, offset=0)`
  인수 buffer의 인수 offset 위치부터 서식 문자열인 인수 fmt에 따라서 파이썬 객체로 변환한다. 변환 결과는 튜플로 반환한다.

- `calcsize(fmt)`
  서식 문자열인 인수 fmt으로 패킹했을 때의 데이터 크기를 반환한다.

서식 문자열에 사용하는 문자는 다음과 같다.

표 9-1 struct 모듈의 서식 문자열

서식	C 형식	파이썬 형식	표준 크기
x	pad byte	값없음	
c	char	길이가 1인 문자열	1
b	signed char	int	1
B	unsigned char	int	1
?	_Bool	bool	1
h	short	int	2
H	unsigned short	int	2
i	int	int	4
I	unsigned int	int	4
l	long	int	4
L	unsigned long	int	4
q	long long	int	8
Q	unsigned long long	int	8
n	ssize_t	int	
N	size_t	int	
f	float	float	4
d	double	float	8
s	char[ ]	bytes	
p	char[ ]	bytes	
P	void *	int	

파이썬 데이터를 바이트 열로 변환 9.4.1

파이썬의 데이터를 이진 바이트 열로 변환하는 예를 보자. 우선 short, short, long 세 개의 정수를 변환해 보자.

```
>>> from struct import *
>>> pack('hhl', 1, 2, 3)
b'\x01\x00\x02\x00\x03\x00\x00\x00'
>>> pack('2h l', 1, 2, 3)          # 'hhl'과 같은 서식
b'\x01\x00\x02\x00\x03\x00\x00\x00'
```

short int는 2바이트, long은 4바이트이다. 시스템은 리틀 엔디안을 따른다. 서식 문자 앞의 숫자(2)는 반복을 의미한다. 각 서식 문자는 공백으로 떨어져 있어도 무방하다.

실수와 문자열을 변환한 예는 다음과 같다.

```
>>> pack('d 6s', 3.14, b'python')    # ①
b'\x1f\x85\xebQ\xb8\x1e\t@python'

>>> pack('d 7s', 3.14, b'python')    # ②
b'\x1f\x85\xebQ\xb8\x1e\t@python\x00'
```

① 문자열은 바이트 열로의 변환이 필요하고 길이를 서식 문자 s 앞에 적어 주어야 한다.

② 문자열 마지막에 널 코드를 추가하고 싶으면 길이를 하나 증가하면 된다.

pack_into( ) 함수는 버퍼로 결과를 출력한다.

```
>>> buf = bytearray(b'\0' * 8)                # 8 바이트의 버퍼를 준비한다.
>>> offset = 0
>>> pack_into('hhl', buf, offset, 1, 2, 3)    # 1, 2, 3을 출력한다.
>>> buf
bytearray(b'\x01\x00\x02\x00\x03\x00\x00\x00')
```

```
>>> bytes(buf)
b'\x01\x00\x02\x00\x03\x00\x00\x00'
>>> import binascii
>>> binascii.hexlify(buf)
b'0100020003000000'
```

pack( ) 함수가 반환할 바이트 열의 크기를 알고 싶으면 calcsize( ) 함수를 사용한다.

```
>>> calcsize('d 8s')
16
```

빅 엔디안과 리틀 엔디안

엔디안은 바이트 열이 컴퓨터 메모리에 저장되는 순서를 나타내는 말이다. 빅 엔디안(Big Endian)은 큰 쪽의 바이트(가장 중요한 바이트, 예를 들어, 정수 1234에서 1이 가장 중요함)가 먼저 가장 낮은 번지에 저장되는 방식이다. 리틀 엔디안(Little Endian)은 가장 작은 쪽이 먼저 저장된다. 예를 들어, 16진수 3A5C를 100번지부터 저장할 때, 빅 엔디안은 큰 쪽의 바이트 3A를 우선 저장하므로 100번지:3A, 101번지:5C 가 되며, 리틀 엔디안인 경우는 100번지:5C, 101번지:3A가 된다.

리틀 엔디안으로 저장된 데이터를 빅 엔디안 컴퓨터에서 사용한다거나, 반대로 빅 엔디안으로 저장된 파일을 리틀 엔디안 시스템에서 사용할 때 변환 과정을 거치지 않으면 안 된다. 네트워크에서는 혼동을 막기 위하여 빅 엔디안으로 모든 데이터를 전송한다. 참고로 빅 엔디안은 Motorola 68000와 PowerPC G5 등이 채택하고 있다. 빅 엔디안은 사람이 읽는 것과 같은 순서로 저장한다. 리틀 엔디안은 인텔 x86과 AMD64 등이 채택하고 있다.

C 바이트 열을 파이썬 데이터로의 변환 9.4.2

앞에서 변환한 데이터를 파이썬 데이터로 역변환해 보자. 역변환에는 unpack( ) 함수를 사용한다.

```
>>> from struct import *
>>> s = pack('hhl', 1, 2, 3)
>>> unpack('hhl', s)
(1, 2, 3)

>>> s = pack('d 6s', 3.14, b'python')
>>> unpack('d 6s', s)
(3.14, b'python')
```

결괏값은 언제나 튜플로 전달된다. unpack_from( ) 함수를 사용하면 버퍼에서 파이썬 객체로 변환할 수 있다.

```
>>> buf = bytearray(b'\0' * 20)
>>> pack_into('hhl', buf, 5, 1, 2, 3)      # 오프셋 5부터 저장한다.
>>> unpack_from('hhl', buf, 5)             # 오프셋 5부터 읽는다.
(1, 2, 3)
>>> unpack_from('hhl', buf)                # 기본값 오프셋은 0이다. 해독 에러 발생
(0, 0, 33554688)
```

바이트 저장 순서 9.4.3

파이썬 자료형을 바이트 열로 변환할 때 바이트 열의 순서를 지정할 필요가 있다. 대표적으로는 리틀 엔디안과 빅 엔디안이 있다. 이때 사용하는 제어 문자는 표 9-2에 있다.

표 9-2 바이트 순서 제어 문자

제어 문자	바이트 순서	크기와 정렬
@	시스템을 따름*	시스템을 따름(기본값)**
=	시스템을 따름*	표준
<	리틀 엔디안	표준
>	빅 엔디안	표준
!	네트워크(빅 엔디안)	표준

* 바이트 순서 필드에서 '시스템을 따름'은 CPU에 따라 적용되는 엔디안 방식을 적용받는다.

** 크기와 정렬 필드에서 '시스템을 따름'은 시스템이 사용하는 방식을 적용받는다는 의미이고, '표준'은 정해진 크기나 방법을 적용받는다는 의미이다.

바이트 순서를 지정하는 제어 문자를 사용하지 않으면 @가 적용된다. 사용하는 예를 보면 다음과 같다.

```
>>> pack('<hi', 1, 2)              # 리틀 엔디안
b'\x01\x00\x02\x00\x00\x00'
>>> pack('>hi', 1, 2)              # 빅 엔디안
b'\x00\x01\x00\x00\x00\x02'
>>> pack('!hi', 1, 2)              # 네트워크 = 빅 엔디안
b'\x00\x01\x00\x00\x00\x02'
```

정렬 문제 9.4.4

다음과 같은 예를 보자.

```
>>> calcsize('h')
2
>>> calcsize('hh')
4
>>> calcsize('i')
4
```

다음의 결과가 나오는 것을 이해할 수 있겠는가?

```
>>> calcsize('hi')
8
```

원래는 6이어야 맞을 것 같은데 8이 나왔다. 이것은 정렬의 문제이다.

```
>>> pack('=hil', 1, 2, 3)
b'\x01\x00\x02\x00\x00\x00\x03\x00\x00\x00'
>>> pack('@hil', 1, 2, 3)
b'\x01\x00\x00\x00\x02\x00\x00\x00\x03\x00\x00\x00'
```

같은 서식 문자열(hil)이지만 첫 문자에 따라 길이가 달라졌다. 제어 문자가 @인 경우는 자동 정렬(Align)이 적용되는데, 규칙은 다음과 같다. 앞 형식의 길이를 a, 뒤 형식의 길이를 b라고 하자. 이때 앞 형식의 길이는 뒤 형식의 길이에 다음과 같은 수식에 의해 맞추어진다.

```
new_a = (a + b - 1) / b * b
```

@hi인 경우 h의 길이는 2, i의 길이는 4이므로 다음과 같이 계산된다.

```
>>> a = 2
>>> b = 4
>>> (a + b - 1) / b * b
4
```

즉, a의 길이가 2이지만 4단위로 정렬되므로 2바이트의 패딩 바이트가 추가된다. 결국 다음과 같은 결과가 나온다.

```
>>> pack('@hi', 1, 2)
b'\x01\x00\x00\x00\x02\x00\x00\x00'
```

하지만, 다른 형식들은 이러한 정렬을 적용받지 않는다.

```
>>> pack('=hi', 1, 2)
b'\x01\x00\x02\x00\x00\x00'
```

리틀 엔디안과 빅 엔디안도 자동 정렬 기능은 없다.

```
>>> pack('<hi', 1, 2)          # 리틀 엔디안
b'\x01\x00\x02\x00\x00\x00'
>>> pack('>hi', 1, 2)          # 빅 엔디안
b'\x00\x01\x00\x00\x00\x02'
```

연/습/문/제/
Exercise

1 세 가지 종류의 복사(참조 복사, 얕은 복사, 깊은 복사)의 의미의 차이를 정리해 보자.

2 리스트의 슬라이싱은 세 복사 중 어떤 복사와 동일한가?

3 깊은 복사에 복사되는 객체가 있고 복사되지 않는 객체가 있다. 이들 객체를 구분해 보자.

4 얕은 복사와 깊은 복사 사이에 차이가 없는 경우는 어떤 경우인가?

5 문자열 '4124.8963'이 주어져 있다. 이것은 각도에 대한 표현인데, 41° 24.8963′ 을 의미한다. 의미대로 각도와 분으로 문자열을 분리해서 해석해 보자.

6 문제 5는 도, 분, 초로는 41도 24분 54초에 해당한다. 해당 값이 나오는지 확인해 보자.

7 오일러 공식 $e^{jx} = \cos x + j\sin x$ 를 이용하여 0 ~ 360도를 10도 간격으로 e^{jx} 결괏값을 출력해 보자. 단, x 의 단위는 라디안(radian)이며 j는 허수부를 나타낸다.

8 '세종대왕의 한글' 각 문자의 유니코드가 어떤 값인지 출력하는 코드를 작성해 보자. 참고로 for 문과 ord( ) 함수를 사용한다.

9 문제 8의 문자열에 대하여 UTF-8로 인코딩된 바이트 열의 16진수 표현 문자열을 얻어 내 보자. 참고로 문자열의 encode( ) 메서드와 binascii.hexlify( ) 함수를 사용한다.

10 정수 123456789를 문자열의 format( ) 메서드를 사용하여 또한, format( ) 함수를 사용하여 123,456,789로 출력해 보자.

제 10 장

파일

Chapter 10

파일은 디스크에 정보를 저장하는 단위이다. 파이썬에서는 내장 객체 자료형을 이용하여 파일에 접근할 수 있다. 파일을 다루는 법을 살펴보자.

10.1 텍스트 파일 쓰기/읽기

파일 쓰기 10.1.1

텍스트 파일을 쓰는 법은 간단하다. 일반적으로 다음의 절차를 따른다.

① open( ) 내장 함수로 파일 객체를 얻는다.

② 얻어진 파일 객체에서 데이터를 읽고 쓴다(read, write).

③ close( ) 함수로 객체의 사용을 종료한다(생략 가능).

먼저 시험에 사용할 파일을 만들어 보자. 일반적으로 다음의 절차를 따른다.

```
>>> s = """
Its power: Python developers typically report
they are able to develop applications in a half
to a tenth the amount of time it takes them to do
the same work in such languages as C.
"""
>>> f = open('t.txt', 'w')      # 쓰기 모드로 연다.
>>> f                           # 객체를 확인한다.
<_io.TextIOWrapper name='t.txt' mode='w' encoding='cp949'>
>>> f.write(s)                  # 문자열(str)을 파일에 기록한다.
183                             # 기록한 문자 수이다. 바이트 수가 아니다.
>>> f.close( )                  # 파일을 닫는다.
```

open( ) 내장 함수는 기본적으로 두 개의 인수를 받는다. 첫 번째는 파일 이름(문자열)이고, 두 번째는 파일을 다루고자 하는 모드이다. 파일에 쓰기 위해서는 w를 사용한다.

with 문을 이용하면 다음과 같이 더 편하게 작업할 수 있다. with 문 안에 있는 동안 객체 f를 이용하여 파일에 관련된 작업을 할 수 있고, with 문에서 빠져나오면서 자동으로 닫히기까지 한다.

```
>>> with open('t1.txt', 'w') as f:
        f.write('위대한 세종대왕')

8
```

8 문자 출력

파일을 열 때 인수 encoding을 추가하면 저장할 문자 인코딩을 지정할 수 있다. 값을 지정하지 않으면 시스템의 기본적인 문자 인코딩(윈도우인 경우는 ANSI)이 지정된다. 파일 저장을 UTF-8 형식으로 지정해 보자.

```
>>> with open('t2.txt', 'w', encoding = 'utf-8') as f:
        f.write('위대한 세종대왕')

8
```

파일 읽기 10.1.2

open( ) 내장 함수에서 두 번째 인수를 r로 지정하면 읽기 모드이다. 두 번째 인수를 생략해도 읽기 모드로 동작한다. 앞서 만든 t.txt 파일을 읽어 보자.

```
>>> f = open('t.txt')
>>> f                         # 객체를 확인한다.
<_io.TextIOWrapper name='t.txt' mode='r' encoding='cp949'>
>>> s = f.read( )             # 파일 전체 내용을 읽는다.
>>> print(s)
```

```
Its power: Python developers typically report
they are able to develop applications in a half
to a tenth the amount of time it takes them to do
the same work in such languages as C.
>>> f.close( )
>>> open('t1.txt').read( )      # 파일에 작성한 내용을 확인한다.
'위대한 세종대왕'
```

with 문을 이용하면 다음과 같이 더 깔끔한 코딩이 가능하다.

```
>>> with open('t.txt') as f:
        print(f.read( ))
```

기본 인코딩으로 저장되어 있지 않은 파일은 열 때 인수 encoding을 지정해야 한다. 앞의 예에서 파일 t2.txt는 UTF-8 형식으로 저장하였기 때문에 읽을 때도 같은 형식을 지정해야 한다.

```
>>> with open('t2.txt', encoding = 'utf-8') as f:
        print(f.read( ))
```

10.2 줄 단위로 파일 쓰기/읽기

줄 단위로 쓰기 10.2.1

만일 파일로 기록할 문자열을 줄 단위로 가지고 있으면 writelines( ) 메서드를 사용할 수 있다. 이 메서드는 리스트 안에 들어 있는 문자열을 연속해서 출력해 준다. 다음 예를 보자.

```
>>> lines = ['first line\n', 'second line\n', 'third line\n']
>>> f = open('t1.txt', 'w')
>>> f.writelines(lines)
```

사실 앞의 코드는 다음과 같이 write( ) 함수를 사용해서 기록할 수도 있다.

```
>>> lines = ['first line\n', 'second line\n', 'third line\n']
>>> f = open('t1.txt', 'w')
>>> f.write(''.join(lines))
```

만일 lines에 저장되어 있는 문자열들 마지막에 줄 바꾸기 코드 **\n**가 없고, 여전히 이들을 줄 단위로 저장하고 싶으면 join( ) 함수로 줄 바꾸기 코드를 삽입할 수 있다.

```
>>> lines = ['first line', 'second line', 'third line']
>>> f = open('t1.txt', 'w')
>>> f.write('\n'.join(lines))
```

올바로 기록되었는지 파일을 읽어 보자. 앞의 세 가지 예는 모두 같은 파일을 만들어 낸다.

```
>>> f = open('t1.txt')
>>> print(f.read( ))
first line
second line
third line
```

줄 단위로 읽기 10.2.2

텍스트 파일을 전체로 읽지 않고 줄 단위로 읽어 처리할 수 있다. 여기에는 세 가지의 메서드가 제공된다.

- 파일 객체의 반복자 이용하기
- `readline( )` 파일을 한 번에 한 줄씩 읽는다.
- `readlines( )` 파일 전체를 줄 단위로 끊어서 리스트에 저장한다.

파이썬에서는 간단하고 효과적인 방법으로 파일을 줄 단위로 읽을 수 있다. for 문에 파일 객체의 반복자를 직접 사용할 수 있다.

```
>>> with open('t.txt') as f:
        for line in f:
                print(line, end = '')
```

일반적인 크기의 파일을 줄 단위로 읽어서 처리하기 위해서 readline( )나 readlines( ) 메서드를 사용한다. 한 줄씩 읽는 readline( ) 메서드는 주로 while 문과 함께 사용한다.

```
>>> f = open('t.txt')
>>> line = f.readline( )
>>> while line:        # line이 ''이면 파일의 끝을 의미한다.
        print(line, end = '')
        line = f.readline( )

Its power: Python developers typically report
they are able to develop applications in a half
to a tenth the amount of time it takes them to do
the same work in such languages as C.
```

줄 전체를 읽어서 리스트에 저장하려면 readlines( ) 메서드를 사용한다.

```
>>> f = open('t.txt')
>>> for line in f.readlines( ):
        print(line, end = '')
```

QUIZ

1_ 텍스트 파일 t.txt의 단어 수를 출력하는 프로그램을 작성해 보자. 여기서 단어란 공백으로 분리된 문자의 모임을 의미한다.

```
>>> f = open('t.txt')
>>> s = f.read( )
>>> n = len(s.split( ))
>>> n
60
```

혹은 한 줄로 줄여서 쓰면 다음과 같다.

```
>>> n = len(open('t.txt').read( ).split( ))
>>> n
60
```

2_ 텍스트 파일 t.txt의 줄 수를 출력하는 프로그램을 작성해 보자.

해법 1)

```
>>> f = open('t.txt')
>>> s = f.read( )
>>> s.count('\n')
29
```

해법 2)

```
>>> f = open('t.txt')
>>> len(f.readlines( ))
29
```

3_ 텍스트 파일 t.txt의 문자 수를 출력하는 프로그램을 작성해 보자.

해법 1)

```
>>> f = open('t.txt')
>>> len(f.read( ))
609
```

해법 2)

```
>>> import os
>>> os.path.getsize('t.txt')
638
```

그렇다면, 638-609=29의 차이는 어디서 생기는 것일까? 29는 줄 수와 동일하다. 영문자는 1바이트가 1문자이므로 문자체계에 따른 차이는 아니다. 이것은 윈도우에만 있는 현상이다. 파이썬은 줄 바꾸기를 한 문자 \n로 처리하지만, 윈도우에 저장할 때는 두 문자 \r\n로 처리하기 때문에 파일이 더 커진다. 읽을 때는 \r\n을 \n 한 문자로 변환해서 읽어들인다. 운영 체제의 줄 바꾸기 코드가 어떻게 다른지는 os.linesep를 사용하면 알 수 있다.

```
>>> import os
>>> os.linesep          # 윈도우/도스에서의 출력
'\r\n'
```

```
>>> import os
>>> os.linesep          # 리눅스에서의 출력
'\n'
```

10.3 파일에서 원하는 만큼의 문자 읽기

파일을 전체나 줄 단위로 읽지 않고 원하는 바이트만큼씩 읽을 수 있다. read( ) 메서드에 인수로 원하는 바이트를 지정하면 된다.

```
>>> f = open('t.txt')
>>> f.read(10)
'\nIts power'
>>> f.read(10)
': Python d'
```

10.4 이진 파일 쓰기/읽기

이진 파일 쓰기 10.4.1

이진 파일을 작성하려면 열기 모드에 b를 추가한다. 이진 파일에 출력되는 자료형은 바이트(bytes)이어야 한다. 문자열은 허용되지 않는다.

```
>>> f = open('t1.bin', 'wb')          # 이진 모드로 연다.
>>> f.write('abcd')                   # 문자열은 허용되지 않는다.
...
TypeError: 'str' does not support the buffer interface

>>> 'abcde'.encode( )                 # 문자열 → 바이트로 형변환
b'abcde'
>>> f.write('abcde'.encode( ))        # 바이트는 쓸 수 있다.
5
>>> f.close( )
```

이진 파일 읽기 10.4.2

이진 파일을 읽으려면 rb 모드로 연다. 이진 파일은 바이트로 읽는다.

```
>>> f = open('t1.bin', 'rb')
>>> b = f.read(5)        # 바이트로 읽는다
>>> b
b'abcde'
>>> b.decode( )          # 바이트 → 문자열로 형변환
'abcde'
>>> f.readline( )        # 이와 같은 메서드도 당연히 가능하다. 바이트로 읽는다.
b''
```

10.5 파일 처리 모드

파일을 열 때 사용하는 파일 처리 모드에는 r과 w 이외에도 다양하다. 다음 표는 파일 처리 모드를 정리한 것이다.

표 10-1 파일 처리 모드

파일 처리 모드	설명
r	읽기 전용이다.
w	쓰기 전용이다.
a	파일 끝에 추가(쓰기 전용)한다.
r+	읽고 쓰기를 한다.
w+	읽고 쓰기(기존 파일 삭제)를 한다.
a+	파일 끝에 추가(읽기도 가능)한다.
rb	이진 파일 읽기 전용이다.
wb	이진 파일 쓰기 전용이다.
ab	이진 파일 끝에 추가(쓰기 전용)한다.
rb+	이진 파일 읽고 쓰기를 한다.
wb+	이진 파일 읽고 쓰기(기존 파일 삭제)를 한다.
ab+	이진 파일 끝에 추가(읽기도 가능)한다.

텍스트 파일에서 추가하는 간단한 예를 보자.

```
>>> f = open('removeme.txt', 'w')
>>> f.write('first line\n')
11
>>> f.write('second line\n')
12
>>> f.close( )
>>> f = open('removeme.txt', 'a')        # 파일 추가 모드로 열기
>>> f.write('third line\n')
11
>>> f.close( )
>>> f = open('removeme.txt')             # 읽기
>>> print(f.read( ))
first line
second line
third line
```

10.6 임의 접근 파일

앞에서 설명한 파일 접근 방식을 순차적 접근이라고 한다. 왜냐하면 파일을 앞에서부터 순차적으로 읽기 때문이다. 파일에서 임의의 위치에 있는 내용에 접근하는 모드가 필요할 때가 종종 있다. 이때 사용하는 메서드로는 다음과 같은 것들이 있다.

- `seek(n)`　파일의 n번째 바이트로 이동한다.
- `seek(n, os.SEEK_CUR)`　현재 위치에서 n바이트 이동한다. n이 양수이면 뒤쪽으로, 음수이면 앞쪽으로 이동한다. 이진 파일에서만 가능하다.
- `seek(n, os.SEEK_END)`　맨 마지막에서 n바이트 이동한다. n은 보통 음수이다.
- `tell( )`　현재의 파일 포인터 위치를 돌려준다. 이진 파일에서만 가능하다.

```
>>> f = open('t.txt', 'wb+')   # 읽고 쓰기(기존 파일 삭제)
>>> s = b'0123456789abcdef'    # 이진 파일이므로 바이트 자료형으로 출력한다.
>>> f.write(s)
16
>>> f.seek(5)                  # 시작부터 5번째 위치로 이동
5
>>> f.tell( )                  # 위치 확인
5
>>> f.read(1)                  # 1바이트 읽기
b'5'
>>> f.seek(2, os.SEEK_CUR)     # 현재 위치에서 2바이트 더 이동, 8번 위치
8
>>> f.seek(-3, os.SEEK_END)    # 마지막에서 -3 바이트 이동, 13번 위치
13
>>> f.read(1)                  # 1바이트 읽기
b'd'
```

10.7 파일 객체의 메서드와 속성 +

앞서 보인 메서드들에 대하여 표 10-2에서 정리하였다.

표 10-2 파일 객체의 기본 메서드들

메서드	설명
`file.close( )`	파일을 닫는다. 더 이상 입출력을 할 수 없게 된다.
`file.read([size])`	원하는 바이트 수만큼 파일에서 읽어 온다. 인수를 지정하지 않으면 전체 파일을 읽어 온다.
`file.readline( )`	줄 하나를 읽어들인다. 크기를 지정하면 읽을 수 있는 최대 바이트 수가 된다.
`file.readlines( )`	전체 줄을 readline( ) 메서드를 사용하여 읽어들인 줄을 리스트에 넣어서 반환한다.
`file.write(str)`	문자열 str을 파일에 쓴다.
`file.writelines(list)`	문자열 리스트를 파일에 쓴다. 줄 바꾸기가 자동으로 삽입되지는 않는다.

▶ 다음 페이지에

▶ 이전 페이지에

메서드	설명
file.seek(offset[, whence])	인수 whence의 기본값은 0이다. 0이면 시작 기준, 1이면 현재 위치 기준, 2이면 끝 기준에서 인수 offset만큼 떨어진 위치에 파일 포인터를 위치시킨다.
file.tell( )	파일의 현재 위치를 반환한다.

앞서 설명한 메서드들 외에도 파일 객체가 제공하는 메서드는 많다. 표 10-3에 간략하게 정리하였다.

표 10-3 파일 객체의 기타 메서드들

메서드	설명
file.flush( )	버퍼가 다 채워지지 않아도 내부 버퍼의 내용을 파일에 보낸다.
file.fileno( )	파일 객체의 파일 기술자(File Descriptor)(정수)를 반환한다.
file.isatty( )	파일 객체가 tty와 같은 장치이면 1, 아니면 0을 반환한다.
file.truncate([size])	파일 크기를 지정한 크기로 잘라 버린다. 인수를 지정하지 않으면 현재 위치에서 자른다.

파일 객체가 가진 속성들은 다음과 같다.

표 10-4 파일 객체의 속성들

속성	설명
file.closed	파일 객체가 닫혔으면 1, 아니면 0을 반환한다.
file.mode	파일이 열기 모드이다.
file.name	파일을 열 때 사용한 파일 이름이다.

10.8 예제 : 파일 입출력

이제까지 배운 내용을 기반으로 간단한 파일을 처리하는 예제를 다루어 보자. 첫 번째는 파일에서 특정 문자열을 다른 문자열로 변환하는 예이다.

```
>>> import re                                    # 정규식
>>> def replace(fname, src, dst):
        with open(fname) as f:
                txt = f.read( )
                txt = re.sub(src, dst, txt)     # txt에서 src를 dst로 변경한다.
        return txt
```

sample.txt 파일은 다음과 같다.

```
Do you work in C, C++, or Java on large projects?
We'll show how Python will give you results quicker and more reliably.
Are you already scripting in a language other than Python?
Whatever programming you're doing now, Python can improve it.
```

여기에 다음과 같은 명령을 실행해 보자. 소문자 show가 대문자 SHOW로 바뀐다.

```
>>> print(replace('sample.txt', 'show', 'SHOW'))
Do you work in C, C++, or Java on large projects?
We'll SHOW how Python will give you results quicker and more reliably.
Are you already scripting in a language other than Python?
Whatever programming you're doing now, Python can improve it.
```

이렇게 간단하게 문자 치환뿐 아니라, 정규식도 지원한다. 즉, 앞의 텍스트에서 모든 소문자를 없애 버리거나 변경할 수 있다.

```
>>> # 모든 소문자를 '_'문자로 치환한다.
>>> print(replace('sample.txt', '[a-z]', '_'))
```

```
D_ ___ ____ __ C, C++, __ J___ __ _____ ________?
W_'__ ____ ___ P_____ ____ ____ ___ _______ _______ ___ ____ ________.
A__ ___ _______ _________ __ _ ________ _____ ____ P_____?
W_______ ___________ ___'__ _____ ___, P_____ ___ _______ __.
```

10.9 표준 입출력 방향의 전환 +

표준 출력을 파일로 하기 10.9.1

print( ) 함수의 file 키워드를 사용하면 출력 방향을 파일로 전환할 수 있다.

```
>>> with open('t.txt', 'w') as f:
        print('line 1', file = f)       # 출력을 파일 객체 f에 한다.
        print('line 2', file = f)

>>> print(open('t.txt').read( ))
line 1
line 2
```

표준 에러 파일로 보낼 수도 있다.

```
>>> import sys
>>> print('hello', file = sys.stderr)
hello
```

표준 출력을 문자열로 하기 10.9.2

print( ) 함수의 출력을 문자열로 하는 방법은 io 모듈의 StringIO 클래스를 이용하는 것이 간편하다. StringIO 클래스는 텍스트 입출력에 사용하는 메모리 스트림이다.

```
>>> import io
>>> with io.StringIO( ) as f:
        print('hello', end = ' ', file = f) # 출력을 메모리 스트림 f에 한다.
        print('world', file = f)
        print(f.getvalue( ))

hello world
```

문자열을 파일 객체처럼 읽기 10.9.3

주어진 문자열이 있고, 이것을 파일 객체를 이용해서 파일처럼 읽어야 할 필요가 있을 때 StringIO 클래스를 사용한다.

```
>>> s = '''
Python is a cool little language.
It is well designed, compact, easy to learn and fun to program in.
Python strongly encourages the programmer to program in an OO-way,
but does not require it.
In my opinion, it is one of the best languages to use when learning OO-
programming.
The implementation of OO in Python is clean and simple, while being incredibly
powerful.
The basic Python execution environment is also the most interactive of the
five
discussed here,
which can be very useful (especially when debugging code).
'''
>>> import io
>>> with io.StringIO(s) as f:      # 문자열을 파일 유사 객체로 변환한다.
        print(f.read(6))           # 파일처럼 문자열을 읽는다.
        f.seek(10)
        print(f.read(20))

Pytho
10
a cool little langu
```

10.10 지속 모듈+

지금까지는 문자열의 입출력에 대해서 알아보았다. 이것은 가장 단순한 파일 입출력 기법으로, 어떤 프로그램이 만들어 낸 결과를 또 다른 (혹은 같은) 프로그램이 다시 활용하기 위해서 사용한다. 지속성(Persistence)이란 특정 프로그램이 만든 데이터가 프로그램이 종료되고 나서도 존재하고, 나중에 다시 데이터를 프로그램에서 사용하는 것이다.

리스트나 튜플, 사전 등 임의의 객체를 파일에 쓰고 읽으려면 어떻게 해야 할까? 내가 만든 클래스나 인스턴스 객체를 파일에 쓰려면 어떻게 해야 할까? 이러한 작업은 단순한 파일 입출력 기법으로는 구현하기 어렵다. 파이썬은 파이썬 객체를 파일에 저장하는 몇 가지 기법을 제공한다.

DBM 관련 모듈

데이터를 DBM 형식으로 파일에 기록한다. 시스템에 따라서 관련 모듈이 다양하게 제공된다. 모듈 dbm은 dbm.gnu나 dbm.ndbm과 같은 DBM 데이터베이스에 대한 일반적인 인터페이스이다. 이와 같은 모듈이 설치되어 있지 않으면 dbm.dumb이 사용된다. 사전 자료형을 사용하는 방법과 동일한 인터페이스를 제공한다. 키와 값은 모두 문자열이어야 한다. 다음 절의 예를 참고하기 바란다.

pickle 모듈

파이썬 객체를 피클링하여 파일에 저장하는 일반화된 지속성 모듈이다. 파이썬 기본 객체뿐 아니라 복잡하게 얽혀 있는 객체들의 관계까지도 저장할 수 있다. 재귀적인 관계도 모두 처리한다. 또한, 사용자 정의 클래스와 인스턴스 객체도 처리한다. 기본적으로 텍스트 모드로 저장하지만 이진 모드로도 저장할 수 있다.

marshal 모듈

파이썬의 기본 객체(None, 수치형, 문자열, 튜플, 리스트, 사전, 코드 객체)를 이진 형식으로 저장한다. 재귀적인 사전이나 리스트는 처리할 수 없다. 이 모듈은 주로 PYC 파일의 컴파일된 코드를 쓰고 읽을 때 사용한다. 일반 객체의 입출력은 pickle 모듈을 사용하면 된다. 사용하는 방법은 pickle 모듈과 동일하다.

shelve 모듈

사전 자료형으로 데이터에 접근할 수 있도록 한 것은 dbm 모듈과 동일하다. 차이점은 임의의 파이썬 객체가 값(values)으로 사용될 수 있다. 내부에서 사전 자료형 인터페이스를 위해서 dbm 모듈을 사용하고 객체를 저장하기 위해서 pickle 모듈을 사용한다. 값으로 임의의 객체가 저장될 수 있다.

피클링 10.10.1

pickle 모듈은 임의의 파이썬 객체를 저장하는 가장 일반화된 모듈이다. 이 모듈은 파이썬 기본 객체뿐 아니라 사용자 클래스와 인스턴스 객체, 복잡하게 얽혀 있는 객체들의 관계까지도 저장한다. 재귀적인 관계도 모두 처리한다.

피클링

피클링(Pickling)은 절임이다. 객체를 파일에 저장한다는 의미이다. 소금이 원래의 상태를 보존하듯이 파이썬 피클링은 객체의 상태를 그대로 저장한다. 피클링을 이용하면 기본 자료형 이외의 복잡한 자료형을 텍스트 형식으로나 이진 파일 형식으로 변환하여 저장할 수 있다. 또한, 네트워크를 통해 다른 시스템으로 전달할 수 있다. 다시 원래의 객체 형태로도 복원 가능하다.

객체를 파일로 출력하려면 pickle.dump를 이용한다.

```
import pickle
pickle.dump(출력할객체, 파일객체)
```

객체를 파일에서 읽어들이려면 pickle.load를 사용한다.

```
object = pickle.load(파일객체)
```

실제로 사용한 예이다.

```
>>> with open('test.pickle', 'wb') as f:
        phone = {'tom': 4358382, 'jack': 9465215, 'jim': 6851325, 'Joseph': 6584321}
```

```
        L = ['string', 1234, 0.2345]
        T= (phone, L)             # 리스트, 튜플, 사전의 복합 객체
        pickle.dump(T, f)         # 복합 객체 출력
        pickle.dump(L, f)         # L 한 번 더 출력

>>> with open('test.pickle', 'rb') as f:
        x, y = pickle.load(f)     # 언피클링
        L2 = pickle.load(f)       # 한 번 더

>>> print(x)                      # 값 확인
{'jim': 6851325, 'Joseph': 6584321, 'jack': 9465215, 'tom': 4358382}
>>> print(y)
['string', 1234, 0.2345]
>>> print(L2)
['string', 1234, 0.2345]
```

pickle 모듈이 갖는 장점은 사용자가 정의한 임의의 클래스와 인스턴스 객체도 저장할 수 있다는 것이다. 저장하는 시점의 모든 멤버 변수의 값이 그대로 유지되므로 언제든지 다시 불러서 지속적으로 실행할 수 있다. 예를 들어, 일정한 분량의 작업을 수행하다가 멈추고 현재 상태를 pickle 모듈을 이용하여 저장한 후 나중에 다시 읽어들여 지속적으로 실행할 수 있다. 다음은 사용자 클래스의 인스턴스 객체를 저장하고 읽는 예이다.

```
>>> import pickle
>>> class Simple:             # 가장 단순한 클래스를 정의한다.
        pass

>>> s = Simple( )             # 인스턴스 객체를 생성한다.
>>> s.count = 10              # 인스턴스의 이름 공간에 변수를 만든다.

>>> with open('t3.pickle', 'wb') as f:
        pickle.dump(s, f)

>>> with open('t3.pickle', 'rb') as f:
        t = pickle.load(f)

>>> print(t.count)
10
```

피클링 할 객체를 파일이 아닌 바이트로 출력하거나 바이트에서 객체를 읽어들이려면 dumps( )와 loads( ) 함수를 사용할 수 있다.

```
>>> import pickle
>>> L = [1, 2, 3]
>>> b = pickle.dumps(L)      # 피클링
>>> b                        # 바이트 객체 확인
b'\x80\x03]q\x00(K\x01K\x02K\x03e.'
>>> pickle.loads(b)          # 언피클링
[1, 2, 3]
```

DBM 파일 관련 모듈을 사용하기 10.10.2

dbm 모듈은 시스템에서 사용할 수 있는 DBM 호환 가능한 최적의 모듈을 찾아 준다. 사용하는 방법은 사전 자료형과 거의 유사하다. 키에 의한 참조(인덱싱)로 파일에서 데이터를 읽어 오고, 인덱싱으로 치환하는 것으로 파일에 데이터를 저장한다. 키와 값은 반드시 문자열이어야 한다. 다음은 dbm 모듈을 사용하는 예이다.

```
>>> import dbm
>>> db = dbm.open('cache', 'c')     # 'c', 없으면 만들고 있으면 연다.
>>> db                              # dbm 종류를 확인한다.
<dbm.dumb._Database object at 0x02672950>
>>> db[b'hello'] = b'there'
>>> db['name'] = 'gslee'
>>> db['name']               # 바이트로 저장되어 있다.
b'gslee'
>>> db['hello']
b'there'
>>> db['counter'] = 10       # 문자열이나 바이트가 아니면 안 된다.
...
TypeError: values must be bytes or strings
>>> db.keys( )               # 사전과 유사한 인터페이스를 갖는다
[b'hello', b'name']
>>> list(db.values( ))
[b'there', b'gslee']
```

```
>>> db.items( )
[(b'hello', b'there'), (b'name', b'gslee')]
>>> db.get('age', '?')
'?'
>>> len(db)
2
>>> 'name' in db              # 멤버 검사
True
>>> db.close( )               # 파일 닫기
```

만든 파일은 다른 프로그램에 의해서 활용될 수 있다. 다음은 만들어진 DBM 파일을 읽어서 처리하는 예이다.

```
>>> f = dbm.open('cache', 'c')
>>> f.keys( )
[b'hello', b'name']
>>> f.items( )
[(b'hello', b'there'), (b'name', b'gslee')]
>>> f['oboe'] = 'wood wind'       # 내용 추가
>>> f['name'] = 'Joelene'         # 내용 변경
>>> del f['oboe']                 # 내용 삭제
>>> f.close( )
```

연/습/문/제/
E x e r c i s e

1 텍스트 파일을 읽어서 각 줄에 있는 공백으로 분리된 단어의 수를 세는 프로그램을 작성해 보자. 단, 줄의 첫 문자가 #으로 시작하면 주석문으로 처리하지 않고 넘어간다.

2 다음 코드로 출력할 내용을 파일 number.txt에 출력해 보자. 참고로 write( ) 함수나 writelines( ) 함수를 사용한다.

```
for k in range(10):
    print(k)
```

3 파일 s.txt에 있는 줄들을 정렬해서 출력해 보자. 파일 s.txt의 내용은 다음과 같다.

```
pig ham
cat dog
ham bird
dog pig
```

정렬 후 결과는 다음과 같다.

```
cat dog
dog pig
ham bird
pig ham
```

4 문제 3번의 파일을 두 번째 단어를 기준으로 정렬해 보자. 결과는 다음과 같아야 한다.

```
ham bird
cat dog
pig ham
dog pig
```

5 문제 3번의 파일을 읽고 한 줄에 3개의 단어가 오도록 출력해 보자. 결과는 다음과 같아야 한다.

```
pig ham cat
dog ham bird
dog pig
```

6 간단한 grep 유틸리티 mygrep.py를 만들어 보자. mygrep.py는 두 개의 인수를 받는다. 첫 번째 인수는 찾고자 하는 단어이고, 두 번째 인수는 검색할 파일이다. 검색할 파일은 *, ? 등의 와일드카드를 받아들인다. 참고로 glob.glob( ) 함수를 사용한다. 출력은 지정한 파일의 각 줄을 검사해서 찾고자 하는 단어가 있으면 해당 줄을 출력한다. 이때 파일 이름과 줄 번호도 함께 출력해 보자.

7 문제 6번에서 찾고자 하는 단어에 정규식을 사용할 수 있도록 수정해 보자. re 모듈을 참고하기 바란다.

8 Weblog라는 파일이 있다. 이 파일은 어느 IP에서 어떤 페이지에 언제 접근했는지를 기록한다. 기록하는 형식은 **ip:접근 페이지:접근 시간**이다. 한 줄에 하나의 정보가 기록된다. 이 로그 파일에 정보를 추가하는 함수를 만들어 보자. 이 함수는 당연히 (ip, access_page, access_time)를 인수로 받는다. IP(128.134.45.23 등)와 접근 페이지(/gallery/index.html 등)는 임의로 만들어서 사용하면 된다.

9 문제 4번에서 만든 weblog 파일을 분석해서 어떤 IP에서 어떤 페이지에 몇 번이나 접근했는지를 출력해 보자.

10 사용자 ID와 패스워드를 입력받아서 암호 파일 access에 저장하는 프로그램을 작성해 보자. 파일을 저장하는 형식은 각 줄에 id:패스워드이다. 패스워드는 암호화해서 저장한다. 암호화 방식은 hashlib 모듈을 사용한다. 다음 예를 참고하기 바란다.

```
import hashlib

password = 'my pass word'
encrypted1 = hashlib.sha1(password.encode()).hexdigest()
encrypted2 = hashlib.sha224(password.encode()).hexdigest()
encrypted3 = hashlib.md5(password.encode()).hexdigest()

print (encrypted1)
print (encrypted2)
print (encrypted3)
```

출력 결과

```
f64e382ba76a546b48d8e3b924ef1592fdc11487
8110f37f50b476befe868569bdea100ab905ac799a8d0dc9dbe16f36
ae412262cb869bbda7084e6c76097bee
```

11 사용자 ID와 패스워드를 입력받아서 문제 10의 access 파일을 사용하여 등록된 사용자인지 확인해 보자. 등록된 사용자이면 'You are a registered member' 메시지를 출력하고 아니면 'Sorry, you are not a registered member.' 메시지를 출력해 보자.

12 하나의 URL을 받아들여서 해당 페이지와 페이지에 연결된 확장자가 HTML인 파일을 디스크에 저장해 보자. 단, 같은 서버에 있는 페이지만 저장하고 파일 이름은 동일하게 한다. 필요하면 디렉터리도 같은 구조로 만들어 보자.

제 11 장

함수

Chapter 11

함수는 문들을 묶은 단위이다. 묶은 함수는 더 묶을 수 있다. 프로그래밍은 계층적으로 묶인 부품들을 만들고, 그것을 이용하여 더 고수준의 부품을 만드는 것과 같다. 건축과 유사하다.

11.1 함수의 정의

앞서 배운 문들은 기본적으로 위에서 아래쪽으로 실행된다. 물론 for와 while 문은 일정 영역을 반복해서 실행하기는 하지만, 전체적인 개념에서 보면 위에서 아래쪽으로 제어 흐름을 임의로 바꾸지는 못한다. 이러한 제어 구조만으로는 나중에 일부 코드를 다시 사용하기가 어렵다.

함수는 문들을 하나로 묶은 단위이다. 반복적인 실행이 가능하며, 주위의 상황에 특별히 얽매이지 않는 코드를 만들어 낼 수 있다. 따라서 언제든지 어떤 기능이 필요하면 관련 함수를 불러 실행할 수 있다.

함수는 프로그램을 논리적으로 이해하는 데 도움을 준다. 함수는 단지 반복 실행의 가능성 때문에 정의하는 것은 아니다. 코드의 일정 부분이 별도의 논리적 개념으로 분리하는 것이 가능할 때, 함수로 분리한다. 이것은 복잡한 내용을 단순한 하나의 개념으로 만든 추상화(abstraction)에 해당한다. 함수는 실행 효율을 떠나서 잘 활용해야 하는 중요한 개념이다. 함수는 코드를 재사용하게 해주고 프로그램을 논리적으로 구성하게 해준다.

함수의 정의 11.1.1

함수는 다음과 같은 형식에 따라 정의한다.

```
def 함수이름(인수들):
    <문들>
    return <값>
```

함수를 정의하는 키워드는 def이고 여기에 함수 이름과 괄호 안에 인수들을 적는다. 함수 선언부(헤더)의 마지막은 항상 콜론(:)으로 끝나야 한다. 함수의 몸체는(2줄 이상일 때) 그 다음 줄에서 시작해야 하며 들여쓰기를 해야 한다. 파이썬은 어떠한 형식의 데이터도 전달할 수 있으므로 인수의 자료형은 명시하지 않는다. return 키워드는 계산한 결괏값을 함수를 호출한 곳으로 돌려준다.

다음은 덧셈을 구하는 함수의 예이다.

```
>>> def add(a, b):     # 함수 정의
        return a + b   # 값 돌려 주기

>>> add                # 함수 객체 확인
<function add at 0x02D2B978>
>>> add(1, 2)          # a에 1, b에 2가 전달된다.
3
```

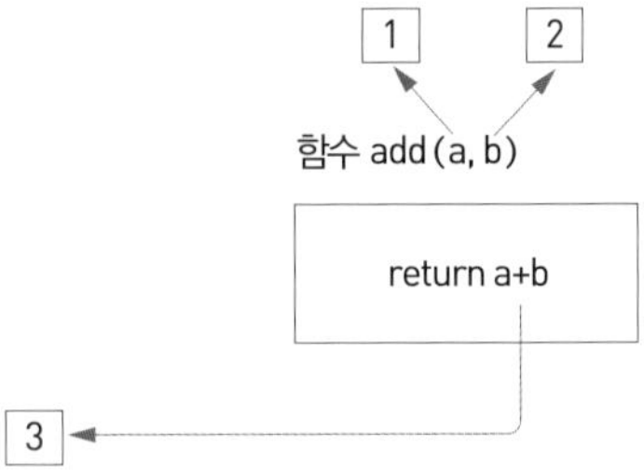

함수는 다른 함수를 호출할 수 있다.

```
>>> def addabs(a, b):
        c = add(a, b)
        return abs(c)

>>> addabs(-5, -7)
12
```

함수는 계층 구조로 설계하는데, 입출력이나 기초적인 기능을 하는 함수들 위에 좀 더 고급 기능을 하는 함수를 작성한다. 그 위에 또 다른 고급 함수를 정의한다. 실제로 사용하는 최상위 함수는 사용자의 편의를 고려한 사용하기 쉬운 함수이다. 이러한 구조는 내부적으로 어떠한 알고리즘에 의해서 기능을 수행하는지를 사용자로부터 숨겨 준다. 예를 들어, sin( ) 함수를 사용하는 사람은 많지만, 어떤 알고리즘으로 기능이 구현되는지는 알 필요가 없다.

자료형의 동적인 결정 11.1.2

파이썬에서는 모든 객체는 동적으로 자료형이 결정되므로, 어떤 연산을 수행할 때 해당 객체에 맞는 연산을 자동으로 호출한다. 예들 들어, + 연산은 객체가 숫자인 경우에는 수치 덧셈, 문자열인 경우에는 문자열 연결하기, 리스트인 경우에는 리스트 연결하기 등으로 객체의 + 연산을 정의한 함수를 호출하므로 객체에 맞는 연산을 적용하게 된다. 참고로 파이썬의 연산자 중복은 14장에서 설명한다.

다음 함수 add는 + 연산을 가지는 모든 객체에 적용된다.

```
>>> def add(a, b):
        return a + b

>>> c = add(1, 3.4)
>>> d = add('dynamic', 'typing')
>>> e = add(['list'], ['and', 'list'])
>>> print(c, d, e)
4.4 dynamictyping ['list', 'and', 'list']
```

연산자 중복에서 설명하지만, + 연산을 수행하면 각 객체의 __add__ 메서드를 호출한다. __add__ 메서드는 객체의 종류마다 자신의 기능을 수행하도록 정의되어 있다. 따라서 여러분이 정의한 + 연산을 수행하게도 할 수 있다. 간단한 예를 보고 자세한 내용은 연산자 중복에서 다루기로 하자.

```
>>> class MyClass:
        def __add__(self, b):
                print('add %s is called' % b)

>>> c = MyClass( )
>>> c + 1
add 1 is called
>>> c + 'abc'
add abc is called
```

return 문 11.1.3

인수 없이 return 문만을 사용하면 함수를 호출한 측에 아무 값도 전달하지 않는다. 인수 없이 반환을 하지만, 실제로는 None 객체를 전달한다. None 객체란 파이썬 내장 객체로서 아무 값도 없음을 표현하는 객체이다.

```
>>> def nothing( ):
        return
>>> nothing( )
>>> print(nothing( ))
None
```

return 문 없이 종료하는 경우도 None 객체를 전달하기는 마찬가지이다.

```
>>> def simple( ):
        pass

>>> simple( )
>>> print(simple( ))
None
```

return 문에 여러 개의 값을 사용할 경우, 이들은 튜플로 구성하여 전달한다.

```
>>> def swap(a, b):
        return b, a

>>> a = 10; b = 20
>>> swap(a, b)
(20, 10)
```

11.2 함수의 호출

함수로 인수를 전달하는 방법으로는 값에 의한 호출(Call by Value)과 참조에 의한 호출(Call by Reference)이 일반적이다. 값에 의한 호출은 계산한 결괏값이 함수의 인수로 전달되는 것이다. 함수 내에서 인수 값이 변경되어도 호출하는 측에 아무런 영향을 미치지 못한다. 이에 반해서 참조에 의한 호출은 호출하는 측의 변수 참조 주소가 호출을 받는 함수의 인수로 전달된다. 따라서 함수 내에서 해당 변수가 변경되면 호출하는 측에도 영향을 미친다.

파이썬에서는 설명한 두 가지 중 어느 것에도 해당하지 않는 독특한 방법으로 인수를 전달한다. 이를 객체 참조에 의한 호출(Call by Object Reference) 혹은 공유에 의한 호출(Call by Sharing)이라고 부른다. 파이썬은 함수를 호출할 때 객체의 참조를 넘겨준다. 예를 들어, 다음과 같은 함수 f가 있다고 하자.

```
>>> def f(t):
        t = 10
```

함수 f에 변경 불가능한 데이터 a를 호출하면 결과는 20이다.

```
>>> a = 20
>>> f(a)
```

```
>>> print(a)
20
```

그림 11-1 (a)를 보자. 20이란 객체의 참조를 a가 가지고 있고, 이 참조가 함수 f를 통해 t로 전달되었다. 따라서 a와 t는 동일한 참조를 가지고 있다. 이 부분은 참조에 의한 호출(Call by Reference)와 유사하다. 그림 11-1 (b)는 함수 f 내부에서 t = 10에 의하여 t에 새로운 객체 10의 참조가 할당된 상태이다. 이 부분은 참조에 의한 호출과 다르다. a의 값에는 변화가 없고, 단지 10이라는 수치 객체가 생성되고, 이 참조가 이름 t에 치환되었을 뿐이다.

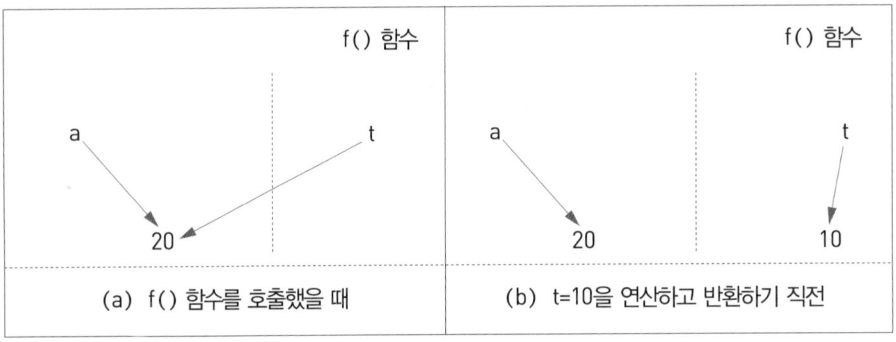

그림 11-1 함수의 인수 전달(1)

이번에는 다른 종류의 변경 불가능한 객체인 튜플을 인수로 넘겨보자.

```
>>> def h(t):
        t = (1, 2, 3)

>>> a = (5, 6, 7)
>>> h(a)
>>> a
(5, 6, 7)
```

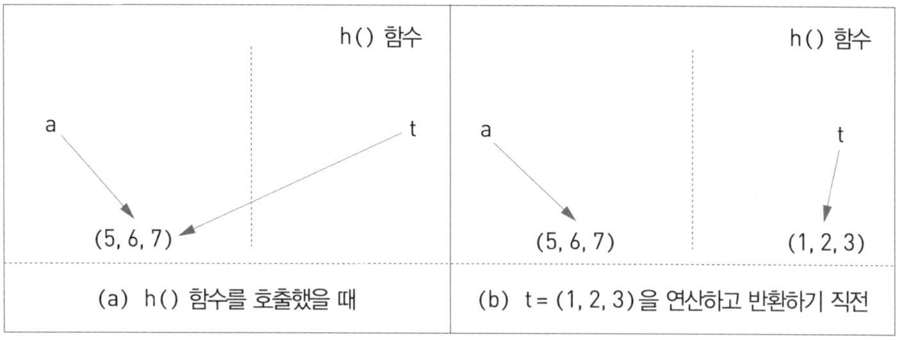

그림 11-2 함수의 인수 전달(2)

함수를 호출할 때 t가 객체 a의 참조를 받지만 함수 내부에서의 치환에 의해 t는 a와는 다른 객체를 참조한다. 결국 a의 값은 변화가 없다.

함수의 인수로 리스트와 같이 변경 가능한 객체를 넘겨주는 경우는 내부 값을 직접 변경할 수 있다.

```
>>> def g(t):
        t[1] = 10
>>> a = [1, 2, 3]
>>> g(a)
>>> print(a)
[1, 10, 3]
```

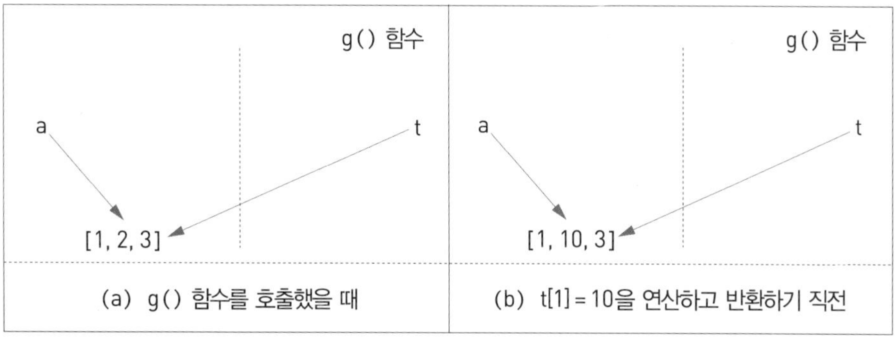

그림 11-3 함수의 인수 전달(3)

함수 g의 인수 t는 리스트 a의 참조를 전달받고 리스트의 두 번째 값 2를 10으로 변경해서 리스트 자체가 변경된다. a나 t의 참조가 변경되지 않았다. 출력 결과는 [1, 10, 3]이다. 그러나 인수로 전달받은 객체의 참조를 참조하지 않고 다른 객체 값을 치환하는 경우는 앞의 경우와 같이 변경된 내용이 함수를 호출한 측에 반영되지 않는다.

```
>>> def gg(t):
        t = [1, 2, 3]
>>> a = [5, 6, 7]
>>> gg(a)
>>> a
[5, 6, 7]  ──── 변경되지 않았다.
```

결론적으로 모든 인수는 인수 자체가(함수 f, h, g와 같이) 다른 객체로 치환될 때, 함수를 호출한 측에 아무런 영향을 미치지 못한다. 변경 가능한 인수는 참조를 이용하여 내부 객체를 변경할 때 변경이 호출한 측에 반영된다. 이러한 파이썬의 독특한 호출 방식을 객체 참조에 의한 호출이나 공유에 의한 호출이라고 한다.

11.3 유효 범위

규칙 11.3.1

유효 범위 규칙(Scope Rule)이란 변수가 유효하게 사용되는 문맥(Context) 범위를 정하는 규칙이다. 즉, 변수가 특정 범위에서 유효한지를 결정한다. 변수는 다양한 이름 공간에 저장되어 있는데 파이썬에서는 이 이름 공간을 어떻게 찾는지 살펴보자.

파이썬에서는 이름 공간을 찾는 규칙을 LEGB 규칙이라고 한다.

- L Local, 함수 내에 정의된 지역 변수이다.
- E Enclosing Function Local, 함수를 내포하는 또 다른 함수 영역이다.

- G Global, 함수 영역에 포함되지 않은 모듈 영역이다.
- B Built-in, 내장 영역이다.

변수가 저장되는 이름 공간은 변수가 어디에서 정의(혹은 치환)되었는지에 따라서 결정된다. 변수가 함수 내에서 정의되면, 함수의 지역(Local) 변수가 된다. 변수가 함수 외부에서 정의되면 해당 모듈의 전역(Global) 변수가 된다. 다음 예를 보자.

```
>>> x = 10                      # G에 해당한다.
>>> y = 11
>>> def foo( ):
        x = 20                  # foo 함수의 L에, bar 함수의 E에 해당한다.
        def bar( ):
                a = 30          # L에 해당한다.
                print(a, x, y)  # 각 변수는 L, E, G에 해당한다.
        bar( )                  # 30 20 11
        x = 40
        bar( )                  # 30 40 11

>>> foo( )
```

파이썬에서는 함수 안에 또 다른 함수를 정의하는 것이 가능하다. 예에서 처음 x, y 변수는 전역 영역(Global)에 저장되고, foo( ) 함수 안의 x는 foo( ) 함수의 지역(Local) 변수이다. bar( ) 함수의 이름 공간은 foo( ) 함수의 이름 공간 안에 놓이게 된다. 따라서 그림 11-4와 같은 공간 구조를 갖게 된다. 변수의 이름은 항상 안쪽에서부터 바깥쪽으로 찾아 나간다. 따라서 bar( ) 함수 내에서 x, y 변수는 foo( ) 함수의 x와 전역 영역의 y를 참조하게 된다.

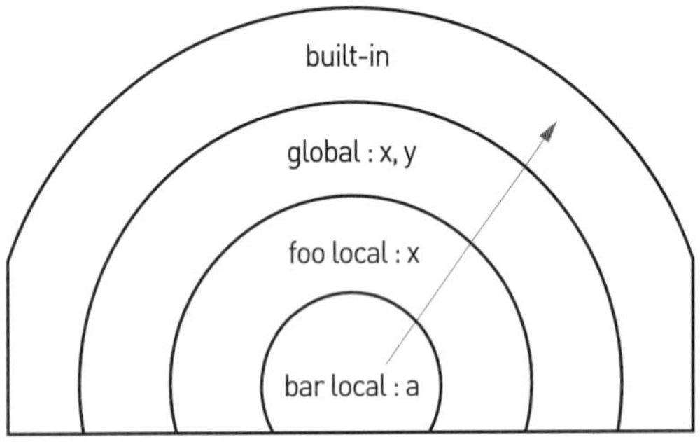

그림 11-4 유효 범위 규칙

동일한 이름이 있으면 안쪽에 있는 이름 공간의 이름이 먼저 사용되는 것이 원칙이다. abs( )라는 내장 함수가 있다.

```
>>> abs
<built-in function abs>
```

모듈 수준에서 abs라는 변수를 새로 정의하면 내장 함수 abs( )는 어떻게 될까? 당연히 abs( ) 함수를 사용할 수 없게 된다. 하지만, 이 함수는 없어진 것이 아니라 단지 전역 영역에 감추어져 보이지 않을 뿐이다.

```
>>> abs = 10
>>> abs(-5)
...
TypeError: 'int' object is not callable
```

다음과 같이 전역 영역의 변수를 삭제하면 가려져 있던 함수 abs( )를 다시 사용할 수 있다.

```
>>> del abs
>>> abs(-5)
5
```

물론 변수 abs를 삭제하지 않고도 다음과 같이 직접적으로 내장 함수를 참조하는 것이 가능하기는 하다.

```
>>> getattr(__builtins__, 'abs')
<built-in function abs>
```

그러면 내장 이름으로는 어떤 것들이 있을까? 간단하게 알아보는 방법은 내장 변수 __builtins__을 이용하는 것이다. 내장 변수 __builtins__는 내장 공간의 이름 공간이다.

```
>>> dir(__builtins__)
['ArithmeticError', 'AssertionError', 'AttributeError', 'BaseException',
'BufferError',
~ 생략 ~
'round', 'set', 'setattr', 'slice', 'sorted', 'staticmethod', 'str', 'sum',
'super', 'tuple', 'type', 'vars', 'zip']
```

global 문 11.3.2

함수 내부에서 값을 치환해서 사용하는 변수를 전역 변수로 사용하려면 어떻게 해야 할까? 이럴 때는 global 선언자를 사용하여 변수가 전역 변수임을 선언해야 한다.

```
def f(a):            # a는 지역 변수
    global h
    h = a + 10       # h는 전역 변수
```

전역 변수의 이름을 지으면서 흔히 다음과 같은 실수를 범한다.

```
>>> g = 10
>>> def f( ):
        a = g        # ① g 지역 변수? 전역 변수?
        g = 20       # ② g 지역 변수? 전역 변수?
        return a
```

```
>>> f( )
...
UnboundLocalError: local variable 'g' referenced before assignment
```

우선 ②를 살펴보자. 함수 내에서 정의된 ②의 g는 지역 변수이다. 따라서 한 함수 f에 있는 ①의 g도 지역 변수이어야 한다. 그런데 ①에서는 지역 변수 g의 값이 정해지기도 전에 사용하려고 한 것이다. 따라서 UnboundLocalError 에러가 발생한다.

g를 전역 변수로 사용하려면 어떻게 해야 할까? 간단하다. 전역 변수로 g를 선언하는 것이다.

```
def f( ):
    global g     # 전역 변수
    a = g        # 전역 변수
    g = 20       # 전역 변수
    return a
```

nonlocal 문 11.3.3

전역 영역이 아닌 중첩된 함수의 변수를 사용하려고 할 경우에 변수를 nonlocal 문으로 선언할 수 있다. global 선언자는 전역 영역의 변수에 접근하는 반면, nonlocal 선언자는 가장 가까운 이름 공간에서부터 변수를 찾는다.

```
>>> def outer( ):
        x = 1
        def inner( ):
                nonlocal x     # 함수 outer의 x를 사용하게 된다.
                x = 2          # 함수 inner의 지역 변수가 아니다.
                print("inner:", x)
        inner( )
        print("outer:", x)

>>> outer( )
inner: 2
outer: 2
```

11.4 함수의 인수

인수의 기본값 11.4.1

인수에서 기본값이란 함수를 호출할 때 인수를 넘겨주지 않아도 인수가 자신의 기본값을 취하도록 하는 기능이다. 기본값을 지정하면 꼭 필요한 인수만 넘겨주면 되므로 함수 호출이 편리해진다. 많은 경우에 인수의 값이 고정되어 있거나 기본값이 있는 경우에, 인수에서 기본값을 사용하면 도움이 된다.

다음 함수 incr은 두 개의 인수를 받는다. 두 번째 인수의 기본값이 1로 주어져 있다. 만일 인수를 한 개만 넘기면 두 번째 인수인 step은 값으로 1을 취한다.

```
>>> def incr(a, step = 1):
        return a + step

>>> b = 1
>>> b = incr(b)        # 1이 증가한다.
>>> b
2
>>> b = incr(b, 10)    # 10이 증가한다.
>>> b
12
```

주의할 점은 기본값이 정의된 인수 다음에 기본값이 없는 인수가 올 수 없다는 것이다.
즉, 다음과 같은 경우는 허용하지 않는다.

```
def decr(step = 1, b):
    pass
```

키워드 인수 11.4.2

함수의 호출에서 키워드 인수란 인수 이름으로 값을 전달하는 방식이다.

```
>>> def area(height, width):
        return height * width

>>> area(width = 20, height = 10)    # 순서가 아닌 이름으로 값을 전달한다.
200
```

일반적으로 함수를 호출할 때 키워드 인수의 위치는 위치 인수(보통의 인수) 이후이다. 예를 들어, 다음은 가능하다.

```
>>> area(20, width = 5)
100
```

하지만, 키워드 인수 이후에 순서에 의해서 인수 일치(Matching)를 시킬 수는 없다.

```
>>> area(width = 5, 20)
SyntaxError: non-keyword arg after keyword arg
```

가변 인수 리스트 11.4.3

고정되지 않은 수의 인수를 함수에 전달하는 방법이 있다. 함수를 정의할 때 인수 목록에 반드시 넘겨야 하는 고정 인수를 우선 나열하고, 나머지를 튜플 형식으로 한꺼번에 받는다.

```
>>> def varg(a, *arg):
        print(a, arg)
```

함수 varg를 호출할 때 넘겨지는 첫 인수는 가인수 a가 받으며 나머지는 모두 튜플 형식으로 arg가 받는다. 가변 인수는 *var 형식으로 인수 목록 마지막에 하나만 나타날 수 있다. 함수 varg를 호출하는 예를 보자.

```
>>> varg(1)
1 ( )
>>> varg(2, 3)
2 (3,)
>>> varg(2, 3, 4, 5, 6)
2 (3, 4, 5, 6)
```

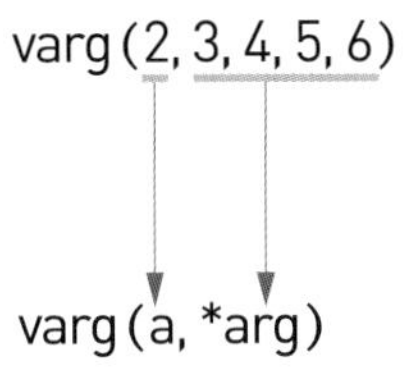

인수가 한 개(1)인 경우 첫 인수 a가 1을 받으며, arg는 빈 튜플을 가진다. 두 번째 경우 첫 인수 2는 a로 3은 튜플 형식으로 arg로 전달된다. 세 번째 경우는 첫 인수 2만 a로 전달되며 나머지 (3, 4, 5, 6)는 모두 arg로 전달된다. 이것을 이용하면 파이썬으로 C 언어의 printf 함수를 그대로 흉내 낼 수 있다.

```
# arg02.py
def printf(format, *args):
        print(format % args)

printf("I've spent %d days and %d night to do this", 6, 5)
```

코드를 실행한 결과는 다음과 같다.

```
I've spent 6 days and 5 night to do this
```

정의되지 않은 키워드 인수 처리하기 11.4.4

키워드 인수를 이용해서 함수를 호출할 때, 만일 미리 정의되어 있지 않은 키워드 인수를 받으려면, 함수를 정의할 때 마지막에 **kw 형식으로 기술한다. 전달받는 형식은 사전이다. 즉, 키는 키워드(변수명)가 되고, 값은 키워드 인수로 전달되는 값이 된다.

```
>>> def f(width, height, **kw):
        print(width, height)
        print(kw)
```

```
>>> f(width = 10, height = 5, depth = 10, dimension = 3)
10 5
{'depth': 10, 'dimension': 3}
```

예에서 함수의 가인수로 정의된 width, height 이외의 키워드는 사전 kw에 전달되었다. 이와 같은 사전 키워드 인수는 함수의 가인수 목록의 제일 마지막에 나와야 한다.

```
>>> def g(a, b, *args, **kw):
        print(a, b)
        print(args)
        print(kw)

>>> g(1, 2, 3, 4, c = 5, d = 6)
1 2
(3, 4)
{'c': 5, 'd': 6}
```

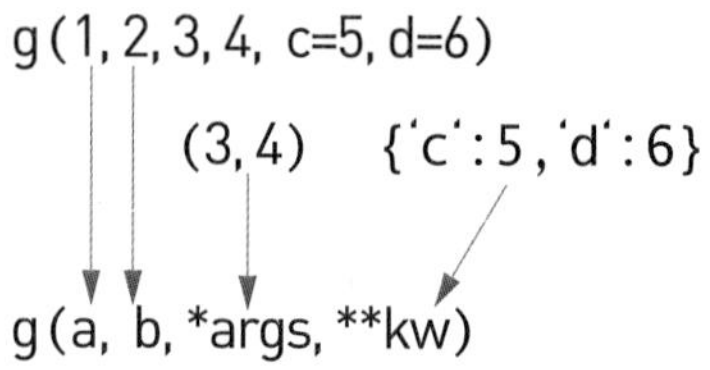

튜플 인수와 사전 인수로 함수를 호출하기 11.4.5

만일 함수 호출에 사용하는 인수들이 튜플에 있으면 *를 이용하여 함수를 호출할 수 있다.

```
>>> def h(a, b, c):
        print(a, b, c)

>>> args = (1, 2, 3)
>>> h(*args)
1 2 3
```

만일 함수 호출에 사용하는 인수들이 사전에 있다면 **를 이용하여 함수를 호출할 수 있다.

```
>>> dargs = {'a':1, 'b':2, 'c':3}
>>> h(**dargs)
1 2 3
```

다음과 같이 튜플 인수와 사전 인수를 함께 사용할 수도 있다.

```
>>> args = (1, 2)
>>> dargs = {'c':3}
>>> h(*args, **dargs)
1 2 3
```

11.5 함수 안의 함수+

일급 함수 11.5.1

파이썬의 함수는 모두 일급 함수이다. 일급 함수(First Class Function)란 ① 함수를 다른 함수에 인수로 전달할 수 있고, ② 함수의 반환 값으로 전달할 수 있고, ③ 변수나 자료 구조에 저장할 수 있는 함수를 의미한다.

```
>>> def add(a, b):
        return a + b

>>> addition = add              # ③ 함수를 저장
>>> addition(3, 4)
7
>>> def f(g, a, b):             # ① 인수로 전달
        return g(a, b)

>>> f(add, 2, 3)
5
>>> def decorate(type = 'italic'):
        def italic(s):
                return '<i>'+s+'</i>'
        def bold(s):
                return '<b>'+s+'</b>'
        if type == 'italic':
                return italic    # ② 함수를 반환
        else:
                return bold      # ② 함수를 반환
```

```
>>> dec = decorate( )
>>> dec('hello')
'<i>hello</i>'
```

함수 클로저 11.5.2

함수 클로저(Function Closure)란 함수가 참조할 수 있는 비지역 변수(Non-local Variable)나 자유 변수(Free Variable)를 저장한 심볼 테이블 혹은 참조 환경(Reference Environment)이 함수와 함께 제공되는 것이다. 다음 예를 보자.

```
>>> def quadratic(a, b, c):
        cache = {}
        def f(x):
                if x in cache:
                        return cache[x]
                y = a * x * x + b * x + c
                cache[x] = y
                return y
        return f

>>> f1 = quadratic(3, -4, 5)
>>> f1(0.1)
4.63
>>> f2 = quadratic(-2, 7, 10)
>>> f2(0.4)
12.48
```

함수 quadratic의 호출에 의해 반환되는 함수 객체 f는 내부에 지역 변수 x, y를 포함하며 정적인(Static) 비지역 변수(Non-local) cache, a, b, c를 갖는다. f1과 f2는 각각 독립적인 비지역 변수를 그림 11-5와 같이 실행 문맥(Execution Context)으로 갖는다. 함수 f를 둘러싸고 있는 각각의 자유 변수 영역은 객체 f1이나 f2가 삭제될 때까지 유지된다.

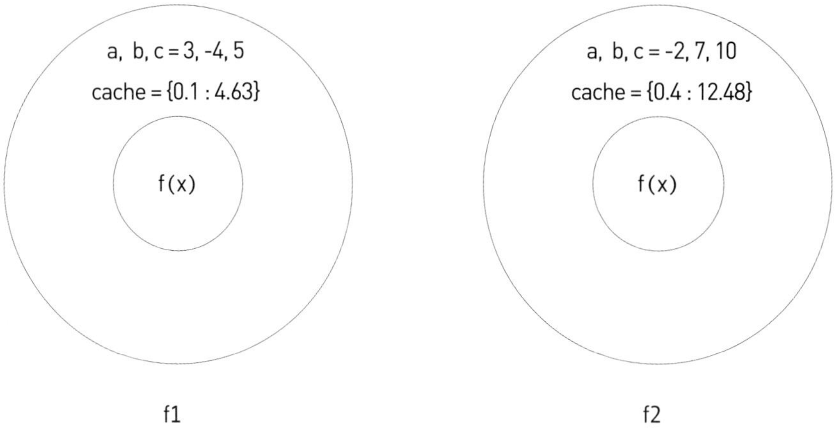

그림 11-5 함수 클로저와 실행 문맥

함수 클로저는 함수마다 독립적인 이름 공간을 제공하는 장점이 있다. 이를 이용하면 마치 인스턴스 객체처럼 별도로 동작하는 함수를 정의할 수 있다. 다음 예는 카운터 함수의 예이다. 두 개의 카운터 함수 c1과 c2는 서로의 간섭 없이 독립적으로 동작한다.

```
>>> def makeCounter( ):
        count = 0
        def counter( ):
                nonlocal count
                count += 1
                return count
        return counter

>>> c1 = makeCounter( )
>>> c2 = makeCounter( )
>>> c1( )
1
>>> c1( )
2
>>> c2( )
1
```

함수 클로저는 함수 객체의 __closure__ 속성으로 확인할 수 있다.

```
>>> c1.__closure__
(<cell at 0x03382EF0: int object at 0x1E217B48>,)
>>> c1.__closure__[0]
<cell at 0x03382EF0: int object at 0x1E217B48>
>>> c1.__closure__[0].cell_contents
0
>>> c1( )
1
>>> c1( )
2
>>> c1.__closure__[0].cell_contents
2
```

함수 클로저는 클래스의 장식자(Decorator, 14.2절 참고)에서 유용하게 사용한다.

partial( ) 함수 11.5.3

functools 모듈에서 제공하는 partial( ) 함수는 함수 클로저를 반환하는 함수이다. 이 함수는 기존 함수를 사용하여 일부 인수가 미리 정해진 새로운 함수를 반환한다. 예를 들어, 다음과 같다.

```
>>> from functools import partial
>>> bin2int = partial(int, base = 2)
>>> bin2int('10010')
18

>>> def quadratic(x, a, b, c):
        return a * x * x + b * x + c

>>> f1 = partial(quadratic, a = 3, b = -4, c = 5)
>>> f1(0.1)
4.63
```

11.6 한 줄짜리 함수 : 람다 함수

람다 함수의 정의 11.6.1

람다(Lambda) 함수는 이름이 없는 한 줄짜리 함수이다. 이 함수를 정의하는 방법은 다음과 같다.

lambda 〈인수들〉 : 〈반환할 식〉

예를 들어, 받는 인수가 없고 언제나 1을 반환하는 람다 함수는 다음과 같이 정의한다.

```
>>> lambda:1
<function <lambda> at 1206850>
```

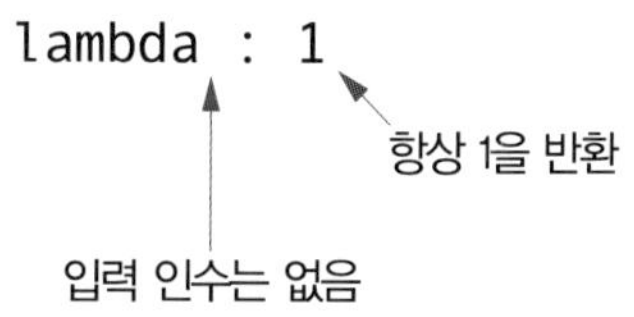

람다 함수는 값을 반환하기 위하여 return 문을 사용하지 않는다. 람다 함수의 몸체(Body)는 문이 아닌 하나의 식이다. 람다 함수는 함수 참조를 반환한다.

따라서 다음과 같이 새 이름(예, f)으로 람다 함수 객체를 받을 수 있다. 여기서 이름 f는 람다 함수의 참조를 가지고 있으므로 함수 호출에 직접 사용할 수 있다.

```
>>> f = lambda:1
>>> f( )
1
```

이번에는 인수를 가지는 람다 함수를 만들어 보자. 두 개의 값을 더하는 함수는 다음과 같이 정의한다.

```
>>> g = lambda x, y: x + y
>>> g(1, 2)
3
```

앞의 함수는 두 개의 인수(x, y)를 받으며, 두 값의 합(x + y)을 반환한다. 여기서 return 문을 사용하지 않아도 하나의 식으로 이루어지는 결괏값을 반환한다.

람다 함수도 기본값을 가지는 인수와 가변 인수를 지정할 수 있다.

```
>>> incr = lambda x, inc = 1: x + inc
>>> incr(10)        # inc 기본 인수 값으로 1을 사용한다.
11
>>> incr(10, 5)
15

>>> vargs = lambda x, *args: args
>>> vargs(1, 2, 3, 4, 5)
(2, 3, 4, 5)
```

다음과 같이 정의되지 않은 키워드 인수도 처리할 수 있다.

```
>>> kwords = lambda x, *args, **kw: kw
>>> kwords(1, 2, 3, a = 4, b = 6)
{'b': 6, 'a': 4}
```

람다 함수를 사용하는 예 11.6.2

람다 함수는 주로 함수를 인수로 넘겨주어야 하는 경우에 편리하다. 일반 함수로 구현한 다음의 예에서 함수 g는 func를 -10 ~ 9 범위의 인수로 계산한다.

```
>>> def f1(x):
        return x * x + 3 * x - 10

>>> def f2(x):
        return x * x * x
```

```
>>> def g(func):
        return [func(x) for x in range(-10, 10)]

>>> g(f1)
[60, 44, 30, 18, 8, 0, -6, -10, -12, -12, -10, -6, 0, 8, 18, 30, 44, 60, 78, 98]
>>> g(f2)
[-1000, -729, -512, -343, -216, -125, -64, -27, -8, -1, 0, 1, 8, 27, 64,
125, 216, 343, 512, 729]
```

같은 내용을 람다 함수로 구현하면 다음과 같다.

```
>>> def g(func):
        return [func(x) for x in range(-10, 10)]

>>> g(lambda x:x * x + 3 * x - 10)
[60, 44, 30, 18, 8, 0, -6, -10, -12, -12, -10, -6, 0, 8, 18, 30, 44, 60, 78, 98]
>>> g(lambda x:x * x * x)
[-1000, -729, -512, -343, -216, -125, -64, -27, -8, -1, 0, 1, 8, 27, 64,
125, 216, 343, 512, 729]
```

일반 함수로 구현한다면 함수를 정의하고 나서 함수를 인수로 전달해야 하지만, 람다 함수는 정의와 동시에 함수 객체로 사용할 수 있다. 이와 같은 차이는 문(Statement)과 식(Expression)에서 온다. 문은 반환 값이 없으며, 식의 일부분으로 사용할 수 없다. def 키워드는 문으로 함수를 정의한다. 람다 함수는 식이다. 식은 결괏값이 존재하며 다른 식의 일부로 사용할 수 있다. 따라서 정의와 함께 함수 인수로 전달하는 것이 가능하다. 람다 함수를 활용하는 다른 예는 함수적 프로그래밍의 map( )과 filter( ) 함수에서 살펴보기로 하자.

표 11-1 일반 함수와 람다 함수의 차이

구분	def로 정의하는 함수	람다 함수
문/식	문(Statement)	식(Expression)
함수의 이름	def 다음에 지정한 이름으로 만든 함수 객체를 치환한다.	함수 객체만을 생성한다.
몸체	한 개 이상의 문을 포함한다.	하나의 식만 온다.
반환	return 문에 의해 명시적으로 반환 값을 지정한다.	식의 결괏값을 반환한다.
내부 변수 선언	지역 영역에 변수를 만들고 사용하는 것이 가능하다.	지역 영역에 변수를 만드는 것이 가능하지 않다.

11.7 함수적 프로그래밍

함수적 프로그래밍(Functional Programming)이란 함수를 사용하여 문제를 해결하는 프로그래밍 방식을 의미한다. 기본적으로 함수는 입력을 받고 출력을 만들어 내는 단위이며, 동일한 입력에 대해서 다른 출력 결과를 만들어 내는 내부 상태를 가지고 있지 않다. 대표적인 언어로는 Standard ML과 OCaml, Haskell, Scheme, Clojure, Erlang 등이 있다.

파이썬은 멀티 패러다임을 추구하는 언어이다. 객체지향 언어이긴 하지만 절차적 언어로 사용하는 것도 가능할 뿐 아니라 함수적 프로그래밍도 가능하도록 설계되었다. 함수적 프로그래밍에서 입력은 일련의 함수들을 계속해서 통과한다. 각 함수는 입력을 받고 출력을 만들어 낸다. 함수적 프로그래밍에서는 내부 상태를 갖는 함수를 지양한다. 같은 입력에 대해 다른 출력을 낼 수 있기 때문이다. 또한, 값의 반환 이외에 다른 외부 변수를 변경하는 것도 금한다. 이러한 부작용 없는 함수를 순수 함수(Pure Function)라고 부른다.

순수 함수는 출력 값을 입력에 의존해서만 결정한다. 이러한 점은 객체지향 프로그래밍과는 정반대이다. 객체들은 내부 상태를 가지고 있고 메서드의 호출은 객체의 상태를 반영한 출력을 만들어 낸다. 함수적 프로그래밍은 상태 변화를 가능한 한 최소화하고 함수들을 통과해서 만들어지는 데이터로만 작업을 한다. 파이썬에서는 객체들을 입력과 출력으로 하는 순수 함수를 정의함으로써 두 가지 접근 방법을 결합할 수 있다.

반복자(Iterator)는 함수적 프로그래밍에서 중요한 역할을 수행한다. 반복자는 next( ) 함수를 호출할 때 데이터를 순차적으로 한 번에 하나씩 넘겨주는 자료형이다. 파이썬에서 함수적 프로그래밍에 사용하는 순수 함수는 출력으로 반복자를 반환한다. 이 반복자는 게으른 계산(Lazy Evaluation)을 하기 때문에 출력 값을 필요로 하는 시점에서 값을 계산한다. 따라서 필요한 만큼의 연산을 수행하는 것이 가능하다.

map( ) 내장 함수 11.7.1

map( ) 내장 함수는 입력 집합(X)과 사상 함수(f)가 주어져 있을 때, Y = f(X)를 구한다. 이 함수는 두 개 이상의 인수를 받는다. 첫 인수는 함수(f)이며 두 번째부터는 입력 집합(X)인 시퀀스 자료형(문자열, 리스트, 튜플 등)이어야 한다. 첫 번째 인수인 함수는 입력 집합 수만큼의 인수를 받는다. 예를 들어, 다음과 같은 코드일 수 있다.

```
>>> def f(x):
        return x * x

>>> X = [1, 2, 3, 4, 5]
>>> map(f, X)        # 반복자 map 객체를 반환한다.
<map object at 0x02C27C50>
>>> list(map(f, X))
[1, 4, 9, 16, 25]
```

앞의 예에서 map( ) 함수의 첫 번째 인수는 함수(f)이고, 두 번째 인수는 리스트이다. 두 번째 인수의 모든 항목은 첫 인수인 함수 f에 적용되고 결과로 반복자인 map 객체를 반환한다.

반복자의 게으른 계산

map( ) 함수의 결과로 반환되는 map 객체는 반복자이다. 반복자는 기본적으로 게으른 계산(Lazy Evaluation)을 수행한다. 즉, 값이 필요한 시점에 실제 계산이 이루어진다는 의미이다. 다음 예를 보자.

```
>>> def f(x):
        print('calculating..f', x)
        return x * x
```

```
>>> X = [1, 2, 3, 4, 5]
>>> m = map(f, X)     # map 객체를 반환한다.
>>> next(m)           # 반복자는 next( ) 함수를 통하여 값을 읽어 낸다.
calculating..f 1      # 읽어 내는 시점에서 함수가 호출되는 것을 확인한다.
1
>>> next(m)           # 게으른 계산을 다시 한번 확인한다.
calculating..f 2
4
```

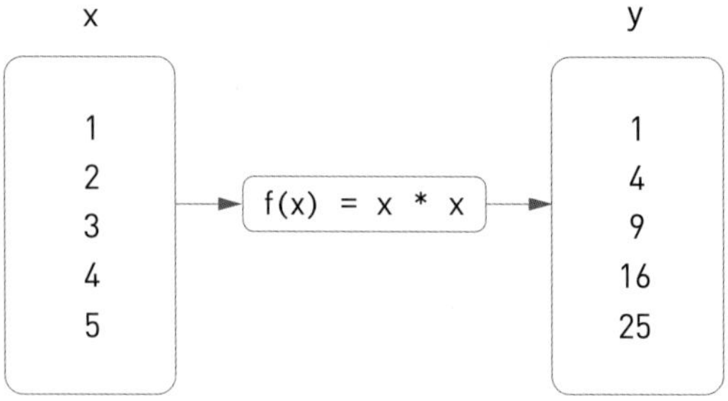

그림 11-6 map( ) 함수의 동작

map( ) 함수는 훨씬 간결하면서도 이해하기 쉬운 코드를 만들어 준다. 개개의 요소를 다루지 않지만, Y = map(f, X)는 집합 X에 함수 f를 적용한 결과 Y를 구한다는 의미가 명확하다. 실행 효율 면에서도 일반 for 문을 사용하는 것보다 앞선다.

이번에는 람다 함수를 사용하여 같은 결과를 얻어 보자.

```
>>> X = [1, 2, 3, 4, 5]
>>> Y = map(lambda a:a * a, X)
>>> Y
<map object at 0x02C27750>
>>> list(Y)
[1, 4, 9, 16, 25]
```

앞의 예와 차이점은 첫 번째 인수가 일반 함수가 아닌 람다 함수로 주어졌다는 것이다. 함수를 재사용하지 않을 경우에는 이렇게 간단하게 람다 함수를 이용하는 것이 간편하다.

다른 예로, X = range(10)의 모든 값 x에 대해서 사상 함수 f = x * x + 4 * x + 5의 결과를 계산해 보자.

```
>>> X = range(10)
>>> Y = map(lambda x: x * x + 4 * x + 5, X)
>>> list(Y)
[5, 10, 17, 26, 37, 50, 65, 82, 101, 122]
```

map( ) 함수는 입력을 두 개 이상도 받는다. 이때는 함수도 입력 집합 수에 맞추어서 인수를 받아야 한다.

```
>>> X = [1, 2, 3, 4, 5]
>>> Y = [6, 7, 8, 9, 10]
>>> Z = map(lambda x, y:x + y, X, Y)
>>> list(Z)
[7, 9, 11, 13, 15]
```

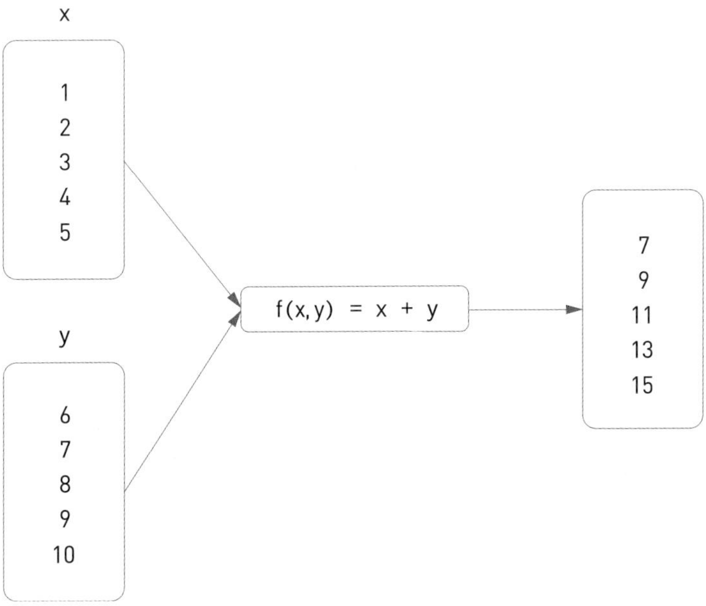

그림 11-7 두 개의 입력에 대한 map( ) 함수의 동작

만일 map( ) 함수에 넘겨주는 함수가 앞의 경우와 같이 이미 파이썬에서 정의한 연산일 경우에는 operator 모듈을 이용할 수 있다. 예를 들어, 앞서와 동일한 코드를 다음과 같이 작성할 수 있다.

```
>>> import operator
>>> X = [1, 2, 3, 4, 5]
>>> Y = [6, 7, 8, 9, 10]
>>> Z = map(operator.add, X, Y)
>>> list(Z)
[7, 9, 11, 13, 15]
```

operator 모듈에는 다양한 연산 함수가 정의되어 있으므로 자세한 내용은 라이브러리 레퍼런스를 참고하기 바란다.

filter( ) 내장 함수 11.7.2

filter( ) 내장 함수는 주어진 시퀀스형 데이터 중에서 필터링하여 참인 요소만 모아 출력한다. 두 개의 인수를 가지며 첫 인수는(map( ) 함수에서와같이) 함수이고, 두 번째 인수는 시퀀스 자료형이다.

```
>>> # 2보다 큰 값들로 구성된 리스트를 반환한다.
>>> f = filter(lambda x:x > 2, [1, 2, 3, 34])
>>> f   # 반복자인 filter 객체를 반환한다.
<filter object at 0x02C28250>
>>> list(f)
[3, 34]

>>> list(filter(lambda x:x % 2 == 1, [1, 2, 3, 4, 5, 6]))    # 홀수만 반환한다.
[1, 3, 5]

>>> ''.join(filter(lambda x:x < 'a', 'abcABCdefDEF'))
'ABCDEF'
```

시퀀스형 데이터의 각 값은 람다 함수에 하나씩 전달되고 결과가 참인 경우만 출력 시퀀스 자료형에 포함된다.

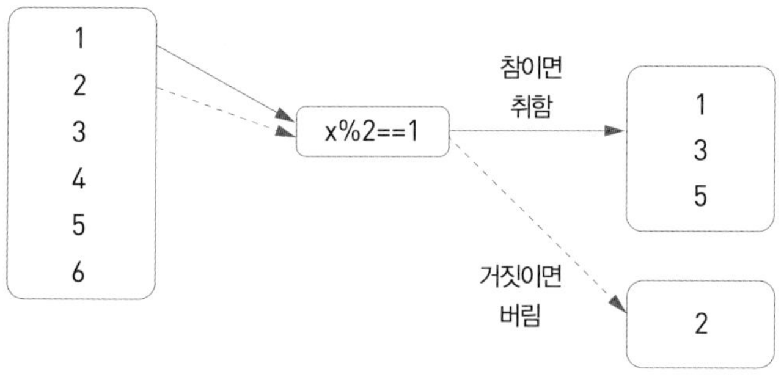

그림 11-8 filter( ) 함수의 동작

조건식이 복잡하면 별도의 함수를 만들어야 할 것이다. 하지만, 이러한 전통적인 방식의 코딩보다는 filter( ) 함수를 사용함으로써 얻게 되는 간결함과 높은 이해도는 코딩하는 데 많은 이익을 준다.

다른 유용한 예는 다음과 같이 리스트에서 별 의미 없는 값을 삭제하는 것이다.

```
>>> L = ['high', 'level', '', 'built-in', '', 'function']
>>> list(filter(None, L))
['high', 'level', 'built-in', 'function']
```

filter( ) 함수의 첫 번째 인수로 None 객체를 사용하면 입력 값을 진릿값을 판별하는 데 그대로 사용할 수 있다.

QUIZ

range(100)에서 5의 배수이거나 7의 배수인 수만을 걸러내 보자.

11.8 함수 객체의 속성+

함수 객체는 여러 가지 속성을 갖는다. __doc__는 문서 문자열, __name__은 함수의 이름, __defaults__는 기본 인수 값들, __code__는 코드 객체, __globals__는 함수의 전역 영역을 나타내는 사전을 가리킨다.

```
>>> def f(a, b, c = 1):
        'func attribute testing'
        localx = 1
        localy = 2
        return 1

>>> f.__doc__              # 문서 문자열
'func attribute testing'
>>> f.__name__             # 함수의 이름
'f'
>>> f. __defaults__        # 기본 인수 값들
(1,)
>>> f.__code__             # 함수의 코드 객체
<code object f at 01EA3850, file "<pyshell#69>", line 1>
>>> f.__globals__          # 전역 영역
{'f': <function f at 0x01DF6E88>, '__builtins__': <module 'builtins' (built-
in)>, '__package__': None, '__name__': '__main__', '__doc__': None}
```

이 중에서 속성 __code__에 대해서 조금 더 살펴보자. __code__는 함수의 코드 객체이다. 코드 객체는 의사 컴파일된(Pseudo-compiled) 실행 가능한 파이썬 코드이다. 코드 객체는 compile( ) 내장 함수에 의해 반환되고, 함수 객체의 __code__ 속성으로 참조된다.

코드 객체는 코드에 관한 정보만을 가지고 있는 반면에 함수 객체는 함수를 수행하기 위한 여러 정보를 함께 가지고 있다. 예를 들어, 함수 객체는 기본적인 전역 영역을 가지고 있고, 함수를 호출할 때 전달되지 않으면 자동으로 설정되는 인수의 기본값들을 가지고 있는 반면에 코드 객체는 그렇지 못하다. 또한, 코드 객체는 변경 불가능한 자료형의 일종이다.

속성 __code__를 이용하여 함수를 호출할 일은 거의 없지만, 유용한 정보를 추출해 내는 것은 가능하다. 다음은 함수의 이름과 인수의 개수, 지역 변수의 수, 지역 변수의 이름 등을 추출해

내는 예이다. 더 자세한 내용은 매뉴얼의 라이브러리 레퍼런스를 참고하기 바란다.

```
>>> def f(a, b, c, *args, **kw): # 함수를 정의한다.
        calx = 1
        caly = 2
        return 1

>>> code = f.__code__          # 코드 객체를 참조한다.

>>> code.co_name               # 함수의 이름
'f'
>>> code.co_argcount           # 필수적인 인수의 개수
3
>>> code.co_nlocals            # 전체 지역 변수의 수
7
>>> code.co_varnames           # 지역 변수의 이름들
('a', 'b', 'c', 'args', 'kw', 'calx', 'caly')
>>> code.co_code               # 코드 객체의 바이트 코드 명령어
b'd\x01\x00}\x05\x00d\x02\x00}\x06\x00d\x01\x00S'
>>> code.co_names              # 바이트 코드가 사용하는 이름들
( )
>>> code.co_filename           # 코드 객체를 포함하는 파일 이름
'<pyshell#50>'

>>> code.co_flags & 0x04       # 가변 인수를 사용하는가?
4
>>> code.co_flags & 0x08       # 키워드 인수를 사용하는가?
8
>>> code.co_flags & 0x20       # 발생자인가?
0
```

대화 모드에서 수행하므로 pyshell로 나온다.

11.9 재귀적 프로그래밍

함수가 자기 자신을 호출하면 재귀적(Recursive)이라 한다. 재귀적 프로그래밍은 프로그래밍 언어에서 폭넓게 사용된다. 특히, 자연 언어 처리나 트리 탐색 같은 분야에서는 자주 사용한다. 예를

들어, 1부터 N까지의 합을 계산하는 프로그램을 작성해 보자. 우선 합을 계산하는 재귀적 식(점화식)은 다음과 같이 주어진다.

```
sum(N) = N + sum(N-1), N > 1
sum(1) = 1
```

1부터 N까지의 합은 N + (1부터 N−1까지의 합)과 같다. 초기 조건으로 sum(1)에 1이 할당되었다. 실제로 계산은 다음과 같이 수행한다.

```
sum(N) = N + sum(N-1)
= N + N-1 + sum(N-2)
= N + N-1 + N-2 + ... + 3 + 2 + 1
```

이것을 코드로 작성한 예이다.

```
>>> def sum(N):
        if N == 1: return 1
        return N + sum(N-1)

>>> sum(10)
55
```

연/습/문/제/
Exercise

1 range( ) 함수와 유사한 함수 frange를 작성해 보자. 함수 frange는 실수 리스트를 반환한다. 기본 시작 값은 0.0이고 기본 단계 값은 0.25이다. `frange(5.0)`, `frange(1.0, 5.0)`, `frange(1.0, 3.0, 0.1)` 등을 수행하도록 해보자.

2 조합 논리 회로 1비트 덧셈기 adder를 시뮬레이션하고자 한다. adder는 두 개의 0 또는 1의 값을 가지는 인수를 받고, 두 개의 값을 반환한다. 반환 값은 덧셈 결과를 두 자리로 한 결과이다. `adder(0, 0)`의 결과는 `(0, 0)`이고 `adder(1, 1)`은 `(1, 0)`이다. `adder(0, 1)`이나 `adder(1, 0)`은 `(0, 1)`의 결과를 낳는다. 함수 adder를 작성해 보자.

3 함수 sum을 정의해 보자. 이 함수는 임의 개수의 인수를 받아서 합을 계산한다. 예를 들어, `sum( )`은 0을, `sum(1, 2)`은 3을, `sum(1, 5, 7, 2, 3)`은 18을 반환한다. 참고로 가변 인수를 사용한다.

4 이미지 파일을 작게 표시하는 썸네일(Thumb Nail)이라는 이미지 파일이 있다. 이 파일은 원래의 이미지 파일에 _thumb란 이름이 추가로 붙는다. 예를 들어, a.jpg의 썸네일 파일은 a_thumb.jpg이다. 이미지 파일 이름이 리스트에 담겨 있을 때, filter( ) 함수를 사용하여 여기서 일반 이미지 파일만 혹은 썸네일 파일만 골라내 보자.

5 주어진 문자열(예, 'as soon as possible')에서 각 단어의 첫 글자를 취해서 하나의 단어를 만들어 보자. 참고로 split( )과 map( ), join( ) 함수를 사용한다.

6 data.txt 파일에 다음과 같은 내용이 저장되어 있다. 이들을 읽어 리스트 x에 `[1, 4, 7]`, 리스트 y에 `[2, 5, 8]`, 리스트 z에 `[3, 6, 9]`가 저장되도록 map( ) 함수를 사용하여 작성해 보자. 리스트 안의 숫자는 모두 정수형이어야 한다.

```
1 2 3
4 5 6
7 8 9
```

7 N!(팩토리얼)을 계산하는 함수 fact를 재귀 함수로 작성해 보자.

8 리스트의 구조를 변경하지 말고 리스트의 값을 바꾸는 함수를 작성하고 시험해 보자. 예를 들어, `[3, 2, [3, [[3], 4]]]`에서 3을 5로 바꾼다면 `[5, 2, [5, [[5], 4]]]` 결과가 나와야 한다. 참고로 재귀적 프로그래밍을 사용한다.

제 12 장

모듈과 패키지

Chapter 12

하나의 파일은 하나의 모듈(Module)이다. 관련된 모듈 여러 개를 하나로 묶은 단위를 패키지(Package)라고 부른다. 이 장에서는 모듈과 패키지가 무엇인지 알아보고, 여러 개의 모듈로 작성한 프로그램이 상호 호출되면서 실행되는 구조를 이해해 보자.

12.1 모듈

모듈이란 12.1.1

모듈이란 파이썬 프로그램 파일이나 C, Fortran 확장 파일로 프로그램과 데이터를 정의하고 있으며, 고객(Client, 어떤 모듈을 호출하는 측)이 모듈에 정의된 함수나 변수의 이름을 사용하도록 허용하는 것이다. 다시 말하면 파이썬 모듈은 파이썬 프로그램으로 작성된 파일(*.py, *.pyc, *.pyo)이나 C나 Fortran 등으로 만든 파이썬 확장 파일(*.pyd)일 수 있다.

모듈 파일은 어떠한 코드로도 작성할 수 있다. 함수를 정의할 수 있고, 뒤에서 배울 클래스를 정의할 수 있으며, 변수도 정의할 수 있다. 이렇게 정의한 내용은 다른 모듈에 의해서 호출되고 사용된다. 모듈은 코드들을 한 단위로 묶어 사용할 수 있게 하는 하나의 단위이다.

모듈은 서로 연관된 작업을 하는 코드들의 모임으로 구성된다. 작성 중인 모듈의 크기가 어느 정도 커지게 되면 일반적으로 관리 가능한 작은 단위로 다시 분할한다. 지나치게 큰 모듈은 개념적으로나 실행 효율 면에서 좋지 않다. 이렇게 분리된 모듈은 코드의 독립성을 유지하여 나중에 재사용할 수 있게 하는 것이 좋다.

모듈은 누가 제공하느냐에 따라서 표준 모듈, 사용자 생성 모듈, 서드 파티(Third Party) 모듈로 나누어질 수 있다. 표준 모듈은 파이썬 패키지 안에 포함된 모듈이고, 사용자 생성 모듈은 여러분이 만드는 모듈, 그리고 서드 파티 모듈은 협력 업체나 개인이 만들어서 제공하는 모듈이다.

모듈을 만들고 호출하는 간단한 예를 보자. 모듈을 만들기는 쉽다. 여러분이 필요로 하는 변수나 함수를 정의한 파이썬 파일을 만드는 것이 전부이다(확장자는 py이어야 한다). 다음 예를 보자.

```
# FILE : mymath.py
mypi = 3.14

def add(a, b):
    return a + b

def area(r):
    return mypi * r * r
```

앞의 코드는 mymath.py란 파일 이름으로 저장되었다. 이 모듈을 대화식 모드에서 호출해 보자.

```
>>> import mymath
>>> dir(mymath)        # mymath에 정의된 이름을 확인한다.
['__builtins__', '__cached__', '__doc__', '__file__', '__name__',
'__package__', 'add', 'area', 'mypi']
>>> mymath.mypi        # mymath 안에 정의된 mypi를 사용한다.
3.14
>>> mymath.area(5)     # mymath 안에 정의된 area를 사용한다.
78.5
```

첫 번째 명령 `import`는 mymath를 현재의 모듈로 가져온다. 모듈을 사용하기에 앞서서 먼저 실행해야 할 부분이다. 모듈 이름은 원래 파일 이름에서 확장자를 제외한 것과 동일하다. 두 번째 명령 `dir(mymath)` 함수는 mymath에 정의한 각종 이름을 보여준다. 앞뒤에 밑줄(__)이 붙은 이름은 시스템에서 자동으로 설정한 것이고 마지막 세 개(add, area, mypi)가 모듈에서 정의한 이름이다. 세 번째 명령 `mymath.mypi`는 mymath 이름 공간 안의 mypi를 참조한다. 네 번째 명령 `mymath.area(5)`는 mymath 이름 공간 안의 이름 area를 호출한다.

자격 변수와 무자격 변수 12.1.2

이름 공간(A) 안에 있는 속성들(x, y)을 다른 공간(B)의 것들(x, y)과 구분하기 위해 다음과 같은 형식을 사용한다.

공간.속성

예를 들어, X.Y.Z는 이름 공간 X에서 Y를 찾고, 이름 공간 Y에서 Z를 찾는다. 다음 코드를 보자.

```
>>> import os
>>> os.path.join('a', 'b')    # path, join은 자격이 있는 이름이다.
'a\\b'
```

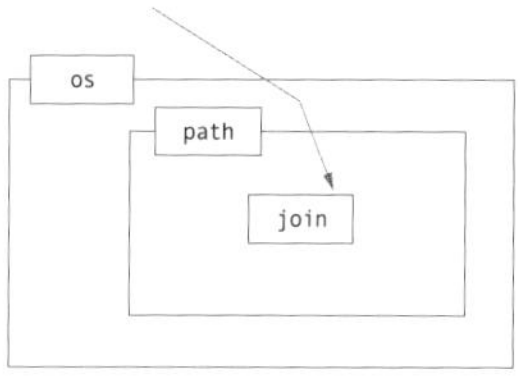

점(.)으로 연결되지 않은 이름 공간이 주어지지 않은 이름은 LEGB 규칙에 따라서 먼저 찾아지는 이름을 취한다. 즉, 지역 영역과 내포된 함수 영역, 전역 영역, 내장 영역 순으로 이름 W를 찾는다.

```
>>> def f( ):
        a = 1
        def g( ):
                print(b)      # b는 자격이 없는 이름이다.
```

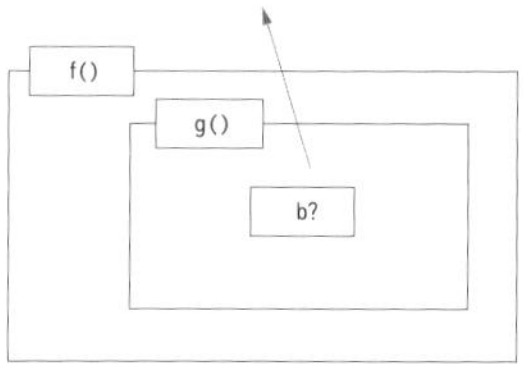

X.Y와 같이 이름 공간이 명백히 주어진 변수를 자격 변수(Qualified Variable)라고 하며, W와 같이 이름 공간이 명확하지 않은 변수를 무자격 변수(Unqualified Variable)라고 한다.

모듈 검색 경로 12.1.3

파이썬은 가져오기를 한 모듈을 특별히 지정한 폴더에서 찾아 나간다. 이 폴더는 다음과 같이 sys.path 변수에서 확인할 수 있다.

```
>>> import sys
>>> sys.path
['', 'C:\\Python32\\Lib\\idlelib', 'C:\\Windows\\system32\\python32.zip',
'C:\\Python32\\DLLs', 'C:\\Python32\\lib', 'C:\\Python32', 'C:\\Python32\\lib\\site-
packages']
```

이 폴더에서 모듈을 찾을 수 없으면 ImportError 에러가 발생한다. sys.path 변수에 직접 경로를 추가해도 검색 경로에 포함된다.

```
sys.path.append('c:\\myfolder')
```

만일 검색 경로에 사용자가 지정한 폴더를 포함시키고 싶으면 환경 변수 PYTHONPATH에 폴더를 추가하면 된다. 윈도우 7인 경우 **[시작]** → [제어판] → [시스템 및 보안] → [시스템] → [고급 시스템 설정]을 실행한 후, [고급] 탭에서 [환경 변수]를 눌러 설정하면 된다. 예를 들어, 다음과 같이 설정할 수 있다.

```
PYTHONPATH=c:\python32\mypythonlib;
```

리눅스인 경우는 셸마다 다르므로 한마디로 설명하기 어렵지만, C 셸인 경우 ~/.cshrc 파일에 다음과 같이 정의할 수 있다.

```
setenv PYTHONPATH ~/mypythonlib
```

bash 셸인 경우라면 ~/.bash_profile 파일을 편집해서 다음과 같이 줄을 추가하면 된다. 그러나 패키지마다 다를 수 있다.

```
export PYTHONPATH=~/mypythonlib
```

절대 가져오기 12.1.4

파이썬의 가져오기(Import)에는 절대 가져오기와 상대 가져오기 두 가지가 있다. 절대 가져오기는 항상 sys.path 변수에 정해진 순서대로 폴더를 검색해서 모듈을 가져오는 것이고 상대 가져오기는 현재 모듈이 속해 있는 패키지를 기준으로 상대적인 위치에서 가져올 모듈을 찾는다. 점(.)으로 시작하지 않는 것은 모두 절대 가져오기이다. 상대 가져오기는 패키지 절에서 설명한다.

절대 가져오기는 sys.path 변수에 기술된 경로만을 따라서 모듈을 가져온다. 다음과 같이 다양한 형식이 될 수 있다.

```
>>> import math                                # ①
>>> from math import sin, cos, pi              # ②
>>> from math import *                         # ⑧
>>> import numpy as np                         # ④
>>> from re import sub as substitute           # ⑤
>>> from re import sub as sub1, subn as sub2   # ⑤
>>> from Tkinter import (Tk, Frame, Button, Entry, Canvas, Text,      # ⑥
                          LEFT, DISABLED, NORMAL, RIDGE, END)
```

다음은 앞서 사용한 형식에 대해 설명한 것이다.

① 형식 : 모듈의 이름을 가져왔으므로 `math.sin(math.pi)`와 같은 형식으로 사용한다.

② 형식 : 모듈에서 특정 이름들만을 현재 이름 공간으로 가져온다. `sin(pi/2)`와 같이 사용할 수 있다.

③ 형식 : 모듈에 정의한 모든 이름을 현재 이름 공간으로 가져온다. 이 형식은 모듈 수준에서만 사용할 수 있고 함수 내에서는 사용할 수 없다.

④ 형식 : 모듈 이름을 다른 이름으로 사용하고자 할 때 사용한다. 모듈 이름이 너무 길거나, 사용 중인 이름과 충돌이 일어날 때 사용할 수 있다.

⑤ 형식 : 모듈에 정의한 이름을 다른 이름으로 사용하고자 할 때 사용한다.

⑥ 형식 : 하나의 모듈에서 여러 개의 이름을 가져올 때 괄호를 사용할 수 있다. 여러 줄에 걸쳐서 import 문을 사용할 수 있다.

다음으로 가져오기 과정을 import foo 문으로 알아보자. 우선 소스인 foo.py 파일을 찾는다. 이 파일이 있으면 __pycache__ 폴더에서 바이트 코드 foo.〈magic〉.pyc 파일이 있는지 찾는다. 여기서 〈magic〉은 컴파일된 파이썬 버전을 나타내는 문자열이다. 예를 들어, cpython-32이다. 따라서 foo.cpython-32.pyc가 바이트 코드인 파일 이름일 수 있다. 바이트 코드가 있으면 바이트 코드를 적재하고 만일 없으면 foo.〈magic〉.pyc 파일을 만들어서 적재한다. 이 파일이 있어도 소스가 없으면 가져오기가 되지 않는다. 만일 소스가 있어야 할 폴더에 foo.py 파일이 없고 대신 foo.pyc 파일이 있으면 foo.pyc 파일을 사용한다. 자세한 절차는 그림 12-1에 있다.

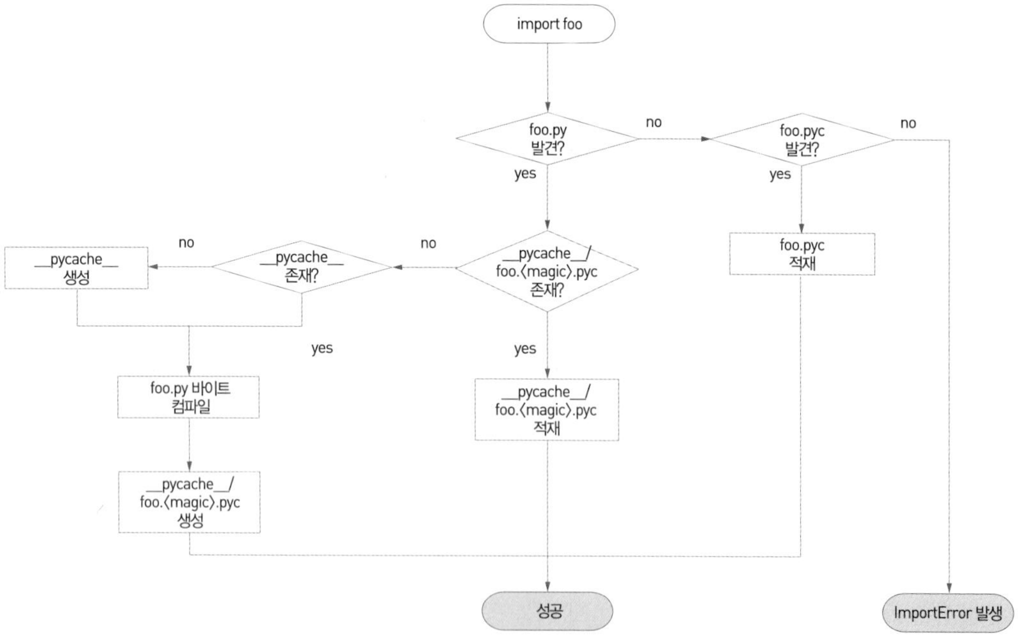

그림 12-1 가져오기 과정

바이트 코드와 VM

바이트 코드란, 하나의 중간 언어, 즉 파이썬 언어와 기계가 수행하는 기계어의 중간에 위치하는 언어이다. 이 언어의 역할은 실행 파일을 기계(CPU 등)나 플랫폼에 의존하지 않도록 만드는 일이다. 중간 언어를 기계가 직접 실행할 수 없기 때문에 기계어와 중간 언어 사이에서 실행을 도와주는 소프트웨어를 두게 된다. 이것을 VM(Virtual Machine, 가상 기계)라고 한다. 자바(Java) 언어가 이와 같은 방식으로 수행되지만, 자바는 명시적인 컴파일 작업을 요구하는 반면에 파이썬은 묵시적으로 필요하다면 자동으로 컴파일되므로 컴파일 언어이면서 동시에 인터프리터 언어의 수행 방식을 취하고 있다. 이 때문에 얻어지는 편리함은 상당히 크다.

__name__ 변수 12.1.5

모듈은 모듈의 이름을 나타내는 내장 변수 __name__을 갖는다. 이 변수는 일반적으로는 자신의 모듈 이름을 가진다.

```
>>> import math
>>> math.__name__
'math'
```

모듈의 이름을 출력하는 다음 예를 보자.

```
# FILE : prname.py
print(__name__)
```

이 파일을 대화식 인터프리터에서 가져오기를 해보자.

```
>>> import prname
prname        자기 모듈의 이름을 출력한다.
```

이번에는 prname.py 파일을 직접 실행해 보자. 이 파일이 최상위 모듈이라면 __name__ 변수는 __main__ 형식의 이름을 가진다.

```
C:\Python32>python prname.py
__main__
```

따라서 이것을 이용하면 최상위 모듈인지 가져온 모듈인지를 구분할 수 있다.

```
# file : name_attr_test.py
def test( ):
    print("Python is becoming popular.")

if __name__ == "__main__":
    test( )
```

앞의 코드에서 if 문 안의 test 함수는 가장 먼저 실행되는 최상위 모듈일 때만 실행되고,

```
C:\Python32>python name_attr_test.py
Python is becoming popular.
```

다른 모듈에 의해 가져올 때는 실행되지 않는다.

```
>>> import name_attr_test
>>> name_attr_test.test( )
Python is becoming popular.
>>>
```

따라서 모든 파이썬 모듈은 독립적으로 실행될 수 있으며, 다른 모듈에 의해 라이브러리처럼 실행될 수도 있다. 이것은 파이썬 모듈을 독립적으로 만드는 좋은 특징이다.

문자열로 표현된 모듈을 가져오기 12.1.6

모듈 이름이 문자열로 표현되어 있을 때, 해당 이름의 모듈을 가져오는 방법은 __import__( ) 함수를 사용하는 것이다.

```
>>> modulename = 're'
>>> re = __import__(modulename)
>>> re
<module 're' from 'C:\Python32\lib\re.py'>
```

모듈의 공유 12.1.7

한번 가져온 모듈은 다른 모듈에서 가져오기가 요구되어도 이미 가져온 모듈을 공유한다.

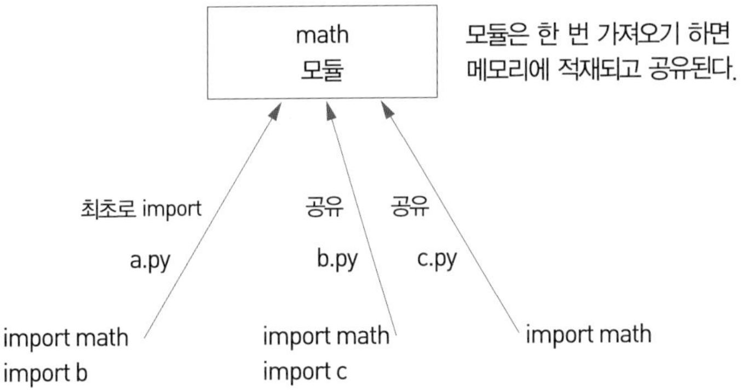

그림 12-2 모듈의 공유

재귀적으로 가져오기를 한 경우를 생각해 보자. 두 개의 모듈 A와 B가 서로를 가져오려 한다.

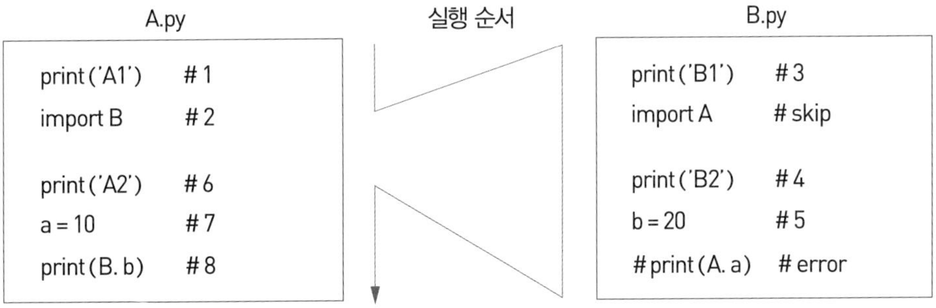

그림 12-3 재귀적인 가져오기

외부에서 A를 가져오려 할 경우 B.py 파일에서의 import A 문은 실행되지 않고 넘어간다. 따라서 재귀적인 무한 반복에 빠지지 않는다.

```
>>> import A
A1
B1
B2
A2
20
```

모듈의 재적재 12.1.8

한번 가져온 모듈은 다시 가져오기가 되지 않는다. 만일 소스를 수정하여 다시 강제로 가져오기를 하고 싶으면 imp 모듈의 reload( ) 함수를 사용하면 된다.

```
>>> import math
>>> import imp
>>> imp.reload(math)
<module 'math' (built-in)>
```

함수나 클래스가 속한 모듈 알아내기 12.1.9

파이썬을 실행하고 나서 한 번이라도 가져온 모든 모듈은 sys.modules 변수에 남아 있다.

```
>>> import sys
>>> type(sys.modules)                        # 사전형
<class 'dict'>
>>> print('\n'.join(sys.modules.keys( )))    # 가져온 모듈 이름들을 출력한다.
heapq
pyreadline.lineeditor.re
pyreadline.lineeditor.operator
functools
```

```
pyreadline.console.ctypes
~ 생략 ~
```

새로 가져오기를 하지 않고 sys.modules 변수에서 모듈을 사용하는 것도 가능하다.

```
>>> sys.modules['heapq']
<module 'heapq' from 'C:\Python32\lib\heapq.py'>
>>> heapq = sys.modules['heapq']
>>> heapq.tee([1, 2, 3])
(<itertools.tee object at 0x0289FB48>, <itertools.tee object at 0x0289FAA8>)
```

파이썬 클래스나 함수는 그들이 속한 모듈 이름을 갖는 __module__ 속성을 갖는다.

```
>>> from math import sin
>>> sin.__module__
'math'
>>> from cmd import Cmd
>>> Cmd.__module__
'cmd'
>>> sys.modules['cmd']    # 모듈 객체를 얻어 낸다.
<module 'cmd' from 'C:\Python32\lib\cmd.py'>
```

__name__ 변수를 이용하면 코드가 실행되는 현재 모듈을 얻어낼 수도 있다.

```
>>> a = 1
>>> current_module = sys.modules[__name__]  # 현재 모듈 얻어내기
>>> getattr(current_module, 'a')            # 현재 모듈에서 a의 값 얻어내기
1
```

12.2 패키지

패키지(Package)는 모듈을 모아 놓은 단위이다. 관련된 여러 개의 모듈을 계층적인 몇 개의 디렉터리로 분류해서 저장하고 계층화한다.

패키지의 구조 12.2.1

예를 들어, 음성 관련 패키지를 만든다고 해보자. 다음은 패키지의 구조이다.

```
Speech/                          최상위 패키지
    __init__.py
    SignalProcessing/            신호 처리 하위 패키지
        __init__.py
        LPC.py
        FilterBank.py
    Recognition/                 음성 인식 하위 패키지
        __init__.py
        Adaptation/
            __init__.py
            ML.py
        HMM.py
        NN.py
        DTW.py
    Synthesis/                   음성 합성 하위 패키지
        __init__.py
        Tagging.py
        ProsodyControl.py
```

__init__.py 파일 12.2.2

각 디렉터리에는 __init__.py 파일이 반드시 있어야 한다. 이 파일은 패키지를 가져올 때 자동으로 실행되는 초기화 스크립트이다. 이 파일이 없으면 해당 폴더는 파이썬 패키지로 간주하지 않

는다. __init__.py 파일은 패키지를 초기화하는 어떠한 파이썬 코드도 포함할 수 있다. 예를 들어, Speech/__init__.py 파일은 다음과 같다.

```
__all__ = ['Recognition', 'SignalProcessing', 'Synthesis']
__version__ = '1.2'

from . import Recognition      # 상대 가져오기
from . import SignalProcessing
from . import Synthesis
```

__all__ 변수는 from Speech import * 문에 의해서 가져오기를 할 모듈이나 패키지 이름들을 지정한다.

```
>>> from Speech import *
>>> dir( )
['Recognition', 'SignalProcessing', 'Synthesis', '__builtins__', '__doc__',
'__name__', '__package__']
```

__init__.py 이름 공간은 패키지 Speech 이름 공간이다. 즉, __init__.py 이름 공간에 정의하는 이름들은 패키지 Speech 이름 공간에 그대로 드러난다.

```
>>> import Speech
>>> Speech.__version__    # 이름 공간 Speech의 __version__
'1.2'
>>> Speech.__all__
['Recognition', 'SignalProcessing', 'Synthesis']
>>> dir(Speech)
['Recognition', 'SignalProcessing', 'Synthesis', '__all__', '__builtins__',
'__cached__', '__doc__', '__file__', '__name__', '__package__', '__path__',
'__version__']
>>> Speech.Recognition
<module 'Speech.Recognition' from 'C:\Python32\lib\site-packages\Speech\Recognition\__init__.py'>
```

from . import Recognition과 같은 문에 의해서 하위 패키지인 Recognition이 가져와 진다. 이 경우 역시 Recognition/__init__.py 파일이 실행되어 패키지를 초기화한다. Recognition/__init__.py 파일의 예는 다음과 같다.

```
__all__ = ['Adaptation', 'HMM', 'NN', 'DTW']

from . import Adaptation
from . import HMM
from . import NN
from . import DTW
```

import Speech 문에 의해서 실행되는 코드의 순서는 그림 12-4와 같다.

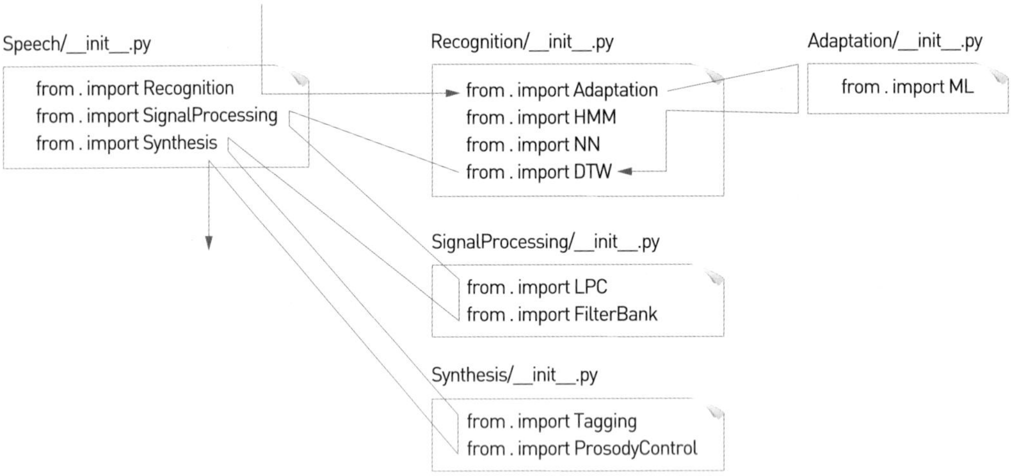

그림 12-4 import Speech 문에 의해서 실행되는 코드의 순서

하위 패키지들이 모두 자동으로 초기화되었다. 따라서 다음과 같이 접근할 수 있다.

```
>>> import Speech
>>> Speech.Recognition.HMM.Train( )    # 모듈 내 함수 호출
```

상대 가져오기 12.2.3

상대 가져오기는 현재 모듈이 속해 있는 패키지를 기준으로 상대적인 접근 경로를 기술하는 것이다. 상대 가져오기는 점(.)으로 시작한다. 예를 들어, 앞 절의 패키지 구조에서 Speech/Recognition/NN.py 파일에서 사용할 수 있는 상대 가져오기는 다음과 같다.

```
from . import DTW                        # 현재 패키지의 DTW 모듈
from .HMM import Train                   # 현재 패키지의 HMM 모듈 안의 Train 함수
from .Adaptation import ML               # 하위 패키지 Adaptation의 ML 모듈
from ..SignalProcessing import LPC       # 상위 폴더의 SignalProcessing 패키지의 LPC 모듈
from ..SignalProcessing.LPC import LinearPrediction
```

여기서 점(.)은 NN.py 파일이 있는 폴더를 의미한다. 두 개의 점(..)은 한 폴더 위, 세 개의 점(...)은 두 폴더 위를 의미한다. 하지만, 상대 가져오기는 모듈의 __name__ 변수를 이용하여 패키지 구조 안의 모듈 위치를 파악한다. 만일 모듈의 이름이 어떠한 패키지 정보도 갖고 있지 않으면 (예를 들어, __main__과 같은 경우) 모듈은 모듈이 현재 위치해 있는 패키지 안이 아닌 최상위 수준에 위치하고 있는 것으로 간주하고 상대 가져오기를 하려 든다. 따라서 상대 가져오기는 동작하지 않을 것이므로 상대 가져오기는 반드시 패키지 가져오기를 한 상태에서 수행해야 한다.

__main__.py 파일 12.2.4

python의 인수로 *.py 파이썬 프로그램이 아닌 디렉터리를 지정할 수 있다.

```
python my_program_dir
```

만일 my_program_dir 디렉터리 안에 __main__.py 파일이 있으면 이 파일이 자동으로 실행된다. 디렉터리가 아닌 zip 파일인 경우도 __main__.py 파일을 포함하고 있으면 __main__.py 파일을 실행한다.

```
python my_program.zip
```

12.3 프로그램 배포하기

distutils(Python Distribution Utility) 모듈은 파이썬 프로그램을 배포하고 설치할 때 사용하는 파이썬 표준 도구이다. 소스와 문서, 데이터, 스크립트 등을 한 번에 묶어서 배포할 수 있다. 배포하는 파일은 작성자의 의도대로 설치된다.

setup 파일 설정하기 12.3.1

배포와 설치를 하려면 최상위 디렉터리에 setup.py 파일을 만들어야 한다.

```
# setup.py
from distutils.core import setup

setup(name = "spam",
        version = "1.0",
        description = " setup test",
        author = "Lee, Gang Seong",
        author_email = "gslee0115@gmail.com",
        url = "http://pythonworld.net/",

        py_modules = ['A', 'B', 'mymath02'],
        packages = ['Speech',
            'Speech/Recognition',
            'Speech/SignalProcessing',
            'Speech/Synthesis'],
        # package_dir = {'Speech': 'Speech2'},
        package_data = {'Speech': ['images/*.jpg']},
        data_files = [('data', ['Speech/images/a1.jpg'])],
)
```

setup( ) 함수에는 다양한 옵션이 있다. 개별적인 모듈을 지정하려면 인수 py_modules를 사용한다. ['A', 'B']와 같이 확장자를 뺀 모듈 이름만 추가하면 된다. 파일의 위치가 패키지 안에 있을 경우는 package.module과 같이 지정할 수 있다.

패키지를 포함하려면 인수 packages를 사용한다. 하위 패키지는 루트 패키지를 지정하면 자동으로 포함되지 않으므로 각각 지정해야 한다. 만일 패키지 이름과 패키지가 저장된 폴더가 다를 경우에는 옵션 package_dir을 사용한다.

```
package_dir = {'Speech': 'Speech2'}
```

이렇게 지정하면 패키지 Speech는 Speech2 폴더에 저장되어 있다는 의미이다. 패키지 안에 있는 데이터 폴더 등은 자동으로 포함되지 않는다. 따라서 추가로 패키지 데이터를 지정하려면 인수 package_data를 다음과 같은 형식으로 사용한다.

'패키지이름':['패키지에_복사되어야_할_파일의_상대경로']

패키지에 포함되지 않은 데이터 파일을 지정하려면 인수 data_files를 사용하는데 다음과 같은 형식으로 지정한다.

'설치경로':[파일목록]

설치 경로가 상대 경로라면 sys.prefix 변수의 위치를 기준으로 한다.

```
>>> import sys
>>> sys.prefix
'C:\\Python33'          윈도우
>>> sys.prefix
'/usr/local'            리눅스
```

즉, 앞의 setup.py 파일에서 data는 C:\\Python33\\data를 의미한다.

배포판 만들기와 설치하기 12.3.2

setup.py 파일을 준비하였으면 배포판을 만들어 보자. 소스 배포판은 다음 명령을 실행한다.

```
python setup.py sdist
```

배포판은 기본적으로 dist 디렉터리에 spam-1.0.zip이나 spam-1.0.tar.gz라는 이름으로 만든다. 소스 배포판을 얻어서 내 시스템에 설치하려면 압축을 풀고 다음 명령을 입력하면 된다.

```
python setup.py install
```

바이너리 배포판이란 소스가 아닌 실제로 설치할 결과물을 만들고 해당 결과물을 패키징하는 것을 의미한다. 다음 명령을 실행한다.

```
python setup.py bdist
```

그러면 build 디렉터리에 가상으로 설치하고 해당 결과물을 dist 디렉터리에 저장한다. 윈도우에서는 spam-1.0.win32.zip 파일이 만들어지고 리눅스에서는 spam-1.0.linux-i686.tar.gz 파일이 만들어진다. 이 배포판은 설치할 시스템 폴더를 만들므로 올바른 위치에 압축을 풀어야 한다. 파이썬 소스 파일로 구성된 경우에는 소스 배포판을 이용해서 설치하기가 오히려 더 쉽다. 하지만, 확장 모듈이 있으면 컴파일한 결과를 배포판에 넣어 주는 편리함은 있다. 윈도우용 바이너리 배포판이라든가 RPM용 배포판을 만드는 것이 사용자에게 더 쉬울 수 있다.

윈도우용 바이너리 배포판은 다음 명령으로 만든다.

```
python setup.py bdist_wininst
```

dist 디렉터리에 spam-1.0.win32.exe 파일이 만들어진다. 이 파일을 실행하면 GUI 설치 파일이 실행된다.

실행 파일 만들기 12.3.3

만일 여러분이 파이썬이 없어도 실행 가능한 형태로 배포판을 만들고 싶으면 이에 맞는 서드 파티 모듈이 있다.

- py2exe 파이썬 프로그램을 윈도우용 실행 파일로 변환해 준다. 파이썬이 시스템에 설치되어 있지 않아도 실행할 수 있다(http://www.py2exe.org).
- py2app 맥 OS X에 독립 실행형(Standalone) 응용 프로그램을 만들어 준다. (https://pypi.python.org/pypi/py2app/)
- cx_Freeze 독립 실행형 실행 파일을 만들어 주는데 플랫폼에 독립적으로 실행한다. (http://cx-freeze.sourceforge.net/)

이들에 대한 사용법은 이 책의 범위를 벗어난다. 독자들이 스스로 찾아보기 바란다.

연/습/문/제/
Exercise

1 자격 변수와 무자격 변수의 차이점을 설명해 보자.

2 `import string`과 `from string import *` 문의 차이점을 설명해 보자.

3 현재 모듈의 전역 이름 공간을 얻는 방법과 가져오기 한 모듈의 이름 공간을 얻는 방법은 무엇인가?

4 독자 개인적으로 만든 모듈을 저장할 디렉터리 mypythonlib를 하나 만들고 그 안에 새 이름의 파이썬 모듈(예: spam.py)을 만들어서 넣어 보자. 그리고 `import spam` 문이 동작하는지 확인해 보자. 동작하지 않으면 어떻게 해야 하겠는가?

5 키보드로부터 입력받은 모듈 이름이 문자열 변수 modulename에 있다. 이것을 이용하여 해당 모듈을 가져와 보자.

6 어떤 모듈이 가져오기가 되어 있는지 확인하는 방법은 무엇인가? 예를 들어, re 모듈이 가져오기가 되어 있는지 확인해 보자.

7 가져오기가 되어 있는 모듈을 강재로 다시 적재해 보자. 예를 들어, re 모듈이 가져오기가 되어 있는 상태에서 다시 한번 강제로 가져오기를 해보자.

8 본문 12.2.1절의 패키지 구조에서 여러분이 현재 Recognition 디렉터리에 있다. NN.py 파일은 다음과 같다. 이 파일을 직접 실행하면 어떤 결과가 나오는가? 이 파일이 __main__인 상태에서 상대 가져오기가 동작하는가? 만일 그렇지 않으면 이유는 무엇인가?

```
# NN.py
from . import DTW
from .HMM import Train
from .Adaptation import ML
from ..SignalProcessing import LPC
from ..SignalProcessing.LPC import LinearPrediction
```

9 실행 파일을 만드는 패키지를 여러 개 시험해 보고 각 패키지의 장단점을 파악해 보자.

제 13 장

클래스

Chapter 13

클래스는 파이썬의 주요 객체지향 프로그래밍 도구이다. 처음부터 클래스를 사용하려고 무리하게 노력할 필요는 없지만, 클래스를 알면 프로그래밍이 훨씬 간결해지고 체계적이 될 수 있다. 파이썬 클래스는 다른 언어에 비해서 간결하며 사용하기 쉽다.

13.1 파이썬 클래스란

클래스는 새로운 이름 공간을 지원하는 단위이다. 이 이름 공간에는 함수와 변수가 포함될 수 있다. 이러한 점에서는 모듈과 유사하다. 차이점이 있다면, 모듈은 파일 단위로 이름 공간을 구성하는 반면, 클래스는 클래스 이름 공간과 클래스가 생성하는 인스턴스 이름 공간을 각각 갖는다. 클래스 이름 공간과 인스턴스 이름 공간은 유기적인 관계로 연결되어 있으며 상속 관계에 있는 클래스 간의 이름 공간도 유기적으로 연결되어 있다. 클래스를 정의하는 것은 새로운 자료형을 하나 만드는 것이고, 인스턴스는 이 자료형의 객체를 생성하는 것이다.

클래스와 이름 공간 13.1.1

우선 클래스 이름 공간의 예부터 살펴보자. 클래스는 하나의 이름 공간이다.

```
>>> class S1:
        a = 1

>>> S1.a
1
>>> S1.b = 2          # 클래스 이름 공간에 새로운 이름을 만든다.
>>> S1.b
2
```

```
>>> dir(S1)          # 속성 살펴보기
['__class__', '__delattr__', '__dict__', '__doc__', '__eq__', '__format__',
'__ge__', '__getattribute__', '__gt__', '__hash__', '__init__', '__le__',
'__lt__', '__module__', '__ne__', '__new__', '__reduce__', '__reduce_ex__',
'__repr__', '__setattr__', '__sizeof__', '__str__', '__subclasshook__',
'__weakref__', 'a', 'b']
>>> del S1.b         # 이름 공간 S1에서 이름 b를 삭제한다.
```

클래스 인스턴스(Class Instance)는 클래스의 실제 객체이다. 인스턴스 객체도 독자적인 이름 공간을 갖는다. 클래스는 하나 이상의 인스턴스 객체를 생성하는 자료형과 같다.

```
>>> x = S1( )        # S1 클래스의 인스턴스 객체 x를 생성한다.
>>> x.a = 10         # 클래스 인스턴스 x의 이름 공간에 이름 a를 만든다.
>>> x.a
10
>>> S1.a             # 클래스의 이름 공간과 인스턴스의 이름 공간은 다르다.
1
>>> y = S1( )        # 또 다른 클래스 인스턴스를 생성한다.
>>> y.a = 300        # 인스턴스 객체 y의 이름 공간에 이름을 만든다.
>>> y.a
300
>>> x.a              # x 이름 공간의 이름 a를 확인한다.
10
>>> S1.a             # 클래스 이름 공간의 이름 a를 확인한다.
1
```

상속 13.1.2

클래스는 상속(Inheritance)이 가능하다. 상속받은 클래스(Subclass, 하위 클래스)는 상속해 준 클래스(Superclass, 상위 클래스)의 모든 속성을 자동으로 물려받는다. 따라서 상속받는 클래스는 물려받는 속성 이외에 추가로 필요한 개별적인 속성만을 정의하면 된다.

```
>>> class A:
        def f(self):
```

```
            print('base')

>>> class B(A):     # 클래스 A의 속성을 모두 상속받는다.
        pass

>>> b = B( )
>>> b.f( )          # 클래스 A의 메서드 f가 호출된다.
base
```

연산자 중복 13.1.3

클래스는 연산자 중복을 지원한다. 파이썬에서 사용하는 모든 연산자(각종 산술, 논리 연산자, 슬라이싱, 인덱싱 등)의 동작을 직접 정의할 수 있다. 연산자를 중복하면 내장 자료형과 비슷한 방식으로 동작하는 클래스를 설계할 수 있다.

```
>>> class MyClass:
        def __add__(self, x):     # 이름 __add__는 + 연산자를 중복한다.
            print('add {} called'.format(x))
            return x

>>> a = MyClass( )
>>> a + 3                         # 더하기 연산자와 중복
add 3 called
3
```

다음은 파이썬에서 클래스에 관련된 용어를 정리한 것이다.

- **클래스(Class)** class 문으로 정의하며, 멤버와 메서드를 가지는 객체이다.
- **클래스 객체(Class Object)** 클래스와 같은 의미로 사용한다. 클래스를 종종 특정한 대상을 가리키지 않고 일반적으로 언급하기 위해서 사용하는 반면에, 클래스 객체는 어떤 클래스를 구체적으로 지정하기 위해서 사용하기도 한다.
- **클래스 인스턴스(Class Instance)** 클래스를 호출하여 생성된 객체이다.

- **클래스 인스턴스 객체(Class Instance Object)** 클래스 인스턴스와 같은 의미이다. 인스턴스 객체라고 부르기도 한다.
- **멤버(Member)** 클래스 혹은 클래스 인스턴스 공간에 정의된 변수이다.
- **메서드(Method)** 클래스 공간에 정의된 함수이다.
- **속성(Attribute)** 멤버와 메서드 전체를 가리킨다. 즉, 이름 공간의 이름 전체를 의미한다.
- **상위 클래스(Superclass)** 기반 클래스(Base-class)라고 하기도 한다. 어떤 클래스의 상위에 있으며 각종 속성을 하위 클래스로 상속해 준다.
- **하위 클래스(Subclass)** 파생 클래스(Derived-class)라고 하기도 한다. 상위 클래스로부터 상속받는 하위의 클래스를 말한다. 상위 클래스로부터 각종 속성을 상속받으므로 코드와 변수를 공유한다.
- **상속(Inheritance)** 상위 클래스의 속성과 행동을 그대로 받아들이고 추가로 필요한 기능을 클래스에 덧붙이는 것이다. 소프트웨어의 재사용 관점에서 상속은 대단히 중요한 역할을 하며, 프로그램의 개발 시간을 단축해 준다. 다른 프로그래밍 기법과 객체지향 프로그래밍을 구분하는 중요한 특징이다. A 클래스를 상위 클래스로 하는 클래스 B를 만들면 B 'is-a' A 관계가 성립한다.
- **다중 상속(Multiple Inheritance)** 두 개 이상의 상위 클래스로부터 상속받는 것을 말한다.
- **다형성(Polymorphism)** 상속 관계 내의 다른 클래스의 인스턴스들이 같은 메서드 호출에 대해 각각 다르게 반응하도록 하는 기능이다.
- **정보 은닉(Encapsulation)** 메서드와 멤버를 클래스 내에 포함하고 외부에서 접근할 수 있도록 인터페이스만을 공개한다. 그리고 다른 속성은 내부에 숨기는 것이다.

13.2 클래스 정의와 인스턴스 객체의 생성

간단한 클래스를 정의해 보자.

```
>>> class Simple:            # 헤더(Header)
        pass                 # 몸체(Body)
>>> Simple
<class '__main__.Simple'>    # __main__ 모듈 안의 Simple 클래스
```

첫 줄에 class 키워드와 클래스 이름이 나온다. 이 줄을 헤더(Header)라고 한다. 함수의 첫 줄도 헤더이듯이 말이다. 이 문은 선언문이 아닌 실행문으로, 프로그램 중간에 나와도 관계없다. 클래스의 이름은 Simple이다. 콜론 :을 붙이는 것을 잊지 말아야 한다.

나머지 몸체(Body)는 다음 행부터 들여쓰기가 된 상태로 기술한다. pass 키워드는 아무 일도 하지 않는, 자리를 채우는 문이다. 이 클래스는 다른 클래스로부터 상속도 받지 않은 것처럼 보이지만 사실 모든 파이썬 클래스는 object 클래스를 기반(Base) 클래스로 한다.

```
>>> Simple.__bases__
(<class 'object'>,)
```

그러면 클래스의 인스턴스 객체를 생성해 보자.

```
>>> s1 = Simple( )
>>> s2 = Simple( )
>>> s1
<__main__.Simple object at 0x02682950>
```

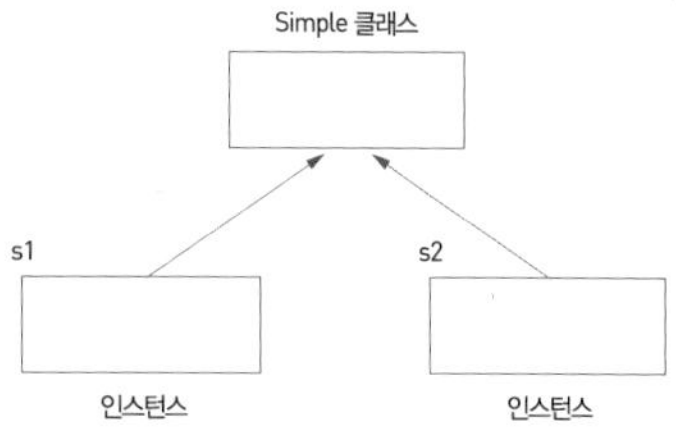

클래스의 인스턴스 객체 s1과 s2를 생성했다. 인스턴스 객체를 생성하는 방법은 마치 함수를 호출하듯이 클래스를 호출하면 된다. 클래스를 호출하면 인스턴스 객체를 생성한 후 해당하는 참조를 반환한다.

앞서 설명했지만 각각의 인스턴스 객체도 독립적인 이름 공간을 갖는다.

```
>>> s1.stack = []            # 인스턴스 객체의 이름 공간 안에 stack을 생성한다.
>>> s1.stack.append(1)       # 값을 추가한다.
>>> s1.stack.append(2)
>>> s1.stack.append(3)
>>> s1.stack                 # s1.stack의 값을 출력한다.
[1, 2, 3]
>>> s1.stack.pop( )          # 값을 읽어 내고 삭제한다.
3
```

```
>>> s1.stack.pop( )
2
>>> s1.stack        # 최종 s1.stack의 값을 출력한다.
[1]
>>> s2.stack        # s2에는 stack을 정의한 적이 없다.
...
AttributeError: 'Simple' instance has no attribute 'stack'
>>> del s1.stack    # s1에서 stack을 삭제한다.
```

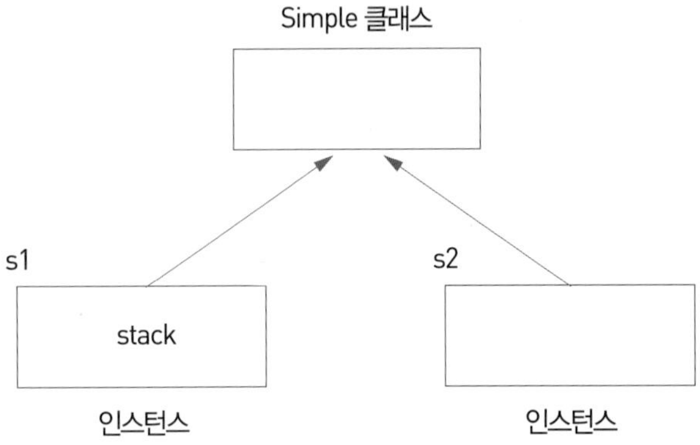

그림 13-1 Simple 클래스와 인스턴스 객체의 구조

동적으로 외부에서 멤버를 생성할 수 있다. 사실 앞서 설명한 것처럼 클래스는 하나의 이름 공간에 불과하다. 클래스의 인스턴스 객체 s1은 클래스 Simple 안에 내포된 독립적인 이름 공간을 가지며, 이 이름 공간에서는 동적으로 이름을 설정하는 것이 가능하다.

13.3 메서드의 정의와 호출

일반 메서드의 정의와 호출 13.3.1

앞에서는 외부에서 멤버를 생성하고 사용하는 방법을 설명했지만, 여기서는 클래스 내부에서 멤버를 생성하고 사용하는 방법을 살펴보자. 메서드를 정의하는 방법은 일반 함수를 정의하는 것과 동일하다. 다른 점이 있다면 메서드의 첫 번째 인수는 반드시 해당 클래스의 인스턴스 객체이어야 한다. 관례로 self란 이름으로 첫 번째 인수를 선언한다.

```
>>> class MyClass:
        def set(self, v):          메서드의 첫 인수 self는 반드시 인스턴스 객체이어야 한다.
                self.value = v
        def get(self):
                return self.value
```

메서드를 호출하는 방법에는 두 가지가 있는데 첫 번째 방법은 클래스를 이용하여 호출하는 것이다. 이 호출을 언바운드 메서드 호출(Unbound Method Call)이라고 부른다.

```
>>> c = MyClass( )           # 인스턴스 객체를 생성한다.
>>> MyClass.set              # 메서드를 확인한다.
<function set at 0x02C63270>
>>> MyClass.set(c, 'egg')    # 언바운드 메서드 호출이다.
>>> MyClass.get(c)
'egg'
```

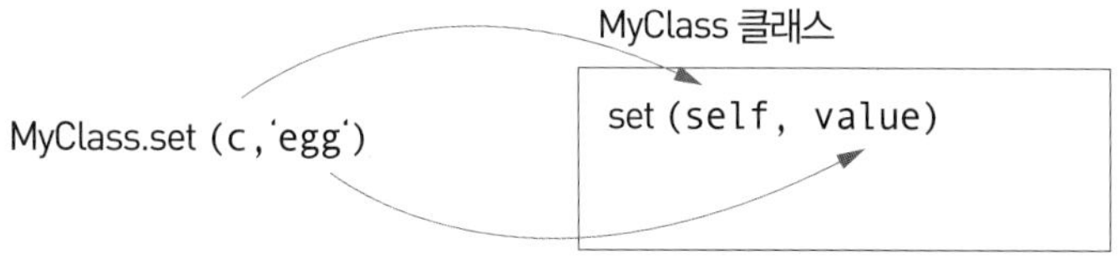

그림 13-2 언바운드 메서드 호출

두 번째 호출 방법이 좀 더 일반적인데 인스턴스 객체를 이용하여 호출하는 것이다. 이렇게 하면 첫 인수(self)로 인스턴스 객체가 자동으로 전달된다. 이 호출을 바운드 메서드 호출(Bound Method Call)이라고 부른다.

```
>>> c = MyClass( )
>>> c
<__main__.MyClass object at 0x02C69F10>
>>> c.set           # set( ) 메서드는 c에 바운드(연결)되어 있다.
<bound method MyClass.set of <__main__.MyClass object at 0x02C69F10>>
>>> c.set('egg')    # 바운드 메서드 호출이다.
>>> c.get( )
'egg'
```

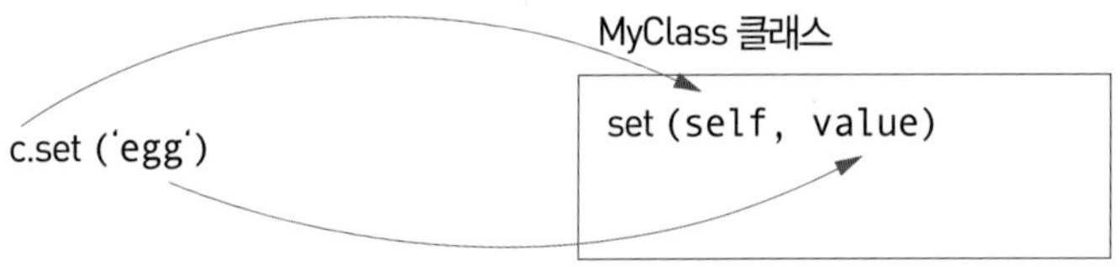

그림 13-3 바운드 메서드 호출

c.set에 의한 출력 내용을 읽어 보면 MyClass.set 메서드는 이미 인스턴스 객체 c와 연결되어 있다는 것을 알 수 있다. 즉, c.set의 set( ) 메서드는 이미 인스턴스 객체로 c와 연결되어 있다는 의미이다. 따라서 첫 번째 인수를 또 명시적으로 전달할 필요가 없다. c.set의 호출에서 첫 번째 인수 self로 인스턴스 객체 c가 암시적으로 전달된다. 따라서 `c.set('egg')`와 같이 두 번째 인수부터 전달하면 된다.

클래스 내부에서의 메서드 호출 13.3.2

클래스 내부에서 인스턴스 멤버나 클래스 메서드를 호출할 때는 인수 self를 이용해야 한다.

```
>>> class MyClass2:
        def set(self, v):
                self.value = v
        def get(self):
```

```
            return self.value
    def incr(self):
            self.value += 1         # 인스턴스 멤버를 참조한다.
            return self.get( )      # 메서드를 호출한다.
```

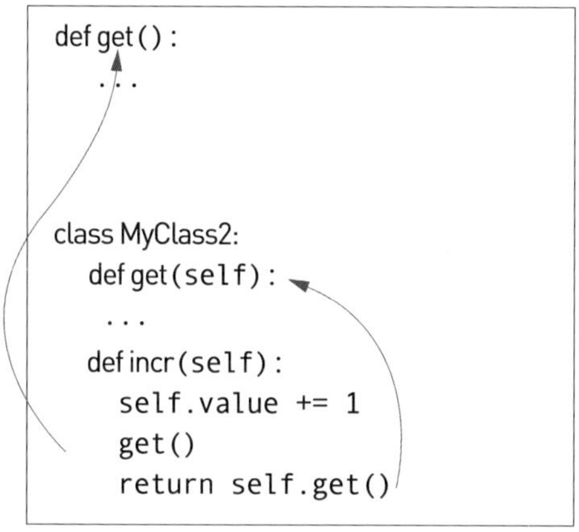

그림 13-4 self를 사용한 경우와 사용하지 않은 경우의 차이

만일 self.get( )을 사용하지 않고 그냥 get( ) 메서드를 호출하면 클래스 내에서가 아니라, 클래스 외부, 즉 모듈에서 이 함수를 찾는다. 클래스의 멤버나 메서드를 참조하려면 언제나 self를 이용하는 것을 잊지 말아야 한다.

생성자와 소멸자 13.3.3

파이썬은 이름 공간을 관리하는 측면에서 동적인 특성이 강하다. 따라서 클래스의 인스턴스 객체를 생성할 때 인스턴스 멤버가 자동으로 생성되지는 않는다. 앞에서 정의한 클래스 MyClass2를 사용하는 예를 보자.

```
>>> class MyClass:
        def set(self, v):
                self.value = v
```

```
        def get(self):
                return self.value

>>> c = MyClass( )     # ①
>>> c.set(10)          # ②
>>> c.get( )           # ③
10
```

①번이 실행된 후에는 빈 이름 공간이 만들어진다. 시스템에서 설정하는 여러 이름이 정의되기는 하지만 사용자 정의 이름은 아직 없다. ②번이 실행된 후에야 이름 공간에 value가 만들어진다.

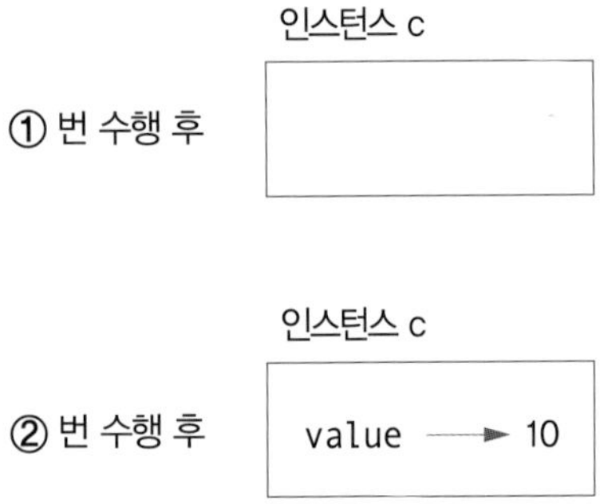

그림 13-5 인스턴스 멤버의 생성

만일 ②번과 ③번의 실행 순서가 바뀐다면 어떻게 될까? 당연히 AttributeError 에러가 발생한다. 모든 멤버 변수는 사용하기 전에 먼저 정의되어야 한다. 대부분의 경우, 클래스에서 사용될 멤버들은 인스턴스 객체를 생성하면서 먼저 정의되고 초기화되는 것이 일반적이다.

일반적으로 클래스는 생성자(Constructor)와 소멸자(Destructor)라 불리는 메서드를 정의할 수 있다. 생성자는 인스턴스 객체가 생성될 때 초기화를 위해서 자동으로 호출되는 초기화 메서드이고, 소멸자는 인스턴스 객체를 사용하고서 메모리에서 제거할 때 자동으로 호출되는 메서드이다.

파이썬 클래스에서는 생성자와 소멸자를 위해 특별한 이름을 준비해 놓고 있다.

- **생성자 함수의 이름** __init__
- **소멸자 함수의 이름** __del__

다음 코드에서 __init__( ) 메서드는 인스턴스 객체가 생성되고 나서 자동으로 호출된다. 따라서 인스턴스 멤버 value의 값이 0으로 초기화된다.

```
>>> class MyClass3:
        def __init__(self):
                self.value = 0
        def set(self, v):
                self.value = v
        def get(self):
                return self.value

>>> c = MyClass3( )
>>> c.get( )          # 멤버 value의 값이 이미 0으로 초기화되어 있다.
0
```

다음은 c = MyClass3( ) 문을 통해서 인스턴스 객체가 생성되는 과정을 표현한 그림이다. 인스턴스 객체가 생성되고 __init__() 메서드로 초기화된 후에 인스턴스 객체의 참조가 변수 c로 전달된다.

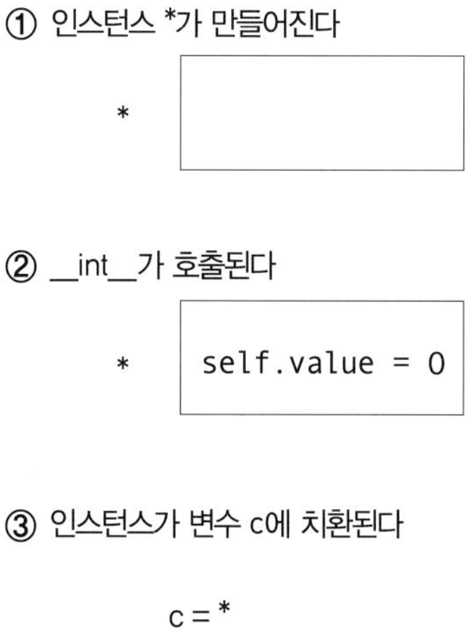
① 인스턴스 *가 만들어진다
*
② __int__가 호출된다
*
self.value = 0
③ 인스턴스가 변수 c에 치환된다
c = *

그림 13-6 인스턴스 객체가 생성되는 과정

다음 예를 가지고 생성자와 소멸자가 호출되는 과정을 확인해 보자.

```
>>> from time import time, ctime, sleep
>>> class Life:
        def __init__(self):                # 생성자이다.
                self.birth = ctime( )      # 현재 시각에 대한 문자열을 얻는다.
                print('Birthday', self.birth)  # 현재 시각을 출력한다.
        def __del__(self):                 # 소멸자이다.
                print('Deathday', ctime( ))    # 소멸 시각을 출력한다.

>>> life = Life( )        # 인스턴스 객체가 생성된 후 생성자를 호출한다.
Birthday Mon Nov 19 19:34:32 2012
>>> del life              # 소멸자를 호출한 후 인스턴스 객체가 제거된다.
Deathday Mon Nov 19 19:34:35 2012
```

Life 클래스의 인스턴스 객체가 생성되면 자동으로 __init__( ) 메서드가 호출되어 Birthday를 출력한다. del 문에 의해서 참조 횟수의 값이 감소하고 0이 되면 __del__( ) 메서드가 호출되고 인스턴스 객체가 제거된다. 소멸자(__del__)는 자주 정의되지는 않는다. 대부분의 메모리나 자원 관리가 자동으로 이루어지기 때문에 특별한 조치를 취하지 않아도 인스턴스 객체가 제거되면서 자원이 원상 복귀되기 때문이다.

다음은 생성자에 인수가 선언되어 있는 예이다.

```
>>> class Member:
        def __init__(self, name, nick, birthday):
                self.name = name
                self.nick = nick
                self.birthday = birthday
        def getName(self):
                return self.name
        def getNick(self):
                return self.nick
        def getBirthday(self):
                return self.birthday
```

```
>>> m1 = Member('이열', '해안선', '1966-01-20')
>>> m1.getName( )
'이열'
>>> m2 = Member(name = '이수민', nick = '홍길동', birthday = '1966-01-20')
```

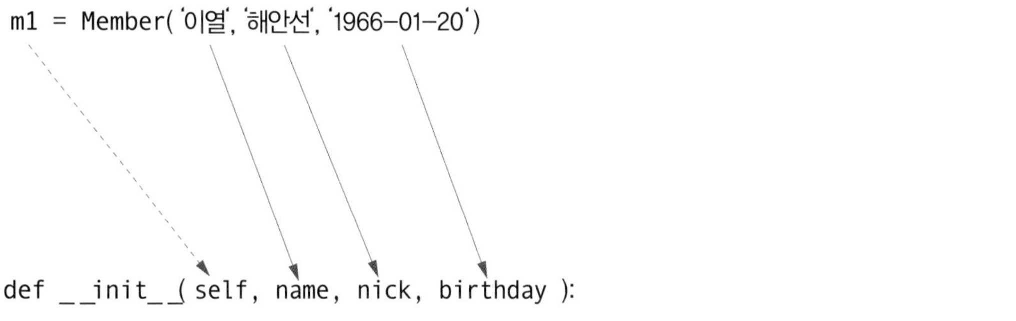

그림 13-7 생성자에 전달되는 인수들

인스턴스 객체를 생성할 때 열거된 인수들은 생성자 인수에 전달된다. self는 결과적으로 m1과 같은 참조가 되며, 나머지는 순서대로 전달된다. 함수에서와 같은 사용 방법이 적용된다.

13.4 클래스 멤버와 인스턴스 멤버

클래스 멤버와 인스턴스 멤버 구분하기 13.4.1

멤버에는 클래스 멤버(Class Member)와 인스턴스 멤버(Instance Member) 두 가지가 있다.

- 클래스 멤버는 클래스의 이름 공간에 생성된다.
- 인스턴스 멤버는 인스턴스 객체의 이름 공간에 생성된다.
- 클래스 멤버는 모든 인스턴스 객체에 의해서 공유될 수 있다.
- 인스턴스 멤버는 각각의 인스턴스 객체 내에서만 참조된다.

두 가지의 멤버를 정의하는 예를 보자.

```
>>> class Var:
        c_mem = 100                 # 클래스 멤버
        def f(self):
                self.i_mem = 200    # 인스턴스 멤버
        def g(self):
                return self.i_mem, self.c_mem
```

클래스 멤버(c_mem)는 메서드 바깥에 정의한다. 인스턴스 멤버(i_mem)는 메서드 내부에서 self를 이용하여 정의한다. 클래스 내부에서 멤버들을 참조할 때는 self.c_mem, self.i_mem과 같이 한다. 외부에서 참조할 때는 다음과 같은 형식으로 호출할 수 있다.

- **클래스 멤버** 클래스.멤버 혹은 인스턴스.멤버
- **인스턴스 멤버** 인스턴스.멤버

인스턴스.멤버 형식을 사용할 때 인스턴스 객체의 이름 공간에 멤버가 없으면 클래스의 멤버로 인식한다. 따라서 다음과 같이 Var.c_mem를 v1.c_mem로 참조하는 것이 가능하다.

```
>>> Var.c_mem     # 클래스 객체를 통하여
100
>>> v1 = Var( )
>>> v1.c_mem      # 인스턴스 객체를 통하여
100
>>> v1.f( )       # 인스턴스 멤버 i_mem를 생성
>>> v2 = Var( )
```

정리하면 self.c_mem 형식이나 인스턴스.멤버 형식으로 멤버를 참조할 때, 검색 순서는 다음과 같다.

① 먼저 인스턴스 객체의 이름 공간에서 멤버를 참조한다.

② 만일 인스턴스 객체의 이름 공간에 멤버가 없으면 클래스의 멤버를 참조한다.

클래스 멤버는 클래스의 모든 인스턴스 객체가 공유하는 멤버이고, 인스턴스 멤버는 각각의 인스턴스 객체가 별도로 가지고 있는 멤버이다. 즉, 각 인스턴스 객체의 특성을 나타낸다고 할 수 있다.

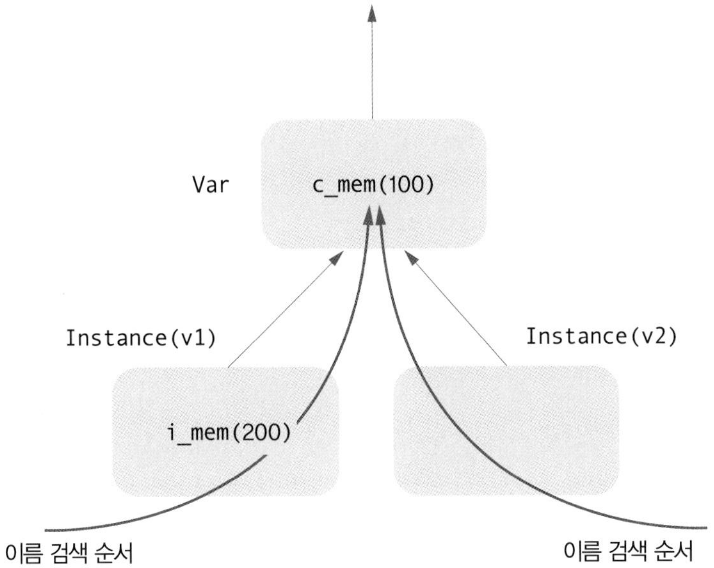

그림 13-8 클래스 멤버와 인스턴스 멤버의 저장 위치와 이름 검색 순서(1)

```
>>> v1.c_mem            # 클래스 멤버를 참조한다.
100
>>> v2.c_mem            # 클래스 멤버를 참조한다.
100
>>> v1.c_mem = 50       # 인스턴스 객체의 이름 공간에 c_mem을 생성한다.
>>> v1.c_mem            # 인스턴스 멤버를 참조한다. 앞 코드와 비교하기 바란다.
50
>>> v2.c_mem            # 인스턴스 멤버가 없으므로 클래스 멤버를 참조한다.
100
```

```
>>> Var.c_mem          # 클래스 멤버를 참조한다.
100   17 17
```

처음의 v1.c_mem은 클래스 멤버를 참조하지만 나중의 v1.c_mem은 인스턴스 멤버가 된다.

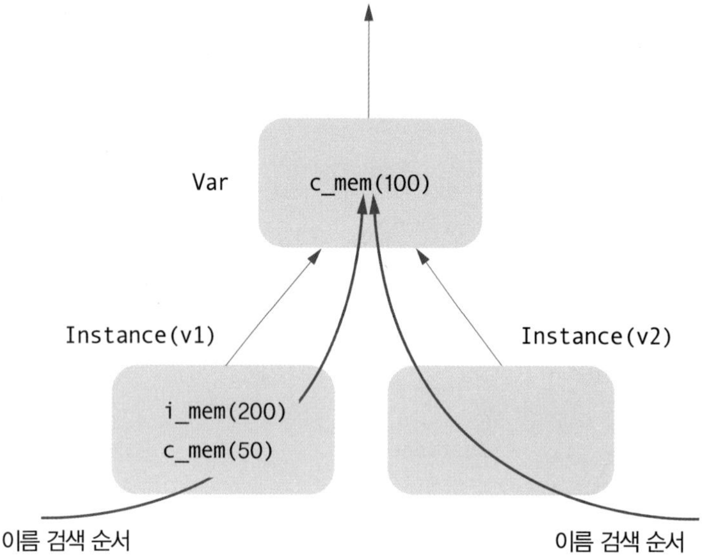

그림 13-9 클래스 멤버와 인스턴스 멤버의 저장 위치와 이름 검색 순서(2)

사용 가능한 멤버 고정하기 : __slots__ 속성 + 13.4.2

클래스에 정의한 이름 이외의 속성을 만들 수 없게 하는 것이 필요하면 __slots__ 속성을 이용한다. 다음 예는 클래스 Person에 name과 tel 이외의 속성은 지정할 수 없도록 한다. 클래스 멤버 __slots__는 리스트로 설정 가능한 속성의 이름을 갖는다. __slots__ 속성에 등록되지 않은 이름은 사용할 수 없게 된다. 이 속성이 사용되는 경우에는 이름 공간을 표현하는 __dict__는 사용되지 않는다.

```
>>> class Person:
        __slots__ = ['name', 'tel']
```

```
>>> m1 = Person( )
>>> m1.name = '이강성'        # __slots__ 속성에 등록된 속성
>>> m1.tel = '5284'           # __slots__ 속성에 등록된 속성
>>> m1.address = '서울'       # __slots__ 속성에 등록되지 않은 속성
...
AttributeError: 'Person' object has no attribute 'address'
```

연/습/문/제/
Exercise

1 클래스를 이용한 프로그래밍의 장점은 무엇인가?

2 클래스와 모듈의 차이점을 정리해 보자.

3 다음 용어의 의미를 정리해 보자.

클래스, 인스턴스, 멤버, 메서드, 상위 클래스, 하위 클래스

4 클래스 멤버와 인스턴스 멤버의 차이는 무엇인가?

5 언바운드 클래스 메서드와 바운드 인스턴스 메서드의 차이를 설명하고 예를 들어 보자.

6 다음 코드에 대하여 문제에 답해 보자.

```
>>> class B:
        b = 2
>>> class C(B):
        a = 1
        def f(self):
                self.a = 5

>>> c1 = C( )
>>> c2 = C( )
>>> c1.f( )
>>> c1.a    # 출력 결과는?
>>> c2.a    # 출력 결과는?
```

가) 출력 결과를 예상해 보자.

나) 클래스와 인스턴스 객체의 이름 공간 사이의 관계를 그려 보자.

다) 속성이 어떻게 검색되는지 설명해 보자.

7 클래스 LifeSpan을 설계해 보자. 이 클래스는 소멸하면서 생성부터 소멸할 때까지의 전체 실행 시간을 출력한다.

8 클래스 Turtle을 정의해 보자. Turtle의 인스턴스 객체는 현재 위치와 진행 방향에 사용하는 내부 변수를 가지고 있다. 두 개의 메서드 turn(angle), forward(distance)를 정의해 보자. turn( ) 메서드는 진행 방향을 변경하고 forward( ) 메서드는 현재 설정한 진행 방향으로 이동하게 한다. turn( ) 메서드는 현재 설정한 방향에서 상대적인 방향을 나타낸다. 예를 들어, 현재 방향이 +20도인 경우에 turn(10)을 하면 현재 진행 방향은 30도 방향이 된다. 설정한 진행 방향에 따라서 Turtle 인스턴스 객체가 forward( ) 메서드에 제대로 동작하는지 확인해 보자. 좌표 값은 float형으로 처리한다.

제 14 장

연산자의 중복과 장식자

Chapter 14

14.1 연산자의 중복　14.2 장식자

이 장에서는 앞 장에서 배운 클래스 기초에 연산자의 중복과 장식자 개념을 추가해 보자.

14.1 연산자의 중복

수치 연산자 중복 14.1.1

연산자 중복(Operator Overloading)이란 프로그램 언어에서 지원하는 연산자에 대해 클래스가 새로운 동작을 하도록 정의하는 것이다. 파이썬에서 사용하는 모든 연산자는 클래스 내에서 새롭게 정의할 수 있다.

1 이항 연산자

파이썬에서는 내장 자료형에 사용하는 모든 연산을 독자가 정의하는 클래스에서 동작하도록 구현할 수 있다. 예를 들어, 다음 클래스 MyStr을 보자.

```
>>> class MyStr:
        def __init__(self, s):
                self.s = s
```

여기에 현재는 가능하지 않은 나눗셈 연산이 가능하도록 해보자. __truediv__( ) 메서드만 추가하면 된다. 나누기(/) 연산자는 __truediv__( ) 메서드로 확장된다. 예를 들면 `s1 / ':'`에 의해 `s1.__truediv__(':')`가 호출된다.

```
>>> class MyStr:
        def __init__(self, s):
```

```
            self.s = s
    def __truediv__(self, b):
            return self.s.split(b)

>>> s1 = MyStr('a:b:c')
>>> s1 / ':'          # 나누기 연산이 가능해졌다.          s1.__truediv__(':')
['a', 'b', 'c']       # 문자열 리스트
```

이처럼 파이썬은 모든 연산자에 대응하는 적절한 이름의 메서드가 정해져 있어서 연산자가 사용될 때 해당 메서드로 확장된다. 표 14-1은 수치 연산에 적용되는 주요 연산자에 대한 메서드 목록이다.

표 14-1 수치 연산자 메서드

메서드	연산자
`__add__(self, other)`	+
`__sub__(self, other)`	-
`__mul__(self, other)`	*
`__truediv__(self, other)`	/
`__floordiv__(self, other)`	//
`__mod__(self, other)`	%
`__divmod__(self, other)`	divmod( )
`__pow__(self, other[, modulo])`	pow( ) **
`__lshift__(self, other)`	<<
`__rshift__(self, other)`	>>
`__and__(self, other)`	&
`__xor__(self, other)`	^
`__or__(self, other)`	|

더하기 연산을 더 추가해 보자. __add__() 메서드를 추가하면 된다.

```
>>> class MyStr:
        def __init__(self, s):
                self.s = s
        def __truediv__(self, b):
                return self.s.split(b)
        def __add__(self, b):
                return self.s + b

>>> s1 = MyStr('a:b:c')
>>> s1 + ':d'              # s1.__add__(':d')
'a:b:c:d'
```

2 역 이항 연산자

앞의 예에서 만일 나누기에서 피연산자의 순서가 바뀌었다면 어떤 결과가 나올까?

```
>>> 'z:' + s1
...
TypeError: Can't convert 'MyStr' object to str implicitly
```

문자열 'z:' 이 MyStr형 객체와의 연산을 지원하지 않기 때문에 당연히 TypeError 에러가 발생한다. a + b 연산에서 a.__add__(b)를 우선 시도하고, 이것이 구현되어 있지 않으면 b.__radd__(a)를 시도한다. 이제 __radd__() 메서드를 정의하고 실행해 보자.

```
>>> class MyStr:
        def __init__(self, s):
                self.s = s
        def __truediv__(self, b):
                return self.s.split(b)
        def __add__(self, b):
                return self.s + b
        def __radd__(self, b):
```

```
            return b + self.s

>>> s1 = MyStr('a:b:c')
>>> 'z:' + s1                s1.__radd__('z:')
'z:a:b:c'
```

이처럼 객체가 연산자의 오른편에 있을 때 사용되는 메서드의 이름은 다음과 같다. 메서드 이름 앞에 r이 추가되어 있다.

표 14-2 피연산자가 바뀐 경우의 수치 연산자 메서드

메서드	연산자
__radd__(self, other)	+
__rsub__(self, other)	-
__rmul__(self, other)	*
__rtruediv__(self, other)	/
__rfloordiv__(self, other)	//
__rmod__(self, other)	%
__rdivmod__(self, other)	divmod( )
__rpow__(self, other[, modulo])	pow( ) **
__rlshift__(self, other)	<<
__rrshift__(self, other)	>>
__rand__(self, other)	&
__rxor__(self, other)	^
__ror__(self, other)	|

3 확장 산술 연산자

다음은 확장 산술 연산자의 중복 메서드에 대한 예이다.

```
s += b    →   s.__iadd__(b)
```

표 14-3에는 확장 산술 연산자에 대한 중복 메서드가 정리되어 있다.

표 14-3 확장 산술 연산자 메서드

메서드	연산자
`__iadd__(self, other)`	`+=`
`__isub__(self, other)`	`-=`
`__imul__(self, other)`	`*=`
`__itruediv__(self, other)`	`/=`
`__ifloordiv__(self, other)`	`//=`
`__imod__(self, other)`	`%=`
`__ipow__(self, other)`	`**=`
`__ilshift__(self, other)`	`<<=`
`__irshift__(self, other)`	`>>=`
`__iand__(self, other)`	`&=`
`__ixor__(self, other)`	`^=`
`__ior__(self, other)`	`|=`

4 단항 연산자와 형변환 연산자

단항 연산자를 위한 메서드도 준비되어 있다. 다음은 단항 연산자의 중복 메서드에 대한 예이다.

```
-s     →   s.__neg__( )
+s     →   s.__pos__( )
abs(s)   →   s.__abs__( )
```

표 14-4에는 단항 연산자에 대한 중복 메서드가 정리되어 있다.

표 14-4 단항 연산자 메서드

메서드	연산자
__neg__(self)	-
__pos__(self)	+
__abs__(self)	abs( )
__invert__(self)	~ 비트 반전(0은 1로, 1은 0으로)

이 외에도 파이썬은 여러 연산자를 중복할 수 있는 메서드를 준비하고 있다. 다음 연산자는 객체를 인수로 하여 함수 형태로 호출되며, 이에 따라 적절한 값을 반환해 주어야 한다. 예를 들어, int(a)에 의해서 a.__int__( ) 메서드가 호출된다. 다음은 형변환의 중복 메서드에 대한 예이다.

```
complex(s)   →   s.__complex__( )
int(s)   →   s.__int__( )
float(s)   →   s.__float__( )
round(s)   →   s.__round__( )
operator.index(s)   →   s.__index__( )
```

표 14-5에는 형변환에 대한 중복 메서드가 정리되어 있다.

표 14-5 기타 형변환 메서드

메서드	연산자
__complex__(self)	complex( )
__int__(self)	int( )
__float__(self)	float( )
__round__(self)	round( )
__index__(self)	operator.index( )

여기서 a.__index__( ) 메서드는 operator.index(a)에 의해서 호출되는데, 이 메서드는 a를 정수로 변환할 수 있는지 확인해서 정수 값을 반환한다. 만일 a가 정수가 아니면 TypeError 에러가 발생한다. 인덱스로 사용할 자료형은 정수로만 표현해야 하는데 이를 검사하기 위해서 __index__( ) 메서드가 존재한다.

```
>>> operator.index(5)    # 정수는 인덱스로 사용할 수 있다.
5
>>> operator.index(5.5)  # float는 인덱스로 사용할 수 없다.
Traceback (most recent call last):
  File "<pyshell#69>", line 1, in <module>
    operator.index(5.5)
TypeError: 'float' object cannot be interpreted as an integer
```

예를 들어, bin( )와 hex( ), oct( )와 같은 함수들은 정수 인수가 필요하며 다음과 같이 __index__( ) 메서드가 내부에서 사용된다.

```
operator.index(s)   →   s.__index__( )
bin(s)   →   bin(s.__index__( ))
hex(s)   →   hex(s.__index__( ))
oct(s)   →   oct(s.__index__( ))
```

다음은 __index__( ) 메서드를 사용하는 간단한 예이다.

```
>>> class Index:
        def __index__(self):
                print('__index__ called')
                return 3

>>> L = [1, 2, 3, 4, 5]
>>> i = Index( )
>>> L[i:]
__index__ called
[4, 5]
```

```
>>> bin(i)
__index__ called
'0b11'
>>> oct(i)
__index__ called
'0o3'
>>> hex(i)
__index__ called
'0x3'
```

컨테이너 자료형의 연산자 중복 14.1.2

이 절에서는 컨테이너 자료형(시퀀스 자료형 + 매핑 자료형)에 적용할 메서드를 소개한다. 여기서 소개하는 메서드를 적절하게 잘 정의하면, 컨테이너 자료형을 만들 수 있다. 기본적으로는 __len__()와 __contains__(), __getitem__(), __setitem__(), __delitem__() 메서드를 구현해야 한다. 만일 독자가 시퀀스형이면서 변경 가능한 자료형을 만들겠다면 append()와 count(), index(), extend(), insert(), pop(), remove(), reverse(), sort() 메서드 등을 구현하면 된다. 사전과 같은 매핑 자료형은 keys()와 values(), items(), get(), clear(), copy(), setdefault(), pop(), popitem(), update() 같은 메서드를 구현하면 된다. 산술 연산으로는 __add__()와 __radd__(), __iadd__(), __mul__(), __rmul__(), __imul__() 메서드 등을 구현하면 된다. 반복자를 지원하려면 __iter__() 메서드를 구현한다. 여기서는 간단한 경우에 대해서만 설명하기로 한다. 표 14-6은 시퀀스 자료형에 대한 메서드 목록이다.

표 14-6 시퀀스 자료형의 메서드

메서드	연산자
object.__len__(self)	len(object)
object.__contains__(self, item)	item in object
object.__getitem__(self, key)	object[key]
object.__setitem__(self, key, value)	object[key] = value
object.__delitem__(self, key)	del object[key]

1 인덱싱

인덱싱은 시퀀스 자료형에서 순서에 의해서 데이터에 접근하기 위한 방법을 제공한다. 기본적으로는 __getitem__( ) 메서드를 정의해야 한다. 예를 들어, 다음 클래스 Square는 생성자 인수로 범위를 받아들이며, 해당 범위에서 요구된 인덱스 값의 제곱을 반환하는 시퀀스 자료형이다. 시퀀스 자료형에서의 인덱스는 정수 값으로 전달하며, 만일 인덱스 범위를 초과하면 IndexError 에러를 발생해야 한다. 만일 데이터의 자료형이 맞지 않으면 TypeError 에러를 발생한다.

```
>>> class Square:
        def __init__(self, end):
                self.end = end
        def __len__(self):
                return self.end
        def __getitem__(self, k):
                if type(k) != int:
                        raise TypeError('...')
                if k < 0 or self.end <= k:
                       raise IndexError('index {} out of range'.format(k))
                return k * k

>>> s1 = Square(10)
>>> len(s1)              # s1.__len__( )
10
>>> s1[4]                # s1.__getitem__(4)
16
>>> s1.__getitem__(4)    # s1[4]
16
>>> s1[20]               # 범위를 벗어난 참조이다.
...
IndexError: index 20 out of range
>>> s1['a']
...
TypeError: ...
```

이렇게 만들어진 클래스는 for 문에 적용할 수 있다.

```
>>> for x in s1:
        print(x, end = ' ')

0 1 4 9 16 25 36 49 64 81
```

for 문은 인스턴스 객체 s1의 __getitem__( ) 메서드를 0부터 호출하기 시작한다. 이 메서드에 의해서 반환된 값이 x에 전달되고, 내부의 print( ) 함수가 실행된다. IndexError 예외가 발생하면 반복을 중단한다. 인스턴스 객체 s1은 제한된 범위 내에서 시퀀스형 객체로서의 역할을 충실히 수행한다.

자료형 변환을 적용해 보자. __getitem__( ) 메서드만 정의되어 있으면, 다른 시퀀스 자료형으로 변환하는 것이 가능하다.

```
>>> list(s1)
[0, 1, 4, 9, 16, 25, 36, 49, 64, 81]
>>> tuple(s1)
(0, 1, 4, 9, 16, 25, 36, 49, 64, 81)
```

이와 같은 방식의 연산을 지원하면 내장 자료형과 사용법이 같은 일관된 연산을 적용할 수 있고, 이것은 통일성과 편리함을 가져다준다. 사용자가 정의한 클래스가 기존 자료형의 코딩 스타일을 그대로 따르므로 일관된 코딩 스타일을 유지할 수가 있다.

__getitem__( ) 메서드가 치환 연산자 오른쪽에서 인덱싱에 의해서 호출되는 메서드라면 __setitem__( ) 메서드는 치환 연산자 왼쪽에서 호출되는 메서드이다. 예를 들어, `s1[0] = 10`을 수행하면 `s1.__setitem__(0, 10)`이 호출된다. 또한, __delitem__( ) 메서드는 `del s1[0]`에 의해서 `s1.__delitem__(0)`이 호출된다.

2 슬라이싱

슬라이싱에서는 인덱싱에서와같이 __getitem__( )와 __setitem__( ), __delitem__( ) 메서드를 사용하지만 인수로 정수가 아닌 slice 객체를 전달한다.

우선 slice 객체 자체를 살펴보자. 이 객체는 start와 step, stop 세 개의 멤버를 가지는 단순한 객체로 이해하면 된다. 사용하는 형식은 다음과 같다.

```
slice([start,] stop [, step])
```

slice 객체를 생성해서 몇 가지를 시험해 보자.

```
>>> s = slice(1, 10, 2)
>>> s
slice(1, 10, 2)
>>> type(s)          # 무슨 자료형인지 알아본다.
<type 'slice'>
>>> s.start, s.stop, s.step
(1, 10, 2)
```

만일 slice 객체를 전달할 때 인수가 생략되면 None 객체를 기본값으로 가진다.

```
>>> slice(10)
slice(None, 10, None)
>>> slice(1, 10)
slice(1, 10, None)
>>> slice(1, 10, 3)
slice(1, 10, 3)
```

슬라이싱 `m[1:5]`는 `m.__getitem__(slice(1,5))`를 호출한다. 즉, 인덱싱의 정수 인덱스 대신에 slice 객체가 범위를 나타내는데 사용된다. 확장 슬라이싱(Extended Slicing) `m[1:10:2]`는 `m.__getitem__(slice(1, 10, 2))`를 호출한다. 이제 예제 클래스를 살펴보자.

```
>>> class Square:
        def __init__(self, end):
                self.end = end
        def __len__(self):
```

```
            return self.end
    def __getitem__(self, k):
            if type(k) == slice:        # slice 자료형인가?
                    start = k.start or 0
                    stop = k.stop or self.end
                    step = k.step or 1
                    return map(self.__getitem__, range(start, stop, step))
            elif type(k) == int:        # 인덱싱
                    if k < 0 or self.end <= k:
                            raise IndexError(k)
                    return k * k
            else:
                    raise TypeError('...')
```

```
>>> s = Square(10)
>>> s[4]                    # 인덱싱
16
>>> list(s[1:5])            # 슬라이싱
[1, 4, 9, 16]
>>> list(s[1:10:2])         # 간격은 2로
[1, 9, 25, 49, 81]
>>> list(s[:])              # 전체 범위
[0, 1, 4, 9, 16, 25, 36, 49, 64, 81]
```

먼저 __getitem__( ) 메서드의 정의를 살펴보자. 가장 먼저 k의 자료형을 검사한다. k가 slice형이면 슬라이싱을, 아니면 인덱싱을 적용한다. 슬라이싱 부분에서 start와 stop, step을 별도의 지역 변수에 치환한 이유는 range( ) 함수가 정수 인수만을 요구하기 때문이다. 최종적으로 map( ) 함수에 의해서 각 인덱스 값의 제곱에 대한 리스트를 반환한다.

3 매핑 자료형

매핑 자료형에서 `object.__getitem__(self, key)` 등의 메서드의 key는 사전의 키로 사용할 수 있는 임의의 객체가 될 수 있다. 만일 key에 대응하는 값을 찾을 수 없으면 KeyError 에러를 발생시킨다. 다음 클래스 MyDict는 치환(`d[key]=value`)과 참조(`a = d[key]`), 크기(`len(d)`) 정보를 얻을 수 있는 간단한 클래스이다.

```
>>> class MyDict:
        def __init__(self):
                self.d = {}
        def __getitem__(self, k): # key
                return self.d[k]
        def __setitem__(self, k, v):
                self.d[k] = v
        def __len__(self):
                return len(self.d)

>>> m = MyDict( )               # __init__( ) 메서드 호출
>>> m['day'] = 'light'          # m.__setitem__('day', 'light')
>>> m.__setitem__('night', 'darkness')       # m['night'] = 'darkness'
>>> m['day']                    # m.__getitem__('day')
'light'
>>> m['night']                  # m.__getitem__('night')
'darkness'
>>> len(m)                      # __len__( ) 메서드 호출
2
```

4 반복자 지원

반복자에 관한 내용은 18장에서 자세하게 다루고 있으므로 18.2절의 예를 참고하기 바란다.

문자열 변환 연산 + 14.1.3

인스턴스 객체를 print( ) 함수로 출력할 때 내가 원하는 형식으로 출력하거나, 인스턴스 객체를 사람이 읽기 좋은 형태로 변환하려면 문자열로 변환하는 기능이 필요하다. 이 절에서는 인스턴스 객체를 문자열로 변환하는 기능에 대해서 살펴보자.

1 문자열로의 변환 : __str__( )와 __repr__( ) 메서드

인스턴스 객체를 문자열로 변환하는 메서드는 __str__( )와 __repr__( ) 두 가지이다. 이 두 메서드는 호출되는 시점이 조금 다른데, 언제 이들이 호출되는지는 다음 예를 보면 쉽게 알 수 있다.

```
>>> class StringRepr:
        def __repr__(self):
                return 'repr called'
        def __str__(self):
                return 'str called'

>>> s = StringRepr( )
>>> print(s)
str called
>>> str(s)
'str called'
>>> repr(s)
'repr called'
```

print( ) 함수와 str( ) 함수에 의해서 __str__( ) 메서드가 호출되며, repr( ) 함수에 의해서 __repr__() 메서드가 호출된다. __repr__() 메서드의 목적은 객체를 대표해서 유일하게 표현할 수 있는 문자열을 만들어 내는 것이다. 즉, 다른 객체의 출력과 혼동되지 않는 모양으로 표현해야 한다는 의미이다.

```
>>> repr(2)
'2'
>>> repr('2')
"'2'"
>>> repr('abc')        # 문자열 'abc'에 대한 repr 문자열 표현
"'abc'"
>>> repr([1, 2, 3])    # 리스트 [1, 2, 3]에 대한 repr 문자열 표현
'[1, 2, 3]'
```

다음으로 __str__() 메서드의 목적은 사용자가 읽기 편한 형태의 표현으로 출력한다.

```
>>> str(2)
'2'
>>> str('2')
'2'
```

재미있는 현상은 컨테이너 자료형(리스트와 사전 등)의 __str__( ) 메서드는 내부 객체의 __repr__( ) 메서드를 사용한다.

```
>>> L = [2, '2']
>>> str(L)
"[2, '2']"
>>> repr(L)
"[2, '2']"
>>> str(L) == repr(L)
True
```

만일 __str__( ) 메서드를 호출할 상황에서 __str__( ) 메서드가 정의되어 있지 않으면 __repr__( ) 메서드가 대신 호출된다.

```
>>> class StringRepr:
        def __repr__(self):
                return 'repr called'

>>> s = StringRepr( )
>>> str(s)
'repr called'
>>> repr(s)
'repr called'
```

그러나 __repr__( ) 메서드가 정의되어 있지 않은 경우에 __str__( ) 메서드가 __repr__( ) 메서드를 대신하지는 않는다.

```
>>> class StringRepr:
        def __str__(self):
                return 'str called'

>>> s = StringRepr( )
>>> str(s)
'str called'
```

```
>>> repr(s)
'<__main__.StringRepr object at 0x030DC350>'
```

2 바이트로의 변환 : __bytes__( ) 메서드

문자열이 아닌 바이트 자료형으로 변환하려면 __bytes__( ) 메서드를 사용한다. b.__bytes__( ) 메서드는 bytes(b) 함수에 의해서 호출된다.

```
>>> class BytesRepr:
        def __bytes__(self):
                return 'bytes called'.encode('utf-8')

>>> b = BytesRepr( )
>>> bytes(b)
b'bytes called'
```

3 서식 기호 새로 지정하기 : __format__( ) 메서드

__format__( ) 메서드는 format( ) 함수나 문자열의 format( ) 메서드에 의해서 호출된다. 예를 들어, 다음과 같은 경우에 호출된다.

```
>>> format(x, "o")        # x.__format__("o") 호출
>>> "x:{:o}".format(x)    # x.__format__("o") 호출
```

__format__( ) 메서드에 전달되는 변환 기호는 사용자가 새로 정의할 수도 있다. 다음은 대문자 변환을 위한 새로운 변환 기호 u와 소문자 변환을 위한 새로운 변환 기호 l을 정의하는 예이다. 변환 기호가 요구될 때는 __format__( ) 메서드가 호출된다.

```
>>> class MyStr:
        def __init__(self, s):
                self.s = s
        def __format__(self, fmt):
                print(fmt)         # 서식 문자열을 확인한다.
```

```
            if fmt[0] == 'u':      # u이면 대문자로 변환한다.
                    s = self.s.upper( )
                    fmt = fmt[1:]
            elif fmt[0] == 'l':    # l이면 소문자로 변환한다.
                    s = self.s.lower( )
                    fmt = fmt[1:]
            else:
                    s = str(self.s)
            return s.__format__(fmt)

>>> s = MyStr('Hello')
>>> print('{0:u^20} {0:l} {0:*^20}'.format(s))
u^20
l
*^20
       HELLO          hello *******Hello********
```

채우기 문자 / 가운데 정렬 / 확보 자리 수 → *^20

__format__ 메서드의 인수로 입력되며, 반환 값으로 치환된다.

진릿값과 비교 연산 + 14.1.4

1 __bool__( ) 메서드

클래스 인스턴스의 진릿값은 __bool__( ) 메서드의 반환 값으로 결정된다. 만일 이 메서드가 정의되어 있지 않으면 __len__( ) 메서드를 호출한 결과가 0 이면 False로 간주하고 아니면 True로 간주한다. 만일, __len__( )과 __bool__( ) 메서드 모두가 정의되어 있지 않으면 모든 인스턴스는 True가 된다.

```
>>> class Truth:
        def __init__(self, num):
                self.num = num
        def __bool__(self):
                return self.num != 0

>>> bool(Truth(0))
False
>>> bool(Truth(3))
True
```

3 비교 연산

파이썬의 모든 비교 연산은 중복이 가능하도록 메서드 이름이 준비되어 있다.

표 14-7 비교 연산을 위한 메서드

연산자	메서드
<	object.__lt__(self, other)
<=	object.__le__(self, other)
>	object.__gt__(self, other)
>=	object.__ge__(self, other)
==	object.__eq__(self, other)
!=	object.__ne__(self, other)

x<y는 x.__lt__(y) 메서드로 확장되며, x<=y는 x.__le__(y) 메서드로 확장된다. 다른 연산자도 같은 방식이 적용된다. __eq__()와 __ne__() 메서드는 각자의 논리로 적용될 수 있다. 즉, o == other이 참이라고 해서 o != other이 거짓이 아닐 수도 있다는 것이다. 하지만, __ne__() 메서드가 정의되어 있지 않고, __eq__() 메서드만 정의되어 있을 경우 o != other는 not(o == other)의 논리가 적용된다. 다음 예를 참고하자.

```
>>> class Compare:
        def __init__(self, n):
                self.n = n
        def __eq__(self, o):
                print('__eq__ called')
                return self.n == o
        def __lt__(self, o):
                print('__lt__ called')
                return self.n < o
        def __le__(self, o):
                print('__le__ called')
                return self.n <= o
```

```
>>> c = Compare(10)
>>> c < 10        # __lt__
__lt__ called
False
>>> c <= 10       # __le__
__le__ called
True
>>> c > 10        # 에러가 발생한다. __gt__ 정의가 안 된다.
...
TypeError: unorderable types: Compare( ) > int( )
>>> c == 10       # __eq__( ) 메서드
__eq__ called
True
>>> c != 10       # __ne__( ) 메서드나 not __eq__( ) 메서드 결과
__eq__ called
False
```

해시 값에 접근하기 : __hash__( ) 메서드 + 14.1.5

해시 값을 돌려주는 내장 함수 hash(m)가 호출될 때 m.__hash__() 메서드가 호출된다. hash() 함수를 사용한 예로, 사전은 (키, 값) 쌍을 저장할 때 키에 대한 hash() 함수의 호출 결과를 값을 저장하기 위한 해시 키로 사용한다. __hash__() 메서드는 정수를 반환해야 한다. 이 메서드를 정의한 클래스는 __eq__() 메서드도 함께 정의해야 해시가 가능한 객체로 취급된다.

```
>>> class Obj:
        def __init__(self, a, b):
                self.a = a
                self.b = b
        def _key(self):
                return (self.a, self.b)
        def __eq__(self, o):
                return self._key( ) == o._key( )
        def __hash__(self):
                return hash(self._key( ))
```

```
>>> o1 = Obj(1, 2)
>>> o2 = Obj(3, 4)
>>> hash(o1)
1299869600
>>> hash(o2)
1699342716
>>> d = {o1:1, o2:2}
```

해시 키는 변경이 가능해서는 안 된다. 만일 변경 가능한 자료형으로 클래스를 정의하면 hash() 함수를 호출했을 때 TypeError 에러를 반환해서 해시 키로 사용할 수 없도록 해야 한다.

```
>>> class Obj2:
        def __init__(self, a, b):
                self.a = a
                self.b = b
        def __hash__(self):
                raise TypeError('not proper type')

>>> o1 = Obj2(1, 2)
>>> d = {o1:1}          # 키로 사용할 수 없다.
...
TypeError: not proper type
```

속성 값에 접근하기 14.1.6

파이썬에서는 인스턴스 객체의 속성을 다루는 메서드가 네 개 준비되어 있다. 다음은 이 메서드를 정리한 표이다.

표 14-8 인스턴스 객체의 속성을 다루는 메서드

메서드	설명
`__getattr__(self, name)`	정의되어 있지 않은 속성을 참조할 때, 이 메서드가 호출된다. 속성 이름 name은 문자열이다.
`__getattribute__(self, name)`	__getattr__( ) 메서드와 같으나 속성이 정의되어 있어도 호출된다.
`__setattr__(self, name, value)`	self.name = value와 같이 속성에 치환(대입)이 일어날 때 호출된다.
`__delattr__(self, name)`	del self.name에 의해서 호출된다.

1 __getattr__( )와 __getattribute__( ) 메서드

인스턴스 객체에 대한 일반적인 접근 방법인 obj.attr( ) 메서드는 `getattr(obj, 'attr')`로 수행된다. 우선 __getattr__( )과 __getattribute__( ) 메서드의 차이를 살펴보자. __getattr__( ) 메서드는 이름 공간에 정의되지 않는 이름에 접근할 때 호출되며 이에 대해서 처리를 할 수 있다.

```
>>> class GetAttr1(object):
        def __getattr__(self, x):
                print('__getattr__', x)
                if x == 'test':
                        return 10
                raise AttributeError

>>> g1 = GetAttr1( )
>>> g1.c = 10
>>> g1.c         # 정의된 이름을 호출한다.
10
>>> g1.a         # 정의되지 않은 이름을 호출한다.
__getattr__ a           __getattr__( ) 메서드가 호출된다.
...
AttributeError
>>> g1.test      # 정의되지 않았지만 준비된 이름이다.
__getattr__ test
10
```

__getattribute__( ) 메서드는 이름 정의 여부에 관계없이 모든 속성에 접근하면 호출된다.

```
>>> class GetAttr2(object):
        def __getattribute__(self, x):
                print('__getattribute__ called..', x)
                return object.__getattribute__(self, x)

>>> g2 = GetAttr2( )
>>> g2.c = 10
>>> g2.c         # 정의된 이름을 호출한다.
__getattribute__ called.. c
10
>>> g2.a         # 정의되지 않은 이름을 호출한다.
__getattribute__ called.. a
...
AttributeError: 'GetAttr2' object has no attribute 'a'
```

따라서 __getattribute__( ) 메서드는 호출되는 이름 전체에 대한 제어권을 얻어 낸다. 두 메서드가 모두 정의되어 있는 예를 보자. 정의되어 있는 이름에 접근할 때는 __getattribuate__( ) 메서드를 호출하고, 정의되어 있지 않은 이름에 접근할 때는 __getattribute__( )와 __getattr__( ) 메서드 모두를 호출한다.

```
>>> class GetAttr3(object):
        def __getattr__(self, x):
                print('__getattr__', x)
                raise AttributeError
        def __getattribute__(self, x):
                print('__getattribute__ called..', x)
                return object.__getattribute__(self, x)

>>> g3 = GetAttr3( )
>>> g3.c = 10
>>> g3.c    # 정의된 속성에 접근한다.
__getattribute__ called.. c
10
```

```
>>> g3.a        # 정의되지 않은 속성에 접근한다.
__getattribute__ called.. a
__getattr__ a
...
AttributeError
```

주의할 점은, `self.__getattribute__(x)`와 같이 호출해서는 안 된다. 재귀적으로 자기 자신을 무한히 호출하게 되므로 상위 클래스를 통해서 `object.__getattribute__(self, x)`와 같은 식으로 접근해야 한다.

2 __setattr__( )와 __delattr__( ) 메서드

인스턴스 객체에서 속성을 설정할 때는 __setattr__( ) 메서드를, 속성을 삭제할 때는 __delattr__ 메서드를 사용한다. `obj.x = o`는 `setattr(obj, 'x', o)`로 수행되며 `obj.__setattr__('x', o)`를 호출하고, `del obj.x`는 `delattr(obj, 'x')`로 수행되며 `obj.__delattr__('x')`를 호출한다.

```
>>> class Attr:
        def __setattr__(self, name, value):
                print('__setattr__(%s)=%s called' % (name, value))
                object.__setattr__(self, name, value)
        def __delattr__(self, name):
                print('__delattr__(%s) called' % name)
                object.__delattr__(self, name)

>>> a = Attr( )
>>> a.x = 10
__setattr__(x)=10 called
>>> a.x
10
>>> del a.x
__delattr__(x) called
>>> a.x
...
AttributeError: 'Attr' object has no attribute 'x'
```

인스턴스 객체를 호출하기 : __call__( ) 메서드 + 14.1.7

1 __call__( ) 메서드

어떤 클래스 인스턴스가 __call__() 메서드를 가지고 있으면, 해당 인스턴스 객체는 함수와 같은 모양으로 호출할 수 있다. 인스턴스 객체 x에 대해 다음과 같이 확장된다.

```
x(a1, a2, a3)   →   x.__call__(a1, a2, a3)
```

다음 클래스 Factorial은 고속 처리를 위하여 기억 기법(Memorization Technique)을 사용한다. 한 번 계산된 팩토리얼 값은 인스턴스 객체의 cache 멤버에 저장되어 있다가 필요할 때 다시 사용한다. 팩토리얼 계산은 인스턴스 객체의 __call__() 메서드를 호출하여 이루어진다.

```
>>> class Factorial:
        def __init__(self):
                self.cache = {}
        def __call__(self, n):
                if n not in self.cache:
                        if n == 0:
                                self.cache[n] = 1
                        else:
                                self.cache[n] = n * self.__call__(n-1)
                return self.cache[n]

>>> fact = Factorial( )
>>> for i in range(10):
        print('{}! = {}'.format(i, fact(i)))

0! = 1
1! = 1
2! = 2
3! = 6
4! = 24
5! = 120
6! = 720
7! = 5040
8! = 40320
9! = 362880
```

2 호출 가능한지 확인하기

어떤 객체가 호출 가능한지 알아보려면 collections.Callable의 인스턴스 객체인지 확인한다.

```
>>> def f( ):
        pass

>>> isinstance(f, collections.Callable)    # 함수 객체를 확인한다.
True

>>> fact = Factorial( )                     # 인스턴스 객체를 확인한다.
>>> isinstance(fact, collections.Callable)
True
```

인스턴스 객체를 생성하기 : __new__( ) 메서드 14.1.8

클래스의 __init__( ) 메서드는 객체가 생성된 이후에 객체를 초기화하기 위해 호출되는 메서드이다. 반면에 __new__( )는 객체의 생성을 담당하는 메서드로 __new__( ) 메서드에 의해서 생성된 객체가 __init__( ) 메서드에 의해서 초기화된다. __new__( ) 메서드는 object 클래스의 __new__( ) 메서드를 통해서 인스턴스 객체를 생성해야 한다.

```
>>> class NewTest:
        def __new__(cls, *args, **kw):          # cls는 NewTest
                print("__new__ called", cls)
                instance = object.__new__(cls) # 인스턴스 객체를 생성한다.
                return instance
        def __init__(self, *args, **kw):        # self는 생성된 인스턴스 객체이다.
                print("__init__ called", self)

>>> t = NewTest( )
__new__ called <class '__main__.NewTest'>
__init__ called <__main__.NewTest object at 0x02BEC6B0>
```

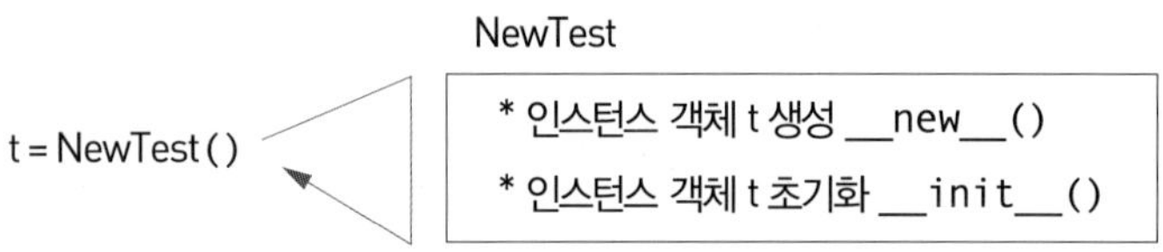

그림 14-1 __new__( )와 __init__( ) 메서드의 호출 순서

만일 __new__() 메서드가 인스턴스 객체를 반환하면 __init__() 메서드가 호출되지만, 그렇지 않으면 __init__() 메서드는 호출되지 않는다.

다음 예는 __new__() 메서드를 사용하여 멤버 값을 초기화하는 예이다. 멤버 값의 초기화는 일반적으로 __init__() 메서드에서 이루어지지만 상위 클래스의 __init__() 메서드를 명시적으로 호출하지 않으면 상위 클래스의 __init__() 메서드는 실행되지 않는다. __new__() 메서드를 사용하여 상위 클래스의 __init__() 메서드 호출 여부와 관계없이 멤버 값의 초기화를 수행하는 예를 보자.

```
>>> class Super:
        def __new__(cls, *args, **kw):
                obj = object.__new__(cls, *args, **kw)
                obj.data = []
                return obj

>>> class Sub(Super):
        def __init__(self, name):
                self.name = name     # 자기 멤버만 초기화한다.

>>> s = Sub('이강성')
>>> s.name
'이강성'
>>> s.data                           # Super.__new__( )에서 초기화된 멤버이다.
[]
```

다음은 싱글톤(Singleton) 예이다. 싱글톤이란 인스턴스 객체를 오직 하나만 생성해 내는 클래스를 의미한다. 유일하게 하나만 시스템에 존재해야 하는 객체를 정의할 때 유용하다.

```
>>> class Singleton:
        __instance = None      # 유일한 객체를 저장하기 위한 클래스 변수이다.
        def __new__(cls, *args, **kwargs):
                if cls.__instance is None:
                        # 새로운 객체를 생성한다.
                        cls.__instance = object.__new__(cls, *args, **kwargs)
                return cls.__instance

>>> class Sub(Singleton):      # 싱글톤으로부터 상속받는다.
        pass

>>> s1 = Sub( )
>>> s2 = Sub( )                # 같은 객체를 반환한다.
>>> s1 is s2                   # 같은 객체인지 비교한다.
True
```

with 문 구현하기 14.1.9

클래스에 __enter__( ) 메서드와 __exit__( ) 메서드가 구현되어 있으면 with 문에 사용할 수 있다. 우선 with 문이 동작하는 원리를 이해해 보자. 다음과 같은 with 문이 주어져 있다.

```
with ctrled_exec( ) as var:
    # 코드 블록
```

이때 클래스 ctrled_exec는 다음과 같이 정의되어 있다고 하자.

```
class ctrled_exec:
   ...
    def __enter__(self):
        # 준비 작업을 한다.
        return thing      # as 키워드 다음의 변수명에 치환될 객체를 반환한다.
    def __exit__(self, type, value, traceback):
        # 정리 작업을 한다.
```

앞서 with 문에 주어진 ctrled_exec( )가 생성하는 객체를 문맥 관리(Context Manager) 객체라고 한다. 이 객체의 생성 이후에는 바로 __enter__( ) 메서드가 호출되며, 이 메서드의 반환 값이 var

에 치환된다. 그 다음에 코드 블록이 실행되며 with 문을 빠져나올 시점에서 최종적으로는 문맥 관리 객체의 __exit__( ) 메서드가 실행되고 with 블록을 빠져나온다. 물론 예외가 중간에 발생해도 __exit__( ) 메서드는 실행된다. 파일 객체의 예를 보자.

```
with open('test.txt') as f:
    f.read(1)
```

우선 open('test.txt')를 실행한다. 이때 생성된 객체를 o라 하자. o의 __enter__( ) 메서드를 호출한 결과를 f에 치환한다. 그리고 f.read(1)를 실행한 후 with 문을 나오기 전에 f.__exit__( )을 실행한다. __exit__( ) 메서드는 파일을 닫고 정리하여 더 이상 입출력이 가능하지 않게 한다.

```
>>> o = open('test.txt')
>>> o
<open file 'test.txt', mode 'r' at 0x027857B0>
>>> f = o.__enter__( )
>>> f
<open file 'test.txt', mode 'r' at 0x027857B0>
>>> f.read(1)
'A'
>>> f.__exit__(None, None, None)
>>> f.read( )
ValueError: I/O operation on closed file
```

다음은 임계 영역(Critical Section)을 구현하는 Locked 클래스의 예이다. with 문 안에 사용된 코드 블록은 lock 객체의 임계 영역이며 배타적 실행을 보장한다.

```
# with_sample1.py
import threading

class Locked:
   def __init__(self, lock):
       self.lock = lock
   def __enter__(self):
       self.lock.acquire( )
```

```
    def __exit__(self, type, value, tb):
        self.lock.release( )

lock = threading.Lock( )
with Locked(lock):
    print ('I am in C.S.')
```

장식자(Decorator)와 생성자(Generator)를 아직 설명하지는 않았지만, 장식자와 생성자를 이용하여 앞선 임계 영역 객체를 구현하는 방법도 있다. 다음은 앞에서 보인 예와 동일한 예이다. yield 문 이전이 __enter__( ) 메서드에 해당하며 yield 문 이후는 __exit__( ) 메서드에 해당한다.

```
# with_sample2.py

from contextlib import contextmanager
import threading

@contextmanager
def Locked2(lock):
    lock.acquire( )
    yield lock
    lock.release( )

lock = threading.Lock( )
with Locked2(lock):
    print ('I am in C.S.')
```

14.2 장식자

장식자의 이해 14.2.1

장식자(Decorator)는 함수를 인수로 받는 함수 클로저(Function Closure, 11.5.2 절 참고)이다. 함수 클로저를 간단히 말하면 함수 코드와 그 함수의 변수 참조 영역을 묶은 객체라고 할 수 있다. 함수를 인스턴스화하는데 유용하다. 따라서 장식자에 유용하게 활용된다. 다음 예를 살펴보자.

```
>>> def wrapper(func):                # 장식자는 함수 객체를 인수로 받는다.
        def wrapped_func( ):          # 내부에서는 wrapper( ) 함수를 정의한다.
                print('before..')     # 원래 함수 이전에 실행되어야 할 코드이다.
                func( )               # 원래 함수이다.
                print('after..')      # 원래 함수 이후에 실행될 코드이다.
        return wrapped_func           # 원래 함수를 감싼 함수 클로저를 반환한다.

>>> def myfunc( ):                    # 원래 함수를 정의한다.
        print('I am here')

>>> myfunc( )                         # 원래 함수를 실행한 결과이다.
I am here
>>> myfunc = wrapper(myfunc)          # 장식자에 함수를 전달한다.
>>> myfunc( )                         # 장식된 함수를 실행한다.
before..
I am here
after..
```

앞의 예에서 wrapper( ) 함수는 장식자이다. 함수를 인수로 받으며 함수 클로저를 반환한다. `myfunc = wrapper(myfunc)`로 반환된(장식된) 함수는 실행할 때마다 실제로는 wrapped_func( ) 함수가 실행된다. 이것이 장식자이다.

장식자를 좀더 간단히 표현하는 방법이 있는데 **@wrapper** 형식의 선언을 함수 앞에 하는 것이다. 그러면 다음과 같이 변환이 이루어진다.

```
@wrapper                 def f( ):
def f( ):       →            ~ 생략 ~
    ~ 생략 ~             f =wrapper(f)
```

다음은 이 방법을 사용한 예이다.

```
>>> @wrapper            # 장식자이다.
def myfunc2( ):         # myfunc2 = wrapper(myfunc2)
        print('I am here 2..')
```

```
>>> myfunc2( )      # 장식된 함수를 실행한다.
before..
I am here 2..
after..
```

장식자를 사용하는 대표적인 예는 정적 메서드와 클래스 메서드이다. 다음 두 클래스는 동일한 결과를 만든다.

```
>>> class D:
        @staticmethod    # add를 static method로
        def add(x, y):
                return x + y

>>> class D:
        def add(x, y):
                return x + y
        add = staticmethod(add)

>>> D.add(2, 4)
6
```

연결된 장식자 14.2.2

장식자는 연결해서 사용할 수 있다.

```
@A @B @C
def f( ):
        ~ 생략 ~
```

혹은 다음과 같이 여러 줄에 걸쳐 사용할 수도 있다.

```
@A
@B
@C
def f( ):
        ~ 생략 ~
```

앞의 코드는 다음 코드와 동일하다.

```
def f( ):
        ~ 생략 ~
f = A(B(C(f)))
```

다음은 연결된 장식자의 간단한 예이다. 장식의 목표는 장식자에 따라서 HTML 태그가 붙어서 나오게 하는 것이다.

```
@makebold
@makeitalic
def say( ):
        return "hello"

print(say( ))           # 출력 : <b><i>hello</i></b>
```

장식자를 완성해 보자.

```
>>> def makebold(fn):    # 굵게 만드는 장식자이다.
        def wrapper( ):
                return "<b>" + fn( ) + "</b>"
        return wrapper

>>> def makeitalic(fn):  # 기울임꼴로 만드는 장식자이다.
        def wrapper( ):
                return "<i>" + fn( ) + "</i>"
        return wrapper
```

```
>>> @makebold              # 장식자를 중첩해서 표현한다.
@makeitalic
def say( ):
        return "hello"

>>> say( )                 # 기울임꼴로 그리고 굵게 만드는 출력을 얻는다.
'<b><i>hello</i></b>'
```

장식된 함수에 인수를 전달하기 14.2.3

인수를 갖는 일반 함수를 장식하려면 장식 함수도 인수를 받아서 처리해야 한다.

```
>>> def debug(fn):                  # 장식자를 정의한다.
        def wrapper(a, b):          # fn과 동일한 인수를 받는다.
                print('debug', a, b)
                return fn(a, b)     # 함수를 호출한다.
        return wrapper

>>> @debug
def add(a, b):
        return a + b

>>> add(1, 2)
debug 1 2
3
```

인수 전달을 일반화하려면 다음과 같이 가변 인수와 키워드 인수를 함께 사용해야 한다.

```
>>> def debug(fn):
        def wrapper(*args, **kw):           # 가변 인수, 키워드 인수
                print('calling', fn.__name__, 'args=', args, 'kw=', kw)
                result = fn(*args, **kw)    # 그대로 전달한다.
                print('\tresult=', result)
                return result
        return wrapper
```

```
>>> @debug
def add(a, b):
        return a + b

>>> add(1, 2)
calling add args= (1, 2) kw= {}
    result= 3
3
```

인수를 갖는 장식자 14.2.4

장식자는 인수를 가질 수 있다. 다음은 그 예이다.

```
@A @B @C(args)
def f( ):
        ~ 생략 ~
```

이것은 다음 코드와 동일하다.

```
def f( ):
        ~ 생략 ~
f = A(B(C(args)(f)))
```

즉, C(args)는 새로운 장식자를 반환하며, 해당 장식자의 인수로 f를 전달하는 것이다. 다음은 함수 인수의 타입(Type)을 확인하는 예이다.

```
>>> def accepts(*types):
        def check_accepts(f):
                def new_f(*args, **kw):
                        for (a, t) in zip(args, types):
                                assert isinstance(a, t), "arg {} does not
                                match {}".format(a, t)
                        return f(*args, **kw)     # 여기서 실제 함수가 호출된다.
                return new_f
        return check_accepts
```

함수가 세 개나 중첩되어 있다. 장식자 내부에 또 다른 장식자가 정의되어 있다. @accepts(int, int)에 의해서 다시 장식자 check_accepts( ) 함수가 반환된다. accept(*types)에 의해서 전달되는 types 인수는 (int, float)와 같은 자료형들이다. 이 값들은 new_f( ) 함수 안의 isinstance(a, t)를 통하여 입력 인수 a가 t 타입인지를 확인한다. assert 문은 진릿값을 확인하고 거짓이면 AssertionError 에러를 발생시킨다.

```
>>> isinstance(2, int)
True
>>> assert isinstance(2, int)
>>> assert isinstance(2.5, int)
...
AssertionError
```

에러가 발생하지 않으면 f(*args, **kw)를 통해 원래 함수를 호출한다.

```
>>> accepts(int, int)                        # 장식자
<function check_accepts at 0x02BF38A0>       # 반환 값도 장식자이다.
>>> accepts(int, int)(add)                   # add를 check_accepts로 장식한다.
<function new_f at 0x02BF3978>
```

다음은 사용하는 예이다.

```
>>> @accepts(int, int)# add = accepts(int, int)(add)
def add(a, b):
        return a + b

>>> add(1, 2)            # 타입이 맞는 경우
3
>>> add(3.4, 6)          # 타입이 맞지 않는 경우
...
AssertionError: arg 3.4 does not match <class 'int'>
```

메서드 장식하기 14.2.5

메서드는 함수와 다르지 않다. 함수와 같은 방법으로 클래스의 메서드를 장식할 수 있다. accepts( ) 함수를 다시 정의하고 메서드에 적용해 보자. 유일한 차이점은 메서드를 장식할 때는 첫 인수로 self를 제외한다는 것이다. 다음 예에서 accepts( ) 장식자는 add( ) 메서드의 첫 인수 self를 제외한 두 번째부터의 인수들을 accepts( )에 사용한다.

```
>>> def accepts(*types):
        def check_accepts(f):
                def new_f(self, *args, **kw):           # self를 고려해야 한다.
                        for (a, t) in zip(args, types):
                                assert isinstance(a, t), "arg {} does not
                                match {}".format(a, t)
                        return f(self, *args, **kw)     # 실제 함수가 호출된다.
                return new_f
        return check_accepts

>>> class Sori:
        @accepts(int, int)    # self를 제외한 나머지 타입을 선언한다.
        def add(self, a, b):
                return a + b

>>> s = Sori( )
>>> s.add(2, 3)
5
```

@functools.wraps + 14.2.6

다음 예에서 s.add.__name__을 확인해 보자.

```
>>> def debug(fn):
        def wrapper(*args, **kw):            # 가변 인수, 키워드 인수
                result = fn(*args, **kw)     # 그대로 전달한다.
        return wrapper

>>> class Sori:
```

```
        @debug
        def add(self, a, b):
                return a + b

>>> s = Sori( )
>>> s.add.__name__
'wrapper'                        원래는 add이어야 하는데 장식자 함수 이름으로 바뀌었다.
```

이렇게 바뀐 이유는 장식자 debug에서 wrapper( ) 함수를 반환하기 때문에 생긴 일이다. 이 문제에 대한 간단한 해결법은 @functools.wraps 장식자를 사용하는 것이다. 이 장식자는 장식된 함수의 __name__과 __doc__가 원래 함수의 것을 갖도록 해준다.

```
>>> import functools
>>> def debug(fn):
        @functools.wraps(fn)                # 감쌀 함수 fn을 넘겨준다.
        def wrapper(*args, **kw):           # 가변 인수, 키워드 인수
                return fn(*args, **kw)      # 그대로 전달한다.
        return wrapper

>>> class Sori:
        @debug
        def add(self, a, b):
                '''doc string'''
                return a + b

>>> s = Sori( )
>>> s.add.__name__
'add'
>>> s.add.__doc__
'doc string'
```

클래스 장식자 14.2.7

함수 클로저를 이용하지 않고 클래스를 이용하여 장식자를 만들 수 있다. __call__( ) 메서드에 함수를 전달하고 클래스 인스턴스를 생성한다. 인스턴스 객체는 __call__( ) 메서드를 통하여 마치 장식된 함수와 같이 동작할 수 있다.

```
>>> from functools import wraps
>>> class class_decorator:        # 클래스로 만들어진 장식자이다.
        def __init__(self, view_func):
                self.view_func = view_func
                wraps(view_func)(self)
        def __call__(self, request, *args, **kwargs):
                print('호출 전에 수행할 코드들...')
                response = self.view_func(request, *args, **kwargs)
                print('호출 이후에 수행할 코드들...')
                return response

>>> @class_decorator
def add(a, b):
        return a + b

>>> add(1, 2)
호출 전에 수행할 코드들...
호출 이후에 수행할 코드들...
3
```

유용한 장식자들 14.2.8

장식자를 어디에 사용할까? 장식자는 다양한 경우에 유용하게 활용된다. 예를 들어, 외부에서 제공되는 수정할 수 없는 라이브러리의 행동 특성을 변경하기 위해서, 소스를 건드리지 않고 디버깅 정보를 출력하기 위해서, 같은 방식으로 여러 함수를 확장하기 위해서 등등이 될 수 있다. 파이썬에서 표준으로 제공하는 장식자들은 거의 없다. 파이썬에서는 단지 기능만을 제공할 뿐 무한한 사용 가능성에 대해서는 사용자에게 일임하고 있다. 마치 클래스나 함수를 만드는 기능을 제공하는 것과 마찬가지이다. 직접 만들어 보거나 여러 유용한 장식자가 인터넷에 공개되고 있으니 필요에 따라 검색해 보면 좋을 것이다.

다음 예는 함수 호출 횟수를 세는 counter( ), 함수 호출 내용을 로깅하는 logging( ), 함수 실행 시간을 측정하는 benchmark( ) 장식자이다.

```
# decorators.py
```

```
import functools

def counter(func):
    """
    함수 호출 횟수를 센다.
    """
    @functools.wraps(func)
    def wrapper(*args, **kwargs):
        wrapper.count = wrapper.count + 1
        res = func(*args, **kwargs)
        print("{0} : {1} 호출".format(func.__name__, wrapper.count))
        return res
    wrapper.count = 0
    return wrapper

def logging(func):
    """
    함수 호출 내용을 로깅(프린트)하는 장식자이다.
    """
    @functools.wraps(func)
    def wrapper(*args, **kwargs):
        res = func(*args, **kwargs)
        print('{}({}, {}) => {}'.format(func.__name__, args, kwargs, res))
        return res
    return wrapper

def benchmark(func):
    """
    실행 시간을 출력하는 장식자이다.
    """
    import time
    @functools.wraps(func)
    def wrapper(*args, **kwargs):
        t = time.clock()
        res = func(*args, **kwargs)
        print(func.__name__, time.clock() - t)
        return res
    return wrapper
```

다음은 사용하는 예이다.

```
>>> @counter
@benchmark
@logging
def add(a, b):
        return a + b

>>> add(1, 2)
add((1, 2), {}) => 3
add 0.0001240910872120869
add : 1 호출
3
>>> add(2, 3)
add((2, 3), {}) => 5
add 5.7224962523869615e-05
add : 2 호출
5
```

14.3 정적 메서드와 클래스 메서드 +

정적 메서드 14.3.1

정적 메서드(Static Method)란 인스턴스 객체를 생성하지 않고도, 혹은 인스턴스 객체를 이용하지 않고도 클래스를 이용하여 직접 호출할 수 있는 메서드이다. 일반 메서드는 첫 번째 인수로 인스턴스 객체를 반드시 전달해야 하지만 정적 메서드는 일반 함수와 동일한 방식으로 호출된다. 정적 메서드는 일반 메서드와는 달리 첫 인수로 self를 받지 않는다. 필요한 만큼의 인수를 선언하면 된다. **@staticmethod**를 메서드 앞에 장식하면 정적 메서드가 된다.

```
>>> class D:
        @staticmethod    # add를 정적 메서드로
        def add(x, y):
                return x + y
```

```
>>> D.add(2, 3)            # 인스턴스 객체 없이 클래스에서 직접 호출한다.
5
>>> d = D( )
>>> d.add(2, 3)            # 물론 인스턴스 객체를 통해서도 호출할 수 있다.
5
```

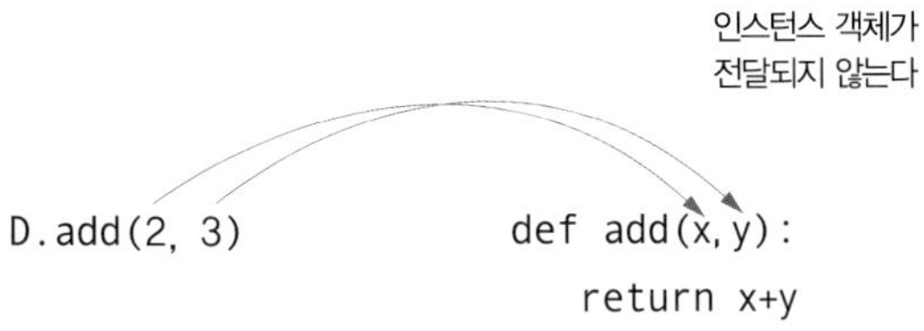

그림 14-2 정적 메서드의 호출

정적 메서드는 인스턴스 객체와 관계없이 실행되어야 하므로 인스턴스 변수를 참조할 수 없다. 대신에 클래스 멤버는 참조할 수 있다.

```
>>> class E:
        acc = 0
        @staticmethod
        def accumulate(v):
                E.acc += v
                return E.acc          # 클래스 멤버

>>> E.accumulate(10)
10
>>> E.accumulate(20)
30
>>> E.acc
30
```

클래스 메서드 14.3.2

클래스 메서드(Class Method)는 첫 인수로 클래스 객체를 전달받는다. 정적 메서드와 같이 클래스를 통하여 직접 호출하는 것이 일반적이지만 첫 인수로 클래스 객체가 전달되는 것이 다르다. 클래스 메서드는 @classmethod 장식자에 의해서 선언된다.

```
>>> class CM:
        acc = 0
        @classmethod
        def accumulate(cls, v):   # 클래스 메서드
                cls.acc += v
                return cls.acc

>>> CM.accumulate(10)
10
>>> CM.accumulate(20)
30
>>> CM.acc
30

>>> c = CM( )
>>> c.accumulate(5)       # 인스턴스 객체를 통한 호출이 가능하다.
35
>>> CM.acc
35
>>> c.__class__ is CM    # c.__class__와 CM이 같은 객체인가?
True
```

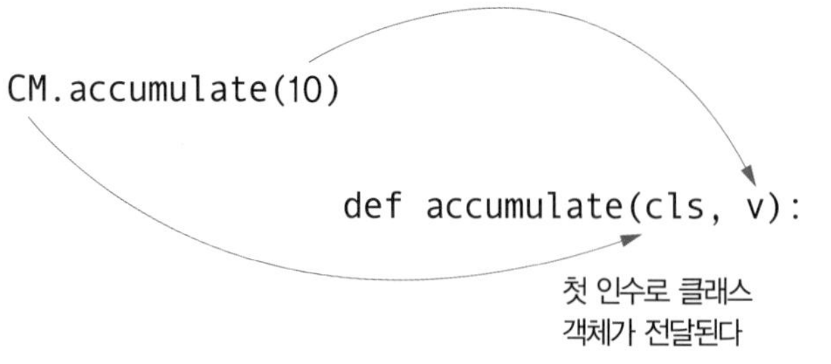

그림 14-3 클래스 메서드의 호출

14.4 property 속성 만들기 *

property 속성이란 멤버 변수와 같은 접근 방식을 사용하지만 실제로는 메서드의 호출로 처리되는 속성을 말한다. 즉, 메서드로 정의되어 있지만 호출은 멤버 변수를 사용하는 것처럼 한다는 의미이다. 예를 들어, `x.a = 1`이 실제로는 `x.a_set(1)`이란 함수를 통해서 이루어지고, `b = x.a`이 실제로는 `b = x.a_get( )`을 통해서 이루어지게 할 수 있다. property 함수를 통해서 속성을 정의할 수 있는데, 이 함수는 변수에 값을 저장하는 메서드(fset), 읽는 메서드(fget), 삭제하는 메서드(fdel)를 지정하고 관련 연산이 이들 메서드를 통해서 이루어지는 객체를 생성한다.

```
property(fget = None, fset = None, fdel = None, doc = None)
```

여기서 fget은 값을 읽을 때, fset은 값을 쓸 때, fdel은 값을 삭제할 때 자동으로 호출되는 메서드이다.

다음 예는 degree란 변수에 각도를 저장한다. 하지만, 각도를 0도에서 360도 미만의 범위 내에서 정규화한다. 즉, 370도를 저장하면 자동으로 10도로 정규화된다.

```
>>> class PropertyClass:
        def get_deg(self):
                return self.__deg
        def set_deg(self, d):
                self.__deg = d % 360
        deg = property(get_deg, set_deg)

>>> p = PropertyClass( )
>>> p.deg = 390
>>> p.deg
30
>>> p.deg = -370
>>> p.deg
350
```

장식자(Decorator)를 이용한 방법으로 다음과 같은 방법으로도 코딩이 가능하다. getter와 setter의 이름을 다르게 하지 않고도 메서드를 정의할 수 있다.

```
>>> class PropertyClass:
        @property           # getter 메서드를 등록한다.
        def deg(self):
                return self.__deg
        @deg.setter         # deg의 setter 메서드를 등록한다.
        def deg(self, d):
                self.__deg = d % 360

>>> p = PropertyClass( )
>>> p.deg = 390
>>> p.deg
30
>>> p.deg = -370
>>> p.deg
350
```

연/습/문/제/
E x e r c i s e

1 다음과 같이 동작하는 클래스 MyStr를 정의해 보자.

```
>>> a = MyStr("I like python and python")
>>> a
MyStr('I like python and python')
>>> a + " stuff"
MyStr('I like python and python stuff')
>>> a - "python"
MyStr('I like  and python')
```

2 다음과 같이 동작하는 클래스 Square를 정의해 보자.

```
>>> s = Square(10)
>>> s[2]
4
>>> s[9]
81
>>> list(s)
[0, 1, 4, 9, 16, 25, 36, 49, 64, 81, 100]
>>> for ele in s:
        print(ele, end = ' ')

0 1 4 9 16 25 36 49 64 81 100
```

3 클래스 Counter를 설계해 보자.

가) 이 클래스의 생성자는 정수의 초깃값을 받는다. 만일 인수가 주어지지 않으면 초깃값 0을 가진다.

나) 멤버 step은 카운터 값을 증가시키는 증분이다. 초깃값은 1이다.

다) 메서드 incr을 호출하면 현재의 카운터에서 step만큼 증가한다.

라) 카운터 값을 문자열로 변환하는 __str__()와 __repr__() 메서드를 추가해 보자.

```
>>> c = Counter( )
>>> c.incr( )
>>> c
1
```

마) __call__() 메서드를 추가하여 인스턴스 객체를 직접 호출할 수 있도록 해보자.

```
>>> c = Counter( )
>>> c( )
1
>>> c( )
2
```

4 다음은 장식자를 이용한 싱글톤이다. 장식자 싱글톤이 __new__() 메서드를 이용한 싱글톤 보다 나은 점은 무엇인가?

```
def singleton(class_):
    instances = {}
    def getinstance(*args, **kwargs):
            if class_ not in instances:
                    instances[class_] = class_(*args, **kwargs)
            return instances[class_]
    return getinstance
```

```
@singleton
class MyClass(BaseClass):
    pass
```

5 다음과 같이 이진 트리 노드 BNode를 만들었다.

```
class BNode:
    def __init__(self, value = None, left = None, right = None):
            self.value = value
            self.left = left
            self.right = right
    def __repr__(self):
            return '{} (\n{}\n{})'.format(self.value, self.left, self.right)
```

다음과 같이 트리 구조로 출력한다.

```
root = BNode('root')
root.left = BNode('left')
root.right = BNode('right')
root.left.left = BNode('left-left')
root.left.right = BNode('left-right')

print(root)
```

코드를 실행하여 출력한 결과는 다음과 같다.

```
root (
left (
left-left (
None
None)
left-right (
None
```

```
None))
right (
None
None))
```

이 클래스를 수정하여 다음과 같은 결과를 출력하도록 해보자.

```
root (
    left (
        left-left (
            None
            None)
        left-right (
            None
            None))
    right (
        None
        None))
```

제 15 장

상속

Chapter 15

상속은 클래스를 확장하는 중요한 기능이다. 이미 존재하는 클래스를 이용하여 새로운 클래스를 쉽게 정의할 수 있으며, 여러 클래스를 조합하여 하나의 새로운 클래스를 만들 수도 있다. 이 장에서는 상속 클래스를 만드는 방법과 클래스 간의 관계, 인스턴스 객체와 클래스의 관계 등을 살펴보기로 한다.

15.1 상속

상속(Inheritance)은 클래스가 갖는 중요한 특징이다. 상속이 중요한 이유는 재사용성에 있다. 상속받은 클래스는 상속해 준 클래스의 속성을 사용할 수 있으므로, 추가로 필요한 기능만을 정의하거나, 기존의 기능을 변경해서 새로운 클래스를 만들면 된다.

상속과 이름 공간 15.1.1

클래스 A에서 상속된 클래스 B가 있다고 하자. 클래스 A를 기반(Base) 클래스, 부모(Parent) 클래스 또는 상위(Super) 클래스라고 하며, 클래스 B를 파생(Derived) 클래스, 자식(Child) 클래스 또는 하위(Sub) 클래스라고 한다.

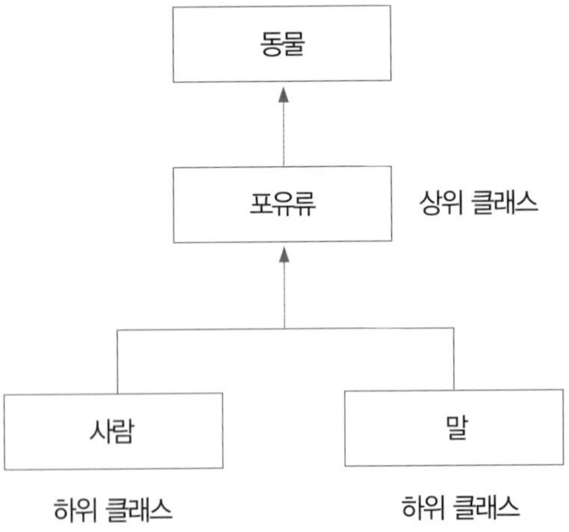

그림 15-1 상위 클래스와 하위 클래스의 예

어떤 클래스를 상위 클래스로, 어떤 클래스를 하위 클래스로 해야 하는지 혼동되면 두 클래스의 is-a 관계를 생각하면 된다.

'사람'은 '포유류'이고 '포유류'는 '동물'이다.

여기서 사람 → 포유류 → 동물의 관계가 성립한다. 동물은 포유류의 상위 클래스이고 포유류는 사람의 상위 클래스이다. is-a 관계는 두 개의 클래스의 계층적인 관계를 따질 때 사용한다.

하위 클래스는 상위 클래스의 모든 속성을 그대로 상속받으므로 하위 클래스에는 상위 클래스에 없는 새로운 기능이나 수정하고 싶은 기능만을 재정의하면 된다. 즉, 동일하지는 않으나 기존의 코드와 유사한 새로운 기능이 필요할 때 상속을 이용한다. 다음은 상속에 관한 간단한 예이다. Person 클래스를 보자.

```
class Person:
    def __init__(self, name, phone = None):
        self.name = name
        self.phone = phone
    def __repr__(self):
        return '<Person {} {}>'.format(self.name, self.phone)
```

이 클래스는 개인에 관한 정보(간단하게 이름과 전화번호)를 가지고 있다. 이 클래스는 상속받지 않는 것처럼 보이지만 파이썬 3의 모든 클래스는 object 클래스의 하위 클래스이다. 다음처럼 기반 클래스의 목록을 알아볼 수 있다.

```
>>> Person.__bases__
(<class 'object'>,)
```

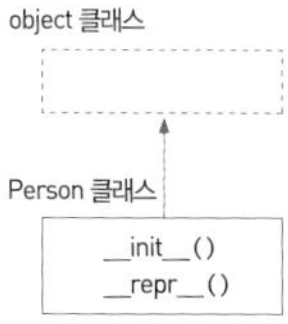

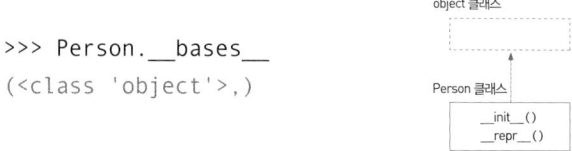

모든 클래스의 최상위 기반 클래스는 object이다. 이제 Person 클래스를 상속받은 Employee 클래스를 정의해보자.

개인이 취업하게 되면 근로자(Employee)가 된다. 근로자는 개인의 일반 특성이 있으면서도 근로자의 특성도 있다. Employee 클래스를 Person 클래스의 하위 클래스로 정의하는 방법은 다음과 같이 두 가지가 있다.

```
class Employee(Person):      # 상위 클래스는 괄호 안에 표현한다.
    def __init__(self, name, phone, position, salary):
        Person.__init__(self, name, phone)    # Person 클래스의 생성자 호출
        self.position = position
        self.salary = salary

class Employee(Person):      # 상위 클래스는 괄호 안에 표현한다.
    def __init__(self, name, phone, position, salary):
        super( ).__init__(name, phone)     # 상위 클래스의 __init__( ) 메서드
        self.position = position
        self.salary = salary
```

Employee 클래스는 Person 클래스를 그대로 상속받았지만 자신의 __init__( ) 메서드를 다시 정의했다. 첫 번째 경우 Employee.__init__( ) 메서드는 상위 클래스 __init__( ) 메서드를 호출하기 위해 상위 클래스를 명시적으로 지정하는 방식인 Person.__init__( ) 메서드를 호출하여 인스턴스 객체의 이름 공간에 name과 phone을 만들고, position과 salary 멤버를 만든다. 두 번째의 Employee 클래스는 상위 클래스를 명시적으로 지정하지 않고 수퍼 클래스를 super( ) 메서드를 통해서 얻어낸다. 첫 번째 방법보다는 두 번째 방법과 같이 super( )를 이용한 수퍼 클래스 호출을 더 선호한다. 이 내용은 15.1.3 메서드의 확장 부분에서 좀 더 자세히 다룬다.

Person 클래스는 명시적으로 기술된 상위 클래스가 없지만 다음과 같이 object 클래스로 상속받은 것과 동일하다. 전체적인 구조는 그림 15-2와 같다.

```
class Person(object):
        def __init__(self, name, phone = None):
                ...
```

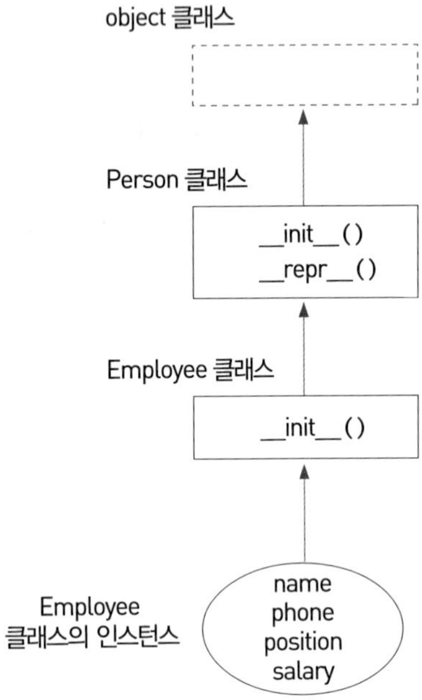

그림 15-2 Person과 Employee 클래스의 상속 관계

```
>>> m1 = Employee('손창희', 5564, '대리', 200)
>>> m2 = Employee('김기동', 8546, '과장', 300)
>>> print(m1.name, m1.position)
손창희 대리
>>> print(m2.name, m2.position)
김기동 과장
>>> print(m1)     # Person.__repr__( ) 메서드 호출
<Person 손창희 5564>
>>> print(m2)
<Person 김기동 8546>
```

상위 클래스와 하위 클래스는 별도의 이름 공간을 가지며 계층적인 관계를 가진다. 클래스 객체와 인스턴스 객체도 역시 모두 별도의 이름 공간과 계층적인 관계를 가진다. 그림으로 그리면 그림 15-3과 같다.

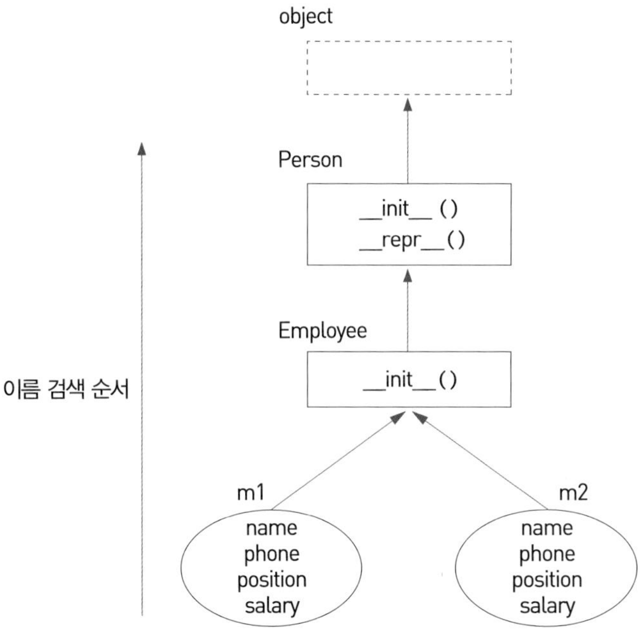

그림 15-3 이름 공간의 관계

멤버 이름 m1.name이 참조될 때, 우선 name이란 이름을 m1에서 찾고, 없으면 Employee란 클래스 이름 공간에서 찾는다. 그다음에 Person 클래스 이름 공간에서 찾고, 그래도 없으면 AttributeError 에러를 발생시킨다. 메서드 이름도 마찬가지이다. m1.__repr__()은 Employee와 Person 클래스 이름 공간의 순서로 찾는다. 이러한 계층적인 관계는 얼마든지 확장할 수 있으며, 클래스 인스턴스를 통하여 참조되는 모든 이름은 아래에서 위쪽으로 이동하면서 찾으며 가장 먼저 찾은 이름이 취해진다.

메서드의 대치 15.1.2

앞의 예에서 print( ) 함수를 사용하였을 때, 상속받은 하위 클래스 Employee는 상위 클래스 Person의 __repr__( ) 메서드를 호출하였다. Employee 클래스의 정보를 함께 출력하기 위해서 Employee 클래스 자체에 __repr__( ) 메서드를 정의하고 싶다고 가정하자. Employee 클래스에 다음과 같이 __repr__( ) 메서드를 추가함으로써 원하는 출력 결과를 얻을 수 있다.

```
>>> class Employee(Person):
        def __init__(self, name, phone, position, salary):
                super( ).__init__(name, phone)
                self.position = position
                self.salary = salary
        def __repr__(self):
                return '<Employee {} {} {} {}>'.format(self.name,
                                     self.phone, self.position, self.salary)

>>> m1 = Employee('손창희', 5564, '대리', 200)
>>> print(m1)
<Employee 손창희 5564 대리 200>
```

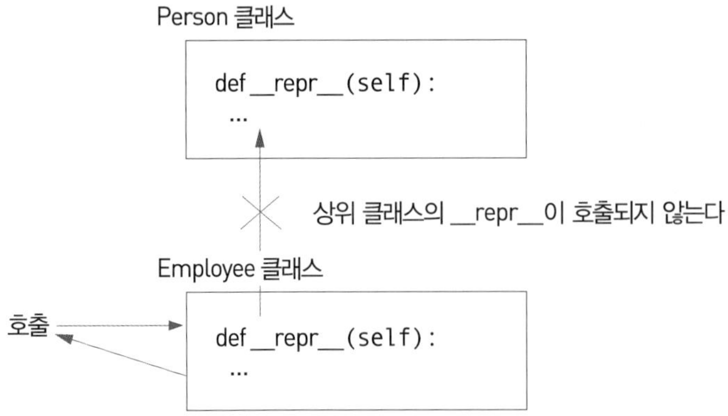

그림 15-4 메서드의 대치

이것은 상위 클래스의 같은 메서드를 재정의한 경우로, 기능을 대치하는 효과가 발생한다. 하위 클래스와 상위 클래스에 같은 메서드가 있을 때 하위 클래스의 메서드를 먼저 취하기 때문이다. 즉, 메서드의 검색 우선순위는 하위 클래스에 있다.

메서드의 확장 15.1.3

앞서 정의한 하위 클래스의 __repr__( ) 메서드는 개인 정보와 직원 정보를 구분없이 함께 출력하고 있다. 이 정보를 구분해서 출력해 보자. 개인적인 정보는 Person 클래스에서 다루고 있는데, Employee 클래스의 __repr__( ) 메서드에서 중복적으로 코드를 정의하지 않고 Person 클래스의 것을 함께 활용할 수 있다.

```
>>> class Person:
        def __init__(self, name, phone=None):
                self.name = name
                self.phone = phone
        def __repr__(self):
                return '<Person {} {}>'.format(self.name, self.phone)

>>> class Employee(Person):
        def __init__(self, name, phone, position, salary):
                super( ).__init__(name, phone)
                self.position = position
                self.salary = salary
        def __repr__(self):
                # 여기서 Person의 __repr__( ) 메서드를 호출한다.
                s = super( ).__repr__( )
                return s + ' <Employee {} {}>'.format(self.position, self.salary)

>>> p1 = Person('이강성', 5284)
>>> print(p1)
<Person 이강성 5284>
>>> m1 = Employee('손창희', 5564, '대리', 200)
>>> print(m1)
<Person 손창희 5564> <Employee 대리 200>
```

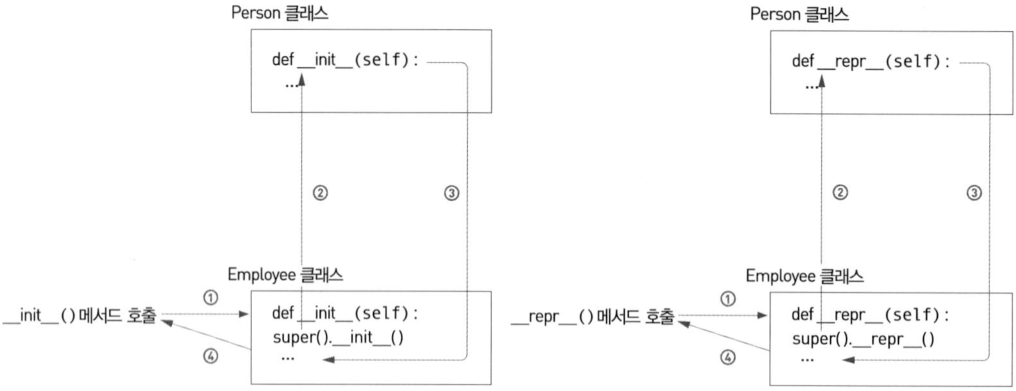

그림 15-5 메서드의 확장

하위 클래스 Employee의 __repr__( )나 __init__( ) 메서드의 호출은 super( ).__repr__( ), super( ).__init__( ) 메서드와 같은 명시적인 호출로 확장된다. 이처럼 하위 클래스에서 그 속성을 변화시키기 위해서 상위 클래스의 메서드를 호출하고, 그 결과를 활용하는 것을 메서드의 확장이라고 볼 수 있다. 메서드의 확장과 치환은 하위 클래스에서 상위 클래스 메서드를 호출하느냐 하지 않느냐에 따라 구분된다.

상속 클래스의 예 15.1.4

상속 관계를 잘 나타내 주는 예로 도형을 생각해 볼 수 있다. 모든 도형의 기본은 점(Point)이다. 점 두 개가 모이면 선(Line)이 되고, 점을 중심으로 일정 거리의 선을 그으면 원(Circle)이 된다. 따라서 점을 상위 클래스로 원을 만들 수 있고, 원을 상위 클래스로 원주(Cylinder)를 만들 수 있다.

```
import math

class Point:
    def __init__(self, x, y):
        self.x = x
        self.y = y
    def area(self):    # 점의 면적은 0이다.
```

```
        return 0
    def move(self, dx, dy):
        self.x += dx
        self.y += dy
    def __repr__(self):
        return 'x=%s y=%s' % (self.x, self.y)

class Circle(Point):
    def __init__(self, x, y, r):
        super( ).__init__(x, y)
        self.radius = r
    def area(self):
        return math.pi * self.radius * self.radius
    def __repr__(self):
        return '{} radius={}'.format(super( ).__repr__( ), self.radius)

class Cylinder(Circle):
    def __init__(self, x, y, r, h):
        super( ).__init__(x, y, r)
        self.height = h
    def area(self):      # 원주의 표면적 = 위아래 원의 면적 + 기둥의 표면적
        return 2 * Circle.area(self) + 2 * math.pi * self.radius * self.height
    def volume(self):    # 체적
        return Circle.area(self) * self.height
    def __repr__(self):
        return '{} height={}'.format(super( ).__repr__( ), self.height)

if __name__ == '__main__':
    p1 = Point(3, 5)
    c1 = Circle(3, 4, 5)
    c2 = Cylinder(3, 4, 5, 6)
    print(p1)
    print(c1)
    print(c2)
    print(c2.area( ), c2.volume( ))
    print(c1.area( ))
    c1.move(10, 10)
    print(c1)
```

Point 클래스는 도형의 기본 속성을 가지는 클래스이다. 도형의 면적(area)과 이동(move) 그리고 출력 메서드(__repr__)를 가진다. 원(Circle)은 점(Point)에 반지름이 추가된 속성을 가지는 도형이다. Point 클래스의 생성자를 그대로 이용한다. Circle과 Cylinder 클래스는 각각 클래스에 적합한 area( ) 메서드와 __repr__( ) 메서드를 정의하고 있다. 또한, Cylinder 클래스는 추가적인 메서드 volume를 정의하고 있다. 이것을 기초로 좀더 다양한 클래스와 메서드를 정의할 수 있을 것이다.

파이썬과 가상 함수 + 15.1.5

파이썬 클래스의 모든 메서드는 가상 함수이다. 가상 함수란 메서드의 호출이 참조되는 클래스 인스턴스에 따라서 동적으로 결정되는(Dynamic Binding) 함수를 말한다. 파이썬 클래스의 모든 메서드는 가상 함수이다. 다음은 가상 함수를 사용한 예이다.

```
>>> class Base:
        def f(self):
                self.g( )       # 함수 g를 호출한다.
        def g(self):
                print('Base')

>>> class Derived(Base):
        def g(self):            # 클래스 Derived의 함수 g
                print('Derived')

>>> b = Base( )
>>> b.f( )
Base
>>> a = Derived( )
>>> a.f( )
Derived
```

앞의 클래스 Base에서 함수 f는 함수 g를 호출한다. 그런데 클래스 인스턴스 b를 통하여 f를 호출하였을 때는 클래스 Base의 함수 g를 함수 f가 호출하지만, 클래스 인스턴스 a를 통하여 함수 f를 호출하였을 때에는 클래스 Base의 함수 g가 아니라 클래스 Derived의 함수 g를 호출한다. 이렇게 객체에 따라서 해당 객체에 연관된 함수가 호출되는 것을 가상 함수라고 한다.

다중 상속 15.1.6

두 개 이상의 클래스로부터 상속받는 것을 다중 상속(Multiple Inheritance)이라고 한다. 앞서 정의한 클래스를 약간 수정해서 클래스를 다시 만들어 보자. Employee 클래스는 개인의 속성과 직업 속성을 동시에 가지고 있으므로 Person과 Job 두 개의 클래스로부터 상속받을 수 있다. Person 클래스는 name과 phone 멤버와 __init__()와 __repr__() 메서드를 가지며, Job 클래스는 position과 salary 멤버와 __init__()와 __repr__() 메서드를 가진다. 이들로부터 상속받아 만들어진 Employee 클래스는 이들의 속성을 모두 가진다. 클래스의 정의는

```
class Employee(Person, Job):
```

와 같이 기반 클래스 이름들을 나열하면 된다.

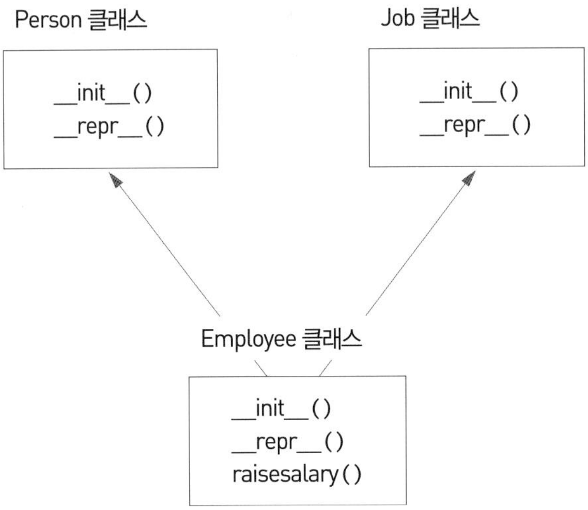

그림 15-6 다중 상속의 예

```
>>> class Person:
        def __init__(self, name, phone=None):
                self.name = name
                self.phone = phone
        def __repr__(self):
                return 'name={} tel={}'.format(self.name, self.phone)

>>> class Job:
        def __init__(self, position, salary):
                self.position = position
                self.salary = salary
        def __repr__(self):
                return "position={} salary={}".format(self.position, self.salary)

>>> class Employee(Person, Job):
        def __init__(self, name, phone, position, salary):
                Person.__init__(self, name, phone)       # 언바운드 메서드 호출
                Job.__init__(self, position, salary)     # 언바운드 메서드 호출
        def raisesalary(self, rate):
                self.salary = self.salary * rate
        def __repr__(self):
                # 언바운드 메서드 호출
                return Person.__repr__(self) + ' ' + Job.__repr__(self)

>>> e = Employee('gslee', 5244, 'prof', 300)
>>> e.raisesalary(1.5)
>>> print(e)
name=gslee tel=5244 position=prof salary=450.0
```

다중 상속과 단일 상속은 이름 공간이 두 개 이상 연결되어 있다는 점을 제외하고는 다르지 않다. 만일 같은 이름이 두 상위 클래스 모두에 정의되어 있으면 이름을 찾는 순서가 의미가 있게 된다. Employee 클래스는 두 상위 클래스(Person, Job) 중에서 왼쪽에 먼저 기술된 Person 클래스의 이름 공간을 먼저 찾는다.

메서드 처리 순서 + 15.1.7

예를 들어, 다음 그림 15-7에서와같이 복잡한 상속 관계를 보자.

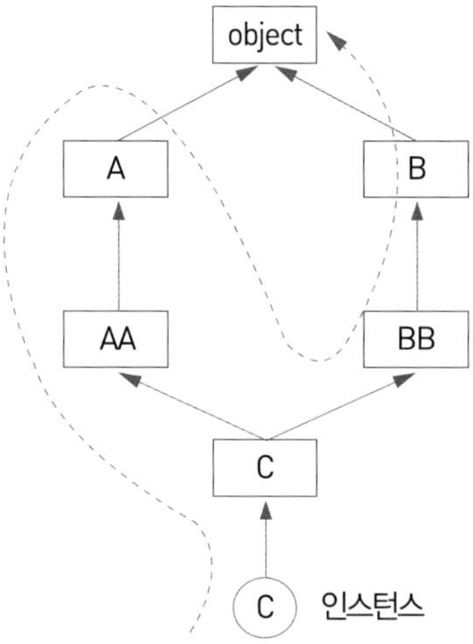

그림 15-7 다중 상속에서 이름 공간을 찾는 순서

```
class A:
    def __init__(self):
        pass
class B:
    def __init__(self):
        pass
class AA(A): pass
class BB(B): pass
class C(AA, BB): pass

c = C( )
```

c = C()로 호출된 __init__() 메서드의 검색 순서는 다음과 같다.

C → AA → A → BB → B → object

이 메서드 검색 순서(Method Resolution Order)는 __mro__ 속성으로나 mro( ) 메서드로 확인할 수 있다.

```
>>> C.__mro__
(<class '__main__.C'>, <class '__main__.AA'>, <class '__main__.A'>,    <class
'__main__.BB'>, <class '__main__.B'>, <class 'object'>)
>>> C.mro( )
[<class '__main__.C'>, <class '__main__.AA'>, <class '__main__.A'>,    <class
'__main__.BB'>, <class '__main__.B'>, <class 'object'>]
```

따라서 먼저 찾은 A 클래스의 __init__( ) 메서드가 수행되고 B 클래스의 __init__( ) 메서드는 수행되지 않는다. 메서드 탐색 순서를 결정하는 MRO C3 알고리즘에 대해 자세히 알아보려면 'The Python 2.3 Method Resolution Order 문서(http://www.python.org/download/releases/2.3/mro/)'를 참고하기 바란다.

super( ) 함수 15.1.8

상위 클래스를 동적으로 얻어내는 super( ) 함수는 다중 상속으로 가면 클래스 상속 관계에 따라서 다른 결과를 내기도 한다. super( ) 함수는 mro( ) 함수가 출력하는 클래스 순서에 따라 super( ) 함수를 호출하는 현재 클래스의 다음 클래스를 결과로 반환한다. 예를 들어, mro( ) 함수가 [A, B, C]이고 super( ) 함수를 호출하는 클래스가 B이면 super( ) 함수의 출력은 C가 된다. 예를 들어, 다음 코드의 A.__init__( ) 메서드 안에서 super( ) 함수는 object 클래스를 의미한다.

```
class A(object):
    def __init__(self):
        print('A.__init__')
        super( ).__init__( )
class C(A):
    def __init__(self):
        print('C.__init__')
        super( ).__init__( )

c = C( )
```

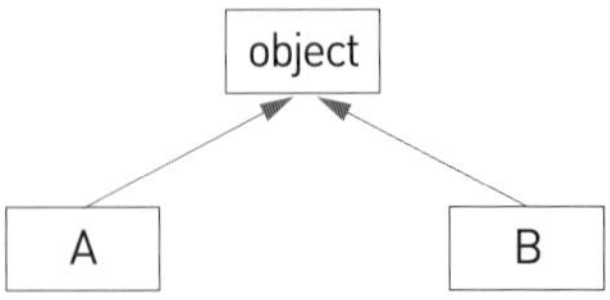

하지만, 다음 코드에서 A.__init__( ) 메서드 안에서 super( ) 함수는 B를 의미한다. 왜냐하면 클래스 C의 메서드 처리 순서는 [C, A, B, object]이기 때문이다.

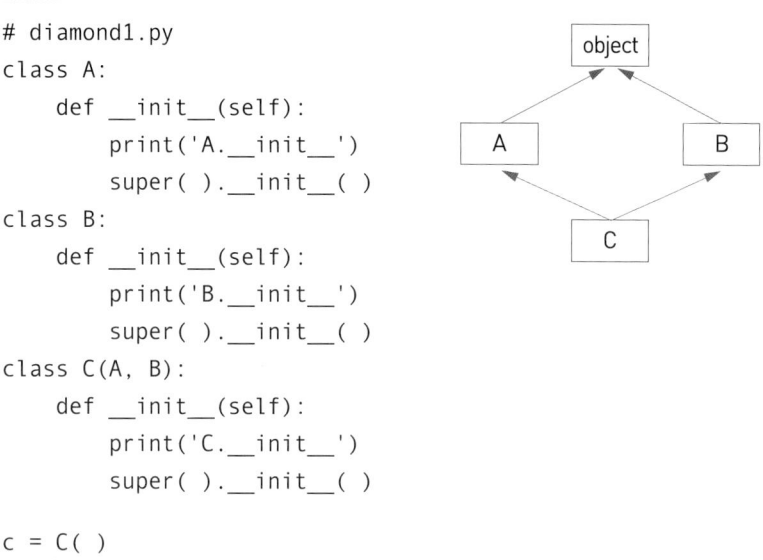

```
# diamond1.py
class A:
    def __init__(self):
        print('A.__init__')
        super( ).__init__( )
class B:
    def __init__(self):
        print('B.__init__')
        super( ).__init__( )
class C(A, B):
    def __init__(self):
        print('C.__init__')
        super( ).__init__( )

c = C( )
```

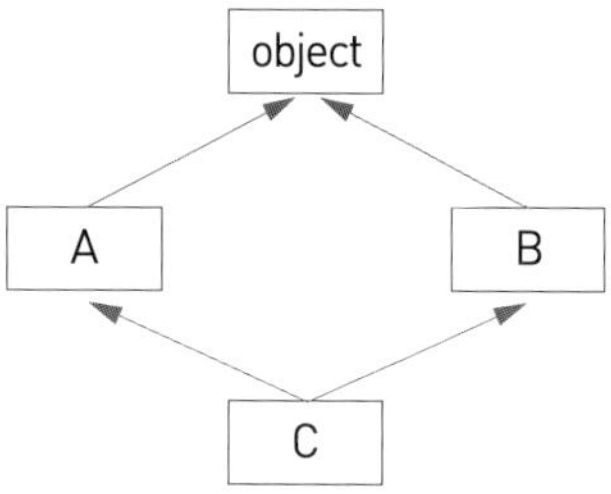

다른 예로 클래스의 데이터들을 파일에 저장하는 경우를 보자.

```
# diamond2.py
class A:
    def save(self):
        print('A save called')

class B(A):
    def save(self):
        print('B save called')
        A.save(self)

class C(A):
    def save(self):
        print('C save called')
        A.save(self)

class D(B, C):
    def save(self):
```

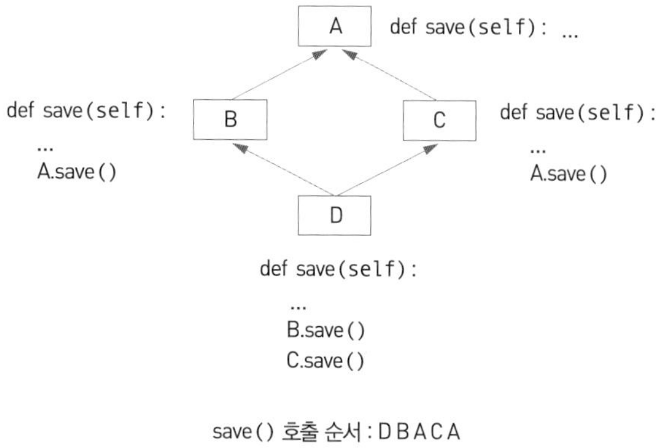

```
        print('D save called')
        B.save(self)
        C.save(self)

d = D( )
d.save( )
```

이것을 수행하면 A 클래스의 데이터가 두 번이나 저장된다. 즉, B에 의해서 한 번, C에 의해서 한 번이다.

```
D save called
B save called
A save called
C save called
A save called
```

이 문제는 다음과 같이 super( ) 함수를 사용하여 해결할 수 있다. 각 클래스의 save( ) 함수는 mro( ) 함수의 순서에 따라 D.save( ), B.save( ), C.save( ), A.save( ) 순으로 한 번씩만 호출된다.

```
# diamond3.py
class A:
    def save(self):
        print('A save called')

class B(A):
    def save(self):
        print('B save called')
        super( ).save( )

class C(A):
    def save(self):
        print('C save called')
        super( ).save( )

class D(B, C):
    def save(self):
```

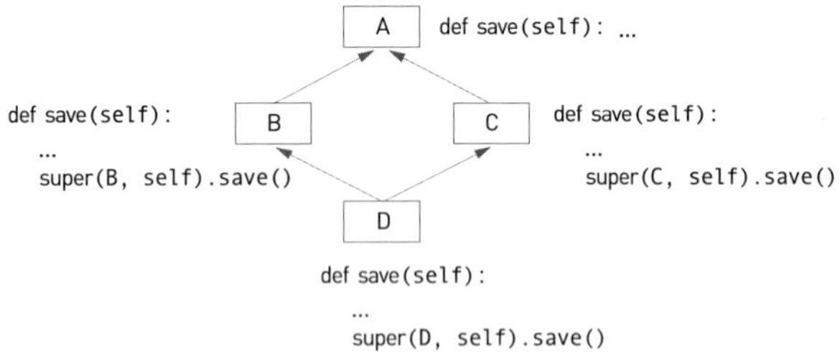

save() 호출 순서 : D B C A

```
        print('D save called')
        super().save( )

d = D( )
d.save( )
```

인스턴스 객체와 클래스의 관계를 확인하기 15.1.9

인스턴스 객체의 클래스를 알아내려면 __class__ 속성을 이용하고, 인스턴스 객체와 클래스와의 관계를 파악하려면 isinstance(instance, class) 메서드를 사용한다.

```
>>> isinstance(123, int)
True
```

클래스 인스턴스인 경우의 예를 보자.

```
>>> class A: pass

>>> class B: pass

>>> class C(B): pass

>>> c = C( )
>>> c.__class__          # 인스턴스 객체의 클래스
<class '__main__.C'>
>>> isinstance(c, A)     # c는 A의 인스턴스 객체가 아님
False
>>> isinstance(c, C)     # c는 C의 인스턴스 객체
True
>>> isinstance(c, B)     # c는 B의 인스턴스 객체
True
```

클래스 간의 상속 관계 알아내기 15.1.10

1 두 클래스 간의 상속 관계

두 클래스 간의 상속 관계를 알아내려면 issubclass( ) 내장 함수를 사용한다.

```
>>> issubclass(C, B)
True
>>> issubclass(C, A)
False
```

2 상위 클래스의 목록 얻기

어떤 클래스의 상위 클래스를 알아보려면 __bases__ 멤버를 이용한다. __bases__는 어떠한 클래스로부터 직접 상속받았는지를 튜플로 알려주는 변수이다.

```
>>> class A: pass
>>> class B(A): pass
>>> class C(B): pass

>>> C.__bases__          # 바로 위의 상위 클래스 목록
(<class '__main__.B'>,)
```

전체적으로 모든 상위 클래스의 목록을 얻으려면 inspect 모듈의 getmro( ) 함수를 사용한다.

```
>>> import inspect
>>> inspect.getmro(C)
(<class '__main__.C'>, <class '__main__.B'>, <class '__main__.A'>, <class 'object'>)
```

전체적으로 내포된 클래스 구조를 알고 싶으면 inspect 모듈의 getclasstree( ) 함수를 사용한다.

```
>>> class A: pass
>>> class AA(A): pass
>>> class B: pass
>>> class BB(B): pass
>>> class C(AA, BB): pass

>>> import pprint
>>> pp = pprint.PrettyPrinter(indent=4)
>>> pp.pprint(inspect.getclasstree([C]))
[   (<class '__main__.AA'>, (<class '__main__.A'>,)),
    [(<class '__main__.C'>, (<class '__main__.AA'>, <class '__main__.BB'>))],
    (<class '__main__.BB'>, (<class '__main__.B'>,)),
    [(<class '__main__.C'>, (<class '__main__.AA'>, <class '__main__.BB'>))]]
```

출력 결과에서 맨 마지막 줄부터 보면, 클래스 C의 상위 클래스는 AA와 BB이고, 클래스 B의 상위 클래스는 B이다. 계속해서 이처럼 해석하면 된다.

클래스 상속의 예 15.1.11

좀 더 실제적인 예를 가지고 종합적으로 클래스의 상속에 대해 살펴보자.

1 list와 dict 하위 클래스 만들기

내장 자료형인 리스트와 사전, 문자열 등은 사용자 클래스의 상위 클래스가 될 수 있다. 리스트의 하위 클래스로 스택 클래스를 만들어 보자. 클래스는 정말 간단하다. push 연산은 리스트의 append( ) 메서드와 같으므로 이름만 정의해 준다. pop 연산은 원래 리스트에 있는 pop( ) 메서드를 사용한다.

```
>>> class Stack(list):          # 클래스 정의
        push = list.append

>>> s = Stack( )                # 인스턴스 객체 생성
>>> s.push(4)                   # push 연산
```

```
>>> s.push(5)
>>> s
[4, 5]
>>> s = Stack([1, 2, 3])
>>> s.push(4)
>>> s.push(5)
>>> s
[1, 2, 3, 4, 5]
>>> s.pop( )                    # pop 연산
5
>>> s.pop( )
4
>>> s
[1, 2, 3]
```

이번엔 리스트를 확장하여 큐(Queue) 클래스를 만들어 보자. 큐에 데이터를 추가하고 꺼내는 enqueue( )와 dequeue( ) 메서드를 추가한다. enqueue( ) 메서드는 append( ) 메서드를 호출한 것과 같고, dequeue( ) 메서드는 pop(0) 메서드를 호출한 것과 같다. 다음과 같이 큐를 정의한다.

```
>>> class Queue(list):
        enqueue = list.append
        def dequeue(self):
                return self.pop(0)

>>> q = Queue( )
>>> q.enqueue(1)        # 데이터 추가
>>> q.enqueue(2)
>>> q
[1, 2]
>>> q.dequeue( )        # 데이터 꺼내기
1
>>> q.dequeue( )
2
```

다음 예는 사전 내장 객체를 확장한 것으로 keys( ) 메서드가 정렬된 키들의 리스트를 넘겨준다.

```
>>> class MyDict(dict):
        def keys(self):                   # 정렬해서 반환한다.
                L = super( ).keys( )      # 혹은 L = dict.keys(self)
                return sorted(L)

>>> d = MyDict({'one':1, 'two':2, 'three':3, 'four':4})
>>> d.keys( )                             # 정렬된 키 리스트를 반환한다.
['four', 'one', 'three', 'two']
```

2 다중 스레드의 생성

threading 모듈을 이용하면 스레드 객체를 생성할 수 있다. 이 클래스의 하위 클래스를 정의하고 run( ) 메서드만 정의하면 스레드를 쉽게 사용할 수 있다. 다음 예를 살펴보자.

```
# multithread.py
import time
from threading import *          # 스레드 클래스를 제공하는 모듈 : threading

class MyThread(Thread):          # 하위 클래스 MyThread를 정의한다.
    def __init__(self):
        super( ).__init__( )     # 기반 클래스의 초기화 루틴을 불러야 한다.

    def run(self):               # 실제적으로 실행을 위해서 정의해야 할 부분이다.
        for el in range(10):     # 10번 반복한다.
            print('{}=>{}\n'.format(self.getName( ), el), end = ' ')
            time.sleep(0.01)     # 0.01초 대기

thread1 = MyThread( )            # 스레드 객체(인스턴스) thread1 생성
thread2 = MyThread( )            # 스레드 객체(인스턴스) thread2 생성
thread1.start( )                 # 스레드 실행 시작. run( ) 메서드가 호출된다.
thread2.start( )
```

코드를 실행한 결과는 다음과 같다.

```
Thread-1=>0
Thread-2=>0
  Thread-2=>1
Thread-1=>1
  Thread-2=>2
Thread-1=>2
  Thread-2=>3
Thread-1=>3
  Thread-2=>4
Thread-1=>4
  Thread-2=>5
Thread-1=>5
  Thread-2=>6
Thread-1=>6
  Thread-1=>7
Thread-2=>7
  Thread-2=>8
Thread-1=>8
  Thread-2=>9
Thread-1=>9
```

두 개의 스레드가 번갈아서 출력된 것을 알 수 있다.

threading 모듈은 일반적으로 병행 처리(Concurrent Processing)에 필요한 다양한 연산들, 예를 들어 조건 변수(Condition), 이벤트(Event), 록(Lock), 세마포어(Semaphore) 등을 제공한다. 24장 프로세스 다루기에서 자세한 내용을 살펴볼 수 있다.

3 간단한 명령어 해석기 설계

만일 독자가 어떤 시스템을 설계하고, 일반 사용자로 하여금 그것을 사용하게 할 때 간단한 명령어 해석기(Command Interpreter)가 필요하다면 파이썬이 쉽게 해결해 준다. cmd 모듈의 Cmd 클래스는 독자가 정의하는 명령어를 쉽게 만들도록 도와준다. 독자는 그저 다음 내용을 하면 된다.

- 하위 클래스를 하나 만든다(MyCmd).
- 상위 클래스의 생성자 루틴을 수행한다.

- 프롬프트 모양을 정한다(self.prompt).
- 나머지 독자가 필요로 하는 명령어에 필요한 멤버를 만든다.

명령어를 정의하는 방법은 메서드를 만드는 것이다. 예를 들어, add란 명령어를 만들고 싶으면 do_add란 메서드를 정의하는 것이다. add 명령어에 대한 도움말 메서드는 help_add이다. do_add는 self를 제외한 한 개의 인수를 받는데, 이 인수는 독자가 add 명령과 함께 넣어 준 나머지 문자열이다. 실행 예를 보면 알 수 있다.

MyCmd 클래스는 간단하게 세 개의 명령(add, show, EOF)과 세 개의 도움말(help_add, help_show, help_EOF)이 있다.

```
# mycmdline.py
import sys, cmd

class MyCmd(cmd.Cmd):
    def __init__(self):
        super( ).__init__( )
        self.prompt = "-->"
        self.list = []
    def do_add(self, x):          # add 명령
        if x and (x not in self.list):
            self.list.append(x)
    def help_add(self):           # add 도움말
        print('help for add')
    def do_show(self, x):         # show 명령
        print(self.list)
    def help_show(self):          # show 도움말
        print('help for show')
    def do_EOF(self, x):          # EOF 키가 입력되었을 때(Ctrl+Z 또는 Ctrl+D)
        sys.exit(0)
    def help_EOF(self):           # EOF 키 도움말
        print('quit the program')

if __name__ == '__main__':
    c = MyCmd( )
    c.cmdloop( )
```

코드를 실행한 결과는 다음과 같다.

```
-->help

Documented commands (type help <topic>):
========================================
EOF  add  help  show

-->help add
help for add
-->help show
help for show
-->show
[]
-->add a
-->show
['a']
-->add b
-->show
['a', 'b']
```

15.2 다형성

다형성(Polymorphism)이란 '여러 형태를 가진다.'는 의미의 그리스어에서 유래된 말로, 상속 관계에서 다른 클래스의 인스턴스 객체들이 같은 멤버 함수의 호출에 대해 각각 다르게 반응하도록 하는 기능이다.

예를 들어, a+b라는 연산을 수행할 때 + 연산은 객체 a와 b에 따라 동적으로 결정된다. 이미 연산자 중복(Overloading)에서 배운 것처럼 a.__add__(b)가 호출되는 것이다. 객체 a와 b가 정수이면 정수형 객체의 __add__ 메서드를, 문자열이면 문자열 객체의 __add__가 내부적으로 호출된다. 이처럼 동일한 이름의 연산자라 해도 객체에 따라 다른 메서드가 호출되는 것이 다형성이다.

또 다른 클래스의 예로 다음과 같은 동물 관계를 살펴보자.

```
class Animal:
    def cry(self):
        print('...')

class Dog(Animal):
    def cry(self):
        print('멍멍')

class Duck(Animal):
    def cry(self):
        print('꽥꽥')

class Fish(Animal):
    pass

for each in (Dog( ), Duck( ), Fish( )):
    each.cry( )
```

메서드 cry( ) 호출에 대해서 각 인스턴스 객체에 해당하는 cry( ) 메서드가 사용되고 있다. 코드를 실행한 결과는 다음과 같다.

```
멍멍
꽥꽥
...
```

다형성은 객체의 종류에 관계없이 하나의 이름으로 원하는 유사한 작업을 수행시킬 수 있으므로 프로그램의 작성과 코드의 이해를 쉽게 해준다.

15.3 캡슐화

일반적으로 객체지향 언어에서 캡슐화(Encapsulation)란 필요한 메서드와 멤버를 하나의 단위로 묶어 외부에서 접근 가능하도록 인터페이스를 공개하는 것을 의미한다. 파이썬에서 캡슐화는 코드를 묶는 것(패키지화하는 것)을 의미하며, 반드시 정보를 숨기는 것이 아님을 유의하기 바란다. 캡슐화는 완전히 내부 정보가 숨겨지는 방식(Black Box)으로 구현될 수도 있고, 외부에서 접근 가능하도록 공개된 방식(White Box)으로 구현될 수도 있다. 정보를 숨기는 것에 정보 은닉(Information Hiding)이라는 용어를 사용한다.

파이썬에서는 주로 공개 방식(White Box)의 캡슐화를 주로 사용한다. 파이썬의 모든 정보는 기본적으로 공개되어 있다. 관례로 내부적으로만 사용하거나 차기 버전에서 변경 가능성 있는 이름은 밑줄(_)로 시작한다. 이것이 이름을 완전히 숨기는 것을 의미하지는 않는다. 단지 변수가 내부용이라는 것을 알릴 뿐이다.

만일 변수나 메서드 이름을 구태여 숨기고자 하면 두 개의 밑줄(_)로 시작하는 이름으로 정하면 된다.

```
>>> class A:
        def __f(self):
                print('__f called')

>>> a = A( )
>>> a.__f( )
...
AttributeError: 'A' object has no attribute '__f'
```

하지만, __f( ) 메서드는 클래스 이름이 앞에 추가된 변형된 이름을 갖는다. 따라서 _A__f( )란 이름으로 접근할 수 있다.

```
>>> dir(a)
['_A__f', …]
>>> a._A__f( )
__f called
```

결국, 파이썬에서 제공하는 정보 은닉 기능은 크지 않다. 다른 언어에서는 정보 은닉을 중요한 기능으로 간주하여 활용하지만, 파이썬에서는 그렇지 않다. 파이썬에서 외부용과 내부용 구분은 이름 짓기(Naming Convention)로 구분할 뿐 그 이상의 제약은 가하지 않는다.

15.4 위임 +

위임(Delegation)은 상속 체계 대신에 사용되는 기법으로, 어떤 객체가 자신이 처리할 수 없는 메시지(메서드 호출)를 받으면, 해당 메시지를 처리할 수 있는 다른 객체에 전달하는 것이다. 또는 다른 객체의 메서드 호출을 중간에 있는 클래스가 대신 위임받아 처리하는 것이다. 위임은 상속 체계보다 융통성이 있고 일반적이다.

파이썬에서 위임은 일반적으로 __getattr__( ) 메서드로 구현된다. 이 메서드는 정의되지 않는 속성을 참조하려고 했을 때 호출된다. 사용법은 다음과 같다.

```
__getattr__(self, name)
```

하나의 인수 name을 가지며, 참조하는 속성 이름이 이 인수를 통해 전달된다. 이 메서드는 구해진 속성 값을 전달하거나, 속성 값이 없다는 것을 나타내기 위해 AttributeError 예외를 발생시켜야 한다.

```
# delegation.py
class Delegation:
    def __init__(self, data):
        self.stack = data
    def __getattr__(self, name):     # 정의되지 않은 속성을 참조할 때 호출한다.
        print('Delegating {} '.format(name), end = ' ')
        return getattr(self.stack, name)     # self.stack의 속성을 대신 이용한다.

a = Delegation([1, 2, 3, 1, 5])
print(a.pop( ))
print(a.count(1))
```

여기서, __getattr__( ) 메서드의 인수 name은 문자열로 된 속성 이름이다. 예를 들어, a.count(1)가호출되면 'count'가 정의되어 있지 않으므로 a.__getattr__('count')가 호출되고, 반환 값으로 결국은 (a.__getattr__('count'))(1)이 수행된다. 결과적으로 self.stack.count(1)을 호출하게 되는 것이다.

코드를 실행한 결과는 다음과 같다.

```
Delegating pop  5
Delegating count  2
```

하지만, __getattr__() 메서드가 모든 메서드를 대신 호출해 주는 것은 아니다. __getattr__() 메서드는 __getitem__과 __repr__, __len__처럼 __로 시작하는 메서드를 필요로 하는 이름들은 잡아내지 못한다. 예를 들어, __getitem__을 요구하는 a[0]을 수행하면 __getattr__() 메서드가 수행되지 않고 AttributeError 에러가 발생한다.

연/습/문/제/
Exercise

1 내장 자료형 list를 상속하여 새로운 값이 append( ), extend( )로 추가될 때마다 내부 자료들을 정렬된 상태로 유지하는 새로운 클래스 OrderedList를 정의해 보자. 정렬 방법을 결정하는 인수 key는 생성자를 통해서 받아들인다.

2 C++, Java, C# 등의 가상 함수 처리는 어떤 방식으로 이루어지는지 조사해 보자. 파이썬과 같은 방식으로 처리하는 언어는 어떤 것들인가?

3 상위 클래스의 __init__( ) 메서드를 직접 이용하지 않고 super( ) 함수를 이용할 때의 장점을 다시 한번 정리해 보자.

4 위임을 이용하여 클래스 Stack을 정의해 보자. 이 클래스는 허용되는 몇 개의 메서드 pop( ), push( ) 등을 제외하고는 다른 메서드는 허용하지 않는다.

제 16 장

메타클래스

Chapter 16

클래스가 인스턴스 객체를 생성해 내는 것처럼, 메타클래스는 클래스 객체를 생성해 낸다. 이 장에서는 메타클래스에 대해서 살펴보기로 한다. 특별히 필요하지 않다면 이 장은 건너뛰어도 무방하다.

16.1 클래스 동적 생성과 type( ) 함수

메타클래스는 클래스를 만들어내는 클래스다. 메타클래스를 잘 이해하기 위해서 파이썬 클래스를 다시 한번 짚어 보자. 파이썬의 클래스는 그 자체로 객체이다. 따라서 변수에 치환될 수도 있고, 복사도 가능하고, 속성 값을 동적으로 추가할 수도 있고, 함수의 매개 변수로 전달할 수도 있다.

```
>>> class Klass:                    # 클래스를 정의한다.
        pass

>>> Klass                           # Klass 객체 값을 출력한다.
<class '__main__.Klass'>
>>> def echo(o):
        print(o)

>>> echo(Klass)                     # 함수로 전달할 수 있다.
<class '__main__.Klass'>
>>> Klass.new_attr = 'sori'         # 속성을 추가한다.
>>> Klass.new_attr                  # 추가한 속성을 확인한다.
'sori'
>>> Mirror = Klass                  # 변수에 치환한다.
>>> Mirror.new_attr
'sori'
>>> Mirror( )
<__main__.Klass object at 0x02E47A30>
```

클래스가 객체이기 때문에 다른 객체와 같이 코드 블록 안에서 즉시 생성하는 것이 가능하다.

```
>>> def make_class(name):
        if name == 'sori':
                class Sori: pass
                return Sori    # 생성된 클래스를 반환한다.
        else:
                class Nori: pass
                return Nori

>>> NewClass = make_class('sori')
>>> NewClass                    # 클래스 객체임을 확인한다.
<class '__main__.Sori'>
>>> NewClass( )                 # 인스턴스 객체의 생성 가능을 확인한다.
<__main__.Sori object at 0x02E33230>
```

하지만, 이 방법은 동적이지 않다. 이제 동적으로 클래스를 생성하는 법을 살펴보자. type( ) 함수를 이용한다. 이 함수는 객체의 자료형을 확인하는 함수다.

```
>>> type(1)
<class 'int'>
>>> type("123")
<class 'str'>
>>> k = Klass( )
>>> type(k)
<class '__main__.Klass'>
>>> type(Klass)
<class 'type'>
```

하지만, type( ) 함수의 또 다른 용도는 새로운 클래스를 만드는 메타클래스이다. 클래스가 인스턴스 객체를 생성하듯이, type( ) 함수는 클래스 객체를 생성한다. 사용하는 방법은 다음과 같다.

```
type(name, bases, dict)
```

여기서 인수 name은 만들 클래스 이름이고, 인수 bases는 부모 클래스의 튜플, 인수 dict는 속성 값을 정의하는 심볼 테이블(사전)이다.

```
>>> class MyTypeClass:                              # ① 이렇게 선언하는 것과
        pass

>>> MyTypeClass = type('MyTypeClass', ( ), {}) # ② 이렇게 선언하는 것은 같다.
>>> MyTypeClass
<class '__main__.MyTypeClass'>
>>> c = MyTypeClass( )                              # 인스턴스 객체를 생성한다.
>>> c
<__main__.MyTypeClass object at 0x02E48490>
```

이번에는 클래스 멤버를 지정하는 심볼 테이블을 넘겨주어 보자.

```
>>> class Sori:                                        # ① 이렇게 하는 것과
        a = 10
        b = 20

>>> Sori = type('Sori', ( ), {'a':10, 'b':20})    # ② 이렇게 하는 것은 같다.
>>> Sori
<class '__main__.Sori'>
>>> Sori.a                                             # 클래스 멤버 a
10
>>> s = Sori( )                                        # 인스턴스 객체를 생성한다.
>>> s.b
20
>>> type(s)                                            # s를 생성한 것은 Sori이다.
<class '__main__.Sori'>
>>> type(Sori)                                         # Sori를 생성한 것은 type이다.
<class 'type'>
```

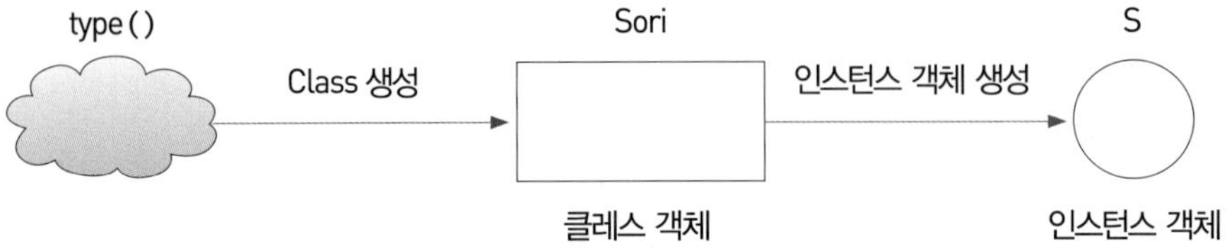

그림 16-1 클래스 객체의 생성과 인스턴스 객체의 생성

메타클래스(Metaclass)는 클래스 객체를 생성하는 클래스이다. 따라서 type이 메타클래스이다. 여기서 생성된 클래스 객체 Sori는 당연하겠지만 다음과 같이 상속도 할 수 있다.

```
>>> class Sound(Sori):
        pass
```

상속은 다음과 같이 type( ) 함수로도 가능하다.

```
>>> Sound = type('Sound', (Sori,), {})
>>> Sound
<class '__main__.Sound'>
>>> Sound.__bases__     # 베이스 클래스 확인
(<class '__main__.Sori'>,)
```

이번에는 메서드를 포함하는 클래스를 동적으로 만들어 보자.

```
>>> def display(self):
        print(self.a)

>>> SoundChild = type('SoundChild', (Sound,), {'display':display})
>>> s = SoundChild( )
>>> s.display( )
10
>>> SoundChild.mro( )     # mro 확인
```

```
[<class '__main__.SoundChild'>, <class '__main__.Sound'>, <class
'__main__.Sori'>, <class 'object'>]
```

예들을 통해서 type( ) 함수를 사용하여 멤버뿐 아니라 메서드까지도 동적으로 설정하는 클래스를 만드는 것이 가능하다는 것을 알았다.

16.2 메타클래스 만들기

메타클래스 type을 상속한 클래스는 역시 메타클래스이다.

```
>>> class SubType(type):                          # 메타클래스
        def __init__(cls, name, bases, dct):    # 첫 인수는 클래스 객체이다.
                print('__init__', name)
                super( ).__init__(name, bases, dct)

>>> S1 = SubType('SubMetaClass', ( ), {})       # 클래스 만들기
__init__ SubMetaClass
>>> S1
<class '__main__.SubMetaClass'>

# 메서드가 있는 클래스 만들기
>>> S2 = SubType('SubMetaClass2', ( ), {'foo':lambda self:'bar'})
__init__ SubMetaClass2
>>> si = S2( )
>>> si.foo( )
'bar'
```

메타클래스는 클래스 객체를 생성하므로 __init__( ) 메서드에 전달되는 첫 인수 cls는 생성된 클래스 객체이다. S1에는 아무 속성 값을 정의하지 않았지만 S2에는 메서드 foo를 lambda 함수를 이용하여 정의했다.

메타클래스의 __new__( ) 메서드는 type.__new__를 이용하여 클래스 객체를 생성하는 일을 하

며 다음과 같은 기본 기능을 수행한다.

```
class MetaClass(type):
    def __new__(meta_cls, cls_name, bases, dct):
        return type.__new__(meta_cls, cls_name, bases, dct)
```

__new__() 메서드를 사용하면 메서드를 자동으로 추가하는 것이 가능하다.

```
>>> class SubType2(type):
        def __new__(meta_cls, cls_name, bases, dct):
                dct['foo'] = lambda self: 'bar'   # 메서드를 추가한다.
                return type.__new__(meta_cls, cls_name, bases, dct)

>>> S3 = SubType2('SubMetaClass3', ( ), {})
>>> s = S3( )
>>> s.foo( )                                    # 메서드를 호출한다.
'bar'
```

__new__() 메서드로 전달되는 cls와 __init__() 메서드로 전달되는 첫 인수는 다른 객체이다.

```
>>> class SubType3(type):
        def __new__(meta_cls, cls_name, bases, dct):
                print('__new__', meta_cls.__name__, cls_name)
                return type.__new__(meta_cls, cls_name, bases, dct)
        def __init__(cls, name, bases, dct):
                print('__init__', cls.__name__, name)
                type.__init__(cls, name, bases, dct)

>>> S3 = SubType3('SubMetaClass3', ( ), {})
__new__ SubType3 SubMetaClass3
__init__ SubMetaClass3 SubMetaClass3
```

__new__() 메서드의 인수 meta_cls는 메타클래스 SubType3이고 __init__() 메서드의 인수 cls는 __new__를 통해서 생성된 클래스 객체인 SubMetaClass3이다. 이제 __new__()와 __init__() 메서드의 구분이 명확해진 것 같다.

메타클래스에 정의된 모든 메서드는 첫 인수로 클래스 객체를 받는다. 메타클래스의 메서드는 생성된 클래스의 클래스 메서드로 동작한다. 따라서 첫 인수의 이름을 self가 아닌 cls로 한다.

```
>>> class MyName(type):              # 메타클래스
        def whoami(cls):             # 첫 인수는 생성된 클래스 객체이다.
            print("I am", cls.__name__)

>>> Foo = MyName('Foo', ( ), {})     # 클래스 생성
>>> Foo.whoami
<bound method MyName.whoami of <class '__main__.Foo'>>
>>> Foo.whoami( )                    # 클래스 메서드로 동작한다.
I am Foo
>>> MyName.whoami(Foo)               # 언바운드 메서드를 호출한다.
I am Foo
```

16.3 메타클래스 선택하기

type이 아닌 메타클래스 MyName을 클래스 생성에 사용하는 방법은 기본적으로 다음과 같다.

```
Foo = MyName('Foo', ( ), { })
```

메타클래스 MyName을 이용하여 클래스 Foo를 만들고 있다. 하지만, 다음과 같은 방법으로 metaclass 키워드 인수를 이용하여 메타클래스를 지정할 수 있다.

```
>>> class Foo(metaclass = MyName):     # 키워드 metaclass로 메타클래스를 지정한다.
        pass

>>> Foo.whoami( )
I am Foo
```

앞선 두 가지 방법은 동일하다. 다음 코드를 보자.

```
>>> class PrintType(type):     # 메타클래스
        def __new__(cls, name, bases, namespace):
                print(name, bases, namespace)
                return type.__new__(cls, name, bases, namespace)

>>> class Foo(object, metaclass = PrintType):
        bar = 10

Foo (<class 'object'>,) {'__module__': '__main__', 'bar': 10}
```

앞에서 class 문에 의해서 클래스 Foo를 만드는 것은 다음과 같이 PrintType을 호출한 것과 동일하다.

```
>>> Foo = PrintType('Foo', (object,), {'bar':10, '__module__':'__main__'})
Foo (<class 'object'>,) {'__module__': '__main__', 'bar': 10}
```

16.4 메타클래스의 __call__( ) 메서드

메타클래스의 또 다른 유용한 메서드는 __call__( )이다. 메타클래스의 __new__( )나 __init__( ) 메서드는 클래스 인스턴스를 생성할 때 호출되지만, __call__( ) 메서드는 생성된 클래스 인스턴스를 이용하여 객체를 생성할 때 호출된다.

```
>>> class CallType(type):
        def __call__(cls, *args, **kwargs):
                print("__call__ called", cls.__name__)
                obj = type.__call__(cls, *args)  # 인스턴스 객체를 생성한다.
                return obj

>>> class CallClass(metaclass = CallType):
```

```
        pass

>>> c = CallClass( )
__call__ called CallClass
>>> c
<__main__.CallClass object at 0x02BF1070>
```

클래스 인스턴스 객체를 생성할 때 호출되는 메서드로는 __new__( )와 __init__( ) 등이 있는데 이들의 순서를 확인해 보자.

```
>>> class CallType(type):
        def __call__(cls, *args, **kwargs):
                print("__call__ called 1", cls)
                obj = type.__call__(cls, *args)    # 인스턴스 객체를 생성한다.
                print(obj)
                return obj

>>> class CallClass(metaclass = CallType):
        def __new__(cls, *args, **kw):
                print('__new__ called')
                return super( ).__new__(cls, *args, **kw)
        def __init__(self):
                print('__init__ called 2')

>>> c = CallClass( )
__call__ called 1
__new__ called
__init__ called 2
<__main__.CallClass object at 0x02C3FB30>
>>> c
<__main__.CallClass object at 0x02C3FB30>
```

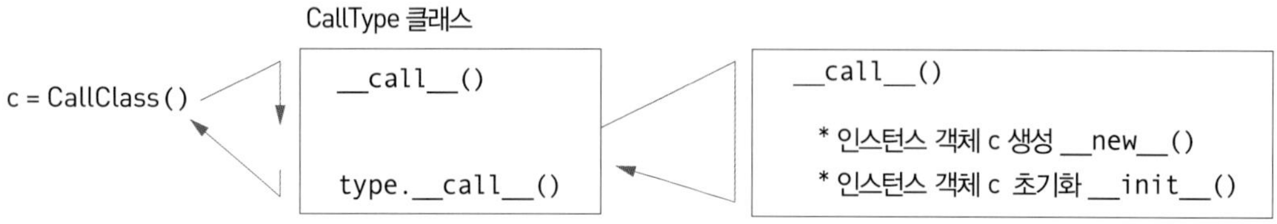

그림 16-2 __call__() 메서드에 의한 메서드 호출 순서

확인한 것처럼 클래스 CallClass()에 의해서 수행되는 순서는 클래스 CallType의 __call__() 메서드, 클래스 CallClass의 __new__()와 __init__() 메서드 순서이다. 사실 클래스 CallType의 __call__() 메서드에서 호출되는 `type.__call__(cls, *args)`에 의해서 클래스 CallClass의 __new__()와 __init__() 메서드를 호출해 주기 때문에 당연한 결과이다. 메타클래스의 __call__() 메서드는 인스턴스 객체를 반환해야 한다. 앞서의 예에서 __call__() 메서드에서 반환하는 객체는 c = CallClass()의 c와 동일한 객체이다.

16.5 메타클래스의 예

추상 클래스 16.5.1

추상 클래스(Abstract Class)란 클래스 내에서 한 개 이상의 구현이 되어 있지 않은 추상 메서드(Abstract Method)가 있어서 인스턴스 객체를 생성할 수 없는 클래스이다. 파이썬에서는 하위 클래스가 반드시 구현해야 할 메서드를 가지고 있는 클래스라고 이해할 수 있다. 추상 클래스는 abc(Abstract Base Classes) 모듈의 ABCMeta 클래스를 메타클래스로 지정하면 되고 추상 메서드는 @abstractmethod로 장식한다.

```
>>> from abc import *
>>> class C(metaclass = ABCMeta):   # C는 추상 클래스이다.
        @abstractmethod
        def absMethod(self):
                pass
```

```
>>> c = C( )          # 인스턴스 객체를 생성할 수 없다.
...
TypeError: Can't instantiate abstract class C with abstract methods
absMethod
>>> class D(C):       # 자식 클래스에서 메서드를 구현한다.
        def absMethod(self):
                print('absMethod implemented')

>>> d = D( )          # 이제 인스턴스 객체를 생성하는 것이 가능하다.
>>> d.absMethod( )
absMethod implemented
```

자동으로 멤버를 설정하는 메타클래스 16.5.2

일반적으로 생성자에 선언된 변수는 멤버 변수로 그대로 사용하는 경우가 많다. 이 경우 생성자에서 일일이 멤버 변수들을 생성한다.

```
class Panel:
    def __init__(self, width, height):
        self.width = width          # 일일이 반복해야 한다.
        self.height = height        # …
```

하지만, 멤버 변수 생성이 자동으로 된다면 편리할 것이다. 다음은 인수로 사용된 변수들을 자동으로 멤버 변수로 설정되게 하는 메타클래스의 예이다.

```
# automember.py
class AutoMemberSetType(type):
    def __call__(cls, *args, **kwargs):
        obj = type.__call__(cls, *args, **kwargs)
        arg_names = obj.__init__.__func__.__code__.co_varnames[1:]
        defaults = obj.__init__.__func__.__defaults__
        for name, value in zip(arg_names, args + defaults):
            setattr(obj, name, value)
        for name, value in kwargs.items( ):
```

```
            setattr(obj, name, value)
        return obj

class Panel(metaclass = AutoMemberSetType):
    def __init__(self, width, height = 400):
        pass        # 별로 할 일이 없다.
```

코드를 실행한 예는 다음과 같다.

```
>>> p = Panel(60, 40)
>>> p.width, p.height     # 자동으로 멤버들이 설정되어 있다.
(60, 40)
>>> p = Panel(600)
>>> p.width, p.height
(600, 400)
>>> p = Panel(width = 600, height = 300)
>>> p.width, p.height
(600, 300)
```

싱글톤 16.5.3

인스턴스 객체를 오직 하나만 생성해 내는 클래스인 싱글톤(Singleton)을 구현하기 위하여 메타클래스를 사용한 예를 보자. 다음과 같이 싱글톤 메타클래스를 정의한다.

```
# singleton_meta.py
class Singleton(type):
    __instances = {}
    def __call__(cls, *args, **kwargs):
        if cls not in cls.__instances:
            cls.__instances[cls] = super( ).__call__(*args, **kwargs)
        return cls.__instances[cls]
```

코드를 실행한 결과는 다음과 같다.

```
class MyClass(metaclass = Singleton):
    pass

m1 = MyClass( )
m2 = MyClass( )
print(m1 is m2)     # True이다. 동일한 객체가 맞다.
true
```

final 메타클래스 16.5.4

더 이상의 클래스 상속이 가능하지 않도록 하는 final 메타클래스의 예이다. 이 메타클래스로부터 만들어진 클래스는 더 이상 상속이 가능하지 않다.

```
# final_meta.py
class final(type):
    def __init__(cls, name, bases, namespace):
        super( ).__init__(name, bases, namespace)
        for klass in bases:      # 기반 클래스에 final이 있으면 에러를 발생시킨다.
            if isinstance(klass, final):
                raise TypeError(klass.__name__ + ' is final')
```

사용하는 예를 보자. B 클래스가 final을 메타클래스로 설정했다. 더 이상 B 클래스에서 상속받을 수는 없다.

```
>>> class A: pass
>>> class B(A, metaclass = final): pass
>>> class C(B): pass
...
TypeError: B is final
```

디버깅 16.5.5

메타클래스를 이용하면 디버깅 정보를 메서드마다 일일이 추가하지 않고도 자동으로 디버깅 정보를 모든 메서드에 일괄적으로 적용할 수 있다. 디버깅 정보는 환경 변수 'DEBUG'의 값이 'TRUE'이면 디버깅 모드로 동작을 하고 그렇지 않으면 정상적인 수행을 하게 된다.

```
# rectangle.py
import os

def debugged(func, cls_name):     # 장식자
    # 디버깅 모드가 아니면 수정 없이 func을 반환한다.
    if os.environ.get('DEBUG', 'FALSE') != 'TRUE':
        return func

    # 디버깅 래퍼(wrapper) 만들기
    def call(*args,**kwargs):
        print("* {}.{} {} {}".format(cls_name, func.__name__, args[1:], kwargs))
        result = func(*args, **kwargs)
        print("    returning {}".format(result))
        return result
    return call

class DebugMeta (type):             # 메타클래스
    def __new__(cls, name, bases, dict):
        if os.environ.get('DEBUG', 'FALSE') == 'TRUE':
            # 호출 가능한 모든 멤버를 찾아서
            # 디버깅 래퍼에 적용한다.
            for key,member in dict.items( ):
                if hasattr(member, '__call__'):
                    dict[key] = debugged(member, name)
        return type.__new__(cls, name, bases, dict)
```

다음 클래스 Rectangle은 DebugMeta를 메타클래스로 설정한다.

```
class Rectangle(metaclass = DebugMeta):
    def __init__(self, width, height):
        self.width = width
```

```
        self.height = height
    def area(self):
        return self.height * self.width

r = Rectangle(3, 4)
print(r.area( ))
```

환경 변수 설정에 따른 실행 결과는 다음과 같다.

```
C:\Python32>set DEBUG=FALSE         # DEBUG를 TRUE가 아닌 다른 값으로

C:\Python32>python rectangle.py     # 정상 실행
12

C:\Python32>set DEBUG=TRUE          # DEBUG를 TRUE로

C:\Python32>python rectangle.py     # 디버그 모드로 실행된다.
* Rectangle.__init__ (3, 4) {}
    returning None
* Rectangle.area ( ) {}
    returning 12
12
```

제 17 장

예외 처리

Chapter 17

프로그램을 실행하는 중에 발생하는 예외 상황에 대한 이해와 처리 방법을 살펴보자.

17.1 예외 처리란

우리는 지금까지 정상적인 프로그램의 흐름만을 가정했다. 프로그램을 수행하다 보면 문법은 맞으나 실행 중 더 이상 진행할 수 없는 상황이 발생한다. 이것을 예외(Exception)라고 한다. 예외 상황에는 여러 가지 경우가 있을 수 있다. 예를 들어, 0으로 숫자 나누기, 문자열과 숫자 더하기, 참조 범위를 넘어서 인덱스 참조하기, 등록되어 있지 않은 키로 사전 검색하기 등이다.
다음 나누기 연산은 ZeroDivisionError 에러를 발생시킨다.

```
>>> a, b = 5, 0
>>> c = a / b
Traceback (most recent call last):
  File "<pyshell#21>", line 1, in <module>
    c = a / b
ZeroDivisionError: division by zero
```

또한, 정의되지 않은 변수를 사용하면 NameError 에러가 발생한다.

```
>>> 4 + spam * 3
Traceback (most recent call last):
  File "<pyshell#22>", line 1, in <module>
    4 + spam * 3
NameError: name 'spam' is not defined
```

연산 중에 인수의 타입[Type]이 맞지 않으면 TypeError 에러가 발생한다.

```
>>> '2' + 2
Traceback (most recent call last):
  File "<pyshell#23>", line 1, in <module>
    '2' + 2
TypeError: Can't convert 'int' object to str implicitly
```

이 외에도 사전에 없는 키를 참조하면 KeyError 에러가, 없는 파일을 읽으려고 하면 IOError 에러가, 리스트 참조에서 범위를 넘은 인덱스를 부여하면 IndexError 에러가 발생한다. 예외가 발생하면 에러 메시지가 나온다. 스택 추적 형태로 상황을 알려주며, 마지막 부분에 최종적으로 에러가 발생한 정보를 표시해 준다.

모든 예외는 클래스로 표현된다. 최상위에 있는 클래스는 BaseException 클래스이다. 예외 클래스는 종류에 따라서 여러 층으로 분류되어 있다. 예를 들어, ZeroDivisionError 클래스는 BaseException / Exception / ArithmeticError / ZeroDivisionError로 계층화되어 있다(그림 17-1). 이에 대한 그림과 설명은 라이브러리 레퍼런스의 Built-in Exceptions 장을 참고하기 바란다.

```
BaseException
 +-- SystemExit
 +-- KeyboardInterrupt
 +-- GeneratorExit
 +-- Exception
      +-- StopIteration
      +-- ArithmeticError
      |    +-- FloatingPointError
      |    +-- OverflowError
      |    +-- ZeroDivisionError
      +-- AssertionError
      +-- AttributeError
      +-- BufferError
      +-- EnvironmentError
      |    +-- IOError
      |    +-- OSError
      |         +-- WindowsError (Windows)
      |         +-- VMSError (VMS)
```

그림 17-1 예외 클래스의 계층 구조(일부)

17.2 try ~ except ~ else 문을 사용하기

예외가 발생하면 프로그램에서 try ~ except 문을 사용하여 예외를 잡아낼 수 있다. 사용하는 구문의 형식은 다음과 같다.

```
try:
    〈문들1〉
except 〈예외 종류1〉:
    〈문들2〉    ← 〈문들1〉을 수행하는 중 〈예외 종류1〉이 발생하면 〈문들2〉가 수행된다.
else:          ← else 이하는 생략할 수 있다.
    〈문들3〉    ← 예외가 발생하지 않으면 〈문들3〉이 수행된다.
```

처리 순서는, 우선 try 절(try와 except 사이)이 실행된다. 예외가 발생하지 않으면 else 절을 수행한다. 예외가 발생하면 except 절을 수행하고 try ~ except 문을 마친다. else 절은 생략할 수 있다. 이것을 그림으로 나타내면 그림 17-2와 같다.

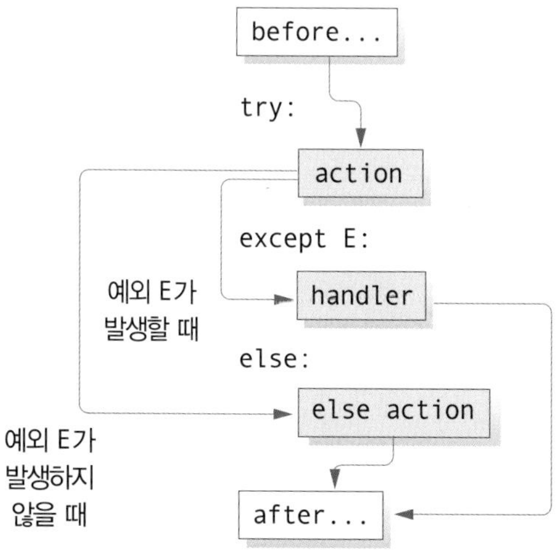

그림 17-2 try ~ except ~ else 문

before는 try 절 이전의 문들이고 after는 try ~ except ~ else 문 이후의 문들이다. 실제로 사용하는 예를 들면 다음과 같다.

```
>>> x = 0
>>> try:
        print(1.0 / x)
except ZeroDivisionError:
        print('has no inverse')

has no inverse
```

다른 예로, 파일을 열 때 파일이 없으면 IOError 에러가 발생한다. 이것을 다음과 같이 처리할 수 있다.

```
>>> name = 'notexistingfile'
>>> try:
        f = open(name, 'r')
except IOError:
        print('cannot open', name)
else:
        print(name, 'has', len(f.readlines( )), 'lines')
        f.close( )

cannot open notexistingfile
```

예외를 발생시킨 객체를 변수로 받을 수 있다. 키워드 as를 사용한다.

```
>>> try:
        spam( )
except NameError as x:   # NameError 객체를 x로 받는다.
        print(x)

name 'spam' is not defined
```

try:는 try 절에서 발생하는 예외뿐 아니라, 간접적으로 호출한 함수의 내부 예외도 처리한다.

```
>>> def this_fails( ):
        x = 1 / 0

>>> try:
        this_fails( )
except ZeroDivisionError as err:
        print('Runtime error:', err)

Runtime error: division by zero
```

여러 개의 예외가 발생할 수 있고, 각 경우마다 별도의 처리를 원한다면 다음과 같이 except 절을 여러 번 사용할 수 있다. except 괄호 안에 예외 이름을 사용하면, 해당 예외들이 발생했을 때 같은 루틴을 공유한다.

```
try:
        some_job( )
except ZeroDivisionError:
        ~ 생략 ~
except NameError:
        ~ 생략 ~
except KeyError:
        ~ 생략 ~
except (TypeError, IOError):      # 두 가지 예외를 다 잡아낸다.
        ~ 생략 ~
else:
        ~ 생략 ~
```

except 절에 아무것도 기술하지 않으면 모든 예외를 다 잡아낸다.

```
try:
        some_job( )
except:
        ~ 생략 ~
```

예외 클래스는 같은 종류의 예외 간에 계층적인 관계를 가지고 있으므로 이를 이용하면 여러 가지의 예외를 한꺼번에 검출해 낼 수 있다. except 절에 기술된 예외 클래스는 하위의 파생 클래스의 예외까지 함께 잡아낸다. 예를 들어, ArithmeticError 예외는 하위 클래스인 OverflowError와 ZeroDivisionError, FloatingPointError 예외를 모두 잡아낸다.

```
def dosomething( ):
    a = 1 / 0       # ZeroDivisionError

try:
    dosomething( )
except ArithmeticError:
    print('Exception occured')
```

만일 좀 더 구체적으로 어떤 예외가 발생하는지 알고 싶다면 sys 모듈의 exc_info( ) 함수를 사용할 수 있다. exc_info( ) 함수는 (예외 클래스, 예외 인스턴스 객체, trackback 객체)를 반환한다. 예외 정보를 출력하려면 traceback 모듈의 print_exception( )나 print_exc( ) 함수를 사용할 수 있다.

```
>>> import sys
>>> import traceback
>>> x = 0
>>> try:
        1 / x
except:
        etype, evalue, tb = sys.exc_info( )
        print('Exception class=', etype)
        print('value=', evalue)
        print('trackback object=', tb)
        traceback.print_exception(etype, evalue, tb)     # 예외 정보를 출력한다.
        traceback.print_exc( )                           # 위의 문과 동일하다.

Exception class= <class 'ZeroDivisionError'>
value= division by zero
trackback object= <traceback object at 0x02C7FD00>
Traceback (most recent call last):
  File "<pyshell#34>", line 2, in <module>
```

```
ZeroDivisionError: division by zero
Traceback (most recent call last):
  File "<pyshell#34>", line 2, in <module>
ZeroDivisionError: division by zero
```

17.3 try 문에서 finally 절을 사용하기

try 문에서 finally 절을 사용할 수 있는데, finally 절에 포함된 문들은 예외 발생 여부에 관계없이 모두 수행된다.

```
f = open(filename, "w")
try:
    do_something_with(f)
finally:
    f.close( )
```

do_something_with(f) 문에서 예외가 발생하지 않으면 finally 절의 f.close( )를 수행하고, 예외가 발생해도 f.close( )를 수행한다. 이 상황은 어떤 경우에도 파일을 닫아야(Close) 할 경우에 유용하게 사용된다.

다음은 try 문에서 except와 finally 절을 함께 사용한 예이다.

```
>>> x = 0
>>> try:
        1 / x
except:
        print(sys.exc_info( )[1])
finally:
        print('어떤 경우에도 호출이 된다')

division by zero
어떤 경우에도 호출이 된다
```

17.4 raise 문으로 예외 발생시키기

내장 예외의 발생 17.4.1

이미 시스템에서 사용하고 있는 예외를 raise 문을 이용하여 발생시킬 수 있다. raise 문은 예외 클래스의 인스턴스 객체를 매개 변수로 받아들인다.

```
>>> raise IndexError("범위 오류")
Traceback (most recent call last):
  File "<pyshell#116>", line 1, in <module>
    raise IndexError("범위 오류")
IndexError: 범위 오류
```

만일 raise 문이 인수 없이 사용된다면 가장 최근에 발생했던 예외가 다시 발생한다. 만일 최근에 발생한 에러가 없다면 RuntimeError 에러가 발생한다.

```
>>> try:
        raise IndexError('a')
except:
        print('in except..')
        raise    # 예외 다시 발생

in except..
Traceback (most recent call last):
  File "<pyshell#125>", line 2, in <module>
    raise IndexError('a')
IndexError: a
```

이름 공간을 이용하면 예외 객체에 정보를 넘기는 것도 가능하다.

```
>>> ie = IndexError('a')
>>> ie.value = 10
>>> ie.count = 3
>>> try:
```

```
        raise ie
except IndexError as x:     # ie를 x로 받는다
        print(x, x.value, x.count)
```

```
a 10 3
```

사용자 정의 예외 17.4.2

사용자 예외를 발생시키는 표준 방법은 BaseException 클래스의 하위 클래스를 이용하는 것이다. 상속받을 수 있는 클래스는 앞서 설명한 내장 예외의 어떤 것일 수도 있다. 다음 예는 Exception 클래스로 상속받은 Big과 그 Big으로부터 상속받은 Small 클래스를 정의한다.

```
# user_defined_exception.py
import sys

class Big(Exception):
    pass

class Small(Big):
    pass

def dosomething1( ):
    raise Big('big excpetion')    # 예외가 발생한다.

def dosomething2( ):
    raise Small('small exception')

for f in (dosomething1, dosomething2):
    try:
        f( )
    except Big:
        print(sys.exc_info( ))
```

코드를 실행한 결과는 다음과 같다.

```
(<class '__main__.Big'>, Big('big excpetion',), <traceback object at 0x02C65DA0>)
(<class '__main__.Small'>, Small('small exception',), <traceback object at 0x02C65D50>)
```

앞의 예에서 except Big이 검출하는 예외는 Big과 Small이다. 왜냐하면 클래스 Small은 클래스 Big으로부터 상속받은 클래스이기 때문이다.

sys.exc_info( ) 함수는 발생한 예외의 종류와 예외 객체, traceback 정보 세 가지를 튜플로 반환한다. 따라서 발생한 예외에 대해서 정보를 얻고자 할 때 유용하게 사용된다.

예외를 발생시킬 때 예외 정보를 함께 전달하고 싶을 때가 있다. 다음 예는 인스턴스 객체에 값을 넣어서 예외를 발생시키는 예이다.

```
# user_defined_exception2.py
class MessageException(Exception):                # 사용자 예외 클래스를 정의한다.
    def __init__(self, message, dur):
        super().__init__(message)
        self.duration = dur
    def __str__(self):
        return '{}: message={}, duration={}'.format(
                       self.__class__.__name__, self.message, self.duration)

def f( ):
    raise MessageException('message', 10)    # 예외 객체를 전달한다.

try:
    f( )
except MessageException as a:                     # 예외 객체를 a란 이름으로
    print(a)
    print(a.message, a.duration)
```

코드를 실행한 결과는 다음과 같다.

```
MessageException: message=message, duration=10
message 10
```

17.5 assert 문으로 예외 발생시키기

예외를 발생시키는 특수한 경우로 assert 문에 의한 AssertionError 에러가 있다. assert 문은 주로 디버깅할 때 많이 사용한다. 프로그램이 바르게 진행하는지를 시험할 때 사용한다. assert 문의 형식은 다음과 같다.

assert 〈시험 코드〉, 〈데이터〉

만일 〈시험 코드〉가 거짓이면 'raise AssertionError, 데이터' 예외를 발생시킨다. 〈시험 코드〉가 참이면 그냥 통과한다. 데이터는 사용하지 않아도 좋은 옵션이다. 사용하는 예를 보자.

```
# asserttest.py
a = 30
margin = 2 * 0.2
assert margin > 10, 'not enough margin'
```

코드를 실행한 결과는 다음과 같다.

```
C:\Python32>python asserttest.py
Traceback (most recent call last):
  File "test.py", line 36, in <module>
    assert margin > 10, 'not enough margin'
AssertionError: not enough margin
```

파이썬을 -O 옵션으로 실행하면 assert 문은 컴파일된 바이트 코드로부터 자동으로 삭제된다. 또한, -O 옵션은 __debug__ 플래그가 0이 되어 디버깅 상태가 아님을 알린다.

```
C:\Python32>python -O asserttest.py
0.4
```

연/습/문/제/
Exercise

1 예외 처리를 이용하여 변수가 정의되지 않은 경우를 처리해 보자. 예를 들어, price = selected라는 문에서 만일 selected가 앞서 정의되지 않았다면 NameError 에러를 일으킨다. selected가 정의되지 않은 경우에 price의 값을 0으로 설정해 보자.

2 사용자 예외를 클래스로 정의하고 예외가 발생했을 때 처리하는 예를 보자.

3 traceback 모듈을 이용하여 예외 출력 정보를 화면에서 파일로 저장해 보자. print_exc( ) 함수를 사용해 보자.

제 18 장

약한 참조와 반복자, 발생자, 코루틴

Chapter 18

이 장에서는 약한 참조와 반복자, 발생자 그리고 코루틴에 대해서 살펴본다.

18.1 약한 참조

약한 참조의 이해 18.1.1

약한 참조(Weak Reference)란 참조 횟수가 고려되지 않는 참조이다. 객체에 대한 참조 횟수가 0이 되면 해당 객체는 쓰레기 수집(Garbage Collection)의 대상이 된다. 이때 약한 참조에 의한 참조 횟수는 고려되지 않는다. 다시 말하면 약한 참조는 객체가 메모리에서 사라지지 않게 하는 역할을 하지 못한다. 만일 이 객체를 참조하는 약한 참조가 있었다면 객체가 사라지고 나서 약한 참조 값은 None 객체로 변경된다. 파이썬에서는 weakref라는 표준 모듈로 약한 참조를 지원한다.

약한 참조는 쓰레기 수집에 방해가 되는 순환 참조에 유용하게 사용된다. 순환 참조는 쓰레기 수집을 방해하는 주요한 문제이다. 참조 횟수가 0이 되지 않는 객체는 메모리에 계속 남아 있게 된다. 다음 예에서 GNU는 순환 참조 리스트이다.

```
>>> GNU = ['is no linux']
>>> GNU.insert(0, GNU)
>>> GNU
[[...], 'is no linux']
>>> del GNU
```

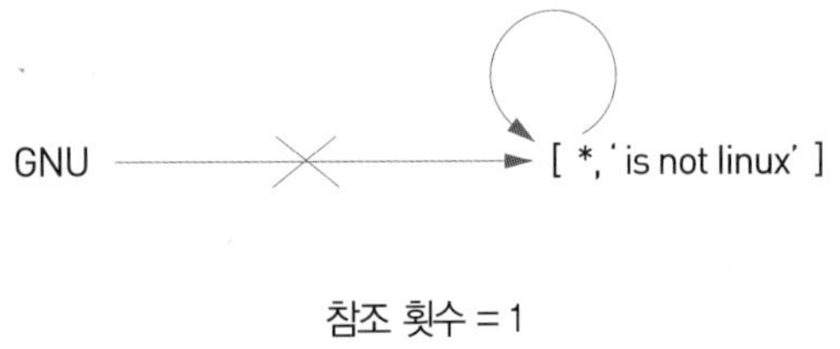

그림 18-1 순환 참조와 참조 횟수

GNU가 삭제되어도 내부에 순환 참조하는 참조 횟수 때문에 여전히 쓰레기 수집이 되지 않고 메모리에 남아 있는다. 하지만, 약한 참조를 통해 순환 참조가 일어나지 않게 할 수 있다. 순환 참조가 없으면 쓰레기 수집이 정상적으로 이루어질 것이고 메모리를 효율적으로 관리할 수 있을 것이다. 또한, 약한 참조는 다양한 인스턴스 객체들 사이에서 공유되는 객체를 참조하는 데도 사용할 수 있다.

약한 참조 모듈 18.1.2

1 weakref.ref( ) 함수

weakref 모듈의 ref( ) 함수는 약한 참조 객체를 생성한다. 약한 참조는 실제로 해당 객체가 메모리에 남아 있는지 조사하는 데도 사용할 수 있다. ref( ) 함수가 반환한 weakref 객체를 이용하여 객체의 참조를 검색(Retrieve)한다. 객체가 더 이상 존재하지 않으면, None 객체가 반환된다.

```
>>> import weakref        # 모듈 가져오기
>>> class C:              # 시험용 클래스
        pass
>>> c = C( )              # 인스턴스 객체를 생성한다.
>>> c.a = 1               # 시험용 값을 설정한다.
>>> r = weakref.ref(c)    # 약한 참조 객체를 생성한다.

>>> r                     # 약한 참조(weakref) 객체
<weakref at 0290EE70; to 'C' at 029166B0>
>>> r( )                  # c 인스턴스 객체의 주소(c와 동일함)
<__main__.C object at 0x029166B0>
```

```
>>> c
<__main__.C object at 0x029166B0>
>>> r( ).a              # 약한 참조를 이용한 멤버 참조
1
>>> del c               # 객체를 제거한다.
>>> r( )                # None 객체를 반환한다
>>> r( ).a              # 속성도 참조할 수 없다.
Traceback (most recent call last):
  File "<pyshell#18>", line 1, in <module>
    r( ).a
AttributeError: 'NoneType' object has no attribute 'a'
```

다음 예에서 보듯이 모든 객체에 대해 약한 참조 객체를 생성할 수 있는 것은 아니다.

```
>>> d = {'one':1, 'two':2}
>>> weakref.ref(d)
Traceback (most recent call last):
  File "<pyshell#22>", line 1, in <module>
    weakref.ref(d)
TypeError: cannot create weak reference to 'dict' object
```

약한 참조를 생성할 수 있는 객체는 클래스 인스턴스와 파이썬 함수, 인스턴스 메서드, set, frozenset, 파일 객체, 생성자, type 객체, socket, array, deque, 정규식 패턴, 코드 객체 등이다.

만일 리스트나 사전과 같은 내장 자료형에 대해 약한 참조를 생성하려면 다음과 같이 하위 클래싱을 한 후 사용하면 된다.

```
>>> class Dict(dict):
        pass

>>> d = Dict(one = 1, two = 2)
>>> weakref.ref(d)
<weakref at 0291F840; to 'Dict' at 028BCC10>
```

2 weakref.proxy( ) 함수

weakref 모듈의 proxy( ) 함수는 프락시 객체를 생성한다. 프락시 객체를 이용하면 weakref 객체에서와 같이 함수 형식을 사용하지 않아도 객체를 참조할 수 있다.

```
>>> class C:
        pass

>>> c = C( )
>>> c.a = 2
>>> p = weakref.proxy(c)     # 프락시 객체를 생성한다.
>>> p
<weakproxy at 0291F930 to C at 02919530>
>>> p.a                      # 프락시 객체를 이용하여 직접 객체에 접근할 수 있다.
2
```

3 약한 참조 알아보기

obj 객체에 몇 개의 약한 참조가 설정되어 있는가를 알아보려면 getweakrefcount(obj) 함수를, obj 객체를 참조하고 있는 약한 참조 객체들을 얻으려면 getweakrefs(obj) 함수를 사용한다.

```
>>> c = C( )                       # 참조할 객체를 생성한다.
>>> r = weakref.ref(c)             # weakref
>>> p = weakref.proxy(c)           # proxy weakref
>>> weakref.getweakrefcount(c)     # weakref 개수
2
>>> weakref.getweakrefs(c)         # weakref 목록
[<weakref at 0xb0aa90; to 'instance' at 0xf401f0>, <weakref at 00F43290 to
instance at 00F401F0>]
```

약한 사전 18.1.3

약한 사전(Weak Dictionary)을 캐시(Cache)라고도 한다. 약한 사전이란 값(Value)으로나 키(Key)로 약한 참조를 가지고 있는 사전을 말한다. 일반적인 사전과 같지만 다음과 같은 차이점이 있다.

- 키(Key)나 값(Value)으로 사용되는 객체는 약한 참조가 가능해야 한다.
- 사전의 키(Key)나 값(Value)으로 약한 참조를 갖는다.
- 객체가 삭제되면 자동으로 캐시에 있는(키, 값) 쌍도 삭제된다.

1 WeakValueDictionary 클래스

weakref 모듈의 WeakValueDictionary( ) 함수는 값(Value)으로 약한 참조를 가지는 사전을 생성한다. 참조하고 있던 객체가 사라지게 되면 자동으로 사전에서 항목이 제거된다. weakref.WeakValueDictionary( ) 함수의 예를 다음에서 보자.

```
>>> class C:
        pass

>>> c = C( )
>>> c.a = 4
>>> d = weakref.WeakValueDictionary( )     # WeakValueDictionary 객체 생성
>>> d
<WeakValueDictionary at 16121936>
>>> d[1] = c                               # 항목을 생성한다.
>>> list(d.items( ))                       # 사전 내용을 확인한다.
[(1, <__main__.C object at 0x02916CB0>)]
>>> d[1].a                                 # 참조
4
>>> del c                                  # 객체를 삭제한다.
>>> list(d.items( ))                       # 항목이 사라졌다.
[]
```

2 WeakKeyDictionary 클래스

weakref 모듈의 WeakKeyDictionary( ) 함수는 키(Key)로 약한 참조를 가지는 사전을 생성한다. 참조하고 있던 객체가 사라지게 되면 자동으로 사전에서 항목이 제거된다. weakref.WeakKeyDictionary( ) 함수의 예를 다음에서 보자.

```
>>> d = weakref.WeakKeyDictionary( )
>>> c = C( )
>>> c.a = 4
>>> d[c] = 1                # 키에 약한 참조를 등록한다.

>>> list(d.items( ))        # 사전의 내용을 확인한다.
[(<__main__.C instance at 0x00F901F0>, 1)]
>>> del c                   # 객체를 삭제한다.
>>> list(d.items( ))        # 항목이 사라졌다.
[]
```

이것은 객체에 직접 속성을 추가하지 않으면서 객체와 관련된 속성을 등록할 때 유용하다. 객체가 사라지면 자연히 사전에서도 항목을 더 이상 참조할 수 없게 되므로 제거에 대해서도 신경 쓸 필요가 없다.

18.2 반복자

반복자의 필요성 18.2.1

기존의 인덱싱은 __getitem__( ) 메서드를 통해서 이루어져 왔다. 인덱싱을 이용하면 순차적인 접근도 가능하지만 임의의 데이터에 순서 없이 접근할 수도 있다. 순수하게 순차 처리만을 필요로 하는 경우가 있다면 인덱싱으로 구현하는 것은 개념적으로 옳지 않다. 왜냐하면 인덱싱은 순서 없이 접근하는 것도 허용해야 하기 때문이다. 따라서 순차 처리만을 위한 객체가 필요한데 이것이 반복자(Iterator)이다.

우리가 사용 중인 반복자의 예로는 사전의 반복자와 파일 객체의 반복자 같은 것들이 있다. 이들 객체가 for 문에 사용되면 반복자로 전환된다.

```
d = dict(one = 1, two = 2, three = 3)
for key in d:        # 사전의 반복자이다. 키에 대하여 순차적으로 접근한다.
    print(key, d[key])
```

```
with open('aliceinmountains.txt') as f:
    for line in f:          # 파일 객체의 반복자이다. 줄에 대하여 순차적으로 접근한다.
        pass                # do something
```

일반 시퀀스형 객체도 for 문에 사용되면 반복자로 전환된다.

```
>>> for k in [1, 2, 3, 4]:  # 리스트가 반복자 객체로 전환된다.
        print(k)

1
2
3
4
```

반복자 객체 18.2.2

반복자 객체는 다음과 같은 특성이 있다.

- 어떤 객체에 대한 반복자 객체는 iter( ) 내장 함수로 얻어진다.
- 반복자 객체에 대해 iter( ) 함수를 적용하면 반복자 자신이 반환된다.
- 반복자 객체는 next( ) 함수에 의해서 호출되는 __next__( ) 메서드를 가진다. next( ) 함수는 순차적인 값을 읽어 내기 위해서 사용된다.
- next( ) 함수로 더 이상 받을 데이터가 없는 경우에는 StopIteration 예외가 발생한다.

다음 예를 가지고 반복자 특성을 확인해 보자.

```
>>> I = iter([1, 2, 3])  # 리스트에 대한 반복자 객체를 얻는다
>>> I
<list_iterator object at 0x02929E70>
>>> iter(I)              # 반복자에 iter( ) 함수를 다시 적용하면 자기 자신을 반환한다.
<list_iterator object at 0x02929E70>
>>> next(I)              # 순차적으로 데이터를 얻는다.
1
```

```
>>> next(I)
2
>>> next(I)
3
>>> next(I)      # 더 이상 데이터가 없으면 StopIteration 예외가 발생한다.
Traceback (most recent call last):
  File "<pyshell#114>", line 1, in <module>
    next(I)
StopIteration
```

클래스에 반복자를 구현하려면 iter( ) 함수에 반응하는 __iter__( ) 메서드를 정의해야 한다. iter( ) 함수에 의해서 반환되는 객체는 반복자 객체이다. 반복자 객체는 __iter__( )와 __next__( ) 메서드를 갖는다.

다음에 반복자 기능이 있는 Seq 클래스를 보자. 이 클래스는 반복자를 이해하는 데 필요해서 파일 객체의 반복자를 단순하게 흉내 낸 클래스이다. Seq 클래스는 __iter__( ) 메서드에 의해서 자기 자신 객체를 반환하는, 자신이 반복자 객체이다.

```
>>> class Seq:
        def __init__(self, fname):
                self.file = open(fname)
        def __iter__(self):    # iter(..)에 의해서 호출되는 메서드
                return self    # 스스로가 반복자가 된다.
        def __next__(self):    # 반복자가 가져야 할 메서드
                line = self.file.readline( )    # 다음 줄 읽기
                if not line: raise StopIteration
                return line

>>> S = Seq('readme.txt')
>>> for line in S:
        print(line)
```

반복자 객체는 멤버 변수인 arr의 iterator 객체로 전달한다. next( ) 호출로 전달된 iterator 객체의 __next__가 사용되므로 클래스 내에서는 __next__를 작성하지 않아도 무방하다.

```
class MyList(list):

    class Iterator:
        def __init__(self, arr):
                self._pos = 0
                self.arr = arr[:]

        def __iter__(self):
        return iter(self.arr)
```

별도의 반복자 객체를 반환하는 MyList 클래스를 실행한 예를 보자.

```
>>> m = MyList([1, 2, 3])
>>> m
[1, 2, 3]
>>> i = iter(m)     # Iterator 객체를 생성한다.
>>> i
<list_iterator at 0x446ee80>
>>> next(i)
1
>>> next(i)
2
>>> next(i)
3
>>> next(i)
...
StopIteration: ..
>>> for k in m:     # for 문은 반복자를 이용한다.
        print(k)

1
2
3
```

자동 반복자 생성하기 18.2.3

iter( ) 함수를 호출했을 때 반복자 객체를 생성하는 __iter__( ) 메서드가 정의되어 있지 않은 경우 만일 __getitem__( ) 메서드가 있다면 이 메서드를 사용하여 자동으로 __iter__( )와 __next__( ) 메서드가 있는 반복자 객체를 생성한다.

```
>>> class Square:
        def __init__(self, n):
                self.n = n
        def __getitem__(self, k):
                if k >= self.n:
                        raise IndexError('out of index')
                print('..')    # 확인용
                return k * k

>>> s = Square(3)
>>> i = iter(s)
>>> i               # 반복자 객체임을 확인한다.
<iterator object at 0x02E794B0>
>>> dir(i)          # 인터페이스를 확인한다.
[…, '__iter__', …, '__next__', …]
>>> next(i)         # 내부적으로 __getitem__( ) 메서드를 호출한다.
..
0
>>> next(i)
..
1
>>> next(i)
..
4
>>> next(i)
…
StopIteration
```

다음 절에서 설명하는 발생자(Generator)는 반복자의 한 종류이다. 따라서 발생자는 반복자 인터페이스를 갖는다.

```
>>> class Square:
        def __init__(self, n):
                self.n = n
        def __iter__(self):    # 발생자이다.
                for x in range(self.n):
                        yield x * x

>>> s = Square(3)
>>> iter(s)                    # 발생자는 반복자이다.
<generator object __iter__ at 0x02E6DBE8>
>>> for k in s:
        print(k)

0
1
4
```

itertools 모듈 18.2.4

itertools 모듈은 반복 가능한 객체(시퀀스 자료형, 반복자, 발생자 등)의 반복자(혹은 발생자)를 생성하는 함수로 구성되어 있으며, 이들 함수는 메모리와 계산 시간에서 효과적인 연산이 가능하도록 많은 도움을 준다. 반복자가 효과적인 이유는 데이터가 요구될 때 필요한 시점에서 데이터를 준비해서 반환하기 때문이다. 모든 데이터가 준비되어 있는 상태에서 데이터를 처리하는 것보다 메모리와 계산 시간을 절약해 줄 수 있다. 이 절에서 설명하는 함수들은 데이터의 크기가 크면 클수록 더욱 효과를 발휘한다. 몇 가지 함수의 예를 보자.

chain( ) 함수

chain(*iterables) 함수는 열거한 객체에서 데이터를 순차적으로 하나씩 넘겨준다.

```
>>> from itertools import *
>>> L1 = [1, 2, 3]
>>> L2 = [4, 5, 6]
>>> for k in chain(L1, L2):    # L1, L2에 대해 연속된 데이터를 넘겨준다.
        print(k, end = ' ')

1 2 3 4 5 6
>>> for k in (L1 + L2):        # 이 방법은 새로운 리스트를 만들므로 메모리를 낭비한다.
        print(k, end = ' ')

1 2 3 4 5 6
```

count( ) 함수

count([n]) 함수는 n부터 시작하는 정수 값을 만들어 내는 반복자를 돌려준다. n의 디폴트 값은 0이다.

```
>>> from itertools import *
>>> for k in count(10):
        print(k, end = ' ')

10 11 12 13 14 15 16 17 ...
```

끝없이 출력된다.

다음은 zip( ) 함수를 사용해서 리스트의 각 요소에 순차적인 번호를 부여한 예이다.

```
>>> names = ['gslee', 'kim', 'park']
>>> for regNo, name in zip(count(140), names):    # 140부터 순서대로
        print(regNo, name)

140 gslee
141 kim
142 park
```

cycle( ) 함수

cycle(iterable) 함수는 객체를 끝없이 반복한다.

```
>>> from itertools import *
>>> for k in cycle([1, 2, 3]):
        print(k, end = ' ')

1 2 3 1 2 3 1 2 3 1 2 3 1 2 3 1 2 3 ...
```

dropwhile( ) 함수

dropwhile(predicate, iterable) 함수는 predicate( ) 함수에 의해서 참이 되는 한 데이터를 버리고 거짓이 되는 이후의 데이터를 끝까지 취한다.

```
>>> from itertools import *
>>> for k in dropwhile(lambda x:x < 3, [1,2,3,4,5,1,2]):    # 참이면 버린다.
        print(k, end = ' ')

3 4 5 1 2
```

takewhile( ) 함수

takewhile(predicate, iterable) 함수는 predicate( ) 함수에 의해서 참이 되는 한 데이터를 취하고 거짓이 되면 멈춘다.

```
>>> from itertools import *
>>> for k in takewhile(lambda x:x < 3, [1, 2, 3, 4, 5, 1, 2]):
        print(k, end = ' ')

1 2
```

groupby( ) 함수

groupby(iterable[, keyfunc]) 함수는 데이터를 그룹 단위로 묶는 데 사용한다. key( ) 함수가 주어지지 않았을 경우는 요소 데이터 자체가 키 값이 된다.

```
>>> from itertools import *
>>> L = [(1, 2), (2, 3), (1, 2), (4, 2)]
>>> for key, group in groupby(sorted(L)):    # 정렬된 인수를 넘겨야 한다.
        print(key, list(group))

(1, 2) [(1, 2), (1, 2)]
(2, 3) [(2, 3)]
(4, 2) [(4, 2)]
```

두 번째 데이터를 기준으로 그룹화하려면 다음과 같이 할 수 있다. 예에서 `itemgetter(1)`는 어떤 객체의 [1] 요소 값을 취하는 함수이다. 즉, `lambda x: x[1]`와 같은 함수이다.

```
>>> from operator import itemgetter
>>> for key, group in groupby(sorted(L, key = itemgetter(1)), key = itemgetter(1)):
        print(key, list(group))

2 [(1, 2), (1, 2), (4, 2)]
3 [(2, 3)]
```

다음 예는 문장의 단어가 몇 번 반복되는가를 출력한다.

```
>>> s = 'I like python I like programming'
>>> for key, group in groupby(sorted(s.split( ))):
        print(key, len(list(group)))

I 2
like 2
programming 1
python 1
```

이번에는 같은 문자열로 시작하는 항목들을 그룹화해 보자. 예를 들어, 가야산 목록, 도봉산 목록 등을 만들려고 한다.

```
L = ['가야산_01.gpx', '가야산_02.gpx', '도봉산_01.gpx', '도봉산_02.gpx', '지리산_01.gpx']
```

산 이름 문자열은 앞부분의 '_' 기호 앞까지이므로 문자열의 split( ) 메서드를 사용하여 그룹 이름을 추출한다.

```
>>> for key, group in groupby(sorted(L), lambda s:s.split('_')[0]):
        print(key, list(group))

가야산 ['가야산_01.gpx', '가야산_02.gpx']
도봉산 ['도봉산_01.gpx', '도봉산_02.gpx']
지리산 ['지리산_01.gpx']
```

starmap( ) 함수

`starmap( )` 함수는 map( ) 함수와 동일하나, 반복자에서 얻어진 인수 튜플을 사용하여 사상 함수를 호출하는 것이 다르다.

```
>>> L = [(1, 2), (2, 3), (1, 2), (4, 2)]
>>> list(starmap(lambda x, y:x + y, L))   # 튜플값이 각각 x, y에 전달된다.

[3, 5, 3, 6]
```

filterfalse( ) 함수

`filterfalse( )` 함수는 filter( ) 함수와 동일하나, 조건이 거짓이 되는 데이터를 반환한다.

```
>>> list(filterfalse(lambda x:x % 2, range(10)))

[0, 2, 4, 6, 8]
```

islice( ) 함수

`islice(iterable, [start,] stop [, step])` 함수는 iterable 객체에서 선택된 요소를 반환하는 반복자를 만든다. 요소의 선택은 슬라이싱 사용법과 같다. 시퀀스 자료형의 첫 번째, 세 번째, 다섯 번째 등의 요소를 취하는 예를 보자.

```
>>> L = [1, 2, 6, 4, 3, 8, 7, 6]
>>> for ele in islice(L, 0, len(L), 2):
        print(ele, end = ' ')

1 6 3 7
```

repeat( ) 함수

repeat(object[, times]) 함수는 객체를 지정된 횟수만큼 반환하는 반복자를 만든다. 횟수가 지정되지 않으면 무한히 반복한다.

```
>>> for k in repeat(10, 3):
        print(k, end = ' ')

10 10 10
>>> L = [1, 2, 6, 4, 3, 8, 7, 6]
>>> for k in repeat(L, 2):
        print(k, end = ' ')

[1, 2, 6, 4, 3, 8, 7, 6]
[1, 2, 6, 4, 3, 8, 7, 6]
```

tee( ) 함수

tee(iterable[, n = 2]) 함수는 n개의 동일한 반복자를 만든다.

```
>>> L = [(1, 2), (2, 3), (1, 2), (4, 2)]
>>> i1, i2 = tee(L, 2)
>>> for k in i1:
        print(k, end = ' ')

(1, 2) (2, 3) (1, 2) (4, 2)
>>> for k in i2:
        print(k, end = ' ')

(1, 2) (2, 3) (1, 2) (4, 2)
```

18.3 발생자

발생자란 18.3.1

기존의 함수 호출 방식은 함수가 호출될 때 인수들과 내부 변수들이 새로운 영역(스택)에 만들어지고 반환할 때 메모리에서 사라진다. 다음 함수 f( )에서 a, b, c, d가 이러한 변수에 해당한다.

```
def f(a, b):
    c = a * b
    d = a + b
    return c, d
```

만일 함수가 호출된 후에 되돌아갈 때, 메모리가 해제되지 않고 그대로 남아 있다면 어떨까? 그리고 다시 이 함수가 호출될 때 이전에 수행이 종료되었던 지점 이후를 계속 진행한다면 어떨까? 이것이 발생자(Generator)이다. 발생자란 (중단된 시점부터) 재실행이 가능한 함수라고 할 수 있다. 간단한 발생자의 예를 보자.

```
>>> def gen_sample( ):
        print('1st step')
        yield 1
        print('2nd step')
        yield 2
        print('3rd step')
        yield 3
```

함수 형식이지만 키워드 return 대신에 키워드 yield가 있다면 그것은 발생자이다. 파이썬 컴파일러가 이 키워드를 검출하면 이 함수를 발생자로 처리한다. yield 문은 return 문과 유사하나 실행 상태를 보존한 상태에서 복귀한다. 일단, 앞서 정의한 발생자를 실행하는 예를 보자.

```
>>> g = gen_sample( )     # 발생자를 만든다.
>>> g
<generator object gen_sample at 0x02CFB670>
```

print( ) 함수가 실행되지 않는다. 발생자의 생성이 발생자의 실행을 의미하지는 않는다.

```
>>> a = next(g)              # 발생자는 반복자이다.
1st step
>>> a
1
>>> a = next(g)
2nd step
>>> a
2
>>> a = next(g)
2rd step
>>> next(g)
Traceback (most recent call last):
  File "<pyshell#37>", line 1, in <module>
    next(g)
StopIteration
```

이 시점에서 실행을 시작

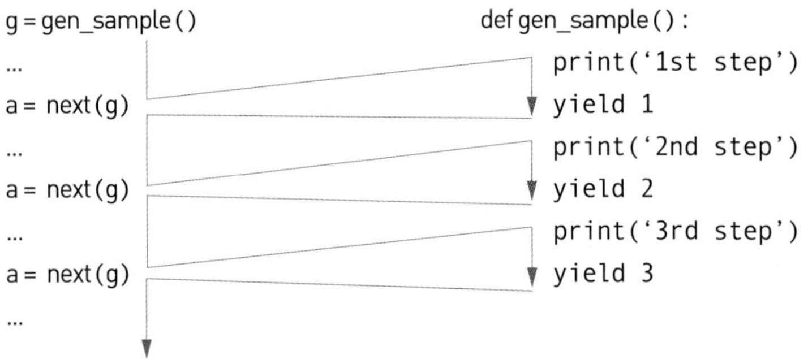

그림 18-2 발생자의 실행 과정

앞서 정의한 발생자 함수를 처음 호출하면(gen_sample( )) 반복자 인터페이스를 가지는 발생자 객체가 반환된다. 발생자 객체는 반복자(Iterator)이다. 초기 g = gen_sample( )에 의해서 초기 스택 프레임이 만들어진다. next(g)로 실행이 개시되며, 키워드 yield에 의해서 중단된다. yield 문은 일반 함수의 return 문과 같이 값을 호출 측에 돌려주나, 실행 상태와 지역 변수들을 보존한 상태로 값을 출력하는 것이 다르다. 발생자 객체는 next( ) 함수의 호출로 yield 문 다음 문장부터 다시 실행을 계속한다. 따라서 발생자를 다음과 같이 for 문에 직접 사용하는 것이 가능하다.

```
>>> def generate_ints(N):
        for i in range(N):
                yield i

>>> for i in generate_ints(5):
        print(i, end = ' ')

0 1 2 3 4
```

일반 함수와 발생자 간에 가장 큰 차이점은 일반 함수는 한번 함수가 호출되면 종료될 때까지 모든 일을 마친 결과를 넘겨야 하는 반면에, 발생자는 정보를 생성하는 중간에 결과를 넘긴다. 이것은 어떤 작업의 중간 결과를 다른 코드에서 참조해야 할 경우에 유용하다. 모든 결과를 한꺼번에 받아서 처리하기보다는 중간 중간에 나오는 결과를 사용할 수 있으면 효과적으로 활용될 수 있다.

다음은 발생자를 사용하여 피보나치 수열을 계산하는 예이다.

```
>>> def fibon(n):
        a = b = 1
        for i in range(n):
                yield a
                a, b = b, a + b

>>> for n in fibon(10):
        print(n, end = ' ')

1 1 2 3 5 8 13 21 34 55
```

발생자는 기본적으로 게으른 계산(Lazy Evaluation)을 수행하므로 다음과 같이 1천만 개의 수열을 구하는 예에서도 리스트를 만들지 않고 필요한 값을 하나씩 즉각적으로 계산하므로 메모리 낭비나 시간 낭비가 일어나지 않는다.

```
>>> for n in fibon(10000000):
        print(n)
```

```
1
1
2
3
~ 생략 ~
1152058411884454788302593034206568772452674037325128
1864069667454273644225850958407065116260306867075373
3016128079338728432528443992613633888712980904400501
~ 생략 ~
```

발생자는 반복자이므로 다음 예에서처럼 반복자를 필요로 하는 곳에 발생자 객체를 돌려주어도 된다.

```
>>> class Square:
        def __init__(self, n):
                self.n = n
        def __iter__(self):    # 반복자 요구에 발생자를 반환한다.
                for x in range(self.n):
                        yield x * x

>>> s = Square(3)
>>> iter(s)                    # 발생자는 반복자이다.
<generator object __iter__ at 0x02E6DBE8>
>>> for k in s:                # 반복자 요구에 발생자가 사용된다.
        print(k)

0
1
4
```

병행 프로세스나 다중 스레드로 처리해야 할 일부 작업들을 발생자로 대치할 수도 있다. 트리 탐색이나 토큰 분석기 등이 대표적으로 적용할 수 있는 예가 될 것 같다.

yield from 문 18.3.2

yield from 문은 다른 반복자로부터 결과가 없을 때까지 결과를 받아서 넘겨준다. 다음 구문은 서로 동일하다.

```
yield from iterable   ↔   for item in iterable: yield item
```

```
>>> def f(n, m):
        yield from Square(n)
        yield from Square(m)

>>> list(f(3, 4))
[0, 1, 4, 0, 1, 4, 9]
```

발생자 내장 18.3.3

리스트 내장(List Comprehension) 형식에서 대괄호 [ ] 대신 소괄호 ( )를 사용한다면 발생자 내장(Generator Comprehension)이 된다.

```
>>> [k for k in range(50) if k % 5 == 0]      # 리스트 내장
[0, 5, 10, 15, 20, 25, 30, 35, 40, 45]
>>> (k for k in range(100) if k % 5 == 0)    # 발생자 내장
<generator object <genexpr> at 0x02CFB5D0>
```

예에서 발생자 내장은 리스트를 중간에 만들지 않으므로 메모리를 낭비하지 않고서 연산이 가능하다.

```
>>> sum(k for k in range(100) if k % 5 == 0)
950
```

리스트 내장에서 대부분의 경우는 발생자 구문으로 치환할 수 있고, 중간에 리스트를 만들고, 저장해야 하는 경우가 아니면 발생자 구문이 대부분 더 좋은 성능을 발휘한다.

발생자의 예 18.3.4

이번 절에서는 발생자의 예를 다루어 보자.

1 무한 수열 표현하기

무한 수열을 발생시키는 코드는 발생자가 적합하다. 예를 들어, 자연수를 발생시키는 발생자는 다음과 같이 정의할 수 있다.

```
def Integers( ):
    i = 0
    while True:
        yield i
        i += 1
```

이번에는 수학의 π 값을 계산해 보자. S. Rabinovitz에 의해서 PI 값을 계산하면 다음과 같다. 반복 횟수 i가 증가함에 따라서 더 정확한 PI 값을 얻어낼 수 있다.

$$\frac{\pi}{2}=\sum_{i=0}^{\infty}\frac{i!}{2i+1!!}=1+\frac{1}{1\cdot 3}+\frac{1\cdot 2}{1\cdot 3\cdot 5}+\frac{1\cdot 2\cdot 3}{1\cdot 3\cdot 5\cdot 7}+\ldots$$

파이썬 발생자로 표현하면 다음과 같다.

```
def picalc( ):
    n = 1
    denom = 1
    nom = 1
    acc = 0.0
    while True:
        acc += nom / denom
        yield 2 * acc
        nom *= n
        denom *= (2 * n + 1)
        n += 1
```

다음은 코드를 실행한 결과이다. 반복 회수가 증가함에 따라서 더 정확한 PI 값에 접근한다.

```
>>> for k in picalc( ):
        print(k)

2.0
2.6666666666666665
2.933333333333333
3.0476190476190474
3.098412698412698
3.121500721500721
3.132156732156732
3.1371295371295367
3.1394696806461506
3.140578169680336
3.141106021601377
~ 생략 ~
3.1415926535897922
~ 생략 ~
```

좀 더 정확한 연산은 다음 코드를 통해서 계산된다.

```
from fractions import Fraction
from decimal import Decimal, getcontext

def picalc2( ):
    getcontext().prec = 100  # 유효자리 100자리로 계산
    n = 1
    denom = 1
    num = 1
    acc = Fraction(0)
    while True:
        acc += Fraction(num, denom)
        yield 2 * (Decimal(acc.numerator) / Decimal(acc.denominator))
        num *= n
        denom *= (2 * n + 1)
        n += 1
```

```
for k in picalc2():
    print(k)
```

Fraction과 Decimal에 관해서는 3.1.4절과 3.1.5절을 참고하면 된다. 연산 방식은 Fraction을 이용하여 분모와 분자를 정수로 표현하는 수열을 생성하고 정수 연산으로 정수의 분자/분모로 표현하는 객체를 유지한다. yield 문에서는 유효자릿수를 유지하고자 Decimal 객체를 이용한 나누기 연산을 수행했으며 유효 자리는 100으로 잡았다.

2 파일 탐색하기

다음 예는 주어진 파일 패턴(filepat)에 맞는 파일 이름의 목록을 얻어내는 발생자이다. 지정된 폴더(top) 아래에 있는 모든 파일을 검색해서 주어진 패턴에 일치하는 파일 목록만 얻어낸다.

```
import os
import fnmatch

def gen_find(filepat, top):    # 파일 패턴, 시작 폴더
    for curdir, dirs, files in os.walk(top):
        for name in fnmatch.filter(files, filepat):
            yield os.path.join(curdir, name)
```

다음은 코드를 실행한 결과이다.

```
>>> names = gen_find('*.bak', r'D:\Projects\AliceInMountains\tools')
>>> for name in names:
        print(name)

D:\Projects\AliceInMountains\tools\capture_naver_map.py.bak
D:\Projects\AliceInMountains\tools\mountain_table.csv.bak
D:\Projects\AliceInMountains\tools\landmarks\gamak.xml.bak
D:\Projects\AliceInMountains\tools\landmarks\gara.xml.bak
D:\Projects\AliceInMountains\tools\landmarks\gyebang.xml.bak
D:\Projects\AliceInMountains\tools\landmarks\taebaek.xml.bak
```

3 중첩 리스트를 단일 리스트로 만들기

[1, 2, 3, [4, 5], 6, [7, [8, [9]], 10]]와 같은 중첩 리스트가 있다고 하자. 이 리스트에서 단일 리스트로 만드는 코드를 작성해 보자. 우선 발생자를 이용하지 않는 재귀적인 방법의 예를 보자.

```
def traverse(t):
    if not isinstance(t, list):
        return [t]
    res = []
    for el in t:
        res.extend(traverse(el))
    return res

a = [[1, 2, 3], 4, 5, [6, 7], [8, 9, 10]]
b = traverse(a)
print(b)
```

이 방법은 res란 리스트에 결과를 반환한다. 다음은 발생자를 이용한 방법이다.

```
def traverse(l):
    for el in l:
        if isinstance(el, list):
            for k in traverse(el):
                yield k
        else:
            yield el

a = [1, 2, 3, [4, 5], 6, [7, [8, [9]], 10]]
b = list(traverse(a))
print(b)
```

코드를 실행한 결과는 두 경우 모두 다음과 같다.

```
[1, 2, 3, 4, 5, 6, 7, 8, 9, 10]
```

발생자는 시퀀스 연산이 적용되는 곳이면 어디나 사용할 수 있다. 예를 들어, 다음과 같다.

```
>>> a
[1, 2, 3, [4, 5], 6, [7, [8, [9]], 10]]
>>> max(traverse(a))
10
>>> min(traverse(a))
1
```

4 영교차 검출기

어떤 신호가 0을 중심으로 교차한다고 생각해 보자. 이러한 신호의 대표적인 예는 음성 신호 파형이다.

```
1 3 -2 -4 3 4 -3 -4 2 3 4 -2 ...
```

영교차 검출기는 신호가 –에서 +로 바뀌는지나 +에서 ?로 바뀌는지를 검출한다. 여기서 0은 양수로 가정하자. 발생자 zerocrossing은 또 다른 발생자 g를 받아들여 순차적으로 값을 읽어 이전 값과 비교를 한다. 그리고 각 샘플에 대하여 영교차 진릿값을 반환한다.

```
>>> def zerocrossing(g):
        a = next(g)
        b = next(g)
        while True:
                yield (a >= 0 and b < 0) or (a < 0 and b >= 0)  # 영교차 검출
                a, b = b, next(g)

>>> data = map(int, '1 3 -2 -4 3 4 -3 -4 2 3 4 -2'.split( ))
>>> list(zerocrossing(data))
[False, True, False, True, False, True, False, True, False, False, True]
```

5 트리 탐색하기

다음에는 간단한 이진 트리를 정의하고 깊이 Inorder 탐색으로 모든 노드들을 탐색하는 inorder 메서드를 정의하였다. _repr_( ) 메서드를 정의하여 트리 형식으로 출력되도록 하였다.

```
class Tree(object):
    def __init__(self, data = None, left = None, right = None):
        self.data = data        # 노드의 값
        self.left = left        # 왼쪽 노드
        self.right = right      # 오른쪽 노드
    def inorder(self):          # inorder 탐색
        if self.left:
            for x in self.left.inorder( ):
                yield x
            yield self
            if self.right:
                for x in self.right.inorder( ):
                    yield x

    def __iter__(self):         # 반복자로 inorder 발생자 객체를 넘겨준다.
        return self.inorder( )

    def __repr__(self, level = 0, indent = "  "):
        s = level * indent + repr(self.data)
        if self.left:
            s = s + "\n" + self.left.__repr__(level + 1, indent)
        if self.right:
            s = s + "\n" + self.right.__repr__(level + 1, indent)
        return s

def tree(seq):
    n = len(seq)
    if n == 0:
        return None
    i = n // 2
    return Tree(seq[i], tree(seq[:i]), tree(seq[i+1:]))

if __name__ == '__main__':
    t = tree('abcdef')
    print(t)
    print( )
    for el in t.inorder( ):
        print(el.data, end = ' ')
```

파이썬에서 트리를 표현하는 것은 매우 간단하다. __init__( ) 메서드에서처럼 좌우 노드(left, right) 그리고 데이터를 가지는 멤버로 충분히 표현된다. Inorder 탐색은 inorder 메서드로 구현된다. 자세한 알고리즘 해설은 자료 구조 책을 참조하기 바란다. 이 메서드는 생성자로 구현되었다.

한 가지 주의할 것은 __iter__( ) 메서드이다. 이 메서드는 inorder 생성자를 반복자로 반환하고 있다. 트리에 대한 반복자는 곧 inorder 발생자가 된다. 따라서 마지막 두 줄처럼 마치 트리를 리스트나 튜플과 같이 쉽게 for 문에서 사용할 수 있게 된다. 이것으로 아주 일반화된 트리 탐색 방법을 가지게 된다. 이것은 생성자의 큰 장점이다. 다음은 코드를 실행한 결과이다.

```
'd'
  'b'
    'a'
    'c'
  'f'
    'e'

a b c d e f
```

18.4 코루틴

코루틴이란 18.4.1

코루틴(Coroutine)이란 함수 실행에 있어서 어떤 위치에서 중단과 실행이 가능한, 다중 진입점이 있는 일반화된 함수를 말한다. 파이썬에서 코루틴은 발생자이다. yield 문과 next( ) 함수에 의해서 진행되는 흐름은 함수의 실행 중단과 재진입에 의한 재실행의 연속이다.

앞의 발생자에서는 yield 문에 의해 값을 외부로 전달해 주기만 했는데, 코루틴은 재진입이 될 때 값을 전달받는 것도 가능한 구조이다. 발생자는 값을 생산하는 입장에서 동작하고 코루틴은 주로 값을 소비하는 입장에서 동작한다. 코루틴의 간단한 예를 보자.

```
def echo( ):
    print('echo routine')
    while True:
        msg = (yield)  # send( ) 메서드로 보내는 값을 받는다.
        print(msg)
```

이 시점에서 실행을 중단하고 호출자에게로 돌아갔다가 send( ) 함수로 전하는 값을 받는다.

send( ) 메서드로 보내지는 값을 전달받기 위해서는 (yield)와 같이 표현한다. 이때 소괄호 ( )는 반드시 필요하다. 동작 방식을 살펴보자.

```
>>> e = echo( )       # 코루틴 객체를 생성한다.
>>> next(e)           # 실행을 시작한다. 첫 번째 yield 문까지 진행한다.
echo routine
>>> e.send('hi~')   # 값을 전달해 준다.
hi~
```

다음 yield 문까지 진행한 결과이다.

```
>>> e.send('hello~')
hello~
>>> e.close( )       # 코루틴을 종료한다. 더 이상 send( ) 메서드를 호출할 수 없다.
```

코루틴(발생자) 객체의 send( ) 메서드로 값이 전달되면서 코루틴 재진입이 이루어진다. 다음 yield 문까지 진행을 하고 다시 중단(Suspend)한다. 실행 과정을 그림으로 표현하면 그림 18-3과 같다.

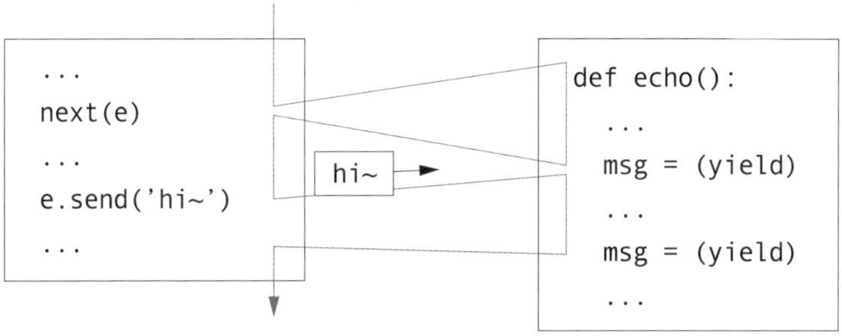

그림 18-3 코루틴 실행 과정

코루틴은 발생자와는 달리 반복자로 사용하기 어렵다. 발생자는 값을 연속적으로 생산해 내지만 코루틴은 값을 소비하는 것이 주요 역할이기 때문에 대부분의 경우 반복자로 사용되기 어려운 구조를 가지고 있다.

양방향 값 전송 코루틴 18.4.2

양쪽으로 값을 주고받는 코루틴도 가능하다.

```
def accumulator( ):
    acc = 0
    while True:
        value = (yield acc)
        acc += value
```

코루틴 accumulator( )는 0으로 시작해서 외부에서 전달받는 값을 누적시키고 그 결과를 돌려준다. next( ) 함수나 send( ) 메서드를 호출할 때 (yield acc)에 의해서 값이 반환된다.

```
>>> acc = accumulator( )    # 코루틴 객체를 생성한다.
>>> next(acc)               # 첫 번째 (yield acc) 문까지 진행한다.
0
>>> acc.send(1)             # 1을 value로 전달해 주고 다음 yield 문까지 진행한다.
1
>>> acc.send(2)
3
>>> acc.send(5)
8
>>> acc.close( )            # 코루틴을 종료한다. 더 이상 send( ) 메서드를 호출할 수 없다.
>>>
```

실행 과정을 그림으로 표현하면 그림 18-4와 같다.

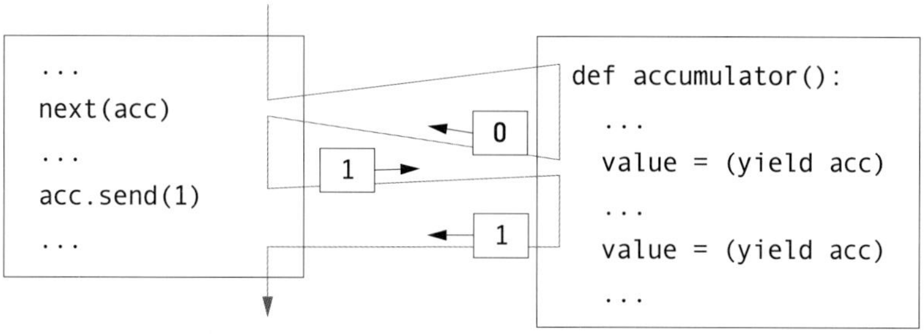

그림 18-4 양방향 값 전송 코루틴의 실행 과정

여러 개의 값을 돌려주는 코루틴의 작성도 가능하다. 다음 예에서 코루틴은 yield 문에서 누적 값과 최근에 입력된 값을 함께 돌려준다.

```
>>> def accumulator(value = 0):
        acc = value
        while True:
                value = (yield acc, value)
                acc += value

>>> acc = accumulator(10)
>>> next(acc)
(10, 10)
>>> acc.send(5)
(15, 5)
```

장식자를 이용하여 코루틴을 초기화하기 18.4.3

다음과 같은 coroutine 장식자를 이용하면 이용하면 코루틴을 next( ) 함수로 초기화해야 하는 번거로운 작업을 줄일 수 있다.

```
import functools
def coroutine(func):
    @functools.wraps(func)
```

```
    def init(*args, **kwargs):
        cr_obj = func(*args, **kwargs)
        next(cr_obj)
        return cr_obj
    return init
@coroutine
def echo( ):
    print('echo routine')
    while True:
        msg = (yield)    # send( )로 보내는 값을 받는다
        print(msg)
```

앞의 예에서 @coroutine 장식자는 코루틴 객체를 생성하고 next( ) 함수를 한 번 호출한 후 yield 문에서 중단된 상황의 코루틴 객체를 돌려준다. 다음은 사용 예이다.

```
>>> e = echo( )          # next( ) 함수까지 호출하고 yield 문에서 멈춘다.
echo routine
>>> e.send('hi~')
hi~
```

코루틴을 종료하기 18.4.4

앞의 예에서도 살펴봤듯이 코루틴 객체의 close( ) 메서드를 호출하면 코루틴을 외부에서 종료할 수 있다. 이 경우 코루틴 내부에서 외부에서의 종료 상황을 파악하려면 GeneratorExit 예외를 처리하면 된다.

```
@coroutine
def accumulator( ):
    acc = 0
    try:
        while True:
            value = (yield acc)
            acc += value
    except GeneratorExit:  # 외부에서 close( ) 메서드를 호출할 경우 예외가 발생한다.
        print('good bye~')
```

코드를 실행한 예를 보자.

```
>>> acc = accumulator( )
>>> acc.send(10)
10
>>> acc.close( )    # 코루틴을 종료한다.
good bye~
```

코루틴 예외 발생시키기 18.4.5

throw( ) 메서드를 사용하여 코루틴 내부로 예외를 발생시키는 것이 가능하다.

```
>>> acc = accumulator( )
>>> acc.throw(RuntimeError, "그만 끝내시지~")
Traceback (most recent call last):
  File "<pyshell#50>", line 1, in <module>
    acc.throw(RuntimeError, "그만 끝내시지~")
  File "<pyshell#42>", line 5, in accumulator
    value = (yield acc)
RuntimeError: 그만 끝내시지~
```

코루틴 내부에서는 try ~ catch 문으로 예외를 잡아내는 것이 가능하다. 다음 예는 RuntimeError 에러를 잡아내며 최종 acc 값을 돌려준다.

```
@coroutine
def accumulator( ):
    acc = 0
    try:
        while True:
            value = (yield acc)
            acc += value
    except GeneratorExit:
        print('good bye~')
    except RuntimeError as ex:
```

```
        print('closed by RuntimeError')
    yield acc
```

코드를 실행한 예를 보자.

```
>>> acc = accumulator( )
>>> acc.throw(RuntimeError, "그만 끝내시지~")
closed by RuntimeError
0
```

코루틴의 예 18.4.6

코루틴에 대한 예로 단순 이동 평균을 살펴보자. 단순 이동 평균(Simple Moving Average)은 최근의 n개 샘플에 대한 평균이다.

$$SMA = \frac{p_M + p_{M-1} + \dots + p_{M-(n-1)}}{n}$$

단순 이동 평균을 계산하는 코루틴을 다음과 같이 작성했다.

```
@coroutine
def simpleMovingAverage(n, target):
    cache = []
    while True:
        cache.append((yield))
        if len(cache) > n:
            cache.pop(0)
        target.send(sum(cache)/len(cache))
```

simpleMovingAverage( ) 코루틴은 계산 결과를 전송할 또 다른 코루틴 target을 인수로 받는다. n개까지의 데이터를 리스트 cache에 저장하고 있다가 평균을 target에 send( ) 메서드를 사용해서 넘겨준다. 이를 위해 다음과 같이 printer( ) 코루틴을 작성해 보자.

```
@coroutine
def printer( ):
    while True:
        line = (yield)
        print(line)
```

데이터를 simpleMovingAverage( ) 코루틴에 전송하기 위해서 다음과 같은 데이터 공급 함수 supplier( )를 작성했다.

```
def supplier(seq, target):
    for ele in seq:
        target.send(ele)
```

다음은 코드를 실행한 결과이다.

```
>>> data = [1.0, 2.4, 0.7, 2.4, 5.2]
>>> supplier(data, simpleMovingAverage(3, printer( )))
1.0
1.7
1.3666666666666665
1.8333333333333333
2.766666666666667
```

이들은 그림 18-5와 같이 연결되어 있다.

그림 18-5 코루틴 간의 연결

연/습/문/제/
Exercise

1 infix 표기를 postfix 표기로 변경하는 코드를 생성자를 이용하여 작성해 보자. 수식에는 다음과 같은 연산자를 사용할 수 있다.

```
( )
*, / (우선순위 높음)
+, - (낮음)
```

tokenize 모듈의 tokenize.generate_tokens( ) 함수는 키보드나 파일 입력으로부터 읽어 들인 줄을 토큰 단위로 분리한다. 더 이상 입력을 읽을 수 없으면 중단한다. 하나의 토큰은 (토큰 종류, 토큰 문자열) 형식을 가진다. 토큰의 종류는 다음과 같다. 적당한 정수 값으로 처리하기 바란다.

- NAME 변수 이름
- NUMBER 정수
- OP 연산자 (+, −, *, /)
- PAREN 괄호 ()
- NL 수식의 끝을 알림
- ERRORTOKEN 기타

예를 들어, 다음과 같은 입출력 조건을 만족한다.

```
입력 라인 : 3 + 5
출력 토큰 :
    (NUMBER, '3')
    (NUMBER, '5')
```

infix2postfix ( ) 함수는 tokenizer( ) 메서드의 출력을 입력으로 받고 토큰을 출력한다. 처리하는 알고리즘은 다음과 같다.

- 오퍼랜드인 경우 그냥 토큰 출력한다.
- 연산자인 경우 이미 스택에 저장된 연산자의 우선순위가 높거나 같은 경우 저장된 연산자 출력 연산자를 저장한다.
- 여는 괄호는 스택에 그냥 저장한다.
- 닫는 괄호는 여는 괄호가 나올 때까지 스택에서 출력한다.
- NL인 경우는 스택 안의 모든 연산자를 출력한다.

다음과 같은 시험 코드를 만족해야 한다.

```
def test_in2post(s):
    for toktype, token in infix2postfix(s):
        if toktype != NL:
            print(token, end = ' ')
        else:
            print( )
```

```
>>> test_in2post('3 * (4 + 5)')
3 4 5 + *

>>> test_in2post('1 + 2 * 3 + 4')
1 2 3 * + 4 +
```

Part 2

파이썬 활용하기

제 19 장

웹 프로그래밍

Chapter 19

이 장에서는 CGI, WSGI 프로그래밍과 웹 클라이언트 프로그래밍을 살펴보기로 한다.

19.1 CGI 프로그래밍

CGI(Common Gateway Interface)는 웹상에서 실행되는 프로그램이다. 지금과 같은 시대에 CGI는 시대에 뒤떨어진 것처럼 보이지만 가장 기본적인 웹 프로그래밍 방법이다. 필요할 때 간단히 활용하기에 여전히 나쁘지 않다.

CGI는 클라이언트측에서 서버의 주소와 프로그램의 이름을 지정하면 해당 프로그램이 실행되고, 실행 결과를 넘겨주는 원격 프로시저 중 하나이다.

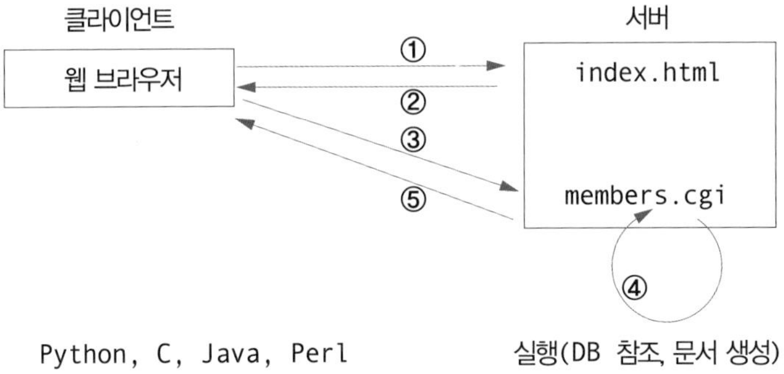

그림 19-1 CGI 프로그램의 실행 순서

그림에서 보듯이 일반 HTML 문서를 클라이언트가 요청(①)하면 서버는 해당 문서를 전달(②)한다. CGI 프로그램을 실행하는 경우에 클라이언트가 서버측 프로그램을 요청(③)하면, 서버는 CGI 프로그램을 실행해서 동적으로 만들어진 HTML 문서(④)를 클라이언트에 전달(⑤)한다.

CGI 프로그램을 실행하는 데 필요한 서버 설정 방법은 웹 서버 관련 매뉴얼을 참고하기 바란다.

CGI 프로그램의 예 19.1.1

다음은 간단한 CGI 프로그램이다(hello.py).

```
#!/usr/local/bin/python3

print("Content-Type: text/html\n\n")

print('''
<HTML>
<HEAD></HEAD>
<BODY>
Hello world
</BODY>
</HTML>''')
```

코드에서 첫 번째 print( ) 함수는 Content-Type 헤더에 출력 문서 형식을 알려준다. 두 번째의 print( ) 함수는 지정된 문서 형식에 맞도록 HTML 문자열을 표준 출력으로 출력한다.

한글 출력 문제 19.1.2

파이썬 3에서는 단순히 print( ) 함수를 사용하는 방법으로 한글을 출력할 수는 없다. 파이썬 3의 문자열은 유니코드인 반면에 웹 서버는 바이트 열을 요구하기 때문이다. 문자열에서 UTF-8과 같은 바이트 열로 변경하려면 encode( ) 메서드를 사용한다. 하지만, print( ) 함수는 바이트 열을 다음과 같이 16진수 문자열로 변환하여 출력한다.

```
>>> print('한글'.encode('utf-8'))
b'\xed\x95\x9c\xea\xb8\x80'
```

따라서 유니코드 문자열을 UTF-8과 같이 인코딩된 바이트 열로 변환하고 그것을 그대로 버퍼에 출력하는 방법이 필요하다.

```
>>> import sys
>>> import codecs

>>> w = codecs.getwriter('utf-8')(sys.stdout.buffer)     # ①
>>> print('한글', file = w)           # 출력은 w 객체로 한다.
?쒓?
```

'한글'이 UTF-8로 변환되고 그 바이트 열이 화면으로 출력된 결과이다.

앞서 ① 줄에서 바이트 열 출력을 위한 StreamWriter 객체를 얻는다. 얻어진 w 객체는 유니코드로 입력되는 문자열을 UTF-8로 인코딩해서 표준 출력 버퍼(sys.stdout.buffer)로 출력하게 해주는 유사 파일 객체이다. 다음은 한글 문제를 수정한 CGI 프로그램이다(hangul.py).

```
#!/usr/local/bin/python3

import sys
import codecs

writer = codecs.getwriter('utf-8')(sys.stdout.buffer)

print("Content-Type: text/html;charset=utf-8\n", file = writer)

print('''
<HTML>
<HEAD></HEAD>
<BODY>
<H2>한글</H2>
Hello again,
</BODY>
</HTML>
''', file = writer)
```

이미 설명한 대로 writer가 입력 문자열을 UTF-8 바이트 열로 변환하고 그것을 그대로 출력해주는 유사 파일 객체이므로, Content-Type 헤더의 지정은 `text/html;charset=utf-8`와 같이 인코딩이 UTF-8인 HTML 문서임을 지정해야 한다. 이제부터 print( ) 함수의 출력을 writer로 해준다면 이제 한글 출력도 문제없이 수행하게 된다.

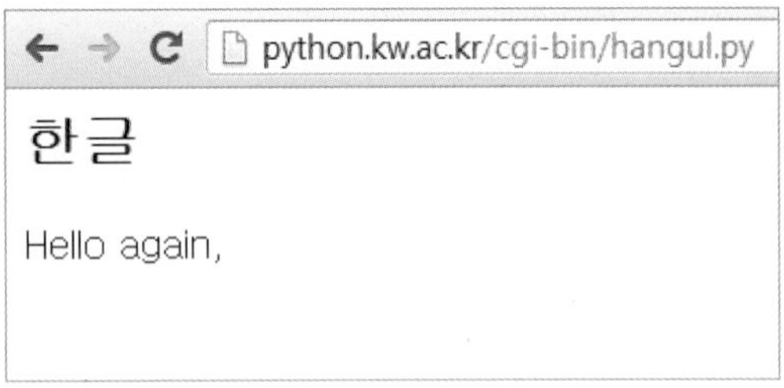

그림 19-2 CGI를 이용한 한글 HTML 문서의 출력

예외 정보 출력하기 19.1.3

CGI 프로그램을 실행하는 중에 문제가 발생하면 프로그램이 멈춘 상태에서의 추적(Trace) 정보를 확인할 필요가 있다. 이때 cgitb 모듈을 이용하게 된다.

```
import cgitb; cgitb.enable( )
```

이후에 발생하는 에러는, 무슨 에러가, 어디서, 어떤 환경에서 발생했는지 관련 정보가 자세히 HTML 문서로 웹 브라우저 화면에 표시된다. 다음은 정의가 안 된 변수를 출력하는 코드를 실행했을 때의 예이다(test2.py).

```
#!/usr/local/bin/python3

import cgitb; cgitb.enable( )
import sys
import codecs

writer = codecs.getwriter('utf-8')(sys.stdout.buffer)

print("Content-Type: text/html;charset=utf-8\n", file = writer)

print(a)      # 정의되지 않은 a 변수를 참조한다. 예외를 일으킨다.
```

웹 브라우저에 표시된 추적(Trace) 정보는 다음 그림과 같다.

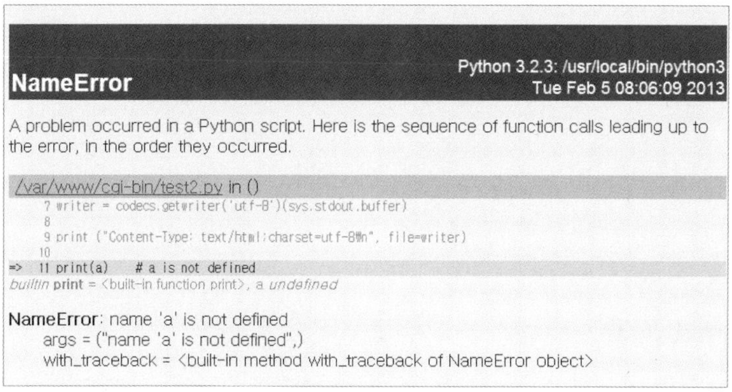

그림 19-3 CGI 프로그램 디버깅(추적 정보)

만일 화면에 디버깅 정보가 표시되기를 바라지 않으면, 파일에 저장할 수도 있다. 만일 다음과 같이 logdir 옵션으로 cgitb를 enable하면 웹 브라우저에 디버그 정보가 표시되지 않고 /tmp 디렉터리에 파일로 저장된다. 여기서 display = 0은 디버깅 정보를 화면에 표시되지 않게 한다.

```
import cgitb; cgitb.enable(display = 0, logdir = '/tmp')
```

이 코드를 실행하면 웹 브라우저에는 다음과 같은 디버깅 정보가 표시된다.

```
A problem occured in a Python script.
/tmp/@8538.0.html contains the description of this error.
```

에러 관련 문서는 /tmp/@8538.0.html 파일에 저장되었다.

환경 변수 19.1.4

클라이언트 요청에 의하여 CGI 프로그램이 실행되면 일련의 환경 변수가 넘어온다. 이 환경 변수는 두 종류로 나눌 수 있다. 서버의 정보에 관한 값과 클라이언트 요청에 의한 값이다. 전체적으로 환경 변수를 보려면 다음과 같이 간단한 CGI 프로그램을 작성해서 실행하면 된다 (test.py).

```
#!/usr/local/bin/python3

import cgi
print cgi.test( )
```

이 CGI 프로그램을 실행한 화면을 보자.

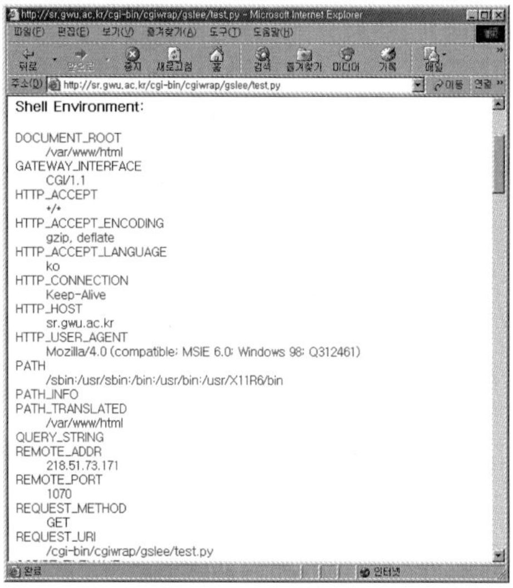

그림 19-4 환경 변수 확인하기

어떠한 변수든지 이러한 환경 변수를 CGI 프로그램 안에서 읽는 방법은 사전을 사용하는 방법과 같다.

```
os.environ['DOCUMENT_ROOT']    # /var/www/html
os.environ['REMOTE_ADDR']      # 218.51.73.171
```

물론 환경 변수를 설정할 수도 있다.

```
os.environ['NAME'] = 'gslee'      # 환경 변수 설정
```

폼 처리하기 19.1.5

파이썬은 클라이언트에서 전달받은 여러 매개 변수를 읽어 내는 용도로 cgi 모듈을 제공한다. 클라이언트로부터 매개 변수는 GET이나 POST 방식으로 전달된다. GET 방식은 URL에 직접 매개 변수를 표기하는 경우이고, POST 방식은 HTML 요청 메시지를 전송할 때 몸체(Body)에 매개 변수를 전달하는 방식이다. POST 방식은 큰 데이타를 전송할 수 있고, 주소 필드에 매개 변수가 직접 보이지 않는다. 따라서 파일 전송이나 사용자 로그인 정보 등을 보낼 때 POST 방식을 주로 이용한다. 다음과 같이 HTML 폼(Form)을 출력하는 스크립트 문서 form.py를 보자.

```
#!/usr/local/bin/python3

print("Content-Type: text/html;charset=utf-8\n\n")

print('''
<form name="form" method="post" action="/cgi-bin/subscribe.py">
<p>
email:<input type="text" name="email">
name:<input type="text" name="name">
<input type="submit" value="Submit">
</p>
</form>
''')
```

이 폼에서 Submit 단추를 누르면 action 속성으로 지정된 subscribe.py 파일이 실행된다. subscribe.py 파일에서는 cgi 모듈을 이용하여 매개 변수를 읽을 수 있다. 우선 cgi.FieldStorage( ) 메서드를 호출하여 폼의 정보를 가지는 객체를 얻어야 한다. 이 폼 객체는 사전 타입의 인터페이스를 가지고 있어서, 매개 변수의 이름과 값을 다음과 같이 읽어낼 수가 있다.

```
import cgi
form = cgi.FieldStorage( )
print(form.keys( ))
print(form.values( ))     # 매개 변수의 이름 목록과 값 목록을 얻는다.
```

개별적으로 값을 읽어 내는 것은 다음과 같이 할 수 있다.

```
email = form['email']              # ①
email = form.getvalue('email')    # ②
```

두 가지 방법 모두 사용할 수 있는데, 차이점은 지정된 매개 변수가 존재하지 않는 경우, ①은 KeyError 예외를 발생시키고 ②는 None 객체를 반환한다. getvalue( ) 메서드는 매개 변수가 존재하지 않을 경우를 대비해서 다음과 같이 기본값을 설정할 수 있다.

```
email = form.getvalue('email', 'default@email.address')
```

HTML 폼이 제공하는 모든 변수를 출력하는 예를 보자(subscribe.py 파일).

```
#!/usr/local/bin/python3

import cgi
import codecs
import sys
import cgitb; cgitb.enable( )     # 예외 traceback

w = codecs.getwriter('utf-8')(sys.stdout.buffer)

print("Content-Type: text/html;charset=utf-8\n\n", file = w)
form = cgi.FieldStorage( )
for name in form.keys( ):
        print("Input: {} value: {}<br/>".format(name, form.getvalue(name)),
                                                                file = w)
print("Finished!", file = w)
```

웹 브라우저에서 스크립트 파일이 저장된 서버에서 우선 form.py 파일을 호출하면 다음과 같은 화면이 나온다. 저자가 시험한 환경의 주소는 http://python.kw.ac.kr/cgi-bin/form.py이다.

그림 19-5 CGI를 이용한 폼 문서 출력

email 필드에 **gslee0115@gmail.com**를 입력하고 name 필드에 **이강성**을 입력하고서 Submit 단추를 눌렀을 때 화면은 다음 그림과 같다.

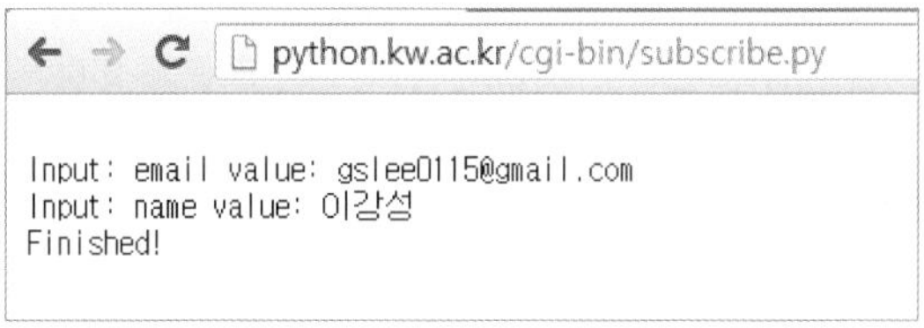

그림 19-6 CGI 프로그램을 실행한 결과 화면

여러 값을 가지는 리스트 처리하기 19.1.6

폼 문서에서 확인란(Check Box)은 여러 개의 값을 전달할 수 있다. 이 정보를 CGI 프로그램에서 어떻게 읽는가 살펴보자. 폼에 다음과 같은 확인란이 있다고 가정해 보자.

```
<input type="checkbox" name="composer" value="Bach">
<input type="checkbox" name="composer" value="Handel">
<input type="checkbox" name="composer" value="Mozart">
<input type="checkbox" name="composer" value="Beethoven">
<input type="checkbox" name="composer" value="Debussy">
```

이들은 모두 같은 이름 composer를 가지고 있으며 하나의 이름으로 여러 값이 전달된다. 이들 값을 읽으려면 form 객체에서 getfirst( )이나 getlist( ) 메서드를 사용한다.

```
form = cgi.FieldStorage( )
# 첫 항목을 읽는다. 값이 없으면 기본값 'nobody'를 반환한다.
form.getfirst('composer', 'nobody')
form.getlist('composer')              # 문자열 항목의 리스트를 반환한다.
```

앞의 경우에서 getlist( ) 메서드는 ['Bach', 'Mozart']와 같이 하나 이상 선택 가능한 항목의 값을 리스트로 전달해 준다. 만일 항목이 정의되지 않았을 경우나 항목이 선택되지 않았을 경우에는 빈 리스트 [ ]를 반환한다. 하나 이상의 항목을 선택한 경우에는 선택한 값들을 리스트에 저장하여 반환한다.

파일 업로드하기 19.1.7

이번에는 파일을 업로드해 보자. 파일 전송을 위해 file 필드를 사용해야 한다. 전송에 사용하는 간단한 폼(upload.html)을 보도록 하자.

```
<form name="form" method="post" action="/cgi-bin/upload.py"
enctype="multipart/form-data">
<input type="file" name="myfile">
<input type="submit" value="Upload">
</form>
```

다음은 전송받은 파일을 처리하는 스크립트에서 파일 내용을 가져오는 방법은 다른 필드의 값을 가져오는 방법과 동일하다.

- form['myfile'].value 파일 내용을 가져온다.
- form['myfile'].filename 파일 이름을 가져온다.
- form['myfile'].file 파일 객체를 가져온다.

이 파일 객체를 이용하면 일반 파일 입력에 사용되는 read( )와 readline( ) 등의 메서드를 사용할 수 있다. 예를 들어, 파일이 너무 커서 작은 단위로 읽고자 한다면 다음과 같이 처리할 수 있다(upload.py).

```
...                                 # 앞 부분 생략
fname = form['myfile'].filename     # 업로드하는 파일 이름
s = form['myfile'].value            # 한 번에 읽기

fileobj = form['myfile'].file       # 파일 유사 객체
line = fileobj.readline( )          # 한 줄 읽기
b1 = fileobj.read(1024)             # 최대 1024개 바이트 읽기
b2 = fileobj.read( )                # 나머지 전체 읽기
```

HTML 문서와 프로그램을 분리하기 19.1.8

CGI로 작성해야 할 문서의 양이 많아지기 시작하면 문서 디자인과 프로그래밍을 서로 분리해야 한다. 다양한 방법이 있지만, 간단하게 string 모듈의 Template 문자열을 이용할 수 있다. 다음에 welcome.html 파일이 있다.

```
<BODY>
    $name님 가입을 축하드립니다. ${name}님 많은 활동 부탁드립니다.
</BODY>
```

Template 객체의 substitute( ) 메서드를 사용하면 $name을 공급되는 변수로 치환할 수 있다. 변수는 $name이나 ${name}같이 모두 표현이 가능하다. substitute( ) 메서드는 사전을 인수로 받는다. locals( ) 함수는 지역 변수를 사전으로 반환하므로 welcome.html 문서 안에 있는 $name을 치환하는 데 사용할 수 있다.

```
>>> from string import Template
>>> temp = Template(open('welcome.html', encoding='utf-8').read( ))
>>> name = '이강성'
>>> print(temp.substitute(locals( )))
<BODY>
    이강성님 가입을 축하드립니다. 이강성님 많은 활동 부탁드립니다.
</BODY>
```

참고로 $ 문자 자체를 표현하려면 $$로 표현해야 한다. substitute( ) 메서드는 다음과 같이 사용할 수 있다.

```
temp.substitute(name = '이강성', phone = '5284')
temp.substitute(dict(name = '이강성', phone = '5284'))
temp.substitute({'name':'이강성', 'phone':'5284'})
```

쿠키 처리하기 19.1.9

쿠키(Cookie)는 클라이언트 컴퓨터에 저장되는 간단한 정보이다. 쿠키는 상태를 유지하는 데 사용하며, 서버에서 세션, 사용자 로그인 등을 구현하기 위해 사용한다. 서버측에서 쿠키를 처리하려면 http.cookies 모듈을 이용한다. 이 모듈은 BaseCookie와 SimpleCookie 클래스를 제공한다. BaseCookie 클래스는 사전 형식의 클래스이며, 키는 문자열이고, 값은 모르셀(Morsel) 인스턴스 객체이다. 모르셀 객체 역시도 사전 형식의 객체이며, expires와 path, comment, domain, max-age, secure, version, httponly과 같은 고정된 키들을 갖는다.

```
>>> from http.cookies import Morsel
>>> m = Morsel( )
>>> m.keys( )
dict_keys(['expires', 'comment', 'secure', 'domain', 'max-age',
'httponly', 'version', 'path'])
>>> m['expires'] = 60 * 60
>>> m['path'] = '/cgi-bin'
>>> m['comment'] = 'last user\'s visit date'
>>> m['domain'] = '.python.kw.ac.kr'
>>> m['max-age'] = 30 * 24 * 60 * 60
>>> m['secure'] = ''
>>> m.output( )
"Set-Cookie: None=None; Comment=last user's visit date; Domain=.python.kw.ac.kr;
expires=Fri, 15 Feb 2013 05:15:24 GMT; Max-Age=2592000; Path=/cgi-bin"
```

SimpleCookie 클래스도 BaseCookie 클래스와 동일하나 value_encode( )와 value_decode( ) 메서드만 재정의(Overriding)했다. 쿠키를 만들려면 다음과 같이 쿠키 객체를 생성한다.

```
>>> from http.cookies import SimpleCookie
>>> import time
>>> c = SimpleCookie( )
>>> c['session'] = str(time.time( ))
>>> c['user'] = 'gslee'
>>> c['session']['path'] = '/cgi-bin'
>>> c['session']['domain'] = 'python.kw.ac.kr'
>>> c['session']['expires'] = 30 * 24 * 60 * 60
```

만들어진 쿠키를 HTTP 헤더로 출력할 때는 c.output( ) 메서드를 사용한다. 쿠키는 헤더 정보이므로 Content-Type 헤더가 출력되기 전에 출력되어야 한다.

```
>>> print(c.output( ))
Set-Cookie: session=1360902331.935851; Domain=python.kw.ac.kr; expires=Sun,
17 Mar 2013 04:27:11 GMT; Path=/cgi-bin
Set-Cookie: user=gslee
```

클라이언트에서 전송받은 쿠키 값을 읽으려면 다음과 같은 코드를 작성해야 한다.

```
c = SimpleCookie(os.environ["HTTP_COOKIE"])     # 쿠키 객체 생성하기
session = c['session'].value                    # '1360902331.935851'
path = c['session']['path']
```

19.2 WSGI 프로그래밍

WSGI(Python Web Server Gateway Interface)는 여러 웹 서버와 프레임워크 사이에 이식성을 향상시키기 위해 만든 웹 서버와 웹 응용 프로그램 사이의 표준 인터페이스이다. 이 인터페이스는 공식 문서 PEP 333(http://www.python.org/dev/peps/pep-0333/)에 정의되어 있다. WSGI는 확장이 가능하고 구현 방식과 관계없는 표준 인터페이스이므로 멀티스레드와 멀티프로세스 환경에서 작업할 수 있다.

Django와 TurboGears, pylons 등이 WSGI에 따라 만들어진 웹 프레임워크이다. 이 절에서는 WSGI가 구현된 간단한 예를 보여준다.

간단한 WSGI 응용 프로그램 19.2.1

WSGI 응용 프로그램은 호출 가능한 파이썬 객체들을 모아 놓은 것이다. 호출 가능한 객체란, 함수이거나 __call__() 메서드를 갖는 클래스일 수 있다. 이들은 두 개의 인수를 받는다. 첫 번째 인수(environ)는 환경 변수 객체를, 두 번째 인수(start_response)는 응답을 시작하는 함수로 헤더 정보를 우선 출력한다. WSGI 응용 프로그램의 간단한 예를 보자.

```
# wsgi_hello.py

import cgi
import html

def hello_world(environ, start_response):
    form = cgi.FieldStorage(environ['wsgi.input'], environ = environ)
    name = html.escape(form.getvalue('name', 'World'))
    start_response('200 OK', [('Content-Type', 'text/html;charset=utf-8')])
    response = ['안녕하세요 {0}'.format(name)]
    return (line.encode('utf-8') for line in response)
```

environ 인수는 사전 자료형으로 다음과 같은 CGI 환경 변수와 WSGI 변수를 필수로 가지고 있어야 한다.

표 19-1 environ 인수의 CGI 환경 변수

CGI 환경 변수	설명
CONTENT_LENGTH	데이터의 길이이다.
CONTENT_TYPE	전달받은 데이터의 종류이다.

CGI 환경 변수	설명
HTTP_ Variables	HTTP로 시작하는 변수들이다. 다음과 같은 변수들이 가능하다. HTTP_ACCEPT, HTTP_ACCEPT_CHARSET, HTTP_ACCEPT_ENCODING, HTTP_ACCEPT_LANGUAGE, HTTP_CONNECTION, HTTP_HOST, HTTP_USER_AGENT
PATH_INFO	전달받은 경로 정보이다.
QUERY_STRING	질의 문자열이다.
REQUEST_METHOD	요청 메서드이다. GET이나 POST이다.
SCRIPT_NAME	스크립트 이름이다.
SERVER_NAME	서버 이름이다.
SERVER_PORT	서버의 포트 번호이다.
SERVER_PROTOCOL	서버 프로토콜이다.

표 19-2 environ 인수의 WSGI 변수

WSGI 변수	설명
wsgi.version	버전 정보이다. 튜플 (1,0)은 WSGI 버전 1.0을 나타낸다.
wsgi.url_scheme	URL의 스키마(Schema) 부분이다. 일반적으로 HTTP나 HTTPS이다.
wsgi.input	HTTP 요청(Request)에서 몸체(Body)를 읽을 수 있는 유사 파일 객체의 입력 스트림이다.
wsgi.errors	에러 메시지를 출력하기 위한 유사 파일 객체의 출력 스트림이다.
wsgi.multithread	같은 프로세스의 다른 스레드에 의해서 현재 객체가 실행되었으면 True 아니면 False이다.
wsgi.multiprocess	다른 프로세스에 의해 현재 객체가 실행되었으면 True 아니면 False이다.
wsgi.run_once	프로세스에서 이 응용 프로그램을 한 번만 실행하고 말면 True이다.

environ 인수는 사전 자료형이므로 다음과 같은 방법으로 환경 변수를 읽어 낼 수 있다.

```
path_info = environ['PATH_INFO']
path_info = environ.get('PATH_INFO', '')
```

environ 인수에서 다음과 같이 FieldStorage 객체를 생성하면 CGI 프로그래밍과 유사한 방법으로 폼 필드의 값을 읽을 수 있다.

```
form = cgi.FieldStorage(environ['wsgi.input'], environ = environ)

email = form.getvalue('email')    # 폼 필드를 읽는 예
name = cgi.escape(form.getvalue('name', 'World'), quote=True)
```

cgi.escape(s) 함수는 문자열 s 안에 있는 &와 〈, 〉, 문자들을 &와 <, >로 변환한다. 또한, quote=True일 경우(기본값임) 큰따옴표 "를 "로 작은따옴표 '를 '로도 변환한다.

start_response( ) 함수는 응답(Response)을 시작하는 함수로 상태 문자열과 헤더 정보를 보낸다. 형식은 다음과 같다.

```
start_response(status, headers)
```

첫 인수는 상태 문자열이고, 두 번째 인수는 응답 헤더의 목록이다. 예를 들어, 다음과 같은 호출이 될 수 있다.

```
start_response('200 OK', [('Content-Type', 'text/html')])
start_response('200 OK', [('Content-Type', 'text/html'), ('Content-Length', '15')])
start_response('404 NOT FOUND', [('Content-Type', 'text/plain')])
start_response('500 INTERNAL SERVER ERROR', ['Content-Type', 'text/plain')])
```

WSGI 응용 프로그램은 최종적으로 바이트 열로 된 몸체를 반환한다. 파이썬 3에서는 문자열이 아닌 바이트 열로 반환해야 하기 때문에 문자열을 인코딩해 주어야 한다.

```
response = ['안녕하세요 {0}'.format(name)]
return (line.encode('utf-8') for line in response)
```

시험 서버를 구동하기 19.2.2

wsgiref 패키지는 WSGI 응용 프로그램을 독립 서버에서 시험하거나 CGI 프로그램으로 시험할 수 있는 환경을 제공한다. wsgiref.simple_server 모듈의 make_server( ) 함수를 사용하여 시험 서버를 구동할 수 있다.

```
if __name__ == '__main__':
    from wsgiref.simple_server import make_server
    srv = make_server('python.kw.ac.kr', 8080, hello_world)
    srv.serve_forever( )
```

make_server(host, port, app)

다음은 wsgi_hello.py 전체 코드이다.

```
# wsgi_hello.py

import cgi
import html

def hello_world(environ, start_response):
    form = cgi.FieldStorage(environ['wsgi.input'], environ = environ)
    name = html.escape(form.getvalue('name', 'World'))
    start_response('200 OK', [('Content-Type', 'text/html;charset=utf-8')])
    response = ['안녕하세요 {0}'.format(name)]
    return (line.encode('utf-8') for line in response)

if __name__ == '__main__':
    from wsgiref.simple_server import make_server
    srv = make_server('python.kw.ac.kr', 8080, hello_world)
    srv.serve_forever( )
```

다음은 WSGI 응용 프로그램을 시험한 결과 화면이다. 로컬 컴퓨터에서 수행하면 python.kw.ac.kr 대신에 localhost를 사용한다.

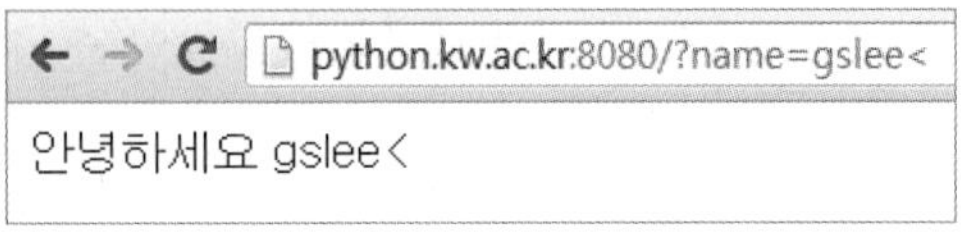

그림 19-7 WSGI 응용 프로그램 시험 화면

경로 처리하기 19.2.3

WSGI를 구현한 응용 프로그램 예를 좀더 확장해 보자. 앞서 다룬 wsgi_hello.py 파일에서는 경로에 관계없이 동일한 출력을 낸다. 즉, 다음과 같은 복잡한 주소에도 결과는 동일하다.

```
http://python.kw.ac.kr:8080/a/b/c/d?name=gslee
```

중간에 입력된 경로 /a/b/c/d에 따라 다른 처리가 적용될 수 있다. 이 경로는 environ['PATH_INFO']로 읽혀진다. 이 경로를 정규식으로 표현한 식에 따라서 적절하게 처리를 해준다면 경로에 따라 다른 호출 객체를 연관시킬 수 있다. 다음 예에서 호출 객체는 index와 hello, not_found, application이다. 서버는 모든 요청을 application( ) 함수에 전달한다. application( ) 함수는 전달받은 경로에 따라 연관된 객체를 호출하는 관리(호출 분산) 역할을 수행한다.

```
#!/usr/local/bin/python3
# wsgi2.py
import re
from html import escape

def index(environ, start_response):
    start_response('200 OK', [('Content-Type', 'text/html;charset=utf-8')])
    response = ['index called']
    return (line.encode('utf-8') for line in response)

def hello(environ, start_response):
    args = environ['url_args']
    if args:
        name = args[0]
```

```
    else:
        name = 'world'
    start_response('200 OK', [('Content-Type', 'text/html;charset=utf-8')])
    response = ['Hello {}'.format(name)]
    return (line.encode('utf-8') for line in response)

def not_found(environ, start_response):
    start_response('404 NOT FOUND', [('Content-Type',
                                          'text/plain;charset=utf-8')])
    response = ['Not Found']
    return (line.encode('utf-8') for line in response)

urls = [
    (r'^$', index),
    (r'hello/?$', hello),
    (r'hello/(.+)$', hello)
]

def application(environ, start_response):
    path = environ.get('PATH_INFO', '').lstrip('/')
    for regex, callback in urls:
        match = re.search(regex, path)
        if match:
            environ['url_args'] = match.groups( )
            return callback(environ, start_response)
    return not_found(environ, start_response)

if __name__ == '__main__':
    from wsgiref.simple_server import make_server
    srv = make_server('python.kw.ac.kr', 8080, application)
    srv.serve_forever( )
```

application( ) 호출 객체는 모든 호출에 대해서 가장 먼저 호출된다. 이 객체는 환경 변수 PATH_INFO로 전달된 경로 값을 읽어 내고(path 변수) 그 값이 urls 리스트에서 각 요소의 첫 번째 문자열인 정규식 표현과 매칭을 시도하고 매칭이 성공하면 두 번째 요소로 지정된 호출 객체를 호출한다. 앞의 예를 주소 python.kw.ac.kr에서 실행해 보자. 다음은 주소에 따라 다른 결과를 정리한 것이다.

표 19-3

주소	출력
`http://python.kw.ac.kr:8080/`	`index called`
`http://python.kw.ac.kr:8080/hello`	`Hello world`
`http://python.kw.ac.kr:8080/hello/gslee`	`Hello gslee`
`http://python.kw.ac.kr:8080/hello/gslee/world`	`Hello gslee/world`
`http://python.kw.ac.kr:8080/listup`	`Not Found`

한글 경로 처리하기 19.2.4

하지만, 경로에 한글을 입력하면 예상하지 못한 결과를 얻는다.

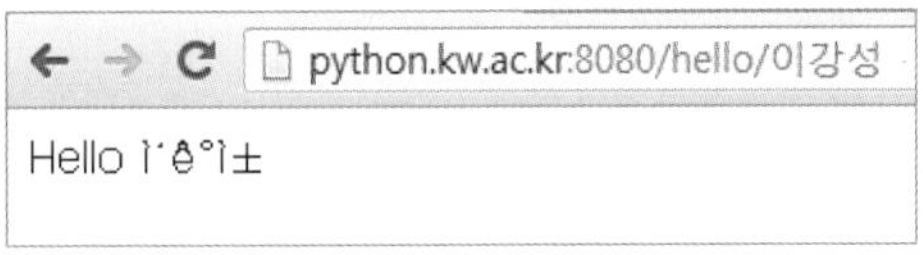

그림 19-8 한글 경로를 입력한 결과 화면

브라우저 주소창의 **이강성**은 **%EC%9D%B4%EA%B0%95%EC%84%B1**와 같이 인용(Quote)된 상태로 서버로 전달되는데, 이들 16진수는 유니코드를 UTF-8로 변환한 결과를 quote( ) 함수 처리한 것이다. 전달 과정을 시뮬레이션하면 다음과 같다.

```
>>> '이강성'.encode('utf-8')
b'\xec\x9d\xb4\xea\xb0\x95\xec\x84\xb1'        서버로 전달되는 바이트 열이다.

>>> import urllib.parse
>>> urllib.parse.quote('이강성')
'%EC%9D%B4%EA%B0%95%EC%84%B1'
```

서버로 전달된 총 9바이트로 변환된 바이트 열은 3바이트씩 한글 한 글자를 표현한다.

```
>>> urllib.parse.unquote('%EC%9D%B4')
'이'
>>> urllib.parse.unquote('%EA%B0%95')
'강'
>>> urllib.parse.unquote('%EC%84%B1')
'성'
```

이렇게 9개의 바이트 열은 서버로 그대로 전달되는데, 문제는 각각의 바이트가 서버에서는 바이트 열이 아닌 9개의 유니코드로 인식된다는 것이다. 바이트 열의 각 바이트를 유니코드로 변환해서 연결하면 앞 화면의 출력 결과를 그대로 얻을 수 있다. chr( ) 함수는 문자 코드 값(정수)을 인수로 받아서 유니코드 문자를 만든다.

```
>>> a = ''.join([chr(b) for b in b'\xec\x9d\xb4\xea\xb0\x95\xec\x84\xb1'])
>>> print(a)
i?´e°?i?±    앞 화면과 동일한 결과
```

따라서 a는 서버에서 받은 유니코드 문자열이다. 이것을 인용 형식의 문자열로 변환하고 이것을 다시 원래 상태로 인용(Quote)을 풀면 유니코드 문자열을 얻을 수 있다.

```
>>> q = ''.join(['%{:X}'.format(ord(c)) for c in a])
>>> q         # 인용(Quote) 문자열로 변환
'%EC%9D%B4%EA%B0%95%EC%84%B1'
>>> urllib.parse.unquote(q)
'이강성'
```

정리하면, 앞의 hello( ) 함수를 다음과 같이 변경하면 한글 경로도 처리할 수 있다.

```
import urllib.parse

def hello(environ, start_response):
    args = environ['url_args']
    if args:
        q = ''.join(['%{:X}'.format(ord(c)) for c in escape(args[0])])
        name = urllib.parse.unquote(q)
    else:
        name = 'world'
    start_response('200 OK', [('Content-Type', 'text/html;charset=utf-8')])
    response = ['Hello {}'.format(name)]
    return (line.encode('utf-8') for line in response)
```

다음은 수정한 코드를 실행한 결과 화면이다.

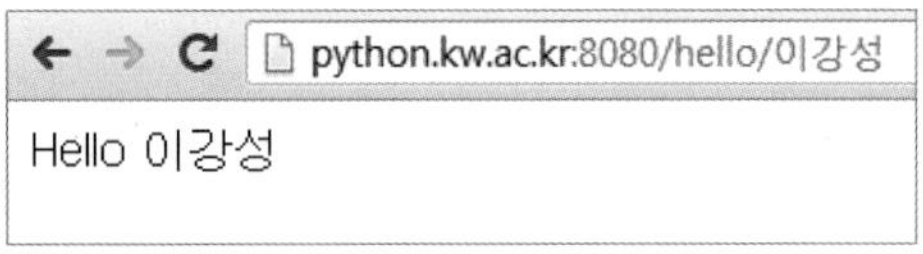

그림 19-9 한글 경로 입력 문제를 해결한 결과 화면

19.3 웹 클라이언트 프로그래밍

urllib.parse 모듈은 URL(Unified Resource Locator) 문자열을 성분별로 자르거나 연결하고, 상대 URL과 절대 URL을 변환해 준다.

URL 다루기 19.3.1

urlparse(urlstring, scheme='', allow_fragments=True) 함수

이 함수는 URL을 6개의 구성 요소로 분리한다.

```
>>> from urllib.parse import urlparse
>>> o = urlparse('http://python.kw.ac.kr:8080/hello;parameters?a=b#fragment')
>>> o
ParseResult(scheme='http', netloc='python.kw.ac.kr:8080', path='/hello',
params='parameters', query='a=b', fragment='fragment')
>>> o.scheme
'http'
>>> o.path
'/hello'
```

ParseResult 객체는 6개의 속성(scheme, netloc, path, params, query) 외에도 username과 password, hostname, port 속성을 추가로 갖는다. geturl( ) 메서드를 사용하면 원래의 URL을 얻어 낼 수 있다.

```
>>> o.hostname
'python.kw.ac.kr'
>>> o.port
8080
>>> o.geturl( )
'http://python.kw.ac.kr:8080/hello;parameters?a=b#fragment'

>>> o = urlparse('moose://username:password@hostname/path')
>>> o.password
'password'
>>> o.username
'username'
```

urlunparse(parts) 함수

이 함수는 urlparse( ) 함수로 표현되는 6 요소의 튜플을 합쳐서 하나의 URL 문자열로 변환한다.

```
>>> from urllib.parse import urlunparse
>>> urlunparse(('http', 'python.kw.ac.kr', '/hello', '', '', ''))
'http://python.kw.ac.kr/hello'
```

urlsplit(urlstring, scheme='', allow_fragments=True) 함수

이 함수는 매개 변수 부분을 분리하지 않는 것을 제외하면 urlparse( ) 함수와 동일하다.

```
>>> from urllib.parse import urlsplit
>>> o = urlsplit('http://python.kw.ac.kr/hello;params?a=b#frag')
>>> o
SplitResult(scheme='http', netloc='python.kw.ac.kr', path='/hello;params',
query='a=b', fragment='frag')
>>> o.geturl( )
'http://python.kw.ac.kr/hello;params?a=b#frag'
```

urlunsplit(parts) 함수

이 함수는 urlsplit( ) 함수로 표현되는 5 요소의 튜플을 합쳐서 하나의 URL 문자열로 변환한다.

```
>>> from urllib.parse import urlunsplit
>>> urllib.parse.urlunsplit(('http', 'python.kw.ac.kr', '/hello;params',
                                                        'a=b', 'frag'))
'http://python.kw.ac.kr/hello;params?a=b#frag'
```

urlencode(query, doseq=False, safe='', encoding=None, errors=None) 함수

이 함수는 사전으로 주어진 매개 변수를 이용하여 질의 문자열을 만들어 낸다.

```
>>> from urllib.parse import urlencode
>>> form = {'name':'gslee', 'phone':'5284'}
>>> urlencode(form)
'phone=5284&name=gslee'
```

다음과 같이 CGI 경로명과 결합하여 완전한 URL을 구성하게 된다.

```
>>> url = 'http://pythonworld.net/cgi-bin/directory.py?' + urlencode(form)
>>> url
'http://pythonworld.net/cgi-bin/directory.py?phone=5284&name=gslee'
```

parse_qs(qs, keep_blank_values=False, strict_parsing=False, encoding='utf-8', errors='replace') 함수

이 함수는 URL 인코딩 문자열을 파싱(Parsing)하여 사전으로 반환한다.

```
>>> from urllib.parse import parse_qs
>>> parse_qs('phone=5284&name=gslee&phone=1234')
{'phone': ['5284', '1234'], 'name': ['gslee']}
```

parse_qsl(qs, keep_blank_values=False, strict_parsing=False, encoding='utf-8', errors='replace') 함수

이 함수는 반환 값이 리스트인 것을 제외하면 parse_qs( ) 함수와 동일하다

```
>>> from urllib.parse import parse_qsl
>>> parse_qsl('phone=5284&name=gslee&phone=1234')
[('phone', '5284'), ('name', 'gslee'), ('phone', '1234')]
```

quote(string, safe='/', encoding=None, errors=None) 함수

이 함수는 특수 문자가 포함된 %xx 특수(Escape) 문자열로 변환한다.

```
>>> from urllib.parse import quote
>>> quote('Nowon !@#$%%^')
'Nowon%20%21%40%23%24%25%25%5E'
>>> quote('한글')
'%ED%95%9C%EA%B8%80'
```

unquote(string, encoding='utf-8', errors='replace') 함수

이 함수는 %xx 특수 문자열을 디코딩(Decoding)한다. quote( ) 함수와 unquote( ) 함수는 서로 반대되는 기능을 한다.

```
>>> from urllib.parse import unquote
>>> unquote('Nowon%20%21%40%23%24%25%25%5E')
```

```
'Nowon !@#$%%^'
>>> unquote('%ED%95%9C%EA%B8%80')
'한글'
```

quote_plus(string, safe='', encoding=None, errors=None) 함수

이 함수는 quote( ) 함수와 동일하며 추가로 공백(Space)을 + 기호로 바꾼다.

```
>>> from urllib.parse import quote_plus
>>> quote_plus('Nowon !@#$%%^')
'Nowon+%21%40%23%24%25%25%5E'
```

unquote_plus(string, encoding='utf-8', errors='replace') 함수

이 함수는 unquote( ) 함수와 동일하며 + 기호가 공백(Space)으로 바뀐다.

quote_from_bytes(bytes, safe='/') 함수

이 함수는 문자열이 아닌 바이트 열을 받는다는 것을 제외하면 quote( ) 함수와 동일하다.

unquote_to_bytes(string) 함수

이 함수는 바이트 열을 반환하는 것을 제외하면 unquote( ) 함수와 동일하다.

문서와 파일 가져오기 19.3.2

urllib 모듈은 HTTP와 FTP, 로컬 디스크 등에 관계없이 URL로 표현되는 모든 파일을 가져오는 간편한 방법을 제공한다. 다음은 주소 www.python.org에서 한 페이지를 가져오는 예이다.

```
>>> from urllib.request import urlopen
>>> f = urlopen('http://www.python.org/')

>>> print(f.headers)      # 반환된 헤더 정보를 확인해 본다.
Date: Fri, 15 Feb 2013 00:20:28 GMT
```

```
Server: Apache/2.2.16 (Debian)
Last-Modified: Fri, 15 Feb 2013 00:06:49 GMT
ETag: "105800d-54dd-4d5b826d47840"
Accept-Ranges: bytes
Content-Length: 21725
Vary: Accept-Encoding
Connection: close
Content-Type: text/html

>>> html = f.read( )        # 문서 읽어 내기
>>> print(html)
~ 생략 ~
```

파일 내려받기 19.3.3

urllib.request 모듈의 또 다른 유용한 함수로 urlretrieve( )가 있다.

```
urlretrieve(url, filename = None, reporthook = None, data = None)
```

인수에 대해 설명하면, url 인수로 지정된 파일을 지역(Local) 파일로 가져온다. 블록 단위로 읽어서 저장하므로 메모리를 효율적으로 사용한다. urlretrieve( ) 함수는 튜플(filename, headers)을 반환한다. 튜플 중 filename은 만들어진 지역 파일의 이름이고, headers는 None(지역 객체인 경우)이나 urlopen( ) 함수로 반환된 객체의 info( ) 함수를 호출한 결과와 같다. 두 번째 인수 filename은 복사할 파일 위치를 나타낸다. 생략할 수 있다. 인수를 생략하면, 임시 파일이 만들어진다. 세 번째 인수 reporthook는 후크(Hook) 함수이다. 이 후크 함수는 파일을 내려받은 중간중간에 호출된다. 여기서는 네트워크 연결을 설정할 때 한 번, 각 블록을 읽을 때마다 한 번씩 호출된다. 읽은 블록들을 즉시 사용자가 처리하게 할 수 있다. 후크 함수는 세 개의 인수(전달받은 블록 수, 블록 크기(바이트), 파일의 크기)를 받는다.

다음은 urlretrieve( ) 함수를 사용하는 간단한 예이다. 여기서는 http://www.python.org/ftp/python/3.3.0/python-3.3.0.msi 파일을 python-3.3.0.msi 이름으로 로컬 디스크에 저장한다.

```
>>> from urllib.request import urlretrieve
>>> url = 'http://www.python.org/ftp/python/3.3.0/python-3.3.0.msi'
>>> # URL과 저장할 파일 이름을 지정한다.
>>> fname, header = urlretrieve(url, 'python-3.3.0.msi')
>>> print(fname)    # 저장된 파일 (경로) 이름을 확인한다.
python-3.3.0.msi
```

로컬 디스크에 python-3.3.0.msi 파일이 만들어진 것을 확인해 보기 바란다. 크기가 큰 파일을 내려받을 때 지루하다면 후크 함수를 사용해도 된다. 다음 예에서 후크 함수는 8KB를 읽을 때마다 호출된다.

```
>>> def hook(blockNumber, blockSize, totalSize):
        print('Downloading {} of {}'.format(blockNumber * blockSize, totalSize))

>>> fname, header = urlretrieve(url, 'python-3.3.0.msi', hook)
Downloading 0 of 19980288
Downloading 8192 of 19980288
Downloading 16384 of 19980288
Downloading 24576 of 19980288
~ 생략 ~
Downloading 19963904 of 19980288
Downloading 19972096 of 19980288
Downloading 19980288 of 19980288
```

실행 결과에서 보듯이 파일을 내려받는 상황을 확인할 수 있다. 몇 %가 진행되었는지도 쉽게 표시할 수 있다.

쿠키 인증 웹 페이지 가져오기 19.3.4

로그인 후에 가져올 수 있는 웹 페이지에 접근하려면 쿠키를 기반으로 인증 처리를 해야 한다. 쿠키 처리에는 http.cookiejar 모듈을 이용한다. 이 모듈은 보내지는 쿠키를 받아서 보관하고 있다가 다음 요청에서 사용할 수 있는 객체들을 마련해 준다. 우선 쿠키를 다룰 객체를 생성해 보자. 이 객체는 한 번만 생성하면 된다.

```
# 쿠키를 저장할 객체이다.
cj = cookiejar.CookieJar( )
# 쿠키를 다룰 객체를 생성한다.
cookie_handler = urllib.request.HTTPCookieProcessor(cj)
```

cookie_handler는 요청이 발생하면 처리하는 핸들러로 등록될 것이다.

```
opener = urllib.request.build_opener(cookie_handler)
urllib.request.install_opener(opener)
```

이후에 발생하는 모든 쿠키와 관련된 처리는 cookie_handler를 통해서 자동으로 처리된다. 이제 요청을 해보자. URL과 폼 필드의 데이터, 헤더 정보를 request( ) 메서드에 전달하여 요청(Request) 객체를 생성한다.

```
headers =  {'User-agent' : 'Mozilla/4.0 (compatible; MSIE 5.5; Windows NT)'}
req = urllib.request.Request(url, form_fields, headers)
```

예를 들어, daum.net 웹 사이트일 경우는 다음과 같이 설정할 수 있다. 웹 주소와 폼 형식은 로그인하려는 웹 사이트의 HTML 페이지를 직접 분석해서 확인해야 한다.

```
url = 'https://logins.daum.net/accounts/login.do'
form_values = {
          'id': username,      # 내 사용자명
          'pw': password,      # 내 패스워드
}
```

이렇게 준비된 req 객체를 urlopen( ) 메서드를 사용하여 요청을 보내고 응답(Response) 객체를 받는다.

```
response = urllib.request.urlopen(req)
```

인증이 성공하면 HTML 페이지를 읽을 수 있다.

```
html = response.read( )
```

만약에 인증이 실패하면 IOError 에러가 발생한다.

종합적인 예로 daum.net 웹 사이트에 접속해서 로그인을 한 후 첫 페이지와 메일 페이지를 가져오는 코드를 보자(login_daum.py). 다음 코드는 웹 사이트의 설정이 변경됨에 따라 실행이 안 될 수도 있다.

```
import urllib.request
import urllib.parse
from http import cookiejar

cj = cookiejar.CookieJar( )
cookie_handler = urllib.request.HTTPCookieProcessor(cj)
opener = urllib.request.build_opener(cookie_handler)
urllib.request.install_opener(opener)

def my_request(url, postfields):
    headers =  {'User-agent' : 'Mozilla/4.0 (compatible; MSIE 5.5; Windows NT)'}

    req = urllib.request.Request(url, postfields, headers)
    response = urllib.request.urlopen(req)
    return response


def login(username, password):
    login_url = 'https://logins.daum.net/accounts/login.do'
    form_values = {
              'id': username,
              'pw': password,
    }
    formdata = urllib.parse.urlencode(form_values)

    try:
        response = my_request(login_url, formdata.encode( ))
    except IOError as e:
        print('We failed to open "%s".' % login_url)
```

```
        if hasattr(e, 'code'):
            print('We failed with error code - %s.' % e.code)
        raise SystemExit
    else:
        # response.info( )
        # html = response.read( )
        pass

def getPage(url):
    response = my_request(url, None)
    return response.read( )

def run( ):
    login('my_login_id', 'my_password')

    url = 'http://www.daum.net/'
    html = getPage(url)
    # do someting with html
    print('내정보' in html)

    url = 'http://mail2.daum.net/hanmailex/simple/Top.daum'
    html = getPage(url).decode( )
    # do someting with html
    print('내게쓴편지함' in html)

if __name__ == '__main__':
    run( )
```

만일 쿠키를 파일로 출력하거나 쿠키 파일을 읽어 들이려면 cookiejar.CookieJar( ) 클래스 대신에 cookiejar.FileCookieJar( )와 cookiejar.MozillaCookieJar( ), cookiejar.LWPCookieJar( )를 사용할 수 있다. 예를 들어, 다음과 같이 쿠키를 파일에 저장하거나 읽을 수 있다.

```
cj = cookiejar.LWPCookieJar( )
cj.load(cookie_fpath, ignore_discard=True, ignore_expires=True)
cj.save(cookie_fpath, ignore_discard=True, ignore_expires=True)
```

MozillaCookieJar( ) 메서드는 모질라 cookies.txt 파일 형식의 입출력을 지원하고 LWPCookieJar( ) 메서드는 libwww-perl 라이브러리의 Set-Cookie3 파일 형식을 지원한다.

제 20 장

데이터베이스 프로그래밍

Chapter 20

파이썬은 관계형 데이터베이스에 사용하는 표준 인터페이스를 제공한다. 이 장에서는 파이썬 데이터베이스 API 명세 v2.0과 sqlite3 모듈에 대해서 살펴보자.

20.1 파이썬 데이터베이스 API 명세 v2.0

Python Database API Specification v2.0이라고 불리는 PEP 249 인터페이스는 주소 http://www.python.org/dev/peps/pep-0249/에서 확인할 수 있다. 이 인터페이스는 데이터베이스의 종류와는 관계없이 최소한 지원해야 하는 기능을 정의하고 있다. 파이썬은 SQLite3 데이터베이스를 자체 지원하지만, 다른 데이터베이스에 연결해서 사용하려면 해당 데이터베이스의 파이썬 인터페이스 모듈을 설치해야 한다. 그리고 이들 모듈은 PEP 249 인터페이스의 규정을 따른다.

다음 주소 http://www.python.org/dev/peps/pep-0249/의 문서에 규정한 내용을 간단히 정리해 보자. 데이터베이스 인터페이스 모듈은 여기에 규정한 기능을 최소한으로 지원해야 하며, 지원하는 데이터베이스 모듈에 따라서 확장된 인터페이스를 제공하기도 한다.

연결 객체 생성하기 20.1.1

데이터베이스에 연결하려면 연결 객체를 통해서 한다. 데이터베이스 모듈은 connect( ) 생성자를 지원한다. 이 생성자에 사용되는 매개 변수는 데이터베이스에 따라서 다를 수 있다.

```
connect(parameters...)
```

파이썬에 기본적으로 설치되어 있는 SQLite3 데이터베이스인 경우에 연결 객체를 생성하는 예를 보이면 다음과 같다.

```
>>> import sqlite3
>>> db = sqlite3.connect("test.db")
>>> db
<sqlite3.Connection object at 0x02CB6A38>
```

connect( ) 함수는 연결(Connection) 객체를 반환한다. MySQL 데이터베이스인 경우에는 다음과 같이 연결한다.

```
>>> import MySQLdb
>>> db = MySQLdb.connect(host="localhost", user="gslee ", passwd="abcd ", db="test")
```

연결 객체 20.1.2

연결(Connection) 객체는 다음과 같은 메서드를 갖는다.

- close( ) 메서드 　서버 연결을 종료한다.
- commit( ) 메서드 　데이터베이스에 보류 중인 트랜잭션을 커밋(Commit)한다. 데이터베이스가 트랜잭션을 지원하면 이 메서드를 반드시 호출해야 한다. 지원하지 않으면 아무 일도 하지 않는다.
- rollback( ) 메서드 　보류 중인 트랜잭션을 취소하고 원래 상태로 되돌린다. 모든 데이터베이스가 이 기능을 지원하지는 않는다.
- cursor( ) 메서드 　커서(Cursor) 객체를 생성한다. 커서는 질의를 수행하고 그 결과를 받는 데 사용한다.

다음과 같이 커서 객체를 얻어 온다.

```
cursor = db.cursor( )
```

커서 객체 20.1.3

데이터베이스에 대한 모든 처리는 커서를 통해서 한다. 프로그램과 데이터베이스를 연결하는 것이 커서의 역할이라 할 수 있다. 커서 객체의 메서드는 다음과 같다.

- `callproc(procname[, parameters])` 메서드
  인수 procname이 이름인 저장 프로시저를 호출한다. 모든 데이터베이스가 이 기능을 제공하지는 않는다. 인수 parameters는 저장 프로시저가 요구하는 항목들이다.

- `close( )` 메서드
  커서 객체를 닫는다.

- `execute(operation[, parameters])` 메서드
  데이터베이스 질의나 명령을 실행한다. 인수 parameters는 질의 문자열인 operation에 필요한 변수 값을 제공한다.

- `executemany(operation, seq_of_parameters)` 메서드
  인수 seq_of_parameters에 대해서 인수 operation의 명령을 반복해서 실행한다.

- `fetchone( )` 메서드
  execute*( ) 메서드를 실행한 질의 결과에서 다음 결과 하나를 가져온다. 더 이상의 결과가 없으면 None 객체를 반환한다.

- `fetchmany([size=cursor.arraysize])` 메서드
  execute*( ) 메서드를 실행한 질의 결과에서 여러 개(인수 size)의 결과를 가져온다. 더 이상의 결과가 없으면 빈 리스트를 반환한다.

- `fetchall( )` 메서드
  execute*( ) 메서드를 실행한 질의 결과에서 남아 있는 결과를 모두 가져온다.

- `nextset( )` 메서드
  데이터베이스가 복수 개의 결과 집합을 반환하는 경우에만 적용된다. 현재 결과 집합을 버리고 다음 결과 집합으로 넘어간다. 남아 있는 결과가 없으면 None 객체를 반환한다.

- `setinputsizes(sizes)` 메서드
  execute*( ) 메서드를 호출하기 전에 사용해서 작업 매개 변수에 대한 메모리를 미리 확보할 수 있다. 인수 sizes는 각 매개 변수에 대해 하나씩의 값을 갖는 시퀀스 자료형으로 지정된다.

- `setoutputsize(size[, column])` 메서드

  LONGS와 BLOBS 같이 크기가 큰 컬럼을 가져오기 위해 컬럼 버퍼의 크기를 설정한다. 인수 column은 출력 시퀀스의 인덱스이고 지정되지 않은 컬럼은 기본 크기로 지정된다.

- `arraysize` 속성

  fetchmany( ) 메서드로 한 번에 가져올 기본 행의 수이다. 기본값은 1이다.

- `description` 속성

  필드에 대한 정보를 설명하는 다음의 7개 항목의 시퀀스를 반환한다. name과 type_code, display_size, internal_size, precision, scale, null_ok이다.

- `rowcount` 속성

  execute*( ) 메서드를 실행한 결과로 얻어진 행의 수이다. execute*( ) 메서드가 실행된 적이 없으면 -1로 설정된다.

callproc( ) 메서드에서 호출의 결과와 입력 시퀀스 중 출력에 사용되는 인수는 수정하여 반환한다. 프로시저가 출력 집합을 설정할 경우 fetch*( ) 메서드로 결과를 가져올 수 있다. setinputsizes( ) 메서드에서 자료형은 타입(Type) 객체이거나 정수형 객체이다. None 객체를 지정하면 메모리 영역이 미리 정의되지 않는다.

타입 객체와 생성자 함수 20.1.4

데이터베이스는 컬럼 형식에 따라서 특별한 타입(Type)을 요구하는 경우가 있다. 예를 들어, DATE 컬럼은 데이터베이스에서 요구하는 특별한 문자열 형식을 맞추어야 한다. 하지만, 질의 결과는 문자열로 넘어오게 되고 파이썬은 그것이 CHAR와 BINARY 타입이 아니면 DATE 타입으로 해석해야 할지 알지 못한다. 이 문제를 해결하고자 모듈은 다음과 같이 특별한 값을 저장할 클래스를 제공한다. 커서로 전달받은 값은 타입에 따라서 해당 객체로 자동으로 변환된다.

Date( ) 함수

날짜 객체를 생성한다.

```
>>> sqlite3.Date(2013, 2, 18)        Dat(year, month, day)
datetime.date(2013, 2, 18)
>>> str(sqlite3.Date(2013, 2, 18))
'2013-02-18'
```

Time( ) 함수

시간 객체를 생성한다.

```
>>> sqlite3.Time(9, 16, 1)        Time(hour, minute, second)
datetime.time(9, 16, 1)
>>> str(sqlite3.Time(9, 16, 1))
'09:16:01'
```

Timestamp( ) 함수

타임스탬프 객체를 생성한다.

```
>>> sqlite3.Timestamp(2013, 2, 18, 9, 16, 1)        Timestamp(year, month,
                                                     day, hour, minute, second)
datetime.datetime(2013, 2, 18, 9, 16, 1)
>>> str(sqlite3.Timestamp(2013, 2, 18, 9, 16, 1))
'2013-02-18 09:16:01'
```

DateFromTicks( ) 함수

주어진 인수 ticks로부터 날짜 객체를 생성한다. 인수 ticks는 time.time( ) 메서드 등으로 얻어지는 시스템 초이다.

```
>>> sqlite3.DateFromTicks(time.time( ))        DateFromTicks(ticks)
datetime.date(2013, 2, 18)
```

TimeFromTicks( ) 함수

주어진 인수 ticks로부터 시간 객체를 생성한다. 인수 ticks는 time.time( ) 메서드 등으로 얻어지는 시스템 초이다.

```
>>> sqlite3.TimeFromTicks(time.time( ))        TimeFromTicks(ticks)
datetime.time(9, 17, 49)
```

TimestampFromTicks( ) 함수

주어진 인수 ticks로부터 타임스탬프 객체를 생성한다. 인수 ticks는 time.time( ) 메서드 등으로 얻어지는 시스템 초이다.

```
>>> sqlite3.TimestampFromTicks(time.time( ))        TimestampFromTicks(ticks)
datetime.datetime(2013, 2, 18, 9, 18, 17)
```

Binary( ) 함수

주어진 이진 열 객체를 생성한다. 인수 string은 문자열이 아닌 바이트 열이어야 한다.

```
>>> m = sqlite3.Binary('abc'.encode( ))        Binary(string)
>>> m
<memory at 0x02DC2DC0>
>>> m.tobytes( )
b'abc'
>>> m.tolist( )
[97, 98, 99]
```

필드 타입을 나타내는 타입 객체는 다음과 같다. 이 객체는 커서 객체의 description 속성 튜플의 두 번째 값인 type_code에 대한 타입을 나타낸다.

표 20-1

타입 객체	설명
STRING	CHAR와 같은 문자열 기반의 컬럼을 나타낸다.
BINARY	LONG과 RAW, BLOB 같은 이진 컬럼을 나타낸다.
NUMBER	숫자 컬럼을 나타낸다.
DATETIME	날짜/시간 컬럼을 나타낸다.
ROWID	행 ID(Row ID) 컬럼을 나타낸다.

20.2 sqlite3 모듈

SQLite(http://www.sqlite.org/)는 독립적으로 동작하는 모듈로 별도의 데이터베이스 서버를 구동시킬 필요가 없다. 그리고 별 다른 설정이 필요하지 않으며, 트랜잭션을 지원하는 SQL 데이터베이스이다. SQLite는 작은 파일 하나에 모든 것을 다 포함하도록 C 언어로 구현하였다. 또한, 여러 프로세스에서 동시에 데이터베이스에 접근할 수 있도록 록(Lock)도 지원한다. SQLite의 소스는 공개되었으며, 대부분의 언어는 SQLite의 인터페이스를 지원한다.

파이썬의 sqlite3 모듈은 앞서 설명한 파이썬 데이터베이스 명세 2.0을 지원한다. 인터페이스에 관해서는 앞 절을 읽어 보기를 바란다. 여기서는 간단한 예를 보도록 하자.

데이터베이스에 연결하기 20.2.1

데이터베이스에 연결하는 객체 생성은 connect( ) 함수로 한다. 만일 주어진 이름의 데이터베이스가 이미 있으면 기존의 데이터베이스에 연결한다. 하드디스크의 파일이 아닌 메모리에 임시 데이터베이스를 만들려면 ":memory:"라는 이름을 사용하면 된다.

```
>>> import sqlite3
>>> conn = sqlite3.connect("pets.db")     # pets.db 생성
```

```
>>> conn
<sqlite3.Connection object at 0x02DA0BD0>
```

앞서와 같이 연결 객체를 생성하였으면 이제 커서 객체를 얻어야 한다.

```
>>> cursor = conn.cursor( )
>>> cursor
<sqlite3.Cursor object at 0x02EA1A20>
```

sqlite3 모듈의 버전 정보를 확인해 보자. 다음과 같이 두 가지 방법으로 확인할 수 있다.

```
>>> sqlite3.sqlite_version_info
(3, 7, 12)
>>> cursor.execute('SELECT sqlite_version( )').fetchone( )[0]
'3.7.12'
```

SQL 문 실행하기 20.2.2

1 테이블 만들기/없애기

기존에 pets라는 테이블이 있는지 확인하고, 만일 테이블이 있으면 테이블을 제거하자.

```
>>> cursor.execute("DROP TABLE IF EXISTS pets")
>>> conn.commit( )
```

이제 커서를 이용하여 테이블을 만드는 SQL 문을 다음과 같이 실행하자.

```
>>> cursor.execute('''CREATE TABLE pets (
        name VARCHAR(20),
        owner VARCHAR(20),
```

```
    species VARCHAR(20),
    sex CHAR(1),
    birth DATE,
    death DATE)''')
```

이 테이블은 애완동물에 관련된 pets 테이블이다. 동물의 이름(Name), 주인 이름(Owner), 동물의 종(Species), 성별(Sex), 생일(Birth), 사망일(Death) 필드로 구성되어 있다.

2 레코드 삽입하기

이제 빈 테이블에다 데이터를 추가해 보자. 레코드 삽입은 다음과 같은 문으로 수행한다.

```
>>> cursor.execute("INSERT INTO pets VALUES('Fluffy', 'Harold', 'cat', 'f',
                                                          '1993-02-04', NULL)")
```

3 SQL 스크립트 실행하기

만일 여러 개의 SQL 문으로 구성된 스크립트를 한 번에 실행하려면 다음과 같이 executescript( ) 메서드를 사용한다.

```
>>> cursor.executescript("""
INSERT INTO pets VALUES('Claws', 'Gwen', 'cat', 'm', '1994-03-17', NULL);
INSERT INTO pets VALUES('Buffy', 'Harold', 'dog', 'f', '1989-05-13', NULL);
INSERT INTO pets VALUES('Fang', 'Benny', 'dog', 'm', '1990-08-27', NULL);
INSERT INTO pets VALUES('Bowser', 'Diane', 'dog', 'm', '1998-08-31', '1995-07-29');
INSERT INTO pets VALUES('Chirpy', 'Gwen', 'bird', 'f', '1998-09-11', NULL);
INSERT INTO pets VALUES('Whistler', 'Gwen', 'bird', 'f', '1997-12-09', NULL);
INSERT INTO pets VALUES('Slim', 'Benny', 'snake', 'm', '1996-04-29', NULL);
""")
```

총 8개의 레코드가 테이블에 삽입되었다. 레코드 삽입이 끝났으면 commit( ) 메서드로 트랜잭션을 커밋(Commit)해야 한다.

```
>>> conn.commit( )
```

4 레코드 검색

이제 데이터베이스에서 레코드를 검색해 보자. pets 테이블에서 전체 레코드를 읽어 보자.

```
>>> cursor.execute('select * from pet')
```

다음으로 질의를 해서 얻은 결과 레코드를 읽어 보자. 이때 세 가지 커서 객체의 메서드를 사용한다.

- fetchone( ) 메서드 결과 레코드를 한 개 가져온다. 더 이상 읽을 레코드가 없으면 None 객체를 반환한다.
- fetchmany(n) 메서드 결과 레코드를 n개 가져온다. 튜플로 반환한다.
- fetchall( ) 메서드 나머지 결과 레코드를 모두 가져온다. 튜플로 반환한다.

실제로 질의를 해서 결과 레코드를 가져온 예는 다음과 같다.

```
>>> cursor.fetchone( )                    # 결과 레코드 한 개 가져오기
('Fluffy', 'Harold', 'cat', 'f', '1993-02-04', None)

>>> for rec in cursor.fetchmany(3):      # 결과 레코드 3개 가져오기
        print(rec)
('Claws', 'Gwen', 'cat', 'm', '1994-03-17', None)
('Buffy', 'Harold', 'dog', 'f', '1989-05-13', None)
('Fang', 'Benny', 'dog', 'm', '1990-08-27', None)

>>> for rec in cursor.fetchall( ):       # 결과 레코드 모두 가져오기
        print(rec)

('Bowser', 'Diane', 'dog', 'm', '1998-08-31', '1995-07-29')
('Chirpy', 'Gwen', 'bird', 'f', '1998-09-11', None)
('Whistler', 'Gwen', 'bird', 'f', '1997-12-09', None)
('Slim', 'Benny', 'snake', 'm', '1996-04-29', None)
```

fetchone( )와 fetchmany( ), fetchall( ) 메서드를 사용할 수 있지만 다음과 같이 커서 객체를 반복자로 직접 활용하는 것도 가능하다.

```
>>> cursor.execute('select * from pet')
>>> for row in cursor:
        print(row)
```

다음과 같이 한 번에도 실행이 가능하다.

```
>>> for row in cursor.execute('select * from pets'):
        print(row)

('Fluffy', 'Harold', 'cat', 'f', '1993-02-04', None)
('Claws', 'Gwen', 'cat', 'm', '1994-03-17', None)
('Buffy', 'Harold', 'dog', 'f', '1989-05-13', None)
('Fang', 'Benny', 'dog', 'm', '1990-08-27', None)
('Bowser', 'Diane', 'dog', 'm', '1998-08-31', '1995-07-29')
('Chirpy', 'Gwen', 'bird', 'f', '1998-09-11', None)
('Whistler', 'Gwen', 'bird', 'f', '1997-12-09', None)
('Slim', 'Benny', 'snake', 'm', '1996-04-29', None)
```

5 필드 이름

질의 결과로 가져온 레코드 각 필드의 이름은 description 속성으로 얻을 수 있다. 원래 descriptiion 속성은 7개 항목(필드 이름, 데이터 타입 코드, 표시 크기, 내부 크기, 정확도, 비율, NULL 가능 여부)을 나타내야 하지만, sqlite3 모듈의 인터페이스는 필드 이름만 제공한다. 나머지 항목은 API 호환성 때문에 있으며 None 객체로 채워진다.

```
>>> cursor.description
(('name', None, None, None, None, None, None), ('owner', None, None, None,
None, None, None), ('species', None, None, None, None, None, None), ('sex',
None, None, None, None, None, None), ('birth', None, None, None, None, None,
None), ('death', None, None, None, None, None, None))
```

```
>>> [e[0] for e in cursor.description]
['name', 'owner', 'species', 'sex', 'birth', 'death']
```

6 종합

지금까지 시험한 코드를 모아 놓은 sqliteltest.py 프로그램을 보자.

```
import sqlite3

conn = sqlite3.connect("pets.db")   # 데이터베이스에 연결하기
cursor = conn.cursor( )

# sqlite3 모듈의 버전 확인하기
print(sqlite3.sqlite_version_info)
version = cursor.execute('SELECT sqlite_version( )').fetchone( )[0]
print(version)

# 테이블 없애기
cursor.execute("""DROP TABLE IF EXISTS pets""")
conn.commit( )

# 테이블 만들기
cursor.execute('''CREATE TABLE pets (
    name VARCHAR(20),
    owner VARCHAR(20),
    species VARCHAR(20),
    sex CHAR(1),
    birth DATE,
    death DATE)''')

# 데이터 추가하기
cursor.execute("INSERT INTO pets VALUES('Fluffy', 'Harold', 'cat', 'f',
                                         '1993-02-04', NULL)")

cursor.executescript("""
INSERT INTO pets VALUES('Claws', 'Gwen', 'cat', 'm', '1994-03-17', NULL);
INSERT INTO pets VALUES('Buffy', 'Harold', 'dog', 'f', '1989-05-13', NULL);
INSERT INTO pets VALUES('Fang', 'Benny', 'dog', 'm', '1990-08-27', NULL);
INSERT INTO pets VALUES('Bowser', 'Diane', 'dog', 'm', '1998-08-31', '1995-07-29');
```

```
INSERT INTO pets VALUES('Chirpy', 'Gwen', 'bird', 'f', '1998-09-11', NULL);
INSERT INTO pets VALUES('Whistler', 'Gwen', 'bird', 'f', '1997-12-09', NULL);
INSERT INTO pets VALUES('Slim', 'Benny', 'snake', 'm', '1996-04-29', NULL);
""")

conn.commit( )

# 데이터 검색하기
cursor.execute('select * from pets')
print(cursor.fetchone( ))
print(cursor.fetchmany(3))
print(cursor.fetchall( ))

# 데이터 검색하기
cursor.execute('select * from pets')
for row in cursor:
    print(row)

# 데이터 검색하기
for row in cursor.execute('select * from pets'):
    print(row)

# 테이블 없애기
cursor.execute('DROP TABLE pets')

cursor.close( )
```

sqlitetest.py를 실행한 결과는 다음과 같다.

```
(3, 7, 12)
3.7.12
('Fluffy', 'Harold', 'cat', 'f', '1993-02-04', None)
[('Claws', 'Gwen', 'cat', 'm', '1994-03-17', None), ('Buffy', 'Harold', 'dog', '
f', '1989-05-13', None), ('Fang', 'Benny', 'dog', 'm', '1990-08-27', None)]
[('Bowser', 'Diane', 'dog', 'm', '1998-08-31', '1995-07-29'), ('Chirpy', 'Gwen',
 'bird', 'f', '1998-09-11', None), ('Whistler', 'Gwen', 'bird', 'f', '1997-12-09
', None), ('Slim', 'Benny', 'snake', 'm', '1996-04-29', None)]
('Fluffy', 'Harold', 'cat', 'f', '1993-02-04', None)
('Claws', 'Gwen', 'cat', 'm', '1994-03-17', None)
('Buffy', 'Harold', 'dog', 'f', '1989-05-13', None)
```

```
('Fang', 'Benny', 'dog', 'm', '1990-08-27', None)
('Bowser', 'Diane', 'dog', 'm', '1998-08-31', '1995-07-29')
('Chirpy', 'Gwen', 'bird', 'f', '1998-09-11', None)
('Whistler', 'Gwen', 'bird', 'f', '1997-12-09', None)
('Slim', 'Benny', 'snake', 'm', '1996-04-29', None)
('Fluffy', 'Harold', 'cat', 'f', '1993-02-04', None)
('Claws', 'Gwen', 'cat', 'm', '1994-03-17', None)
('Buffy', 'Harold', 'dog', 'f', '1989-05-13', None)
('Fang', 'Benny', 'dog', 'm', '1990-08-27', None)
('Bowser', 'Diane', 'dog', 'm', '1998-08-31', '1995-07-29')
('Chirpy', 'Gwen', 'bird', 'f', '1998-09-11', None)
('Whistler', 'Gwen', 'bird', 'f', '1997-12-09', None)
('Slim', 'Benny', 'snake', 'm', '1996-04-29', None)
```

제 21 장

이메일 프로그래밍

Chapter 21

이 장에서는 메일을 보내고 받는 방법을 설명한다. 한글 메일을 읽는 방법과, 메일로 첨부 파일을 보내고 읽는 방법 등을 설명한다. email 모듈을 이용하면 메일에 관련된 작업을 쉽게 처리할 수 있다.

21.1 기본 프로토콜

SMTP 21.1.1

SMTP(Simple Mail Transfer Protocol)는 이름에서 알 수 있듯이 메일을 보내는 프로토콜이다. 이 프로토콜은 RFC-821에 규정된 인터넷 표준이다. SMTP는 TCP/UDP 포트 25번을 사용한다. 인터넷에서 이메일 프로토콜로 널리 사용되고 있다.

메일 사용자 UA(User Agent, 이메일을 송수신하는 프로그램)가 메일을 보내면 지정된 MTA(Mail Transfer Agent, 메일 중계를 담당하는 컴퓨터로 우체국과 같은 역할을 한다.)로 메일이 보내진다. 메일을 받는 수신자가 다른 컴퓨터에 있는 경우, 이 MTA는 또 다른 MTA에게 메일을 전달한다. 이런 과정은 메일 수신자의 메일 상자(Mailbox)에 저장될 때까지 SMTP에 의해 계속된다. 이렇게 해서 최종 메일 수신자의 메일 상자에 저장된 메일은 메일 사용자 UA가 POP3나 IMAP4 프로토콜로 메일 상자를 열어 볼 때 최종적으로 배달된다.

UA → MTA1 → MTA2 → ... → MTAn → UA

결론적으로 SMTP는 메일을 수신자의 메일 상자에 배달하는 우체국과 같은 역할을 한다.

POP3 21.1.2

POP3(Post Office Protocol Version 3)는 메일 상자(Mailbox)에 보관된 메일을 가져오는 프로토콜이다. TCP 포트 110번을 사용한다. POP3는 대부분의 이메일 클라이언트에서 채택하고 있다. 이를 지원하는 MTA 역시 광범위하게 설치되어 있어 어려움 없이 운용할 수 있는 프로토콜이다. POP3는 기본적으로 이메일 클라이언트가 주기적으로 또는 사용자의 액션과 자동 설정을 통해 서버에 접속한 후 메일 수신자의 메일 상자에 보관된 메일을 모두 이메일 클라이언트로 보내는 기능만을 담당한다.

IMAP4 21.1.3

POP3는 메일 상자에 보관된 메일을 선택적으로 가져올 수 없다는 등의 문제점을 가지고 있다. 이에 대한 문제점을 해결하기 위해 IMAP4(Internet Message Access Protocol Version 4)가 등장하게 된다. IMAP4의 기본 역할은 POP3와 동일하다. 그러나 서버에 있는 모든 메일을 읽어서 로컬 하드디스크에 저장하는 POP3와는 달리, IMAP4는 원격지 서버에서 메일을 관리하며, 마치 자신의 컴퓨터에 있는 메일처럼 다룰 수 있게 해준다. TCP 포트 143번을 사용한다.

IMAP4는 메일 헤더만 따로 가져오거나 MIME로 이루어져 있는 메일에서 특정 MIME 내용만 가져오는 기능도 있다. 그러므로 저속의 네트워크에 연결된 사용자는 몸체(Body)의 내용을 모두 자신의 컴퓨터로 가져올 필요 없이 제목만으로 메일을 살펴볼 수 있다.

MIME 21.1.4

MIME(Multipurpose Internet Mail Extensions)은 아스키(ASCII) 데이터만을 처리하는 인터넷 이메일 프로토콜이다. 즉, SMTP를 확장하여 영어 이외의 문자나 멀티미디어 데이터 등을 이메일로 보낼 수 있도록 기능이 확장된 프로토콜이다. 인터넷 표준 형식의 헤더를 확장해서 메시지 종류를 인식할 수 있도록 했다. MIME은 첨부 파일이나 멀티미디어 데이터를 포함하고 있는 이메일 형식에 관한 표준이다. MIME은 기본적으로 메일이 여러 부분(Multipart)으로 나누어져 있으며, 각 부분은 해당 형식이 어떠한 종류의 데이터인지를 명시하는 정보를 담고 있다.

예를 들어, 첨부 파일이 포함된 메일은 첨부 파일을 설명하는 문자 부분과 첨부 파일 자체의 부분으로 나누어져 있고, 문자 부분은 해당 내용이 한글인지 영문인지에 대한 정보를, 첨부 파일 부분은 파일 이름이나 파일 형식에 대한 정보가 포함되어 있다. MIME는 구조가 새로운 형식을 계속해서 추가할 수 있도록 되어 있다. 제정 초기부터 지금까지 수많은 형식이 제정되어 왔고, 지금도 확장되고 있다.

21.2 메일 보내기

여기서는 SMTP를 통해 간단한 텍스트 메일을 보내는 예를 보자. SMTP 객체는 다음과 같이 얻는다.

```
import smtplib
s = smtplib.SMTP(host)
```

인수 host는 SMTP를 지원하는 컴퓨터이어야 한다(관리자에게 문의하기 바란다). 대부분의 경우 스팸 메일을 방지하기 위해서 송신자나 수신자 중의 한 사람이 호스트 컴퓨터에 등록되어 있어야 한다.

일단 SMTP 객체를 얻었으면 이 객체를 통해 메일을 보내 보자. 메일 전송은 sendmail( ) 함수로 이루어진다.

```
sendmail(from_addr, to_addrs, msg, mail_options = [], rcpt_options = [])
```

여기서 인수 from_addr은 보내는 사용자의 메일 주소, 인수 to_addr은 받는 사용자의 메일 주소이다. 인수 to_addr은 리스트이며, 여러 수신자의 메일 주소를 포함할 수 있다. 인수 msgstring는 RFC 822 형식에 맞게 전달할 문자열 메시지이다.

텍스트 메일 보내기 21.2.1

텍스트 형식의 MIME 메시지를 만들기 위해서 사용하는 클래스가 email.mime.text 모듈의 MIMEText 클래스이다. 이 클래스의 형식은 다음과 같다.

```
MIMEText(_text, _subtype='plain', _charset=None)
```

여기서 인수 _text는 변환할 문자열이고, 주요 타입은 text이다. 인수 _subtype은 하위 타입으로 기본값은 plain이다. 인수 _charset는 텍스트 형식의 문자 집합이며, 기본값은 us-ascii이다. 다음 예는 한 사람이나 여러 사람에게 텍스트 메일을 보내는 코드이다.

```
# email01.py
import smtplib
from email.mime.text import MIMEText
from email.header import Header

host = 'localhost'                # SMTP 서버
me = 'gslee@python.kw.ac.kr'      # 내 주소
you = 'somebody@python.kw.ac.kr' # 수신자의 메일 주소
subject = 'I love 파이썬'
contents = '''
메일 시험 중..
파이썬으로 보내는 메일임..
'''
msg = MIMEText(contents.encode('utf-8'), _subtype='plain', _charset='utf-8')
msg['Subject'] = Header(subject.encode('utf-8'), 'utf-8')
msg['From'] = me
msg['To'] = you

s = smtplib.SMTP(host)
s.sendmail(me, [you], msg.as_string( ))
s.quit( )
```

첨부 파일을 붙여 보내기 21.2.2

메일에 첨부 파일을 붙여 보내려면 트리 구조의 MIME 메시지를 구성해야 한다. 최상위 MIME 객체를 생성하고 MIME 메시지(텍스트나 파일)를 자식으로 추가한다. 최상위 MIME 메시지는 일반화된 클래스인 MIMEBase를 이용한다.

```
from email.mime.base import MIMEBase
outer = MIMEBase('multipart', 'mixed')
```

추가할 MIME 메시지 msg가 준비되어 있으면 다음과 같이 최상위 노드에 추가한다.

```
outer.attach(msg)
```

1 텍스트 메시지

텍스트 메시지인 경우에 다음과 같이 메시지 msg를 만든다. 적절한 인코딩이 메시지의 파일 형식에 맞게 알아서 적용된다.

```
from email.mime.text import MIMEText
msg = MIMEText(텍스트_문자열.encode('utf-8'), _charset='utf-8')
```

2 이미지 메시지

이미지 메시지인 경우에는 다음과 같이 메시지 msg를 만든다.

```
from email.mime.image import MIMEImage
msg = MIMEImage(이미지_문자열, _subtype=subtype)
```

인수 subtype는 이미지 메시지의 파일 형식에 따라 달라진다. 'jpeg', 'gif', 'png' 등이 될 수 있다.

3 오디오 메시지

오디오 메시지인 경우에 다음과 같이 메시지 msg를 만든다.

```
from email.mime.audio import MIMEAudio
msg = MIMEAudio(오디오_문자열, _subtype=subtype)
```

인수 subtype는 오디오 메시지의 파일 형식에 따라 달라진다. WAV 파일인 경우 'x-wav', AU 파일인 경우 'basic', MP3 파일인 경우 'mpeg' 등이 된다.

4 기타 메시지

이미지나 오디오 메시지가 아닌 경우에는 다음과 같은 방법으로 메시지를 msg를 만든다. 인코딩 방법은 달라질 수 있다.

```
from email.mime.base import MIMEBase
from email import encoders
msg = MIMEBase(maintype, subtype)        객체를 생성한다.
msg.attach(데이터_문자열)                 내용을 덧붙인다.
encoders.encode_base64(msg)              메시지 msg가 base64로 인코딩된다.
```

5 파일의 주요 타입과 하위 타입

앞서 MIME 객체를 생성할 때 사용하던 인수 _subtype는 파일 이름이 주어져 있을 때 다음과 같은 방법으로 알 수 있다.

```
>>> import mimetypes
>>> mimetypes.guess_type('a.txt')
('text/plain', None)
>>> mimetypes.guess_type('a.html')
('text/html', None)
>>> mimetypes.guess_type('a.doc')
('application/msword', None)
>>> mimetypes.guess_type('a.jpg')
('image/jpeg', None)
>>> mimetypes.guess_type('a.py')
('text/x-python', None)
>>> mimetypes.guess_type('a.avi')
('video/x-msvideo', None)
```

반환된 첫 번째 값을 /로 나눈 첫 번째 값이 주요(Main) 타입이고 두 번째 값이 하위(Sub) 타입이다.

```
ctype, encoding = mimetypes.guess_type(fileName)
maintype, subtype = ctype.split('/', 1)
```

만일 형식이 알려지지 않은 파일인 경우에는 application/octet-stream으로 처리하면 된다. 이렇게 만들어진 메시지는 다음과 같이 최상위 MIME 메시지에 추가된다.

```
from email.mime.base import MIMEBase
outer = MIMEBase('multipart', 'mixed')
~ 생략 ~
outer.attach(msg)
```

만일 첨부 파일이면 파일 이름을 부여해야 한다.

```
msg.add_header('Content-Disposition', 'attachment', filename = fileName)
outer.attach(msg)
```

6 인코딩

텍스트와 이미지, 오디오 파일인 경우에는 이진(Binary) 데이터가 적절한 형태로 인코딩된다. 하지만, 기타 파일인 경우에는 명시적으로 인코딩을 선택해야 한다. 이진 데이터의 인코딩은 두 가지 형식이 사용된다. quoted-printable과 base64이다.

인코딩 형식 quoted-printable은 인쇄 가능한 아스키 문자(코드 값 33~126)는 그대로 전송하고 이 외의 1바이트 문자는 세 개의 바이트로 변환해서 전송한다. 변환 방법은 등호 = 뒤에 아스키 두 바이트로 16진수를 표현한다. 예를 들어, 10011101은 =9D라는 ASCII 문자로 전송된다.

반면에 인코딩 형식 base64는 이진 데이터를 24비트(3바이트) 블록으로 연결한 다음 이것을 다시 6비트 네 개로 분리한다. 각 6비트는 8비트 아스키 문자로 변환되어, (A-Z, a-z, 0-9, +, /) 총 64개의 문자로 구성된다. 예를 들어, 6비트가 000100이라면 다섯 번째 문자인 E로 표현된다.

파이썬에서는 인코딩에 email.encoders 모듈을 제공한다.

```
from email import encoders
```

이 모듈의 함수를 정리하면 다음과 같다.

표 21-1 email.encoders 모듈의 함수

encode_quopri(msg)	메시지 msg의 몸체(payload)를 인코딩 형식인 quoted-printable로 인코딩하고 Content-Transfer-Encoding 헤더를 quoted-printable로 설정한다.
encode_base64(msg)	메시지 msg의 몸체(payload)를 인코딩 형식인 base64로 인코딩하고 Content-Transfer-Encoding 헤더를 base64로 설정한다.
encode_7or8bit(msg)	메시지 msg의 몸체(payload)를 변경하지는 않고, Content-Transfer-Encoding 헤더를 7비트나 8비트로 설정한다.
encode_noop(msg)	아무 일도 하지 않는다.

사용하는 방법은 앞서 설명한 것처럼 다음과 같은 과정으로 이루어진다.

```
msg = MIMEBase(maintype, subtype)      # 객체를 생성한다.
msg.attach(데이터_문자열)               # 내용을 덧붙인다.
encoders.encode_base64(msg)            # 메시지 msg가 base64로 인코딩된다. 인코딩된 값은 내부 데이터로 저장된다.
```

7 종합

앞서 설명한 내용을 종합하여 코드를 작성하면 다음과 같다. 작업 디렉터리 전체의 파일을 첨부 파일로 보내는 프로그램이다.

```
# email02.py
import smtplib
import mimetypes
import glob

from email.header import Header
from email import encoders
```

```
from email.message import Message
from email.mime.base import MIMEBase
from email.mime.audio import MIMEAudio
from email.mime.image import MIMEImage
from email.mime.text import MIMEText
from email.mime.application import MIMEApplication

host = 'smtp.server'      # SMTP 서버
me = 'gslee@localhost'   # 내 주소
receiver = ['gslee@localhost', 'jangc@localhost'] # 수신자의 메일 주소 리스트
subject = '첨부 파일 메일 보내기'

outer = MIMEBase('multipart', 'mixed')
outer['Subject'] = Header(subject.encode('utf-8'), 'utf-8')
outer['From'] = me
outer['To'] = ', '.join(receiver)   # 수신자 문자열 만들기
outer.preamble = 'This is a multi-part message in MIME format.\n\n'
outer.epilogue = ''   # 이렇게 하면 멀티파트 경계 다음에 줄 바꿈 코드가 삽입된다.
msg = MIMEText('파일들을 첨부합니다.'.encode('utf-8'), _charset='utf-8')
outer.attach(msg)

files = glob.glob('*.*')
for fileName in files:
    ctype, encoding = mimetypes.guess_type(fileName)
    if ctype is None or encoding is not None:
        ctype = 'application/octet-stream'
    maintype, subtype = ctype.split('/', 1)
    if maintype == 'text':
        fd = open(fileName, encoding='utf-8')      # UTF-8이라 가정
        msg = MIMEText(fd.read( ).encode('utf-8'), _subtype=subtype,
                                                    _charset='utf-8')
    elif maintype == 'image':
        fd = open(fileName, 'rb')
        msg = MIMEImage(fd.read( ), _subtype=subtype)
    elif maintype == 'audio':
        fd = open(fileName, 'rb')
        msg = MIMEAudio(fd.read( ), _subtype=subtype)
    else:
        fd = open(fileName, 'rb')
        msg = MIMEApplication(fd.read( ), _subtype=subtype)
```

```
    fd.close( )
    msg.add_header('Content-Disposition', 'attachment', filename = fileName)
    outer.attach(msg)

# SMTP 서버를 통해서 메일 보내기
s = smtplib.SMTP(host)
s.sendmail(me, receiver, outer.as_string( ))
s.quit( )
```

21.3 메일 읽기

이번에는 메일을 가져와서 읽는 방법을 설명한다.

메일 가져오기 21.3.1

여기서는 POP3(Post Office Protocol Version 3) 프로토콜로 메일을 가져와 읽는 방법을 설명한다. 파이썬은 poplib 모듈을 제공한다. 이 모듈로 POP3 메일 상자에 연결하는 방법은 다음과 같다.

- `poplib.POP3(host)` POP3 인스턴스 객체를 생성해서 서버와 연결한다. 지정된 서버가 POP3 프로토콜을 지원해야 한다.
- `user(userid)` 사용자의 ID를 보낸다. POP3 객체의 메서드이다.
- `pass_(passwd)` 사용자의 패스워드를 보낸다. POP3 객체의 메서드이다.

이들 메서드를 사용한 예는 다음과 같다.

```
import poplib
mbox = poplib.POP3(host)     # 메일 서버를 설정한다.
mbox.user('userid')          # 사용자의 ID를 넘겨준다.
mbox.pass_('passwd')         # 사용자의 패스워드를 넘겨준다.
```

앞의 과정을 밟으면 POP3 객체는 서버와 연결되고 메일 상자는 잠긴다. 잠긴 상태에 따라서 가능한 한 빨리 처리하여 다른 프로그램이 메일 상자에 접근하는 것을 허용해야 한다. 잠금(Lock)을 풀려면 quit( ) 메서드를 사용한다.

```
mbox.quit( )
```

이 메서드는 명시적으로 호출하는 것이 좋다. 그렇지 않으면 일정 시간이 지나야만 이 메일 상자의 잠금이 해제되기 때문이다. 일단 연결이 됐으면, 메일 상자에 몇 개의 메시지가 있는지 확인할 필요가 있다. 이것은 stat( ) 메서드를 호출함으로써 가능하다. 이 메서드는 튜플(메시지 수, 메일 상자 크기)을 넘겨준다. 메시지 번호는 1부터 시작한다. 이 번호는 현재 연결 상태에서만 유효하며 연결이 해제된 후 다시 연결하면 같은 번호가 유지된다는 보장은 없다.

```
noMsg, tsize = mbox.stat( )
```

메시지 번호가 n인 하나의 메시지를 읽어 오려면 retr( ) 메서드를 사용한다.

```
(server_msg, body, octets) = mbox.retr(n)
```

반환 값에서 서버 응답 메시지 server_msg는 이 메서드 호출에 대한 서버가 보내 주는 메시지이다. 다음으로 몸체 body는 라인의 리스트로 구성되어 있다.

[라인1, 라인2, ..., 라인n]

전체를 하나의 텍스트 메시지로 만들려면 다음과 같이 한다.

```
message = '\n'.join(body)
print(message)
```

retr( ) 메서드로부터 읽어 온 옥텟 octets은 메시지의 크기이다. 컴퓨터에서 옥텟은 8비트의 배열을 말한다. 즉, 1옥텟은 8비트(1바이트)와 같다.

이제 하나의 프로그램으로 종합해서 작성해 보자. 수신된 메일의 수를 출력하고 최근에 받은 메일 하나를 가져와 읽는 예이다.

```
# readmail01.py
import poplib

host = 'mail.host.at.some.where' # POP3를 지원하는 메일 서버를 지정한다.
mbox = poplib.POP3(host)
mbox.user('userid')                # 사용자의 ID를 넘겨준다.
mbox.pass_('passwd')               # 사용자의 패스워드를 넘겨준다.

noMsg, tsize = mbox.stat( )        # 메시지 수, 전체 크기
print(noMsg, 'messages')
if noMsg > 0:
    (server_msg, body, octets) = mbox.retr(noMsg)
    m = '\n'.join([b.decode('utf-8') for b in body])
    print(m)

mbox.quit( )
```

코드를 실행한 결과는 다음과 같다.

```
5 messages
Return-Path: <gslee111@naver.com>
Received: from ics-svr3 (ics-svr3.kwangwoon.ac.kr [128.134.70.20])
    by daisy.kwangwoon.ac.kr (8.11.6/8.11.6) with SMTP id gBI80Q127687
    for <gslee@daisy.kw.ac.kr>; Wed, 18 Dec 2002 17:00:26 +0900 (KST)
Received: from ([211.218.150.117]) by INCA KYNEE SMTP Server
    2002-12-18 오후 4:48:24
Received: (qmail 13882 invoked from network); 18 Dec 2002 07:58:17 -0000
Received: from naver773.naver.com (HELO naver773) (211.218.150.117)
    by naver773.naver.com with SMTP; 18 Dec 2002 07:58:17 -0000
MIME-Version: 1.0
Message-Id: <3E002A99.000001.13814@naver773.naver.com>
Content-Type: Multipart/Alternative;
    boundary="------------Boundary-00=_552BULUXFQQMYJ0CCJD0"
From: =?ks_c_5601-1987?B?IsDMsK28uiI=?= <gslee111@naver.com>
Reply-To: <gslee111@naver.com>
```

```
To: =?ks_c_5601-1987?B?IsDMsK28uiI=?= <gslee@mail.kw.ac.kr>
Cc:
Date: Wed, 18 Dec 2002 16:58:17 +0900 (KST)
Importance: Normal
X-Priority: 3 (Normal)
Subject: =?ks_c_5601-1987?B?wMy43sDPIMXXvbrGriDB38DUtM+02S4=?=
X-Mailer: NAVER Mailer 1.0
Content-Length: 2437
Status: RO

--------------Boundary-00=_552BULUXFQQMYJ0CCJD0
Content-Type: Text/Plain;
    charset="euc-kr"
Content-Transfer-Encoding: base64

wN8gurjAz7HuPw0KwN8gurjAzLDawfYuLg0KDQotLS0NCsDMsK28ug0KUHl0aG9uIFJ1bGVzIQ==

--------------Boundary-00=_552BULUXFQQMYJ0CCJD0
Content-Type: Text/HTML;
    charset="euc-kr"
Content-Transfer-Encoding: base64

PFNUWUxFPgpCT0RZIHtGT05ULUZBTUlMWTogsby4sjtGT05ULVNJWkU6IDEwcHQ7fQpQIHttYXJn
~ 생략 ~
PgoJPC90YWJsZT4KCTwvdGQ+CjwvdHI+CjwvdGFibGU+Cg==

--------------Boundary-00=_552BULUXFQQMYJ0CCJD0--
```

MIME 메시지 해석하기 21.3.2

메일 메시지를 사람이 읽기에는 조금 불편하다. 여러 부분으로 구성된 메시지가 인코딩되어 있기 때문이다. 이 텍스트를 email.message.Message 클래스 객체로 변경하여 처리하는 것이 여러 면에서 편리하다.

```
import email                          # email은 모듈이다.
msg = email.message_from_string(m)    # m은 앞서 가져온 메일의 문자열이다.
```

참고로, 만일 MIME 메시지가 문자열이 아닌 파일에 저장되어 있다면 다음과 같이 Message 클래스 객체를 생성할 수 있다.

```
fp = open(filename)
msg = email.message_from_file(fp)
fp.close( )
```

이 메시지로부터 누가 누구에게 언제 보낸 메일인지에 관한 정보를 출력해 보자. 사전 형식으로 헤더 정보를 추출할 수 있다.

```
print(msg['from'])        혹은 msg.get('from')
print(msg['to'])
print(msg['subject'])
```

앞의 코드를 종합하여 실행한 결과는 다음과 같다.

```
=?ks_c_5601-1987?B?IsDMsK28uiI=?= <gslee111@naver.com>
=?ks_c_5601-1987?B?IsDMsK28uiI=?= <gslee@mail.kw.ac.kr>
=?ks_c_5601-1987?B?wMy43sDPIMXXvbrGrg==?=
```

이것들은 인코딩되어 있는 문자열이다. 이것을 디코딩해서 출력하려면 email.header 모듈의 decode_header( ) 함수를 사용한다.

```
>>> from email.header import decode_header
>>> decode_header(msg['from'])
[(b'"\xc0\xcc\xb0\xad\xbc\xba"', 'ks_c_5601-1987'), (b' <gslee111@naver.com>', None)]
```

decode_header( ) 함수는 디코딩되는 문자열을 리스트(decoded_string,charset)로 반환한다. 따라서 전체 디코딩된 문자열은 docoded_string 문자열을 하나로 연결하면 된다.

```
>>> def decodeHeader(headerMsg):
        L = decode_header(headerMsg)
```

```
        s = ''
        for s1, chset in L:
                s += s1.decode(chset) if chset else s1.decode( )
        return s

>>> print(decodeHeader(msg['from']))
"이강성"<gslee111@naver.com>
```

트리 구조로 되어 있는 MIME 메시지의 각 부분을 하나씩 참조하려면 생성자인 walk( ) 메서드를 호출한다. 이 메서드는 각 부분의 MIME 메시지를 메시지 객체로 넘겨준다.

```
for part in msg.walk( ):
    if part.is_multipart( ):
        continue
```

만일 주요 타입이 multipart이면 다른 MIME 메시지를 담는 컨테이너의 역할만을 하므로 그냥 무시하고 통과하기로 하자. 그렇지 않으면 부분 MIME 메시지를 파일에 저장하도록 하자. MIME 메시지가 첨부 파일이면 get_filename( ) 메서드로 첨부 파일의 이름을 알아낼 수 있다.

```
filename = part.get_filename( )
```

파일 이름이 정해졌으면 파일을 하드디스크에 기록한다.

```
fp = open(filename, 'wb')
fp.write(part.get_payload(decode = True))
fp.close( )
```

part.get_payload(decode=True)는 part 객체에서 몸체(payload)를 추출한다. decode=True이므로 메시지는 디코딩된다. 기본값은 decode=False이다. 따라서 텍스트 파일인 경우 part.get_payload(decode=True)이 반환한 결과를 print( ) 함수로 바로 화면에 출력할 수 있다. 추출한 파일은 하드디스크(현재 작업 디렉터리)에 저장된다.

다음은 앞의 코드를 종합한 프로그램이다.

```
# readmail02.py
import poplib
import email
import mimetypes
from email import header

def login(host, userid, passwd):
    mbox = poplib.POP3(host)
    mbox.user(userid)
    mbox.pass_(passwd)
    return mbox

def decodeHeader(headerMsg):
    L = header.decode_header(headerMsg)
    s = ''
    for s1, chset in L:
        if (type(s1) == bytes):
            s += s1.decode(chset) if chset else s1.decode( )
        else:
            s += s1
    return s

def read_email(mbox, no):
    (server_msg, body, octets) = mbox.retr(no)    # 첫 메일을 읽는다.
    message = '\n'.join([b.decode( ) for b in body])
    msg = email.message_from_string(message)      # 문자열에서 메시지 객체로 전환
    print(decodeHeader(msg['from']))              # 보낸 사람
    print(decodeHeader(msg['to']) )               # 받는 사람
    print(decodeHeader(msg['subject']) )          # 제목
    print(msg['date'])                            # 날짜

    for part in msg.walk( ):                      # 각각의 파트에 대해
        if part.is_multipart( ):
            continue
        filename = part.get_filename( )           # 파일 이름을 얻고
        if filename:
            fp = open(filename, 'wb')
            fp.write(part.get_payload(decode = True))   # 디코딩해서 파일로 저장
```

```
            fp.close( )
            print(filename, 'saved..')
        else:                                               # 화면으로 출력
            charset = part.get_content_charset( )
            print(part.get_payload(decode=True).decode(charset))
    return

host = ''           # 적당한 값을 써넣는다.
userid = ''         # 적당한 값을 써넣는다.
passwd = ''         # 적당한 값을 써넣는다.

mbox = login(host, userid, passwd)

noMsg, tsize = mbox.stat( )
print(noMsg, 'messages')
for k in range(1, noMsg + 1):
    print('-' * 40, k)
    read_email(mbox, k)
mbox.quit( )
```

메일 목록만 얻기 21.3.3

하나의 메시지 전체를 읽기 위해서 POP3 객체의 retr( ) 메서드를 사용했다. 하지만, retr( ) 메서드는 메일의 몸체(Body)까지 모두 반환하므로 좀 부담스럽다. top( ) 메서드를 사용하면 메시지의 헤더 정보만 가져올 수 있다.

```
top(which, howmuch)
```

여기서 인수 which는 1부터 시작하는 메시지 번호이고, 인수 howmuch는 헤더 다음에 몇 줄을 더 읽을 것인가를 나타낸다. 헤더만 읽으려면 0을 넘긴다. top( ) 메서드의 반환 형식은 다음과 같다.

```
(response, ['line', ...], octets).
```

헤더 정보만을 얻으려면 다음과 같이 한다.

```
res = mbox.top(1, 0)[1]          1번 메시지의 헤더 라인 리스트
headerMsg = '\n'.join([b.decode('utf-8') for b in res])
```

이 헤더 메시지에서 원하는 정보를 추출하려면 다음과 같이 한다.

```
import mailbox
msg = mailbox.Message(headerMsg)
print(msg['from'])
```

앞의 코드를 종합하여 보낸 사람과 받는 사람, 날짜만을 출력하는 프로그램을 보자.

```
# readmail03.py
import poplib
import email
import mimetypes
from email import header
import mailbox

def decodeHeader(headerMsg):
    L = header.decode_header(headerMsg)
    s = ''
    for s1, chset in L:
        if (type(s1) == bytes):
            s += s1.decode(chset) if chset else s1.decode( )
        else:
            s += s1
    return s

host = ''        # 적당한 값을 써넣는다.
userid = ''      # 적당한 값을 써넣는다.
passwd = ''      # 적당한 값을 써넣는다.
mbox = poplib.POP3(host)
mbox.user(userid)
mbox.pass_(passwd)
noMsg, tsize = mbox.stat( )
```

```
for k in range(1, noMsg + 1):
    res = mbox.top(k, 0)[1]
    headerMsg = '\n'.join([b.decode('utf-8') for b in res])
    msg = mailbox.Message(headerMsg)
    print(k, '보낸이: %s, 받는이: %s, 제목: %s, 날짜: %s' % (
            decodeHeader(msg['from']),
            decodeHeader(msg['to']),
            decodeHeader(msg['subject']),
            msg['date']))

mbox.quit( )
```

21.4 예제 : 스팸 메일 삭제하기

앞서 배운 내용을 토대로 스팸 메일을 삭제하는 코드를 작성해 보자. 메일을 삭제하는 방법은 POP3 객체의 dele( ) 메서드를 사용하면 된다.

```
mbox = poplib.POP3(host)
mbox.dele(which)
```

인수 which는 1부터 시작하는 메일 번호이다. quit( ) 메서드가 호출되기 전까지는 실제로 메시지가 삭제되지는 않는다. 제목에 광고나 홍보가 있는 메일을 스팸 메일로 보고 삭제하기로 하자.

```
spamKeyWords = ('광고', '홍보')
```

한글로 디코딩된 제목 subject를 다음과 같이 얻는다.

```
subject = decodeHeader(msg['subject'])
```

이제 제목에 spamKeyWords에 등록된 문자열이 있는지 살펴보자. 있으면 메시지를 삭제한다.

```
if filter(lambda x: x >= 0, map(subject.find, spamKeyWords)):
    print('Deleting..', k, subject)
    mbox.dele(k)
```

map(subject.find, spamKeyWords)은 각각의 스팸 키워드에 대한 인덱스 리스트를 반환한다. 스팸 키워드를 찾을 수 없으면 -1, 아니면 0 이상의 값을 가진다. 이들을 filter( ) 메서드로 걸러낸 결과가 빈 리스트가 아니면(참이면) 하나 이상의 스팸 키워드에 제목이 일치하는 것이다. 나머지 내용은 앞서 보인 readmail03.py 파일과 동일하다. 다음은 앞의 코드를 종합한 프로그램이다.

```
# readmail04.py
import poplib
import email
import mimetypes
import StringIO
import mimetools
from email import Header

def decodeHeader(headerMsg):
    L = Header.decode_header(headerMsg)
    return ''.join([t[0] for t in L])

host = ''        # 적당한 값을 써넣는다.
userid = ''      # 적당한 값을 써넣는다.
passwd = ''      # 적당한 값을 써넣는다.

mbox = poplib.POP3(host)
mbox.user(userid) #
mbox.pass_(passwd) #
noMsg, tsize = mbox.stat( )

spamKeyWords = ('광고', '홍보')
for k in range(1, noMsg + 1):
    res = mbox.top(k, 0)[1]
    headerMsg = '\n'.join([b.decode('utf-8') for b in res])
    msg = mailbox.Message(headerMsg)
    subject = decodeHeader(msg['subject'])
    if list(filter(lambda x: x >= 0, map(subject.find, spamKeyWords))):
```

```
        print('Deleting..', k, subject)
        mbox.dele(k)

mbox.quit( )
```

코드를 실행한 결과는 다음과 같다.

```
Deleting.. 5 (광고)쇼핑몰제작 파격가(27만원)로 모십니다.
Deleting.. 4 (광고)쇼핑몰제작 파격가(27만원)로 모십니다.
```

다른 기준에 따라 스팸 메일을 삭제하거나, 송신자와 수신자에 따라 스팸 메일을 삭제하는 것은 독자 스스로 해보기 바란다.

제 22 장

소켓 프로그래밍

Chapter 22

이 장에서는 소켓의 개념과 관련 프로그래밍을 기본적으로 다룬다.

22.1 소켓 프로그래밍

소켓이란 22.1.1

소켓(Socket)은 TCP/IP 프로토콜의 프로그래머 인터페이스이다. 1982년 BSD(Berkeley Software Distribution) UNIX 4.1에서 처음 소개되었으며, 현재 1986년의 BSD UNIX 4.3에서 개정된 소켓이 널리 사용되고 있다. 소켓은 존재하는 프로세스 간에 대화가 가능하도록 하는 프로세스 간의 통신 방식이다. 이들 프로세스는 동일한 컴퓨터 내에 있거나 다른 컴퓨터에 있어도 된다. 소켓이 유용한 이유는 바로 네트워크를 통한 통신 능력 때문이다.

소켓을 경유한 프로세스 간의 통신은 클라이언트/서버 모델에 기초한다. 서버 프로세스로 알려진 프로세스는 해당 컴퓨터에서 유일하게 할당된 번호의 소켓을 만든다. 클라이언트 프로세스는 해당 번호의 소켓을 통해서 서버 프로세스와 대화를 할 수 있다. 연결에 성공하면 서버와 클라이언트 모두에게 각각 하나의 소켓 기술자가 반환되는데 이것으로 읽기와 쓰기를 한다. 다른 프로세스와 통신하기 위해 사용하는 파이프는 단방향 즉, 읽고 쓰는 파일 기술자를 별도로 필요로 하는데 반해서 소켓은 양방향(Bidirectional)이다.

포트 번호 22.1.2

물리적인 전송선은 하나지만 그것을 여러 개의 응용 프로그램이 나누어 쓰기 위해서 포트라는 것을 만들었다(그림 22-1). 한 컴퓨터 내의(소켓을 사용하는) 모든 서버 프로세스는 별도의 포트 번호가 부여된 소켓을 가지고 있다. 이것은 TCP/IP가 지원하는 상위 계층의 응용 프로그램을 구분하기 위한 번호이다. 포트 번호로 16비트를 사용한다. 범위는 0 ~ 65535이다.

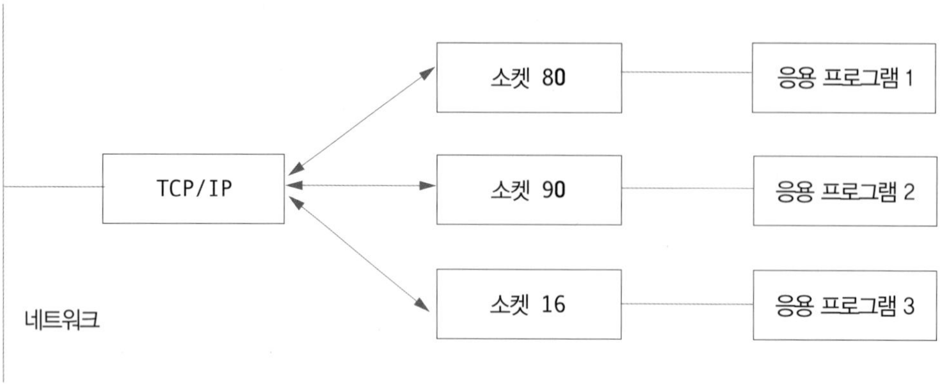

그림 22-1 소켓과 응용 프로그램

일반적으로 잘 알려진 인터넷 서비스는 포트 번호 1 ~ 255를 사용한다. 그 밖의 서비스는 포트 번호 256 ~ 1023에 예약되어 있다. 포트 번호 1024 ~ 4999는 임시로 시스템에서 활용 가능한 포트이므로 사용자는 5000 ~ 65535 사이의 포트 번호를 사용하면 된다. 어떤 서비스가 어느 포트에 예약되어 있는가는 리눅스를 사용할 경우에 /etc/services 파일을 보면 알 수 있다. 다음은 그 일부이다.

```
chargen 19/tcp ttytst source
chargen 19/udp ttytst source
ftp-data 20/tcp
ftp-data 20/udp
# 21 is registered to ftp, but also used by fsp
ftp 21/tcp
ftp 21/udp fsp fspd
ssh 22/tcp # SSH Remote Login Protocol
ssh 22/udp # SSH Remote Login Protocol
telnet 23/tcp
telnet 23/udp
# 24 - private mail system
smtp 25/tcp mail
smtp 25/udp mail
time 37/tcp timserver
time 37/udp timserver
```

파이썬으로 서비스의 포트 번호를 확인하려면 다음 함수를 사용한다.

```
getservbyname(servicename, protocolname)
```

인수 protocolname는 'tcp'와 'udp' 둘 중에 하나의 값을 갖는다. 다음 예는 'http' 프로토콜과 'ftp' 프로토콜의 포트 번호를 확인한다.

```
>>> import socket
>>> socket.getservbyname('http', 'tcp')
80
>>> socket.getservbyname('ftp', 'tcp')
1
```

일반적으로 자주 사용하는 프로토콜과 표준 포트 번호를 표 22-1에 정리하였다.

표 22-1 프로토콜과 표준 포트 번호

프로토콜	명령어	포트 번호
Echo	echo	7
Daytime	daytime	13
File Transfer	ftp	21/20
Telnet Terminal	telnet	23
Simple Mail Transfer	smtp	25
Trivial File Transfer	tftp	69
Finger	finger	79
Domain Name Service	domain	53
HyperText transfer	http	80/84/8000
NetNews	nntp	119

소켓의 종류 22.1.3

소켓은 도메인(Domain)과 유형(Type)에 따라 분류할 수 있다. 도메인은 서버와 클라이언트의 소켓이 있는 장소를 가리킨다. 일반적으로 지원되는 도메인은 다음과 같다. AF_INET이 가장 일반적으로 사용된다. AF는 Address Family의 약자이다.

- AF_INET　IPv4 소켓이다. 클라이언트와 서버는 다른 기계에 있을 수 있다. 주소 표현을 위해 (host, port) 튜플이 사용된다.
- AF_INET6　IPv6 소켓이다. 클라이언트와 서버는 다른 기계에 있을 수 있다. 주소 표현을 위해 (host, port, flowinfo, scopeid) 튜플이 사용된다.
- AF_UNIX　클라이언트와 서버는 동일한 기계에 있다. 유닉스 도메인 소켓이다.
- AF_TIPC　리눅스 전용으로 Transparent Inter-Process Communication 프로토콜이다.
- AF_NETLINK　Netlink 프로세스 간 통신(Interprocess Communication)이다.
- AF_BLUETOOTH　블루투스 프로토콜이다.
- AF_PACKET　링크 수준 패킷이다.

소켓 유형은 서버와 클라이언트 사이에 있을 수 있는 통신 유형이다. SOCK_STREAM과 SOCK_DGRAM이 가장 일반적으로 사용된다.

- SOCK_STREAM　TCP 통신 소켓 유형이다. 신뢰성 있는 스트림 방식의 소켓을 만든다. (TCP) 일련번호가 붙으며, 양방향 연결에 기초한 바이트 가변 길이의 스트림이다.
- SOCK_DGRAM　UDP 통신 소켓 유형이다. 데이터그램 방식의 소켓을 만든다. 전보와 비슷한 비연결, 비신뢰적인 고정 길이의 메시지를 사용한다.
- SOCK_RAW　무가공 소켓이다.
- SOCK_RDM　신뢰성 있는 데이터그램이다.
- SOCK_SEQPACKET　순서를 갖는 연결 모드로 레코드 전송에 사용된다.

22.2 TCP 소켓 프로그래밍

여기서는 소켓을 이용한 TCP 소켓 프로그래밍을 간단히 설명한다.

TCP 절차 22.2.1

먼저 서버와 클라이언트가 TCP 소켓을 만들고 서로 연결한 다음 데이터를 송수신하고 소켓을 종료하는 TCP 절차에 대해 알아보자.

1 서버

① TCP 소켓 객체를 생성한다.

```
from socket import *
svrsock = socket(AF_INET, SOCK_STREAM)
```

② 소켓을 호스트(HOST) 컴퓨터의 포트(PORT)에 연결한다.

```
svrsock.bind((HOST, PORT))
```

③ 한 번에 처리할 수 있는 연결 수를 설정한다. 5까지 설정이 가능하다.

```
svrsock.listen(1)
```

④ 클라이언트로부터 소켓 연결이 올 때까지 대기한다.

```
conn,addr = svrsock.accept( )
```

⑤ 클라이언트의 connect 함수로부터 소켓이 conn.send(bytes)와 conn.recv(bufsize)을 이용하여 데이터를 주고받는다. 데이터는 바이트 열로 표현된다.

⑥ 작업을 마쳤으면 클라이언트와의 연결을 종료한다.

```
conn.close( )
```

⑦ 소켓 서비스를 끝낸다.

```
svrsock.close( )
```

2 클라이언트

① TCP 소켓 객체를 생성한다.

```
from socket import *
clientsock = socket(AF_INET, SOCK_STREAM)
```

② 소켓을 서버 컴퓨터의 특정 포트에 연결한다.

```
clientsock.connect((HOST, PORT))
```

③ 연결되었으면 데이터를 수신하고 전송한다. 데이터 전송은 바이트 열로 해야 한다.

```
clientsock.recv(1024)나 clientsock.send('Hi!'.encode( ))
```

④ 작업을 마쳤으면 소켓을 종료한다.

```
clientsock.close( )
```

3 통신 예제

다음 그림은 TCP 소켓을 이용하여 클라이언트와 서버가 통신하는 과정을 나타낸다.

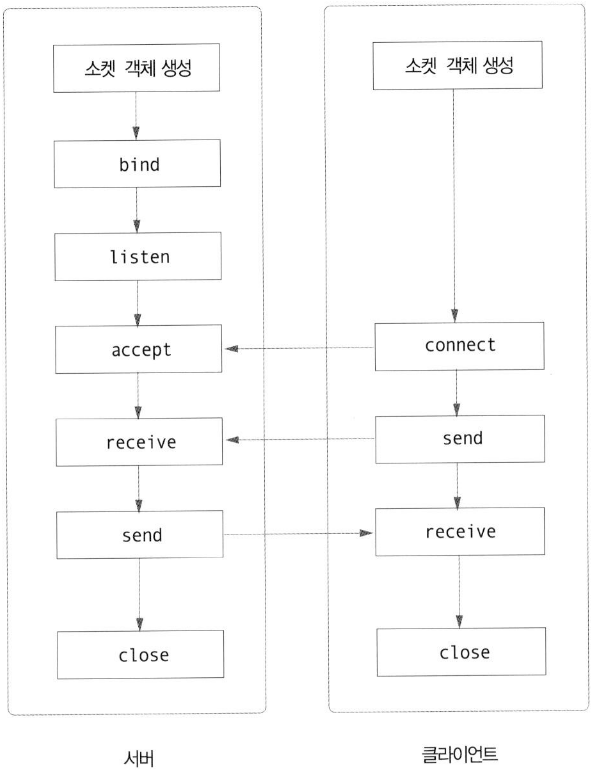

그림 22-2 TCP 소켓 프로그래밍 절차

클라이언트와 서버측이 서로 소켓을 통해 대화하는 과정을 간단히 대화식 창에서 실행해 보자. 먼저 서버에서 다음을 실행한다. 오른쪽 숫자는 명령을 입력한 순서이다.

```
>>> from socket import *                          # ①
>>> svrsock = socket(AF_INET, SOCK_STREAM)        # ②
>>> svrsock.bind(('localhost', 8000))             # ③
>>> svrsock.listen(1)                             # ④
>>> conn, addr = svrsock.accept( )                # ⑤
>>> addr                                          # ⑨
('127.0.0.1', 43748)
>>> conn.recv(1024)                               # ⑪
b'Hello'
>>> conn.close( )                                 # ⑬
```

새로운 창을 열고 파이썬 인터프리터를 실행한다. 그런 다음 클라이언트에서 다음을 실행한다.

```
>>> from socket import *                          # ⑥
>>> clientsock = socket(AF_INET, SOCK_STREAM)     # ⑦
>>> clientsock.connect(('localhost', 8000))       # ⑧
>>> clientsock.send('Hello'.encode( ))            # ⑩
5
>>> clientsock.close( )                           # ⑫
```

서버에서 ⑤번까지 실행하면 하위 프로세스는 블록(Block) 상태(멈춰 있는 상태)로 들어간다. 클라이언트에서 ⑥번부터 ⑧번까지를 입력한다. 같은 서버가 아니라면 ⑧번에서 connect( ) 메서드의 첫 인수에 서버 주소를 입력한다. 서버의 블록 상태가 풀리고 프롬프트 〉〉〉가 나타난다(⑨번). 서버에서 다음과 같이 클라이언트의 주소를 확인할 수 있다(⑨번). 클라이언트에서 Hello 메시지를 보낸다. 바이트 열로 보내야 한다(⑩번). 서버에서 메시지를 받는다(⑪번). 클라이언트가 종료한다(⑫번) 서버도 접속을 종료한다(⑬번).

send( ) 메서드와 sendall( ) 메서드의 차이

소켓을 통해 메시지를 전달하기 위해서 send( ) 메서드 외에도 sendall( ) 메서드를 사용할 수 있다. send( ) 메서드인 경우는 메시지를 전송하고 전송된 문자 수가 반환된다. 전체가 한 번에 전송되지 않을 수도 있다. 따라서 프로그램에서 확인하고 나머지를 전송하는 것에 신경 써야 한다. 예를 들어, 다음과 같은 방식으로 코딩해야 한다.

```
while buf:
    sent_bytes = csock.send(buf)
    buf = buf[sent_bytes:]
```

하지만, sendall( ) 메서드인 경우에는 전체 메시지 전송을 보장한다. 한 번에 보낼 수 없으면 여러 번에 걸쳐 나누어 모두 전송한 후에야 반환된다. 따라서 다음 문 하나로 인수 buf의 내용이 모두 전송되는 것을 보장받는다.

```
csock.sendall(buf)
```

포트를 즉시 재사용하기

소켓 프로그래밍을 시험하다 보면 어떤 포트를 사용하는 소켓이 종료되었음에도 불구하고 해당 포트를 사용할 수 없다는 메시지를 낸다. 이것은 운영 체제가 포트를 일정 시간이 지나야 사용 가능하도록 하기 때문이다. 즉시 사용 가능하게 하려면 소켓을 만든 이후에, 소켓 옵션을 다음과 같이 설정하면 된다.

```
csock = socket(AF_INET, SOCK_STREAM)

csock.setsockopt(SOL_SOCKET, SO_REUSEADDR, 1)
```

소켓을 종료하자마자 주소를 재사용하도록 허용한다.

asyncore 모듈을 이용한 TCP 서버/클라이언트 22.2.2

앞의 예제에서 TCP 절차를 살펴보았지만, 소켓을 이해하기 위한 단순한 예제 이상의 의미는 없다. 왜냐하면 여러 클라이언트로부터 동시 접속 요청을 처리할 능력이 없기 때문이다. 여기서는 비동기 소켓 핸들러(Asynchronous Socket Handler)인 asyncore 모듈을 이용하여 TCP 기반의 에코 서버/클라이언트 프로그램을 작성해 보기로 하자.

asyncore 모듈은 내부에서 운영 체제의 select( ) 시스템 호출을 사용한다. select( ) 시스템 호출은 한 개 이상의 소켓들이 입출력 연산을 수행할 수 있는 상태가 되는지를 감시하다가 연산을 수행할 수 있는 상태가 되면 즉시 그 정보를 알려준다. 이것을 이용하면 스레드나 프로세스를 사용하지 않고도 비동기적으로 여러 입력과 출력 스트림에 걸쳐서 다중 처리를 구현할 수 있다. 따라서 여러 클라이언트로부터의 동시 접속 요청을 수용할 수 있다. asyncore 모듈은 소켓을 만들고 일일이 작업을 지시하지 않아도 상황에 따라 실행되어야 하는 메서드만 설정해 놓으면 알아서 호출되어 실행되도록 할 수 있어 간편하게 서버/클라이언트 기능을 구현할 수 있다.

비동기 소켓 핸들러는 dispatcher 클래스를 상속받아서 구현한다. 핸들러가 필요에 따라 구현해야 할 메서드에는 다음과 같은 것들이 있다.

표 22-2

메서드	설명
writable( )	데이터를 쓸 수 있으면 True, 아니면 False를 반환한다. 기본 메서드는 True를 반환한다.
readable( )	데이터를 읽을 수 있는 상태이면 True를 반환한다. 기본 메서드는 True를 반환한다.
handle_connect( )	클라이언트에서 연결 시도가 성공하면 호출된다.
handle_accepted(sock, addr)	서버에서 새로운 연결이 설정되면 호출된다. 인수 sock은 데이터를 주고받을 소켓이고 인수 addr은 클라이언트의 주소이다.
handle_expt( )	소켓에 사용하는 것 외의 연결 상에서 즉, 아웃오브밴드(Out of Band) 데이터가 발생했을 때 호출된다. 거의 발생하지는 않는다.
handle_read( )	새로운 데이터가 소켓에 있을 때 호출된다. readable( ) 메서드가 True를 반환하는 상태에서만 실행된다.
handle_write( )	쓰기 소켓에 쓰는 것이 가능해지면 호출된다. writable( ) 메서드가 True를 반환하는 상태에서만 실행된다.
handle_close( )	소켓이 닫힐 때 호출된다
handle_error( )	처리되지 않은 예외가 발생하면 호출된다.
loop([timeout[, use_poll[, map[, count]]]])	이벤트를 폴링(Polling)한다. 모든 인수는 옵션이다. 인수 timeout은 select( )나 poll( )에 사용되는 타임아웃 값이고 기본값은 30이다. 인수 use-poll이 True이면 select( ) 대신 poll( ) 메서드가 사용된다. 인수 map은 감시할 채널들이다. 인수 count는 폴링 횟수인데 None 객체가 기본값이며 연결이 종료될 때까지 무한 반복을 한다.

다음의 예는 asyncore 모듈을 이용한 에코 서버/클라이언트 프로그램이다. 여기서는 '\r\n\r\n'(두 개의 줄 바꿈)로 구분되는 데이터를 보내고 받는다. 서버 프로그램은 EchoServer와 EchoHandler 두 개의 클래스로 구성되어 있다. EchoServer 클래스는 연결을 처리하고 EchoHandler 클래스는 입출력을 처리한다. 두 클래스 모두 asyncore.dispatcher 클래스의 하위 클래스이다. echoserver.py 파일의 마지막 줄 asyncore.loop( ) 호출로 모든 개방된 채널을 검사하는 폴링 루프로 들어간다. 즉, 앞줄에서 만들어진 EchoServer 객체를 감시한다. 연결이

이루어지면 EchoServer 클래스의 handle_accepted( ) 메서드가 호출되며, 연결된 소켓(csock)을 통한 나머지 처리를 담당할 EchoHandler 객체를 생성한다. 이 EchoHandler 객체 역시 자동으로 asyncore.loop( )의 감시 대상이 된다. 따라서 하나의 클라이언트를 위해 하나의 EchoHandler 객체가 생성되고 클라이언트의 서비스를 담당하게 된다.

EchoHandler 객체가 읽을 수 있는 상태인지는 readable( ) 메서드가 결정한다. 메시지를 받으면(읽으면) readable( ) 메서드가 True를 반환하는지 확인하고 handle_read( ) 메서드를 호출하여 self.write_queue 멤버에 데이터를 저장한다. readable( ) 메서드는 따로 정의되지 않았지만 기반 클래스의 readable( ) 메서드는 기본적으로 True를 반환한다.

EchoHandler 객체가 쓸 수 있는 상태인지는 writable( ) 메서드 반환 값으로 결정된다. 만일 self.write_queue에 데이터가 있으면 True로 인식되어 handle_write( ) 메서드가 호출된다. handle_write( ) 메서드는 메시지를 하나씩 클라이언트 측으로 보내고 더 이상 보낼 데이터가 없으면 소켓을 닫고 연결을 종료한다. 각각의 메시지를 구분하는 구분 기호는 \r\n\r\n를 사용한다.

```
# echoserver.py
import asyncore
import socket

class AsyncServer(asyncore.dispatcher):
    def __init__(self, port):
        asyncore.dispatcher.__init__(self)
        self.port = port
        self.create_socket(socket.AF_INET, socket.SOCK_STREAM)
        self.setsockopt(socket.SOL_SOCKET, socket.SO_REUSEADDR, 1)
        self.bind(('localhost', port))
        self.listen(5)
        print("listening on port", self.port)

    def handle_accepted(self, csock, addr):    # 연결이 이루어지면 호출된다.
        print("accepted", addr)
        return EchoHandler(sock = csock)       # 핸들러 객체를 생성한다.


class EchoHandler(asyncore.dispatcher):
    def __init__(self, sock = None):
```

```
        asyncore.dispatcher.__init__(self, sock)
        self.incom_data = b''
        self.seperator = b'\r\n\r\n'
        self.write_queue = []

    def handle_read(self):
        data = self.recv(2048)
        self.incom_data += data
        if self.seperator in self.incom_data:
            *msgs, self.incom_data = self.incom_data.split(self.seperator)
            for msg in msgs:
                print('got message', msg.decode( ))
                self.write_queue.append(msg)

    def writable(self):
        return self.write_queue

    def handle_write(self):
        if self.write_queue:
            msg = self.write_queue.pop(0)
            print('sending..', msg.decode( ))
            sent = self.send(msg)
            self.send(self.seperator)
        if not self.write_queue:
            print('closing..')
            self.close( )

server = AsyncServer (5003)
asyncore.loop( )
```

다음으로 클라이언트 프로그램 EchoClient이다. EchoClient 객체는 생성되면서 서버에 연결을 시도한다. 연결이 되면 writable( ) 메서드를 시험하고 True이면 handle_write( ) 메서드를 호출하여 서버에 메시지를 전송한다. 이 과정은 writable( ) 메서드가 False를 반환할 때까지 계속된다. handle_write( ) 메서드는 self.messages 리스트 멤버에 주어진 메시지들을 하나씩 전송하며 각각의 메시지 사이에 구분하기 위해 바이트 열 b'\r\n\r\n'를 보낸다.

readable( ) 메서드는 항상 True를 반환하므로 받을 데이터가 있으면 언제든지 handle_read( ) 메서드가 호출된다. 서버에서 메시지를 다 전송하면 소켓을 서버에서 종료하므로 클라이언트에서도 소켓을 닫는다. 소켓이 더 이상 없으면 asyncore.loop( )도 작업을 끝내고 종료한다.

```
# echoclient.py
import asyncore
import socket

class EchoClient(asyncore.dispatcher):
    def __init__(self, host, port):
        asyncore.dispatcher.__init__(self)
        self.create_socket(socket.AF_INET, socket.SOCK_STREAM)
        self.connect((host, port))
        self.messages = ['hi', 'hello', '안녕하세요!\n안녕~']
        self.seperator = b'\r\n\r\n'

    def handle_connect(self):
        pass

    def handle_expt(self):
        self.close( )    # 연결 실패, 셧다운

    def writable(self):
        return self.messages

    def handle_write(self):
        if self.messages:
            msg = self.messages.pop(0)
            self.send(msg.encode( ))
            self.send(self.seperator)

    def handle_read(self):
        s = self.recv(2048)
        for msg in s.split(self.seperator):
            if msg:
                print(msg.decode( ))

    def handle_close(self):
        self.close( )

request = EchoClient("localhost", 5003)
asyncore.loop( )
```

이제 서버/클라이언트 프로그램을 실행해 보자. 서버를 실행하고 나서 클라이언트 프로그램을 실행한다. 다음은 서버에서 본 출력 예이다.

```
listening on port 5003
accepted ('127.0.0.1', 3668)
got message hi
got message hello
got message 안녕하세요!
안녕~
sending.. hi
sending.. hello
sending.. 안녕하세요!
안녕~
closing..
```

다음은 클라이언트에서 본 출력 예이다.

```
hi
hello
안녕하세요!
안녕~
```

asynchat 모듈을 이용한 TCP 서버/클라이언트 22.2.3

asynchat 모듈은 asyncore 모듈을 확장한 모듈로 서버/클라이언트 프로그래밍을 간단히 구현할 수 있고 문자열 기반의 프로토콜 핸들러(예: HTTP)을 쉽게 구현할 수 있는 기반을 제공한다. 핸들러를 구현하려면 모듈의 async_chat 추상 클래스에서 상속받은 클래스를 정의해야 하며 collect_incoming_data( )와 found_terminator( ) 메서드를 반드시 구현해야 한다.

collect_incoming_data( ) 메서드

데이터가 수신되면 자동으로 호출된다. 수신 데이터는 임의의 크기일 수 있다.

found_terminator( ) 메서드

set_terminator( ) 메서드에 의해 설정된 메시지 끝(한 메시지의 마지막) 조건이 만족하면 호출된다. 예를 들어, HTTP 프로토콜에서는 b'\r\n\r\n'를 터미네이터로 사용한다. set_terminator(term)를 사용하는 방법은 다음과 같다.

```
set_terminator(term)
```

인수 term이 바이트 열인 경우, 입력 스트림에서 이 바이트 열을 발견하면 found_terminator( ) 메서드를 호출한다. 인수 term이 정수인 경우 이 숫자만큼의 문자를 입력받을 경우에 found_terminator( ) 메서드를 호출한다. None 객체이면 영원히 데이터를 수집한다.

다음 예는 단순한 HTTP 서버를 구현한 예로, found_terminator( ) 메서드가 호출될 때까지 클라이언트에서 보내온 데이터를 HTML 문서로 감싸서 클라이언트로 다시 보내주는 일을 한다. HttpHandler( ) 메서드를 사용하는 것을 제외하면 AsyncServer 클래스는 asyncore 모듈에서 이용한 것과 동일한 것이다.

```
# simple_http_oserver.py
import asynchat
import asyncore
import socket

class AsyncServer(asyncore.dispatcher):
    def __init__(self, port):
        asyncore.dispatcher.__init__(self)
        self.port = port
        self.create_socket(socket.AF_INET, socket.SOCK_STREAM)
        self.setsockopt(socket.SOL_SOCKET, socket.SO_REUSEADDR, 1)
        self.bind(('localhost', port))
        self.listen(5)
        print("listening on port", self.port)

    def handle_accepted(self, csock, addr):
        print("accepted", addr)
        return HttpHandler(sock = csock)
```

```
class HttpHandler(asynchat.async_chat):
    def __init__(self, sock = None):
        asynchat.async_chat.__init__(self, sock)
        self.set_terminator(b'\r\n\r\n')
        self.incom_data = b''

    def collect_incoming_data(self, data):
        self.incom_data += data

    def found_terminator(self):
        header_lines = self.incom_data.decode( ).splitlines( )
        request = header_lines[0]
        print(request)
        self.push_text("HTTP/1.0 200 OK\r\n")
        self.push_text("Content-type: text/html\r\n")
        self.push_text("\r\n")
        self.push_text("<html><body><pre>\r\n")
        self.push_text(self.incom_data)
        self.push_text("</pre></body></html>\r\n")
        self.close_when_done( )

    def push_text(self, text):
        if type(text) == bytes:
            self.push(text)              # 클라이언트 측으로 메시지를 전송
        else:
            self.push(text.encode( ))    # 문자열이면 바이트열로 변환해서 전송

server = AsyncServer(5004)
asyncore.loop( )
```

서버 프로그램을 실행하고서 웹 브라우저를 이용해 http://127.0.0.1:5004/a/b/c 주소를 입력하여 클라이언트를 대신한다. 서버 화면에는 다음과 같이 나온다.

```
listening on port 5004
accepted ('127.0.0.1', 4042)
accepted ('127.0.0.1', 4043)
GET /a/b/c HTTP/1.1
GET /favicon.ico HTTP/1.1
```

웹 브라우저(구글 크롬)에서 실행한 화면은 다음과 같다.

```
GET /a/b/c HTTP/1.1
Host: 127.0.0.1:5004
Connection: keep-alive
Cache-Control: max-age=0
Accept: text/html,application/xhtml+xml,application/xml;q=0.9,*/*;q=0.8
User-Agent: Mozilla/5.0 (Windows NT 6.1; WOW64) AppleWebKit/537.22
(KHTML, like Gecko) Chrome/25.0.1364.97 Safari/537.22
Accept-Encoding: gzip,deflate,sdch
Accept-Language: ko,zh-CN;q=0.8,zh;q=0.6
Accept-Charset: UTF-8,*;q=0.5
```

22.3 UDP 소켓 프로그래밍

UDP 소켓 프로그래밍은 TCP 소켓 프로그래밍과 절차에서 약간의 차이가 있다. 소켓 객체는 인수 AF_INET과 SOCK_DGRAM로 생성한다.

```
>>> from socket import *
>>> svrsock = socket(AF_INET, SOCK_DGRAM)
```

UDP는 비연결형 프로토콜이므로 서버와 클라이언트에서 연결 요청(Connect)과 연결 접수(Accept)를 수행할 필요가 없다. 서버는 사용하려는 포트 번호로만 소켓에 묶으면(Bind) 되고, 클라이언트도 자신이 사용하려는 포트 번호를 소켓에 묶으면 된다. 서버와 클라이언트의 포트 번호가 같을 필요는 없다.

또한, 데이터의 송수신은 sendto( )와 recvfrom( ) 메서드로 이루어진다. 메시지를 보내는 sendto( ) 메서드의 형식은 다음과 같다. 주소가 따로 주어지므로 소켓은 연결된(Connected) 상태가 아니어야 한다. 인수 address의 형식은 (host, port) 튜플이다.

```
sendto(bytes[, flags], address)
```

묶인(Binded) 소켓으로 들어오는 데이터를 읽어 내는 recvfrom( ) 메서드의 형식은 다음과 같다.

```
recvfrom(bufsize[, flags])
```

UDP 절차 22.3.1

다음은 대화식으로 실행한 UDP 절차이다. 오른쪽 숫자는 명령을 입력한 순서이다. 서버에서 다음을 실행한다.

```
>>> from socket import *                        # ①
>>> svrsock = socket(AF_INET, SOCK_DGRAM)       # ②
>>> svrsock.setsockopt(SOL_SOCKET, SO_REUSEADDR, 1)
>>> svrsock.bind(('localhost', 5001))           # ③
>>> # ⑦ 데이터와 발신 주소를 함께 얻는다. 1024는 버퍼 크기이다.
>>> s, addr = svrsock.recvfrom(1024)
>>> s                                           # ⑧
b'HI'
>>> addr                                        # ⑨
(' 127.0.0.1', 52413)
>>> # ⑩ 메시지와 수신 주소와 포트를 입력한다.
>>> svrsock.sendto('Hello'.encode( ), addr)
5
>>>
```

그런 다음 클라이언트에서 다음을 실행한다.

```
>>> from socket import *                      # ④
>>> csock = socket(AF_INET, SOCK_DGRAM)       # ⑤
>>> csock.sendto('HI'.encode( ), ('localhost', 5001))  # ⑥ 서버의 주소, 포트 번호
2
>>> s, addr = csock.recvfrom(1024)            # ⑪ 데이터와 발신 주소
>>> s                                         # ⑫
b'Hello'
>>> addr                                      # ⑬
(127.0.0.1', 5001)
```

select 모듈을 이용한 UDP 서버/클라이언트 22.3.2

입력받은 UDP 메시지를 다시 클라이언트로 보내는 에코 서버/클라이언트 프로그램을 작성해 보자. 여기서는 연속적으로 들어오는 UDP 메시지를 처리하기 위해 select 모듈을 이용한다. select 모듈의 select( ) 함수는 클라이언트에서 전송되는 패킷을 서버가 감시 상태에 있다가 데이터를 받아들이는 즉시 처리한다. select( ) 함수는 다음과 같은 형식을 가진다.

```
select(rlist, wlist, xlist[, timeout])
```

인수 rlist와 wlist, xlist는 각각 리스트 자료형으로 입력과 출력, 예외 조건을 기다리는 객체들이다. 이들 객체는 쓰기 가능한 객체의 시퀀스 자료형이다. 쓰기 가능한 객체란 파일 기술자(File Descriptor)를 나타내는 정수이거나 파일 기술자를 반환하는 fileno( )라는 메서드를 갖는 객체이다. 인수 timeout이 주어지지 않으면 세 객체 중 최소한 하나의 객체의 파일 기술자를 사용 가능할 때 반환한다. 인수 timeout은 실수이며 최대로 대기할 시간(초)을 명시할 수 있다. 0이면 대기하지 않고 바로 반환한다. 전형적인 예는 다음과 같다.

```
retr, retw, retx = select.select([sock], [], [])
```

예에서는 입력을 기다리는 객체 rlist에 대한 정보만을 제공했다. select( ) 함수는 대기 상태에 있다가 클라이언트에서 패킷이 들어오면 즉시 반환한다. 반환되는 값들은 select( ) 함수 첫 세 개 인수의 부분 집합들이다. 즉, 앞의 경우에는 클라이언트에서 보낸 패킷을 받은 소켓만이 리스트로 구성되어 인수 retr로 전달된다. 이 경우 소켓은 하나뿐이므로 인수 retr의 값은 [sock]이 되고 나머지 인수 retw와 retx는 빈 리스트 [ ], [ ]가 된다.

서버 프로그램은 다음과 같다.

```
# udp01.py
# UDP 에코 서버
from socket import *
import select

PORT = 5001        # 서버 UDP 포트이다.
```

```
svrsock = socket(AF_INET, SOCK_DGRAM)
svrsock.setsockopt(SOL_SOCKET, SO_REUSEADDR, 1)
svrsock.bind(('localhost', PORT))
args = [svrsock], [], []
print('Started..')
while True:
    retr, retw, retx = select.select(*args)    # 클라이언트에서 메시지가 오면 반환된다.
    for sock in retr:
        msg, addr = sock.recvfrom(1024)        # 준비된 데이터와 주소를 읽는다.
        print(msg.decode( ), addr)
        # 클라이언트에게 받은 메시지를 그대로 전달한다.
        sock.sendto(msg, addr)
```

클라이언트 프로그램은 다음과 같다.

```
# udp02.py
# UDP 에코 클라이언트
from socket import *

HOST = 'localhost'     # 적당한 호스트로 변경한다.
PORT = 5001            # 서버 UDP 포트이다.

csock = socket(AF_INET, SOCK_DGRAM)
csock.sendto(b'HI', (HOST, PORT))
msg, addr = csock.recvfrom(1024)
print(msg.decode( ), addr)
csock.sendto('안녕하세요'.encode( ), (HOST, PORT))
msg, addr = csock.recvfrom(1024)
print(msg.decode( ), addr)
```

다음은 서버 프로그램을 실행한 결과이다.

```
Started..
HI ('127.0.0.1', 50343)
안녕하세요 ('127.0.0.1', 50343)
```

다음은 클라이언트 프로그램을 실행한 결과이다.

```
HI ('127.0.0.1', 5001)
안녕하세요 ('127.0.0.1', 5001)
```

22.4 소켓의 동작 모드와 타임아웃

동작 모드 22.4.1

기본적으로 소켓은 블로킹(Blocking) 모드로 동작한다. 블로킹 모드에서는 accept( )와 recv( ), send( ) 메서드를 호출했을 때 연결하고자 하는 클라이언트가 없거나, 읽을 데이터가 없거나 보낼 데이터를 즉시 쓸 수 없을 때 그것이 처리될 때까지 대기한다. 비블로킹(Non-blocking) 모드에서는 accept( )와 recv( ), send( ) 메서드를 호출했을 때 연결하고자 하는 클라이언트가 없거나, 읽을 데이터가 없거나 보낼 데이터를 즉시 쓸 수 없을 때 socket.error 예외가 발생한다.
블로킹/비블로킹 모드의 설정과 해제에는 socket 객체의 setblocking( ) 메서드를 사용한다.

```
setblocking(flag)
```

인수 flag가 False이면 비블로킹 모드, True이면 블로킹 모드이다.

타임아웃 22.4.2

소켓이 일정한 시간을 기다리도록 시간 제한, 즉 타임아웃(Timeout)을 설정할 수 있다. 블로킹 모드는 타임아웃이 무한대인 경우, 비블로킹 모드는 타임아웃이 0인 경우이다. 타임아웃은 에러 상태나 통신 문제 등을 점검하는 데 유용하다. 타임아웃을 설정하고 읽어 내는 메서드는 다음과 같다.

settimeout( ) 메서드

소켓에 타임아웃(초) 값을 설정한다.

```
settimeout(value)
```

None 객체이면 타임아웃이 무한대로 블로킹 모드와 같고, 0이면 타임아웃이 없는 것이므로 비블로킹 모드와 같게 된다.

gettimeout( ) 메서드

타임아웃 값을 읽어 낸다.

```
>>> s = socket(AF_INET, SOCK_STREAM)
>>> s.gettimeout( )          # 초깃값은 None(무한대) 객체이다.
>>>
>>> s.setblocking(False)     # 비블로킹(Non-blocking) 모드로 전환한다.
>>> s.gettimeout( )
0.0
>>> s.settimeout(5.5)
>>> s.gettimeout( )
5.5
```

만일 타임아웃 시간 안에 작업을 수행하지 못하면 socket.timeout 예외가 발생한다.

```
>>> s.recv(1024)

Traceback (most recent call last):
  File "<stdin>", line 1, in <module>
socket.timeout: timed out
```

다음은 예이다. 오른쪽 숫자는 명령을 입력한 순서이다. 먼저 서버에서 다음을 실행한다.

```
>>> from socket import *                    # ①
>>> s = socket(AF_INET, SOCK_STREAM)        # ②
>>> s.bind(('', 8000))                      # ③
>>> s.listen(1)                             # ④
>>> conn, addr = s.accept( )                # ⑤
```

그런 다음 클라이언트에서 다음을 실행한다.

```
>>> from socket import *                  # ⑥
>>> s = socket(AF_INET, SOCK_STREAM)      # ⑦
>>> s.connect(('icslp.kw.ac.kr', 8000))   # ⑧
>>> s.settimeout(5.5)                     # ⑨
>>> s.gettimeout( )                       # ⑩
5.5
>>> s.recv(1024)                          # ⑪ 5.5초 후에 예외가 발생한다.
...
timeout: timed out
>>>
```

22.5 브로드캐스팅과 멀티캐스팅

브로드캐스팅 22.5.1

브로드캐스팅(Broadcasting)은 메시지를 특정 컴퓨터로만 보내는 것이 아니라 동일한 네트워크에 속한 모든 객체와 통신하는 모델이다. 이를 위해서 특별한 주소가 필요한데, 이 주소는 어떤 주소의 서브넷 마스크(Subnet Mask) 값이 0인 부분을 모두 1로 채우면 네트워크의 브로드캐스팅 주소가 된다. 예를 들어, 어떤 컴퓨터의 IP 주소가 128.134.62.33이고 서브넷 마스크 값이 255.255.255.0인 경우에 브로드캐스팅 주소는 128.134.62.255가 된다. 이러한 정보는 리눅스인 경우에 ifconfig 명령으로, 윈도우인 경우에는 ipconfig 명령으로 확인할 수 있다. 따라서 해당 주소의 특정 포트로 메시지를 보내면, 해당 포트에 연결되어 있는 네트워크의 컴퓨터는 메시지를 모두 받을 수 있다.

다음은 UDP 브로드캐스팅 서버에서 실행한 예이다. 오른쪽 숫자는 명령을 입력한 순서이다.

```
>>> from socket import *                         # ⑤
>>> s = socket(AF_INET, SOCK_DGRAM)              # ⑥
>>> s.setsockopt(SOL_SOCKET, SO_REUSEADDR, 1)    # ⑦
>>> s.setsockopt(SOL_SOCKET, SO_BROADCAST, 1)    # ⑧ 브로드캐스팅 옵션 설정
```

```
>>> s.sendto('Broadcasting OK!', ('128.134.62.255', 8000))      # ⑨
16
>>>
```

⑨에서 주소는 서브넷을 제외한 비트가 1이 되도록 설정한다. 포트는 8000번이다. 다음은 UDP 브로드캐스팅 클라이언트(128.134.62.33)에서 실행한 예이다. 일반적인 UDP와 동일하다.

```
>>> from socket import *                # ①
>>> s = socket(AF_INET, SOCK_DGRAM)     # ②
>>> s.setsockopt(SOL_SOCKET, SO_REUSEADDR, 1)
>>> s.bind(('', 8000))                  # ③
>>> msg, addr = s.recvfrom(1024)        # ④
>>> msg                                 # ⑩
'Broadcasting OK!'
>>> addr                                # ⑪
('128.134.62.49', 8001)
>>>
```

④에서 서버가 메시지를 보낼 때까지 블록(Block)된다.

멀티캐스팅 22.5.2

앞서 다룬 브로드캐스팅이 하나의 네트워크에 속한 모든 객체와 통신하는 데 반해, 멀티캐스팅(Multicasting)은 하나의 네트워크에 속해 있어도 선별적으로 객체와 통신할 수 있고, 여러 네트워크에 걸쳐 이러한 객체가 분산되어 있을 수도 있다.

멀티캐스팅에 사용하는 IP 주소 범위는 224.0.0.0 ~ 239.255.255.255(1110으로 시작하는 주소 범위)이며, UDP 통신을 한다. 메시지 송신측은 그룹으로 메시지를 보내며, 그룹에 속한 호스트는 해당 메시지를 받는다. 멀티캐스팅 메시지를 받으려면 반드시 그룹에 가입해야 하지만, 메시지를 보내려면 그룹에 가입할 필요가 없다. 그룹의 가입과 탈퇴는 자유롭고, 그룹 구성원 모두 동등한 자격을 갖는다. 기본적으로는 하나의 네트워크에서 멀티캐스팅이 동작하지만 멀티캐스팅 라우터(Router)를 설정하면(리눅스에서는 mrouterd) 다른 네트워크로도 똑같이 메시지를 전송할 수 있다.

네트워크 그룹에 가입할 때는 setsockopt( ) 메서드를 사용한다.

```
s.setsockopt(IPPROTO_IP, IP_ADD_MEMBERSHIP, 그룹 주소)
```

실제 코드는 다음과 같다.

```
from socket import *
import struct
def dottedQuadtoNum(ip):
    "convert decimal dotted quad string to long integer"
    return struct.unpack('>L', inet_aton(ip))[0]

ip = '235.5.5.5'    # 그룹 주소
# 옵션 설정용 매개 변수
mreq = struct.pack('ll', htonl(dottedQuadtoNum(ip)), INADDR_ANY)
s.setsockopt(IPPROTO_IP, IP_ADD_MEMBERSHIP, mreq)        # 그룹에 가입
```

네트워크 그룹에서 탈퇴할 때는 다음과 같이 한다.

```
s.setsockopt(IPPROTO_IP, IP_DROP_MEMBERSHIP, mreq)
```

인수 mreq는 네트워크 가입 때 만들었던 값과 동일하다.

멀티캐스팅 라우터를 이용해서 UDP 패킷(Packet)을 전송할 때 TTL 값을 설정해 주어야 한다. TTL은 Time To Live의 약어로 몇 단계까지의 라우터를 거칠 때까지 패킷이 손실되지 않고 전달되도록 할 것인지에 대한 설정이다. 라우터는 패킷을 통과시킬 때마다 TTL을 하나씩 감소시키며, 결국 TTL이 0이 되면 더 이상 라우터를 통과하지 못하게 된다.

즉, TTL이 0이라면 같은 네트워크 안에서만 패킷이 전달될 것이며 1 이상이어야 다른 네트워크로 전달될 수 있다. 멀티캐스팅에서는 보통 32이라면 같은 소속 기관 내의 네트워크에, 255라면 보통 전 세계 네트워크를 의미한다.

송신 프로그램은 다음과 같이 TTL 값을 설정한다.

```
s.setsockopt(IPPROTO_IP, IP_MULTICAST_TTL, 2)
```

멀티캐스트 TTL 설정

메시지를 보내는 쪽 프로그램을 보자.

```
from socket import *
s = socket(AF_INET, SOCK_DGRAM)
s.setsockopt(IPPROTO_IP, IP_MULTICAST_TTL, 4)  # 멀티캐스트 TTL 설정
s.sendto('Multicasting OK!!!', ('235.5.5.5', 9000))
```

기본적으로 자신이 보낸 메시지를 자신도 받게 되는데, 이것을 변경하려면 다음과 같이 소켓 옵션을 메시지를 보내기 전에 추가해야 한다.

```
s.setsockopt(IPPROTO_IP, IP_MULTICAST_LOOP, 0)
```

루프백 비활성화(Disable)

다음은 메시지를 받는 쪽 프로그램이다.

```
from socket import *
import struct

# 그룹에 가입하기
def strip2binip(ip):
    def inet_addr(ip):
        "convert decimal dotted quad string to long integer"
        return struct.unpack('>L', inet_aton(ip))[0]
    return struct.pack('ll', htonl(inet_addr(ip)), INADDR_ANY)

# 소켓 설정하기
s = socket(AF_INET, SOCK_DGRAM)
s.setsockopt(SOL_SOCKET, SO_REUSEADDR, 1)
s.bind(('', 9000))

# 그룹에 가입하기
mreq = strip2binip('235.5.5.5')        # 그룹 주소
s.setsockopt(IPPROTO_IP, IP_ADD_MEMBERSHIP, mreq)
print('데이터를 받습니다.')
```

```
msg, addr = s.recvfrom(1024)
print('[보낸주소]({}, {})'.format(*addr))
print('[받은데이터]{}'.format(msg)

# 그룹에서 탈퇴하기
s.setsockopt(IPPROTO_IP, IP_DROP_MEMBERSHIP, mreq)
s.close( )
```

IPv6(IP version 6) 주소

차세대 IP 주소로서 주소의 길이가 IPv4 주소의 32비트에서 128비트(16바이트)로 늘어났다. IPv6 주소를 처리하려면 특별한 절차가 필요한 것은 아니고, 단지 IPv6용 소켓을 만들면 된다.

```
>>> from socket import *
>>> s = socket(AF_INET6, SOCK_STREAM)
```

나머지 연산은 앞서 기술한 방법과 동일하게 적용된다.

22.6 기타 유용한 소켓 함수들

이제 앞서 설명한 기본 메서드 이외에 몇 가지의 유용한 함수들을 살펴본다.

getservbyname( ) 함수

이 함수는 인터넷 서비스의 포트 번호를 반환한다.

```
>>> from socket import *
>>> getservbyname('http', 'tcp')
80
>>> getservbyname('ftp', 'tcp')
21
```

getaddrinfo( ) 함수

이 함수는 인수 host의 인수 port에 관한 정보를 반환한다.

```
getaddrinfo(host, port[, family, socktype, proto, flags])
```

가령 특정 호스트의 주어진 포트에 접속하려고 하는데 TCP나 UDP 중 어느 것으로 접속해야 하는지 알고 싶다고 하자. 직접 확인하기보다는 자동으로 확인할 수 있으면 좋을 것이다. 이런 경우 getaddrinfo( ) 함수를 사용한다. 예를 들어, 리눅스 서버의 HTTP 웹 서비스에 관한 소켓 정보는 다음과 같이 확인한다.

```
>>> getaddrinfo('localhost', 'http', 0, SOCK_STREAM)
[(23, 1, 0, '', ('::1', 80, 0, 0)), (2, 1, 0, '', ('127.0.0.1', 80))]
```

getaddrinfo( ) 함수의 인수 host는 호스트 컴퓨터이고, 인수 port는 포트나 인터넷 서비스 이름이다. 따라서 http 대신에 80을 넘겨도 무방하다. 세 번째 인수부터는 수치형이어야 한다. 세 번째 인수 family는 소켓의 도메인(AF_UNIX, AF_INET)을 의미하나 0은 특별히 도메인을 지정하지 않겠다는 의미이다. 네 번째 인수 socktype는 SOCK_STEAM, SOCK_DGRAM 등이 된다. 인수 proto는 프로토콜 번호이며 일반적으로 0의 값을 가진다.

getaddrinfo( ) 함수의 검색 결과인 반환 형식을 살펴보자. 반환은 다음처럼 5항목으로 구성된 튜플의 리스트이다.

```
(family, socktype, proto, canonname, sockaddr)
```

앞의 세 항목은 소켓 객체를 생성할 때 그대로 활용하는 값이다. 항목 canonname은 호스트 컴퓨터의 공식 이름, 항목 sockaddr는 소켓의 주소(host, port)이다. 따라서 다음이 성립한다.

```
(2, 1, 0, '', ('127.0.0.1', 80)) == (AF_INET, SOCK_STREAM, 0, '', ('127.0.0.1', 80))
```

첫 번째 값이 23인 것은 AF_INET6의 값으로 IPv6용 소켓을 의미한다.

gethostbyname( ) 함수

이 함수는 호스트 이름을 IPv4 형식의 주소로 변환한다.

```
>>> gethostbyname('icsh.kw.ac.kr')
'128.134.47.9'
```

gethostbyname(hostname)

gethostname( ) 함수

이 함수는 파이썬을 실행하고 있는 호스트 컴퓨터의 이름을 반환한다.

```
>>> gethostname( )
'salmosa'
```

gethostbyname_ex( ) 함수

이 함수는 호스트 컴퓨터의 이름을 튜플(hostname, aliaslist, ipaddrlist)로 반환한다.

```
(hostname, aliaslist, ipaddrlist) = gethostbyname_ex(hostname)
```

반환 값에서 항목 hostname은 호스트 컴퓨터의 이름이고, 항목 aliaslist는 별명들이다. 항목 Ipaddrlist는 IPv4 형식의 주소들이다.

```
>>> gethostbyname_ex('daum.net')
('daum.net', [], ['114.108.157.19', '114.108.157.50', '61.111.62.173',
'110.45.215.23'])
```

getfqdn( ) 함수

이 함수는 전체 도메인 이름을 반환한다.

```
>>> getfqdn( )
'localhost.localdomain'
```

makefile( ) 함수

이 함수는 소켓 객체의 메서드로 소켓을 마치 파일처럼 다루게 해주는 객체를 생성한다.

```
makefile([mode[, bufsize]])
```

인수 mode는 파일 열 때 모드와 동일하다. 파일 사용이 끝나면 close( ) 함수를 호출해서 닫아야 한다.

```
sock = socket(AF_INET, SOCK_STREAM)
sock.connect(('', 5001))
file = sock.makefile('rw',0)       # 파일 유사 객체를 얻고 버퍼링하지 않는다.
line = file.readline( )            # 소켓에서 줄 단위로 읽는다.
~ 생략 ~
file.close( )                      # 소켓 객체와는 별도로 닫아야 한다.
sock.close( )
```

has_ipv6 상수

이 상수는 시스템이 IPv6 형식의 주소를 지원하면 True를 반환한다.

```
>>> has_ipv6
True
```

socket.getsockname( ) 함수

이 함수는 소켓 객체의 (IP 주소, 포트 번호) 튜플을 반환한다.

socket.getpeername( ) 함수

이 함수는 소켓이 연결된 (원격 주소, 포트 번호) 튜플을 반환한다.

```
>>> import socket
>>> s = socket.socket(socket.AF_INET, socket.SOCK_STREAM)
>>> s.connect(("www.google.com", 80))
>>> print("Connected from", s.getsockname( ))     # 내 컴퓨터 주소와 포트 번호
Connected from ('128.134.62.46', 2356)
>>> print("Connected to", s.getpeername( ))       # 서버 주소와 포트 번호
Connected to ('64.233.189.104', 80)
```

기타 자세한 정보는 파이썬 라이브러리 레퍼런스의 socket 모듈을 참고하기 바란다.

22.7 socketserver 모듈을 이용한 소켓 서버 만들기

asyncore와 asynchat, select 모듈을 이용하여 비동기적 소켓 서버를 만드는 예를 앞 절에서 설명했지만 여기서는 멀티스레드 기반의 소켓 서버를 만드는 방법을 살펴보자. socketserver 모듈은 소켓 기반의 서버를 아주 쉽고 간단하게 만들 수 있는 프레임워크를 제공한다.

socketserver 모듈 22.7.1

socketserver 모듈은 여러 유형의 소켓 서버를 만들 수 있는 프레임워크를 제공하고 있다. 소켓 서버를 만들려면 다음과 같이 두 가지 객체를 생성해야 한다.

- **소켓 서버** 원하는 유형의 소켓 서버 인스턴스 객체를 생성해야 한다. 소켓 유형(TCP, UDP)과 도메인(IP 소켓과 유닉스 소켓), 요청을 동기적으로나 멀티프로세스로, 멀티스레드로 처리할 것인가에 따라 사용해야 하는 서버 클래스가 다르다.
- **요청 핸들러(Request Handler)** 소켓 서버가 외부로부터 요청을 받을 때 처리할 루틴을 가지고 있는 클래스이다.

먼저 표 22-3를 보자. 소켓 서버는 우선 소켓 유형과 도메인에 따라 네 가지로 분류한다. AF_UNIX는 유닉스 계열에서만 사용할 수 있다. 이미 앞서도 설명했지만 TCP 프로토콜은 연속적인 데이터의 흐름을 제공하며, UDP는 손실될 수도 있고 순서가 맞지 않을 수도 있는 독립적인 패킷을 제공한다.

이들 각각은 처리 방식에 따라 다시 세 가지로 분류하는데 동기적(Synchronous) 소켓 서버는 요청(Request)을 한 번에 하나씩만 순차적으로 처리한다. 동시에 많은 접속이 들어올 때는 현재 서비스 중인 요청을 끝내고서 하나씩 처리한다. 두 번째는 여러 요청을 각각의 프로세스가 처리하는 방식이 있다. 마지막으로 멀티스레드로 처리하는 방식이 있다.

표 22-3 소켓 유형과 도메인에 따른 소켓 서버

소켓 유형	도메인	AF_INET(IP 소켓)	AF_UNIX(유닉스 소켓)
SOCK_STREAM(TCP)	Synchronous	TCPServer	UnixStreamServer
	Forking		ForkingTCPServer
	Threading	ThreadingTCPServer	ThreadingUnixStreamServer
SOCK_DGRAM(UDP)	Synchronous	UDPServer	UnixDatagramServer
	Forking	ForkingUDPServer	
	Threading	ThreadingUDPServer	ThreadingUnixDatagramServer

요청(Request) 핸들러도 소켓 유형에 따라 선정해야 한다. 당연한 이야기지만 요청 핸들러는 소켓 서버에 따라서 결정된다.

표 22-4 소켓 유형에 따른 요청 핸들러

소켓 유형	해당 핸들러
SOCK_STREAM(TCP)	StreamRequestHandler
SOCK_DGRAM(UDP)	DatagramRequestHandler

소켓 서버 만들기 22.7.2

소켓 서버를 만들려면 BaseRequestHandler 클래스를 상속받은 요청 핸들러 클래스를 만들어야 한다. StreamRequestHandler와 DatagramRequestHandler 클래스는 모두 BaseRequest-Handler 클래스의 하위 클래스이므로 이들 클래스로부터 하위 클래스를 만드는 것이 자연스럽다. 예를 들어, 다음과 같이 만든다.

```
class MyRequestHandler(StreamRequestHandler):
    def handle(self):
    ~ 생략 ~
```

이 클래스에 handle( ) 메서드를 중복해야 한다. 서버에 요청이 들어오면 이 handle( ) 메서드가 자동으로 호출된다. 요청(Request) 클래스를 만들었으면 이제 소켓 서버 인스턴스 객체를 생성해야 한다. 예를 들어, 다음과 같이 생성한다.

```
server = ThreadingTCPServer(("", PORT), MyRequestHandler)
```

첫 인수로 서버 주소가, 두 번째 인수로 요청 핸들러 클래스가 전달되어야 한다.

마지막으로 handle_request( )나 serve_forever( ) 메서드를 사용하여 하나의 요청이나 연속적인 요청을 처리한다.

다음은 앞서 설명한 내용을 종합하여 작성한 소켓 서버의 코드이다.

```
# socketserver01.py
import socket
from socketserver import ThreadingTCPServer, StreamRequestHandler

PORT = 8001

class RequestHandler(StreamRequestHandler):
    def handle(self):
        print('connection from', self.client_address)
        conn = self.request
        while 1:
            msg = conn.recv(1024)
            if not msg:
                conn.close( )
                print(self.client_address, 'disconnected')
                break
            print(self.client_address, msg)

if __name__ == '__main__':
    server = ThreadingTCPServer(('', PORT), RequestHandler)
    print('listening on port', PORT)
    server.serve_forever( )
```

클라이언트에서 연결이 되면 새로운 RequestHandler 클래스 객체가 생성되고 handle( ) 메서드가 호출된다. 인수 self.client_address로 클라이언트의 주소를 알 수 있고, 소켓 객체는 self.request 객체로 얻어 낸다. 이 핸들러의 역할은 단순히 클라이언트에서 전달받은 메시지를 화면에 출력하는 일을 한다.

코드를 실행한 결과는 다음과 같다. 우선 서버에서 sockeserver01.py 파일을 실행한다.

```
$ python3 socketserver01.py
listening on port 8001
```

또 다른 터미널에서 소켓 서버에 연결을 해보자.

```
$ telnet localhost 8001
Trying 127.0.0.1...
Connected to localhost.
Escape character is '^]'.
```

클라이언트에서 연결되었으면 다음 줄을 입력해 본다.

```
HI
Hello
```

그러면 서버 화면에는 다음과 같이 나온다.

```
connection from ('127.0.0.1', 32808)
('127.0.0.1', 32808) b'HI\r\n'

('127.0.0.1', 32808) b'Hello\r\n'
```

32808은 클라이언트에서 서버측 8001 포트로 접속할 때 사용한 포트이다.

22.8 http.server 모듈을 이용한 HTTP 서버 만들기

이번 절에서는 http.server 모듈의 HTTPServer 클래스를 이용하여 HTTP 서버를 만드는 것에 대하여 설명을 한다.

HTTPServer 클래스의 동작 22.8.1

http.server 모듈에는 한 개의 서버 클래스 HTTPServer와 몇 개의 핸들러 클래스를 정의하고 있다. 이 모듈은 앞서 설명한 socketserver 모듈 위에 만들어진 프레임워크이다. http.server 모듈은 기본적인 소켓 연결을 관리하는 HTTPServer 클래스와 요청을 처리하는 BaseHTTPRequestHandler 클래스로 구성된다. HTTPServer 클래스는 socketserver.TCPServer 클래스의 하위 클래스로 동기적으로 요청을 하나씩 처리하도록 되어 있다. BaseHTTPRequestHandler 클래스는 socketserver.StreamRequestHandler 클래스의 하위 클래스이다.

BaseHTTPRequestHandler 클래스는 요청과 헤더를 분석한 후 요청되는 명령에 따라 적당한 함수를 호출한다. 예를 들어, GET이란 명령에 대해서 do_GET( )이란 메서드를 인수 없이 호출한다. 기본적으로 어떠한 명령도 구현되어 있지 않다.

BaseHTTPRequestHandler 클래스는 요청을 분석하여 다음과 같은 몇 개의 멤버 변수에 저장한다.

- `client_address` 튜플(host, port)인 클라이언트 IP 주소를 가진다.
- `command, path, request_version` 요청 줄을 분석하여 각각의 멤버에 저장한다.
- `headers` email.message.Message 클래스의 인스턴스 객체로 헤더 정보를 담고 있다.
- `rfile` 클라이언트에서 입력받은 데이터를 읽기 위한 파일 객체이다.
- `wfile` 클라이언트로 출력하기 위한 파일 객체이다.

만일 에러가 검출되면 send_error(code[, message]) 메서드를 사용하여 완전한 에러 메시지를 보낸다. 그렇지 않으면 send_response(code) 메서드로 응답의 첫 번째 줄을 출력한다. 헤더의 출력은 send_header(keyword, value) 메서드를 사용한다. 필요한 만큼 호출한다. 헤더가 다 출력되었으면 end_ headers( ) 메서드를 호출하여 빈 줄을 출력한다. 다음에는 wfile.write( ) 메서드와 같이 데이터를 출력하면 된다.

BaseHTTPRequestHandler 클래스를 이용한 서버 만들기 22.8.2

간단한 HTTP 서버를 만들어 보자. 이 서버는 접속한 시점의 현재 시간을 넘겨준다.

```
# httpserver01.py
from http.server import HTTPServer, BaseHTTPRequestHandler
import sys
import time

PORT = 8000

class MyHandler(BaseHTTPRequestHandler):
    def do_GET(self):
        self.send_response(200)
        self.send_header('Content-type', 'text/html')
        self.end_headers( )
        self.send_body( )

    def send_body(self):
        t = time.asctime( )
        msg = '<html><body>access time : <b>{}</b></body></html>'.format(t)
        self.wfile.write(msg.encode( ))

httpd = HTTPServer(('', PORT), MyHandler)
print('listening on port', PORT)
httpd.serve_forever( )
```

이제 HTTP 서버를 실행하고 웹 브라우저로 접속해서 결과를 보자(그림 22-3).

그림 22-3 BaseHTTPServer 실행 결과(현재 접속 시간)

SimpleHTTPRequestHandler 클래스를 이용한 HTTP 서버 만들기 22.8.3

http.server 모듈의 SimpleHTTPRequestHandler 클래스는 어떠한 명령도 구현되어 있지 않은 BaseHTTPRequestHandler 클래스와는 달리 GET과 HEAD 명령이 구현되어 있다. GET은 문서를 읽어서 클라이언트로 보내 주는 명령이고 HEAD는 GET과 동일하나 문서만 전송되지 않는다. 여기에서 GET은 HTML 문서만을 HTML 문서로 처리한다.
다음은 간단히 HTTP 서버를 구현한 예이다.

```
# httpserver02.py
from http.server import HTTPServer, SimpleHTTPRequestHandler

PORT = 8000

Handler = SimpleHTTPRequestHandler
httpd = HTTPServer(('', PORT), Handler)

print('listening on port', PORT)
httpd.serve_forever( )
```

이 서버는 프로그램이 실행되는 디렉터리를 /로 가정한다.

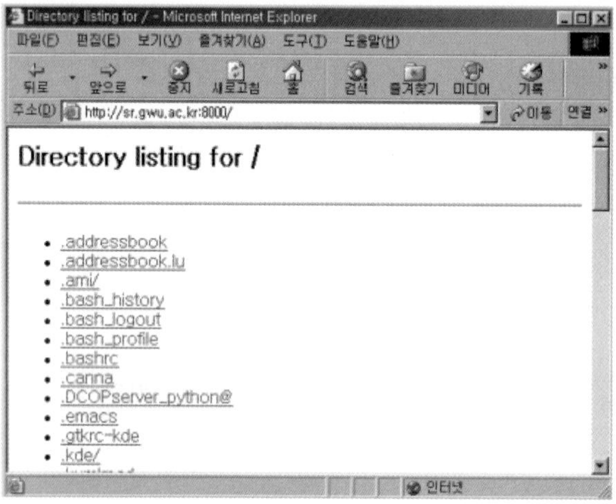

그림 22-4 httpserver02.py 실행 결과(현재 디렉터리 목록 표시)

CGIHTTPRequestHandler 클래스를 이용한 HTTP 서버 만들기 22.8.4

http.server 모듈의 CGIHTTPRequestHandler 클래스는 SimpleHTTPRequestHandler 클래스의 모든 기능에 CGI 스크립트를 수행하는 기능을 추가하였다. 또한, CGI 스크립트를 수행하기 위해 POST 명령을 지원한다. 유닉스와 윈도우 모두에서 수행이 가능하다.

CGIHTTPRequestHandler 클래스의 속성 중에는 cgi_directories란 리스트가 있는데 이 리스트 안에 있는 디렉터리 안에 CGI 스크립트가 있을 경우에만 CGI 스크립트를 수행할 수 있다. 기본값은 다음과 같다.

```
cgi_directories = ['/cgi-bin', '/htbin']
```

다음은 간단한 예이다.

```
# httpserver03.py
from http.server import HTTPServer, CGIHTTPRequestHandler

PORT = 8000
```

```
Handler = CGIHTTPRequestHandler
httpd = HTTPServer(('', PORT), Handler)

print('listening on port', PORT)
httpd.serve_forever( )
```

만일 스크립트 디렉터리를 변경하려면 다음과 같이 코드를 작성하면 된다.

```
# httpserver04.py
from http.server import HTTPServer, CGIHTTPRequestHandler

PORT = 8000

class Handler(CGIHTTPRequestHandler):
    cgi_directories = ['/cgi-bin', '/public_html/cgi-bin']

httpd = HTTPServer(('', PORT), Handler)

print('listening on port', PORT)
httpd.serve_forever( )
```

서버가 python.kw.ac.kr일 때 이 CGI 스크립트를 수행하려면 웹 브라우저에서 다음과 같이 한다.

```
http://sr.gwu.ac.kr:8000/cgi-bin/httpserver04.py
```

제 23 장

디렉터리와 파일 다루기

Chapter 23

파일에 관한 목록과 정보를 읽고, 복사하고, 조작하는 방법과 디렉터리를 다루는 방법을 살펴보자.

23.1 파일 다루기

파일 목록 얻기 23.1.1

디렉터리 안에 들어 있는 파일 목록을 얻는 방법을 소개한다.

glob.glob( ) 함수

glob 모듈의 glob( ) 함수는 유닉스 경로명 패턴 스타일로 파일 목록을 가져올 수 있다. 다음 표는 유닉스 셸 스타일 와일드카드 문자를 정리한 것이다.

표 23-1 유닉스 셸 스타일 와일드카드 문자

문자	설명
*	전체 일치하는 매칭이다.
?	단일 문자가 일치하는 매칭이다.
`[seq]`	seq 안에 있는 임의의 문자가 일치하는 매칭이다. 예 `[abc]`
`[!seq]`	seq에 있지 않은 임의의 문자가 일치하는 매칭이다. 예 `[!abc]`

다음은 와일드카드 문자를 사용한 예이다.

```
>>> import glob
>>> glob.glob('*')
['books.db', 'DLLs', 'Doc', 'include', 'Lib', 'libs', 'LICENSE.txt',
'NEWS.txt', 'pets.db', 'python.exe', 'pythonw.exe', 'README.txt',
'sqlitetest.py', 'tcl', 'test.db', 'Tools', 'w9xpopen.exe']

>>>
>>> glob.glob('[pw]*.exe')     # p나 w로 시작하고 .exe로 끝나는 파일들이다.
['python.exe', 'pythonw.exe', 'w9xpopen.exe']
```

os.listdir( ) 함수

os 모듈의 listdir( ) 함수를 사용하면 지정된 디렉터리에서 전체 파일 목록을 가져올 수 있다. 다음은 listdir( ) 함수를 사용한 예이다.

```
>>> os.listdir('.')       # 현재 디렉터리의 파일 목록 얻기
['books.db', 'DLLs', 'Doc', 'include', 'Lib', 'libs', 'LICENSE.txt',
'NEWS.txt', 'pets.db', 'python.exe', 'pythonw.exe', 'README.txt',
'sqlitetest.py', 'tcl', 'test.db', 'Tools', 'w9xpopen.exe']
```

os.walk( ) 함수

os 모듈의 walk( ) 함수는 디렉터리의 하위 트리 구조를 재귀적으로 검색해 가면서 디렉터리 목록과 파일 목록을 전달해 준다. 형식은 다음과 같다.

```
os.walk(top, topdown = True, onerror = None, followlinks = False)
```

인수 top에서 시작하여 하위 디렉터리를 검색해 가면서 디렉터리 목록과 파일 목록을 반복적으로 전달한다. 반환 형식은 튜플 (dirpath, dirnames, filenames)이다. 디렉터리를 검색하는 순서는 인수 topdown이 결정한다. 인수 onerror는 OSError 에러가 발생하면 호출되는 함수이고, 인수 followlinks가 True이면 심볼릭 링크 파일로 지정된 디렉터리도 검색한다. 다음은 walk( ) 함수를 사용한 예이다. 현재 디렉터리에서 시작해서 현재 디렉터리의 이름과 디렉터리

목록(5개까지), 파일 목록을 출력한다.

```
>>> import os
>>> for curdir, dirs, files in os.walk('.'):
        print('curdir=', curdir)
        print('dirs=', dirs[:5])    # 지면 관계상 5개까지만
        print('files=', files[:5])  # 지면 관계상 5개까지만
        print('-'*60)

curdir= .
dirs= ['DLLs', 'Doc', 'include', 'Lib', 'libs']
files= ['books.db', 'LICENSE.txt', 'NEWS.txt', 'pets.db', 'python.exe']
------------------------------------------------------------
curdir= .\DLLs
dirs= []
files= ['py.ico', 'pyc.ico', 'pyexpat.pyd', 'python3.dll', 'select.pyd']
------------------------------------------------------------
curdir= .\Doc
dirs= []
files= ['python330.chm']
------------------------------------------------------------
curdir= .\include
dirs= []
files= ['abstract.h', 'accu.h', 'asdl.h', 'ast.h', 'bitset.h']
------------------------------------------------------------
curdir= .\Lib
dirs= ['collections', 'concurrent', 'ctypes', 'curses', 'dbm']
files= ['abc.py', 'aifc.py', 'antigravity.py', 'argparse.py', 'ast.py']
------------------------------------------------------------
curdir= .\Lib\collections
dirs= ['__pycache__']
files= ['abc.py', '__init__.py', '__main__.py']
------------------------------------------------------------
curdir= .\Lib\collections\__pycache__
dirs= []
files= ['abc.cpython-33.pyc', '__init__.cpython-33.pyc']
------------------------------------------------------------
curdir= .\Lib\concurrent
dirs= ['futures', '__pycache__']
```

```
files= ['__init__.py']
~ 생략 ~
```

파일 종류 알아보기 23.1.2

os.path 모듈의 다음 함수들을 사용하면 파일의 종류를 알 수 있다.

- isfile(filepath) 함수 정규 파일이면 True를 반환한다.
- isdir(filepath) 함수 디렉터리면 True를 반환한다.
- islink(filepath) 함수 심볼릭 링크면 True를 반환한다.
- ismount(filepath) 함수 인수 filepath가 마운트 포인트면 True를 반환한다.

다음은 현재 디렉터리에 있는 파일의 종류를 모두 출력하는 예이다.

```
>>> import os
>>> def filetype(fpath):
        print(fpath, ':', end = ' ')
        if os.path.isfile(fpath):
                print('Regular file')
        if os.path.isdir(fpath):
                print('Directory')
        if os.path.islink(fpath):
                print('Symbolic link')
        if os.path.ismount(fpath):
                print('Mount point')

>>> flist = glob.glob('*')
>>> for fname in flist:
        filetype(fname)

Lib : Directory
libs : Directory
LICENSE.txt : Regular file
NEWS.txt : Regular file
~ 생략 ~
```

파일의 허가권 23.1.3

1 파일의 허가권 알아보기

파일의 허가권(읽기, 쓰기, 실행하기)을 알아보는 함수로 os.access( )가 있다.

```
os.access(filepath, mode)
```

인수 mode는 다음과 같은 값일 수 있는데, OR 연산으로 중복해서 사용할 수 있다.

- F_OK 파일이 존재하는지 알아보는 플래그이다.
- R_OK 읽기 권한이 있는지 알아보는 플래그이다.
- W_OK 쓰기 권한이 있는지 알아보는 플래그이다.
- X_OK 실행 권한이 있는지 알아보는 플래그이다.

다음은 현재 디렉터리에 있는 파일이 가지고 있는 권한을 모두 출력하는 예이다.

```
>>> import os, glob
>>> def fileaccess(fpath):
        print(fpath, ':', end = ' ')
        if os.access(fpath, os.F_OK): print('Exists', end = ' ')
        else: return
        if os.access(fpath, os.R_OK): print('R', end = ' ')
        if os.access(fpath, os.W_OK): print('W', end = ' ')
        if os.access(fpath, os.X_OK): print('X', end = ' ')
        print( )

>>> flist = glob.glob('*')
>>> for fname in flist:
        fileaccess(fname)

DLLs : Exists R W X
Doc : Exists R W X
include : Exists R W X
Lib : Exists R W X
libs : Exists R W X
```

```
LICENSE.txt : Exists R W X
~ 생략 ~
```

복수 개의 허가권을 다음과 같이 OR 연산으로 한꺼번에 알아볼 수 있다.

```
>>> os.access(' README.txt', os.R_OK | os.W_OK | os.X_OK)       # ①
False
>>> os.access(' README.txt', os.R_OK | os.W_OK)
True
>>>
```

① README 파일에 대해 읽기와 쓰기, 실행 권한 모두 있으면 True를 반환한다.

2 파일의 허가권 변경하기

파일의 허가권을 변경하려면 chmod( ) 함수를 사용한다. 허가권에 관한 내용은 각 운영 체제를 공부하기 바란다. 다음은 파일에 대해 rwxrwxrwx 허가권을 부여하는 예이다.

```
>>> os.chmod('t.c', 0777)
```

파일 조작하기 23.1.4

파일 이름을 변경하는 다음 예에서는 a.c 파일을 b.c 파일로 바꾼다.

```
>>> os.rename('a.c', 'b.c')
```

파일을 옮기는 다음 예에서는 현재 작업 디렉터리의 t1.c 파일을 public_html 디렉터리의 t1.c 파일로 옮긴다.

```
>>> os.rename('t1.c', 'public_html/t1.c')
```

파일을 복사하는 다음 예에서는 a.c 파일을 b.c 파일로 복사한다.

```
>>> import shutil
>>> shutil.copyfile('a.c', 'b.c')
```

파일을 삭제하는 다음 예에서는 t.c 파일을 삭제한다. remove( ) 함수 대신에 unlink( ) 함수를 사용해도 된다.

```
>>> os.remove('t.c')
```

링크 파일 23.1.5

파일 링크에 관한 연산은 리눅스와 유닉스에서만 가능하다. 다음은 하드 링크를 만든다.

```
>>> os.link('t.c', 't.lnk')
```

다음은 심볼릭 링크를 만든다.

```
>>> os.symlink('t.c', 't.slnk')
```

마지막으로 심볼릭 링크의 정보를 얻는다.

```
>>> os.readlink('t.slnk')
't.c'
```

파일 접근과 수정 시간 23.1.6

os 모듈의 utime( ) 함수를 사용하면 파일에 접근한 시간과 수정한 시간을 설정할 수 있다.

```
utime(path, times)
```

인수 times의 형식은 (atime, mtime)형의 튜플이다. 인수 atime은 접근 시간, 인수 mtime은 수정 시간을 의미한다.

```
>>> import os
>>> import time
>>> os.utime('t.txt', None)            # 현재 시간으로 접근 시간과 수정 시간을 설정한다.
>>>
>>> atime = time.time( )
>>> mtime = t1 - 60 * 60
>>> # 접근 시간은 현재 시간, 수정 시간은 1시간 전으로 설정한다.
>>> os.utime('t.txt', (atime, mtime))
```

파일에 접근한 시간과 수정한 시간을 읽어 올 때는 os.stat( ) 함수를 사용한다.

```
>>> import os, stat
>>> import time
>>> atime = os.stat('README.txt')[stat.ST_ATIME]   # 접근 시간을 읽어 온다.
>>> mtime = os.stat('README.txt')[stat.ST_MTIME]   # 수정 시간을 읽어 온다.
>>> atime
1360889269
>>> mtime
1348883426
>>> os.path.getatime('README.txt')  # 파일 접근 시간을 읽어 온다.
1360889269.9767506
>>> os.path.getmtime('README.txt')  # 파일 수정 시간을 읽어 온다.
1348883426.0
>>> time.ctime(atime)               # 문자열로 변환한다.
'Fri Feb 15 09:47:49 2013'
>>> time.ctime(mtime)
'Sat Sep 29 10:50:26 2012'
```

파일 소유자 23.1.7

os 모듈의 chown( ) 함수는 filepath 파일의 사용자 및 그룹을 uid와 gid로 변경한다.

```
chown(filepath, uid, gid)
```

다음 예는 파일 t.c의 사용자를 id 501로, 그룹을 id 101로 변경한다. 이 함수는 루트(root) 권한을 가진 사용자만 사용할 수 있다.

```
>>> os.chown('t.c', 501, 101)
```

파일에 관한 자세한 내용은 os.stat( ) 함수를 통해서 알 수 있다. 모듈 stat는 os.stat( ) 함수가 반환하는 여러 가지 정보를 해석하기 위해 여러 가지 심볼을 정의하고 있다.

```
>>> import stat
>>> os.stat('t.c')[stat.ST_UID]        # 파일 소유자 ID
500
>>> os.stat('mp1.py')[stat.ST_SIZE]    # 파일 크기
373
>>> os.stat('mp1.py')[stat.ST_ATIME]   # 파일 접근 시간
1377592663
```

임시 파일의 이름 짓기 23.1.8

여러 작업을 하다 보면 기존의 파일 이름과 중복되지 않는 파일 이름을 갖는 임시 파일을 만들어야 할 경우가 생긴다. 이때 tempfile 모듈을 이용한다.

```
>>> # 리눅스에서 실행한 예
>>> import tempfile
>>> tempfile.mktemp( )
'/tmp/@28934.0'
>>>
```

```
>>> # 윈도우에서 실행한 예
>>> import tempfile
>>> tempfile.mktemp( )
'c:\\users\\gslee\\appdata\\local\\temp\\tmppwj5oo'
```

23.2 파일에 관한 정보 알아내기

os 모듈의 stat( ) 함수는 지정한 파일에 대해 10개의 정보를 반환한다.

```
stat(filepath)
```

다음은 사용 예이다.

```
>>> os.stat('README.txt')
nt.stat_result(st_mode=33206, st_ino=2251799814286397, st_dev=0, st_nlink=1,
st_uid=0, st_gid=0, st_size=6683, st_atime=1360889269, st_mtime=1348883426,
st_ctime=1348883426)
```

이들 정보는 다음과 같은 의미를 갖는다. 자세한 내용은 유닉스 운영 체제의 시스템 콜 stat를 참고하기 바란다.

표 23-2 stat 객체의 필드의 이름과 내용

필드 이름	설명
st_mode	Inode 보호 모드
st_ino	Inode 번호
st_dev	Inode가 있는 장치 번호
st_nlink	Inode로의 링크 수

필드 이름	설명
st_uid	소유자의 소유자 ID
st_gid	소유자의 그룹 ID
st_size	파일 크기(바이트 수)
st_atime	최근 접근 시간
st_mtime	최근 수정 시간
st_ctime	최근 상태 변화 시간

모듈 stat는 os.stat( ) 함수의 결과를 해석하기 위한 상수와 함수를 가지고 있다. 앞서 본 상수들은 stat 모듈에 정의되어 있다. 이들은 정수 값이어서 다음과 같이 원하는 정보를 얻어낼 수 있다.

```
>>> import stat
>>> os.stat('t.c')[stat.ST_INO]      # Inode 번호
16502
>>> os.stat('t.c')[stat.ST_UID]      # 사용자 ID
501
>>> os.stat('t.c')[stat.ST_SIZE]     # 파일 크기
100
>>>
```

모듈 stat에는 파일 타입에 관한 함수도 준비되어 있는데 다음과 같이 파일이 디렉터리인지 아닌지 조사할 수 있다.

```
>>> mode = os.stat('t.c')[stat.ST_MODE]
>>> stat.S_ISDIR(mode)
False
```

이와 같이 사용할 수 있는 stat 모듈의 함수로는 다음과 같은 것이 있다. 자세한 내용은 라이브러리 레퍼런스를 참조하기 바란다.

```
S_ISDIR(mode), S_ISCHR(mode), S_ISBLK(mode), S_ISREG(mode), S_ISFIFO(mode),
S_ISLNK(mode), S_ISSOCK(mode)
```

파일 크기를 알아내는 방법으로 os.path.getsize(filename) 함수를 사용할 수도 있다.

23.3 디렉터리 다루기

작업 중인 디렉터리를 변경하려면 chdir( ) 함수를 사용한다.

```
>>> os.chdir('/home')
```

현재 프로세스의 작업 디렉터리를 알아보려면 getcwd( ) 함수를 사용한다.

```
>>> os.getcwd( )
'/home'
```

디렉터리를 새로 만들려면 mkdir( ) 함수를 사용한다.

```
>>> os.mkdir('temp')           # 0777 기본 모드(rwxrwxrwx)로 만들어진다.
>>> os.mkdir('temp2', 0700)    # 0700 모드(rwx------)로 만들어진다.
>>> # 0777 기본 모드이다. 중간에 필요한 디렉터리도 모두 만든다.
>>> os.makedirs('temp/level1/level2')
```

내용이 없는 빈 디렉터리를 삭제하려면 rmdir( ) 함수를 사용한다. 디렉터리에 파일이 없을 때 삭제할 수 있다.

```
>>> os.rmdir('temp2')
```

하지만, 만일 디렉터리가 비어 있지 않으면 삭제가 되지 않는다.

```
>>> os.rmdir('temp')
Traceback (most recent call last):
    File "<stdin>", line 1, in ?
OSError: [Errno 39] Directory not empty: 'temp'
```

여러 단계로 디렉터리를 삭제하려면 removedirs( ) 함수를 사용한다. 맨 오른쪽부터 하나씩 디렉터리를 삭제한다. 디렉터리가 비어 있으면 삭제되지 않고 중단된다.

```
>>> os.removedirs('level1/level2')
```

이럴 경우는 모듈 shutil의 rmtree( ) 함수를 사용하면 파일은 물론 하위 디렉터리까지 모두 한꺼번에 삭제할 수 있다. 따라서 함수를 사용하면서 매우 신중해야 한다.

```
>>> import shutil
>>> shutil.rmtree('temp')
```

하위 디렉터리와 파일이 있는 디렉터리를 복사하려면 shutil 모듈의 copytree( ) 함수를 사용한다.

```
shutil.copytree(src, dst, symlinks = False, ignore = None, copy_function = copy2,
                                                ignore_dangling_symlinks = False)
```

인수 src인 디렉터리에서 인수 dst인 디렉터리로 복사를 하는데, dst 디렉터리는 이미 존재하지 않는 디렉터리이어야 한다. 인수 symlinks의 기본값은 False인데, False이면 심볼릭 링크 파일을 새 디렉터리로 복사하며, True이면 심볼릭 링크만 복사한다. 다음은 public_html 디렉터리를 myweb_backup 디렉터리로 복사하는 예이다.

```
>>> shutil.copytree('public_html', 'myweb_backup')
```

디렉터리의 이름을 바꾸거나 옮기는 것은 파일에서와 방법이 동일하다.

23.4 파일 이름 다루기

파일 경로 관련 작업 23.4.1

파일의 상대 경로를 절대 경로로 바꾸는 함수는 abspath( )이다.

```
>>> import os
>>> os.path.abspath('t.txt')
'C:\\Python33\\t.txt'
```

주어진 경로의 파일이 있는지 확인하려면 exits( ) 함수를 사용한다.

```
>>> os.path.exists('C:\\Python33\\README.txt')
True
>>> os.path.exists('asdf.txt')
False
```

사용자의 홈 디렉터리 경로명을 확장하려면 expanduser( ) 함수를 사용한다.

```
>>> import os
>>> os.path.expanduser('~/t.txt')
'/home/gslee/t.txt'
```

셸 변수를 확장하려면 expandvars( ) 함수를 사용한다.

```
>>> os.path.expandvars('$HOME/t.txt')
'/home/gslee/t.txt'
```

파일 이름을 서로 연결하려면 join( ) 함수를 사용한다.

```
>>> os.path.join('a', 'b', 'c', 'd.txt')     # 윈도우에서 실행한 예
'a\\b\\c\\d.txt'
>>> os.path.join('a', 'b', 'c', 'd.txt')     # 리눅스에서 실행한 예
'a/b/c/d.txt'
```

파일 이름을 정규화하려면 normcase( ) 함수를 사용한다.

```
>>> os.path.normcase('/Down/Python.exe')
'\\down\\python.exe'
```

경로를 정규화하려면 normpath( ) 함수를 사용한다.

```
>>> os.path.normpath('A/B/../B/./t.txt')
'A/B/t.txt'
```

현재와 부모 디렉터리의 이름을 알아내려면 curdir( )과 pardir( ) 함수를 사용한다.

```
>>> os.curdir    # 현재 디렉터리
'.'
>>> os.pardir    # 부모 디렉터리
'..'
```

디렉터리 분리 문자를 알아내려면 sep 변수를 사용한다.

```
>>> os.sep     # 윈도우에서 실행한 예
'\\'
>>> os.sep     # 리눅스에서 실행한 예
'/'
>>>
```

경로명 분리하기 23.4.2

경로명과 파일 이름을 분리하여 추출하려면 basename( )과 dirname( ) 함수를 사용한다.

```
>>> os.path.basename('C:\\Python33\\t.txt')     # 파일 이름만 추출한다.
't.txt'
>>> os.path.dirname('C:\\Python33\\t.txt')      # 디렉터리 경로를 추출한다.
'C:\\Python33'
```

경로명과 파일 이름을 헤드(Head)와 테일(Tail)로 분리하려면 split( ) 함수를 사용한다.

```
>>> os.path.split('C:\\Python33\\t.txt')
('C:\\Python33', 't.txt')
```

윈도우에서 드라이브 이름을 분리하려면 splitdrive( ) 함수를 사용한다.

```
>>> os.path.splitdrive('C:\\Python33\\t.txt')
('C:', '\\Python33\\t.txt')
```

전체 경로에서 확장자만 분리하려면 splitext( ) 함수를 사용한다.

```
>>> os.path.splitext('C:\\Python33\\t.txt')
('C:\\Python33\\t', '.txt')
```

파일 이름이 패턴과 일치하는지 알아보기 23.4.3

fnmatch 모듈은 파일 이름이 주어진 패턴과 일치(Matching)하는지 확인하는 기능을 제공한다. 다음 예는 't.txt' 파일 이름이 '?.txt' 패턴과 일치하는지 검사한다.

```
>>> import fnmatch
>>> fnmatch.fnmatch('t.txt', '?.txt')
True
```

여기에 사용 가능한 유닉스 셸 스타일 와일드카드 문자는 표 23-1에서 정리한 것과 같다.

```
>>> fnmatch.fnmatch('a.txt', '[abc].txt')
True
>>> fnmatch.fnmatch('b.txt', '[abc].txt')
True
>>> fnmatch.fnmatch('d.txt', '[abc].txt')
False
```

23.5 압축 파일 다루기

파이썬은 압축 파일을 다루는 표준 모듈로 zlib과 gzip, bz2, lzma, zipfile, tarfile를 제공한다.

zlib / bz2 / lzma 모듈 23.5.1

이 모듈들은 zlib 모듈을 이용한 파일 압축과 해제를 지원한다. zlib 모듈에 관해서는 http://www.zlib.net를 참고하기 바란다. bz2 모듈은 bzip2 프로그램과 호환되는 파일 압축과 해제를 해준다. lzma 모듈은 LZMA 압축 알고리즘을 사용하고 xz 유틸리티와 호환된다. 이들 모듈의 기본 동작은 거의 유사하다.

1 메모리 데이터의 압축과 해제

압축할 바이트 열이 compress( ) 함수를 통과하면 압축한 바이트 열이 만들어지고 decompress( ) 함수를 통과하면 압축한 바이트 열이 해제된다. 압축하려는 데이터가 크면 압축률은 증가한다.

```
>>> from zlib import compress, decompress
>>> c = compress(b'abc')    # 압축
>>> decompress(c)           # 해제
b'abc'

>>> from bz2 import compress, decompress
>>> c = compress(b'abc')    # 압축
>>> decompress(c)           # 해제
b'abc'

>>> from lzma import compress, decompress
>>> c = compress(b'abc')    # 압축
>>> decompress(c)           # 해제
b'abc'
```

2 증분 압축과 해제

만일 압축하려는 데이터가 너무 커서 메모리로 한 번에 읽어 올 수 없다면 다음과 같이 zlib.compressobj( )와 zlib.decompressobj( ) 함수 아니면 bz2.BZ2Compressor( )와 bz2.BZ2Decompressor( ) 함수를 사용해서 증분 압축과 해제 (Incremental Compression and Decompression)를 사용할 수 있다.

compressobj, BZ2Compressor, LZMACompressor와 같은 클래스는 compress( ) 메서드를 지원한다. compress( ) 메서드는 입력되는 부분 데이터의 바이트 열들을 모아 적당한 시점에서 압축 바이트 열을 반환한다. 맨 마지막에는 flush( ) 함수를 통해 남아 있는 바이트 열을 모두 압축해야 한다. 압축을 해제할 때는 decompressobj( ) 함수를 사용하여 Decompress 객체를 생성해서 decompress( ) 메서드를 호출하면 된다.

```
# zlib01.py - compressobj

libtype = 1

if libtype == 1:
    from zlib import compressobj as Compressor
    from zlib import decompressobj as Decompressor
    fpath_out = 'readme.z'
elif libtype == 2:
    from bz2 import BZ2Compressor as Compressor
    from bz2 import BZ2Decompressor as Decompressor
    fpath_out = 'readme.bz2'
elif libtype == 3:
    from lzma import LZMACompressor as Compressor
    from lzma import LZMADecompressor as Decompressor
    fpath_out = 'readme.xz'

compressor = Compressor( )

fpath = 'c:\\python33\\README.txt'

# 증분 압축
with open(fpath_out, 'wb') as fout:
    with open(fpath) as f:
        data = f.read(128)         # 부분적으로 읽어 온다.
        while data:
            c = compressor.compress(data.encode( ))      # 버퍼에 추가한다.
            if c:                  # 압축하였는지 확인한다.
                fout.write(c)      # 파일에 출력한다.
            data = f.read(128)
    c = compressor.flush( )
    if c:
        fout.write(c)
```

```
# 증분 해제
decompressor = Decompressor( )

with open(fpath_out, 'rb') as f:
    data = f.read(128)                       # 부분적으로 읽어 온다.
    while data:
        c = decompressor.decompress(data)    # 버퍼에 추가한다.
        if c:                                # 압축을 해제하였는지 확인한다.
            print(c.decode( ))               # 화면에 출력한다.
        data = f.read(128)

if hasattr(decompressor, 'flush'):
    c = decompressor.flush( )
    if c:
        print(c.decode( ))
```

3 체크섬

체크섬(Checksum)이 필요하다면 다음과 같이 adler32( )나 crc32( ) 함수를 사용할 수 있다.

```
>>> zlib.adler32(b'abc')
38600999
>>> zlib.crc32(b'abc')
891568578
```

gzip 모듈 23.5.2

GNU의 gzip과 gunzip 프로그램과 호환되는 압축과 해제를 지원한다. 이 모듈은 내부에서 zlib 모듈을 사용한다. 메모리에서의 파일 압축과 해제는 앞서 설명한 zlib 모듈과 같은 방식으로 처리한다.

```
import gzip

c = gzip.compress(b'abc')
u = gzip.decompress(c)
```

파일 유사 객체를 이용하여 파일에 직접 쓰고 읽어 낼 수 있다.

```
data = open('README.txt').read( ).encode( )
with gzip.open('readme.txt.gz', 'wb') as f:
    f.write(data)

with gzip.open('readme.txt.gz', 'rb') as f:
    print(f.read( ))
```

zipfile 모듈 23.5.3

zipfile 모듈은 zip 파일을 다룬다. 파일을 압축할 뿐 아니라 여러 파일을 모아 하나의 ZIP 아카이브(Archive)를 구성한다. 아카이빙(Archiving)을 하면서 압축이 가능하며 압축 옵션은 다음과 같은 것이 있다.

- ZIP_STORED 압축하지 않고 아카이브에 추가한다.
- ZIP_DEFLATED zlib 모듈을 이용하여 ZIP 압축을 사용한다.
- ZIP_BZIP2 BZIP2 압축을 사용한다.
- ZIP_LZMA LZMA 압축을 사용한다.

압축을 해제하는 방법은 extractall( ) 메서드를 사용해서 한 번에 해제할 수도 있고 extract( ) 메서드로 각각 선택적으로 해제할 수도 있다. 다음은 여러 파일을 하나로 아카이빙하고 복원하는 예이다.

```
# zipfile01.py
import zipfile

# 여러 파일을 압축해서 하나의 ZIP 파일 만들기
flist = ['c:\\python33\\README.txt', 'c:\\python33\\python.exe']

with zipfile.ZipFile('test.zip', 'w', compression=zipfile.ZIP_BZIP2) as myzip:
```

```
    for fpath in flist:
        myzip.write(fpath)

# 파일을 한 번에 압축 해제하기
zipfile.ZipFile('test.zip').extractall( )

# 아니면, 압축한 파일 목록을 확인하고 하나씩 압축 해제하기
with zipfile.ZipFile('test.zip') as myzip:
    namelist = myzip.namelist( )
    print(namelist, '\n')
    for name in namelist:
        info = myzip.getinfo(name)
        print('{} : date_time={} CRC={} file_size={}
                compress_size={}'.format(info.filename, info.date_time,
                        info.CRC, info.file_size, info.compress_size))
        myzip.extract(name)    # 압축 해제하기
```

tarfile 모듈 23.5.4

tarfile 모듈은 TAR 아카이브를 관리하는 모듈이다. gzip과 bz2, lzma 모듈로 압축한 아카이브를 읽고 쓴다. TAR 파일을 만들거나 읽을 때 압축 옵션은 열기 모드로 결정한다.

표 23-3

쓰기 모드	읽기 모드
• 'w' 또는 'w:' 비압축 • 'w:gz' GZIP 압축 • 'w:bz2' GZIP2 압축 • 'w:xz' LZMA 압축	• 'r' 또는 'r:*' 압축 방식에 따라 자동으로 결정된다. 권장 모드이다. • 'r:' 비압축 • 'r:gz' GZIP 압축 • 'r:bz2' GZIP2 압축 • 'r:xz' LZMA 압축

추가도 가능하다. 'a' or 'a:' ? 압축 없이 추가하는 모드이다. 파일이 없으면 만들어진다.

다음은 여러 파일을 하나의 TAR 파일로 압축하고 해제하는 예이다.

```
# tarfile01.py
import tarfile

# 여러 파일을 압축해서 하나의 TAR 파일 만들기
flist = ['c:\\python33\\README.txt', 'c:\\python33\\python.exe']

with tarfile.open('test.tar.gz', 'w:gz') as mytar:
    for fpath in flist:
        mytar.add(fpath)

# 파일 한 번에 압축 해제하기
tarfile.open('test.tar.gz').extractall( )

# 압축한 파일 목록을 확인하고 하나씩 압축 해제하기
with tarfile.open('test.tar.gz', 'r:gz') as mytar:
    for tarinfo in mytar:
        print('{} : file_size={}'.format(tarinfo.name, tarinfo.size))
            if tarinfo.isreg( ):                # 정규 파일일 경우
                mytar.extract(tarinfo.name)     # 압축 풀기
            elif tarinfo.isdir( ):              # 디렉터리일 경우
                print('    folder')
```

제 24 장

프로세스 다루기

Chapter 24

24.1 프로세스 관련 정보 알아보기 **24.2** 다른 프로그램 실행하기 **24.3** 프로세스 관리하기

프로그램은 하드디스크에 존재하는 실행 가능한 파일이다. 프로그램 자체가 활동성을 가지고 실행되는 객체는 아니다. 이에 반해 프로세스는 실행 중인 프로그램으로 생각할 수 있다. 즉, 하드디스크에 있던 프로그램이 자신의 고유 메모리 영역을 할당받아서, 데이터와 스택, 다른 자원을 활용하여 코드를 실행하는 상태에 있는 것이다. 이렇듯이 프로그램의 실행 객체를 프로세스라 한다. 운영 체제는 프로세스의 생성과 소멸, 프로세스 간에 CPU를 할당하는 등의 작업을 담당한다. 프로세스를 무거운 프로세스(Heavyweight Process)라고 하는데 반해서 가벼운 프로세스(Lightweight Process)라고 불리는 스레드(Thread)는 프로세스에서 실행되는 실행 단위이다.

24.1 프로세스 관련 정보 알아보기

모듈 os를 사용하면 프로세스에 관련된 여러 정보를 알아볼 수 있다. 먼저 현재 프로세스의 작업 디렉터리를 알아보려면 getcwd( ) 함수를 사용한다.

```
>>> import os
>>> os.getcwd( )
'/home/gslee'
```

셸에 저장된 변수인 환경 변수를 읽거나 만들려면 environ 매핑 객체를 이용한다. 사전과 같은 방식으로 동작하며 값을 읽거나 쓸 수 있다.

```
>>> import os
>>> os.environ['PATH']    # 환경 변수 PATH의 값 알아보기
'/usr/local/bin:/usr/bin:/usr/X11R6/bin:/bin:/usr/lib/java/bin:/usr/g
ames/bin:/usr/games:/opt/gnome/bin:/opt/kde2/bin:/opt/kde/bin:/usr/op
```

```
enwin/bin:.'

>>> os.environ['HOME']    # 환경 변수 HOME의 값 알아보기
'/home/gslee'
```

환경 변수를 설정할 때는 사전에서 항목을 만드는 것과 같이 하면 된다.

```
>>> os.environ['NAME'] = 'GSLEE'
>>> os.environ['NAME']
'GSLEE'
```

실제/유효 사용자/그룹을 알아보려면 다음과 같은 함수를 사용한다. 자세한 개념은 유닉스 시스템을 참고하기 바란다.

```
>>> os.getuid( )       # 실제 사용자 ID
501
>>> os.getgid( )       # 실제 그룹 ID
501
>>> os.geteuid( )      # 유효 사용자 ID
501
>>> os.getegid( )      # 유효 그룹 ID
501
```

실제/유효 사용자/그룹을 설정하려면 다음과 같은 함수를 사용한다.

- os.setuid( ) 함수 　실제 사용자 ID를 설정한다.
- os.setgid( ) 함수 　실제 그룹 ID를 설정한다.
- os.seteuid( ) 함수 　유효 사용자 ID를 설정한다.
- os.setegid( ) 함수 　유효 그룹 ID를 설정한다.

현재 프로세스나 부모 프로세스의 ID를 알아보려면 getpid( )나 getppid( ) 함수를 사용한다.

```
>>> os.getpid( )        # 현재 프로세스 ID
24628
>>> os.getppid( )       # 부모 프로세스 ID
24621
```

기타 필요한 정보를 알아보려면 다음과 같은 함수를 사용한다.

```
>>> os.ctermid( )       # 터미널 ID 얻기
'/dev/tty'
>>> os.getgroups( )     # 사용자가 속해 있는 모든 그룹 ID
[501, 0, 502]
>>> os.getlogin( )      # 로그인 이름
'gslee'

>>> os.umask(0000)      # umask 값 변경
18 ─────────────────── 이전에 설정되어 있던 값이 반환된다. 022
>>> os.umask(0022)
0

>>> os.uname( )         # 현재 운영 체제에 관련된 5가지의 정보를 넘겨준다.
(sysname, nodename, release, version, machine)
('Linux', 'python', '2.6.26.8-57.fc8', '#1 SMP Thu Dec 18 19:19:45 EST
2008', 'i686')

>>> os.uname( )         # 또 다른 시스템에서의 결과이다.
('SunOS', 'daisy', '5.6', 'Generic_105181-21', 'sun4u')
```

24.2 다른 프로그램 실행하기

파이썬 3에는 프로세스를 생성하고 통신하는 관련 작업을 일관되게 하는 subprocess라는 모듈이 있다. 이 모듈에는 Popen이란 클래스와 call( )이란 함수가 있다. 이들에 대해 예를 가지고 살펴보기로 하자.

다른 프로그램 실행하기 24.2.1

Popen 클래스를 이용하여 하위 프로세스를 생성하는 예이다.

```
>>> from subprocess import *
>>> Popen('c:\\windows\\system32\\calc.exe')
<subprocess.Popen object at 0x00CC72D0>
```

실행 파일 경로를 지정하면 다음과 같이 윈도우에서 계산기가 실행된다.

그림 24-1 계산기를 실행한 화면

인수가 필요한 경우에도 직접 문자열로 지정해 줄 수 있다.

```
>>> p = Popen(['ping', 'www.google.co.kr'])     # ①
Ping www.google.co.kr [74.125.141.94] 32바이트 데이터 사용:
74.125.141.94의 응답: 바이트=32 시간=228ms TTL=40
74.125.141.94의 응답: 바이트=32 시간=228ms TTL=40
74.125.141.94의 응답: 바이트=32 시간=232ms TTL=40
74.125.141.94의 응답: 바이트=32 시간=214ms TTL=40

74.125.141.94에 대한 Ping 통계:
    패킷: 보냄 = 4, 받음 = 4, 손실 = 0 (0% 손실),
왕복 시간(밀리초):
    최소 = 214ms, 최대 = 232ms, 평균 = 225ms
```

① 대신에 Popen('ping www.google.co.kr')을 사용해도 된다.

call() 함수를 사용하면 프로세스가 종료할 때까지 대기한다.

```
>>> call(["ping", "www.google.co.kr"])

Ping www.google.co.kr [74.125.141.94] 32바이트 데이터 사용:
74.125.141.94의 응답: 바이트=32 시간=228ms TTL=40
74.125.141.94의 응답: 바이트=32 시간=213ms TTL=40
74.125.141.94의 응답: 바이트=32 시간=213ms TTL=40
74.125.141.94의 응답: 바이트=32 시간=217ms TTL=40

74.125.141.94에 대한 Ping 통계:
    패킷: 보냄 = 4, 받음 = 4, 손실 = 0 (0% 손실),
왕복 시간(밀리초):
    최소 = 213ms, 최대 = 228ms, 평균 = 217ms
0 ---- 이것은 ping의 반환 코드이다.
```

단방향 파이프 생성하기 24.2.2

이번에는 프로그램을 실행하고 결과를 문자열로 받아 내는 예를 보자. 다음은 윈도우 명령 프롬프트에서 dir 명령을 실행하고 파이프를 통해서 결과를 받아 내는 예이다.

```
>>> pipe = Popen('dir', shell = True, stdout = PIPE)  # 표준 출력을 파이프로 전환한다.
>>> print(pipe.stdout.read( ).decode('mbcs'))
C 드라이브의 볼륨에는 이름이 없습니다.
 볼륨 일련 번호: 801B-2C79

 C:\Python33 디렉터리

2013-02-27  오전 11:57    <DIR>          .
2013-02-27  오전 11:57    <DIR>          ..
2013-02-27  오전 11:53    <DIR>          DLLs
2013-02-27  오전 11:57    <DIR>          Doc
2013-02-27  오전 11:53    <DIR>          include
2013-02-27  오전 11:50    <DIR>          Lib
```

```
2013-02-27  오전 11:53    <DIR>          libs
2012-09-29  오전 10:59            33,198 LICENSE.txt
2012-09-29  오전 10:50           384,954 NEWS.txt
~ 생략 ~
               6개 파일             521,603 바이트
               9개 디렉터리  53,158,797,312 바이트 남음
```

출력 stdout 이외에 표준 입력이나 에러를 stdin나 stderr로 지정할 수 있다. PIPE나 파일 객체, 파일 기술자(양의 정수) 값을 인수로 지정할 수도 있다. 다음 코드는 IDLE가 아닌 명령 프롬프트에서 실행되는 파이썬 대화식 인터프리터에서 수행해보기 바란다.

```
pipe = Popen('sort', shell = True, stdin = PIPE)  # 표준 입력은 파이프로 한다.
pipe.stdin.write(b'''a
c
b''')
pipe.stdin.close( )                               # 입력이 끝나면 출력을 얻을 수 있다.
```

코드를 실행한 결과는 다음과 같다.

```
a
b
c
```

양방향 파이프 생성하기 24.2.3

이번에는 sort 명령을 양방향 파이프로 실행해 보자.

```
>>> pipe = Popen('sort', shell = True, stdin = PIPE, stdout = PIPE)
>>> pipe.stdin.write(b'''a
c
b''')
>>> pipe.stdin.close( )                           # 입력을 종료한다.
>>> print(pipe.stdout.read( ).decode('mbcs'))     # 출력 파이프에서 읽는다.
a
```

```
b
c
```

communicate( ) 메서드는 표준 입력 stdin으로 데이터를 넘겨주고, 표준 출력 stdout와 표준 에러 stderr를 통해서 EOF(End of File)를 읽을 때까지 데이터를 받는다. 프로세스가 종료되면 반환한다. 데이터가 메모리에 버퍼링 되므로, 읽을 데이터의 양이 많을 때는 사용하지 않는 것이 바람직하다.

```
>>> p = Popen('sort', shell = True, stdin = PIPE, stdout = PIPE)
>>> p.communicate(b"a\nc\nb")     # 데이터를 넘겨준다.
(b'a\r\nb\r\nc\r\n', None)        # 반환 값은 (stdout, stderr)의 결괏값들이다.
```

Popen 객체 정보 알아보기 24.2.4

Popen 객체는 생성된 프로세스에 대해 몇 가지 정보를 가지고 있다. sleep은 리눅스 명령이다.

```
>>> p = Popen('sleep 5', shell = True)
>>> p.pid                          # 프로세스 ID
29883
>>> p.returncode                   # 프로세스 종료 반환 코드 값(None 객체)
>>> p.stdin, p.stdout, p.stderr    # 표준 입력,표준 출력, 표준 에러 객체
(None, None, None)
```

poll( ) 메서드는 프로세스가 종료되었는지 검사한다. 종료되었으면 종료 코드를 반환한다. 종료되지 않았으면 None 객체를 반환한다.

```
>>> p = Popen('sleep 30', shell = True)
>>> p.poll( )    # 프로세스가 종료되었는지 검사한다.
>>>
>>> p.poll( )    # 30초 후에 다시 한번 검사한다.
0
```

wait( ) 메서드는 프로세스가 종료할 때까지 대기한다.

```
>>> p = Popen('sleep 30', shell = True)
>>> p.wait( )
0
```

참고로 env 인수로 환경 변수의 값을 전달할 수 있다.

```
Popen(["/bin/mycmd", "myarg"], env={"PATH": "/usr/bin"})
```

연결 프로그램으로 실행하기 24.2.5

파일을 연결 프로그램으로 실행하려는 경우 os 모듈의 startfile( ) 메서드를 사용한다. 이것은 윈도우 탐색기에서 파일을 더블클릭하는 효과가 있다. 프로그램이 시작되면 곧바로 반환된다. 응용 프로그램이 종료하기를 기다릴 수도 없고, 종료 코드를 받을 수도 없다. 예를 들어, 다음 코드는 HWP 프로그램을 실행해서 test.hwp 파일을 연다.

```
os.startfile('\\work\\test.hwp')
```

24.3 프로세스 관리하기

프로세스 생성하기 24.3.1

1 자식 프로세스의 생성(유닉스)

os 모듈의 fork( ) 함수는 부모 프로세스의 거의 모든 자원을 상속받는 자식 프로세스를 생성(복제)한다. 이 함수가 성공하면 부모 프로세스는 자식의 PID를 얻으며, 자식 프로세스는 0을 반환한다.

```
# forkex.py
import os

print("원래 프로세스 PID={}".format(os.getpid( )))
pid = os.fork( )        # 이 시점에서 프로세스가 두 개로 나뉜다.
if pid:
    print("난 부모 프로세스 PID={} 내 자식 PID={}".format(os.getpid( ), pid))
else:
    print("난 자식 프로세스 PID={} 내 부모 PID={}".format(os.getpid( ),
                                                          os.getppid( )))
print("끝납니다 PID={}".format(os.getpid( )))
```

자식 프로세스는 부모가 실행한 환경을 그대로 가지며, 같은 코드를 동시에 실행한다. 단지 반환한 값인 PID에 의해서 다른 부분을 실행할 뿐이다. 두 프로세스는 동일한 코드를 실행하지만(코드는 공유한다.) 스택과 데이터 공간을 별도로 가지고 있다. 코드를 실행한 결과는 다음과 같다.

```
$ python3 forkex.py
원래 프로세스 PID= 3162
난 자식 프로세스 PID=3163 내 부모 PID=3162
끝납니다 PID= 3163
난 부모 프로세스 PID=3162 내 자식 PID=3163
끝납니다 PID= 3162
```

fork( ) 함수는 자신만을 복제하는데, 많은 경우 프로세스를 복제하는 이유는 다른 종류의 프로세스를 실행하기 위해서이다. exec( ) 함수를 사용하면 다른 종류의 프로세스를 실행할 수 있다.

2 프로세스의 치환(유닉스)

os 모듈의 exec( ) 함수는 현재 프로세스를 다른 프로세스로 치환한다. 이 함수가 실행되면 PID(프로세스 ID)와 PPID(부모 프로세스 ID)는 변하지 않고 단지 프로세스가 실행하고 있는 코드만 바뀐다.

```
# execex.py
import os

print('ls를 실행하기 직전. 내 pid={}'.format(os.getpid( )))
os.execl("/bin/ls", "ls", "-l")
print('이 글은 절대로 출력되지 않을 것임')
```

코드를 실행한 결과는 다음과 같다.

```
$ python3 execex.py
ls를 실행하기 직전. 내 pid=451
합계 152
-rw-rw-r-- 1 gslee gslee  344 2013-02-27 17:57 daemon.py
-rw-rw-r-- 1 gslee gslee  176 2013-02-27 17:59 execex.py
-rw-rw-r-- 1 gslee gslee  634 2013-02-27 17:57 exitex.py
-rw-rw-r-- 1 gslee gslee  398 2013-02-27 17:57 forkex.py
~ 생략 ~
$
```

일반적으로 유닉스에서 새 프로세스를 생성할 때는 fork( ) 함수와 exec( ) 함수 순으로 호출이 이루어진다.

```
# execex02.py
import os

print('ls를 실행하기 직전. 내 pid={}'.format(os.getpid( )))
if os.fork( ) == 0:
    os.execl("/bin/ls", "ls")     # 자식 프로세스가 ls 프로세스로 전환된다.
print('부모 프로세스만 이 글을 출력함')
```

exec( ) 함수와 관련된 함수로는 execl( )과 execle( ), execlp( ), execv( ), execve( ), execvp( ), execvpe( ) 등이 있다. 자세한 내용은 라이브러리 레퍼런스를 참고하기 바란다.

자식 프로세스 기다리기 24.3.2

부모 프로세스는 자식 중 하나가 종료되기를 기다릴 수 있다. 이때 os 모듈의 wait( ) 함수를 실행하여 자식이 종료한 코드를 받아들일 수 있다. 이 메서드는 하나의 자식 프로세스가 종료될 때까지 대기한다. wait( ) 함수의 반환 값은 튜플 (pid, staus)이다. 여기서 pid는 종료되는 자식 프로세스의 PID이고, status는 자식 프로세스가 종료하면서 넘기는 16비트 종료 코드 값이다. status의 하위 8비트는 프로세스를 종료시킨 시그날 번호이고, 상위 8비트는 (시그날 번호가 0일 때) 프로세스의 종료 코드 값을 나타낸다. 이 값은 os 모듈의 exit( ) 함수에 의해서 자식으로부터 부모 프로세스로 전달된다. 일반적인 프로그램 종료에는 sys.exit( ) 함수를 사용하기 바란다.

```
# exitex.py
import os

print("원래 프로세스 PID=", os.getpid( ))
pid = os.fork( )    # 이 시점에서 프로세스가 두 개로 나뉜다.
if pid:
    print("난 부모 프로세스 PID={} 내 자식 PID={}" % (os.getpid( ), pid))
    pid, status = os.wait( )      # 자식이 종료하기를 기다린다.
    print("자식 {}는 반환 값 {}을 넘기고 종료함".format(pid, status >> 8))
else:
    print("난 자식 프로세스 PID={} 내 부모 PID={}".format(os.getpid( ),
                                                              os.getppid( )))
    print("끝납니다 PID=", os.getpid( ))
    os._exit(42)    # 자식 프로세스의 종료 코드를 넘겨주고 종료한다.
```

코드를 실행한 결과는 다음과 같다.

```
$ python3 exitex.py
원래 프로세스 PID= 3203
난 자식 프로세스 PID=3204 내 부모 PID=3203
끝납니다 PID= 3204
난 부모 프로세스 PID=3203 내 자식 PID=3204
자식 3204 는 반환 값 42을 넘기고 종료함
```

고아 프로세스(유닉스) 24.3.3

부모가 자식 프로세스보다 먼저 종료하면, 자식 프로세스는 자신의 반환 값을 받아 줄 새로운 부모가 필요하다. 이런 경우 자동으로 프로세스 PID가 1인 init 프로세스의 양자가 된다. 이 프로세스는 시스템 내 모든 프로세스의 조상이다. 다음은 부모 프로세스가 먼저 종료한 상황에서 자식 프로세스의 부모 프로세스 PID를 확인하는 예이다.

```
# orphan.py
import os
import time

print("원래 프로세스 PID=", os.getpid( ))
pid = os.fork( )    # 이 시점에서 프로세스가 두 개로 나뉜다.
if pid:
    print("난 부모 프로세스 PID={} 내 자식 PID={}".format(os.getpid( ), pid))
else:
    print("난 자식 프로세스 PID={} 내 부모 PID={}".format(os.getpid( ), os.getppid( )))
    time.sleep(5)
    print("난 자식 프로세스 PID={} 내 부모 PID={}".format(os.getpid( ), os.getppid( )))
```

time.sleep(5)는 5초 동안 대기하게 해준다. 코드를 실행한 결과는 다음과 같다.

```
$ python3 orphan.py
원래 프로세스 PID=13908
난 부모 프로세스 PID=13908 내 자식 PID=13909
난 자식 프로세스 PID=13909 내 부모 PID=13908
난 자식 프로세스 PID=13909 내 부모 PID=1
```

맨 아래 줄을 보면 부모 프로세스의 PID가 1로 바뀌었다.

좀비 프로세스(유닉스) 24.3.4

종료한 프로세스라도 자신의 부모 프로세스가 종료 코드를 받을 때까지는 시스템을 떠날 수 없다. 만일 부모 프로세스가 이미 종료되었으면 PID가 1인 init 프로세스에 의해서 반환 코드를 받는다. 하지만, 부모가 살아 있으면서 wait( ) 함수를 실행하지 않으면, 자식 프로세스는 자신의 종료 코드가 받아들여질 때까지 좀비 프로세스로 남아 있는다. 좀비 프로세스는 코드와 데이터, 스택 등 모든 자원을 반환한 상태이므로 자원을 낭비하지는 않는다. 그러나 소위 프로세스 제어 블록을 가지고 테이블에 남아 있으므로 많은 수의 좀비가 있으면 이들을 처리해야 한다. 다음은 좀비 프로세스를 생성하는 예이다.

```
# zombie.py
import os
import time

pid = os.fork( )
if pid:
    while True: time.sleep(100)   # 종료하지 않는다.
else:
    os._exit(42)
```

코드를 실행한 결과는 다음과 같다.

```
$ python3 zombie.py &
$ ps
PID TTY TIME CMD
7139 pts/0 00:00:00 bash
14177 pts/0 00:00:00 python              ── 부모 프로세스
14178 pts/0 00:00:00 python <defunct>    ── 좀비 자식 프로세스
14179 pts/0 00:00:00 ps
$ kill 14177                             ── 부모 프로세스 강제 종료
[1]- Terminated python3 zombie.py
$ ps
PID TTY TIME CMD
7139 pts/0 00:00:00 bash
14179 pts/0 00:00:00 ps
```

데몬 프로세스(유닉스) 24.3.5

기본적으로 데몬 프로세스는 백그라운드 프로세스이다. 따라서 현재 프로세스를 두 개로 나눈(Fork) 후 부모 프로세스가 자식을 기다리지 않고 죽으면(os._exit( )) 자식 프로세스가 데몬 프로세스가 된다.

다음은 데몬 프로세스를 생성하는 예이다. 관련되지 않는 다른 프로세스로부터 영향을 받지 않게 하기 위해서 독립적인 그룹을 만들어 주고(os.setpgrp( )), 프로그램이 지정하는 파일 모드를 그대로 생성하기 위해서 마스크 비트를 0으로 한다(os.umask(0)). 또한, 콘솔 입출력으로 인한 문제를 예방하기 위해 stdout과 stderr 파일을 다른 파일로 전환하거나 출력 내용을 무시하도록 한다.

```
# daemon.py
import os
import time
import sys

class Dummy:
    def write(self, s): pass

if os.fork( ):
    os._exit(0)

os.setpgrp( )
os.umask(0)
sys.stdin.close( )
sys.stdout = Dummy( )
sys.stderr = Dummy( )

# 여기서부터 데몬 프로그램 작성을 시작하면 된다.
# 이 데몬은 5초 후에 자동으로 종료된다.
time.sleep(5)
```

시그널 처리하기 24.3.6

프로그램을 실행하다 보면 때때로 예상하지 않은 사건이 발생한다. 예를 들어, 부동 소수점 에러, 정전, 알람 클록, 자식 프로세스의 종료, 사용자의 종료 요구(Ctrl + C), 사용자의 일시 중지 요구(리눅스에서 Ctrl + Z) 등이다. 시스템은 이런 사건이 발생했다는 것을 해당 프로세스에게 보내는데, 이것을 시그널이라 한다. Ctrl + C의 시그널 번호는 2번이고, SIGINT란 이름으로 signal 모듈에 정의되어 있다. 다음은 키보드에서 Ctrl + C가 눌렸을 때 프로그램이 조용히 종료하는 예이다.

```
# signal 01.py
import signal
import time
import sys

def handler(signum, f):
    print(signum)          # signal 번호를 출력하고 종료한다.
    sys.exit( )

signal.signal(signal.SIGINT, handler)

while True:
    print(time.ctime( ))
    time.sleep(1)
```

SIGINT는 키보드에서 Ctrl + C가 눌렸을 때 발생하는 시그널이다. 이때 처리할 핸들러를 지정한다. 코드를 실행한 결과는 다음과 같다.

```
Wed Feb 27 18:12:10 2013
Wed Feb 27 18:12:11 2013
Wed Feb 27 18:12:12 2013
2
```

제 25 장

멀티스레딩/멀티프로세싱

Chapter 25

가벼운 프로세스(Lightweight Process)라고 하는 스레드는 프로세스 안에서 실행되는 단위이다. 하나의 프로세스 안에 스레드가 여럿 존재할 수 있다. 하나의 프로세스에 하나의 스레드만 존재한다면 싱글 스레드 프로세스(Single Thread Process), 두 개 이상의 스레드가 존재한다면 멀티스레드 프로세스(Multithread Process)라고 한다.

하나의 프로세스 안에 있는 스레드들은 각각 독립적으로 스택을 가지고 실행되지만, 코드와 데이터는 공유한다. 스레드의 실행은 어느 시점에서라도 중단되고(Preemptive) 다른 스레드로 실행권이 넘어갈 수 있다. 스레드의 실행은 독립적이어서 다른 스레드와의 실행 순서에 관한 어떠한 가정도 할 수 없다.

파이썬의 스레드에는 약간의 제약이 있다. 파이썬은 내부적으로 전역 인터프리터 록(Global Interpreter Lock, GIL)을 사용한다. 이것은 시스템 하나에서 스레드 하나만 실행되도록 제한한다. 따라서 여러 개의 코어가 있어도 파이썬 스레드는 하나의 코어에서만 실행된다. GIL를 제거하고 여러 개의 코어를 활용하도록 하기 위해 많은 논의가 있었지만, GIL은 그대로 두기로 결론났다. GIL을 제거하는 효과가 크지 않았기 때문이다. GIL을 제거하면서 필요한 여러 가지 추가적인 오버로드가 꽤 커서 GIL을 이용하는 것과의 차이가 나지 않거나 오히려 더 성능이 나빠지는 결과가 나타났기 때문이다.

대신에 여러 개의 코어를 활용할 수 있는 multiprocessing 모듈을 제공한다. 이 모듈은 당연히 멀티프로세싱을 지원하는 모듈로 threading 모듈과 유사한 인터페이스를 제공하지만 여러 개의 코어에서 병렬로 프로세스들이 실행되게 한다.

25.1 멀티스레딩

스레드를 지원하는 모듈에는 저수준 모듈 _thread와 고수준 모듈 threading이 있다. 여기서는 고수준 스레드 API인 threading 모듈만 다루기로 한다.

threading 모듈 25.1.1

threading 모듈은 멀티스레드 프로그램을 작성하는 데 필요한 기능을 다양하게 지원한다.

1 스레드 객체 생성

Thread 클래스를 이용하여 스레드 객체를 생성한다. 방법은 두 가지이다.

- 호출 가능한 객체(함수 등)를 생성자에 직접 전달하는 방법
- 하위 클래스에서 run( ) 메서드를 중복하는 방법

첫 번째 방법의 예로, Thread 클래스의 생성자에 함수를 전달해 보자.

```
# threadex1.py
import threading, time

# 스레드로 실행할 함수를 정의한다.
def myThread(id):
    for i in range(10):
        print('id={} --> {}'.format(id, i))
        time.sleep(0)        # CPU를 양도한다.

threads = []                 # 스레드 객체를 모아 두는 리스트이다.
for i in range(2):           # 스레드 두 개를 생성한다.
    th = threading.Thread(target = myThread, args = (i,))       # ①
    th.start( )              # 스레드를 실행한다.
    threads.append(th)       # 스레드 객체를 리스트에 저장한다.

for th in threads:
    th.join( )               # 각 스레드가 종료할 때까지 대기한다.
print('Exiting')
```

① 스레드로 실행할 함수는 Thread 클래스 생성자의 target 인수에 전달된다. 스레드 함수의 인수로 사용할 인수는 args 인수로 전달한다. 스레드 객체 th의 start( ) 메서드를 호출하여 스레드를 시작한다. start( ) 메서드를 호출하게 되면 내부에서 myThread( ) 함수를 실행시킨다.

th.join( ) 메서드는 스레드 th가 종료할 때까지 대기한다. join(2.5)와 같이 메서드에 시간 정보를 넘기면 지정된 2.5초 동안까지만 프로세스 종료를 대기한다. th.isAlive( ) 메서드를 사용하여 프로세스 th의 종료 여부를 확인할 수 있다.

두 번째 방법의 예로, 하위 클래스에서 run( ) 메서드를 중복하는 방법을 보자. start( ) 메서드를 호출하면 스레드가 동작을 시작하고 이어서 run( ) 메서드를 내부에서 호출한다.

```
# threadex2.py
import threading, time

# Thread 클래스의 하위 클래스를 정의한다.
class MyThread(threading.Thread):
    def run(self):           # run( ) 메서드는 스레드가 실행할 코드를 갖는다.
        for i in range(10):
            print('id={} --> {}'.format(self.getName( ), i))    # ①
            time.sleep(0)    # CPU를 양도한다.

threads = []
for i in range(2):
    th = MyThread( )         # 스레드 객체를 얻고
    th.start( )              # 스레드를 실행한다.
    threads.append(th)       # 스레드 종료를 검사하기 위해 리스트에 잠시 저장한다.

for th in threads:
    th.join( )               # 스레드 th가 종료할 때까지 대기한다.
print('Exiting')
```

① getName( ) 메서드는 스레드의 이름을 알려준다. 코드를 실행한 결과는 다음과 같다.

```
id=Thread-1 --> 0
id=Thread-1 --> 1
id=Thread-2 --> 0
id=Thread-1 --> 2
id=Thread-1 --> 3
id=Thread-2 --> 1
id=Thread-1 --> 4
id=Thread-2 --> 2
```

```
id=Thread-1 --> 5
id=Thread-2 --> 3
id=Thread-1 --> 6
id=Thread-2 --> 4
id=Thread-1 --> 7
id=Thread-2 --> 5
id=Thread-1 --> 8
id=Thread-2 --> 6
id=Thread-1 --> 9
id=Thread-2 --> 7
id=Thread-2 --> 8
id=Thread-2 --> 9
Exiting
```

2 Lock/RLock 객체

스레드가 좋은 점은 전역 변수를 공유할 수 있다는 것이다. 하지만, 여러 스레드에서 동시에 공유하는 변수를 수정하려고 하면 경쟁 조건(Race Condition) 문제가 발생한다. 따라서 상호 배제(Mutual Exclusion)를 구현하여 공유하는 변수가 올바르게 수정되는 것을 보장해야 한다. 다양한 방법으로 이 문제를 해결할 수 있지만 Lock 클래스를 이용하는 것이 대표적이다. Lock 클래스 객체는 록 객체를 넘겨준다.

- `acquire( )` 메서드
  록을 얻는다. 스레드 하나가 acquire( ) 메서드로 록을 얻으면 acquire( ) 메서드를 시도하는 다른 스레드는 록을 얻지 못하고 대기 상태에 들어간다. 좀 더 다양한 옵션은 라이브러리 레퍼런스를 참고하기 바란다.

- `release( )` 메서드
  록을 해제한다. 만일 acquire( ) 메서드로 대기 중인 스레드가 있으면 이들 스레드 중 하나만 대기에서 벗어난다.

다음으로 RLock 클래스 객체는 Lock 클래스 객체와 같으나, 록을 소유하고 있는 스레드가 한 번 이상 acquire( ) 메서드를 호출할 수 있다. 록을 획득(Acquire)한 만큼 해제(Release)해야 록이 해제된다.

Lock 클래스를 이용한 예를 다음에서 보자.

```
# threadex3.py
import threading

g_count = 0

class MyThread(threading.Thread):
    def run(self):
        global g_count
        for i in range(10):
            lock.acquire( )    # 록을 얻고
            g_count += 1       # 배타적으로 실행권을 얻어서 처리하고
            lock.release( )    # 록을 해제한다.

lock = threading.Lock( )
threads = []
for i in range(10):
    th = MyThread( )
    th.start( )
    threads.append(th)

for th in threads:
    th.join( )
print('Exiting', g_count)
```

3 Condition 객체

조건 변수(Condition Variable)에 관한 내용은 일반적으로 운영 체제의 모니터에서 다룬다. 조건 변수는 내부에 하나의 스레드 대기 큐(Queue)를 가진다. wait( ) 메서드를 호출하는 스레드는 이 대기 큐에 넣어지고 대기(Sleep) 상태가 된다. notify( ) 메서드를 호출하는 스레드는 이 대기 큐에서 하나의 스레드를 깨운다.

조건 변수가 동작하는 특성을 설명하기 위해 간단한 코드를 이용하겠다. 전형적으로 wait( )와 notify( ) 메서드는 록을 획득한 상태에서 호출된다. 다음과 같이 모든 스레드가 참조하는 공유 변수 cv가 있다고 하자.

```
cv = threading.Condition( )
```

wait( ) 메서드를 호출하는 스레드는 다음과 같다.

```
cv.acquire( )    # 록을 얻는다.
# A
while ...:       # 적절한 조건이 주어진다.
cv.wait( )       # 잠시 록을 해제하고, cv 내부 대기 큐에서 기다린다.
# B
cv.release( )    # 록을 해제한다.
```

또 다른 스레드는 notify( ) 메서드로 대기 중인 스레드를 깨운다.

```
cv.acquire( )    # 록을 얻는다.
# C
cv.notify( )     # cv 내부 대기 큐에서 기다리고 있는 스레드 하나를 깨운다.
# D
cv.release( )    # 록을 해제한다.
```

이 코드에 대해서 추가 설명이 필요할 것 같다. A와 B, C, D 부분은 모두 록을 얻은 상태에서만 실행할 수 있는 코드이다. 따라서 이들 부분을 실행하고 있는 스레드는 유일하게 하나만 존재한다. 예를 들어, P1이 A 부분을 실행하고 있는 상태에서, P2도 역시 A 부분을 실행하기 위해서 cv.acquire( ) 메서드를 호출한다. 하지만, 이미 록이 걸려 있는 상태이므로 P2는 록을 얻을 때까지 acquire 큐에서 대기해야 한다. 이때, P3이 C 부분을 실행하려고 한다고 하자. P3도 마찬가지로 록이 없으므로 acquire 큐에서 대기한다.

이제 P1이 cv.wait( ) 메서드를 실행했다고 하자. 록을 해제하고 cv의 대기 큐에서 기다린다. 따라서 이제 P2나 P3 중에서 하나가 록을 얻을 수 있다. P2가 먼저 기다리고 있었으므로 P2가 록을 얻어 A 부분을 실행한다. P3은 여전히 대기한다.

P2도 cv.wait( ) 메서드를 실행한다. 그러면 P3이 록을 얻는다. C 부분을 실행하고 cv.notify( ) 메서드를 실행한다. 이 cv.notify( ) 메서드는 cv 대기 큐에서 기다리고 있는 스레드 중 하나를 깨운다. 먼저 대기하고 있던 P1이 깨어난다. 하지만, 록을 P3이 소유하고 있다. 따라서 P1이 당장 wait( ) 메서드로부터 반환하여 B 부분을 실행할 수 없다. P3이 있기 때문이다. 다시 한번 말하지만 A와 B, C, D 부분에는 하나의 스레드만이 존재할 수 있다. 참고로 cv.notifyAll( ) 메서

드는 대기 큐에서 기다리고 있는 스레드 모두를 깨운다. 만일 대기 큐에 스레드가 없는데 cv.notify( )나 cv.notifyAll( ) 메서드를 호출하면 아무 변화가 일어나지 않는다.

P3이 D 부분을 실행하고 release( ) 메서드를 호출한다. 록이 해제되었다. P1은 B 부분을 실행하기 위해 록을 대기하고 있었다. P1은 록을 얻을 수 있는 상태가 되기를 기다리고 있었다. P1은 록을 얻고 대기 상태에서 나와 B 부분을 실행한다. P2는 여전히 cv 대기 큐에서 기다리고 있다. 또 다른 스레드가 notify( ) 메서드를 호출하여 주기를 기다려야 한다.

4 조건 변수 활용하기

생산자/소비자 문제(Producer-consumer Problem)를 조건 변수(Condition Variable)를 이용하여 해결해 보자. 생산자는 정보를 생산하여 창고(버퍼)에 보관하고, 소비자는 생산된 정보를 가져간다. 생산자가 생산할 수 있는 정보의 양은 일반적으로 유한이지만, 여기서는 리스트를 활용하므로 특별히 제한을 두지 않기로 하자. 단, 소비자는 생산된 정보가 있을 경우에는 소비를 할 수 있지만 생산된 정보가 없으면 정보가 생산될 때까지 대기해야 한다. 만일 정말로 생산자/소비자 문제를 해결하고 싶으면, 더 좋은 방법은 25.1.2절에 기술된 queue 모듈을 보기 바란다. 다음은 소스 코드이다.

```
# threadex4.py
import threading, time
import random

NR_CONSUMER = 10                    # 소비자 프로세스의 수
NR_PRODUCER = NR_CONSUMER // 2      # 생산자 프로세스의 수

buffer = []                         # 공유 버퍼
cv = threading.Condition( )         # 조건 변수 생성

# 소비자
class Consumer(threading.Thread):
    def run(self):
        for x in range(5):          # 한 소비자는 5개의 정보를 소비한다.
            cv.acquire( )
            while len(buffer) < 1:  # 정보가 없으면
                print('waiting..')
```

```
                cv.wait( )              # 기다린다.
            print(buffer.pop(0))        # 정보를 소비한다.
            cv.release( )
            time.sleep(0.01)            # 잠시 대기한다.

# 생산자
class Producer(threading.Thread):
    def run(self):
        for x in range(10):             # 한 생산자는 10개의 정보를 생산한다.
            cv.acquire( )
            buffer.append(random.randrange(0, 20))      # ①
            cv.notify( )                # cv 대기 큐에서 대기하는 스레드가 있으면 깨운다.
            cv.release( )
            time.sleep(0.02)            # 잠시 대기한다.

con = []      # 소비자 스레드 리스트
pro = []      # 생산자 스레드 리스트

for i in range(NR_CONSUMER):
    con.append(Consumer( ))             # 소비자 스레드 생성

for i in range(NR_PRODUCER):
    pro.append(Producer( ))             # 생산자 스레드 생성

for th in con:                          # 소비자 스레드를 먼저 시작한다.
    th.start( )

for th in pro:                          # 생산자 스레드를 시작한다.
    th.start( )

for th in con:                          # 소비자 스레드가 종료할 때까지 대기한다.
    th.join( )

for th in pro:                          # 생산자 스레드가 종료할 때까지 대기한다.
    th.join( )

print('Exiting')
```

① 코드는 0부터 19 사이의 난수를 발생시켜서 정보를 생산한다. 코드를 실행한 결과는 다음과 같다.

```
waiting..
waiting..
waiting..
waiting..
waiting..
waiting..
waiting..
waiting..
waiting..
waiting..
18
17
16
10
19
waiting..
waiting..
waiting..
waiting..
waiting..
17
2
10
14
19
waiting..
waiting..
waiting..
waiting..
waiting..
9
6
14
11
16
waiting..
```

```
waiting..
waiting..
waiting..
waiting..
5
12
14
13
17
waiting..
waiting..
waiting..
waiting..
waiting..
2
0
11
19
10
waiting..
waiting..
waiting..
waiting..
waiting..
4
10
9
10
16
waiting..
waiting..
```

4 Semaphore 객체

세마포어(Semaphore)는 가장 오래된 동기화 프리미티브(Primitive)이다. 세마포어는 내부에 정수형의 카운터 변수(_Semaphore__value)를 가지고 있다. 이 변수는 세마포어 변수를 만들 때 초기화된다.

```
>>> import threading
>>> sem = threading.Semaphore(3)
>>> sem._Semaphore__value
3
```

acquire( ) 메서드에 의해 카운터 변수의 값이 1씩 감소하고 release( ) 메서드에 의해 카운터 변수의 값이 1씩 증가한다. 이 값은 0보다 작을 수 없다.

```
>>> sem.acquire( )
1
>>> sem._Semaphore__value
2

>>> sem.release( )
>>> sem._Semaphore__value
3
```

acquire( ) 메서드를 실행할 때 카운터 값이 0이면 스레드는 세마포어 변수의 대기 큐에 넣어져 블록 상태(Block, 실행을 멈추고 어떤 사건이 일어나기를 대기하는 상태이다. CPU를 점유하지 않는다.)로 들어간다. release( ) 메서드는 우선 세마포어 변수에 대기하고 있는 스레드가 있는지를 검사한다. 만일 스레드가 있으면 가장 오래 대기하고 있는 스레드 하나를 깨운다. 스레드가 대기 큐에 없으면 카운터 값이 단순히 1만큼 증가한다.

간단한 예로, 어떤 임계 영역이 있다고 하자. 이 영역에 몇 개의 스레드만이 진입할 수 있도록 허용하고 싶다. 다음 예는 100개의 스레드가 어떤 코드를 500회 반복한다. 반복하는 코드의 어떤 영역은 최대 3개의 스레드만이 진입할 수 있도록 허용한다.

```
# threadex5.py
import threading

sem = threading.Semaphore(3)   # 세마포어 객체 생성
```

```
class RestrictedArea(threading.Thread):
    def run(self):
        for x in range(500):
            # 필요한 처리가 있으면 한다.
            sem.acquire( )
            # 임계 영역 안에서 수행할 작업 ---------- 이 영역에는 3까지의 스레드가 존재할 수 있다.
            sem.release( )
            # 필요한 처리가 있으면 한다.
thlist = []

# 100개의 스레드 객체 생성
for i in range(100):
    thlist.append(RestrictedArea( ))

for th in thlist:
    th.start( )     # 스레드를 시작한다.

for th in thlist:
    th.join( )      # 스레드가 종료할 때까지 대기한다.

print('Exiting')
```

5 Event 객체

Event 클래스는 네 개의 메서드를 가지고 있다. set( )과 clear( ), wait( ), isSet( ) 메서드이다. 이벤트 객체는 내부에 하나의 이벤트 플래그를 가진다. 초깃값은 0이다.

```
>>> import threading
>>> eve = threading.Event( )
>>> eve._Event__flag
0
```

set( ) 메서드는 내부 플래그를 1로 만들고, clear( ) 메서드는 0으로 만든다.

```
>>> eve.set( )
>>> eve._Event__flag
1

>>> eve.clear( )
>>> eve._Event__flag
0
```

wait( ) 메서드는 내부 플래그가 1이면 즉시 반환하며, 0이면 다른 스레드에 의해서 1이 될 때까지 블록(대기) 상태에 들어간다. wait( ) 메서드는 내부 플래그 값을 바꾸지 않는다.

```
>>> eve.set( )
>>> eve.wait( )
>>> eve._Event__flag
1
```

실제로 내부 플래그의 상태를 알아보기 위해서 _Event_flag 멤버를 직접 참조하는 것은 바람직하지 않다. isSet( ) 메서드를 활용하기 바란다. 이 메서드는 내부 플래그의 상태를 넘겨준다.

```
>>> eve.set( )
>>> eve.isSet( )
1
>>> eve.clear( )
>>> eve.isSet( )
0
```

두 가지 종류의 스레드가 있다고 하자. 하나는 뭔가를 준비하는 스레드(T1)이고, 나머지는 준비된 환경에서 실행하는 스레드이다. 당연히 스레드 T1이 원하는 작업을 수행한 후에 나머지 다른 스레드가 작업을 수행하여야 할 것이다. 이때 이벤트 객체를 이용한 동기화를 이용하면 쉽게 문제가 해결된다.

```
# threadex6.py
import threading

eve = threading.Event( )    # 이벤트 객체 생성

class PrepareThread(threading.Thread):
    def run(self):
        # 뭔가를 준비하고, 준비되었음을 알린다.
        eve.set( )
        print('Ready')

class ActionThread(threading.Thread):
    def run(self):
        # 앞에서 처리할 코드가 있다면 추가한다.
        print(self.getName( ), 'waiting..')
        # PrepareThread 객체가 준비를 마칠 때까지 대기한다.
        eve.wait( )
        # 본격적인 작업은 여기에 기술한다.
        print(self.getName( ), 'done')

thlist = []
for i in range(5):
    thlist.append(ActionThread( ))

for th in thlist:
    th.start( )

PrepareThread( ).start( )

for th in thlist:
    th.join( )

print('Exiting')
```

의도적으로 ActionThread 인스턴스 5개를 먼저 실행시켰다. 이들은 모두 대기 상태에 들어간다. PrepareThread 인스턴스가 준비를 마친 후에 5개의 스레드는 실행이 가능하다. 다음은 코드를 실행한 결과이다.

```
Thread-1 waiting..
Thread-2 waiting..
Thread-3 waiting..
Thread-4 waiting..
Thread-5 waiting..
Ready ──────── 준비를 마침
Thread-1 done
Thread-3 done
Thread-2 done
Thread-5 done
Thread-4 done
Exiting
```

queue 모듈 25.1.2

파이썬은 멀티스레드 환경에서 사용할 수 있는 queue 모듈을 제공한다.

1 큐 객체의 생성과 사용

Queue 클래스를 이용하여 큐 객체를 생성한다.

```
>>> from queue import Queue
>>> q1 = Queue( )
>>> q2 = Queue(100)
```

여기서 데이터를 저장할 수 있는 큐 q1의 최대 크기는 무한대이고, q2의 최대 크기는 100이다. 그런 다음 데이터를 큐에 넣으려면 put( ) 메서드를 사용한다.

```
>>> q1.put('spam')
>>> q1.put('ham')
>>> q1.put('egg')
```

만일 큐가 꽉 차 있으면 put( ) 메서드는 즉시 반환하지 않는다. put( ) 메서드는 큐에 여유가 생기기를 대기하고 있다가, 다른 스레드에 의해서 큐가 비워져서 여유 공간이 생기면 데이터를 큐에 넣고 반환한다. 즉, 큐에 데이터를 추가할 때까지 대기 상태에 들어간다. 만일 큐가 꽉 차 있어도 대기하지 않고, 바로 반환하기를 원하면 다음과 같이 put_nowait( ) 메서드를 사용한다.

```
q2.put_nowait(1)
```

만일 큐가 꽉 차 있어서 더 이상 데이터를 추가할 수 없으면 queue.Full 예외가 발생한다.

```
>>> q2.put_nowait(4)
Traceback (most recent call last):
  File "<pyshell#9>", line 1, in <module>
    q2.put_nowait(4)
queue.Full
```

큐의 상태를 확인하는 데 사용하는 메서드는 세 가지이다.

- qsize( ) 메서드 　큐의 크기를 알려준다.
- empty( ) 메서드 　큐가 비어 있으면 True를, 아니면 False를 반환한다.
- full( ) 메서드 　큐가 차 있으면 True를, 아니면 False를 반환한다.

이들 메서드가 반환하는 값은 멀티스레딩으로 인해 이 값은 언제나 변경될 수 있다. 다음은 사용하는 예이다.

```
>>> q1.qsize( )
3
>>> q1.empty( )
False
>>> q1.full( )
False
```

큐에서 데이터를 꺼낼 때는 get( )과 get_nowait( ) 메서드를 사용한다.

```
>>> q1.get( )
'spam'
>>> q1.get( )
'ham'
>>> q1.get_nowait( )
'egg'
```

만일 get_nowait( ) 메서드를 호출할 때 큐에 데이터가 없으면 queue.Empty 예외가 발생한다.

2 큐를 이용하는 예

다음 예는 크기가 10인 큐를 이용하여 10개의 소비자 스레드와 5개의 생산자 스레드가 정보를 생산하고 소비하는 생산자/소비자 문제 프로그램이다. 앞서 보인 threadex4.py 파일의 조건 변수를 이용한 생산자/소비자 문제와 동일하다. 하지만, 이 방법으로 해결하는 것이 훨씬 쉽고 명료하다.

```
# threadex7.py
import threading
import time
import random
from queue import Queue

NR_CONSUMER = 10                  # 소비자 스레드의 수
NR_PRODUCER = NR_CONSUMER // 2    # 생산자 스레드의 수

que = Queue(10)

class Consumer(threading.Thread):
    def run(self):
        for i in range(5):
            print(que.get( ))
            time.sleep(0.0)

class Producer(threading.Thread):
```

```
    def run(self):
        for i in range(10):
            que.put(random.randint(0, 20))
            time.sleep(0.0)

con = []          # 소비자 스레드의 리스트
pro = []          # 생산자 스레드의 리스트

for i in range(NR_CONSUMER):
    con.append(Consumer( ))    # 소비자 스레드 생성

for i in range(NR_PRODUCER):
    pro.append(Producer( ))    # 생산자 스레드 생성

for th in con:                 # 소비자 스레드를 먼저 시작한다.
    th.start( )

for th in pro:                 # 생산자 스레드를 시작한다.
    th.start( )

for th in con:                 # 소비자 스레드가 종료할 때까지 대기한다.
    th.join( )

for th in pro:                 # 생산자 스레드가 종료할 때까지 대기한다.
    th.join( )

print('Exiting')
```

3 큐를 스택으로 활용하기

큐를 스택으로 바꾸는 것은 매우 간단하다. 하위 클래스를 만들어서 _get( ) 메서드를 다음과 같이 치환하면 된다. 멀티스레드에 활용할 수 있는 스택으로 바꿀 수 있다.

```
# threadex8.py
from queue import Queue

class Stack(Queue):
    def _get(self):
        item = self.queue[-1]
        del self.queue[-1]
        return item
```

```
s = Stack( )
s.put(1)
s.put(2)
s.put(3)
for i in range(3):
    print(s.get( ))
```

25.2 멀티프로세싱

앞서 멀티스레딩 절에서도 설명했지만 파이썬은 여러 개의 코어에서 동시에 프로세스를 실행하게 할 수 있는 multiprocessing 모듈을 제공한다. 이 모듈은 threading 모듈과 거의 동일한 인터페이스를 제공한다.

프로세스 객체 생성 25.2.1

Process 클래스를 이용하여 프로세스 객체를 생성한다. 이 클래스는 threading 모듈의 Thread 클래스를 사용하는 방법과 동일하다. 형식은 다음과 같다.

```
Process([group[, target[, name[, args[, kwargs]]]]], *, daemon = None)
```

호출 가능한 함수 등을 Process 클래스에 직접 전달하는 방법이다. 프로세스의 시작은 start( ) 메서드로, 종료의 대기는 join( ) 메서드로 한다. 다음은 두 개의 프로세스를 실행하는 예이다.

```
# process01.py
from multiprocessing import Process
import os

# 프로세스로 실행할 함수를 정의한다.
def f(n, m):
    print('pid=', os.getpid( ), 'id(m)=', id(m))
```

```
    for i in range(n):
        print('id={} --> {}'.format(os.getpid( ), i))
        for k in range(m):      # 시간을 보내기 위한 코드
            pass

if __name__ == '__main__':
    p_list = []                 # 프로세스 객체를 모아 두는 리스트이다.
    m = 100000
    for i in range(2):          # 프로세스 객체 두 개를 생성한다.
        p = Process(target = f, args = (3, m))
        p.start( )              # 프로세스를 실행한다.
        p_list.append(p)        # 프로세스 객체를 리스트에 저장한다.

    for p in p_list:
        p.join( )               # 각 프로세스가 종료할 때까지 대기한다.
    print('Exiting')
```

Process 클래스가 프로세스를 생성하기 위하여 내부에서는 fork( ) 함수를 사용한다. 따라서 새로운 프로세스 객체를 생성할 때 전달되는 인수들은 전체가 복사되어 전달된다. 즉, 앞의 예에서 두 프로세스로 전달된 값 100,000은 프로세스마다 다른 객체이다.

> 프로세스 객체를 생성하고 실행하는 코드는 반드시 __main__만 실행하는 코드 안에 적어야 한다. 즉, 이 코드가 `if __name__ == '__main__':` 바깥으로 나오면 에러가 발생한다.

코드를 실행한 결과는 다음과 같다. 두 개의 프로세스가 (진정한 의미의) 동시에 다른 코어에서 실행된다.

```
pid= 5312 id(m)= 43928192
id=5312 --> 0
id=5312 --> 1
pid= 3300 id(m)= 42486160
id=3300 --> 0
id=5312 --> 2
id=3300 --> 1
id=3300 --> 2
Exiting
```

두 번째로 하위 클래스에서 run( ) 메서드를 중복하는 방법을 보자. start( ) 메서드를 호출하여 프로세스를 시작한다. 그러면 run( ) 메서드가 자동으로 호출된다.

```
# process02.py
from multiprocessing import Process
import os

class MyProcess(Process):

    def __init__(self, n, m):
        Process.__init__(self)
        self.n = n
        self.m = m

    def run(self):
        for i in range(self.n):
            print('id={} --> {}'.format(os.getpid( ), i))
            for k in range(self.m):     # 시간을 보내기 위한 코드
                pass

if __name__ == '__main__':
    p_list = []                         # 프로세스 객체를 모아 두는 리스트이다.
    for i in range(2):                  # 프로세스 객체 두 개를 생성한다.
        p = MyProcess(3, 100000)
        p.start( )                      # 프로세스를 실행한다.
        p_list.append(p)                # 프로세스 객체를 리스트에 저장한다.

    for p in p_list:
        p.join( )                       # 각 프로세스가 종료할 때까지 대기한다.
    print('Exiting')
```

코드를 실행한 결과는 process01.py 파일의 결과와 동일하다.

로그 기록 25.2.2

프로세스에 대한 정보를 확인하는 것은 병행 프로그램에 도움이 될 수 있다. 파이썬에서는 로그 정보를 위해서 log_to_stderr( ) 함수를 제공한다. 표준 에러 출력으로 로그 정보를 출력하도록

해준다. log_to_stderr( ) 함수는 로거 객체를 넘겨주는데, 이것을 이용하여 로그 레벨을 설정할 수 있다. 로그 레벨을 설정할 때는 logging 모듈의 DEBUG와 INFO, WARNING, ERROR, CRITICAL 중 하나로 한다.

```
# process_logging.py
import logging
import multiprocessing
import time

def f( ):
    print('doing some work..')

if __name__ == '__main__':
    logger = multiprocessing.log_to_stderr( )
    logger.setLevel(logging.INFO)

    p = multiprocessing.current_process( )
    print('Starting:', p.name, p.pid)
    n = multiprocessing.Process(name = 'child process', target = f)
    n.start( )
```

코드를 실행하면 다음과 같이 프로세스 객체의 생성과 소멸에 관한 로그 정보가 출력된다.

```
Starting: MainProcess 5828
[INFO/MainProcess] process shutting down
[INFO/MainProcess] calling join( ) for process child process
[INFO/child process] child process calling self.run( )
doing some work..
[INFO/child process] process shutting down
[INFO/child process] process exiting with exitcode 0
```

데몬 프로세스 25.2.3

기본적으로 메인 프로그램은 모든 자식 프로세스가 종료될 때까지는 종료되지 않는다. 예를 들어, 다음 예에서 메인 프로세스는 non_daemon( ) 프로세스가 종료될 때까지 프로세스로 남아 있다.

```
# process_non_daemon.py
import logging
import multiprocessing
import time

def non_daemon( ):
    p = multiprocessing.current_process( )
    print('Starting:', p.name, p.pid)
    time.sleep(1)
    print('Exiting :', p.name, p.pid)

if __name__ == '__main__':
    logger = multiprocessing.log_to_stderr( )
    logger.setLevel(logging.INFO)
    p = multiprocessing.current_process( )
    print('Starting:', p.name, p.pid)
    n = multiprocessing.Process(name = 'non-daemon', target = non_daemon)
    n.start( )
```

다음은 코드를 실행한 결과이다.

```
Starting: MainProcess 4508
[INFO/MainProcess] process shutting down
[INFO/MainProcess] calling join( ) for process non-daemon
[INFO/non-daemon] child process calling self.run( )
Starting: non-daemon 6484
Exiting : non-daemon 6484
[INFO/non-daemon] process shutting down
[INFO/non-daemon] process exiting with exitcode 0
```

데몬 프로세스로 선언하는 것은 Process( ) 객체를 생성할 때 daemon = True로 설정하면 된다. 그러면 메인 프로세스는 daemon( ) 프로세스의 종료 여부에 관계 없이 종료해 버리고 daemon( ) 프로세스는 백그라운드 프로세스로 남게 된다.

```
# process_daemon.py
from multiprocessing import current_process, Process
```

```
import logging
import multiprocessing
import time

def daemon( ):
    p = current_process( )
    print('Starting:', p.name, p.pid)
    time.sleep(5)
    print('Exiting :', p.name, p.pid)

def non_daemon( ):
    p = current_process( )
    print('Starting:', p.name, p.pid)
    print('Exiting :', p.name, p.pid)

if __name__ == '__main__':
    logger = multiprocessing.log_to_stderr( )
    logger.setLevel(logging.INFO)
    p = current_process( )
    print('Starting:', p.name, p.pid)

    d = Process(name = 'daemon', target = daemon, daemon = True)
    n = Process(name = 'non-daemon', target = non_daemon)

    d.start( )
    time.sleep(1)
    n.start( )
```

다음은 코드를 실행한 결과이다.

```
Starting: MainProcess 5732
[INFO/daemon] child process calling self.run( )
Starting: daemon 5140
[INFO/MainProcess] process shutting down
[INFO/MainProcess] calling terminate( ) for daemon daemon
[INFO/MainProcess] calling join( ) for process non-daemon
[INFO/non-daemon] child process calling self.run( )
Starting: non-daemon 7060
Exiting : non-daemon 7060
[INFO/non-daemon] process shutting down
```

```
[INFO/non-daemon] process exiting with exitcode 0
[INFO/MainProcess] calling join( ) for process daemon
```

프로세스 간 통신 25.2.4

프로세스는 스레드와 같이 메모리 공유가 가능하지 않다. 그래서 프로세스 간 통신(IPC, Inter-process Communication) 방법이 필요하다. 이와 관련해서 Queue 클래스를 이용하는 방법과 Pipe 클래스를 이용하는 방법, 공유 메모리를 이용하는 방법, 서버 프로세스를 이용하는 방법이 제공된다.

Pipe 클래스는 입력과 출력 두 종단점을 가지고 있으므로 두 개의 프로세스가 데이터를 주고받는 경우에 적당하다. 만일 세 개 이상의 프로세스가 통신해야 한다면 Queue 클래스를 사용해야 한다. 공유 메모리를 이용하는 방법보다는 Pipe와 Queue 클래스를 이용하는 방법이 좋다. 왜냐하면 동기화나 록, 기타 문제를 자체적으로 해결하기 때문이다.

1 Queue 클래스

multiprocessing 모듈의 Queue 클래스는 스레드와 멀티프로세싱에 안전하게 사용된다. 큐 객체의 생성은 Queue( ) 생성자로 하고, 최대 크기는 생성자 인수로 Queue(3)과 같이 지정할 수 있다. 데이터를 추가하는 것은 put( ) 메서드를, 데이터를 읽는 것은 get( ) 메서드를 사용한다.

```
>>> from multiprocessing import Queue
>>> q = Queue( )
>>> q.put(1)
>>> q.put(2)
>>> q.get( )
1
>>> q.get( )
2
```

다음 예는 생산자와 소비자 관계를 Queue 클래스를 이용하여 구현한 것이다. 생산자는 세 개의 데이터를 1초 간격으로 천천히 생산하고 세 개는 빠르게 생산한다. 소비자는 0.5초 간격으로 생산되는 데이터를 소비한다. 만일 소비자가 대기 시간 3초 이내에 생산되는 데이터가 없으면 소비자 프로세스는 종료한다.

```
# process03.py
from multiprocessing import Process, Queue
from multiprocessing import queues
import time

def producer(q):
    for k in range(3):          # 천천히 생산
        q.put(k)
        print('produced', k)
        time.sleep(1)
    for k in range(3,6):        # 빨리 생산
        q.put(k)
        print('produced', k)

def consumer(q):
    while True:
        try:
            ele = q.get(block = True, timeout = 3)
            print('consumed', ele)
            time.sleep(0.5)
        except queues.Empty:
            break
    q.close( )

if __name__ == '__main__':
    q = Queue( )
    con_p = Process(target = consumer, args = (q,))
    con_p.start( )

    producer(q)                 # 생산자는 메인 프로세스에서 실행한다.

    con_p.join( )
```

코드를 실행한 결과는 다음과 같다.

```
produced 0
consumed 0
produced 1
consumed 1
produced 2
consumed 2
produced 3
produced 4
consumed 3
produced 5
consumed 4
consumed 5
```

다음 표는 Queue 클래스의 주요 메서드를 정리한 것이다.

표 25-1 클래스의 메서드

메서드	설명
qsize( )	현재 큐의 크기이다.
empty( )	현재 큐가 비어 있는지 부울 값으로 반환한다.
full( )	현재 큐가 꽉 차 있는지 부울 값으로 반환한다.
put(item, block = True, timeout = None)	큐에 데이터 항목을 추가한다.
put_nowait(item)	put(item, False) 메서드와 동일하다.
get(block = True, timeout = None)	큐에서 데이터 항목 하나를 꺼낸다.
get_nowait( )	get(False) 메서드와 동일하다.
task_done( )	소비자 측에서 get( ) 메서드로 얻은 데이터 항목에 대해 처리를 완료했다는 것을 알리기 위해서이다.
join( )	큐의 모든 데이터 항목이 소비될 때까지(카운트가 0이 될 때까지) 기다린다. put( ) 메서드로 카운트가 올라가며 take_done( ) 메서드로 카운트가 내려간다.

2 Pipe 클래스

파이프는 두 프로세스 간의 데이터 교환을 위해서 사용한다. 파이프 객체를 생성하면 파이프의 양쪽 끝에서 통신에 사용하는 두 개의 multiprocessing.connection.PipeConnection 객체를 얻는다. 파이프는 양방향 통신(Duplex)이 가능하다.

```
>>> from multiprocessing import Pipe
>>> p, q = Pipe( )
>>> p
<multiprocessing.connection.PipeConnection object at 0x02E83130>
>>> q
<multiprocessing.connection.PipeConnection object at 0x02DD1A10>
>>> p.send(1)
>>> q.recv( )
1
>>> q.send(2)
>>> p.recv( )
2
>>> q.close( )
>>> p.recv( )    # 닫혀 있으면 EOFError 에러가 발생한다.
...
EOFError
```

멀티프로세싱에서 파이프의 연결 객체가 복사되어 전달되므로 사용하지 않는 연결 객체는 각각 닫아 주어야 한다. 이것이 잘못되면 블로킹 상태에서 빠져나오지 않을 수 있다.

다음 예는 간단한 읽기/쓰기 문제를 파이프를 이용하여 작성한 예이다. 파이프 객체를 생성하여 얻어지는 연결 객체 p와 q를 이용하여 writer( ) 메서드는 p 객체로 1000개의 데이터 항목을 보내고 reader( ) 메서드는 q 객체로부터 데이터 항목을 받는다.

```
# process04.py
from multiprocessing import Process, Pipe

def reader(pipe):
    p, q = pipe
```

```
    p.close( )                  # 파이프 입력은 닫는다.
    while True:
        try:
            msg = q.recv( )     # 파이프에서 데이터 항목을 읽는다.
        except EOFError:
            break

def writer(p):
    for i in range(0, 1000):
        p.send(i)

if __name__ == '__main__':
    p, q = Pipe( )
    reader_p = Process(target = reader, args = ((p, q),))
    reader_p.start( )     # 읽기 프로세스를 시작한다.

    q.close( )            # 파이프 출력은 닫는다.
    writer(p)             # 데이터 항목을 생산한다.
    p.close( )            # 데이터 생산을 종료한다.
    reader_p.join( )
```

3 공유 메모리

프로세스들 사이에 공유 메모리인 Value와 Array 객체를 이용하여 데이터를 공유할 수 있다. Value 객체는 값 하나를 저장하는 객체이고 Array 객체는 같은 자료형의 데이터 여러 개를 저장하는 객체이다. 다음 예와 같이 타입 코드와 초깃값으로 객체를 생성한다.

```
v = Value('d', 0.0)
a = Array('i', (1, 2, 3, 4, 5))
```

다음 예는 프로세스를 만들면서 인수로 Value와 Array 객체를 전달하고, 그 프로세스에서 값을 변경한다.

```
# process05.py
from multiprocessing import Process, Value, Array

def change(v, a):
```

```
    v.value = 3.14
    for i in range(len(a)):
        a[i] = -a[i]

if __name__ == '__main__':
    v = Value('d', 0.0)
    a = Array('i', (1, 2, 3, 4, 5))
    p = Process(target = change, args = (v, a))
    p.start( )
    p.join( )

    print(v.value)
    print(a[:])
```

4 서버 프로세스

Manager( ) 함수로 생성되는 매니저 객체는 별도의 서버 프로세스를 만든다. 이 서버 프로세스는 파이썬 객체들을 가지고 관리하면서 다른 프로세스들이 프락시를 통해서 이 값들을 조작할 수 있도록 해준다. 매니저 객체는 list와 dict, Namespace, Lock, RLock, Semaphore, BoundedSemaphore, Condition, Event, Barrier, Queue, Value, Array 형들의 관리를 지원한다. 매니저 서버 프로세스는 데이터를 가지고 있으면서 값이 변경되면 연관된 다른 프로세스들에 그 값을 전달하는 방식으로 동작한다.

다음에 리스트와 사전, 네임스페이스의 동작을 보여주는 간단한 예를 준비했다.

```
# process06.py
from multiprocessing import Process, Manager

def f(d, l, ns):
    d[1] = '1'
    d['2'] = 2
    d[0.25] = None
    l.reverse( )
    ns.x *= 10
    ns.y *= 10
    ns.stack.append(1)              # 주의!!
    print('ns.stack=', ns.stack)    # 결과 확인
```

```
if __name__ == '__main__':
    manager = Manager( )          # 매니저 객체 생성
    d = manager.dict( )           # 사전 데이터 생성
    l = manager.list(range(10))   # 리스트
    ns = manager.Namespace( )     # 네임스페이스
    ns.x = 1
    ns.y = 2
    ns.stack = []                 # 주의!!

    p = Process(target = f, args = (d, l, ns))
    p.start( )
    p.join( )

    print('d=', d)
    print('l=', l)
    print('ns.x={0.x} ns.y={0.y}'.format(ns))
    print('ns.stack=', ns.stack) # 결과 확인
```

여기서 주의해야 할 것은 ns.stack 리스트이다. ns.stack 리스트의 값은 f( ) 안에서 변경되었다. 하지만, 프로세스 종료 후에는 아무 변화가 없다. 그 이유는 매니저 서버 프로세스가 ns 안의 리스트까지 변화를 감지하지 않기 때문에 다른 프로세스에 그 값을 전달하지 않기 때문이다. 만일 리스트를 사용하고 싶다면 매니저 객체의 리스트를 사용해야 한다.

```
ns.stack = []
d = {0.25: None, 1: '1', '2': 2}
l = [9, 8, 7, 6, 5, 4, 3, 2, 1, 0]
ns.x = 10 ns.y = 20
ns.stack = []
```

5 Listener와 Client 클래스

같은 머신에서 동작하는 프로세스들뿐만 아니라 네트워크에서 동작하는 프로세스 간에도 메시지를 주고받을 수 있다. multiprocessing.connection 모듈의 Client와 Listener 클래스를 이용하여 이런 일을 할 수 있다. Listener 클래스는 소켓이나 윈도우 파이프를 감싸는 역할을 하고 Client 객체로부터의 연결을 기다린다.

```
Listener([address[, family[, backlog[, authenticate[, authkey]]]]])
```

인수 address는 소켓의 주소나 이름 있는 파이프의 주소이다. 예를 들어, ('localhost', 6000) 같은 값이 될 수 있다. 인수 family는 소켓이나 파이프의 형식이며 AF_INET, AF_UNIX나 AF_PIPE와 같은 문자열을 갖는다. 인수 authenticate가 True이면 다이제스트 인증(Digest Authentication)이 사용된다. 인수 authkey가 주어지지 않으면 current_process( ).authkey 바이트열이 인증키로 사용된다. 인수 authkey가 주어지면 인수 authenticate와 관계없이 다이제스트 인증이 사용된다.

```
Client(address[, family[, authenticate[, authkey]]])
```

Client 객체는 Listener 객체와 연결을 한다. 인수의 의미는 Listener 클래스와 같다.

다음은 서버측 코드이다. 이 코드는 소켓 객체를 생성하고 외부로부터의 접속을 기다린다. 접속 후에는 연결 객체를 통해 send( )와 send_bytes( ) 메서드 등으로 파이썬 객체를 보낼 수 있고, recv( )와 recv_bytes( ) 메서드 등을 통해 보내진 객체를 받을 수 있다.

```
# process09.py
from multiprocessing.connection import Listener

address = ('localhost', 6000)

def server( ):
    listener = Listener(address, authkey = b'mypassword')
    print('listening..')
    from_client = True
    while from_client:
        conn = listener.accept( )
        print('connection accepted from', listener.last_accepted)

        conn.send([1, 2, 3, 4])
        conn.send_bytes(b'hello')
        from_client = conn.recv( )
        print(from_client)

        conn.close( )
```

```
    listener.close( )

if __name__ == '__main__':
    server( )
```

다음은 클라이언트측 코드이다.

```
# process10.py
from multiprocessing.connection import Client

address = ('localhost', 6000)

def client(msg):
    conn = Client(address, authkey=b'mypassword')
    conn.send(msg)
    print(conn.recv( ))
    print(conn.recv_bytes( ))
    conn.close( )

if __name__ == '__main__':
    client({'one':1, 'two':2})
    client((2, 3, 4))
    client(False)
```

서버측 코드를 먼저 실행하고 클라이언트측 코드를 실행한다. 서버측의 실행 결과는 다음과 같다.

```
listening..
connection accepted from ('127.0.0.1', 6881)
{'one': 1, 'two': 2}
connection accepted from ('127.0.0.1', 6882)
(2, 3, 4)
connection accepted from ('127.0.0.1', 6883)
False
```

다음은 클라이언트측의 실행 결과이다.

```
[1, 2, 3, 4]
b'hello'
[1, 2, 3, 4]
b'hello'
[1, 2, 3, 4]
b'hello'
```

동기화 문제 25.2.5

multiprocessing 모듈의 동기화는 threading 모듈의 동기화와 동일하다. 예를 들어, Lock과 RLock, Condition, Semaphore, Event 객체 등이 동일하게 존재한다. 이들을 사용한 예는 앞 절 threading 모듈을 참고하기 바란다.

Pool 함수 25.2.6

Pool 함수는 작업(Worker) 프로세스의 풀 객체를 생성하고 필요에 따라서 병렬로 함수를 실행할 수 있게 한다. 예를 들어, 다음은 4개의 작업 프로세스를 만든다. 풀 객체는 이 프로세스 풀을 관리하는 기능을 담당한다.

```
pool = Pool(processes = 4)
```

다음 예에서는 Pool 함수를 이용해 네 개의 프로세스 풀을 만들고, 각 프로세스가 비동기적으로 각자의 연산(f)을 수행한다. 다음 예에서 여러분의 CPU에 4개의 코어가 있다면 4개의 프로세스가 각 코어에서 동시에 실행되고 결과가 출력된다. 즉, 실행 시간은 하나의 프로세스가 한 작업을 수행한 시간과 거의 같다.

```
# process07.py
from multiprocessing import Pool
```

```
def f(x):
    for k in range(10 ** 7):              # 시간 보내기
        pass
    return x * x

if __name__ == '__main__':
    with Pool(processes = 4) as pool:     # start 4 worker processes
        r1 = pool.apply_async(f, [10])    # 비동기적으로 "f(10)" 시작
        r2 = pool.apply_async(f, [20])    # r2는 ApplyResult 객체
        r3 = pool.apply_async(f, [30])    # 비동기적으로 "f(30)" 시작
        r4 = pool.apply_async(f, [40])    # 비동기적으로 "f(40)" 시작
        print(r1.get(timeout = 2))        # 연산 후 출력
        print(r2.get(timeout = 2))        # 동시 출력
        print(r3.get(timeout = 2))        # 동시 출력
        print(r4.get(timeout = 2))        # 동시 출력
```

apply_async( ) 메서드는 풀에서 하나의 작업 프로세스를 선택해 작업을 수행하고는 ApplyResult 객체를 즉시 반환한다(r1, r2, r3, r4). 연산이 종료되었는지는 r1.ready( ) 메서드로 파악할 수 있다. `r1.get(timeout = 2)`은 2초 이내에 결과가 나타나지 않으면 TimeoutError 예외를 발생시킨다. 만일 r1.get( )과 같이 쓰면 결과가 나올 때까지 대기한다. apply( ) 메서드는 함수를 호출하고 연산 결과가 나올 때까지 대기한다. map( ) 함수는 내장 함수 map( )의 병렬형이라고 보면 된다.

다음 예에서는 0부터 9의 제곱을 병렬로 수행한다. 4개의 프로세스 풀에서 사용 가능한 프로세스에 차례로 f 함수를 수행할 것을 요청한다. 즉, 풀의 각 프로세스는 2번이나 3번의 연산만 수행하면 된다.

```
# process08.py
from multiprocessing import Pool

def f(x):
    return x * x

if __name__ == '__main__':
    with Pool(processes = 4) as pool:
        print(pool.map(f, range(10)))     # 출력 "[0, 1, 4,..., 81]"
```

map_async( ) 메서드는 map( ) 함수와 같으나 결과 객체를 즉시 반환한다. ready( ) 메서드를 통해 연산이 끝났는지 알 수 있으며, get( ) 메서드를 통해서 결과를 얻어낸다. 다른 메서드들은 라이브러리 레퍼런스를 참고하기 바란다.

제 26 장

정규식

Chapter 26

정규식은 복잡한 문자열 패턴을 검색하고, 추출하고, 대치하는 규칙을 정의하는 문자열이다. 정규식은 다양한 패턴의 문자열을 조사할 수 있는 막강한 기능을 가진다. 파이썬에서 정규식은 re 모듈이 제공한다.

26.1 메타 문자

정규식에는 문자나 문자 패턴의 반복을 표현하는 메타 문자들이 있다. 이들은 문자나 문자 패턴을 지정 횟수만큼 반복하는 것을 허용한다.

표 26-1 반복 관련 메타 문자

메타 문자	설명	예
*	0회 이상 반복을 허용한다.	ca*t는 ct, cat, caat, caaaaaat 등과 매칭된다.
+	1회 이상 반복을 허용한다.	ca+t는 cat, caaaaaat 등과 매칭된다.
?	0회나 1회 반복을 허용한다.	ca?t는 ct, cat와 매칭된다.
{m}	m회 반복을 허용한다.	ca{2}는 caa와 매칭된다.
{m, n}	m회부터 n회까지 반복을 허용한다.	ca{2, 4}는 caat, caaat, caaaat와 매칭된다.

정규식을 표현하는 매칭(Matching) 관련 메타 문자들로는 다음과 같은 것들이 있다.

표 26-2 매칭 관련 메타 문자

메타 문자	설명	예
.	줄바꿈 문자를 제외한 모든 문자와 매칭된다. re.DOTALL 모드로 사용하면 줄바꿈 문자와도 매칭된다.	c.t는 cat, cbt, cct 등과 매칭된다.
^	① 문자열의 시작과 매칭된다. re.MULTILINE 모드에서는 각 줄의 시작과 매칭된다. ② 메타 문자 [ ] 안에서는 반대 문자열을 의미한다. [^5]는 5가 아닌 문자이다.	^cat은 cats and dogs와 매칭되지만 dogs and cats와는 매칭되지 않는다. c[^a]t는 cbt, cct, cdt 등과 매칭되지만 cat와는 매칭되지 않는다.
$	① 문자열의 마지막과 매칭된다. ② 메타 문자 [ ] 안에서는 메타 문자로 사용되지 않고 순수하게 $ 문자를 의미한다.	cat$는 dogs and cats와는 매칭되지 않지만 a dog and a cat와는 매칭된다.
[ ]	문자 집합을 나타낸다. [abc]는 a, b, c 중 한 문자를 의미한다. [a-c]와 같이 사용할 수 있다. -는 범위를 나타낸다. [a-zA-Z0-9]는 영문자 숫자를 의미한다.	c[abc]t는 cat, cbt, cct와 매칭된다.
|	a|b는 a 또는 b의 의미이다.	ca|bt는 ca, bt와 매칭된다.
( )	정규식을 그룹으로 묶는다.	

26.2 매칭

문자열 매칭하기 26.2.1

정수 숫자에 해당하는 문자열을 매칭해 보자. 정수는 0부터 9 사이의 수가 여러 번 반복해서 나타날 수 있다. 이것을 정규식으로는 **[0-9]+**으로 표현할 수 있다. re 모듈의 match( ) 함수는 문자열이 매칭된 경우 Match 객체를 반환한다. 반환 값이 없으면 매칭되지 않았다는 의미이다. 하지만, 이 경우에도 실제로는 None 객체를 반환한다.

```
>>> import re
>>> re.match('[0-9]', '1234')
<_sre.SRE_Match object at 0x02C541E0>
>>> re.match('[0-9]', 'abc')      # 반환 값이 없다. 매칭이 실패했다.
>>>
```

매칭된 문자열은 Match 객체의 group( ) 메서드를 사용해서 추출한다.

```
>>> m = re.match('[0-9]', '1234')
>>> m.group( )
'1'
>>> m = re.match('[0-9]+', '1234')      # 숫자가 1회 이상 발생하는 것과 매칭한다.
>>> m.group( )
'1234'
>>> m = re.match('[0-9]+', '1234 ')     # 뒤에 공백이 온 경우도 매칭한다.
>>> m.group( )
'1234'
```

이번에는 앞에 공백 문자열이 온 경우를 시험해 보자.

```
>>> re.match('[0-9]+', ' 1234 ')     # 반환 값이 없다. 매칭이 실패했다.
>>>
```

앞의 공백을 포함해서 매칭을 해보자. \s는 (공백 \t\n\r\f\v) 등의 공백 문자를 표현한다. 특수 문자라고 한다.

```
>>> m = re.match('\s*[0-9]+', ' 1234 ')
>>> m.group( )
' 1234'
```

매칭된 문자열 중에서 일부분만을 추출해 보자. 정규식에서 괄호를 사용하여 추출할 부분을 그룹으로 만들어 준다. group( ) 메서드는 전체 매칭된 문자열을 반환하며, group(1)은 첫 번째 그룹 문자열을 반환한다.

```
>>> m = re.match('\s*([0-9]+)', ' 1234 ')
>>> m.group( )          # 전체 매칭된 문자열을 반환한다.
' 1234'
>>> m.group(1)          # 첫 번째 괄호 내의 문자열을 반환한다.
'1234'
```

[0-9]를 \d로 간단히 표현할 수도 있다.

```
>>> m = re.match('\s*(\d+)', ' 1234 ')
>>> m.group(1)
'1234'
```

정규식은 빈번히 사용하는 문자들의 그룹을 특수 문자로 표현하고 있다. 이것을 사용하면 간략하게 사용한다는 면에서 편리하다. 다음 표는 이들을 정리한 것이다. 여기서 화이트 스페이스는 화면에는 아무것도 표시되지 않는 문자로 Space Bar 키와 Tab 키, Enter 키 등이 해당한다.

표 26-3 특수 문자

특수 문자	설명
\\	백슬래시 문자 자체를 의미한다.
\d	모든 숫자와 매칭된다. [0-9]
\D	숫자가 아닌 문자와 매칭된다. [^0-9]
\s	화이트 스페이스(공백이나 탭 등) 문자와 매칭된다. [\t\n\r\f\v]
\S	화이트 스페이스 문자가 아닌 것과 매칭된다. [^ \t\n\r\f\v]
\w	숫자 또는 문자와 매칭된다. [a-zA-Z0-9_]

특수 문자	설명
\W	숫자 또는 문자가 아닌 것과 매칭된다. [^a-zA-Z0-9_]
\b	단어의 경계를 표현한다. 단어는 영문자나 숫자의 연속 문자열로 가정한다.
\B	\b와 반대로 단어의 경계가 아님을 표현한다.

match( )와 search( ) 함수의 차이 26.2.2

re 모듈의 match( ) 함수는 문자열이 시작부터 일치하는지 검사한다. re 모듈의 search( ) 함수는 부분적으로 일치하는 문자열이 있는지 검사한다.

```
>>> re.search('\d+', ' 1034 ').group( )
'1034'

>>> re.search('\d+', ' -1034a ').group( )
'1034'
```

앞의 두 번째 예에서 문제가 생겼다. -1034a가 올바른 수치 표현이 아님에도 매칭이 이루어졌다. 여기서는 숫자를 양쪽에 공백으로 구분되는 독립된 단어라고 가정하자. 이를 위해서 \s를 활용한다.

```
>>> re.search('\s\d+\s', ' 1034a ')             # 검출 실패
>>>
>>> re.search('\s\d+\s', ' 1034 a ').group( )  # 양쪽 공백을 포함하여 매칭
' 1034 '
```

원하는 문자열만 추출하려면 group( ) 메서드를 사용한다.

```
>>> re.search('\s(\d+)\s', ' 1034 a ').group(1)
'1034'
```

RAW 모드로 정규식을 표현하기 26.2.3

이번에는 다음을 시도해 보자.

```
>>> import re
>>> re.search('\s(\d+)\s', ' 1034').group(1)    # 매칭 실패
AttributeError: 'NoneType' object has no attribute 'group'
```

마지막에 공백 문자가 없이 문자열이 종료되어 매칭되지 않았다. 이를 위해서 단어의 경계를 표현하는 \b 특수 문자를 활용해 보자. \b는 공백이거나 영문자 숫자가 아닌 문자들과 매칭된다. 하지만, 다음의 경우 매칭이 되지 않았다.

```
>>> print(re.search('\b(\d+)\b', ' 1034'))
None
```

매칭이 되지 않은 이유는 \b가 여기서는 백스페이스로 처리되었기 때문이다. \b 문자를 실제로 표현하려면 \\b 형태로 해야 한다.

```
>>> print (re.search('\\b(\d+)\\b', ' 1034'))
<_sre.SRE_Match object at 0x02C5CAE0>
```

\b 문자와 \d 문자의 차이를 다음 예에서 보자.

```
>>> '\d'
'\\d'
>>> '\b'
'\x08'
```

\d 문자는 원래 파이썬에서 특수 문자로 등록되지 않았으므로 그대로 \d 문자열로 받아들이지만, \b 문자는 등록된 백스페이스 문자로 치환되었다. 이러한 혼동을 없애기 위해 문자열을 RAW 모드로 표현하는 것이 좋다. 이 모드는 문자열 앞에 r을 추가한 것으로 표현한 문자열을 그대로 의미한다.

```
>>> r'\d'
'\\d'
>>> r'\b'
'\\b'
```

이제 RAW 모드로 다시 정수를 추출해 보자.

```
>>> re.search(r'\b(\d+)\b', '1034').group( )
'1034'
>>> re.search(r'\b(\d+)\b', ' 1034 ').group( )    # 양쪽에 공백이 있는 경우
'1034'
```

가능한 한 RAW 모드로 정규식을 표현하는 것이 문제를 적게 만드는 방법이다.

이것과 마찬가지 이유로 \를 매칭할 때는 \\\\ 형태로 써야 한다. 왜냐하면, \\가 \를 의미하므로, 실제 \\를 표현하려면 \\\\ 형태로 해야 한다. 하지만, RAW 모드에서는 \\를 사용할 수 있다.

```
>>> re.search('\\\\', r' dir1\dir2').group( )
'\\'
```

최소 매칭 26.2.4

메타 문자 *와 +, ?는 가능하면 많은 문자를 포함하려고 노력한다.

```
r'href="(.*)"'
```

이 경우 href="와 " 사이에 가능한 한 많은 문자열을 포함하려고 한다.

```
>>> re.search(r'href="(.*)"', '<a href="index.html">HERE</a>
    <font size="10">').group(1)
'index.html">HERE</a><font size="10'
```

의도는 index.html을 추출하고자 하는 것이었으나 결과로 "처음 시작부터 마지막의"까지로 전체가 매칭되었다. 이것을 탐욕적인 매칭(Greedy Matching)이라고 한다. 기본적으로 re 모듈은 탐욕적인 매칭을 시도한다. 다음과 같이 *?로 정규식을 수정하면 최소 매칭(None-greedy Matching)을 시도한다.

```
>>> re.search(r'href="(.*?)"', '<a href="index.html">HERE</a>
    <font size="10">').group(1)
'index.html'
```

다음은 최소 매칭에 사용하는 정규식을 정리한 것이다.

표 26-4 최소 매칭을 위한 정규식

특수 문자	설명
*?	*와 같으나 문자열을 최소로 매칭한다.
+?	+와 같으나 문자열을 최소로 매칭한다.
??	?와 같으나 문자열을 최소로 매칭한다.
{m,n}?	{m,n}과 같으나 문자열을 최소로 매칭한다.

매칭된 문자열을 추출하기 26.2.5

문자열이 매칭되었으면, 매칭 객체의 메서드를 이용하여 문자열을 추출해 보자. 앞서 매칭이 성공적일 때 re 모듈의 match( )나 search( ) 함수는 Match 객체를 반환한다. 매칭된 문자열을 추출할 수 있는 Match 객체의 메서드로는 다음과 같은 것들이 있다.

표 26-5 Match 객체의 메서드

메서드	설명
group( )	매칭된 문자열을 반환한다.
start( )	매칭된 문자열의 시작 위치를 반환한다.
end( )	매칭된 문자열의 끝 위치를 반환한다.
span( )	매칭된 문자열의 (시작, 끝) 위치 튜플을 반환한다.

다음은 이들 메서드를 사용하는 예이다.

```
>>> m = re.search(r'[_a-zA-Z]\w*', '123 abc 123')
>>> m.group( )
'abc'
>>> m.start( )
4
>>> m.end( )
7
>>> m.span( )
(4, 7)
```

매칭된 전체 문자열 중 일부 문자열을 추출하려면 정규식에 소괄호 ( )를 사용한다. Match 객체의 group( )이나 groups( ) 메서드를 사용하면 괄호 안에 표현된 정규식과 매칭된 문자열을 추출할 수 있다.

표 26-6 Match 객체의 추출 관련 메서드

메서드	설명
group( )	매칭된 전체 문자열을 반환한다.
group(n)	n번째 그룹 문자열을 반환한다.
groups( )	매칭된 전체 그룹 문자열을 튜플 형식으로 반환한다.

다음 예는 주어진 문자열에서 변수 이름에 해당하는 문자열을 추출한다.

```
>>> m = re.match(r'.*?\b([_a-zA-Z]\w*)\b.*', '123 abc 123')
>>> m.group( )
'123 abc 123'
>>> m.group(0)        # 전체 매칭된 문자열을 반환한다. group( )과 같다.
'123 abc 123'
>>> m.group(1)
'abc'
>>> m.groups( )
('abc',)
```

다음과 같이 '변수 = 정수' 문자열을 매칭해 보자.

```
a = 123
```

여기서 변수와 정수를 추출할 때 다음과 같이 처리할 수 있다.

```
>>> m = re.match(r'([_a-zA-Z]\w*)\s*=\s*(\d+)', 'a = 123')
>>> m.groups( )
('a', '123')
>>> m.group(1)
'a'
>>> m.group(2)
'123'
```

그룹은 중복해서 사용할 수 있다. 중복된 그룹을 하위 그룹이라고 한다. 그룹 번호는 왼쪽부터 오른쪽으로 가면서 몇 개의 왼쪽 괄호가 있는지 세어서 결정한다.

```
>>> m = re.match('(a(b)c)d', 'abcd')
>>> m.group(0)
'abcd'
>>> m.group(1)
```

```
'abc'
>>> m.group(2)
'b'
```

그룹에 이름을 사용하기 26.2.6

그룹이 많아지면 순서에 의해서 매칭된 결과를 얻는 게 불편해진다. 그룹에 이름을 부여하고, 해당 이름을 사용하여 매칭된 문자열을 추출해 낼 수 있다. 그룹 이름을 사용하는 형식은 다음과 같다.

```
(?P<name>...)
```

name은 그룹 이름이고 ... 부분은 일반 정규식과 같다. 다음은 그룹에 이름을 부여하여 매칭되는 문자열을 추출하는 예이다.

```
>>> m = re.match(r'(?P<var>[_a-zA-Z]\w*)\s*=\s*(?P<num>\d+)', 'a = 123')

>>> m.group('var')      # 그룹 var 문자열을 추출한다.
'a'

>>> m.group('num')      # 그룹 num 문자열을 추출한다.
'123'

>>> m.group( )          # 전체 매칭된 문자열을 추출한다.
'a = 123'

>>> m.group(1)          # 여전히 숫자도 사용할 수 있다.
'a'

>>> m.group(2)
'123'

>>> m.groups( )         # 전체 매칭된 그룹 문자열을 튜플로 추출한다.
('a', '123')
```

26.3 모듈 re의 주요 함수들

다음은 모듈 re가 제공하는 주요 함수들이다.

- `compile(pattern[, flags])`
  인수 pattern을 컴파일하여 정규식 객체를 반환한다(다음 절 참조).

- `search(pattern, string[, flags])`
  인수 string를 검사해서 인수 pattern에 맞는 문자열 부분이 있는지 매칭을 검사한다.

- `match(pattern, string[, flags])`
  인수 string의 시작부터 인수 pattern에 맞는지 매칭을 검사한다.

- `split(pattern, string[, maxsplit = 0])`
  인수 string를 인수 pattern을 기준으로 분리한다.

- `findall(pattern, string)`
  인수 string에서 인수 pattern을 만족하는 모든 문자열을 추출한다.

- `sub(pattern, repl, string[, count = 0])`
  인수 string에서 인수 pattern을 인수 repl로 치환한다.

- `subn(pattern, repl, string[, count = 0])`
  sub( ) 메서드와 동일하나 치환 횟수도 함께 전달한다.

- `escape(string)`
  영문자 숫자가 아닌 문자들을 백슬래시 처리해서 반환한다. 임의의 문자열을 정규식 패턴으로 사용할 경우에 유용하다.

여기서 compile( ) 메서드는 다음 절을 참조하고, search( )와 match( ) 메서드는 이미 설명한 내용이다. 나머지 메서드에 대해 간단한 예를 보자. split( ) 메서드에 대한 예이다.

```
>>> re.split('\W+', 'apple, orange and spam.')          # ①
['apple', 'orange', 'and', 'spam', '']
>>> re.split('(\W+)', 'apple, orange and spam.')        # ②
['apple', ', ', 'orange', ' ', 'and', ' ', 'spam', '.', '']
```

```
>>> re.split('\W+', 'apple, orange and spam.', 1)        # ③
['apple', 'orange and spam.']
>>> re.split('\W+', 'apple, orange and spam.', 2)
['apple', 'orange', 'and spam.']
>>> re.split('\W+', 'apple, orange and spam.', 3)
['apple', 'orange', 'and', 'spam.']
```

① 영문자와 숫자, 밑줄 이외의 1개 이상의 문자를 기준으로 분리한다.

② 패턴에 괄호가 있으면 괄호에 포함된 문자열도 함께 분리 추출된다.

③ 인수 maxsplit가 주어졌을 경우 최대 분리 횟수를 표현한다.

다음은 findall( ) 메서드에 대한 예이다.

```
>>> re.findall(r'[_a-zA-Z]\w*', '123 abc 123 def')
['abc', 'def']
>>> s = '''
<a href="link1.html">link1</a>
<a href="link2.html">link2</a>
<a href="link3.html">link3</a>'''
>>> re.findall(r'href = "(.*?)"', s)
['link1.html', 'link2.html', 'link3.html']
```

sub( ) 메서드에 대한 예는 이 장의 26.5 문자열 치환하기 절을 참조하기 바란다.

26.4 정규식 객체 사용하기

만일 여러분이 정의한 정규식을 두 번 이상 사용한다면, 모듈의 match( )와 search( ) 함수는 효율적이지 않다. match( )나 search( ) 함수를 실행할 때마다, 매번 정규식을 분석해야 하기 때문이다. compile( ) 함수를 이용하여 문자열 정규식을 정규식 객체로 변환하고, 이 객체의 match( )

혹은 search( ) 메서드를 이용하면 향상된 속도를 얻을 수 있게 된다. 다음은 compile( ) 함수를 사용한 예이다.

```
>>> p = re.compile(r'([_a-zA-Z]\w*)\s*=\s*(\d+)')        # ①
>>> m = p.match('a = 123')

>>> m.groups( )
('a', '123')

>>> m.group(1)
'a'

>>> m.group(2)
'123'

>>> m = p.match('b=567')

>>> m.groups( )
('b', '567')

>>> p = re.compile(r'[_a-zA-Z]\w*')
>>> m = p.search('123 abc 123 def')

>>> m.group( )
'abc'

>>> p.findall('123 abc 123 def')
['abc', 'def']
```

① [_a-zA-Z]\w*은 변수로 사용할 수 있는 문자열을 표현하는 정규 표현식이다.

앞의 예와 유일하게 다른 점은 일단 정규식을 컴파일하여 p 변수에 저장하고서, 실제 매칭을 변환된 패턴 객체 p를 이용해서 한다. 이렇게 하면, 다시 한번 정규식을 사용할 때 컴파일하지 않아도 되므로 처리 시간이 훨씬 줄어들게 된다.

플래그 사용하기 26.4.1

정규식과 함께 사용할 수 있는 여러 가지 플래그는 정규식을 더욱 강력하게 해준다. compile( ) 함수를 사용하여 정규식 객체를 생성할 때 사용 가능한 re 모듈이 제공하는 플래그를 표 20-8에 정리하였다. re 모듈의 search( )나 re.match( ) 함수에서도 세 번째 인수로 사용된다.

표 26-7 정규 표현식에 사용 가능한 플래그

플래그	설명
I, IGNORECASE	대소문자를 구별하지 않고 매칭한다.
L, LOCALE	\w와 \W, \b, \B를 현재의 로캘(Locale)에 영향을 받게 한다.
M, MULTILINE	이 플래그를 사용하면 ^가 문자열의 맨 처음, 각 줄의 맨 처음과 매칭한다. $는 문자열의 맨 끝, 각 줄의 끝에 매칭한다. 이 플래그를 사용하지 않았을 경우 ^는 문자열의 맨 처음만, $는 문자열의 맨 마지막만 매칭한다.
S, DOTALL	.을 줄 바꾸기 문자(\n)도 포함하여 매칭한다. 이 플래그를 사용하지 않았을 경우 \n을 제외한 문자와 매칭한다.
U, UNICODE	\w와 \W, \b, \B가 유니코드 문자 특성에 의존하게 한다.
X, VERBOSE	보기 좋게 정규식을 표현할 수 있게 해준다. 정규식 내 공백은 무시한다. 공백을 사용하려면 백슬래시 문자로 표현해야 한다. 또한, 정규식 내에서 # 문자를 사용하면 주석으로 이후의 모든 문자는 무시한다.

1 I, IGNORECASE 플래그

re 모듈의 I 플래그를 사용하지 않으면 대소문자를 구별한다.

```
>>> p = re.compile('the')
>>> p.findall('The cat was hungry. They were scared because of the cat')
['the']
```

I 플래그를 사용하면 대소문자를 무시하고 매칭한다.

```
>>> p = re.compile('the', re.I)
>>> p.findall('The cat was hungry. They were scared because of the cat')
['The', 'The', 'the']
```

2 M, MULTILINE 플래그

re 모듈의 M 플래그를 사용하지 않으면 ^와 $가 전체 문자열에 대해서 매칭한다. 각 줄의 시작을 ^로 매칭하고, 각 줄의 끝 혹은 줄 바꾸기 문자를 $로 매칭하려면 M이나 MULTILINE 플래그를 사용해야 한다. 다음은 이들 플래그를 사용하지 않은 예이다.

```
>>> s = '''The cat was hungry.
They were scared because of the cat'''
>>> p = re.compile('^.+')
>>> p.findall(s)            # 패턴과 매칭되는 모든 문자열을 추출한다.
['The cat was hungry.']
>>>
```

M 플래그를 사용한 예는 다음과 같다.

```
>>> p = re.compile('^.+', re.M)
>>> p.findall(s)            # 각 줄의 시작이 ^로 매칭되었다.
['The cat was hungry.', 'They were scared because of the cat']
>>>
```

$을 사용한 예는 다음과 같다.

```
>>> p = re.compile('hungry\.$')
>>> p.search(s).group( )    # 매칭된 결과가 없다.
AttributeError: 'NoneType' object has no attribute 'group'
```

```
>>> p = re.compile('hungry\.$', re.M)
>>> p.search(s).group( )    # $가 줄 바꾸기 코드와 매칭되었다.
'hungry.'
```

3 S, DOTALL 플래그

re 모듈의 DOTALL 플래그를 사용하면 .이 줄 바꾸기 문자를 포함한다. 다음 예는 gry에서 They까지의 문자열 추출을 시도한다.

```
>>> s = '''The cat was hungry.
They were scared because of the cat'''
>>> p = re.compile('gry.+They', re.I)
>>> p.search(s).group( )
AttributeError: 'NoneType' object has no attribute 'group'
```

하지만, 이 줄 바꾸기 문자를 걸쳐서 검출하지는 못한다. re 모듈의 S 또는 DOTALL 플래그를 설정하면 .가 줄 바꾸기를 포함한다.

```
>>> p = re.compile('gry.+They', re.I | re.DOTALL)        # ①
>>> p.search(s).group( )    # 줄 바꾸기 문자를 걸쳐서 검출한다.
'gry.\nThey'
```

① 여러 개의 플래그를 사용하려면 or(|)로 묶는다.

다음 예는 처음부터 모든 문자열을 매칭한다.

```
>>> p = re.compile('^.+')          # S 플래그를 사용하지 않은 경우이다.
>>> p.match(s).group( )            # 첫 번째 줄의 문자열만 매칭한다.
'The cat was hungry.'
>>> p = re.compile('^.+', re.S)  # S 플래그를 사용한다.
>>> p.match(s).group( )            # 전체 문자열을 매칭한다.
'The cat was hungry.\nThey were scared because of the cat'
```

4 X, VERBOSE 플래그

re 모듈의 VERBOSE 플래그를 사용하면 여러 줄에 걸쳐 정규식을 기술할 수 있다. #로 주석을 달 수 있다. 정규식 내 공백은 무시한다. 복잡한 정규식을 풀어서 사용하기 좋다. 다음은 HTML 문서에서 몸체(Body) 부분의 텍스트만을 추출하는 예이다.

```
>>> s = '''
<html>
<head>
<title>regular expression</title>
</head>
<body>
This is body text.
<a href="spam.html">spam</a>
</body>
</html>
'''
>>> p = re.compile(r'''
        \s*             # 앞에 나오는 공백을 매칭한다.
        .*?             # 최소 매칭 모드로 모든 문자를 매칭한다.
        <body.*?>       # <body> 태그의 시작 태그를 검출한다.
        (.*)            # 그룹으로 묶어서 몸체(Body)의 텍스트를 추출한다.
        </body>         # <body> 태그의 끝 태그를 검출한다.
        ''', re.VERBOSE | re.I | re.S)
        # VERBOSE, 대소문자 무시, DOTALL 모드를 적용한다.
>>> print(p.match(s).group(1))    # 검출 및 출력

This is body text.
<a href="spam.html">spam</a>
```

정규식 객체의 주요 메서드 26.4.2

정규식 객체가 제공하는 주요 메서드를 정리하면 다음과 같다.

- search(string[, pos[, endpos]])

  인수 string를 검사해서 문자열 부분을 찾는다. 인수 pos와 endpos는 인수 string의 범위를 지정한다.

- `match(string[, pos[, endpos]])`
  인수 string의 처음부터 정규식 패턴에 맞는지 검사한다. 인수 pos와 endpos의 의미는 search( ) 메서드에서와 같다.

- `split(string[, maxsplit = 0])`
  re 모듈의 split( ) 메서드와 기능상 동일하다.

- `findall(string)`
  re 모듈의 findall( ) 메서드와 기능상 동일하다.

- `sub(repl, string[, count = 0])`
  re 모듈의 sub( ) 메서드와 기능상 동일하다.

- `subn(repl, string[, count = 0])`
  re 모듈의 subn( ) 메서드와 기능상 동일하다.

정규식 객체의 search( ) 메서드는 모듈 함수의 그것과는 약간의 차이가 있다. 정규식 객체의 search( ) 메서드는 패턴을 매칭할 문자열의 위치를 지정할 수 있다. 모듈 함수 search( )의 사용 형식은 다음과 같다.

```
search (pattern, string[, flags])
```

정규식 객체의 search( ) 메서드의 사용 형식은 다음과 같다.

```
search (string[, pos[, endpos]])
```

인수 pos는 주어진 검색 문자열의 시작 위치를, 인수 endpos는 주어진 검색 문자열의 마지막 위치를 나타낸다. 다음 예는 문자열 my를 순차적으로 검색해서 출력한다. findall( ) 메서드의 결과와 비교해 보기 바란다.

```
>>> t = 'My ham, my egg, my spam'
>>> p = re.compile('(my)', re.I)
>>> pos = 0
>>> while True:
        m = p.search(t, pos)
```

```
        if m:
                print(m.group(1))
                pos = m.end( )
        else: break

My
my
my
>>> p.findall(t)
['My', 'my', 'my']
```

정규식 객체의 match( ) 메서드도 매칭할 위치를 지정할 수 있다. 사용하는 형식과 차이점은 앞서 설명한 search( ) 메서드와 동일하므로 추가 설명은 생략한다. 그리고 search( )와 match( ) 메서드의 차이점은 앞서도 설명한 바와 같이, 문자열의 일부 패턴을 매칭하느냐 처음부터 해당 패턴을 매칭하느냐이다.

26.5 문자열 치환하기

검색된 문자열을 다른 문자열로 치환하려면 re 모듈의 sub( ) 함수나 패턴 객체의 sub( ) 메서드를 사용하면 된다. sub( ) 메서드를 사용하는 형식은 다음과 같다.

```
sub(replacement, string[, count = 0])
```

인수 string에서 pattern에 의해 매칭된 문자열은 인수 repl로 치환한다.

```
>>> re.sub(r'[.,:;]', '', 'a:b;c, d.')
'abc d'
>>> re.sub(r'\W', '', 'a:b;c, d.')
'abcd'
```

첫 번째는 특수 문자를 없애고 두 번째는 영문자와 숫자, 밑줄만 제외하고 모두 없앤다.

치환 횟수를 제한하기 26.5.1

sub( ) 메서드의 옵션인 count는 치환 횟수를 제한하는 데 사용한다. 0이면 무제한이다. 예를 들어, 다음과 같다.

```
>>> p = re.compile('(blue|white|red)')
>>> p.sub('colour', 'blue socks and red shoes')
'colour socks and colour shoes'
>>> p.sub('colour', 'blue socks and red shoes', 1)
'colour socks and red shoes'
>>> p.sub('colour', 'blue socks and red shoes', 2)
'colour socks and colour shoes'
```

치환할 문자열에 매칭된 문자열을 다시 사용하기 26.5.2

치환할 문자열에 \6과 같이 매칭된 그룹을 지정할 수도 있다. 다음 예에서는 패턴 매칭이 된 문자열 그룹을 치환할 문자열로 사용한다. 즉, section을 subsection으로 바꾸는데, 중괄호 {} 안에 있는 문자열을 그대로 가져다 사용한다.

```
>>> p = re.compile('section{ ( [^}]* ) }', re.VERBOSE)
>>> p.sub(r'subsection{\1}','section{First} section{second}')
'subsection{First} subsection{second}'
```

예에서 re 모듈의 VERBOSE 플래그는 정규식의 공백을 무시하여 정규식을 좀 더 보기 좋게 해준다. \1은 매칭된 그룹 1의 의미이다. 즉, First와 second 등에 해당한다. 그룹 이름을 사용한다면 `\g<name>`과 같이 이름으로나 `\g<1>`와 같이 명시적으로 그룹 번호를 기술해도 된다.

```
>>> p = re.compile('section{ (?P<name> [^}]* ) }', re.VERBOSE)
>>> p.sub(r'subsection{\1}','section{First}')
'subsection{First}'
>>> p.sub(r'subsection{\g<1>}','section{First}')
'subsection{First}'
```

```
>>> p.sub(r'subsection{\g<name>}','section{First}')
'subsection{First}'
```

치환할 문자열을 함수로 처리하기 26.5.3

sub( ) 함수나 sub( ) 메서드의 인수 repl을 치환 함수로 선언할 수 있다. 치환 함수를 사용하면 훨씬 더 막강한 치환 기능을 구현할 수 있다. 치환 함수는 Match 객체를 인수로 받는다. 함수 내부에서는 이 객체를 이용하여 원하는 문자열을 만들어 반환하면 반환된 문자열로 매칭된 문자열이 치환된다. 예를 들어, 정수를 16진수로 변환하여 치환하는 예는 다음과 같다.

```
>>> def hexrepl( match ):
        value = int( match.group( ) )
        return hex(value)

>>> p = re.compile(r'\d+')
>>> p.sub(hexrepl, 'Call 65490 for printing, 49152 for user code.')
'Call 0xffd2 for printing, 0xc000 for user code.'
```

다음은 sub( ) 함수를 사용한 예로, 숫자인 경우에 양쪽에 괄호를 추가한다.

```
>>> def numrepl(m):    # ①
        return '(%s)' % m.group(0)

>>> re.sub('\d+', numrepl, 'abc123def 456')
'abc(123)def (456)'
```

① 함수를 사용하고 있다. Match 객체가 전달된다.

26.6 정규식의 예

기타 코드 분석하기 26.6.1

음악에 관심이 있다면 기타 코드를 분석하는 정규식을 작성해 보자. 기타 코드는 C와 Cm, Cmaj, C#sus4, Abm13/Bb 등과 같이 여러 부분으로 구성된다. 이것을 의미 있는 성분으로 분리해 보도록 하자. 예를 들어, Abm13/Bb는 ('Ab', 'm', '13', '/Bb')으로 구분될 수 있다. 이를 위한 정규식은 다음과 같다. 네 개의 그룹으로 나누어지며 각 그룹은 (근음, 스케일, 부가음, 베이스)로 구성된다.

```
([A-G][#b]?)(maj|m|M|dim|hdim|aug|\+|sus)?([0-9]*)(/[A-G][#b]?)?
```

다음은 이 정규식을 이용하여 코드 이름들을 분리한 예이다.

```
>>> import re
>>> codePatt = re.compile('([A-G][#b]?)(maj|m|M|dim|hdim|aug|\+|sus)?
                                                    ([0-9]*)(/[A-G][#b]?)?')
>>> codePatt.match('C').groups( )
('C', None, '', None)
>>> codePatt.match('Cm').groups( )
('C', 'm', '', None)
>>> codePatt.match('Cmaj').groups( )
('C', 'maj', '', None)
>>> codePatt.match('Cmaj7').groups( )
('C', 'maj', '7', None)
>>> codePatt.match('C#sus4').groups( )
('C#', 'sus', '4', None)
>>> codePatt.match('C#sus4/G').groups( )
('C#', 'sus', '4', '/G')
>>> codePatt.match('C#sus4/G#').groups( )
('C#', 'sus', '4', '/G#')
>>> codePatt.match('Abm13/A#').groups( )
('Ab', 'm', '13', '/A#')
```

URL 추출하기 26.6.2

다음은 HTML 문서 중 일부이다. 여기서 <a> 태그 안에 있는 URL만 추출해 보자.

```
>>> s = '''<a href="http://www.daum.net">daum</a>
<a href='http://www.naver.com'>naver</a>
<a href=http://www.chosun.com>chosun</a>
<a href=http://www.chosun.com class>chosun</a>
<a href="http://job.daum.net/ " target="new">
<a href="http://go.daum.net/bin/go.cgi?relative=1&url=/Mailbin/
login_f.cgi%3Ferror%3Dlogin" class="tls0">
'''
```

링크는 <a href=URL 기타 옵션들>로 표현하고, URL은 "URL"과 'URL', URL로 표현할 수 있다. 이에 맞는 정규식은 다음과 같다.

```
p = re.compile('''
href=([^'"]\S+?)[\s>] |      href=http://www.python.or.kr
href="([^"]*?)" |            href="http://www.python.or.kr"
href='([^']*?)'              href='http://www.python.or.kr'
''', re.I | re.X)
```

전체 링크를 출력하는 프로그램을 보자.

```
# re02.py
import re

s = '''<a href="http://www.daum.net">daum</a>
<a href='http://www.naver.com'>naver</a>
<a href=http://www.chosun.com>chosun</a>
<a href=http://www.chosun.com class>chosun</a>
<a href="http://job.daum.net/ " target="new">
<a href="http://go.daum.net/bin/go.cgi?relative=1&url=/Mail-bin/login_f.cgi%
3Ferror%3Dlogin" class="tls0">
'''

p = re.compile('''href=([^'"]\S+?)[\s>]|href="([^"]*?)"|href='([^']*?)\'''', re.I)
```

```
pos = 0
while True:
    match = p.search(s, pos)
    if match:
        url = match.groups( )
        pos = match.end( )
        print(list(filter(None, url))[0])
    else:
        break
```

코드를 실행한 결과는 다음과 같다.

```
http://www.daum.net
http://www.naver.com
http://www.chosun.com
http://www.chosun.com
http://job.daum.net/
http://go.daum.net/bin/go.cgi?relative=1&url=/Mail-bin/login_f.cgi%3Ferror%3Dlogin
```

같은 방법으로 웹 문서에서 이메일 주소를 추출해 볼 수 있다. 이메일 주소는 다음과 같은 형식으로 표현한다. 물론 큰따옴표 "는 작은따옴표 '로 치환할 수 있고 생략할 수도 있다.

```
<a href="mailto:이메일주소">홍길동</a>
```

이것은 여러분의 과제로 남기겠다.

주민등록번호 추출하기 26.6.3

문자열에 주민등록번호가 포함되어 있는 경우 추출하는 예를 보자. 주민등록번호는 앞 6자리와 뒤 7자리로 구성되어 있고, 이를 구분하는 - 기호가 있을 수도 없을 수도 있다. 주민등록번호를 추출하는 정규식은 다음과 같다.

```
(\d{6})-?(\d{7})
```

앞부분과 뒷부분을 분리하기 위해서 그룹을 묶었다. 다음은 추출하는 예이다.

```
>>> import re
>>> p = re.compile('(\d{6})-?(\d{7})')
>>> p.search('123456-1234567').groups( )
('123456', '1234567')
>>> p.search('1234561234567').groups( )
('123456', '1234567')
```

일반 텍스트에서 이메일 추출하고 〈a〉 태그를 추가하기 26.6.4

여러분이 입력한 이메일 주소에 자동으로 링크가 걸리는 워드프로세서나 게시판을 본 적이 있을 것이다. 이메일을 텍스트에서 추출하고 〈a〉 태그를 추가하는 예를 보기로 하자.

이메일 주소는 사용자ID@도메인 형식으로 되어 있다. 사용자 ID를 구성하는 문자는 지원하는 업체마다 약간의 차이가 있지만 대략 다음과 같다. 도메인을 구성하는 문자도 동일하다.

```
영문자, 숫자, '-', '_', '.'
```

따라서 이메일 주소를 추출하는 정규식은 다음과 같다.

```
[\w\-_\.]+@[\w\-_\.]+
```

다음은 이메일 주소를 추출하는 예이다.

```
>>> p = re.compile('[\w\-_\.]+@[\w\-_\.]+')
>>> s = '''
회원 명단입니다.
gslee@mail.kw.ac.kr 이강성
sunny@pythonworld.net 윤선희
이상입니다.
'''
```

```
>>> p.findall(s)
['gslee@mail.kw.ac.kr', 'sunny@pythonworld.net']
>>>
```

이제 이메일 주소에 〈a〉 태그를 추가하기로 하자. 추출한 문자열에 〈a〉 태그를 추가해야 하므로 sub( ) 메서드의 치환 함수를 사용한다.

```
>>> def emailrepl(m):
        email = m.group( )
        return '<a href="mailto:%s">%s</a>' % (email, email)

>>> print(p.sub(emailrepl, s))

회원 명단입니다.
<a href="mailto:gslee@mail.kw.ac.kr">gslee@mail.kw.ac.kr</a> 이강성
<a href="mailto:sunny@pythonworld.net">sunny@pythonworld.net</a> 윤선희
이상입니다.
```

〈url〉 태그에 대해서도 이처럼 링크를 걸 수 있다. 여러분에게 과제로 남겨 둔다.

HTML 문서 안에 있는 스크립트 코드만 추출하기 26.6.5

HTML 문서 안에 함께 포함되어 있는 스크립트 코드는 다음과 같은 형식으로 기술된다.

```
<SCRIPT>
    자바 스크립트 코드
</SCRIPT>

<SCRIPT LANGUAGE="JavaScript">
    자바 스크립트 코드
</SCRIPT>
```

따라서 HTML 문서에서 스크립트 영역만을 추출하는 정규식을 다음과 같이 작성할 수 있다.

```
p = re.compile('<\s*script.*?>(.*?)</\s*script\s*>', re.I | re.S)
```

플래그 I는 대소문자 무시, S는 .이 줄 바꾸기 문자와도 매칭하게 설정하였다. 다음 예는 http://www.daum.net/에서 문서를 읽어 와서 자바 스크립트만을 추출한다.

```
# reol.py
import urllib.request
import re
p = re.compile('<\s*script.*?>(.*?)</\s*script\s*>', re.I | re.S)

def extrScript(url):
    f = urllib.request.urlopen(url) # 웹에 있는 문서를 연다.
    s = f.read( ).decode( )         # 문서를 가져온다.
    script = p.findall(s)           # 스크립트 코드만 추출하여 리스트로 반환한다.
    return script

if __name__ == '__main__':
    L = extrScript('http://www.daum.net/')
    for s in L:
        print('//', '-' * 60)
        print(s)
```

MIME 메시지 헤더 부분의 부호화된 한글을 해석하기 26.6.6

MIME 메시지에 다음과 같은 한글 코드가 있다.

```
보낸이: =?euc-kr?q?=B1=E8=20=C7=FC=BA=B9?= <gudwns_kim@yahoo.co.kr>
```

이 형식은 일부 텍스트만을 코딩하는 기법으로, 주로 송신자와 수신자, 제목 등에 사용한다. 사용하는 형식은 다음과 같다.

```
=?char-set?encoding?encoded-text?=
```

char-set는 euc-kr과 ks_c_5601-1987 등이고, encoding은 B이면 base64, Q이면 quotedprintable이다. 즉, 문자 집합은 euc-kr이고 quoted-printable 인코딩 기법으로 문자들이 부호화되었다. 여기서 각 부분을 추출해 보자. 정규식은 다음과 같이 작성하였다.

```
p = re.compile(r'=\?(\S+)\?(.)\?(\S+)\?=')
```

다음과 같이 각 영역을 그룹으로 분리한다.

```
>>> import re
>>> p = re.compile(r'=\?(\S+?)\?(.)\?(\S+?)\?=')

>>> s = "=?euc-kr?q?=B1=E8=20=C7=FC=BA=B9?= <gudwns_kim@yahoo.co.kr>"
>>> p.findall(s)
[('euc-kr', 'q', '=B1=E8=20=C7=FC=BA=B9')]

>>> s1 = "2000120146 =?euc-kr?B?vsjA58jG?= <=?euc-kr?B?tOu80rmuwNo=?==?euc-
                                                        kr?B?udmy2bHi?=> "
>>> p.findall(s1)
[('euc-kr', 'B', 'vsjA58jG'), ('euc-kr', 'B', 'tOu80rmuwNo='), ('euc-kr',
'B', 'udmy2bHi')]
```

디코딩을 원하면 다음과 같이 decode_str( ) 함수에 값을 전달하면 된다.

```
# mime_decode.py
import re

def decode_str(codec, mimecodec, a):
    import base64
    import quopri
    if mimecodec == 'B':
        return base64.b64decode(a).decode(codec)
    elif mimecodec == 'q':
        return quopri.decodestring(a).decode(codec)

p = re.compile(r'=\?(\S+?)\?(.)\?(\S+?)\?=')
s = "=?euc-kr?q?=B1=E8=20=C7=FC=BA=B9?= <gudwns_kim@yahoo.co.kr>"
s1 = "2000120146 =?euc-kr?B?vsjA58jG?= <=?euc-kr?B?tOu80rmuwNo=?==?euc-
                                                        kr?B?udmy2bHi?=> "
```

```
for codec, mimecodec, a in p.findall(s):
    print(decode_str(codec, mimecodec, a))

for codec, mimecodec, a in p.findall(s1):
    print(decode_str(codec, mimecodec, a))
```

그러면 다음과 같은 출력 결과를 얻는다.

```
김 형복
안재훈
대소문자
바꾸기
```

어휘 분석기 설계하기 26.6.7

정규식을 이용하면 손쉽게 어휘 분석기를 만들 수 있다. 어휘 분석기는 주로 구문 분석기 전단계 과정으로 입력받은 문자열을 종류별로 구별하는 것이다. 다음과 같이 파이썬 문자열이 있다면 키워드(KEYWORD)로 for와 in을, 이름(NAME)으로 i와 range를, 숫자(NUMBER)로 10을 구분해 내기로 한다.

```
for i in range(10):
```

여기서는 다음과 같이 6가지로 토큰(Token)을 구분하기로 한다.

```
import keyword

tokenREList = [
    ('KEYWORD','|'.join(keyword.kwlist)),
    ('NAME',r'[a-zA-Z_]\w*'),
    ('NUMBER', r'\d+|\d+\.\d*|\.\d+'),
    ('LPAREN', r'\('),
    ('RPAREN', r'\)'),
```

```
    ('PLUS', r'\+'),
    ('COLON', r':'),
    ('WHITESPACE', r'\s+')
]
```

토큰 KEYWORD는 파이썬 키워드들의 모임으로 다음과 같은 정규식을 가진다.

```
and|assert|break|class|continue|def|...|yield
```

토큰 NAME은 첫 문자는 영문자나 밑줄 _로 시작하고 두 번째 문자부터는 영문자나 숫자, 밑줄 _이 나오는 문자열이다. 토큰 NUMBER는 정수와 실수를 표현하며, 나머지 토큰들은 정규식이 쉽게 말해 준다.

이제 이들 식을 하나의 정규식으로 표현한다. 정규식을 모두 모아서 하나의 식으로 표현하고 컴파일한다.

```
rexp = ['(%s)' % exp for tokName, exp in tokenREList]
p = re.compile('|'.join(rexp))
```

실제 토큰을 구분하는 함수는 다음과 같다.

```
def lex(s):
    pos = 0
    match = p.match(s, pos)
    while match:
        token = match.groups( )
        pos = match.end( )
        for k in range(len(token)):
            if token[k]: break
        else:
            break
        yield(tokenREList[k][0], token[k])
        match = p.match(s, pos)
```

문자열 s의 첫 문자(pos = 0)부터 앞서 만들어진 정규식과 패턴 매칭을 한다. while 문 안의 for 문은 몇 번째 정규식에 의해서 문자열이 매칭되었는가를 찾는다. 위치는 k 변수로 전달한다. k를 이용하여 tokenREList 리스트에서 토큰 이름을 식별하고, 매칭된 문자열을 함께 넘겨준다. 전체 프로그램은 다음과 같다.

```
# relex.py
import re
import keyword

tokenREList = [
    ('KEYWORD','|'.join(keyword.kwlist)),
    ('NAME',r'[a-zA-Z_]\w*'),
    ('NUMBER', r'\d+|\d+\.\d*|\.\d+'),
    ('LPAREN', r'\('),
    ('RPAREN', r'\)'),
    ('PLUS', r'\+'),
    ('COLON', r':'),
    ('WHITESPACE', r'\s+')
]

rexp = ['(%s)' % exp for tokName, exp in tokenREList]
p = re.compile('|'.join(rexp))

def lex(s):
    pos = 0
    match = p.match(s, pos)
    while match:
        token = match.groups( )
        pos = match.end( )
        for k in range(len(token)):
            if token[k]: break
        else:
            break
        yield(tokenREList[k][0], token[k])
        match = p.match(s, pos)

if __name__ == '__main__':
    s = '''
    for i in range(10):
```

```
    print (i + 5)'''

for tok in lex(s):
    print(tok)
```

코드를 실행한 결과는 다음과 같다.

```
('WHITESPACE', '\n    ')
('KEYWORD', 'for')
('WHITESPACE', ' ')
('NAME', 'i')
('WHITESPACE', ' ')
('KEYWORD', 'in')
('WHITESPACE', ' ')
('NAME', 'range')
('LPAREN', '(')
('NUMBER', '10')
('RPAREN', ')')
('COLON', ':')
('WHITESPACE', '\n        ')
('NAME', 'print')
('WHITESPACE', ' ')
('LPAREN', '(')
('NAME', 'i')
('WHITESPACE', ' ')
('PLUS', '+')
('WHITESPACE', ' ')
('NUMBER', '5')
('RPAREN', ')')
```

제 27 장

XML 문서 처리하기

Chapter 27

이 장에서는 파이썬을 이용하여 XML 문서를 처리하는 방법을 살펴본다. 여러분은 이미 전통적인 SAX나 DOM에 대해서 알고 있을 것이다. 하지만, 이 장에서는 ElementTree 모듈을 이용하여 편리하게 XML 문서를 처리하는 방법을 살펴보고자 한다.

27.1 ElementTree 모듈

xml.etree.ElementTree 모듈은 XML 문서를 쉽고 효과적으로 처리할 수 있는 API를 제공한다. ElementTree 모듈은 전체 XML 문서를 트리 구조로 표현하는 ElementTree 클래스와 노드를 표현하는 Element 클래스로 구성된다. 전체 문서에 대한 연산은 ElementTree 클래스 수준에서 이루어지고, 단일 XML 요소에 대한 연산은 Element 클래스 수준에서 이루어진다.

XML 파일 읽기 27.1.1

우선 예제로 product.xml 파일을 보자. 다음과 같이 준비되어 있다.

```
<?xml version="1.0"?>
<productList>
  <product name="Notebook">
    <vendor name="Samsung">
      <model id="S501" price="400">NewTab</model>
      <model id="S502" price="450">EverGreen</model>
    </vendor>
    <vendor name="LG">
      <model id="D401" price="380">WinTab</model>
      <model id="D402" price="420">Feather</model>
    </vendor>
```

```
  </product>
</productList>
```

이 XML 파일을 읽어 보자.

```
>>> import xml.etree.ElementTree as ET
>>> tree = ET.parse('product.xml')  # 파일에서 읽는다. ElementTree 객체를 반환한다.
>>> root = tree.getroot()           # Element 객체를 반환한다.
```

여기서 tree는 트리 전체를 나타내는 ElementTree 객체이고, root는 루트(Root) 노드를 나타내는 Element 객체이다. 다음과 같이 문자열에서 XML 데이터를 직접 읽을 수도 있다.

```
>>> xml = open('product.xml', encoding='utf-8').read()
>>> root = ET.fromstring(xml)     # 문자열에서 직접 파싱한다.
```

ElementTree 객체의 tostring( ) 메서드는 노드 구조를 바이트 열로 변환한다. 문자열로 변환하려면 decode( ) 메서드를 사용한다.

```
>>> print(ET.tostring(root).decode( ))
<productList>
  <product name="Notebook">
    <vendor name="Samsung">
      <model id="S501" price="400">NewTab</model>
      <model id="S502" price="450">EverGreen</model>
    </vendor>
    <vendor name="LG">
      <model id="D401" price="380">WinTab</model>
      <model id="D402" price="420">Feather</model>
    </vendor>
  </product>
</productList>
```

엘리먼트의 tag 정보는 '{이름공간}태그이름' 형식으로 나온다. 이름 공간이 없으면 '태그이름'만 출력한다.

```
>>> root.tag                 # 이름 공간이 없는 경우
'productList'

>>> another_element.tag      # 이름 공간이 있는 경우
'{http://www.topografix.com/GPX/1/1}metadata'
```

속성 값 읽기 27.1.2

root 노드의 자식 노드들은 반복자를 이용하면 얻을 수 있다. 속성은 attrib 속성으로 얻어내고, 엘리먼트의 텍스트 정보는 text 속성으로 얻을 수 있다. 속성 attrib은 사전 자료형이다.

```
>>> len(root)
1
>>> list(root)
[<Element 'product' at 0x0328E6F0>]
>>> product = root[0]
>>> for vendor in product:
        print(vendor.tag, vendor.attrib)
        for model in vendor:
                print(model.tag, model.attrib, model.text)

vendor {'name': 'Samsung'}
model {'price': '400', 'id': 'S501'} NewTab
model {'price': '450', 'id': 'S502'} EverGreen
vendor {'name': 'LG'}
model {'price': '380', 'id': 'D401'} WinTab
model {'price': '420', 'id': 'D402'} Feather
```

속성을 읽는 것은 attrib 속성을 이용할 수도 있지만, 다음과 같이 get( ) 메서드를 사용할 수도 있다.

```
>>> for vendor in product:
        for model in vendor:
                print(model.get('id'), model.get('price'))

S501 400
S502 450
D401 380
D402 420
```

노드 탐색하기 27.1.3

findall( ) 메서드는 바로 자식 노드 중에서 특정 노드를 찾는다.

```
>>> for model in root.findall('model'):   # 루트 노드 아래에 model 노드는 없다.
        print(model.tag, model.attrib, model.text)
```

아무것도 출력되지 않았다.

```
>>> for model in root[0][0].findall('model'):   # 두 번 내려가면 있다.
        print(model.tag, model.attrib, model.text)

model {'price': '400', 'id': 'S501'} NewTab
model {'price': '450', 'id': 'S502'} EverGreen
```

find( ) 메서드는 바로 아래의 자식 노드 중에서 첫 번째 엘리먼트이다.

```
>>> root[0][0].find('model')
<Element 'model' at 0x0328E9C0>
```

만일 예에서 루트 노드의 모든 하위 노드에서 model 엘리먼트를 찾으려면 iter( ) 메서드를 사용할 수 있다.

```
>>> for model in root.iter('model'):
        print(model.tag, model.attrib, model.text)

model {'price': '400', 'id': 'S501'} NewTab
model {'price': '450', 'id': 'S502'} EverGreen
model {'price': '380', 'id': 'D401'} WinTab
model {'price': '420', 'id': 'D402'} Feather
```

findall( ) 메서드와 간단한 XPath 분법을 이용하면 좀 더 복잡한 경로에서도 탐색이 가능하다. 다음은 현재 노드(.) 아래의 product 노드의 아래의 vendor 노드들에서 model 노드를 찾는다.

```
>>> root.findall('./product/vendor/model')  # 경로 지정
[<Element 'model' at 0x02CC89F0>, <Element 'model' at 0x02CC8A20>, <Element
'model' at 0x02CC8A80>, <Element 'model' at 0x02CC8AB0>]
```

단순히 모든 하위 노드 중에서 model 노드를 찾을 수도 있다. //은 모든 하위 노드를 의미한다.

```
>>> root.findall('.//model')
[<Element 'model' at 0x02CC89F0>, <Element 'model' at 0x02CC8A20>, <Element
'model' at 0x02CC8A80>, <Element 'model' at 0x02CC8AB0>]
```

이렇게 검색한 노드들 중에서 [position]을 이용하여 하나만 선택할 수 있다. 위치는 1에서 시작한다.

```
>>> root.findall('.//model[1]')  # 첫 번째 노드들만 선택한다.
[<Element 'model' at 0x02CC89F0>, <Element 'model' at 0x02CC8A80>]
```

마지막 노드는 last( ) 함수로 표현한다.

```
>>> root.findall('.//model[last( )]')  # 마지막 노드들만 선택한다.
[<Element 'model' at 0x02CC8A20>, <Element 'model' at 0x02CC8AB0>]
```

*은 모든 노드를 의미하며 [@attrib]은 속성 값의 존재를 의미한다. 다음 예는 모든 하위 노드들에서 id란 속성 값이 있는 노드만 탐색한다.

```
>>> root.findall('.//*[@id]')
[<Element 'model' at 0x02CC89F0>, <Element 'model' at 0x02CC8A20>, <Element
'model' at 0x02CC8A80>, <Element 'model' at 0x02CC8AB0>]
```

[@attrib='value'] 형식을 이용하면 속성 값으로 노드를 탐색할 수 있다.

```
>>> root.findall('.//model[@id="S501"]')
[<Element 'model' at 0x02CC89F0>]
```

노드 수정 27.1.4

다음은 노드를 변경하는 예이다.

```
>>> import xml.etree.ElementTree as ET
>>> tree = ET.parse('product.xml')      # 파일에서 문서를 읽는다.
>>> root = tree.getroot( )
>>> model = root[0][0][0]
>>> model
<Element 'model' at 0x0328E9C0>
>>> model.attrib
{'price': '400', 'id': 'S501'}
>>> model.text
'NewTab'
```

```
>>> model.text = 'MyTab'              # text 변경과 설정
>>> model.attrib['price'] = '490'    # 속성 변경과 추가
>>> model.set('updated', 'yes')      # 속성 변경과 추가
>>> tree.write('output.xml')         # 파일로 쓰기
```

다음은 노드를 제거하는 예이다.

```
>>> len(root[0][0])
2
>>> model = root[0][0][0]
>>> root[0][0].remove(model)
>>> len(root[0][0])
1
```

다음은 노드를 추가하는 예이다.

```
>>> m = ET.Element('model')
>>> m.text = 'NewTab'
>>> m.attrib['price'] = '400'
>>> m.attrib['id'] = 'S501'
>>> ET.dump(m)
<model id="S501" price="400">NewTab</model>
>>> root[0][0].append(m)
```

27.2 XML 문서 처리 예

GPX(GPS eXchange Format) 파일은 GPS 데이터를 교환하고자 하는 파일 형식 중 하나이다. 배포된 파일 중 ch27/sample.gpx 파일을 이용하여 필요한 정보를 몇 가지 추출해 보자. sample.gpx 파일은 다음과 같다.

```
<?xml version="1.0" encoding="UTF-8" standalone="no" ?>
<gpx xmlns="http://www.topografix.com/GPX/1/1" creator="MapSource 6.16.3"
```

```
version="1.1" xmlns:xsi="http://www.w3.org/2001/XMLSchema-instance"
xsi:schemaLocation="http://www.topografix.com/GPX/1/1
http://www.topografix.com/GPX/1/1/gpx.xsd">

  <metadata>
    <link href="http://www.garmin.com">
      <text>Garmin International</text>
    </link>
    <time>2013-02-26T14:14:16Z</time>
    <bounds maxlat="37.699200315400958" maxlon="127.04602718353271"
                 minlat="37.666005548089743" minlon="127.00807509943843"/>
  </metadata>

  <wpt lat="37.693920135498047" lon="127.02261686325073">
    <ele>263.05859375</ele>
    <time>2013-02-26T14:05:41Z</time>
    <name>도봉대피소</name>
    <sym>Lodging</sym>
    <extensions>
      <gpxx:WaypointExtension xmlns:gpxx="http://www.garmin.com/xmlschemas
                                                          /GpxExtensions/v3">
        <gpxx:DisplayMode>SymbolAndName</gpxx:DisplayMode>
        <gpxx:Address>
          <gpxx:City>-</gpxx:City>
          <gpxx:State>서울</gpxx:State>
          <gpxx:Country>한국</gpxx:Country>
        </gpxx:Address>
        <gpxx:PhoneNumber></gpxx:PhoneNumber>
      </gpxx:WaypointExtension>
    </extensions>
  </wpt>

~ 생략 ~

<trk>
    <name>현재트랙: 26 02 2013 11:14</name>
    <trkseg>
      <trkpt lat="37.689124764874578" lon="127.04547590576112">
        <ele>57.82</ele>
        <time>2013-02-26T02:14:01Z</time>
      </trkpt>
```

```
      <trkpt lat="37.689117304980755" lon="127.04547322355211">
        <ele>57.82</ele>
        <time>2013-02-26T02:14:02Z</time>
      </trkpt>
      <trkpt lat="37.689067265018821" lon="127.04540398903191">
        <ele>57.340000000000003</ele>
        <time>2013-02-26T02:14:21Z</time>
      </trkpt>
~ 생략 ~
</trkseg>
  </trk>
</gpx>
```

이 문서에서 metadata 엘리먼트 안의 bounds라는 엘리먼트에 있는 위경도 범위를 추출해서 출력한다. 이 정보는 이 파일에 있는 트랙 포인트가 있는 범위를 나타낸다. 다음으로는 웨이 포인트(wpt) 정보를 출력해 보자. 웨이 포인트 이름과 위치를 출력한다. 마지막으로 트랙 포인트(trkpt)를 출력한다. 〈trkpt〉 엘리먼트는 〈trkseg〉 엘리먼트 안에 있으며, 〈trkseg〉 엘리먼트는 〈trk〉 엘리먼트 안에 정의된다. 트랙 포인트는 일정한 시간 간격으로 현재의 위치(위도, 경도, 고도)를 기록한 엘리먼트이다. 다음은 이 값들을 출력하는 코드이다.

```
# readgpx.py

import xml.etree.ElementTree as ET

tree = ET.parse('sample.gpx')
root = tree.getroot( )

# bounds 엘리먼트(metadata 안에 있다)
bounds = root.findall('.//{http://www.topografix.com/GPX/1/1}bounds')[0]

# 속성 값 읽기
maxlat = float(bounds.get('maxlat'))
maxlon = float(bounds.get('maxlon'))
minlat = float(bounds.get('minlat'))
minlon = float(bounds.get('minlon'))

print('maxlat=', maxlat)
```

```
print('maxlon=', maxlon)
print('minlat=', minlat)
print('minlon=', minlon)
print( )

# 웨이 포인트 이름과 위치 출력하기
wpts = root.findall('.//{http://www.topografix.com/GPX/1/1}wpt')
for wpt in wpts:
    name = wpt.find('{http://www.topografix.com/GPX/1/1}name').text
    lat = wpt.get('lat')
    lon = wpt.get('lon')
    print(name, lat, lon)
print( )

# 트랙 세그먼트 읽기
trksegs = root.findall('.//{http://www.topografix.com/GPX/1/1}trkseg')

for trkseg in trksegs:
    # 트랙 세그먼트에서 트랙 포인트 읽기
    trkpts = trkseg.findall('.//{http://www.topografix.com/GPX/1/1}trkpt')
    print('트랙 포인트 수 :', len(trkpts))
    for trkpt in trkpts:    # 트랙 포인트 시간 위도 경도 고도 출력
        lat = float(trkpt.get('lat'))
        lon = float(trkpt.get('lon'))
        ele = float(trkpt.find('{http://www.topografix.com/GPX/1/1}ele').text)
        tm = trkpt.find('{http://www.topografix.com/GPX/1/1}time').text
        print(tm, lat, lon, ele)
```

코드를 실행하여 출력한 결과는 다음과 같다.

```
maxlat= 37.69920031540096
maxlon= 127.04602718353271
minlat= 37.66600554808974
minlon= 127.00807509943843

도봉대피소 37.693920135498047 127.02261686325073
도봉분소 37.687075138092041 127.03937530517578
신선대. 37.698276042938232 127.01409816741943
우이암 37.68435001373291 127.0084547996521
```

```
원통사 37.682912349700928 127.01117992401123

트랙 포인트 수 : 1481
2013-02-26T02:14:01Z 37.68912476487458 127.04547590576112 57.82
2013-02-26T02:14:02Z 37.689117304980755 127.04547322355211 57.82
2013-02-26T02:14:21Z 37.68906726501882 127.04540398903191 57.34
2013-02-26T02:14:35Z 37.68903742544353 127.04555788077414 57.34
2013-02-26T02:14:53Z 37.6889665145427 127.04566198401153 58.3
2013-02-26T02:15:08Z 37.68886249512434 127.0456825196743 57.82
2013-02-26T02:15:22Z 37.68880977295339 127.04568184912205 56.86
2013-02-26T02:15:37Z 37.68880231305957 127.04565645195544 57.34
2013-02-26T02:15:44Z 37.6887677796185 127.04564178362489 56.37
2013-02-26T02:16:02Z 37.68881765194237 127.04537658020854 56.86
2013-02-26T02:16:16Z 37.68884254619479 127.04526535235345 59.26
```

제 28 장

XML-RPC 사용하기

Chapter 28

현재 가장 보편적으로 사용할 수 있는 RPC 프레임워크는 XML-RPC로부터 확장된 SOAP(Simple Object Access Protocol http://www.w3.org/TR/SOAP/)일 것이다. XML-RPC는 쉽고 간단한 PRC이다. 아주 짧은 시간에 익히고 활용할 수 있다.

28.1 XML-RPC

일반적으로 프로시저 호출(Procedure Call)이란 한 컴퓨터 내에서 어떤 프로시저를 호출하고 수행하는 것을 말한다. 프로시저 호출에서는 필요한 인수들을 넘겨주고 계산된 결과를 받는다. 이러한 인수(매개 변수) 전달에서 물리적인 구조는 구현 언어나 시스템에 따라서 조금씩 그 형태가 다르다. 원격 프로시저 호출인 RPC(Remote Procedure Call)는 다른 컴퓨터에 있는 프로시저를 호출하는 기능을 말한다. 이 개념은 분산 처리에서 중요한 개념으로 자주 사용한다.

XML-RPC 28.1.1

원격 프로시저 호출(RPC)은 하나의 작업을 여러 작은 단위로 나누어서 여러 컴퓨터에서 작업을 수행하게 할 때 사용한다. 이러면 프로그램의 실행 효율이 높아질 것이다. 여기서 연결 지연이나 전송 지연에 드는 부담보다 얻는 이득이 많아야 한다는 전제는 있다. 또한, RPC는 여러 서버에서 공유한 다양한 함수를 호출할 수 있다. 수시로 변하는 정보를 다양한 서버에서 받을 수 있다. 예를 들어, 특정 서버로부터 일기예보 정보, 증권 정보, 환율 정보, 우편번호 등을 알아낼 수 있다.

RPC는 이기종 간의 컴퓨터에서 이루어질 수 있기 때문에, 매개 변수를 전송하는 방법은 일반화된 형태를 취해야 한다. 방법이 다양하겠지만, XML-RPC는 인수나 계산 결과를 주고받기 위해서 XML 문서 형식을 사용한다. XML은 문서 교환 형식에 대한 표준으로 이미 자리를 잡았다. XML을 이용함으로써 기종이나 플랫폼에 상관없이 표준화된 문서로 정보를 교환한다. 다시 말하면, XML-RPC란 운영 체제나 언어에 관계없이, 인터넷을 통하여 다른 컴퓨터 상에서 실행되는 프로시저를 호출하는 규정(http://www.xmlrpc.com/spec)이면서 구현이다. 다양한 언어에서 XML-RPC 모듈이 구현되어 있다.

XML-RPC에서 전송은 HTTP를 이용하며, 인코딩은 XML을 이용한다. XML-RPC는 간단하게 구현되었으나, 복잡한 자료구조를 보내고 처리하고 받을 수 있다. XML-RPC는 쉽게 사용할 수 있다. 원하는 기능을 빨리 구현할 수 있다. 이것이 XML-RPC의 장점이다. 쉽게 신뢰할 만한 기능을 구현할 수 있다.

XML-RPC는 HTTP를 이용하기 때문에 HTTP의 단점도 그대로 상속받는다. 우선 상태가 유지되지 않는다. 연속으로 두 번 함수를 호출할 때 서버에서는 두 함수의 요청을 완전히 별개의 요청으로 받아 처리한다. 즉, 이전 함수 호출에서 어떤 객체를 생성했다고 해도 다음 호출에서 해당 객체를 사용할 수 없게 된다. 또한, HTTP는 다량의 데이터 전송에 그다지 효율적이지 못하다. HTTP를 함수 호출에 이용함으로써 생기는 보안 문제도 논쟁거리이고, 인증을 기본적으로 지원하지 않는 것도 불편한 일이다. 많은 서버를 이용하는 대규모 작업이나 서비스를 자동으로 찾아서 처리하는 기능을 찾는다면 XML-RPC는 적당하지 않을지 모른다.

XML-RPC 처리 과정 28.1.2

XML-RPC의 처리 과정을 살펴보자. 로컬 컴퓨터에서 몇 개의 인수를 가지고 원격 함수를 호출한다. XML-RPC 클라이언트는 함수의 이름과 인수를 XML 형식으로 변환(Marshalling)하고 HTTP 프로토콜을 이용하여 서버측에 요청(Request) 문서를 보낸다. XML-RPC 서버는 XML로 전달받은 함수 이름과 인수를 언어에 맞는 자료형으로 변환(Unmarshalling)하고 실제 함수를 호출한다. 호출을 받은 함수가 결과를 반환하면 해당 결과는 다시 XML-RPC 서버를 통해서 XML 문서로 변환되고(Marshalling), 변환 결과를 토대로 만들어진 응답(Response) 메시지를 클라이언트로 전송한다. 클라이언트는 응답 메시지를 해석해서 결과를 언어에 맞는 객체로 변환한다.

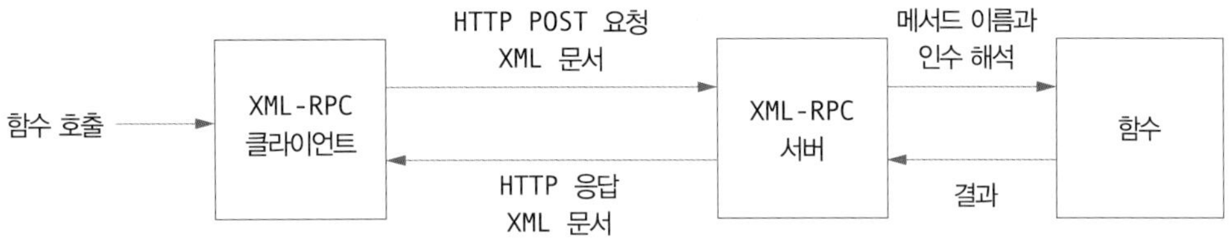

그림 28-1 XML-RPC 처리 과정

XML-RPC를 간단하게 시험해 보자. 다음 코드는 XML-RPC를 이용하여 미국의 주 이름을 읽어 낸다

```
>>> from xmlrpc.client import ServerProxy
>>> betty = ServerProxy("http://betty.userland.com")  # XML-RPC를 지원하는 서버
>>> print(betty.examples.getStateName(41))      # 41번째 미국의 주는? (알파벳 순서)
South Dakota
```

우선 xmlrpc.client 모듈에서 ServerProxy 클래스를 가져왔고(Import), betty 서버에 xmlrpc 서버 객체를 치환했다. betty 서버의 examples라는 객체의 getStateName( ) 메서드를 호출한 결과를 받은 것이다. 다음과 같이하면 50개의 미국 주 이름을 얻을 수 있다. 직접 입력하려면 얼마나 힘들겠는가?

```
>>> for k in range(1,51):
        print(k, betty.examples.getStateName(k))

1 Alabama
2 Alaska

~ 생략 ~

49 Wisconsin
50 Wyoming
```

28.2 파이썬과 XML-RPC

파이썬 객체를 XML 형식으로 변환하는 것을 마샬링(Marshalling)이라고 한다. 일종의 직렬화이다. 반대로 XML로 표현된 객체를 파이썬 객체로 변환하는 것을 언마샬링(Unmarshalling)이라고 한다. 마샬링은 클라이언트가 XML-RPC를 호출하기 위해서 거치는 작업이고, 언마샬링은 XML-RPC를 통해서 전달받은 객체를 파이썬 객체로 변환하기 위해서 주로 서버측에서 하는 작업이다.

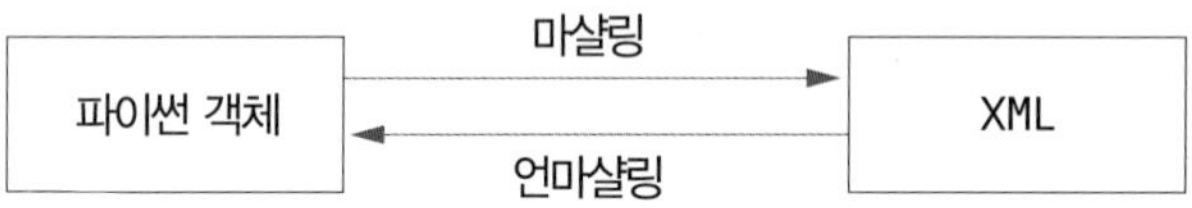

그림 28-2 마샬링과 언마샬링

XML-RPC 지원 자료형 28.2.1

XML-RPC를 통해 전달할 수 있는 자료형의 종류는 표 28-1와 같다.

표 28-1 XML-RPC 지원 자료형

이름	설명
`boolean`	True와 False 상수이다.
`integers`	직접 전달된다.
`floating-point numbers`	직접 전달된다.
`strings`	직접 전달된다.
`arrays`	파이썬 시퀀스 자료형은 array로 전달된다. array는 파이썬으로 리스트로 전달된다.
`structures`	파이썬 사전은 structure로 전달된다. 키는 문자열이어야 하고 값은 XML-RPC 지원 자료형이어야 한다. 사용자 정의 클래스들은 __dict__ 속성만 전달된다.
`dates`	기준 시점으로부터 지난 초이다. DateTime 클래스의 인스턴스나 datetime.datetime 인스턴스로 전달된다.
`binary data`	이진 자료형은 Binary 클래스 인스턴스 혹은 bytes 인스턴스로 전달된다.

마샬링 28.2.2

파이썬에서 마샬링을 하려면 dumps( ) 메서드를 사용한다. 이 메서드는 두 개의 인수를 받는다. 첫 번째 인수는 튜플로 실제 함수로 전달되는 인수들의 모임이다. 두 번째 인수는 호출하는 함수 이름으로 생략할 수 있다. 예를 들어, 함수 이름 없이 사용한 dumps( ) 메서드는 다음과 같다. 각 인수가 각 데이터에 맞는 XML 엘리먼트로 변환되었다. 리스트는 혹은 시퀀스 자료형은 〈array〉 엘리먼트로 변환된다.

```
>>> from xmlrpc.client import dumps
>>> print(dumps((1, 'abc', [10, 20], True)))
<params>
<param>
<value><int>1</int></value>
</param>
<param>
<value><string>abc</string></value>
</param>
<param>
<value><array><data>
<value><int>10</int></value>
<value><int>20</int></value>
</data></array></value>
</param>
<param>
<value><boolean>1</boolean></value>
</param>
</params>
```

두 번째 인수에 함수의 이름을 주면 완전한 XML 문서를 출력한다.

```
>>> from xmlrpc.client import dumps
>>> print(dumps((1, 'abc', [10, 20]), 'funcationCall'))
<?xml version='1.0'?>
<methodCall>
<methodName>funcationCall</methodName>
```

```
<params>
<param>
<value><int>1</int></value>
</param>
<param>
<value><string>abc</string></value>
</param>
<param>
<value><array><data>
<value><int>10</int></value>
<value><int>20</int></value>
</data></array></value>
</param>
</params>
</methodCall>
```

사전인 경우는 〈struct〉 엘리먼트로 변환된다.

```
>>> print(dumps(({'one':1, 'two':2},)))
<params>
<param>
<value><struct>
<member>
<name>two</name>
<value><int>2</int></value>
</member>
<member>
<name>one</name>
<value><int>1</int></value>
</member>
</struct></value>
</param>
</params>
```

DateTime 객체인 경우 시스템 초(Second)를 인수로 받는다.

```
>>> from xmlrpc.client import DateTime
>>> import time
>>> print(dumps((DateTime(time.time( )),)))
<params>
<param>
<value><dateTime.iso8601>20130304T08:52:14</dateTime.iso8601></value>
</param>
</params>
```

이진 데이터인 경우 다음과 같은 방식으로 마샬링이 가능하다. 인코딩은 base64 방식으로만 된다.

```
>>> from xmlrpc.client import Binary
>>> print(dumps((Binary(b'abc'),)))
<params>
<param>
<value><base64>
YWJj
</base64></value>
</param>
</params>
```

언마샬링 28.2.3

언마샬링은 앞서 설명한 대로 XML 형식의 인수를 파이썬 객체로 변환하는 것이다. 언마샬링에는 loads( ) 메서드를 사용한다. loads( ) 메서드는 튜플을 반환하는데, 첫 번째 요소로 파이썬 객체를, 두 번째 요소로 함수의 이름을 반환한다.

```
>>> from xmlrpc.client import loads
>>> xmlp = dumps((1, 'abc', [10, 20], True), 'funcationCall')
>>> loads(xmlp)
((1, 'abc', [10, 20], True), 'funcationCall')
```

앞의 예는 정수와 문자열, 리스트, 진릿값을 마샬링한 후 언마샬링한 결과를 보여주었다. 다음은 사전과 DateTime, Binary 객체를 마샬링한 후 언마샬링하는 결과를 보여준다.

```
>>> xmlp = dumps(({'one':1, 'two':2},DateTime(time.time( )),Binary(b'abc')), 'f')
>>> args, func_name = loads(xmlp)
>>> dict_arg, datetime_arg, bin_arg = args
>>> dict_arg
{'one': 1, 'two': 2}
>>> datetime_arg.value
'20130830T18:49:48'
>>> bin_arg.data
b'abc'
```

28.3 XML-RPC 서버 구축하기

간단한 XML-RPC 서버를 만들어 보자. 서버를 구축하려면 xmlrpc.server 모듈을 이용한다. 이 모듈은 두 개의 중요한 클래스 SimpleXMLRPCServer와 SimpleXMLRPCRequestHandler를 지원한다. SimpleXMLRPCServer 클래스는 SocketServer.TCPServer 클래스의 하위 클래스로 XML-RPC 서버를 만드는 데 사용한다. SimpleXMLRPCRequestHandler 클래스는 클라이언트 서비스를 해주는 요청(Request) 핸들러의 기반(Base) 클래스이다. 따라서 사용자의 요청을 서비스하는 핸들러 클래스를 만들어 주어야 한다. 다음은 간단한 XML-RPC 서버이다. 이 서버는 정수 값을 받아서 하나 큰 값을 반환하는 incr 함수를 제공한다.

```
# xmlrpcsvr.py
from xmlrpc.server import *

class MyRequestHandler(SimpleXMLRPCRequestHandler):
    def _dispatch(self, method, params):
        try:
            server_method = getattr(self, "do_"+method)
        except:
            raise AttributeError("No XML-RPC procedure do_%s" % method)
```

```
        return server_method(*params)

    def log_message(self, format, *args):
        print(format % args)

    def do_incr(self, k):
        return k + 1

if __name__ == '__main__':
    server = SimpleXMLRPCServer(('', 8000), MyRequestHandler)
    server.serve_forever( )
```

클라이언트에서 함수를 호출하면 요청 핸들러의 _dispatch 메서드가 호출된다. 이 메서드는 두 개의 인수를 받는데, 첫 번째 인수는 호출 함수의 이름(문자열)이고 두 번째 인수는 호출 함수로 전달할 인수들의 튜플이다. 인수들은 이미 언마샬링이 된 상태의 파이썬 객체들이다. 클라이언트에서 요청하는 호출 함수의 실행은 _dispatch 메서드에서 직접 해주어야 하는데, 함수 객체를 가져오기 위해서 getattr( ) 함수를 사용한다. 앞서의 예에서는 함수 이름 앞에 do_ 를 붙여서 메서드를 찾는다. 즉, 함수 incr을 호출하면 do_incr 메서드로 연결한다. server_method 변수에 메서드 객체를 얻었으면 `server_method(*params)`로 실제 메서드를 호출한다.

마지막 세 개의 줄은 서버를 구동시킨다. 여기서는 8000포트를 지정한다. 이것을 실행해 보자. 먼저 서버측에서 프로그램을 다음과 같이 실행한다.

```
$ python xmlrpcsvr01.py
```

클라이언트측에서는 (같은 서버라면) 다음과 같이 서버에 연결하고 함수를 호출한다.

```
>>> from xmlrpc.client import ServerProxy
>>> svr = ServerProxy('http://localhost:8000')
>>> svr.incr(2)
3
```

다양한 자료형의 전달은 마샬링과 언마샬링 절을 참고하여 쉽게 할 수 있다. 앞의 예를 좀 더 발전시켜 보기 바란다.

제 29 장

디버깅과 시험

Chapter 29

이 장에서는 로깅과 디버깅, 프로파일링, 시험에 관한 내용을 간략히 다룬다.

29.1 로깅

로그(Log)란 프로그램 개발이나 운영 시 발생하는 문제점을 추적하거나 운영 상태를 모니터링하기 위한 메시지를 말한다. 로그를 남기기 위한 가장 쉬운 방법은 print( ) 함수를 사용하는 것이다. 의심이 가는 부분에 print( ) 함수를 추가하고 변수 값을 확인하여 코드 진행의 문제점을 찾는다. 이 방법의 단점은 정상적인 출력 메시지와 디버깅 출력 메시지가 섞여서 구분하기 쉽지 않다는 것이다. 디버깅 출력 메시지를 없앨 간단한 방법이 없다. 디버깅을 마쳤을 경우에는 모든 print( ) 함수를 찾아서 일일이 지워야 한다. 좀더 나은 방법으로 파이썬의 logging 모듈을 이용하면 좀 더 깔끔하게 처리할 수 있다.

로깅하기 29.1.1

로그 메시지는 레벨이 있다. 로그 레벨에는 DEBUG와 INFO, WARNING, ERROR, CRITICAL이 있다. 우선 어떤 수준에서 로깅을 할 것인가를 정해야 하는데 basicConfig( ) 함수를 사용한다. 로그를 남기기 위해서 로그 출력 함수를 사용해야 하는데, 로그 레벨에 따라 사용하는 로그 출력 함수가 따로 준비되어 있다. 이들은 debug( )와 info( ), warning( ), error( ), critical( ) 함수이다. 다음은 로그 레벨을 설정하고 두 개의 로그 레벨로 로그를 출력하는 예이다.

```
# logging01.py
import logging

logging.basicConfig(level = logging.INFO)
logging.debug('debug message')      # 무시된다.
logging.info('info message')        # 출력된다.
```

로그 레벨을 설정하면 해당 로그 레벨보다 값이 같거나 큰 레벨에 대해서는 메시지를 출력하고, 낮은 로그 레벨에 대해서는 메시지를 출력하지 않는다. 앞의 예에서, INFO 레벨이 20이고 DEBUG 레벨이 10이므로 설정된 레벨 20보다 낮은 레벨의 디버그 메시지는 무시되어 출력되지 않는다. 출력 결과는 다음과 같다.

```
INFO:root:info message
```

로그 레벨과 이에 대응하는 함수의 전체 목록은 다음과 같다.

표 29-1 로그 레벨과 대응 함수

로그 레벨	값	대응 함수
logging.CRITICAL	50	logging.critical( )
logging.ERROR	40	logging.error( )
logging.WARNING	30	logging.warning( )
logging.INFO	20	logging.info( )
logging.DEBUG	10	logging.debug( )

더 이상 로그를 남길 필요가 없게 되면 로그 레벨의 값을 다음과 같이 높여 주거나 전달하지 않으면 된다.

```
logging.basicConfig(level = 100)
logging.basicConfig( )
```

로그 메시지는 basicConfig( ) 함수의 인수 filename을 사용해서 화면이 아닌 파일로 출력하게 할 수 있다. 다음 예에서 로그 메시지는 파일 sample.log로 출력된다.

```
# logging02.py
import logging

logging.basicConfig(filename = "sample.log", level = logging.INFO)
logging.info('info message')   # 파일로 출력
```

코드를 다시 실행해도 로그 메시지는 기본적으로 파일에 계속 추가된다. 만일 프로그램을 실행할 때마다 기존 파일을 지우고 다시 쓰고 싶다면 옵션 filemode를 w로 설정한다.

```
logging.basicConfig(filename = "sample.log", filemode = 'w', level = logging.INFO)
```

출력 형식 지정하기 29.1.2

로그 메시지를 출력하는 형식을 사용자에 맞게 변경할 수 있다. basicConfig( ) 함수의 인수 format에 출력하려는 형식을 전달하면 된다. 출력하려고 하는 로그 형식이 다음과 같다고 하자.

'레벨:모듈이름(줄번호):함수이름:메시지'

인수 format에 사용할 수 있는 속성을 정리하면 표 29-2과 같다.

표 29-2 LogRecord 객체의 속성들

속성	형식	설명
asctime	%(asctime)s	사람이 읽을 수 있는 시간이다. 기본적으로 2003-07-08 16:49:45,896 형식이다.
created	%(created)f	LogRecord 객체의 속성이 만들어진 시간이다.
filename	%(filename)s	파일 이름이다.
funcName	%(funcName)s	함수 이름이다.
levelname	%(levelname)s	로그 레벨(DEBUG와 INFO, WARNING, ERROR, CRITICAL)이다.
levelno	%(levelno)s	수치 로그 레벨(10, 20, 30, …)이다.
lineno	%(lineno)d	소스 코드의 줄 번호이다.
module	%(module)s	모듈 이름이다. 번호이다.
msecs	%(msecs)d	LogRecord 객체의 속성이 만들어진 시간의 밀리초 부분이다.
message	%(message)s	로그 메시지이다.
name	%(name)s	로그 이름이다.
pathname	%(pathname)s	소스 파일의 전체 경로이다.
process	%(process)d	프로세스 ID이다.
processName	%(processName)s	프로세스 이름이다.
relativeCreated	%(relativeCreated)d	LogRecord 객체가 생성된 시간(밀리초 단위)이다. logging 모듈이 적재될 때부터의 상대적인 시간이다.
thread	%(thread)d	스레드 ID이다.
threadName	%(threadName)s	스레드 이름이다.

이 표의 정보를 이용하여 원하는 형식의 로그를 출력할 수 있다. 예를 들면 다음과 같이 로그 형식을 지정할 수 있다. logging.info( )나 logging.debug( )를 통해서 전달한 메시지는 format 형식의 %(message)s로 전달된다.

```
'%(levelname)s:%(module)s(%(lineno)s):%(funcName)s:%(message)s'
```

다음의 logging03.py와 mymath.py 파일의 예에서 basicConfig의 format 인수 설정과 로그 정보 출력의 사용 예를 볼 수 있다.

```
# logging03.py
import logging
import mymath

logging.basicConfig(
    level = logging.DEBUG,
    format = '%(levelname)s:%(module)s(%(lineno)s):%(funcName)s:%(message)s')

logging.info('debug message')
mymath.add(2, 3)
```

```
# mymath.py
import logging

def add(a, b):
    logging.debug('adding {} + {}'.format(a, b))
    return a + b
```

logging03.py 파일을 실행한 결과는 다음과 같다.

```
INFO:logging03(6):<module>:debug message
DEBUG:mymath(5):add:adding 2 + 3
```

로그 메시지가 출력되는 시간을 표시하려면 다음과 같이 %(asctime)s을 이용한다.

```
logging.basicConfig(level=logging.DEBUG, format='%(asctime)s:%(message)s')
```

실행한 결과는 다음과 같다.

```
2013-03-04 15:37:25,165:debug message
2013-03-04 15:37:25,165:adding 2 + 3
```

날짜/시간의 출력 구성이나 형식을 바꾸려면 인수 datefmt를 이용한다. 사용하는 지시자는 time.strftime( ) 함수에서 사용하는 것과 동일하다.

```
logging.basicConfig(
    level = logging.DEBUG,
    format = '%(asctime)s:%(message)s',
    datefmt = '%Y/%m/%d %H:%M:%S')
```

실행한 결과는 다음과 같다.

```
2013/03/04 15:47:03:debug message
2013/03/04 15:47:03:adding 2 + 3
```

29.2 디버깅 : pdb 모듈

파이썬은 디버깅을 위해 pdb 모듈을 제공한다. 이 모듈은 (조건부) 중단점(Break Point) 설정, 줄 단위 실행, 스택 프레임 검사, 소스 코드 리스팅, 임의의 파이썬 코드 실행 등의 기능을 지원한다. 여기서는 pdb 모듈을 이용하여 디버깅을 하는 방법을 간단히 소개하도록 한다.

사실 명령줄에서 pdb 모듈을 이용하는 것이 최적의 디버깅 방법은 아니다. 통합 개발 환경에서는 편리하게 사용할 수 있는 GUI 디버깅 기능이 여럿 있으나 여기서 소개할 내용이 아니므로 직접 확인하기 바란다.

pdb를 이용한 디버깅 29.2.1

먼저 디버깅에 사용할 코드이다.

```
# debugging.py

def check_sum(line):
    p1 = line.index('$')
    p2 = line.index('*')
    s = line[p1:p2]

    chk = 0
    for c in s:
        code = ord(c)
        chk = chk ^ code
    return chk

if __name__ == '__main__':
    line = '$GPGGA,114455.532,3735.0079,N,12701.6446,E,,,,,,,,,0000*7e'
    print(hex(check_sum(line)))
```

check_sum( ) 함수는 전달받은 문자열에서 $와 * 사이에 있는 모든 문자의 배타적 합(Exclusive Or) 연산의 결과를 체크섬(Checksum)으로 돌려준다. 디버깅 코드에서 line 문자열은 체크섬의 결과가 0x7e이며, 이것은 맨 마지막의 두 문자로 표현되어 있다. 하지만, 실행 결과는 0x5a이다. 문제점을 찾아보자.

이제 check_sum( ) 함수에 다음 두 라인을 추가한다.

```
def check_sum(line):
    import pdb               # 추적을 시작할 위치에 추가한다.
    pdb.set_trace( )         # 이곳에서 디버그 상태로 들어간다.
    p1 = line.index('$')
    p2 = line.index('*')
```

코드를 실행하면 pdb.set_trace( ) 메서드에서 실행이 멈추고 Pdb 상태로 들어간다.

```
-> p1 = line.index('$')
(Pdb)
```

?를 입력해 보자. 다음과 같은 도움말을 볼 수 있다.

```
(Pdb) ?

Documented commands (type help <topic>):
========================================
EOF    cl         disable  interact  next     return  u          where
a      clear      display  j         p        retval  unalias
alias  commands   down     jump      pp       run     undisplay
args   condition  enable   l         print    rv      unt
b      cont       exit     list      q        s       until
break  continue   h        ll        quit     source  up
bt     d          help     longlist  r        step    w
c      debug      ignore   n         restart  tbreak  whatis

Miscellaneous help topics:
==========================
pdb  exec
```

그림 29-1

명령어가 많지만 이들 중 많은 명령어가 중복되어 있다. 예를 들어, h와 help 명령어는 같은 명령어이다. l(ist)을 입력하면 다음과 같이 소스에 번호가 붙게 할 수 있다. **l 라인번호**를 입력하면 원하는 줄의 소스를 볼 수 있다.

```
(Pdb) l
  1     # debugging.py
  2
  3     def check_sum(line):
  4         import pdb
  5         pdb.set_trace()
  6  ->     p1 = line.index('$')
  7         p2 = line.index('*')
  8         s = line[p1:p2]
  9
 10         chk = 0
 11         for c in s:
```

그림 29-2

n(ext)을 입력하면 다음 줄로 진행한다.

```
(Pdb) n
> d:\src\ch29\debugging.py(7)check_sum( )
-> p2 = line.index('*')
(Pdb)
```

그냥 키보드에서 Enter를 치면 이전 명령어가 반복되어 n(ext) 명령을 적용받는다.

```
(Pdb) Enter
> d:\ src\ch29\debugging.py(8)check_sum( )
-> s = line[p1:p2]
(Pdb)
```

이 시점에서 `line[p1:p2]` 값을 확인해 보자.

```
(Pdb) line[p1:p2]
'$GPGGA,114455.532,3735.0079,N,12701.6446,E,,,,,,,,,0000'
(Pdb)
```

자, 여기서 문제를 찾았다. $가 포함되어서는 안 되는 것을 확인했다. `line[p1+1:p2]`를 해야 맞는 표현이 된다. 일단 n(ext) 명령으로 다음 줄로 진행해 보자.

```
(Pdb) n
> d:\ src\ch29\debugging.py(10)check_sum( )
-> chk = 0
```

이 시점에서 변수 s를 확인해 보자. 하지만, 약간의 문제가 있다. 대부분 변수 이름을 입력하면 변수 값을 확인할 수 있으나 s는 변수 s가 아니라 s(tep)이라는 명령어로 인식한다. 이럴 경우는 p s나 print(s)로 값을 확인해야 한다.

```
(Pdb) p s
'$GPGGA,114455.532,3735.0079,N,12701.6446,E,,,,,,,,,0000'
```

다음과 같이 앞에 !를 사용하면 명령어로 인식하지 않고 변수로 처리한다.

```
(Pdb) !s
'$GPGGA,114455.532,3735.0079,N,12701.6446,E,,,,,,,,,0000'
```

함수 끝 부분까지 진행하려면 r(eturn)을 입력한다.

```
> d:\src\ch29\debugging.py(14)check_sum( )->90
-> return chk
```

다음 중단점(Breakpoint)을 만날 때까지 계속 진행하려면 c(ont)를 입력한다. 더 이상 중단점이 없기 때문에 끝까지 진행한다.

```
(Pdb) c
0x5a
```

이 외에도 많은 명령어를 사용할 수 있지만 생략하고 주요 명령어 위주로 표로 정리하였다. 더 많은 명령어는 라이브러리 레퍼런스를 참고하기 바란다.

표 29-3 pdb 모듈의 명령어

명령어	설명
? / h / help	도움말을 보여준다.
Enter	이전 명령어를 반복한다.
n / next	다음 줄로 진행한다
s / step	현재 줄을 실행하되 함수 등이 있으면 함수 내부 코드로 진입한다.
c / cont / continue	다음 중단점을 만날 때까지 진행한다
r / return	현재 함수의 return 지점까지 진행한다.
l / list [first[, last]]	소스 코드를 보여준다.

명령어	설명
`p / print expression`	expression 식을 계산해서 출력한다.
`pp expression`	pprint 모듈을 이용한 출력이다.
`b / break [([filename:]lineno | function) [, condition]]`	중단점을 설정한다.
`cl / clear [filename:lineno | bpnumber [bpnumber ...]]`	중단점을 해제한다.
`tbreak [([filename:]lineno | function) [, condition]]`	임시 중단점을 설정한다. 한 번 사용하면 자동으로 중단점이 해제된다.
`condition bpnumber [condition]`	새 조건부 중단점을 설정한다.
`u / up`	스택 프레임을 하나 위로 올라간다
`d / down`	스택 프레임을 하나 내려간다
`w / where`	스택 추적을 출력한다. 최근의 프레임이 아래에 출력된다.
`q / quit`	디버거를 종료한다.

예외가 발생한 부분 디버깅하기 29.2.2

pdb.set_trace( ) 함수를 설정하지 않은 상태에서 예외가 발생했다고 하자. 만약에 여러분이 대화식 모드에 있다면 디버깅 모드로 바로 전환할 수 있다. 예를 들어, division.py라는 소스 파일이 있다.

```
# division.py

def division(a, b):
    return a / b

if __name__ == '__main__':
    division(5, 0)
```

대화식 모드에서 이 모듈을 가져와서 division(5, 0)을 호출하면 ZeroDivisionError 예외가 발생한다.

```
>>> import division
>>> division.division(5, 0)
...
ZeroDivisionError: division by zero
>>>
```

이 시점에서 다음과 같이 pdb.pm( ) 함수를 실행하면 예외가 발생한 지점으로 이동하면서 디버깅 모드로 들어간다. pdb.pm( ) 함수는 사후 디버깅 모드로 들어가는 명령이다.

```
>>> import pdb
>>> pdb.pm( )
> d:\src\ch29\division.py(4)division( )
-> return a/b
```

여기서 pdb 명령을 실행하여 에러가 발생한 상황을 판단할 수 있다.

```
(Pdb) l
  1      # division.py
  2
  3      def division(a,b):
  4  ->      return a/b
[EOF]
(Pdb) a, b
a = 5
b = 0
(Pdb)
```

대화식 모드가 아닌 스크립트로 프로그램을 실행할 때 python 명령에 -m pdb 옵션을 주면 pdb 상에서 모듈을 바로 실행할 수 있다.

```
D:\...\ch29>c:\Python33\python.exe -m pdb division.py
> d:\src\ch29\division.py(3)<module>( )

-> def division(a,b):
(Pdb)
```

디버그 모드로 진입하고 대기 중이다. 여기서 c 명령으로 프로그램을 진행한다.

```
(Pdb) c
Traceback (most recent call last):
...
return a/b
ZeroDivisionError: division by zero
> d:\ src\ch29\division.py(4)division( )

-> return a/b
(Pdb)
```

예외가 발생한 지점에서 멈추어 섰다. pdb 명령으로 값을 확인하고 디버깅을 수행할 수 있다.

```
(Pdb) a, b
a = 5
b = 0
```

29.3 프로파일링 : profile 모듈

프로파일러(Profiler)는 프로그램의 실행 성능을 분석해 주는 프로그램이다. 이 프로그램을 이용하면 프로그램의 어느 부분이 시간을 얼마만큼 소모하는지 한눈에 파악할 수 있다. 결과를 기준으로 시간을 많이 소모하는 부분을 파악할 수 있고 성능 향상에 대한 대책을 세울 수도 있다. 이를 위해서 파이썬은 profile과 cProfile, pstats 모듈을 제공한다.

profile 모듈은 순수하게 파이썬으로 만들어진 모듈로 cProfile 모듈과 동일한 인터페이스를 갖지만 확장성이 있다. 하지만, 프로파일링에 상당한 과부하를 발생시킨다. cProfile 모듈은 C 언어로 만들어진 모듈이어서 과부하가 크지 않아 대부분의 경우에 사용한다. pstats 모듈은 프로파일 검토용 모듈이다. 저장된 프로파일 데이터를 이용하여 분석하고 보고서를 작성하는 데 사용한다.

profile 모듈 사용하기 29.3.1

예를 들어, spam() 함수에 대해 프로파일링을 하려면 다음과 같이 호출한다. 이 코드는 spam() 함수를 실행하고 결과를 보고한다.

```
import cProfile
cProfile.run('spam( )')
```

다음 코드를 보자.

```
# file : profilex.py
def count105( ):
    for x in range(100000):
        pass

def count106( ):
    for x in range(1000000):
        pass

def fast( ):
    count105( )
    count105( )
    count105( )

def slow( ):
    count106( )
    count106( )
    count106( )
    count106( )
```

```
def spam( ):
    fast( )
    slow( )

if __name__ == '__main__':
    import cProfile
    cProfile.run('spam( )')
```

코드를 실행한 결과는 다음과 같다.

```
14 function calls in 0.109 seconds

   Ordered by: standard name

   ncalls  tottime  percall  cumtime  percall filename:lineno(function)
        1    0.000    0.000    0.109    0.109 :0(exec)
        1    0.000    0.000    0.000    0.000 :0(setprofile)
        1    0.000    0.000    0.109    0.109 <string>:1(<module>)
        0    0.000             0.000          profile:0(profiler)
        1    0.000    0.000    0.109    0.109 profile:0(spam( ))
        1    0.000    0.000    0.000    0.000 profilex.py:10(fast)
        1    0.000    0.000    0.109    0.109 profilex.py:15(slow)
        3    0.000    0.000    0.000    0.000 profilex.py:2(count105)
        1    0.000    0.000    0.109    0.109 profilex.py:21(spam)
        4    0.109    0.027    0.109    0.027 profilex.py:6(count106)
```

첫 줄은 총 14회의 함수 호출이 있었고 0.109초 동안 CPU를 사용하였다는 의미이다. 다음 줄 Ordered by: standard name은 출력 순서를 맨 오른쪽 필드 문자열(filename:lineno(function) 필드)를 기준으로 정렬하여 출력하였다는 의미이다. 여기서 각 필드의 의미를 살펴보자.

- `ncalls` 필드 각 함수가 호출된 횟수이다.
- `tottime` 필드 각 함수에서 순수하게 소모한 총 시간이다.
- `percall` 필드 tottime 필드를 ncalls 필드로 나눈 몫이다.
- `cumtime` 필드 이 함수에서 시작해서 나갈 때까지의 총 시간이다. 즉, 다른 함수를 호출해서 실행한 시간까지 포함한다.

- `percall` 필드 cumtime 필드를 ncalls 필드로 나눈 몫이다.
- `filename` 필드 각 모듈과 줄 번호, 함수 이름을 나타낸다.

마지막 줄에서, count106 함수는 총 4회가 호출되었으며 총 0.109 초가 걸렸으며 1회당 소요 시간은 0.027초였다. count106 함수가 다른 함수를 내부에서 다시 호출하지 않아서 cumtime과 percall 필드는 tottime과 percall 필드와 동일하다. slow 함수는 자체에서 소모한 시간은 거의 없고 전체 소모 시간은 count106 함수 호출에 소모된 시간이 0.109초라고 보고되었다.

프로파일을 외부 파일에 저장하기 29.3.2

앞의 profilex.py 파일 마지막 줄을 다음과 같이 수정하여 프로파일 정보를 spamprofile.txt 파일에 저장할 수 있다.

```
cProfile.run('spam( )', 'spamprofile.txt')
```

앞의 문을 실행하면 spamprofile.txt 파일이 만들어진다. 이 파일에 저장된 프로파일 정보를 출력하려면 다음과 같이 pstats 모듈을 이용하면 된다.

```
>>> import pstats
>>> p = pstats.Stats('spamprofile.txt')
>>> p.sort_stats('name')
<pstats.Stats object at 0x027EDF10>
>>> p.print_stats( )
Mon Mar  4 15:52:46 2013    spamprofile.txt

         14 function calls in 0.109 seconds

   Ordered by: function name

   ncalls  tottime  percall  cumtime  percall filename:lineno(function)
        1    0.000    0.000    0.109    0.109 <string>:1(<module>)
        3    0.016    0.005    0.016    0.005 profilex.py:2(count105)
        4    0.094    0.023    0.094    0.023 profilex.py:6(count106)
```

```
     1    0.000    0.000    0.109    0.109 :0(exec)
     1    0.000    0.000    0.016    0.016 profilex.py:10(fast)
     0    0.000             0.000          profile:0(profiler)
     1    0.000    0.000    0.000    0.000 :0(setprofile)
     1    0.000    0.000    0.094    0.094 profilex.py:15(slow)
     1    0.000    0.000    0.109    0.109 profilex.py:21(spam)
     1    0.000    0.000    0.109    0.109 profile:0(spam( ))
```

sort_stats 메서드는 줄을 정렬해 주는데, 사용할 수 있는 인수는 calls와 cumulative, file, module, pcalls, line, name, nfl, stdname, time가 있다. 자세한 의미는 라이브러리 레퍼런스를 참조하기 바란다.

print_stats( ) 메서드는 profile.run( ) 함수에서 출력한 것과 같은 형식으로 출력한다. 다음 예는 tottime 필드를 기준으로 정렬해서 4개의 상위 줄만을 출력한다.

```
>>> p.sort_stats('time').print_stats(4)
Mon Mar  4 15:52:46 2013    spamprofile.txt

         14 function calls in 0.109 seconds

   Ordered by: internal time
   List reduced from 10 to 4 due to restriction <4>

   ncalls  tottime  percall  cumtime  percall filename:lineno(function)
        4    0.094    0.023    0.094    0.023 profilex.py:6(count106)
        3    0.016    0.005    0.016    0.005 profilex.py:2(count105)
        1    0.000    0.000    0.109    0.109 :0(exec)
        1    0.000    0.000    0.109    0.109 <string>:1(<module>)
```

특정한 함수(slow)의 정보만을 보려면 다음과 같이 한다.

```
>>> p.print_stats('slow')
Mon Mar  4 15:52:46 2013    spamprofile.txt

         14 function calls in 0.109 seconds
```

```
Ordered by: internal time
List reduced from 10 to 1 due to restriction <'slow'>

ncalls  tottime  percall  cumtime  percall filename:lineno(function)
     1    0.000    0.000    0.094    0.094 profilex.py:15(slow)
```

29.4 시험 : doctest 모듈

doctest 모듈은 모듈 문서 문자열(docstring)에서 대화식 파이썬 세션을 찾고, 이 세션이 정확하게 실행되는지 검사한다. 간단한 사용법을 보이는 정도의 시험에 주로 사용한다.

코드 안에서 실행하기 29.4.1

코드 안에서 doctest 모듈을 실행하는 일반적인 방법은 다음과 같다.

```
if __name__ == "__main__":
    import doctest
    doctest.testmod( )
```

doctest.testmod( ) 함수에 의해서 시험 코드가 실행된다. 간단한 예를 보자. 다음 doctest01.py 파일은 add( ) 함수를 시험한다. 시험 코드는 모듈 문서 문자열과 함수 문서 문자열에 있다.

```
# doctest01.py
'''
이것은 문서 문자열입니다.
어떤 설명을 여기다 달아도 좋습니다.
하지만 대화식 실행 코드는 doctest에 의해서 실행됩니다.

>>> add(1, 3)
4
>>> add('spam', 'code')
'spamcode'
```

```
'''
def add(a, b):
    '''
    >>> add([1, 2, 3], [4, 5, 6])
    [1, 2, 3, 4, 5, 6]
    '''
    return a + b

if __name__ == "__main__":
    import doctest
    doctest.testmod( )
```

이것을 실행했을 때 아무런 결과가 나오지 않으면 아무 문제 없이 잘 실행되었다는 의미이다. 만일 자세한 실행 정보를 보고 싶으면 -v 옵션을 사용한다.

```
$ python doctest01.py -v
Trying:
    add(1, 3)
Expecting:
    4
ok
Trying:
    add('spam', 'code')
Expecting:
    'spamcode'
ok
Trying:
    add([1, 2, 3], [4, 5, 6])
Expecting:
    [1, 2, 3, 4, 5, 6]
ok
2 items passed all tests:
   2 tests in __main__
   1 tests in __main__.add
3 tests in 2 items.
3 passed and 0 failed.
Test passed.
```

만일 모듈 문서 문자열의 내용과 실행 결과가 다르면 다음과 같이 에러가 보고된다. 모듈 문서 문자열에서 add(1, 3)의 결과를 5라고 고친 후 시험했다.

```
$ python add.py
**********************************************************************
File "doctest01.py", line 7, in __main__
Failed example:
    add(1, 3)
Expected:
    5
Got:
    4
**********************************************************************
1 items had failures:
   1 of   2 in __main__
***Test Failed*** 1 failures.
```

명령줄에서 실행하기 29.4.2

명령줄에서 doctest 모듈을 바로 실행할 수도 있다. 예를 들어, 다음의 doctest02.py 파일을 보자.

```
# doctest02.py
'''
이것은 문서 문자열입니다.
어떤 설명을 여기다 달아도 좋습니다.
하지만 대화식 실행 코드는 doctest에 의해서 실행됩니다.

>>> add(1, 3)
4
>>> add('spam', 'code')
'spamcode'
'''

def add(a, b):
    '''
    >>> add([1, 2, 3], [4, 5, 6])
```

```
    [1, 2, 3, 4, 5, 6]
    '''
    return a + b
```

명령줄에서 다음 명령으로 모듈 문서 문자열을 시험하는 doctest 모듈이 실행된다.

```
$ python3 ?m doctest doctest02.py
$ python3 ?m doctest ?v doctest02.py    # verbose 옵션
Trying:
    add(1, 3)
Expecting:
    4
ok
Trying:
    add('spam', 'code')
Expecting:
    'spamcode'
ok
Trying:
    add([1, 2, 3], [4, 5, 6])
Expecting:
    [1, 2, 3, 4, 5, 6]
ok
2 items passed all tests:
   2 tests in doctest02
   1 tests in doctest02.add
3 tests in 2 items.
3 passed and 0 failed.
Test passed.
```

29.5 단위 시험 : unittest 모듈

unittest 모듈은 단위 시험(Unit Testing)를 지원한다. PyUnit이라고도 불리는 이 모듈은 자바 JUnit의 파이썬 버전이다. 단위 시험이란 작은 기능 단위에 대하여 자동화된 코드 수준에서의

시험이다. 함수나 클래스 메서드 등의 시험이 여기에 해당한다. 시험 코드를 일단 한 번 작성하면 소스 코드를 바꾸어도 언제나 그것이 기본적인 시험 요구를 만족하는지 확인할 수 있다.

단위 시험에는 사실 nose와 같은 좋은 도구도 있다(https://pypi.python.org/pypi/nose). 하지만, 여기서는 표준 모듈에 관해서만 다루므로 nose 도구에 관해서는 독자 여러분이 스스로 자료를 찾아보기 바란다. 이 절에서는 파이썬으로 단위 시험을 하기 위해서 어떻게 코딩을 하는지만 간단히 설명하기로 한다.

TestCase 만들기 29.5.1

단위 시험은 unittest 모듈의 TestCase 클래스를 만드는 것부터 시작한다. 이 클래스에서 상속받는 사용자 클래스(MyTestCase)를 하나 정의한다. 이 클래스 안에 정의되는 메서드의 이름이 test로 시작하면 unittest.main( ) 함수에 의해서 자동으로 실행된다.

시험 파일 이름은 일반적으로 **test_**로 시작한다. 예를 들어, 파일 arith.py을 시험하는 모듈의 이름은 test_arith.py로 한다.

```
# test_unittest01.py
import unittest

class MyTestCase(unittest.TestCase):
    def test_sample(self):                  # 기본 시험 메서드
        self.assertEqual((3 * 4), 11)       # 실패할 시험이다. 12 와 11은 다르다.

if __name__ == '__main__':
    unittest.main( )
```

unittest.main( ) 함수는 모든 TestCase 하위 클래스 중에서 test_sample( ) 메서드와 같이 test로 시작하는 메서드들을 자동으로 검출하고 실행한다. assertEqual( ) 메서드는 두 인수의 값이 같은지 시험한다. 코드를 실행한 결과를 보자.

```
F
======================================================================
FAIL: test_sample (__main__.MyTestCase)
----------------------------------------------------------------------
Traceback (most recent call last):
  File "unittest01.py", line 6, in test_sample
    self.assertEqual((3 * 4), 11)    # 실패할 시험이다. 12 와 11은 다르다.
AssertionError: 12 != 11

----------------------------------------------------------------------
Ran 1 test in 0.001s

FAILED (failures=1)
```

11을 12로 수정하고 실행하면 다음과 같은 결과를 얻는다.

```
.
----------------------------------------------------------------------
Ran 1 tests in 0.000s

OK
```

진행 상황에 대한 자세한 정보를 얻고 싶으면 명령줄에서 -v 옵션을 주거나 앞의 코드에서 `unittest.main(argv=['', '-v'])`와 같이 -v 옵션을 추가한다.

```
test_sample (__main__.MyTestCase) ... ok

------------------------------------------------------------
Ran 1 test in 0.000s

OK
```

결과 값 검사에 사용하는 TestCase 클래스의 메서드에는 다음과 같은 것들이 있다.

표 29-4 결과 값 검사를 위한 TestCase 클래스의 메서드

메서드	검사 내용
`assertEqual(a, b)`	`a == b`
`assertNotEqual(a, b)`	`a != b`
`assertTrue(x)`	`bool(x) is True`
`assertFalse(x)`	`bool(x) is False`
`assertIs(a, b)`	`a is b`
`assertIsNot(a, b)`	`a is not b`
`assertIsNone(x)`	`x is None`
`assertIsNotNone(x)`	`x is not None`
`assertIn(a, b)`	`a in b`
`assertNotIn(a, b)`	`a not in b`
`assertIsInstance(a, b)`	`isinstance(a, b)`
`assertNotIsInstance(a, b)`	`not isinstance(a, b)`
`assertRaises(exc, fun, *args, **kwds)`	fun(*args, **kwds)이 인수 exc의 예외를 발생시킨다.
`assertRaisesRegex(exc, re, fun, *args, **kwds)`	fun(*args, **kwds)이 인수 exc의 예외를 발생시키고, 그 메시지가 인수 re와 매칭해야 한다.
`assertWarns(warn, fun, *args, **kwds)`	fun(*args, **kwds)이 인수 warn의 경고를 일으킨다.
`assertWarnsRegex(warn, re, fun, *args, **kwds)`	fun(*args, **kwds)이 인수 warn의 경고를 일으키고, 그 메시지가 인수 re와 매칭해야 한다.

픽스처 29.5.2

픽스처(Fixture)는 하나 이상의 시험을 수행하기 위해서 하는 준비와 정리를 의미한다. unittest 모듈의 TestCase 클래스는 각각의 시험을 수행하기 전에 setUp( ) 메서드를 호출하고 시험을

수행한 후에는 tearDown( ) 메서드를 호출한다. 이것을 픽스처라고 한다. unittest02.py 파일에는 시험 메서드 두 개가 있다. 이들이 호출되기 전에 setUp( ) 메서드가 호출되고 그다음 tearDown( ) 메서드가 호출된다.

```
# test_unittest02.py
import unittest

class MyTestCase(unittest.TestCase):
    def setUp(self):
        print('setUp( ) called')

    def test_sample1(self):
        self.assertEqual((2*3), 6)
        print('test_sample1( )')

    def test_sample2(self):
        self.assertEqual((4*3), 12)
        print('test_sample2( )')

    def tearDown(self):
        print('tearDown( ) called')

if __name__ == '__main__':
    unittest.main( )
```

코드를 실행한 결과를 확인해 보자.

```
setUp( ) called
test_sample1( )
tearDown( ) called
.setUp( ) called
test_sample2( )
tearDown( ) called
.
----------------------------------------------------------------------
Ran 2 tests in 0.000s

OK
```

여러 모듈을 한 번에 시험하기 29.5.3

여러 작은 시험 코드를 상위 레벨에서 한 번에 시험하는 방법은 다음과 같다. loadTestsFromName 메서드는 주어진 이름의 모든 시험에 대해 스위트(suite) 객체를 반환한다. 다음은 test_unittest01.py와 test_unittest02.py 파일을 한 번에 시험하는 예이다. 인수 suite로 suite 함수가 반환하는 스위트 객체들을 시험한다.

```
# test_unittest03.py
import unittest

def suite( ):
    return unittest.defaultTestLoader.loadTestsFromNames(
        ('test_unittest01', 'test_unittest02')
    )

if __name__ == '__main__':
    unittest.main(argv=['', '-v', 'suite'])
```

모듈을 만들 때마다 테스트 모듈을 작성하고, 그 테스트 모듈들을 한 번에 시험하는 종합 시험 모듈을 만들어 나가면 프로젝트가 커짐에 따라서 안정된 개발을 할 수 있는 좋은 시험 환경을 구축하는 것이다. 쉽지는 않겠지만 시험 모듈을 적극적으로 만들면서 개발하도록 노력해 보자.

제 30 장

시간 표현과 측정

Chapter 30

30.1 시간 표현 **30.2** 시간 표현 사이에 관계와 변환 **30.3** 정밀 시간의 측정

이 장에서는 시간을 표현하는 방법과 시간을 측정하는 방법을 배워보기로 한다. 시간은 여러 형태로 표현할 수 있다. time 모듈을 이용하여 다양한 시간 표현을 다루는 법과 각 시간 표현을 만들어 내는 법을 배워 보자. time 모듈은 날짜와 시간을 다루는 여러 함수를 제공한다. 두 번째로는 시스템에서 이용할 수 있는 가장 정확한 시간 측정 방법들을 살펴보기로 한다.

30.1 시간 표현

파이썬에서 시간은 숫자와 struct_time 객체, 문자열 중 하나로 표현한다. 숫자 시간은 플랫폼의 C 라이브러리에 의존한다.

숫자 시간

숫자 시간은 기점(Epoch)으로부터 지금까지 지난 시간(초)으로 표현한다. 기점으로부터 현재까지 지난 시간(초)은 time( ) 함수로 알 수 있다. 기점은 세계 표준시 1970년 1월 1일 0시이다.

```
>>> import time
>>> time.time( )
1362439040.049455
```

struct_time 객체

struct_time 객체는 이름 있는 튜플로 년, 월, 일, 시 등의 정보를 갖는다. gmtime(0)으로 기점을 확인할 수 있다. gmtime( ) 함수는 국제 표준시(Coordinated Universal Time, UTC)를 인수로 받고 struct_time 객체를 반환한다. localtime( ) 함수로 지역 시간을 확인할 수 있다.

```
>>> import time
>>> time.gmtime(0)
time.struct_time(tm_year=1970, tm_mon=1, tm_mday=1, tm_hour=0, tm_min=0,
tm_sec=0, tm_wday=3, tm_yday=1, tm_isdst=0)
>>> time.localtime(0)
time.struct_time(tm_year=1970, tm_mon=1, tm_mday=1, tm_hour=9, tm_min=0,
tm_sec=0, tm_wday=3, tm_yday=1, tm_isdst=0)
```

struct_time 객체의 속성은 다음과 같다.

표 30-1 struct_time 객체의 속성

인덱스	속성	값
0	tm_year	년도(예, 2013)
1	tm_mon	월(1 ~ 12)
2	tm_mday	일(1 ~ 31)
3	tm_hour	시(0 ~ 23)
4	tm_min	분(0 ~ 59)
5	tm_sec	초(0 ~ 61) 60은 유효하며 61은 역사적 이유로 지원한다.
6	tm_wday	요일(0 ~ 6) 월요일이 0이다.
7	tm_yday	경과 일수(1 ~ 366)
8	tm_isdst	서머타임 0, 1, -1(잘 모를 경우)

struct_time 객체는 이름이 있는 튜플이므로 이름으로나 인덱스로 접근할 수 있다.

```
>>> t = time.localtime(0)
>>> t.tm_year
1970
>>> t[0]
1970
```

현재 시간에 대한 struct_time 객체는 인수 없이 호출되는 gmtime( )이나 localtime( ) 함수로 알 수 있다.

```
>>> time.gmtime( )          # 국제 표준시
time.struct_time(tm_year=2013, tm_mon=3, tm_mday=5, tm_hour=0, tm_min=11,
tm_sec=13, tm_wday=1, tm_yday=64, tm_isdst=0)
>>> t = time.localtime( )  # 지역 시간
>>> t
time.struct_time(tm_year=2013, tm_mon=3, tm_mday=5, tm_hour=9, tm_min=19,
tm_sec=37, tm_wday=1, tm_yday=64, tm_isdst=0)
>>> t.tm_year
2013
>>> t.tm_yday
64
```

문자열 시간

문자열 시간은 사람이 읽기 편하게 문자열로 표현된 시간이다. ctime( ) 함수와 asctime( ) 함수는 시스템에서 지정된 형식의 시간 표현 문자열을 반환한다.

```
>>> time.ctime( )
'Tue Mar  5 09:16:13 2013'
>>> time.asctime( )
'Tue Mar  5 09:16:14 2013'
```

특정한 형식의 시간 문자열을 만들어 내려면 strftime( ) 함수를 이용할 수 있다(다음 절 참고).

30.2 시간 표현 사이에 관계와 변환

숫자와 struct_time 객체, 문자열 시간의 표현 사이에 관계를 그림으로 정리하면 다음과 같다.

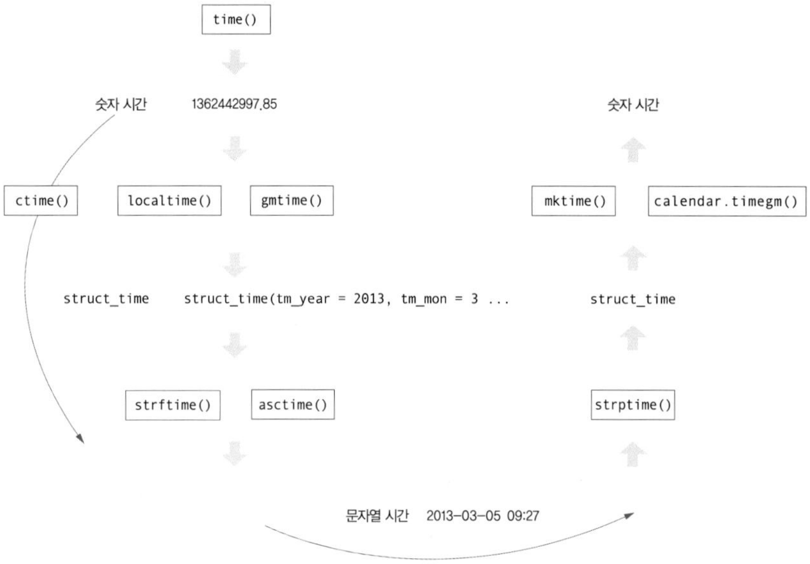

그림 30-1 시간 표현 사이에 관계

각 시간 표현 사이의 변환을 살펴보자.

struct_time 객체에서 숫자 시간으로 변환 30.2.1

숫자 시간은 세계 표준시를 기준으로 한다. 현재 숫자 시간은 time( ) 함수로 알 수 있다.

```
>>> time.time( )
1362442997.850829
```

struct_time 객체 시간에서 숫자 시간으로 변환할 때는 mktime( ) 함수를 사용한다. 이 함수는 struct_time 객체 시간을 지역 시간으로 가정한다. struct_time 객체 시간을 국제 표준시(UTC) 시간으로 숫자 시간으로 변환할 때는 calendar 모듈의 timegm( ) 함수를 사용한다.

```
>>> t                          # struct_time 객체가 준비되어 있다.
time.struct_time(tm_year=2013, tm_mon=3, tm_mday=5, tm_hour=9, tm_min=19,
tm_sec=37, tm_wday=1, tm_yday=64, tm_isdst=0)
>>> time.mktime(t)             # t를 지역 시간으로 가정하고 숫자 시간으로 변환한다.
1362442777.0
>>> import calendar
>>> calendar.timegm(t)         # t를 UTC로 가정하고 숫자 시간으로 변환한다.
1362475177
>>> 1362442777.0 + 9 * 3600    # 두 개의 시간은 9시간이 차이가 난다.
1362475177.0
```

struct_time 객체가 이름이 있는 튜플이므로 다음과 같이 mktime( ) 함수에 튜플을 넘겨도 무방하다.

```
>>> time.mktime((2013, 3, 5, 10, 5, 0, 1, 64, 0))
1362445500.0
```

숫자 시간에서 struct_time 객체로 변환 30.2.2

숫자 시간으로부터 struct_time 객체 시간으로 변환할 때 지역 시간이면 localtime( ) 함수를, 세계 표준시이면 gmtime( ) 함수를 사용한다.

```
>>> time.localtime(1362442777.0)     # 지역 시간
time.struct_time(tm_year=2013, tm_mon=3, tm_mday=5, tm_hour=9, tm_min=19,
tm_sec=37, tm_wday=1, tm_yday=64, tm_isdst=0)
>>> time.gmtime(1362442777.0)        # 세계 표준시
time.struct_time(tm_year=2013, tm_mon=3, tm_mday=5, tm_hour=0, tm_min=19,
tm_sec=37, tm_wday=1, tm_yday=64, tm_isdst=0)
```

인수를 주지 않으면 현재 시간을 기준으로 struct_time 객체를 반환한다.

```
>>> time.localtime( )
time.struct_time(tm_year=2013, tm_mon=3, tm_mday=5, tm_hour=10, tm_min=2,
tm_sec=3, tm_wday=1, tm_yday=64, tm_isdst=0)
>>> time.gmtime( )
time.struct_time(tm_year=2013, tm_mon=3, tm_mday=5, tm_hour=1, tm_min=2,
tm_sec=7, tm_wday=1, tm_yday=64, tm_isdst=0)
```

지역 시간의 시간대(Time Zone)는 변수 timezone로 확인할 수 있다. 한국은 -32400초(9시간)을 빼야 세계 표준시를 얻는다.

```
>>> time.timezone
-32400
```

문자열 시간에서 struct_time 객체로 변환 30.2.3

문자열 시간에서 struct_time 객체의 시간으로 변환하려면 strptime( ) 함수를 사용하여 파싱한다.

```
>>> time.strptime('2013/3/5', '%Y/%m/%d')
time.struct_time(tm_year=2013, tm_mon=3, tm_mday=5, tm_hour=0, tm_min=0,
tm_sec=0, tm_wday=1, tm_yday=64, tm_isdst=-1)

>>> time.strptime('May 3 2013, 10:25:00', '%b %d %Y, %H:%M:%S')
time.struct_time(tm_year=2013, tm_mon=5, tm_mday=3, tm_hour=10, tm_min=25,
tm_sec=0, tm_wday=4, tm_yday=123, tm_isdst=-1)
```

strftime( )와 strptime( ) 두 함수가 같은 형식의 매개 변수를 사용한다.

표 30-1 strftime( )와 strptime( ) 함수에서 사용하는 서식 문자열

지시자	설명
%a	짧게 표현한 요일 이름(지역)이다.
%A	요일 이름(지역)이다.
%b	짧게 표현한 달 이름(지역)이다.
%B	달 이름(지역)이다.
%c	날짜와 시간이다.
%d	달 내의 날짜[01, 31]이다.
%H	시간[00, 23]이다.
%I	시간[01, 12]이다.
%j	1월 1일을 기점으로 지난 일수[001, 366]이다.
%m	달[01, 12]이다.
%M	분[00, 59]이다.
%p	AM이나 PM이다.
%S	초[00, 61]이다.
%U	한 해의 몇 번째 주일[00, 53]이다. 일요일을 요일의 시작으로 본다. 첫 번째 일요일 이전의 주일은 0번째 주이다.
%w	숫자로 표현한 요일[0(Sunday), 6]이다.
%W	한 해의 몇 번째 주일[00, 53]이다. 월요일을 요일의 시작으로 본다. 첫 번째 월요일 이전의 주일은 0번째 주이다.
%x	지역 날짜 표현이다.
%X	지역 시간 표현이다.
%y	두 자리 연도[00, 99]이다.
%Y	연도이다.
%Z	시간대의 이름이다.
%%	% 문자 자체이다.

다음은 ISO 8601 형식을 읽는 예이다.

```
>>> time.strptime('2013-03-05 11:30:56', '%Y-%m-%d %H:%M:%S')
time.struct_time(tm_year=2013, tm_mon=3, tm_mday=5, tm_hour=11, tm_min=30,
tm_sec=56, tm_wday=1, tm_yday=64, tm_isdst=-1)

>>> time.strptime('20130305T113131', '%Y%m%dT%H%M%S')
time.struct_time(tm_year=2013, tm_mon=3, tm_mday=5, tm_hour=11, tm_min=31,
tm_sec=31, tm_wday=1, tm_yday=64, tm_isdst=-1)
```

숫자 시간에서 문자열 시간으로 변환 30.2.4

ctime( ) 함수는 숫자 시간을 지역 시간 문자열로 변환한다. 문자열 형식은 정해져 있다.

```
>>> time.ctime( )      # 인수가 없으면 현재 시간이다.
'Tue Mar  5 10:31:19 2013'
>>> time.ctime(1362446995.839501)
'Tue Mar  5 10:29:55 2013'
```

struct_time 객체나 튜플에서 문자열 시간으로 변환하려면 strftime( )이나 asctime( ) 함수를 사용한다. asctime( ) 함수는 Sun Jun 20 23:21:05 1993 형식으로 변환한다. 인수를 주지 않으면 현재 시간으로 변환한다.

```
>>> time.asctime( )
'Tue Mar  5 10:35:38 2013'
>>> time.asctime((2013, 3, 5, 10, 5, 0, 1, 64, 0))
'Tue Mar  5 10:05:00 2013'
>>> t
time.struct_time(tm_year=2013, tm_mon=3, tm_mday=5, tm_hour=10, tm_min=5,
tm_sec=0, tm_wday=1, tm_yday=64, tm_isdst=0)
>>> time.asctime(t)
'Tue Mar  5 10:05:00 2013'
```

strftime( ) 함수를 사용하면 사용자가 원하는 자유로운 형식으로 시간을 변환할 수 있다. 이때 사용하는 매개 변수는 앞서 정리한 표를 참고하기 바란다.

```
>>> time.strftime('%Y/%m/%d')     # 현재 시간
'2013/03/05'
>>> time.strftime('%H:%M', (2013, 3, 5, 10, 5, 0, 1, 64, 0))
'10:05'
>>> time.strftime('%y/%m/%d', t)
'13/03/05'
```

날짜와 시간을 표현하는 방식으로 인해 정보 교환에 문제가 있을 것을 대비하여 ISO에서 날짜와 시간 표현 방식을 1988년에 정했다. 이것이 ISO 8601이다. 이에 따른 날짜와 시간 표현은 다음과 같다.

```
>>> time.strftime('%Y-%m-%d %H:%M:%S')
'2013-03-05 11:30:56'
>>> time.strftime('%Y%m%dT%H%M%S')
'20130305T113131'
>>> time.strftime('%Y%m%dT%H%M%SZ', time.gmtime( ))
'20130305T023222Z'
```

30.3 정밀 시간의 측정

앞서 살펴본 time( ) 함수와 관련된 함수들은 날짜와 시간을 표현하는 함수로 정확성은 떨어진다. 여러분이 좀 더 정밀한 시간 측정을 원한다면 클록 관련 함수를 사용해야 한다. 이러한 함수에는 monotonic( )와 perf_counter( ), process_time( ) 등이 있다.

get_clock_info( ) 함수

운영 체제마다 클록과 성능 카운터를 다르게 구현한다. 따라서 시스템에서 지원하는 클록 기능이 어느 정도의 정확도를 가졌는지를 알면 도움이 될 수 있다. get_clock_info( ) 함수는 클록 함수의 특성을 보여준다. 아래의 예에서 보면 time( )과 monotonic( ) 함수는 0.0156초 정도의 해상도를 갖지만, perf_counter( ), clock( ), process_time( ) 함수는 10−7초 정도의 정확도를 갖는다.

```
>>> time.get_clock_info('time')
namespace(adjustable=True, implementation='GetSystemTimeAsFileTime( )',
monotonic=False, resolution=0.015600099999999999)
>>> time.get_clock_info('monotonic')
namespace(adjustable=False, implementation='GetTickCount64( )',
monotonic=True, resolution=0.015600099999999999)
>>> time.get_clock_info('perf_counter')
namespace(adjustable=False, implementation='QueryPerformanceCounter( )',
monotonic=True, resolution=3.1100232940744725e-07)
>>> time.get_clock_info('process_time')
namespace(adjustable=False, implementation='GetProcessTimes( )',
monotonic=True, resolution=1e-07)
>>> time.get_clock_info('clock') # 파이썬 3.3부터는 perf_counter( ) 함수로 대체
namespace(adjustable=False, implementation='QueryPerformanceCounter( )',
monotonic=True, resolution=3.1100232940744725e-07)
```

monotonic( ) 함수

모노토닉 클록은 단조 증가 클록이다. 예를 들어, time( ) 같은 함수는 시스템 설정에 따라서 나중에 반환한 값이 더 낮은 값이 될 수도 있다. 하지만, 모노토닉 클록은 시스템 클록에 영향을 받지 않으며 감소하지 않는 클록 값을 반환하는 것을 보장한다. 연속적인 호출로 시간을 측정할 수 있다. 윈도우에서는 GetTickCount( )나 GetTickCount64( ) 함수로 구현된다.

```
import time

t1 = time.monotonic( )
for k in range(100000):
    pass
```

```
t2 = time.monotonic( )
print(t2 - t1)
```

perf_counter( ), clock( ) 함수

perf_counter( ) 함수 혹은 clock( ) 함수는 시스템에서 가장 정밀하게 시간을 측정해 준다.

```
import time

t1 = time.perf_counter( )
for k in range(1000000):
    pass
t2 = time.perf_counter( )
print(t2 - t1)
```

process_time( ) 함수

현재 프로세스가 사용한 CPU 시간을 측정한다. 대기 중인 시간은 측정하지 않는다. 기준 시간이 없기 때문에 호출한 시간 사이의 값(시간)을 측정한다.

```
import time

t1 = time.process_time( )
for k in range(1000000):
    pass
t2 = time.process_time( )
print(t2 - t1)
```

제 31 장

C 확장 모듈과 확장형

Chapter 31

파이썬은 C/C++로 작성한 모듈을 실행할 수 있다. 반대로 C/C++에서 파이썬 코드를 실행하는 것도 가능하다. 전자를 확장 모듈(Extension Module)이라고 하고 후자를 임베딩(Embedding)이라고 한다. 여기서는 파이썬 확장 C/C++ 모듈을 만드는 방법을 살펴본다.

31.1 C 확장 모듈

개요 31.1.1

왜 C/C++ 확장 모듈/확장형을 사용하나?

C/C++ 확장 모듈을 사용하는 이점이 몇 가지가 있다. 우선은 처리 시간의 향상이다. 파이썬을 C/C++로 전환했을 때 얻어지는 성능 향상이란 꽤 크다. 경우에 따라 다르지만 루프가 포함되어 있을 경우 10배 이상 차이가 난다(파이썬의 루프 처리는 상대적으로 느린 편이다). C/C++ 확장 모듈을 기반으로 한 패키지의 대표적인 예로 numpy(http://www.scipy.org/)가 있다. matlab을 연상시키는 이 라이브러리는 파이썬으로 각종 수학적 연산을 쉽고 빠르게 처리할 수 있다. 두 번째는 코드의 은닉이다. 코드를 숨기고자 할 경우에 C/C++ 모듈이나 확장형을 만들 수 있다. 세 번째는 감싸는 코드(Wrapper)를 만드는 경우이다. 기존에 있는 C 라이브러리를 파이썬에서 사용하기 위해 인터페이스 코드를 C/C++로 만드는 경우가 많다. 수많은 C/C++ 라이브러리를 파이썬에서 이미 활용하고 있다.

자동 래핑

자동 래핑(Wrapping) 도구를 원하면 SWIG(http://www.swig.org/)라는 개발 도구를 이용할 수 있다. C/C++ 소스 코드가 주어져 있거나 C/C++ 라이브러리가 있는 경우에 C/C++ 헤더 파일을 이용하여 감싸는 코드를 자동으로 만들어 준다. 또한, C++ 라이브러리를 파이썬과 연결해 주는 Boost.Python(http://www.boost.org)도 관심 있게 볼만하다.

확장 모듈과 확장형

파이썬을 C/C++로 확장하는 방법에는 두 가지가 있다. 하나는 확장 모듈을 만드는 것이고, 다른 하나는 확장형을 만드는 것이다. C/C++ 확장 모듈이란, 함수로만 구성된 파이썬 모듈이고, 확장형이란 파이썬의 클래스를 C/C++로 구현한 것이다.

C 확장 모듈 예 31.1.2

간단한 예제를 이용하여 확장 모듈을 이해해 보자. 우선 sample.c 소스 파일은 다음과 같다.

```
#include "Python.h"

static PyObject *ErrorObject;

static char add_doc[] = "adds two inters";
static PyObject* sample_add(PyObject *self, PyObject *args)
{
    int a, b, r;
    if (!PyArg_ParseTuple(args, "ii", &a, &b))
        return NULL;
    r = a + b;
    return Py_BuildValue("i", r);
}

static char area_doc[] = "area(width, height)";
static PyObject* sample_area(PyObject *self, PyObject *args, PyObject * kwdict)
{
    static char *kwlist[] = {"width", "height", NULL};
    int width, height, r;
    if (!PyArg_ParseTupleAndKeywords(args, kwdict, "ii", kwlist,
                                                                &width, &height))
        return NULL;
    r = width * height;
    return Py_BuildValue("i", r);
}

//////////////////////////////////////////////////////////////
```

```
static struct PyMethodDef _sample_methods[] = {
    {"add", sample_add, METH_VARARGS, add_doc},
    {"area", sample_area, METH_VARARGS|METH_KEYWORDS, area_doc},
    {NULL}  /* end of module method table */
};

static struct PyModuleDef _sample_module = {
    PyModuleDef_HEAD_INIT,
    "_sample",  /* 모듈 이름 */
    "This is a module doc",  /* 모듈 문서, 없으면 NULL */
    -1,
    _sample_methods
};

PyMODINIT_FUNC
PyInit__sample(void)
{
    PyObject *m;

    /* 모듈을 만들고 함수를 등록한다 */
    m = PyModule_Create(&_sample_module);

    /* ... */
    return m;
}
```

1 가져오기 과정

C 모듈의 import 명령이 수행되면 'PyInit_+모듈이름'의 초기화 함수가 호출된다. 예를 들어, import _sample 문을 실행하면 (그림 31-1에서 A) _sample 모듈의 PyInit__sample 함수가 호출된다(그림 31-1에서 B). PyInit__sample 함수는 PyModule_Create( ) 함수를 이용하여 모듈 객체를 생성한다. 모듈 정보는 모듈 정의 구조체(그림 31-1의 C)로 정의한다. 여기에는 모듈 헤더와 모듈 이름, 모듈 문서 문자열, 모듈 상태 정보 크기, 모듈 메서드 테이블이 지정된다. 모듈 메서드 테이블(그림 31-1의 D)에는 모듈에서 공개적으로 사용하는 함수를 등록한다.

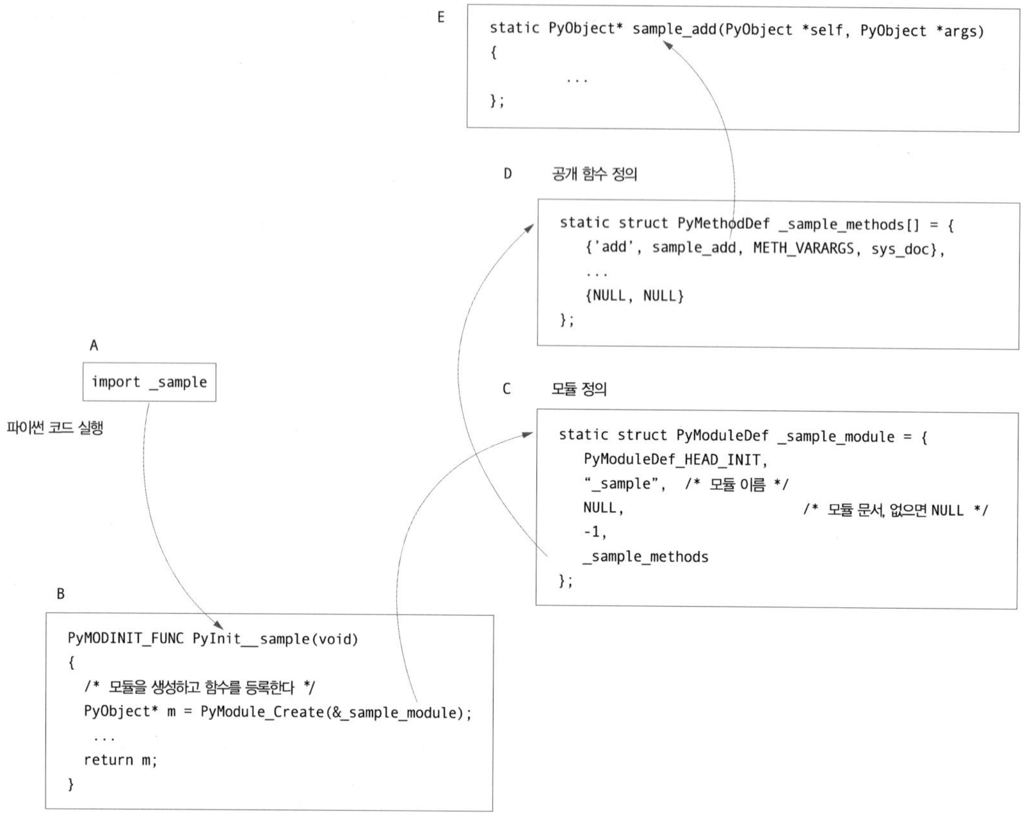

그림 31-1 모듈의 초기화 과정

모듈 정의 구조체

PyModule_Create( ) 함수에 사용되는 모듈 정의 구조체는 모듈 헤더와 모듈 이름, 모듈 문서 문자열, 모듈 상태 크기, 모듈 메서드 테이블로 구성되어 있다.

```
static struct PyModuleDef _sample_module = {
    PyModuleDef_HEAD_INIT,
    "_sample",  /* 모듈 이름 */
    "This is a module doc",  /* 모듈 문서, 없으면 NULL */
    -1,
    _sample_methods
};
```

모듈 메서드 테이블

모듈 메서드 테이블은 메서드 이름과 함수, 인수 전달 방법 플래그, 문서 문자열 네 개의 항목을 갖는다.

```
{"add", sample_add, METH_VARARGS, add_doc},
```

세 번째 인수는 METH_VARARGS이나 METH_KEYWORDS이 사용될 수 있다. METH_VARARGS는 파이썬으로부터 전달받는 인수들을 튜플로 묶어서 받겠다는 뜻이고 PyArg_ParseTuple( ) 함수를 사용하여 인수를 해석한다. METH_KEYWORDS는 키워드 인수를 사용할 수 있게 한다. 이 경우 PyArg_ParseTupleAndKeywords( ) 함수를 사용하여 인수를 해석한다.

```
{NULL}
```

첫 항목이 NULL이면 모듈 메서드 테이블의 끝으로 인식한다.

2 함수 정의

함수는 일반적으로 그림 31-2와 같은 구조로 되어 있다. 인수를 전달받고, 해석하고, 처리하고 결과를 파이썬 객체로 반환한다.

- 파이썬으로부터 인수 전달
- 필요한 변수 선언
- 파이썬 인수 해석/읽어내기
- 코드 실행
- 파이썬 객체 준비/반환

```
static PyObject* sample_add(PyObject *self, PyObject *args)
{
    int a, b, r;

    if(!PyArg_ParseTuple(args, "ii", &a, &b))

        return NULL;

    r = a + b;

    return Py_BuildValue("i", r);
}
```

그림 31-2 공개 함수의 구조

3 인수 해석

공개된 함수는 인수 전달 방법이 METH_VARARGS일 경우 다음과 같은 인수 구조를 갖는다. 모든 파이썬 객체는 PyObject형이다.

```
static PyObject* sample_add(PyObject *self, PyObject *args) {…}
```

첫 번째 인수 self는 인스턴스 객체를 가리키는 포인터이다. 이것은 C 확장형에서만 사용하고 확장 모듈에서는 사용하지 않는다. 두 번째 인수 args는 이 함수 혹은 메서드에 전달된 인수 배열의 포인터이다. 인수 args에 튜플로 전달된 인수는 PyArg_ParseTuple( ) 함수로 읽어 낸다.

```
PyArg_ParseTuple(args, "ii", &a, &b)
```

PyArg_ParseTuple( ) 함수의 첫 번째 인수는 파이썬 튜플 객체 포인터(args)이고, 두 번째는 튜플 값을 어떤 형식으로 해석할 것인가를 정한다(i는 정수형). 세 번째부터는 값을 전달받을 변수의 주소를 나열한다.

4 반환 값 전달

이제 전달받은 인수를 이용하여 적절한 처리를 하고서 최종적으로 다시 파이썬으로 반환 값인 PyObject 객체를 전달해야 한다. 이때 가장 쉽게 사용할 수 있는 함수가 Py_BuildValue( )이다.

```
return Py_BuildValue("i", r);
```

이 함수는 PyArg_ParseTuple( ) 함수에 대응하는 함수로 C 변수의 값을 파이썬 객체로 변환한다.

5 컴파일

컴파일을 위해서는 우선 setup.py 파일을 만들어야 한다.

```
from distutils.core import setup, Extension

setup(name = "_sample",
      version = "0.1",
      description = "sample extension module",
      author = "Lee, Gang Seong",
      author_email = "gslee0115@gmail.com",
      url = "http://pythonworld.net/",
      ext_modules = [Extension("_sample", ["sample.c"])]
)
```

인수 ext_modules는 C 확장 모듈들을 지정한다. _sample은 만들 모듈 이름이고, sample.c 파일을 사용한다는 의미이다. 여러 개의 파일이 있다면 리스트 안에 열거해 주면 된다. 다음과 같은 명령어로 모듈을 컴파일하고 만든다.

```
$ python setup.py build_ext --inplace
running build_ext
building '_sample' extension
~ 생략 ~
```

_sample.pyd이나 _sample.so 파일이 현재 디렉터리에 만들어진다. 다음과 같이 간단히 시험해 보자.

```
>>> import _sample
>>> _sample.__doc__
'This is a module doc'
>>> _sample.add.__doc__
'adds two inters'
>>> _sample.add(2, 3)
5
>>> _sample.add(2, 3.14)
Traceback (most recent call last):
  File "<stdin>", line 1, in <module>
TypeError: integer argument expected, got float
```

파이썬에서 C로 전달된 인수 해석하기 31.1.3

1 PyArg_ParseTuple( ) 함수

파이썬에서 C로 전달된 인수를 해석하는 간단한 방법은 PyArg_ParseTuple( ) 함수를 사용하는 것이다. 형식은 다음과 같다.

```
int PyArg_ParseTuple(PyObject *args, const char *format, ...)
```

인수 args는 파이썬에서 전달받은 인수를 담고 있는 하나의 튜플이고, 인수 format는 문자열로, 인수 args로 전달받은 인수를 해석하는 방법을 기술한다. 변환 값은 '....' 부분에 기술된 참조에 저장된다. 반환 값이 1이면 성공이다. 실패할 경우 0을 반환하고 적절하게 예외를 발생시킨다. 인수 format에 사용하는 문자열 변환 기호의 일부 나열하면 표 31-1과 같다. 더 많은 변환 기호를 제공하지만 지면 관계상 생략한다. 더 자세한 내용은 라이브러리 레퍼런스의 Parsing arguments and building values 부분을 참조하기 바란다.

표 31-1 PyArg_ParseTuple( ) 함수의 변환 기호(일부)

변환 기호	C 자료형	파이썬 자료형	설명
s	const char *	str	유니코드 문자열이다.
s*	Py_buffer	str, bytes, bytearray, buffer 호환 자료형	유니코드 문자열이나 버퍼를 받아들인다.
s#	const char*, int	str, bytes, 읽기 전용 buffer 호환 자료형	문자열 s와 길이를 반환한다. 읽기 전용이다.
c	char	bytes	길이 1의 바이트 열이다.
C	int	str	길이 1의 문자열이다.
b	unsigned char	int	파이썬 양의 정수를 1바이트 부호 없는 정수로 변환한다.
B	unsigned char	int	파이썬 정수를 1바이트 부호 없는 정수로 변환한다. 오버플로 검사를 안 한다.

변환 기호	C 자료형	파이썬 자료형	설명
h	short int	int	파이썬 int를 short int로 변환한다.
H	unsigned short int	int	파이썬 int를 unsigned short int로 변환한다. 오버플로 검사를 안 한다.
i	int	int	파이썬 int를 C 언어의 int로 변환한다.
I	unsigned int	int	파이썬 int를 C 언어의 unsigned int로 변환한다. 오버플로 검사를 안 한다.
l	long int	int	파이썬 int를 C 언어의 long으로 변환한다.
L	PY_LONG_LONG	int	파이썬 int를 C 언어의 long long으로 변환한다.
k	unsigned long	int	파이썬 int를 C 언어의 unsigned long으로 변환한다.
K	unsigned PY_LONG_LONG	int	파이썬 int를 C 언어의 unsigned long long으로 변환한다.
f	float	float	파이썬 float를 C 언어의 float로 변환한다.
d	double	float	파이썬 float를 C 언어의 double로 변환한다.
D	Py_complex	complex	파이썬 복소수를 Py_complex로 변환한다.
O	PyObject*	object	파이썬 객체를 PyObject로 변환한다.

다음은 몇 가지 호출 예이다.

파이썬 호출 `f( )`
C 인수 해석 `ok = PyArg_ParseTuple(args, " ");`
설명 전달받은 인수가 없음을 확인한다. 전달받은 인수가 없을 때 True를 반환한다.

파이썬 호출 `f('whoops!')`
C 인수 해석

```
char *s;
ok = PyArg_ParseTuple(args, "s", &s);
```

설명 문자열 주소를 S에 넘겨준다.

파이썬 호출 `f(1, 2, 'three')`

C 인수 해석

```
int k; long l; char *s;
ok = PyArg_ParseTuple(args, "lls", &k, &l, &s);
```

설명 두 개의 정수 객체를 C 언어의 long으로, 또 문자열을 받는다.

파이썬 호출 `f((1, 2), 'three')`

C 인수 해석

```
int i, j, size;
char *s;
ok = PyArg_ParseTuple(args, "(ii)s#", &i, &j, &s, &size);
```

설명 튜플(이나 리스트) 안의 두 개의 정수를 읽고, 문자열을 받는다. 문자열의 길이는 인수 size에 저장된다.

파이썬 호출

```
f('spam')
f('spam', 'w')
f('spam', 'wb', 100000)
```

C 인수 해석

```
char *file;
char *mode = "r";
int ok, bufsize = 0;
ok = PyArg_ParseTuple(args, "s|si", &file, &mode, &bufsize);
```

설명 | 는 선택적인 인수를 나타낸다. 하나는 필수이고, 나머지는 선택이다.

2 PyArg_ParseTupleAndKeywords( ) 함수

만일 인수를 전달하는 방법이 METH_VARARGS | METH_KEYWORDS일 경우 함수는 다음과 같이 선언해야 한다.

```
static PyObject* sample_add(PyObject *self, PyObject *args, PyObject * kwdict) {…}
```

METH_KEYWORDS 방식으로 전달받은 키워드 인수(kwargs)는 다음 함수를 사용하여 인수를 읽어 들인다.

```
int PyArg_ParseTupleAndKeywords(PyObject *arg, PyObject *kwdict,
                                 char *format, char **kwlist, ...);
```

인수 arg와 format는 PyArg_ParseTuple( ) 함수에서 사용하는 것과 동일하다. 인수 kwdict는 sample_add 함수의 세 번째 인수로 전달받은 인수이다. 인수 kwlist는 키워드 문자열의 배열로 인수 format에 있는 변환 기호의 순서대로 해당하는 이름들이며 NULL로 끝나야 한다. 예를 보자.

```
static PyObject* sample_area(PyObject *self, PyObject *args, PyObject * kwdict)
{
    static char *kwlist[] = {"width", "height", NULL};
    int width, height, r;
    if (!PyArg_ParseTupleAndKeywords(args, kwdict, "ii", kwlist,
                                                    &width, &height))
        return NULL;

    r = width * height;
    return Py_BuildValue("i", r);
}
```

다음과 같이 호출할 수 있다.

```
>>> _sample.area(2, 3)
6
>>> _sample.area(width = 3, height = 5)
15
>>> _sample.area(height = 5, width = 3)
15
>>> _sample.area(3, height = 5)
15
```

3 고급 인수의 해석

앞의 예들은 파이썬의 객체를 C 언어로 직접 변환할 수 있는 경우였다. 하지만, 리스트와 사전, 튜플, 복잡하게 얽혀 있는 객체들을 C에서 어떻게 읽고 해석해야 할까? 변환 기호 O를 이용하여 PyObject 객체를 그대로 받아들인 후에 API를 이용해 그 안의 값들을 읽어 내면 된다. 다음 함수는 사전을 받아들여서 그 사전의 길이(항목의 수)를 반환하는 예이다. 이 예에서 어떻게 사전의 데이터를 읽어 내는지 알 수 있다. 다양한 API가 준비되어 있지만 이 예에서는 PyDict_Size( ) 함수의 사용 예만 보인다.

```
static PyObject* sample_dictest(PyObject *self, PyObject *args)
{
    PyObject* dic;
    int len;

    /* 파이썬 객체를 dic 변수로 전달받는다. */
    if (!PyArg_ParseTuple(args, "O", &dic))
        return NULL;
    if (!PyDict_Check(dic)) { /* 사전인지 검사한다. */
        /* 사전이 아니면 예외 발생. 일단 건너뛰자 */
        PyErr_SetString(PyExc_TypeError, "not a dictionary");
        return NULL;
    }
    len = PyDict_Size(dic); /* 사전의 길이를 얻는다. */
    /* 메시지를 출력한다. */
    printf("Yes, this is dictionary of len %d\n", len);

    Py_INCREF(Py_None); /* 파이썬 None 객체를 반환한다. */
    return Py_None;
}
```

sample_dictest 함수를 외부에서 호출할 수 있게 하기 위해서 'dictest'란 이름으로 sample_method 배열에 줄을 추가한다.

```
static struct PyMethodDef sample_methods[] = {
    {"system", sample_system, METH_VARARGS},/* name, address */
    {"dictest", sample_dictest, METH_VARARGS},
    {NULL, NULL}              /* end, for initmodule */
};
```

컴파일하고 시험하면 다음과 같은 결과가 나온다.

```
>>> sample.dictest({1:1, 2:2})
Yes, this is dictionary of len 2
```

간단한 예지만, 사전 자체를 해석하는 데 성공했다. 읽어들인 객체가 어떤 파이썬 자료형인지 판단하기 위해 다음과 같이 자료형 검사 API를 이용할 수 있다.

- `int PyNumber_Check(PyObject *o)` — 수치형 객체인지?
- `int PySequence_Check(PyObject *o)` — 시퀀스형 객체인지?
- `int PyMapping_Check(PyObject *o)` — 매핑형 객체인지?
- `int PyIter_Check(PyObject *o)` — 반복자 객체인지?
- `int PyLong_Check(PyObject *p)` — 정수형 객체인지?
- `int PyFloat_Check(PyObject *p)` — 실수형 객체인지?
- `int PyComplex_Check(PyObject *p)` — 복소수 객체인지?
- `int PyUnicode_Check(PyObject *o)` — 유니코드 문자열 객체인지?
- `int PyBytes_Check(PyObject *o)` — 바이트열 객체인지?
- `int PyTuple_Check(PyObject *p)` — 튜플 객체인지?
- `int PyList_Check(PyObject *p)` — 리스트 객체인지?
- `int PyDict_Check(PyObject *p)` — 사전 객체인지?

기타 자료형은 Python/C API를 추가로 참조하면 된다. 자료형마다 지원하는 연산의 종류가 다양하므로 API도 별도로 마련되어 있다. 예를 들어, 리스트 객체의 API와 사전 객체의 API는 각각 표 31-2와 표 31-3과 같다. 좀 더 많은 함수에 관한 정보와 다른 객체 자료형에 관한 데이터는 파이썬 매뉴얼의 Python/C API 부분을 참조하기 바란다.

표 31-2 리스트 객체의 API

함수	설명
int PyList_Check (PyObject *p)	리스트인지 검사한다. 리스트이면 True를 반환한다.
PyObject* PyList_New (int len)	새로운 리스트 객체를 만든다.
int PyList_Size (PyObject *list)	리스트의 크기 len(L)와 같다.
PyObject* PyList_GetItem (PyObject *list, int index)	리스트 연산 L[index]와 같다.
int PyList_SetItem (PyObject *list, int index, PyObject *item)	리스트 연산 L[index] = item와 같다.
int PyList_Insert (PyObject *list, int index, PyObject *item)	리스트 연산 L.insert(index, item)와 같다.
int PyList_Append (PyObject *list, PyObject *item)	L.append(item)와 같다.
PyObject* PyList_GetSlice (PyObject *list, int low, int high)	L[low:high]와 같다.
int PyList_Sort (PyObject *list)	L.sort( )와 같다.
int PyList_Reverse (PyObject *list)	L.reverse( )와 같다.
PyObject* PyList_AsTuple (PyObject *list)	tuple(L)와 같다.

표 31-3 사전 객체의 API

함수	설명
PyObject* PyDict_New ( )	새 사전을 만든다.
PyObject* PyDict_GetItem (PyObject *p, PyObject *key)	p[key]와 같다.
PyObject* PyDict_GetItemString (PyObject *p, char *key)	p[key]와 같다.

함수	설명
int PyDict_SetItem (PyObject *p, PyObject *key, PyObject *val)	p[key] = val와 같다.
int PyDict_SetItemString (PyDictObject *p, char *key, PyObject *val)	p[key] = val와 같다.
PyObject* PyDict_Items (PyObject *p)	p.items( )와 같다. PyListObject를 반환한다.
PyObject* PyDict_Keys (PyObject *p)	p.keys( )와 같다. PyListObject를 반환한다.
PyObject* PyDict_Values (PyObject *p)	p.values( )와 같다. PyListObject를 반환한다.

이러한 API를 사용할 때는 참조 횟수를 조심해서 다루어야 한다. 뒷부분에서 다루어지는 참조 횟수에 대해서는 꼭 읽어야 한다. PyDict_GetItem( ) 함수를 사용하는 방법에 대한 간단한 예를 보자. 사전에서 숫자 1을 키로 하는 값을 얻는다.

```
PyObject *o;

/* 정수 1을 파이썬 객체로 변환하여 키 객체로 사용한다. */
o = PyDict_GetItem(p, PyInt_FromLong((long)1));
if (PyInt_Check(o)) { /* 만일 값 객체가 파이썬 정수형이면 */
    ~ 생략 ~
} else if (PyList_Check(o)) { /* 만일 값 객체가 리스트이면 */
    ~ 생략 ~
} else {
    ~ 생략 ~
}
```

숫자로 표현된 리스트가 주어져 있을 경우 전체 합을 계산하는 코드는 다음과 같다.

```
PyObject *list, *o;
int n, i;
double sum = 0.0;
```

```
if (!PyArg_ParseTuple(args, "O", &list))
    return NULL;

if (PyList_Check(list)) {
    n = PyList_Size(list);
    for (i = 0; i < n; i++)
        o = PyList_GetItem(list, i);
        if (PyInt_Check(o))
            sum += PyInt_AsLong(o);
        elif (PyFloat_Check(o))
            sum += PyInt_AsFloat(o);
        printf("sum of the list = %f\n", sum);
}
```

C에서 파이썬 객체를 생성하고 다루기 31.1.4

C 언어에서 파이썬 객체를 생성하는 간단한 방법은 Py_BuildValue( ) 고수준 함수를 사용하는 것이다. 형식은 다음과 같다.

```
PyObject* Py_BuildValue(const char *format, ...)
```

여기서 인수 format의 문자열 형식은 파이썬 객체를 C 데이터로 변환해 주는 PyArg_ParseTuple( ) 함수에서 사용한 것과 동일하다. Py_BuildValue( ) 함수는 한 개의 값을 만들 경우에는 단독 객체가 되지만 두 개 이상의 값은 튜플로 만든다.

표 31-4 Py_BuildValue( ) 함수를 호출하는 예

함수 호출	출력 객체
`Py_BuildValue(" ")`	None 객체
`Py_BuildValue("i", 123)`	정수 123
`Py_BuildValue("iii", 123, 456, 789)`	튜플 (123, 456, 789)
`Py_BuildValue("s", "hello")`	문자열 'hello'
`Py_BuildValue("{s:i,s:i}", "abc", 123, "def", 456)`	사전 {'abc': 123, 'def': 456}

좀 더 직접적으로 제어하는 방법은 자료형을 직접 만드는 것과 관련된 API를 이용하는 것이다. C 자료형들을 파이썬 객체로 변환하는 함수는 다음과 같다.

표 31-5 C의 단순 자료형에서 파이썬 객체로의 변환

함수 호출	출력 객체
`PyObject* PyInt_FromLong (long ival)`	C 언어의 long을 파이썬의 int로 변환한다.
`PyObject* PyLong_FromLong (long v)`	C 언어의 long을 파이썬의 long으로 변환한다.
`PyObject* PyFloat_FromDouble (double v)`	C 언어의 double을 파이썬의 float로 변환한다.
`PyObject* PyString_FromString (const char *v)`	C 언어의 string을 파이썬의 string으로 변환한다.

새로 리스트나 사전, 튜플 등의 데이터를 만들려면 다음과 같은 API들을 이용할 수 있다.

- `PyObject* PyTuple_New(int len)`
- `PyObject* PyList_New(int len)`
- `PyObject* PyDict_New( )`

여기서는 예로서 frange란 함수를 한번 만들어 보자. frange는 range( ) 함수의 간단한 float형 버전으로 range( ) 함수가 정수의 리스트를 만드는 것에 반해, frange 함수는 실수의 리스트를 만든다. frange는 초깃값과 최종 값, 증분 세 개의 입력을 받는다. 예를 들어, frange(0.0, 2.0, 0.25)는 0.0에서 시작하여 2.0보다 작은 범위에서 0.25 간격으로 배열된 리스트를 만들어 낸다. 다음 함수를 보자.

```
static PyObject* sample_frange(PyObject *self, PyObject *args)
{
    PyObject* flist;
```

```
    double v, from, to, step;
    int size, k;

    /* 파이썬에서 넘어온 인수를 C로 변환한다. */
    if (!PyArg_ParseTuple(args, "ddd", &from, &to, &step))
        return NULL;
    size = (to - from) / step;
    flist = PyList_New(size);      /* 크기 size인 새로운 리스트를 만든다. */
    v = from;
    for (k = 0; k < size; k++) {
        PyList_SetItem(flist, k, PyFloat_FromDouble(v));/* 값을 설정한다. */
        v += step;
    }
    return flist; /* 리스트를 반환한다. */
}
```

소스 코드 sample_methods에 다음 줄을 앞서와 같이 추가하고 컴파일한다.

```
{"frange", sample_frange, METH_VARARGS},
```

코드를 실행한 예를 보면 다음과 같다.

```
>>> import _sample2
>>> _sample2.frange(0.0, 2.0, 0.25)
[0.0, 0.25, 0.5, 0.75, 1.0, 1.25, 1.5, 1.75]
```

반환하기 31.1.5

C 함수에서 파이썬으로 전달하는 반환 자료형은 당연히 PyObject*이다. 예를 들어, 실수 값 5.3을 반환하려면 다음과 같이 한다. PyFloatObject 혹은 PyObject 객체를 만든다.

```
return PyFloat_FromDouble(5.3)
```

다음은 튜플을 반환하는 경우이다.

```
PyObject* t;
t = PyTuple_New(3);
... /* t에 값을 채운다 */
return t;
```

아무것도 반환할 것이 없으면 Py_None 객체를 넘겨야 한다. 단, 참조 횟수는 증가시키고 넘겨야 한다.

```
Py_INCREF(Py_NONE);
return Py_None;
```

예외(나 에러)가 발생하여 반환할 때는 PyErr_SetString( ) 함수로 예외의 종류를 설정하고 NULL을 반환한다. 예외를 설정하는 방법에 대해서는 바로 다음에 설명한다.

```
PyErr_SetString(PyExc_IndexError, "my exception");
return NULL;
```

두 번째 인수는 UTF-8로 디코딩(Decoding)된 문자열이다.

C에서 예외 발생시키기 31.1.6

앞서 설명한 대로 예외(나 에러)가 발생할 상황이면 PyErr_SetString( ) 함수로 예외의 종류를 설정하고 NULL을 반환한다. 그러나 Python/C API 함수의 호출에서 예외(나 에러)가 발생하면 예외 코드 값은 이미 설정되어 있다. 예를 들어, 앞의 frange 함수의 예에서 세 개의 값을 읽어들이는데 자료형이나 데이터 수가 맞지 않을 경우는 PyArg_ParseTuple( ) 함수에서 예외를 설정하고 0을 반환한다. 이미 예외가 설정되었기 때문에 C에서는 NULL을 반환하면 된다.

```
if (!PyArg_ParseTuple(args, "ddd", &from, &to, &step))
    return NULL;
```

코드를 실행한 예는 다음과 같다.

```
>>> sample.frange(0.0, 1.0)
Traceback (most recent call last):
  File "<stdin>", line 1, in ?
TypeError: function requires exactly 3 arguments; 2 given
```

1 표준 예외

직접 예외를 발생시킬 상황이라면 PyErr_SetString( ) 함수에 에러의 종류와 메시지를 등록하고 return NULL을 한다. 형식은 다음과 같다.

```
void PyErr_SetString(PyObject *type, const char *message)
```

여기서, 인수 type는 예외 타입이고, 인수 message는 UTF-8의 에러 메시지이다. 표준 예외 타입에 대해서는 파이썬 매뉴얼의 Python/C API에서 Standard Exceptions를 살펴보기 바란다. 지면 관계상 몇 가지 예만 나열해 보면 다음과 같다.

- PyExc_IOError 파이썬의 IOError
- PyExc_ImportError 파이썬의 ImportError
- PyExc_IndexError 파이썬의 IndexError
- PyExc_KeyError 파이썬의 KeyError

표준 예외를 발생시키는 코드의 예와 실행 예를 보자.

```
PyErr_SetString(PyExc_IndexError, "my exception");
    return NULL;
```

코드를 실행한 예는 다음과 같다.

```
>>> sample.frange(0, 0, 1)
Traceback (most recent call last):
File "<stdin>", line 1, in ?
IndexError: my exception
```

2 사용자 예외

사용자 예외를 발생시키는 방법은 먼저 사용자의 예외 타입을 만드는 것이다. 사용자 예외 타입은 PyErr_NewException를 이용하여 만든다.

```
static PyObject *ErrorObject;    /* 외부 변수로 선언한다. */
~ 생략 ~
ErrorObject = PyErr_NewException("_sample2.error", NULL, NULL);
Py_INCREF(ErrorObject);
PyModule_AddObject(m, "error", ErrorObject);
```

이제 ErrorObject는 _sample2.error라는 예외 객체이다. error라는 이름의 등록은 PyModule_AddObject( ) 함수로 한다. 사용자 예외는 다음과 같이 발생시킨다.

```
PyErr_SetString(ErrorObject, "my exception");
    return NULL;
```

파이썬에서 출력한 결과이다.

```
>>> _sample2.test_exeception( )
Traceback (most recent call last):
  File "<stdin>", line 1, in <module>
_sample2.error: my exception
>>> _sample2.error
<class '_sample2.error'>
```

3 예외의 검출

Python/C API 함수 호출 과정에서 예외가 발생했는지를 C에서 확인하는 방법은 우선 반환 값을 확인하는 것이다. 예외가 발생한 경우 포인터를 반환하는 함수인 경우는 NULL을, 정수 값을 반환하는 함수인 경우는 -1을 반환한다. 단, PyArg_ParseTuple() 함수는 특별한 경우로 예외가 발생할 때 0을 반환한다. 별도로 예외가 발생한 상황인지 아닌지를 검사하려면 PyObject* PyError_Occured() 함수를 호출할 수 있다. 이 함수는 예외가 발생하지 않았으면 NULL을 반환하고, 발생했으면 예외 타입에 대한 참조를 반환한다. 예외가 발생한 것을 없애려면 PyErr_Clear() 함수를 호출한다. 예를 들어, 다음과 같은 파이썬 코드를 보자.

```
def incr_item(dict, key):
    try:
        item = dict[key]
    except KeyError:
        item = 0
    dict[key] = item + 1
```

이것과 동일한 기능을 하는 C 코드는 다음과 같다.

```
int incr_item(PyObject *dict, PyObject *key)
{
    /* Py_XDECREF을 위해서 객체들은 NULL로 초기화된다.*/
    PyObject *item = NULL, *const_one = NULL, *incremented_item = NULL;
    int rv = -1; /* 반환 값을 -1(실패)로 초기화한다. */
    item = PyObject_GetItem(dict, key);
    if (item == NULL) {
        /* 키 에러를 처리한다. */
        if (!PyErr_ExceptionMatches(PyExc_KeyError))
            goto error;

        /* 에러를 지우고 처리한다. */
        PyErr_Clear( );
        item = PyInt_FromLong(0L);
        if (item == NULL)
            goto error;
    }
```

```
    const_one = PyInt_FromLong(1L);
    if (const_one == NULL)
        goto error;

    incremented_item = PyNumber_Add(item, const_one);
    if (incremented_item == NULL)
        goto error;

    if (PyObject_SetItem(dict, key, incremented_item) < 0)
        goto error;
    rv = 0; /* 성공 */

    /* 마무리 코드를 실행한다. */
error:
    /* Cleanup code, shared by success and failure path */

    /* Use Py_XDECREF( ) to ignore NULL references */
    Py_XDECREF(item);
    Py_XDECREF(const_one);
    Py_XDECREF(incremented_item);

    return rv; /* -1 for error, 0 for success */
}
```

참조 횟수 고려하기 31.1.7

최근 언어들은 메모리 관리를 자동으로 해주는 쓰레기 수집(Garbage Collection) 기능이 기본적으로 포함되어 있다. 이 기능은 참조 횟수라는 개념을 이용한다. 참조 횟수란 어떤 객체가 생성되고서 이 객체를 참조하는 참조 횟수를 나타낸다. 어떤 객체를 참조할 때마다 참조 횟수는 1씩 증가하고, 참조가 해제될 때마다 1씩 감소한다. 이 값이 0이 되면 더 이상 객체를 참조하는 참조가 없으므로 메모리에서 자동으로 삭제된다. 그런데 C 확장 함수에서는 이 참조 횟수를 직접 관리해 주어야 한다. 참조 횟수가 잘못되면 메모리 누수 현상이 발생하거나 세그먼트 폴트(Segmentation Fault)가 발생한다. 다음은 이와 관련된 몇 가지 중요한 개념이다.

- 객체는 소유되지 않으며, 참조만 소유된다. 객체는 언제나 공유된다. 파이썬의 모든 객체는 공유될 수 있다. 그리고 이 공유는 참조를 통해서 이루어진다.
- 객체를 사용할 때 참조 횟수를 증가시켰으면 사용한 후에는 감소시켜야 한다.

- 함수에서 반환할 때의 참조는 새 참조이어야 한다.
- 함수로 전달받은 인수들은 모두 빌린 참조(다음에 설명)이다. 참조 횟수를 감소시킬 필요가 없다.

참조 횟수를 다룰 때 다음과 같은 네 개의 함수를 사용한다.

- Py_INCREF(Py_Object*) 함수　　참조 횟수를 증가시킨다.
- Py_DECREF(Py_Object*) 함수　　참조 횟수를 감소시킨다.
- Py_XINCREF(Py_Object*) 함수　　NULL인 경우 무시하고 처리한다.
- Py_XDECREF(Py_Object*) 함수　　NULL인 경우 무시하고 처리한다.

None 객체를 반환할 때는 다음과 같이 한다.

```
Py_INCREF(Py_NONE);
return Py_None;
```

1 반환하는 객체의 참조

Python/C API에서 PyObject* 값을 반환받을 경우 두 가지 종류의 참조가 있다.

- **새 참조(New Reference)**　객체의 새로운 참조를 의미한다. 내 소유의 참조를 새로 만들어서 받는다. 사용이 끝나면 참조 횟수를 감소시켜야 한다.
- **빌린 참조(Borrowed Reference)**　다른 소유의 참조를 잠깐 빌려서 사용하는 것이다. 참조 횟수를 감소시키지 않는다.

어떤 API 함수가 새 참조와 빌린 참조를 전달하는가를 알려면 Python/C API 문서를 참조하면 된다. 예를 들어, 다음에 시퀀스 자료형에서 데이터를 추출하는 유사 함수 PySequence_GetItem()과 PyList_GetItem()의 API 문서 일부를 보자. PyList_GetItem() 함수는 빌린 참조를 반환하고 PySequence_GetItem() 함수는 새 참조를 반환한다.

```
PyObject* PyList_GetItem(PyObject *list, Py_ssize_t index)
Return value: Borrowed reference.
```

```
Return the object at position index in the list pointed to by list. The
position must be positive, indexing from the end of the list is not
supported. If index is out of bounds, return NULL and set an IndexError
exception.

PyObject* PySequence_GetItem(PyObject *o, Py_ssize_t i)
Return value: New reference.
Return the ith element of o, or NULL on failure. This is the equivalent of
the Python expression o[i].
```

어떤 함수를 사용하느냐에 따라서 코딩하는 방법이 달라진다. 다음 코드를 비교해 보자.

```
for (i = 0; i < n; i++) {
    item = PySequence_GetItem(sequence, i);
    /* ... */
    Py_DECREF(item);
    /* 새 참조를 받았으므로 사용이 끝났으면 참조 횟수를 감소시킨다. */
}

for (i = 0; i < n; i++) {
    item = PyList_GetItem(list, i);
    /* ... */
    /* 빌린 참조를 받았으므로 참조 횟수를 조정할 필요가 없다. */
}
```

2 PyObject* 값을 전달하는 경우의 참조

리스트나 튜플에 데이터를 하나 추가하는 API를 생각해 보자. 리스트에 객체를 추가하는 것은 추가할 객체의 참조 횟수를 하나 증가시키는 것을 의미한다. 그런데 실제로는 API에 따라서 참조 횟수가 증가하기도 하고 그렇지 않기도 한다. 예를 들어, PyTuple_SetItem( ) 함수는 객체를 추가한 후에 참조 횟수를 증가시키지 않으나 PySequence_SetItem( ) 함수는 증가시킨다.

따라서 PySequence_SetItem( ) 함수를 호출한 후에는 해당 객체의 참조 횟수를 감소시켜야 하지만, PyTuple_SetItem( ) 함수를 호출한 후에는 감소시켜서는 안 된다. 이렇게 API가 객체의 참조를 새로 만들 때 참조 횟수를 증가시키지 않는 것을 참조를 훔친다(Steal)고 한다. 참조를 훔치는 API인지 아닌지는 Python/C API 매뉴얼을 참조해야 한다. 다음 두 개 함수에 대한

Python/C API 매뉴얼의 일부를 보자. PyTuple_SetItem( ) 함수는 훔치는 경우이고, PySequence_SetItem( ) 함수는 훔치지 않는 경우이다.

```
int PyTuple_SetItem(PyObject *p, Py_ssize_t pos, PyObject *o)
Insert a reference to object o at position pos of the tuple pointed to by p.
Return 0 on success.
Note : This function "steals" a reference to o.

int PySequence_SetItem(PyObject *o, Py_ssize_t i, PyObject *v)
Assign object v to the ith element of o. Returns -1 on failure. This is the
equivalent of the Python statement o[i] = v. This function does not steal a
reference to v.
```

사용하는 API에 따라서 코딩이 달라진다.

```
PyObject* o;

for (k = 0; k < n; k++) {
    o = PyInt_FromLong ((long)k) /* 새 참조를 받는다. */
    item = PyTuple_SetItem(tup, k, o);
    /* ... */
    /* 참조 횟수 값이 훔쳐졌으므로 감소시킬 필요가 없다. */
}
for (k = 0; k < n; k++) {
    o = PyInt_FromLong ((long)k) /* 새 참조를 받는다. */
    item = PySequence_SetItem(tup, k, o);
    /* ... */
    Py_XDECREF (o) /* 참조 횟수 값이 그대로 있으므로 감소시켜야 한다. */
}
```

참조 횟수에 대한 개념은 늘 API 함수 매뉴얼을 참조하면서 조심스럽고 정확하게 사용해야 한다. 만일 참조 횟수 값이 잘못 전달되면 잘 동작하지 않거나 메모리 누수가 발생한다.

31.2 C 확장형

C 확장 모듈에 이어 C 확장형에 대해서 살펴보자. C 확장형은 C로 새로운 자료형을 정의하는 것으로 파이썬에서 사용할 클래스를 C로 구현하는 것이다. 이번 절은 C 확장 모듈을 충분히 이해한 후에 읽어야 한다.

우선 구현하려고 하는 파이썬 코드를 보자.

```
class Square:
    def __init__(self, limit):
        self.limit = limit
    def __getitem__(self, k):
        if k < 0 or self.limit <= k:
            raise IndexError
        return k * k
    def __len__(self):
        return self.limit
    def middle(self):
        return self.limit / 2
```

Square 클래스는 인덱싱 및 루핑이 가능한 시퀀스 클래스로 다음과 같이 사용할 수 있다.

```
import square
s = square.Square(10)
print(s[3]) # 9
print(s.middle( )) # 5
for k in s:
    print(k)
```

__len__()와 __getitem__() 연산자를 구현하고 middle() 사용자 메서드를 정의했다.

C 소스 코드 31.2.1

앞의 파이썬 Square 클래스에 해당하는 C 언어의 square.c 소스 파일은 다음과 같다.

```
/*//////////////////////////////////////////////////////////
square.c
주어진 인덱스의 제곱을 넘기는 간단한 클래스를 정의한다.

사용법은 다음과 같다.

import square

s = square.Square(10)

for k in s:
    print(k)

print(len(s))
print(s.middle( ))

__getitem__, __len__, middle 메서드를 정의한다.

이강성 2002.1, 2013.3
//////////////////////////////////////////////////////////*/

#include <Python.h>
#include "structmember.h"


typedef struct {    /* 인스턴스 객체의 고유 공간 */
    PyObject_HEAD   /* 파이썬 헤더 : 참조 횟수와 자료형 정보를 가진다. */
    int limit;      /* 인스턴스 객체 멤버를 여기부터 선언한다. */
} Square;

static PyObject *   /* 객체 생성 */
Square_new(PyTypeObject *type, PyObject *args, PyObject *kwds)
{
    Square *self;

    self = (Square *)type->tp_alloc(type, 0);
    if (self != NULL) {
        self->limit = 0;
    }

    return (PyObject *)self;
}

static void
```

```
Square_dealloc(Square* self)
{
    Py_TYPE(self)->tp_free((PyObject*)self);
}

static int       /* 객체 초기화 (생성자) */
Square_init(Square *self, PyObject *args, PyObject *kwds)
{
    static char *kwlist[] = {"limit", NULL};

    if (! PyArg_ParseTupleAndKeywords(args, kwds, "i", kwlist, &self->limit))
        return -1;

    return 0;
}

static PyObject *
Square_middle(Square* self)
{
    return Py_BuildValue("i", self->limit / 2);
}

/*//////////////////////////////////////////////////////////
                멤버들
//////////////////////////////////////////////////////////*/

static PyMemberDef Square_members[] = {
    {"limit", T_INT, offsetof(Square, limit), 0, "limit"},
    {NULL}  /* 끝 */
};

/*//////////////////////////////////////////////////////////
                메서드들
//////////////////////////////////////////////////////////*/

static PyMethodDef Square_methods[] = {
    {"middle", (PyCFunction)Square_middle, METH_NOARGS, "half value of limit"},
    {NULL}  /* 끝 */
};

/*//////////////////////////////////////////////////////////
                시퀀스 자료형 메서드들
//////////////////////////////////////////////////////////*/
```

```
static int Square_length(Square* self)
{
    return self->limit;     /* 길이 정보는 정수를 그냥 넘기면 된다. */
}

static PyObject* Square_getitem(Square* self, int index)
{
    if (index < 0 || index >= self->limit) {
        PyErr_SetString(PyExc_IndexError, "index out-of-bounds");
        return NULL;
    }
    return Py_BuildValue("i", index * index);
}

static PyObject* Square_slice(Square* self, int low, int high)
{
    PyErr_SetString(PyExc_RuntimeError, "Slicing is not implemented yet.");
    return NULL;
}

/*////////////////////////////////////////////////////////
              자료형의 종류에 따른 메서드들
////////////////////////////////////////////////////////*/

static PySequenceMethods Square_sequence = {
    (lenfunc) Square_length,        /* len(x) */
    (binaryfunc) 0,                 /* x + y */
    (ssizeargfunc) 0,               /* x * n */
    (ssizeargfunc) Square_getitem,  /* x[i] */
    (void *) Square_slice,          /* x[i:j] */
    (ssizeobjargproc) 0,            /* x[i] = v */
    (void *) 0,                     /* x[i:j]=v */
    (objobjproc) 0,                 /* in */

    (binaryfunc) 0,
    (ssizeargfunc) 0,
};

static PyTypeObject SquareType = {  /* 인스턴스 객체의 공유 공간 (클래스 공간) */
    PyVarObject_HEAD_INIT(NULL, 0)
    "square.Square",                /* tp_name */
```

```
    sizeof(Square),                 /* tp_basicsize */
    0,                              /* tp_itemsize */
    (destructor)Square_dealloc,     /* tp_dealloc */
    0,                              /* tp_print */
    0,                              /* tp_getattr */
    0,                              /* tp_setattr */
    0,                              /* tp_reserved */
    0,                              /* tp_repr */
    0,                              /* 수치 자료형 메서드들 */
    &Square_sequence,               /* 시퀀스 자료형 메서드들 */
    0,                              /* 매핑 자료형 메서드들 */
    0,                              /* tp_hash */
    0,                              /* tp_call */
    0,                              /* tp_str */
    0,                              /* tp_getattro */
    0,                              /* tp_setattro */
    0,                              /* tp_as_buffer */
    Py_TPFLAGS_DEFAULT |
        Py_TPFLAGS_BASETYPE,        /* tp_flags */
    "Square objects",               /* tp_doc */
    0,                              /* tp_traverse */
    0,                              /* tp_clear */
    0,                              /* tp_richcompare */
    0,                              /* tp_weaklistoffset */
    0,                              /* tp_iter */
    0,                              /* tp_iternext */
    Square_methods,                 /* tp_methods */
    Square_members,                 /* tp_members */
    0,                              /* tp_getset */
    0,                              /* tp_base */
    0,                              /* tp_dict */
    0,                              /* tp_descr_get */
    0,                              /* tp_descr_set */
    0,                              /* tp_dictoffset */
    (initproc) Square_init,         /* tp_init */
    0,                              /* tp_alloc */
    Square_new,                     /* tp_new */
};

static PyModuleDef SqaureModule = {
```

```
    PyModuleDef_HEAD_INIT,
    "sqaure",
    "Example module that creates an extension type.",
    -1,
    NULL, NULL, NULL, NULL, NULL
};

PyMODINIT_FUNC
PyInit_square(void)
{
    PyObject* m;

    if (PyType_Ready(&SquareType) < 0)
        return NULL;

    m = PyModule_Create(&SqaureModule);   /* 모듈 초기화 */
    if (m == NULL)
        return NULL;

    Py_INCREF(&SquareType);
    PyModule_AddObject(m, "Square", (PyObject *)&SquareType);
    return m;
}
```

모듈 초기화 31.2.2

파이썬에서 다음과 같이 모듈을 가져왔다고(Import) 하자.

```
import square
```

import 문에 의해 모듈 PyInit_square( ) 초기화 함수가 호출된다. 이 함수는 새로운 타입을 초기화하고서 모듈을 만든다. 모듈을 만드는 방법은 확장 모듈에서와 동일하다. 그다음에는 Square 이름으로 새로운 타입을 검색할 수 있도록 PyModule_AddObject( ) 함수를 사용하여 이름을 등록한다. Square란 이름은 이제 외부에서 접근할 수 있게 된다.

```
PyMODINIT_FUNC
PyInit_square(void)
```

```
{
    PyObject* m;

    if (PyType_Ready(&SquareType) < 0)    /* 타입 초기화 */
        return NULL;

    m = PyModule_Create(&SqaureModule);   /* 모듈 생성 */
    ~ 생략 ~
    Py_INCREF(&SquareType);
    PyModule_AddObject(m, "Square", (PyObject *)&SquareType); /* 이름 등록 */
    return m;
}
```

SquareType은 파이썬 클래스가 가질 수 있는 표준 메서드에 대한 함수 포인터와 속성을 저장하는 배열 공간이다.

```
static PyTypeObject SquareType = {  /* 클래스 공간 */
    PyVarObject_HEAD_INIT(NULL, 0)
    "square.Square",                /* tp_name */
    sizeof(Square),                 /* tp_basicsize */
    0,                              /* tp_itemsize */
    (destructor)Square_dealloc,     /* 소멸자 함수 */
~ 생략 ~
&Square_sequence,                   /* 시퀀스 자료형 메서드들 */
~ 생략 ~
Square_methods,                     /* 사용자 정의 메서드 */
Square_members,                     /* 클래스 멤버 */
~ 생략 ~
(initproc)Square_init,              /* tp_init */
0,                                  /* tp_alloc */
Square_new,                         /* tp_new */
```

각 배열의 위치에 따라 고유한 의미가 있는 값들이 등록된다. 예를 들어, __new__( ) 함수는 맨 마지막의 Square_new( ) 함수에 대응하고 __init__( ) 함수는 끝에서 세 번째의 Square_init( ) 함수에 대응한다. 소멸자 __del__( ) 함수는 Square_dealloc( ) 함수를 호출한다. 사용자 정의 메서드와 멤버는 Square_methods 배열과 Square_members 배열에 각각 정의되어 있다.

인스턴스 객체 생성 31.2.3

square.Square(10)와 같이 인스턴스 객체를 생성하는 코드가 실행되면 파이썬 차원에서는 인스턴스 객체를 생성하는 __new__( ) 메서드 즉, Square_new ( ) 함수를 호출한다. Square_new( ) 함수는 인스턴스 객체를 저장할 Square 구조체를 할당하고 그 값을 초기화한다.

```
static PyObject *                                /* 객체 생성 */
Square_new(PyTypeObject *type, PyObject *args, PyObject *kwds)
{
    Square *self;

    self = (Square *)type->tp_alloc(type, 0);   /* 공간 할당 */
    if (self != NULL) {
        self->limit = 0;                         /* 값 초기화 */
    }

    return (PyObject *)self;                     /* 객체 반환 */
}
```

여기서 Square 구조체는 다음과 같이 정의되어 있다.

```
typedef struct {        /* Square 인스턴스 객체 */
    PyObject_HEAD       /* 파이썬 헤더 : 참조 횟수와 자료형 정보를 가진다. */
    int limit;          /* 인스턴스 객체의 멤버를 여기부터 선언한다. */
} Square;
```

모든 파이썬 객체는 PyObject_HEAD를 갖는다. 그 아래에는 각 인스턴스 객체에 필요한 멤버들을 정의한다.

시퀀스 자료형 메서드 구현 31.2.4

SquareType 구조체 중간에 Square_sequence라는 메서드 배열 포인터가 지정되어 있다. 그 위치는 시퀀스 자료형 메서드들이 정의되는 곳이다. Square_sequence 메서드 배열 포인터는 다음과 같은 함수 배열이다.

```
static PySequenceMethods Square_sequence = {
    (lenfunc) Square_length,        /* len(x) */
    (binaryfunc) 0,                 /* x + y */
    (ssizeargfunc) 0,               /* x * n */
    (ssizeargfunc) Square_getitem,  /* x[i] */
    (void *) 0,                     /* x[i:j] */
    (ssizeobjargproc) 0,            /* x[i] = v */
    (void *) 0,                     /* x[i:j]=v */
    (objobjproc) 0,                 /* in */

    (binaryfunc) 0,
    (ssizeargfunc) 0,
};
```

위치에 따른 연산의 종류가 정해져 있다. 여기서는 __len__()과 __getitem__() 함수를 구현하고 있다. 각 함수의 인수 형식은 정해져 있다. 예를 들어, lenfunc형은 object.h 파일에 다음과 같이 정의한다.

```
typedef Py_ssize_t (*lenfunc)(PyObject *);
```

하나의 PyObject 포인터 인수만 받는 함수이다. 따라서 Square_length( ) 함수는 다음과 같이 선언되었다.

```
static int Square_length(Square* self)
```

사용자 정의 메서드와 멤버 정의 31.2.5

SquareType 구조체에 사용자 메서드와 클래스 멤버의 정의 테이블을 등록하는 영역이 있다.

```
static PyTypeObject SquareType = {  /* 인스턴스 객체의 공유 공간 (클래스 공간) */
    ~ 생략 ~
```

```
    Square_methods,              /* 사용자 정의 메서드 */
    Square_members,              /* 클래스 멤버 */
    ~ 생략 ~
```

사용자 메서드나 멤버를 등록하는 것은 모듈이나 확장 모듈에서 함수를 등록하는 방법과 동일하다. 다음은 middle( )이란 메서드를 등록하는 테이블이다. 이름과 함수, 인수, 문서 문자열 형식으로 정의된다.

```
static PyMethodDef Square_methods[] = {
    {"middle", (PyCFunction)Square_middle, METH_NOARGS, "half value of limit"},
    {NULL}
};
```

다음은 limit란 멤버를 등록하는 테이블이다. 이름과 자료형, 변수 위치, 문서 문자열이 등록되어 있다.

```
static PyMemberDef Square_members[] = {
    {"limit", T_INT, offsetof(Square, limit), 0, "limit"},
    {NULL}
};
```

컴파일과 시험 31.2.6

다음과 같이 setup.py 파일을 작성한다.

```
from distutils.core import setup, Extension

setup(name = "square",
      version = "1.0",
      description = "type extension module",
      author = "Lee, Gang Seong",
      author_email = "gslee0115@gmail.com",
      url = "http://pythonworld.net/",
```

```
        ext_modules = [
            Extension("square", ["square.c"]),
            ]
)
```

다음과 같이 실행한다.

```
$ python3 setup.py build_ext --inplace
```

다음을 시험해 보자(test.py).

```
import square

s = square.Square(10)
print('square object=', s)

print('s.limit=', s.limit)
print('s.middle( )=', s.middle( ))

print('len(s)=', len(s))

for i in s:
    print(i)

print('list(s)=', list(s))
print('tuple(s)=', tuple(s))
```

코드를 실행한 결과는 다음과 같다.

```
square object= <square.Square object at 0x01D42180>
s.limit= 10
s.middle( )= 5
len(s)= 10
0
1
```

```
4
9
16
25
36
49
64
81
list(s)= [0, 1, 4, 9, 16, 25, 36, 49, 64, 81]
tuple(s)= (0, 1, 4, 9, 16, 25, 36, 49, 64, 81)
```

부록

파이썬 2와 파이썬 3의 주요 차이

Appendix

1. 파이썬 2와 파이썬 3, 무엇을 선택해야 하나 2. 주요 차이
3. 파이썬 코드 변환 도구 2to3 이용하기

1. 파이썬 2와 파이썬 3, 무엇을 선택해야 하나

파이썬은 1990년 첫 탄생 이후에 많은 발전을 해왔다. 버전 1의 주요 버전인 1.5에서 버전 2로 발전하면서 많은 새로운 개념과 기능이 추가되었다. 그러면서도 하위 호환성을 유지해왔다. 잘못된 그래서 버리고 싶은 문제들도 호환성이란 이름으로 어쩔 수 없이 유지해야 했다. 이러한 모든 잘못과 비효율성을 정리하고 새로운 도약을 위해 파이썬 3이 발표되었다.

파이썬 3은 더 이상 하위 호환성을 유지하지 않는다. 즉, 파이썬 3 이전의 코드를 파이썬 3에서 실행할 수 없다는 뜻이다. 파이썬 2는 2.7을 기준으로 더 이상 새로운 버전이 발표되지 않는다. 이제 모든 역량은 파이썬 3에 집중한다. 하지만, 현실은 아직 그리 쉽지 않다. 2008년 12월에 파이썬 3.0이 발표된 이후, 지금까지 파이썬 3을 적극적으로 사용할 것을 강하게 권하지는 못한다. 가장 대표적인 이유가 생태 환경이다. 파이썬은 수많은 외부 모듈과 함께 동작하는데 많은 모듈이 새로운 파이썬 버전을 지원하지 않기 때문이다. 많은 모듈이 파이썬 2를 기준으로 작성되어 있다. 여러분의 코드가 서드 파티 모듈을 많이 사용해야 한다면 필요한 모듈들이 파이썬 3을 지원하는지 자세히 검토해야 한다. 지금 당장 지원하지 않더라도 사용자가 많아지고 있으므로 곧 지원할 가능성도 크다. 상황을 잘 판단하여 파이썬 2에 머물 것인지 파이썬 3으로 갈 것인지 결정해야 한다.

파이썬 3은 여러 면에서 개선되었고 많이 발전했고 매우 흥미로운 언어며 여전히 변화하는 언어이다. 파이썬 2를 급히 포기해야 할 이유는 없으나 파이썬 2에 계속 머물러 있을 수는 없다. 파이썬 2는 좋은 생태 환경이 있고 많은 쓸만한 코드들이 존재한다. 수많은 세월 동안에 유용성이 충분히 검증되었다. 파이썬 3도 사용자가 늘면서 사용 환경이 눈에 띄게 좋아지고 있다. 따라서 시간이 지나면서 파이썬 3으로 새로운 생태 환경이 구축될 것이고 모든 문제는 시간이 해결해줄 것이다.

2. 주요 차이

문에서 함수로 변경

print( ) 함수

print가 문(Statement)에서 함수(Function)로 변경되었다.

표 1

파이썬 2	파이썬 3
`print "hello world"`	`print("hello world")`
`print "one line",`	`print("one line", end=" ")`
`print >> sys.stderr, "error"`	`print("error", file=sys.stderr)`
`print "\n".join([x, y])`	`print(x, y, sep="\n")`
`print "%03d" % 7`	`print("{:03d}".format(7))`

exec( ) 함수

exec가 키워드에서 함수로 변경되었다.

표 2

파이썬 2	파이썬 3
`exec code`	`exec(code)`
`exec code in globals`	`exec(code, globals)`
`exec code in (globals, locals)`	`exec(code, globals, locals)`

연산자

정수 나누기 (/, //)

/ 연산은 항상 float형을 반환한다. // 연산은 몫을 반환한다.

```
>>> 3 / 2
1.5
>>> 3 // 2
1
```

관계 연산자 : 크기 비교

〈, 〈=, 〉=, 〉 같은 크기 비교 연산자들은 의미 있는 객체의 순서가 없을 경우에 TypeError 예외를 일으킨다.

```
>>> 1 < '1'
TypeError: unorderable types: int( ) < str( )
```

정수

- long형 정수가 없어지고 int형 정수로 통합되었다.
- 8진수 표현이 0720에서 0o720 형식으로 변경되었다.
- 2진수 표현을 지원한다. 예, 0b1010

유니코드 식별자

파이썬 3은 어떠한 유니코드 문자열도 식별자(Identifier)로 사용할 수 있다. 하지만, 유니코드는 소스 코드의 호환성을 떨어뜨리므로 주의해서 사용해야 한다.

```
>>> 현금 = 1000000
>>> 수표 = 2000000
```

```
>>> 합계 = 현금 + 수표
>>> 합계
3000000
```

문자열과 바이트 열

- 문자열(str)과 바이트(bytes) 개념을 분리하였다.
- 문자열 텍스트는 유니코드로 표현된다. 1, 2, 4 바이트를 모두 표현할 수 있다(3.3).
- 바이트는 임의의 바이트 열을 저장하기 위한 자료형이다.
- b'abc\x00'와 같이 상수를 표현한다.
- bytes와 str 자료형은 섞어서 사용할 수 없다.
- 함수에 따라서는 문자열을 혹은 바이트 열을 구분해서 요구하는 경우가 있다.
- str.encode( )와 bytes.decode( ) 함수로 상호 형변환이 가능하다.
- 기본 소스 인코딩은 UTF-8이다.

리스트

- sort( ) 메서드와 sorted( ) 함수에 cmp 인수가 제거되었다. key 인수로 대신 사용해야 한다.
- 리스트 대신에 뷰 혹은 반복자가 반환된다.

표 3

파이썬 2	파이썬 3
L = map(…) L = filter(…)	L = list(map(…)) L = list(filter(…))
range( )	없음
xrange( )	range( )
zip((1, 2, 3), (4, 5, 6))	list(zip((1, 2, 3), (4, 5, 6)))

튜플

확장된 언패킹을 지원한다.

```
>>> (a, *rest, b) = range(5)
>>> a, rest, b
(0, [1, 2, 3], 4)
>>> a, *rest = range(5)
>>> a, rest
(0, [1, 2, 3, 4])
>>> *rest, b = range(5)
>>> rest, b
([0, 1, 2, 3], 4)
```

사전

리스트 대신 뷰를 반환

리스트를 반환하던 메서드들은 이제 뷰(View)를 반환한다.

표 4

파이썬 2	파이썬 3
k = d.keys( )	k = list(d.keys( ))
dict.iterkeys( ), dict.iteritems( ) dict.itervalues( )	없음

사전 내장

사전 내장(Dictionary Comprehension) 기능이 추가되었다.

```
>>> stuff = (('one', 1), ('two', 2))
>>> {k: v for k, v in stuff}
{'one': 1, 'two': 2}
```

사전 OrderedDict

키가 입력된 순서를 기억하는 사전 collections.OrderedDict가 추가되었다.

```
>>> from collections import OrderedDict
>>> d = OrderedDict(one = 1, two = 2)
>>> d
OrderedDict([('one', 1), ('two', 2)])
>>> d['three'] = 3
>>> d['four'] = 4
>>> d
OrderedDict([('one', 1), ('two', 2), ('three', 3), ('four', 4)])
```

집합

집합 상수

중괄호 {}는 집합 상수를 초기화한다.

```
>>> {1, 2}
{1, 2}
>>> set((1, 2))
{1, 2}
```

집합 내장

집합을 만드는 집합 내장 기능이 추가되었다.

```
>>> {x%5 for x in range(50)}
{0, 1, 2, 3, 4}
```

자료형 Ellipsis

Ellipsis라는 자료형이 추가되었다. 표현식(Expression)이 나타나는 곳에는 언제든 나타날 수 있다.

```
>>> ...
Ellipsis
>>> type(...)
<class 'ellipsis'>
```

함수

주석 기능

함수 인수와 반환 값의 주석 기능이 있다. 문서용으로 사용할 수 있고, 타입 확인용으로도 사용할 수 있다.

```
def kinetic_energy(mass: 'in kilograms', velocity: 'in meters per second'):
    ~ 생략 ~
```

비지역 변수 선언

nonlocal x 같이 비지역 변수(Non-local)를 선언할 수 있다.

```
>>> a = 10                    # 전역 변수
>>> def f( ):
        a = 20
        def g( ):
                nonlocal a    # ?
                print(a)
        g( )

>>> f( )
20                            # !
```

키워드 전용 인수

별표로 표시되는 가변 인수 다음의 인수는 키워드 전용 인수(Keyword-only Argument)이다. 다음 예에서 b는 키워드로만 값을 지정할 수 있다.

```
>>> def f(a, *args, b = True):
        print(a, args, b)

>>> f(1, 2, b = True)
1 (2,) True
>>> f(1, b = True)
1 ( ) True
```

모듈

- 모든 이름을 가져오는 `from module import *` 문법이 모듈 레벨에서만 허용되고 함수 안에서는 허용되지 않는다.
- `from .[module] import name` 같이 상대 경로를 지정할 수 있다.

입출력

이진 파일과 텍스트 파일

파일에서 이진 파일과 텍스트 파일을 구분한다. 이진 파일인 경우에는 바이트 열의 입출력이 가능하고 텍스트 파일에서는 문자열의 입출력이 가능하다. 그렇지 않을 경우에는 다음과 같은 에러가 발생한다.

```
>>> f = open('test.txt', 'wb')
>>> f.write('abc')
TypeError: 'str' does not support the buffer interface

>>> f = open('test.txt', 'w')
>>> f.write(b'abc')
TypeError: must be str, not bytes
```

파일 인코딩 지정

파일 열 때 텍스트 인코딩을 지정할 수 있다.

```
f = open('uni1.txt', 'r', encoding = 'utf-8')
```

클래스

구식 클래스의 지원은 더 이상 없다. `class A: pass`도 object 클래스의 하위 클래스이다.

super( ) 함수

super( ) 함수를 인수 없이 사용하게 되었다. 동작 특성은 동일하다.

메타클래스

__metaclass__ 변수가 더 이상 지원되지 않는다.

표 5

파이썬 2	파이썬 3

`class C:`
`    __metaclass__ = M`
`    ~ 생략 ~`
	`class C(metaclass = M):`
	`    ~ 생략 ~`

예외

예외 처리 문법이 변경되었다.

표 6

파이썬 2	파이썬 3
`raise IndexError, 'out of range'`	`raise IndexError('out of range')`

`try:`
    `do_something( )`
`except RuntimeError, err:`
    `print err`
	`try:`
	    `do_something( )`
	`except RuntimeError as err:`
	    `print(err)`

반복자 프로토콜

반복자를 위한 next( ) 함수가 __next__( )로 이름이 변경되었다.

예약어

파이썬 3에 추가된 예약어는 as, with, True, False, None이다.

제외된 문법

튜플 매개 변수 언패킹

`def foo(a, (b, c)): ...` 형식의 함수 호출은 더 이상 지원되지 않는다.

역인용 부호() 제외

'a' 문법이 제외되었다. repr( ) 함수를 사용한다.

<> 제외

!=로 대신한다.

모듈 이름 변경

표 7

파이썬 2	파이썬 3
__builtin__	builtins
ConfigParser	configparser
copy_reg	copyreg
cPickle	pickle
Queue	queue
repr	reprlib
SocketServer	socketserver
Tkinter	tkinter
_winreg	winreg
thread	_thread
dummy_thread	_dummy_thread
markupbase	_markupbase

다음 객체들은 이름이 바뀌고 다른 패키지 안으로 통합되었다.

표 8

파이썬 2	파이썬 3
xrange( )	range( )
reduce( )	functools.reduce( )
intern( )	sys.intern( )
unichr( )	chr( )

▶ 다음 페이지에

▶ 이전 페이지에

파이썬 2	파이썬 3
basestring( )	str( )
long( )	int( )
itertools.izip( )	zip( )
itertools.imap( )	map( )
itertools.ifilter( )	filter( )
itertools.ifilterfalse( )	itertools.filterfalse( )
cookielib	http.cookiejar
Cookie	http.cookies
htmlentitydefs	html.entities
HTMLParser	html.parser
httplib	http.client
Dialog	tkinter.dialog
FileDialog	tkinter.FileDialog
ScrolledText	tkinter.scolledtext
SimpleDialog	tkinter.simpledialog
Tix	tkinter.tix
Tkconstants	tkinter.constants
Tkdnd	tkinter.dnd
tkColorChooser	tkinter.colorchooser
tkCommonDialog	tkinter.commondialog
tkFileDialog	tkinter.filedialog
tkFont	tkinter.font
tkMessageBox	tkinter.messagebox

파이썬 2	파이썬 3
tkSimpleDialog	tkinter.simpledialog
robotparser	urllib.robotparser
urlparse	urllib.parse
cStringIO.StringIO( )	io.StringIO
UserString	collections.UserString
UserList	collections.UserList

다른 모듈 안으로 통합된 모듈들은 다음과 같다.

표 9

파이썬 2	**파이썬 3**
BaseHTTPServer	http.server
CGIHTTPServer	http.server
SimpleHTTPServer	http.server
whichdb	dbm
anydbm	dbm
dbm	dbm.ndbm
dumbdbm	dbm.dumb
gdbm	dbm.gnu
dbm	dbm.ndbm
dbm	dbm.ndbm
DocXMLRPCServer	xmlrpc.server
SimpleXMLRPCServer	xmlrpc.server
commands	subprocess

다음 내장 함수들은 패키지 안으로 통합되었다.

표 10

파이썬 2	파이썬 3
reduce( )	functools.reduce( )
reload( )	imp.reload( )

URL 관련 모듈들

url 관련 함수들의 위치가 많이 변경되었다.

urllib

표 11

파이썬 2	파이썬 3
urllib.urlopen( )	urllib.request.urlopen( )
urllib.urlretrieve( )	urllib.request.urlretrieve( )
urllib.urlcleanup( )	urllib.request.urlcleanup( )
urllib.quote( )	urllib.parse.quote( )
urllib.quote_plus( )	urllib.parse.quote_plus( )
urllib.unquote( )	urllib.parse.unquote( )
urllib.unquote_plus( )	urllib.parse.unquote_plus( )
urllib.urlencode( )	urllib.parse.urlencode( )
urllib.pathname2url( )	urllib.request.pathname2url( )
urllib.url2pathname( )	urllib.request.url2pathname( )
urllib.getproxies( )	urllib.request.getproxies( )
urllib.URLopener	urllib.request.URLopener
urllib.FancyURLopener	urllib.request.FancyURLopener
urllib.ContentTooShortError	urllib.error.ContentTooShortError

urllib2

표 12

파이썬 2	파이썬 3
urllib2.urlopen( )	urllib.request.urlopen( )
urllib2.install_opener( )	urllib.request.install_opener( )
urllib2.build_opener( )	urllib.request.build_opener( )
urllib2.URLError	urllib.error.URLError
urllib2.HTTPError	urllib.error.HTTPError
urllib2.Request	urllib.request.Request
urllib2.OpenerDirector	urllib.request.OpenerDirector
urllib2.BaseHandler	urllib.request.BaseHandler
urllib2.HTTPDefaultErrorHandler	urllib.request.HTTPDefaultErrorHandler
urllib2.HTTPRedirectHandler	urllib.request.HTTPRedirectHandler
urllib2.HTTPCookieProcessor	urllib.request.HTTPCookieProcessor
urllib2.ProxyHandler	urllib.request.ProxyHandler
urllib2.HTTPPasswordMgr	urllib.request.HTTPPasswordMgr
urllib2.HTTPPasswordMgrWithDefaultRealm	urllib.request.HTTPPasswordMgrWithDefaultRealm
urllib2.AbstractBasicAuthHandler	urllib.request.AbstractBasicAuthHandler
urllib2.HTTPBasicAuthHandler	urllib.request.HTTPBasicAuthHandler
urllib2.ProxyBasicAuthHandler	urllib.request.ProxyBasicAuthHandler
urllib2.AbstractDigestAuthHandler	urllib.request.AbstractDigestAuthHandler
urllib2.HTTPDigestAuthHandler	urllib.request.HTTPDigestAuthHandler
urllib2.ProxyDigestAuthHandler	urllib.request.ProxyDigestAuthHandler
urllib2.HTTPHandler	urllib.request.HTTPHandler
urllib2.HTTPSHandler	urllib.request.HTTPSHandler
urllib2.FileHandler	urllib.request.FileHandler

▶ 다음 페이지에

▶ 이전 페이지에

파이썬 2	파이썬 3
urllib2.FTPHandler	urllib.request.FTPHandler
urllib2.CacheFTPHandler	urllib.request.CacheFTPHandler
urllib2.UnknownHandler	urllib.request.UnknownHandler

3. 파이썬 코드 변환 도구 2to3 이용하기

파이썬 2 코드를 파이썬 3 코드로 옮기는 것은 간단한 문제가 아닐 수도 있다. 2to3 도구가 있기는 하지만 완벽하게 동작하는 것은 아니다. 가능한 한 문제 없이 포팅을 하려면 우선 파이썬 2.7에서 작업해야 한다. 파이썬 2.6 혹은 2.7은 파이썬 2의 하위 호환성을 유지하면서도 파이썬 3에 추가된 여러 가지 새로운 기능들과 개념들이 녹아 있다. 파이썬 2에서 파이썬 3으로의 이주를 위한 버전이라고 볼 수 있다. 따라서 파이썬 2.7을 사용하면서 최신의 파이썬 3 기능을 사용해 볼 수가 있다. python에 -3 옵션을 주면 파이썬 3과의 호환성을 확인해 볼 수 있다.

```
$ python -3
Python 2.7.3 (default, Jul  3 2012, 10:24:20)
[GCC 4.1.2 20070925 (Red Hat 4.1.2-33)] on linux2
Type "help", "copyright", "credits" or "license" for more information.
>>> import urllib
>>> f = urllib.urlopen('http://www.python.org')
__main__:1: DeprecationWarning: urllib.urlopen( ) has been removed in Python
3.0 in favor of urllib2.urlopen( )
>>>
```

2to3은 파이썬 2.x 소스 코드를 파이썬 3.x로 변환하는 도구이다. 이 패키지는 배포판과 함께 설치된다. 리눅스에서는 /usr/local/bin/ 폴더에 2to3이 있고, 윈도우에서는 Tools/scripts 폴더에 2to3.py 파일이 있다. 우선 파이썬 2용으로 만들어진 t.py 소스 파일을 보자.

```
$ cat t.py
import urllib

f = urllib.urlopen('http://www.python.org')
html = f.read( )
d = {'one':1, 'two':2}
if d.has_key('one'):
    print 'OK'
```

2to3을 실행하면 다음과 같이 출력된다. 수정이 필요한 부분과 어떻게 수정해야 하는지가 출력된다.

```
$ 2to3 t.py
RefactoringTool: Skipping implicit fixer: buffer
RefactoringTool: Skipping implicit fixer: idioms
RefactoringTool: Skipping implicit fixer: set_literal
RefactoringTool: Skipping implicit fixer: ws_comma
RefactoringTool: Refactored t.py
--- t.py        (original)
+++ t.py        (refactored)
@@ -1,7 +1,7 @@
-import urllib
+import urllib.request, urllib.parse, urllib.error

-f = urllib.urlopen('http://www.python.org')
+f = urllib.request.urlopen('http://www.python.org')
 html = f.read( )
 d = {'one':1, 'two':2}
-if d.has_key('one'):
-    print 'OK'
+if 'one' in d:
+    print('OK')
RefactoringTool: Files that need to be modified:
RefactoringTool: t.py
```

소스 코드를 수정하고 싶으면 -w 옵션을 줄 수 있다.

```
$ 2to3 -w t.py
RefactoringTool: Skipping implicit fixer: buffer
RefactoringTool: Skipping implicit fixer: idioms
RefactoringTool: Skipping implicit fixer: set_literal
RefactoringTool: Skipping implicit fixer: ws_comma
RefactoringTool: Refactored t.py
--- t.py        (original)
+++ t.py        (refactored)
@@ -1,7 +1,7 @@
-import urllib
+import urllib.request, urllib.parse, urllib.error

-f = urllib.urlopen('http://www.python.org')
+f = urllib.request.urlopen('http://www.python.org')
 html = f.read( )
 d = {'one':1, 'two':2}
-if d.has_key('one'):
-    print 'OK'
+if 'one' in d:
+    print('OK')
RefactoringTool: Files that were modified:
RefactoringTool: t.py
```

실행 결과를 확인해 보자.

```
$ cat t.py
import urllib.request, urllib.parse, urllib.error

f = urllib.request.urlopen('http://www.python.org')
html = f.read( )
d = {'one':1, 'two':2}
if 'one' in d:
    print('OK')
```

2to3이 유용한 도구임에는 틀림이 없지만 모든 문제를 완벽하지 잡아 주지는 못한다. 원래의 소스 코드를 유지하고 변환된 코드를 실행해 보면서 문제점들을 고쳐 나가야 한다.

INDEX

찾아보기:

Etc.

B

C

D

E

F

G

Q

T

U